KB115985

〖明文 中國正史 大系〗

原文 註釋 國譯

漢 書(五)

後漢 班固 著

陳 起 煥 譯註

明文堂

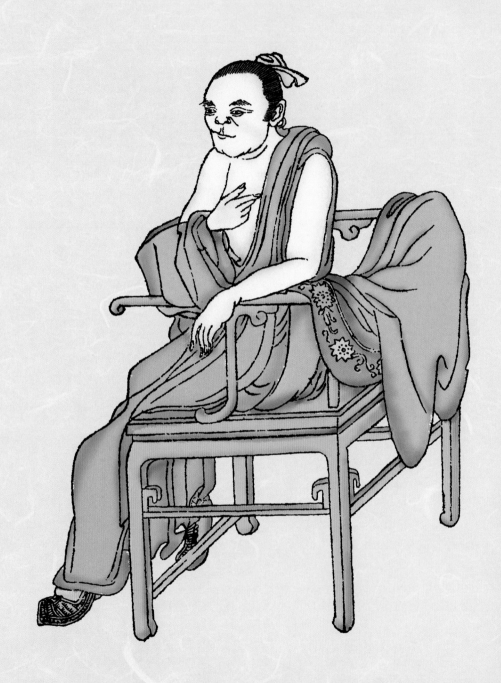

司馬遷 像〈출처,《晚笑堂畫傳》〉

東方朔畫像(동방삭화상)

東方朔 偸桃(동방삭 투도)
동방삭이 복숭아를 훔치다

漢代 玉衣(玉으로 만든 수의)
北京 中國國家博物館 소장

張騫(장건) 出使西域圖
敦煌(돈황) 莫高窟(막고굴) 제323굴 북벽, 唐代 초기

原文 註釋 國譯

漢書(五)

後漢 班固 著

陳 起 煥 譯註

明文堂

차례

원문 주석 국역

한서 (五)

59 張湯傳
〔장탕전〕

59-1. 張湯

原文

張湯, 杜陵人也. 父爲長安丞, 出, 湯爲兒守舍. 還, 鼠盜
肉, 父怨, 笞湯. 湯掘熏得鼠及餘肉, 劾鼠掠治, 傳爰書, 訊鞫
論報, 並取鼠與肉, 具獄磔堂下. 父見之, 視文辭如老獄吏,
大驚, 遂使書獄. 父死後, 湯爲長安吏. 周陽侯爲諸卿時, 嘗
繫長安, 湯傾身事之. 及出爲侯, 大與湯交, 遍見貴人. 湯給
事內史, 爲甯成掾, 以湯爲無害, 言大府, 調茂陵尉, 治方中.

│註釋│ ○張湯(장탕, ? – 前 115) – 한때 ‘天下事皆決湯’ 이란 말이 유행할

정도로 武帝의 신임을 받았다. 《史記》에는 〈酷吏列傳〉에 실렸다. ○杜陵(두릉) － 今 陝西省 西安市 동남. 陵縣 이름. 漢 宣帝와 王皇后의 陵園. ○長安丞 － 長安 현령의 보좌관. ○掘熏 － 쥐구멍을 파내다. 熏 연기 낄 훈. 연기를 불어넣어가며 쥐를 나오게 하다. ○爰書 － 죄수를 심문한 문서. 爰 이에 원. 바꾸다. ○訊鞫(신국) － 심문하다. 訊 물을 신. 鞫 국문할 국. ○論報 － 定罪하고 판결하다. ○具獄 － 범죄 판결에 필요한 문서를 다 갖추다. ○磔 － 책형 책. 육신을 찢어 죽이는 형벌. ○書獄 － 決獄에 필요한 글. 곧 律令. ○周陽侯 － 田蚡(전분)의 동생 田勝. ○諸卿 － 九卿. ○繫 － 맬 계. 묶다. 죄수. ○給事 － 직무를 맡다. 供職. ○內史 － 侯國의 民政 담당관. ○甯成(영성) － 人名. 酷吏로 유명했던 사람. 掾(연)은 部署의 책임자. ○無害 － 막힘이 없다. 해당 업무에 능통하다. 害는 沮害. ○大府 － 丞相府. ○調 － 관리가 발탁되어 승진하다. 調 뽑힐 조, 고를 조. ○茂陵尉 － 陵縣의 이름. 무릉은 武帝의 능. 前漢 황능 중 최대. ○治方中 － 제왕의 무덤 내부의 공사를 감독하다.

[國譯]

張湯(장탕)은 杜陵縣 사람이다. 부친은 長安丞이었는데 외출하며 어린 장탕에게 집을 보게 하였다. 돌아오니 쥐가 고기를 훔쳐갔기에 화가 나서 장탕을 때려주었다. 장탕은 쥐구멍을 파서 쥐를 잡고 남은 고기를 꺼낸 뒤, 쥐의 죄를 따지며 문초를 했고 자백과 심문한 내용에 판결문과 남은 고기를 부친에게 올리고 문서를 다 갖춘 뒤에 쥐를 磔刑(책형)에 처했다. 그런 모습을 보고 올린 문서를 읽어보니 아주 노련한 옥리의 글과 같아서 크게 놀라면서 법률을 배우게 시켰다.

부친이 죽은 뒤에 장탕은 長安吏가 되었다. 周陽侯 田勝이 九卿일 때 장안현에 죄수로 갇혀 있었는데 장탕은 정성을 다해 전승을 모셨다. 전승이 출옥하여 제후에 봉해졌고 장탕과 아주 가까이 지내면서 여러 귀인들에게 소개시켜 주었다. 장탕은 內史가 되었다가 甯成(영성)의 보좌관이 되었는데, 업무에 막힘이 없어 丞相府에 말해 茂陵尉로 발탁되어 茂陵 내부 공사를 감독하였다.

原文

武安侯爲丞相, 徵湯爲史, 薦補侍御史. 治陳皇后巫蠱獄, 深竟黨與, 上以爲能, 遷太史大夫. 與趙禹共定諸律令, 務在深文, 拘守職之吏. 已而禹至少府, 湯爲廷尉, 兩人交歡, 兄事禹. 禹志在奉公孤立, 而湯舞知以御人. 始爲小吏, 幹沒, 與長安富賈田甲, 魚翁叔之屬交私. 及列九卿, 收接天下名士大夫, 已內心雖不合, 然陽浮道與之.

| 註釋 | ○武安侯 － 田蚡(전분, ? － 前 131). 蚡 두더지 분. 景帝의 처남. 武帝의 舅舅(외삼촌). 相貌가 추했으나 文辭에 뛰어났었다. 52권, 〈竇田灌韓傳〉에 입전. ○爲史 － 보좌관이 되었다. 丞相史, 승상의 속리. ○侍御史 － 御史中丞의 명을 받는 집행관. ○陳皇后巫蠱獄 － 武帝의 陳 황후는 元光 5년(前 130)에 일어난 '巫蠱(무고)의 禍'에 의거 폐위되었다. 67권, 〈外戚傳〉참고. ○深竟 － 끝까지 조사하다. ○太史大夫 － 光祿勳 소속, 의론 담당관. ○趙禹(조우) － 90권, 〈酷吏傳〉에 입전. ○深文 － 법률 조항을 가혹 준엄하게 하다. ○少府 － 九卿의 하나. 황실의 비용 조달 및 필요 물품 공급하는 부서. 九卿은 太常(奉常), 光祿勳, 衛尉, 太僕, 廷尉, 大鴻臚, 宗正, 大司農, 少府. ○兄事禹 － 趙禹를 형처럼 섬기다. ○奉公孤立 － 공무를 담당하며 남

의 간섭을 배제하다. ○舞知以御人 – 작은 지식이나 지혜로 다른 사람을 제
어하려 하다. ○幹沒 – 기회를 잡아 이익을 추구하다. 투기로 얻으면 幹, 잃
으면 沒이라 한다. ○陽浮道與之 – 陽浮는 表面上.

〔國譯〕

〔國譯〕

　　武安侯 田蚡(전분)이 승상이 되자 장탕을 불러 보좌관으로 삼았다
가 侍御史에 천거하였다. 陳皇后의 巫蠱(무고) 옥사를 치죄하며 그
무리들을 끝까지 캐내니 무제는 유능하다 하여 太史大夫에 임명하
였다. 장탕은 趙禹(조우)와 함께 여러 율령을 함께 제정하면서 법을
엄격하게 고쳤으며 재직 중인 관리들도 구속하였다. 얼마 뒤, 조우
는 少府卿이 되었고 장탕은 정위가 되어 두 사람은 아주 가까웠는데
장탕은 조우를 형으로 섬겼다. 조우는 근무하며 남의 간섭을 받지
않으려 했고, 장탕은 작은 지혜를 굴려 남을 제어하려 하였다. 하급
관리 때부터 투기를 즐겨 장안의 부자 상인인 田甲이나 魚翁叔(어옹
숙) 같은 사람들과 개인적으로 사귀었다. 九卿의 반열에서 천하의
명사나 대부들과 사귀었는데 내심으로 맞지 않더라도 겉으로는 벗
이라고 말하였다.

原文

　　是時, 上方鄕文學, 湯決大獄, 欲傅古義, 乃請博士弟子治
《尙書》,《春秋》, 補廷尉史, 平亭疑法. 奏讞疑, 必奏先爲上
分別其原, 上所是, 受而著讞法廷尉挈令, 揚主之明. 奏事
卽譴, 湯摧謝, 鄕上意所便, 必引正監掾史賢者, 曰, "固爲

臣議, 如上責臣, 臣弗用, 愚抵此." 罪常釋. 間卽奏事, 上善之, 曰, "臣非知爲此奏, 乃監,掾,史某所爲." 其欲薦吏, 揚人之善, 解人之過如此. 所治卽上意所欲罪, 予監吏深刻者, 卽上意所欲釋, 予監吏輕平者. 所治卽豪, 必舞文巧詆, 卽下戶羸弱, 時口言雖文致法, 上裁察. 於是往往釋湯所言. 湯至於大吏, 內行修, 交通賓客飮食, 於故人子弟爲吏及貧昆弟, 調護之尤厚, 其造請諸公, 不避寒暑. 是以湯雖文深意忌不專平, 然得此聲譽. 而深刻吏多爲爪牙用者, 依於文學之士. 丞相弘數稱其美.

| 註釋 | ○鄕 – 向, 文學은 儒家 學說. ○傅古義 – 古經의 대의에 의거하다. 傅 스승 부. 附와 通. 依據하다. ○博士弟子 – 博士는 경학을 교수하는 관직명. 奉常(太常) 소속, 秩 6백석. 秩卑而職尊. 博士弟子는 박사로부터 교육을 받는 太學生. 박사 1인은 제자를 50인까지 둘 수 있었다. 제자는 18세 이상자로 각 군국에서 추천받은 자 중에서 太常이 선발. 박사제자에게는 각종 부세나 身役을 면제했다. 박사제자 중 적임자를 선발하여 文學掌故의 결원을 충원했고 우수자는 郎中에 임명되었다. 무제 때 公孫弘의 건의에 의하여 박사를 두고 제자를 선발 교육시켰는데 계속 인원이 증가하여 최대 3천 명에 달했다. ○廷尉史 – 정위의 屬官. ○平亭 – 衡平을 審議하다. ○奏讞(주언) – 評決案을 상주하다. 讞은 평의할 언(얼). ○而著讞法廷尉挈令(이저언법정위설령) – 법에 의해 판결된 정위의 선례를 기록하다. 讞令은 법령을 목간에 새기다. 과거 판례를 찾아 근거로 제시한다는 의미. 挈은 손에 들 설. 제시하다. ○揚主之明 – 武帝의 英明한 판결을 강조하다. ○卽譴 – 만일 문책당한다면. 거부된다면. ○摧謝(최사) – 상황에 따라 자신의 잘못을

인정하다. 摧 꺾을 최. ○鄕上意所便 − 皇上의 뜻대로 따르다. 鄕은 부합하다. ○正監掾史 − 廷尉의 속관. 廷尉正, 左 右監, 그리고 掾과 史. ○愚抵此 − 이렇게 어리석었습니다. 자신을 낮추는 뜻. ○罪常釋 − 죄가 늘 용서되다. ○間卽奏事 − 혹시 상주한 일이 바로 재가를 받다. ○舞文巧詆(무문교저) − 법률 조문을 달리 해석해서라도 죄에 얽어매다. 詆 꾸짖을 저. 陷人於罪. ○羸弱(이약) − 弱者. 羸 파리할 이(리). 여의다. ○上裁察 − 결재를 상신하다. ○大吏 − 고위직 관리. ○內行修 − 사생활이 엄정하다. ○調護 − 도와주다. ○造請 − 찾아뵙다(往候也). ○文深意忌不專平 − 법 적용이 각박하고 猜忌(시기)가 많고 제멋대로 평결하지는 않았지만. ○爪牙(조아) − 손톱과 어금니. 자기 편. 앞잡이.

[國譯]

　이 무렵 무제는 儒家 학설을 좋아하였기에 장탕은 큰 獄事를 판결하면서 경전의 뜻에 의거하고자 博士의 弟子를 데려다가《尙書》와《春秋》를 배웠고 그들을 자신의 속관으로 임명하여 疑獄(의옥)을 評定하게 하였다. 疑獄의 평결 안을 상주할 때는 먼저 무제에게 그 연원을 구분해서 설명한 뒤에 무제의 뜻에 맞춰 법에 의해 판결된 정위의 선례를 기록해 가지고 들어가 무제의 英明한 조치를 칭송하였다. 상주한 일이 만일 재가 되지 않는다면 장탕은 상황에 따라 사죄하고 무제의 뜻대로 따르면서 꼭 廷尉正이나 廷尉監 또는 掾史(연사) 중에서 현명한 자의 이름을 대면서 "이는 사실 저의 생각이지만, 앞서 그 사람이 저에게 지적했지만 제가 따르지 않아 이렇게 잘못되었습니다."라고 말했기에 장탕의 잘못은 언제나 용서되었다. 혹시 상주한대로 재가를 받아 무제가 칭찬하면 장탕은 "臣은 이렇게 결재가 올라올 줄 몰랐는데 속관 아무개가 한 일입니다."라고 말하면서 속관을 천거하거나 능력을 칭송 또는 과오를 용서받게 해 주었다. 죄를 평결하면서 무제가 처벌할 의도가 있다면 속관 중에서 각박한 사람에게 사건을 배정하였고 만약 무제가 용서할 뜻이 있으면 가볍게 평결하는 자에게 맡기었다. 치죄할 사람이 세력가이면 기어이 법조문을 농간해서라도 죄에 얽어매었지만 평민이나 힘없는 사람이라면 법대로 처리한다고 말하면서도 무제에게 상신하였다. 그러면 자주 장탕의 뜻대로 풀려나기도 했다. 장탕이 비록 고관이었지만 그 사생활은 엄격했는데 손님에게 음식을 접대하거나 친우의 자제로 관리가 된 사람 또는 가난한 집안 형제들에 대해서는 아주 후하게 도와주었으며 여러 고관을 찾아 문안해야 한다면 춥고 더운 것을 따지지 않았다. 이 때문에 장탕이 각박하게 법을 따지고 시기하며 공평하게 처리하지 않았어도 좋은 칭송을 들을 수 있었다. 아주 각박한 많은 하급 관리들이 그를 위해 일했고 유학자들도 이용하였다. 그래서 승상 公孫弘도 자주 장탕의 능력을 칭찬하였다.

原文

及治淮南,衡山,江都反獄, 皆窮根本. 嚴助,伍被, 上欲釋之, 湯爭曰, "伍被本造反謀, 而助親幸出入禁闥, 腹心之臣, 乃交私諸侯如此, 弗誅, 後不可治." 上可論之. 其治獄所巧排大臣自以爲功, 多此類. 繇是益尊任, 遷御史大夫.

| 註釋 | ○淮南,衡山,江都反獄 - 44권, 〈淮南衡山濟北王傳〉, 53권, 〈景十三王傳〉 참고. ○嚴助(엄조) - 64권, 〈嚴朱吾丘主父徐嚴終王賈傳〉에 입전.

伍被(오피) — 45권, 〈蒯伍江息夫傳〉에 입전. ㅇ禁闥(금달) — 궁궐의 문. 왕궁. ㅇ可論之 — 판결에 동의하다. ㅇ巧排大臣 — 교묘하게 大臣을 타격하다. ㅇ繇是 — 由是. 繇는 말미암을 유(由와 同). 부역 요 ㅇ遷御史大夫 — 장탕은 元狩 2년(前 121)에 어사대부로 승진했다.

장탕은 淮南王과 衡山王, 江都王의 반란을 치죄하면서 그 근본을 철저하게 밝혀내었다. 嚴助(엄조)와 伍被(오피)에 대하여 무제는 석방하고 싶었지만 장탕은 이를 따지며 말했다.

"伍被는 본래 모반을 꾸몄으며 엄조는 신임을 얻어 왕궁에 출입한 腹心의 신하로 다른 제후와 이처럼 은밀한 왕래를 했는데 죽이지 않는다면 뒤에라도 다른 이를 다스릴 수 없습니다."

무제는 그 판결에 동의하였다. 장탕은 판결하면서 교묘하게 대신들을 타격하여 자신의 공적으로 만들었는데 이와 유사한 일이 많았다. 이로써 장탕은 더욱 신임을 받아 어사대부로 승진하였다.

原文

會渾邪等降, 漢大興兵伐匈奴, 山東水旱, 貧民流徙, 皆卬給縣官, 縣官空虛. 湯承上指, 請造白金及五銖錢, 籠天下鹽鐵, 排富商大賈, 出告緡令, 鋤豪強並兼之家, 舞文巧詆以輔法. 湯每朝奏事, 語國家用, 日旰, 天子忘食. 丞相取充位, 天子事皆決湯. 百姓不安其生, 騷動, 縣官所興未獲其利, 姦吏並侵漁, 於是痛繩以罪. 自公卿以下至於庶人咸指湯.

湯嘗病, 上自至舍視, 其隆貴如此.

| 註釋 | ○山東 - 보통 崤山(효산)의 동쪽. 함곡관의 동쪽. 今 山東省이

아님. ○縣官 - 官府, 국가. ○白金 - 白金幣(무제 元狩) 4년(前 119) 제조

유통. 은에 주석을 합금하여 제조. 白金은 보통 銀을 지칭. 金에는 黃金, 白

金(銀), 赤金(銅)의 3종류. ○五銖錢(오수전) - 무제 元狩 5년(前 118)에 제

조 유통시킨 화폐. 국가의 공식 화폐였으나 鑄造權은 각 군국에도 있었다.

元鼎 4년(前 113)에 가서야 漢 上林三官(그래서 三官錢이라는 이름으로 불

리기도 한다)에서만 발행권을 갖게 되었다. 漢에서부터 隋(수) 때까지 통용

되다가 唐 건국 후 공식적으로 폐기되었다. 〈食貨志〉 참고. ○籠 - 籠絡(농

락)하다. 자기 手中에 넣고 마음대로 하다. ○鹽鐵 - 소금과 철. 그때는 염철

을 전매했다. ○告緡令(고민령) - 張湯, 桑弘羊 등이 추진한 抑商 정책의 하

나. 元狩 4년(前 119)에 상인들의 재산에 과세하자 상인들이 재산을 감추고

정직하게 신고하지 않았다. 이에 元鼎 3년(前 114)에 무제는 고민령을 발동

하여 상인의 숨긴 재산을 신고하면 발각된 재산의 절반을 신고자에게 포상

했다. 緡은 돈 꿰미 민. ○鋤 - 호미 서. 제거하다. ○日旰 - 旰 해가 질 간.

○並 - 아우를 병. 전부. ○侵漁 - 중간에서 모리하다. 이득을 취하다.

〖國譯〗

그 무렵, 흉노의 渾邪王(혼야왕) 등이 투항했고 漢은 대거 군사를

일으켜 흉노를 토벌했으며 山東 지역의 수해와 가뭄으로 빈민이 흘

러들어와 나라에서 구제해주길 원했지만 나라의 재정도 바닥이 났

었다. 장탕은 무제의 뜻에 따라 白金錢(백금전)과 五銖錢(오수전)의

주조를 주청했고, 천하의 鹽鐵(염철)을 전매하면서 부유한 상인이나

대상인을 억누르고, 告緡令(고민령)을 시행하면서 부호와 세력가를

제거하였으며, 법령을 교묘하게 적용하여 죄에 얽어매면서 법의 집행을 도왔다. 장탕은 매 조회마다 나라의 財用을 논의했고 해가 저물도록 천자가 忘食할 때도 있었다. 승상은 그저 자리만 지켰고 천자는 모든 국사를 장탕과 결정하였다. 백성은 살기가 불안하여 소동이 일어났고 나라에서 시도한 정책은 실익을 거두지 못했고 奸吏들이 이득을 가로챘으며 장탕은 더 엄격한 법 집행을 주장하였다. 이에 공경 이하 서민에 이르기까지 모두 장탕을 지목하였다. 장탕이 병이 걸렸을 때 무제가 직접 문병을 했는데 장탕에 대한 총애가 이정도였다.

原文

匈奴求和親, 群臣議前, 博士狄山曰, "和親便." 上問其便, 山曰, "兵, 凶器, 未易數動. 高帝欲伐匈奴, 大困平城, 乃遂結和親. 孝惠,高后時, 天下安樂, 及文帝欲事匈奴, 北邊蕭然苦兵. 孝景時, 吳,楚七國反, 景帝往來東宮間, 天下寒心數月. 吳,楚已破, 竟景帝不言兵, 天下富實. 今自陛下興兵擊匈奴, 中國以空虛, 邊大困貧. 由是觀之, 不如和親." 上問湯, 湯曰, "此愚儒無知." 狄山曰, "臣固愚忠, 若御史大夫湯, 乃詐忠. 湯之治淮南,江都, 以深文痛詆諸侯, 別疏骨肉, 使藩臣不自安, 臣固知湯之詐忠." 於是上作色曰, "吾使生居一郡, 能無使虜入盜乎?" 山曰, "不能." 曰, "居一縣?" 曰, "不能." 復曰, "居一鄣間?" 山自度辯窮且下吏, 曰,

"能." 乃譴山乘鄣. 至月餘, 匈奴斬山頭而去. 是後群臣震
慴.

| 註釋 | ○群臣議前 – 황제 앞에서 의논하다. ○狄山(적산) – 人名. ○未
易數動(미이삭동) – 쉽게 자주 쓸 수 없습니다. ○大困平城 – 고조 7년(前
200)에 평성에서 흉노에게 포위되다. 平城은 今 山西省 大同市 동북. ○蕭
然(소연) – 騷然, 요란, 소동. ○吳,楚七國反 – 景帝 前元 3년(前 154). ○東
宮 – 皇太后 居處. ○寒心 – 兵亂이 있을까 두려워 떨다. ○愚儒無知 – 어
리석은 유생의 무지한 소치입니다. ○詐忠 – 위장된 충성. ○吾使生居一郡
– 짐이 先生을 한 郡을 다스리게 한다면. 生은 선생. 박사에 대한 호칭. ○一
鄣 – 하나의 보루. 鄣 막을 장. 낮은 성벽. ○乘鄣 – 보루에 보내다. 乘은
등. ○震慴(진섭) – 두려워 떨다. 慴 두려워할 섭.

〔 國譯 〕

匈奴가 화친을 요구하자 群臣이 어전에서 논의를 했는데 博士 狄
山(적산)이 말했다. "화친이 이롭습니다." 무제가 무엇이 이로운 가
를 묻자 적산이 말했다.

"兵은 凶器라서 쉽게 자주 동원할 수 없습니다. 고조께서 흉노를
정벌하려다가 平城에서 포위되어 큰 곤란을 겪은 뒤에 화친하였습
니다. 혜제와 고후 때에 천하가 안락했었고 문제 때 흉노와 전쟁하
였지만 북쪽이 소란하고 힘들었습니다. 景帝 때 吳, 楚 7국이 반역
하자 경제는 태후의 거처를 오가며 걱정하였고 천하는 몇 달간 병란
에 두려워 떨었습니다. 오와 초가 진압된 후에 경제께서는 끝내 전
쟁을 말하지 않았기에 천하는 부유하고 충실해졌습니다. 지금 폐하
께서 군사를 일으켜 흉노를 토벌한다면 중국은 공허해질 것이며 변

방은 크게 곤경 속에 가난해집니다. 이를 본다면 화친하는 것이 낫습니다."

무제가 이에 대해 장탕에게 묻자 장탕이 말했다. "이는 우매한 유생의 무지한 말입니다." 그러자 적산이 말했다. "臣이 정말 어리석은 충성일지 모르지만 어사대부 장탕의 충성은 거짓입니다. 장탕이 淮南王과 江都王을 치죄한 것을 보면 각박한 법률로 제후를 심하게 다루어 황실 골육지간을 소원하게 하였고 번신들을 불안하게 하였으니 신은 장탕의 거짓 충성을 알 수 있습니다."

이에 무제가 얼굴을 붉히며 말했다. "내가 박사에게 한 郡을 준다면 흉노의 침입과 노략질을 막을 수 있겠는가?" 적산이 말했다. "불가능합니다." "하나의 縣은 어떠한가?" "불가능합니다." 무제가 다시 물었다. "하나의 보루는 어떠한가?" 적산이 생각할 때 답변이 궁하면 廷吏에게 넘겨질지 모른다 생각하여 "할 수 있습니다."라고 대답하였다. 곧 적산을 변방 보루로 올려 보냈다. 한 달 남짓에 흉노가 적산의 머리를 잘라갔다. 이후로 군신들은 두려워 떨었다.

原文

湯客田甲雖賈人, 有賢操, 始湯爲小吏, 與錢通, 及爲大吏, 而甲所以責湯行義, 有烈士之風. 湯爲御史大夫七歲, 敗.

| 註釋 | ○賈人 – 坐賈(좌고). 商人. ○賢操 – 현량한 志操. ○與錢通 – 돈을 빌려주다. 금전 거래를 했다. ○敗 – 무너지다. 실패하다.

張湯의 빈객인 田甲은 비록 장사치였지만 현량한 지조를 가진 사람으로 장탕이 하급 관리였을 때부터 금전 거래를 했는데 장탕이 고관이 되었어도 전갑은 장탕의 품행이나 의리를 꾸짖을 정도로 烈士의 풍모가 있었다. 장탕은 어사대부 7년에 패망하였다.

河東人李文, 故嘗與湯有隙, 已而爲御史中丞, 薦數從中文事有可以傷湯者, 不能爲地. 湯有所愛史魯謁居, 知湯弗平, 使人上飛變告文姦事, 事下湯, 湯治論殺文, 而湯心知謁居爲之. 上問, "變事從跡安起?" 湯陽驚曰, "此殆文故人怨之." 謁居病臥閭里主人, 湯自往視病, 爲謁居摩足. 趙國以冶鑄爲業, 王數訟鐵官事, 湯常排趙王. 趙王求湯陰事. 謁居嘗案趙王, 趙王怨之, 並上書告, "湯大臣也, 史謁居有病, 湯至爲摩足, 疑與爲大姦." 事下延尉. 謁居病死, 事連其弟, 弟繫導官. 湯亦治它囚導官, 見謁居弟, 欲陰爲之, 而陽不省. 謁居弟不知而怨湯, 使人上書, 告湯與謁居謀, 共變李文. 事下減宣. 宣嘗與湯有隙, 及得此事, 窮竟其事, 未奏也. 會人有盜發孝文園瘞錢, 丞相靑翟朝, 與湯約俱謝, 至前, 湯念獨丞相以四時行園, 當謝, 湯無與也, 不謝. 丞相謝, 上使御史案其事. 湯欲致其文丞相見知, 丞相患之. 三長史皆害湯, 欲陷之.

| 註釋 | ○河東 - 郡名. 治所는 安邑縣(今 山西省 運城市 夏縣 서북). ○有隙(유극) - 사이가 안 좋다. ○御史中丞 - 侍御史의 상관, 감찰 및 탄핵 담당. ○薦數從中文~ - 薦數(천수)는 찾아내다. 이때 數는 죄상을 열거하는 의미로 쓰였다. 中文은 궁중 문서. ○不能爲地 - 여지가 없다. 피할 수 없다. ○魯謁居(노알거) - 人名. ○飛變(비변) - 急變을 고발하는 무기명 投書. ○冶鑄(야주) - 쇠를 제련하다. ○王數訟鐵官事 - 趙王은 자주 제철과 관련한 소송을 제기했다. 당시 趙王은 劉彭祖(유팽조, 前 154 - 92년 在位), 53권, 〈景十三王傳〉 참고. ○弟繫導官 - 導官은 少府 소속의 관청으로 주로 황실의 곡물 공급을 담당. 그 건물에 죄인을 임시로 가둬두었다. ○事下減宣 - 減宣(감선)은 人名. ○瘞錢(예전) - 무덤에 묻은 돈. 瘞 묻을 예, 무덤 예. ○長史 - 승상 보좌관. 승상, 태위, 어사대부, 대장군, 車騎장군, 전후좌우 장군은 소속 관원 중 유능한 자를 골라 長史로 임명. 秩 一千石. 장사는 본래 2人인데, 여기서 3인이라 한 것에 대하여 '정원 외 1명'의 주해가 있다.

〖 國譯 〗

河東郡 사람 李文은 전부터 장탕과 사이가 안 좋았는데 얼마 지나 御史中丞이 되어 궁중 문서에서 장탕을 다치게 할 수 있는 내용을 찾아내었는데 장탕도 피할 여지가 없는 것이었다. 장탕이 신임하는 부하 魯謁居(노알거)는 장탕이 불쾌해 하는 것을 알고 사람을 시켜 李文의 비리를 고발하는 무기명 투서를 하게 시켰다. 사건이 장탕에게 내려오자 장탕은 죄를 만들어 李文을 죽였는데, 장탕은 그 일을 노알거가 했다는 것을 알고 있었다. 나중에 무제가 "고발 사건은 어째서 일어났는가?"라고 묻자, 장탕은 거짓으로 놀라는 척하면

서 "이는 아마 李文이 아는 사람한테 원한을 산 것 같습니다."라고 말했다. 노알거가 마을의 어떤 집에 병이 들어 누워 있자, 장탕은 직접 가서 문병하면서 노알거의 다리도 주물러 주었다. 趙나라는 쇠를 주조하는 일로 번성했는데 趙王은 자주 제철과 관련한 소송을 제기했었다. 장탕은 자주 趙王을 억압했었고 조왕은 장탕의 약점을 캐내려 했었다. 노알거는 전에 조왕과 관련된 사건을 다룬 적이 있었는데, 趙王은 노알거에게 원한을 가지고 같이 상서하여 고발하면서, "張湯은 大臣으로 관원 노알거가 앓고 있을 때 문병하면서 다리를 주물러 주었다고 하니 아마 큰 비리가 있을 것입니다."라고 말하였다. 이 사건은 延尉에게 넘겨졌다. 그러는 중에 노알거가 병사하였기에 사건은 그 동생에게도 연관이 되어 동생이 導官에 갇히게 되었다. 장탕 또한 導官의 다른 죄수를 치죄하고 있었는데, 노알거의 동생을 보았으나 은밀하게 도와주려고 일부러 아는 체 하지 않았다. 노알거의 동생은 이런 속셈을 알지 못하고 장탕을 원망하며 사람을 시켜 장탕이 노알거와 공모하여 함께 李文을 변란을 고발케 했다고 투서를 하게 만들었다. 이 사건은 減宣(감선)에게 배당되었다. 감선도 전에 장탕과 사이가 좋지 않았는데 이 사건을 담당하게 되자, 사건의 전말을 완전하게 다 조사했지만 아직 상주하지는 않고 있었다. 그때 어떤 도둑이 文帝 능묘의 부장품 돈을 훔쳐갔는데 승상 嚴青翟(엄청적)은 조회하면서 장탕과 함께 사죄하기로 약속하였으나 무제 앞에 가자, 장탕은 '승상은 4계절에 맞춰 陵園을 혼자 행차하기에 사죄해야 하지만 자신은 상관없는 일'이라 생각되어 사죄하지 않았다. 승상이 사죄하자, 무제는 어사대부로 하여금 사건을 조사하게 하였다. 장탕이 받은 공문을 승상에게 보여 알려주자 승상은 이를 걱정하였다. 승상의 속관인 3명의 長史는 모두 장탕을 두려워하며 함께 모함하기로 했다.

原文

始, 長史朱買臣素怨湯, 語在其傳. 王朝, 齊人, 以術至右內史. 邊通學短長, 剛暴人也. 官至濟南相. 故皆居湯右, 已而失官, 守長史, 詘體於湯. 湯數行丞相事, 知此三長史素貴, 常陵折之. 故三長史合謀曰 “始湯約與君謝, 已而賣君, 今欲劾君以宗廟事, 此欲代君耳. 吾知湯陰事.” 使吏捕案湯左田信等, 曰湯且欲爲請奏, 信輒先知之, 居物致富, 與湯分之. 及它奸事. 事辭頗聞. 上問湯曰 “吾所爲, 賈人輒知, 益居其物, 是類有以吾謀告之者.” 湯不謝, 又陽驚曰 “固宜有.” 減宣亦奏謁居事. 上以湯懷詐面欺, 使使八輩簿責湯. 湯具自道無此, 不服. 於是上使趙禹責湯. 禹至, 讓湯曰 “君何不知分也! 君所治, 夷滅者幾何人矣! 今人言君皆有狀, 天子重致君獄, 欲令君自爲計, 何多以對爲?” 湯乃爲書謝曰 “湯無尺寸之功, 起刀筆吏, 陛下幸致位三公, 無以塞責. 然謀陷湯者, 三長史也.” 遂自殺.

| 註釋 | ○朱買臣(? – 前 115) – 64권, 〈嚴朱吾丘主父徐嚴終王賈傳〉에 입전. ○王朝 – 人名. 王朝(왕조)라고도 표기한다. ○右內史 – 경기의 행정관. 武帝 太初 원년(前 104)에 우내사를 京兆尹, 左內史는 左馮翊(좌풍익)으

로 개명. ○邊通(변통) − 人名. ○學短長 − 종횡가의 학설을 배우다. ○濟
南相 − 濟南國의 相. 漢初에 제후국에도 승상과 內史를 두고 독자적인 행정
을 할 수 있었으나 吳楚七國의 난 이후 제후 왕의 자치권을 박탈하고 승상을
相이라 불렀다. 成帝 때부터는 제후국의 內史를 없앴다. 그리하여 相이 각
郡의 太守처럼 제후국의 행정을 담당하였다. ○守長史 − 長史의 署理. 守는
임시직. 품계가 낮은 관리가 품계보다 높은 직분을 수행하다(階卑職高).
○詘體(굴체) − 몸을 낮춰 복종하다. ○素貴 − 이전에 거만하며. ○賣君 −
君을 속이다. 여기서 君은 長史의 상관인 승상 嚴靑翟. ○左田信等 − 증인
田信 등. 左는 證人. ○事辭頗聞 − 사건에 대한 말이 널리 퍼지다. 武帝도 알
게 되다. ○益居其物 − 재물을 더 많이 축적하다. ○固宜有 − 실제로 있을
수 있습니다. ○使使八輩簿責湯 − 8명의 이름이 쓰인 장부대로 하나하나 장
탕에게 따지다. 輩는 숫자 다음에 쓰여 있다는 뜻. 簿는 장부. 여기서는 장부
에 있는 대로. ○趙禹(조우) − 太中大夫. 장탕과 함께 여러 법을 손질했었다.
○不知分也 − 일의 輕重을 모르는가! ○夷滅者幾何人矣 − 가문이 멸족된
자가 얼마나 많겠는가! ○何多以對爲 − 어찌 그리 대꾸하려 하는가? ○無
以塞責 − 책임을 다할 수가 없다.

[國譯]

그전에 長史인 朱買臣은 평소에 張湯에게 원한이 있었는데 이는
그의 傳에 실려 있다. 王朝(王黽)는 齊나라 사람인데 儒學으로 右內
史에 승진했었다. 邊通(변통)은 종횡가의 학술을 배웠는데 억세고
포악한 사람으로 濟南國의 相이었다. 예전에 두 사람은 장탕보다 상
관이었으나 관직에서 밀려났다가 長史의 서리로 장탕 아래에 몸을
굽히고 있었다. 장탕은 승상과 업무를 같이 하면서 이 長史 3인이
평소에 거만하다는 것을 알고 늘 꺾어 무시했었다. 그래서 장사 세

사람이 같이 모의하기를 "처음에 장탕은 嚴승상과 같이 사죄하기로 하고서도 바로 嚴승상을 속였으며 이제 종묘의 사건으로 嚴승상의 죄를 캐겠다는 것은 승상의 자리를 차지하려는 것이요. 우리가 장탕의 비리를 알고 있으니 그냥 있을 수 없는 것이요." 그리고서는 廷尉가 장탕을 체포할 것과 증인으로 田信 등을 내세우며 장탕이 (무제에게) 주청하려는 일을 田信 등이 미리 알아서 중간에 물자를 챙겨 돈을 번 뒤에 장탕에게 나누어 주었다고 하였다. 그 밖의 비리들도 널리 소문이 났다. 이에 무제가 장탕에게 말했다.

"내가 하고자 하는 일을 장사꾼이 먼저 알아 물자를 사서 돈을 불렸으니 이는 내 뜻을 알려주는 사람이 있는 것과 마찬가지요."

장탕은 사죄하지 않고 또 놀란 척하며 "정말 그러할 것입니다." 라고 말했다. 減宣(감선)도 魯謁居(노알거)의 사건을 상주했다. 이에 무제는 장탕이 거짓된 마음으로 면전에서 속이려 한다는 것을 알고 사람을 시켜 8명의 이름이 적힌 장부대로 장탕에게 캐묻게 하였다. 장탕은 모두를 자신이 말한 것과 같지 않다며 자백하지 않았다. 이에 무제는 趙禹(조우)를 불러 장탕을 심문하게 하였다. 조우가 들어와서는 장탕을 비난하며 말했다.

"당신이 어찌 일의 輕重을 모르겠는가! 당신이 치죄하여 멸족된 사람들이 얼마나 많은가! 지금 사람들이 당신이 모두 죄가 있다고 말했고, 천자께서도 당신의 죄를 거듭 지적하며 스스로 일을 끝내게 하려는데 어찌 그렇게 대꾸하는가?"

장탕은 글을 올려 사직하며 말했다. "저는 아주 작은 공적도 없이 刀筆吏에서 출세하였는데 폐하께서 저를 三公의 자리까지 끌어 주셨지만 업무를 감당할 수가 없었습니다. 그렇지만 이 장탕을 모함한 자는 3인의 長史입니다." 그리고서 장탕은 자살했다.

　湯死, 家産直不過五百金, 皆所得奉賜, 無它嬴. 昆弟諸子欲厚葬湯, 湯母曰, "湯爲天子大臣, 被惡言而死, 何厚葬爲!" 載以牛車, 有棺而無槨. 上聞之, 曰, "非此母不生此子." 乃盡按誅三長史. 丞相靑翟自殺. 出田信. 上惜湯, 復稍進其子安世.

| 註釋 | ○直 – 다만, 겨우. 嬴 이(利)가 남을 영. 남은 것. 여분의 재산. ○有棺而無槨 – 관은 있지만 槨(곽, 덧 널)은 없다. 시신을 棺에 넣고 그 관을 곽에 넣어 매장한다. 그래서 보통 棺槨이라 통칭한다. 槨은 덧널 곽.

〔國譯〕

　장탕이 죽었을 때 그의 가산은 겨우 금전 5백에 불과하였는데 그동안 녹봉이나 하사물 등이 남은 것이 없었다. 그의 형제나 여러 자식들이 장탕을 후장하려 했으나 그 모친이 말했다. "아들은 천자의 대신으로 악언을 덮어쓰고 죽었는데 어찌 후장하겠느냐!"

　牛車에 실려 나갔는데 棺(관)은 있었지만 槨(덧 널)은 없었다. 무제가 이 사실을 알고 말했다. "이런 모친이 아니라면 이런 아들을 낳지 못했을 것이다." 이어 철저하게 조사하여 3인의 長史를 처형하였고 승상 嚴靑翟(엄청적)은 자살했다. 田信은 축출되었다. 무제는 장탕을 애석하게 여겨 다시 그 아들 張安世를 승진케 하였다.

59-2. (子) 張安世

安世字子孺, 少以父任爲郎. 用善書給事尙書, 精力於職, 休沐未嘗出. 上行幸河東, 嘗亡書三篋, 詔問莫能知, 唯安世識之, 具作其事. 後購求得書, 以相校無所遺失. 上奇其材, 擢爲尙書令, 遷光祿大夫.

| 註釋 | ○張安世(? - 前 62) - 武帝, 昭帝, 宣帝 時代의 군권을 장악했던 정치가. 武帝 때 尙書令, 昭帝 때 右將軍, 宣帝 때 大司馬衛將軍領尙書事. 관직생활이 청렴하기로 널리 알려졌다. ○尙書 - 어전에서 문서나 명령 전달하는 하급 관원. 少府에 소속. 尙은 主의 뜻. 領尙書事의 領은 상위 직급자가 하위 업무를 겸임하는 것. 그 업무를 감독하는 뜻이지 그 직책을 직접 수행하는 것은 아니다. ○休沐 - 5일마다 쉬는 관리의 휴무일. ○亡書三篋 - 3 상자의 서책이 없어지다. 篋 상자 협. 당시에 목간에 글을 썼으니 책을 상자로 보관했을 것이다. ○識之 - 그 내용을 암기하다. ○尙書令 - 少府의 속관. 상주한 문서를 관리하는 책임자. 秩 一千石. ○光祿大夫 - 武帝 太初元年(前 104)에 中大夫를 光祿大夫로 개칭. 조정의 의논을 주관하는 황제의 고급 참모. 秩 二千石. 漢代의 관리 녹봉은 곡식의 石(120斤, 1石은 29,760g. 약 30kg)으로 정해졌지만 녹봉을 곡식으로 받지 않고 錢으로 받았다. 중이천석(월 180斛)은 매월 4萬전을 받았다. 참고로 二千石은 月 120斛(1곡은 10斗. 20리터). 千石은 月 100斛이었다.

　張安世의 字는 子孺로 젊어서 부친(張湯)의 보증으로 낭관이 되
었다. 글씨를 잘 써서 尚書의 일을 담당하면서 직분에 힘을 기울여
休沐日에도 쉬지 않았다. 武帝가 河東에 행차하였을 때, 서책 3상자
를 잃어버려 황제가 물어도 아무도 대답을 못했는데 오직 장안세만
이 글을 외우고 있었다. 뒤에 서책을 찾아 대조해보니 하나도 누락
된 글자가 없었다. 무제가 그 재능을 기특하게 여겨 尚書令에 발탁
하였다가 光祿大夫로 승진시켰다.

原文

　昭帝卽位, 大將軍霍光秉政, 以安世篤行, 光親重之. 會
左將軍上官桀父子及御史大夫桑弘羊皆與燕王,蓋主謀反
誅, 光以朝無舊臣, 白用安世爲右將軍光祿勳, 以自副焉.
久之, 天子下詔曰, "右將軍光祿勳安世輔政宿衛, 肅敬不
怠, 十有三年, 咸以康寧. 夫親親任賢, 唐, 虞之道也, 其封安
世爲富平侯.

| 註釋 | ○昭帝(재위 前 86 – 74) – 武帝의 막내아들. 8세 즉위, 20세 붕어.
○霍光(곽광, ? – 前 68) – 霍去病의 이복동생. 68권, 〈霍光金日磾傳〉에 입
전. ○上官桀(상관걸, ? – 前 80) – 손녀 上官氏가 昭帝의 황후. ○桑弘羊(상
홍양, 前 152 – 80) – 무제 때 재정 전문가. 鹽鐵 전매를 주장. ○燕王 – 무제
의 아들 劉旦. 元鳳 원년(前 80), 상관걸과 함께 곽광을 제거하고 소제를 폐
위 후 자립하려는 모반이 누설. 자살. 연왕의 반역은 63권, 〈武五子傳〉 참고.

○蓋主(개주) - 燕王의 누이인 鄂邑公主(악읍공주, ? - 前 80). 蓋長公主 또는 鄂邑蓋長公主라 호칭. 武帝의 딸. 大將軍 霍光에게 자신의 情夫인 丁外人의 관직을 부탁했으나 거절당하자 상관걸 부자와 연결하여 곽광을 죽이려는 계획에 동참. 누설되자 자살했다. ○唐,虞之道 - 堯舜의 道. ○其封安世~ - 其는 ~하기 바란다. 어기를 조절하는 副詞.

[國譯]

　昭帝가 즉위하고 대장군 霍光(곽광)이 정권을 장악하였을 때 張安世는 행실이 돈독하여 곽광이 매우 중시하였다. 마침 좌장군 上官桀(상관걸) 부자와 어사대부 桑弘羊 등이 燕王과 蓋主(악읍공주)의 모반에 걸려 주살되자 곽광은 조정에 舊臣이 없다 하여 張安世를 右將軍 光祿勳에 임명하고 자신은 그 부책임자가 되겠다고 아뢰었다. 얼마 뒤 天子(昭帝)가 조서를 내려 말했다. "右將軍 光祿勳 張安世는 輔政하고 宿衛하면서 엄숙 공경하며 부지런하기 13년에 나라가 이에 편안하였다. 친한 자를 더 가까이하고 현인에게 일을 맡기는 것은 堯舜의 道일 것이니 이에 장안세를 富平侯로 봉한다."

原文

　明年, 昭帝崩, 未葬, 大將軍光白太后, 徙安世爲車騎將軍, 與共徵立昌邑王. 王行淫亂, 光復與安世謀, 廢王, 尊立宣帝. 帝初卽位, 褒賞大臣, 下詔曰, "夫褒有德, 賞有功, 古今之通義也. 車騎將軍光祿勳富平侯安世, 宿衛忠正, 宣德明恩, 勤勞國家, 守職秉義, 以安宗廟, 其益封萬六百戶, 功次大將軍光."

安世子千秋,延壽,彭祖, 皆中郎將侍中.

| 註釋 | ○車騎將軍 - 禁軍(궁궐 호위군)의 총 지휘관. ○昌邑王 - 前 74
년 昭帝가 붕어하며 후사가 없어 대장군 霍光 등이 昌邑王 劉賀(昌邑哀王 劉
髆의 아들, 무제의 손자)를 황제로 옹립했으나 계속되는 음란 행위로 재위 27
일 만에 폐위되었다. 63권, 〈武五子傳〉 참고. ○宣帝(선제, 原名 劉病已(유병
이), 즉위 후에 詢(순)으로 개명. 재위 前 74 - 48) - 武帝의 曾孫, 戾太子 劉據의
長孫, 史皇孫 劉進의 長子. 창읍왕이 음란행위로 폐위되자 光祿大夫 丙吉이
곽광에게 劉病已를 천거하여 昭帝 元平 원년 七月(前 74년 9월)에 즉위하고
다음 해에 本始로 改元하였다. ○中郎將侍中 - 中郎將은 낭관들의 지휘관.
侍中은 가관의 칭호.

〔國譯〕

그 다음 해에 昭帝가 붕어하였는데 장례를 마치기 전에, 대장군
霍光(곽광)이 太后에게 보고하여 張安世를 車騎將軍으로 전직시키
고서 함께 昌邑王을 옹립하였다. 창읍왕이 음란행위를 하자 곽광은
다시 장안세와 협의하여 창읍왕을 폐하고 宣帝를 받들어 옹립하였
다. 선제는 즉위하고 대신들을 褒賞(포상)하며 조서를 내려 말했다.

"有德者를 기리고 有功者에게 상을 주는 것은 古今의 通義이다.
車騎將軍 光祿勳인 富平侯 張安世는 황궁 호위에 忠正하고 덕과 은
의를 베풀고 밝히며 국가를 위해 勤勞하고 직무에서 大義를 따르며
宗廟를 안정케 하였으니 이에 10,600호를 보태어 봉하니 그 공은 대
장군 霍光의 다음이다."

장안세의 아들 千秋와 延壽와 彭祖 모두가 中郞將으로 侍中이 되었다.

大將軍光薨後數月, 御史大夫魏相上封事曰, "聖王褒有德以懷萬方, 顯有功以勸百寮, 是以朝廷尊榮, 天下鄕風. 國家承祖宗之業, 制諸侯之重, 新失大將軍, 宜宣章盛德以示天下, 顯明功臣以塡藩國. 毋空大位, 以塞爭權, 所以安社稷絶未萌也. 車騎將軍安世事孝武皇帝三十餘年, 忠信謹厚, 勤勞政事, 夙夜不怠, 與大將軍定策, 天下受其福, 國家重臣也. 宜尊其位, 以爲大將軍, 毋令領光祿勳事, 使專精神, 憂念天下, 思惟得失. 安世子延壽重厚, 可以爲光祿勳, 領宿衛臣."

上亦欲用之. 安世聞指, 懼不敢當. 請聞求見, 免冠頓首曰, "老臣耳妄聞, 言之爲先事, 不言情不達, 誠自量不足以居大位, 繼大將軍後. 唯天子財哀, 以全老臣之命." 上笑曰, "君言泰謙. 君而不可, 尙誰可者!" 安世深辭弗能得. 後數日, 竟拜爲大司馬車騎將軍, 領尙書事. 數月, 罷車騎將軍屯兵, 更爲衛將軍, 兩宮衛尉, 城門, 北軍兵屬焉.

| 註釋 | ○大將軍光薨 - 곽광은 宣帝 地節 2년(前 68년)에 죽었다. ○魏相 - 74권, 〈魏相丙吉傳〉에 입전. ○懷萬方 - 懷는 招來. ○百寮 - 百僚.

○諸侯之重 – 제후의 위세. 제후의 중압. ○以塡藩國 – 번국을 진압하다. 塡(메울 전, 누를 진)은 鎭과 通. ○以塞爭權 – 쟁권을 막다. 塞은 杜絶. ○未萌(미맹) – 萌은 싹 맹. ○免冠頓首(면관돈수) – 관을 벗어놓고 머리를 숙이다. 큰 잘못에 대한 용서를 빌다. ○言之爲先事 – 일어나지도 않은 일을 먼저 말하다. 지레짐작하고 먼저 말하다. ○財哀 – 조금만 불쌍히 여기시어. 財는 조금, 약간(稍微). ○君而不可, 尙誰可者 – 경이 만약 불가하다면 누가 可하단 말인가? 而는 만약. ○兩宮 – 未央躬과 長樂宮. 衛尉는 궁궐 경비 책임자. 九卿의 하나. ○城門 – 京師의 성문. ○北軍 – 궁궐과 京師의 외곽 수비군.

[國譯]

　　대장군 霍光이 죽고 몇 달 뒤, 御史大夫인 魏相(위상)이 封事를 올려 말했다. "聖王은 有德者를 포상하여 萬邦을 품어주고 有功者를 높여 百僚를 勸勉하나니 이로써 조정은 존귀하고 번영하며 천하에 덕화가 이루어집니다. 국가는 祖宗之業을 계승하고 諸侯의 위세를 견제해야 하는데 최근 대장군이 죽은 뒤에 의당 盛德을 밝게 드러내어 천하에 알려야 하고 공신을 널리 알려 藩國(번국)을 진압하여야 합니다. 높은 자리를 비운 채로 두지 않아야 爭權을 막을 수 있고 그러해야만 사직을 안정시키고 변란이 싹트기 전에 방지할 수 있습니다. 車騎將軍 張安世는 孝武皇帝를 30여 년 섬겼으며 忠信하고 謹厚하며 정사에 열심히 힘쓰고 아침부터 늦게까지 부지런하며 대장군과 함께 정책을 폈기에 천하가 그 복을 누리도록 만든 나라의 중신입니다. 이에 그 지위를 높여 대장군에 임명하여 光祿勳의 업무를 손 떼고 정신을 모아 천하를 걱정하며 국가 정책의 득실을 따지게 해야 합니다. 張安世의 아들인 張延壽도 사람이 중후하여 光祿勳이 되어 宿衛의 군사를 거느릴 수 있을 것입니다."

宣帝도 그렇게 등용할 생각을 하였다. 安世가 그런 뜻을 전해 듣고 감당할 수 없다며 크게 걱정하였다. 장안세는 선제가 만나려 한다는 말을 듣고 나아가 관을 벗고 머리를 땅에 대며 말했다.

"老臣의 귀가 잘못 듣고서 일보다 먼저 말하는 것 같습니다. 제 속내를 말씀드리지 않으면 뜻을 알릴 수 없습니다만 제 능력을 제가 헤아려 보아도 정말로 높은 자리인 대장군의 후임에는 부족합니다. 바라옵나니 폐하께서 조금 불쌍히 여기시어 노신의 목숨을 지켜주시기 바랍니다." 그러자 선제가 웃으며 말했다. "경의 말은 너무 겸손하오. 경이 만약 불가하다면 누가 可하단 말입니까!"

張安世는 감당할 수 없다고 여러 번 사양하였다. 며칠 뒤, 마침내 장안세를 大司馬車騎將軍領尙書事에 임명하였다. 몇 달 지나 車騎將軍의 屯兵(둔병)을 해산하고 衛將軍과 兩宮의 衛尉와 성문과 北軍兵의 속관을 교체하였다.

時, 霍光子禹爲右將軍, 上亦以禹爲大司馬, 罷其右將軍屯兵, 以虛尊加之, 而實奪其衆. 後歲餘, 禹謀反, 夷宗族, 安世素小心畏忌, 已內憂矣. 其女孫敬爲霍氏外屬婦, 當相坐, 安世瘦懼, 形於顔色. 上怪而憐之, 以問左右, 乃赦敬, 以慰其意. 安世寢恐. 職典樞機, 以謹愼周密自著, 外內無間. 每定大政, 已決, 輒移病出. 聞有詔令, 乃驚, 使吏之丞相府問焉. 自朝廷大臣莫知其與議也.

[國譯]

그때, 霍光(곽광)의 아들 霍禹(곽우)는 右將軍이었는데 선제는 곽
우를 大司馬로 삼으면서 右將軍의 둔병을 해산시켰는데 이는 실권
도 없는 존호를 주고 실제로는 그 군사를 빼앗은 것이었다. 그 일 년
뒤에 곽우는 모반을 일으켜 멸족 당했는데 장안세는 평소에도 조심
하고 두려워했지만 특히 속으로 걱정이 많았다. 그의 손녀인 敬이
곽씨 외가의 며느리라서 으레 연좌될 수 있기에 장안세는 수척할 정
도로 두려워 안색이 나빴다. 선제가 이상히 여겨 측근에게 물어본
뒤 장안세의 손녀를 사면하여 장안세의 근심을 풀어주었다. 그래도
장안세는 더 조심하였다. 장안세는 업무처리나 機務를 처리하면서
勤愼하고 꼼꼼히 챙기며 공명하게 처리하여 내외로 빈틈이 없었다.
매번 큰 정책을 결정한 뒤에는 그때마다 병을 핑계로 사직코자 하였
다. 詔令이 내려왔다는 말을 들으면 놀라면서 관리를 승상부에 보내
뜻을 묻게 하였다. 조정의 대신들은 그토록 깊이 생각하는 줄을 아
는 이 없었다.

嘗有所薦, 其人來謝, 安世大恨, 以爲擧賢達能, 豈有私謝邪? 絶勿復爲通. 有郎功高不調, 自言, 安世應曰, "君之功高, 明主所知. 人臣執事, 何長短而自言乎!" 絶不許. 已而郎果遷. 莫府長史遷, 辭去之官, 安世問以過失. 長史曰, "將軍爲明主股肱, 而士無所進, 論者以爲譏." 安世曰, "明主在上, 賢不肖較然, 臣下自修而已, 何知士而薦之?" 其欲匿名跡遠權勢如此.

爲光祿勳, 郎有醉小便殿上, 主事白行法, 安世曰, "何以知其不反水漿邪? 如何以小過成罪!" 郎淫官婢, 婢兄自言, 安世曰, "奴以忿怒, 誣汚衣冠." 告署適奴. 其隱人過失, 皆此類也.

安世自見父子尊顯, 懷不自安, 爲子延壽求出補吏, 上以爲北地太守. 歲餘, 上閔安世年老, 復徵延壽爲左曹太僕.

| 註釋 | ○不調 – 승진하지 못하다. ○莫府 – 幕府. ○譏 – 나무랄 기. 원망하다. ○賢不肖較然 – 賢明 여부는 확연히 드러난다. 較 견줄 교. 환하게 드러나다. ○主事 – 관직명. ○反 – 엎지르다. 물을 쏟다. 水漿은 마실 것. 음료수. ○郎淫官婢 – 낭관이 관비와 간음하다. 漢代의 각 관청에는 관노가 매우 많았다. ○忿怒(에노) – 忿 성낼 에. ○誣汚衣冠 – 사대부를 무고하다. 誣는 무고할 무. 衣冠은 사대부. ○告署適奴 – 담당 부서에서 관노를 벌주게 하다. ○北地 – 군명. 今 甘肅省 慶陽市 일대. ○左曹太僕 – 태복은 九卿의 하나. 左曹는 加官의 칭호. 가관의 칭호를 받으면 황제의 측근이

되었다는 뜻. 가관은 본 관직 외에 추가로 받는 직함. 侍中, 左右曹, 諸吏, 散騎, 中常侍, 給事中 등이 모두 加官이다. 列侯, 將軍, 卿大夫, 都尉, 尙書, 太醫, 太官令에서 郎中에 이르는 관직이라면 加官을 받을 수 있고 加官은 정원이 없었다.

〔 國譯 〕

언젠가 관리를 천거하였는데 그가 찾아와 사례를 하자 장안세는 크게 후회하면서 '현자나 능력 있는 자라서 천거를 했는데 어찌 사적으로 사례를 하는가?'라고 생각하며 다시는 왕래를 못하게 하였다. 어떤 낭관이 공적이 많은데도 승진을 못했다는 말을 하자 장안세가 대답하였다. "당신이 공적을 폐하께서도 알고 계십니다. 신하된 자는 업무를 처리할 뿐이지 어찌 잘하고 못한 것을 스스로 말해야 하는가!" 그러면서 강하게 불허하였다. 얼마 뒤에 그 낭관은 승진하였다. 幕府의 長史가 승진하여 임지로 가게 되자 장안세는 자신의 잘못이 무엇인가를 물었다. 長史는 "장군은 明主의 최측근 심복인데도 아는 관리들을 천거하지 않기 때문에 논자들은 그것을 원망합니다." 그러자 장안세가 말했다. "明主께서 위에 계시고 賢不肖는 확실하게 드러나기에 신하는 스스로 노력할 뿐이거늘 어느 사이에 다른 사람을 알아 천거하겠는가?"

그가 자신의 이름을 감추려 하고 권세를 휘두르려 하지 않는 것이 이런 정도였다. (장안세가) 光祿勳이었을 때, 낭관한 사람이 취해서 전각에서 소변을 보았다며 主事가 법대로 처리하겠다고 아뢰었다. 이에 장안세가 말했다. "혹시 음료수를 엎지를 수도 있지 않은가? 어떻게 이런 작은 실수를 죄라 할 수 있는가!" 그 낭관이 관노와 간음했고 관노의 오빠가 직접 말했다고 하자 장안세가 말했다. "노비가 화났다고 사대부를 무고할 수 있는가?" 그리고 부서에서 그 노비를 벌주게 하였다. 남의 과실을 덮어주는 마음이 대개 이런 식이었다.

장안세는 부자가 모두 고관이 되자 걱정으로 마음이 편치 않아 아들 張延壽를 보조하는 관리로 내보내려 하였는데 선제는 장연수를 北地太守로 임명하였다. 1년 뒤에 선제는 장안세의 나이가 많은 것을 안쓰럽게 여겨 다시 장연수를 불러들여 左曹太僕에 임명하였다.

原文

初, 安世兄賀幸於衛太子, 太子敗, 賓客皆誅, 安世爲賀上書, 得下蠶室. 後爲掖庭令, 而宣帝以皇曾孫收養掖庭. 賀內傷太子無辜, 而曾孫孤幼, 所以視養拊循, 恩甚密焉. 及曾孫壯大, 賀敎書, 令受《詩》, 爲取許妃, 以家財聘之. 曾孫數有徵怪, 語在〈宣紀〉. 賀聞知, 爲安世道之, 稱其材美. 安世輒絶止, 以爲少主在上, 不宜稱述曾孫. 及宣帝卽位, 而賀已死. 上謂安世曰, "掖廷令平生稱我, 將軍止之, 是也." 上追思賀恩, 欲封其塚爲恩德侯, 置家塚二百家. 賀有一子蚤死, 無子, 子安世小男彭祖. 彭祖又小與上同席硏書, 指欲封之, 先賜爵關內侯. 故安世深辭賀封, 又求損守塚戶數, 稍減至三十戶. 上曰, "吾自爲掖廷令, 非爲將軍也." 安世乃止, 不敢復言. 遂下詔曰, "其爲故掖廷令張賀置守塚三十家." 上自處置其里, 居塚西鬪雞翁舍南, 上少時所嘗游處也. 明年, 復下詔曰, "朕微眇時, 故掖廷令張賀輔道朕躬, 修文學經術, 恩惠卓異, 厥功茂焉.《詩》云, '無言不讎, 無德不報.' 其封賀弟子侍中關內侯彭祖爲陽都侯, 賜賀諡曰陽都哀侯." 時, 賀有孤孫霸, 年七歲, 拜爲散騎中郞將, 賜爵關內侯, 食邑三百戶. 安世以父子封侯, 在位大盛, 乃辭祿. 詔都內別臧張氏無名錢以百萬數.

| 註釋 | ○張賀 – 생졸년 미상. 巫蠱之禍(무고의 화)와 연관되어 太子家令이던 장하는 腐刑(부형)을 받았다. ○衛太子 – 劉據, 衛皇后 소생. 63권, 〈武五子傳〉에 입전. ○得下蠶室 – 부형에 처하다. 생식기를 제거한 뒤 蠶室(잠실, 누에를 치는 방)처럼 생긴 방에 넣어 風寒을 예방하였다. 司馬遷도 그러하였다. ○掖庭令(액정령) – 궁녀들을 관리하는 직책. 환관이 담당하였다. 후궁의 거처를 액정이라 하였다. ○皇曾孫 – 무제의 증손. 衛太子의 손자. 후일 宣帝. ○內傷 – 가슴 아파하다. ○無辜(무고) – 辜 허물 고. ○孤幼 – 부모를 다 잃은 幼兒. ○拊循(부순) – 보호하고 양육하다. 拊 어루만질 부. ○許妃 – 許廣漢의 딸. 선제가 평민과 같은 생활을 할 때 맞이한 아내. 元帝의 생모. 前 74 – 71년 황후로 재위. 둘째 아이를 낳은 후, 곽광 아내의 음모로 독살되었다. ○子安世小男彭祖 – 安世의 막내아들 彭祖를 아들로 삼다. ○關內侯 – 20작위 중 열후 다음으로 높은 19등 작위. 식읍은 없고 봉해진 戶數만큼의 租稅 수입을 받았다. ○上自處置其里 – 선제가 직접 守塚하는 마을의 30호를 지명하다. ○微眇 – 어렸을 적. ○無言不讎 – 말이 없으면 응답도 없다. 讎는 짝 수. 應答.《詩經 大雅 抑》. 악언은 악언으로 돌아오고 내가 善言을 하면 남도 나에게 善言을 한다. ○都內 – 國庫를 管理하는 官吏. ○別臧 – 별도로 보관하다. 臧(착할 장)은 藏(저장할 장)과 通.

　그전에, 張安世의 兄인 張賀(장하)는 衛太子의 신임을 받았으나,
太子가 敗亡하면서 그 賓客들도 모두 사형 당했는데 安世는 형 장하
를 위해 상서하여 장하는 腐刑을 받았다. 뒤에 掖庭令(액정령)이 되
었는데 宣帝는 皇曾孫으로 掖庭에서 자랐다. 장하는 太子가 無辜하
게 죽은 것을 가슴 아파하며 武帝의 曾孫이 부모를 모두 잃은 고아
이기에 보살펴 키웠는데 그 사랑이 매우 도타웠다. 皇曾孫이 크면서
장하는 글을 가르쳤고《詩經》을 공부하게 하였으며 許妃를 골라 家
財를 들여 결혼시켰다. 曾孫에게 여러 번 특이한 상서로움이 있었는
데 그것은 〈宣紀〉에 적혀있다. 장하는 이런 사실을 알고 安世에게
이야기하며 그 뛰어난 자질을 칭송하였다. 安世는 그때마다 말을 막
으면서 어린 황제(昭帝)가 재위하시니 증손 이야기를 해서는 안 된
다고 하였다. 宣帝가 즉위했을 때 장하는 이미 죽고 없었다. 선제가
安世에게 말했다. "掖廷令(액정령, 張賀)이 살았을 때 내 이야기를 하
면 장군이 못하게 한 것은 옳은 일이었소." 선제는 장하의 은덕을
생각하며 그 무덤을 봉하여 恩德侯라 하였고 무덤을 돌보는 민호 2
백 호를 내리려 하였다. 장하의 하나뿐인 아들이 일찍 죽어 아들이
없자 安世의 막내아들 彭祖(팽조)를 양자로 정해주었다. 팽조 또한
어려서 선제와 함께 같이 공부를 했었는데 그를 제후에 봉하려고 우
선 關內侯의 작위를 하사하였다. 그래서 安世는 張賀가 피봉된 것을
진심으로 사례하면서 守塚(수총)하는 戶數를 30호로 줄여달라고 주
청하였다. 이에 선제가 말했다. "짐은 掖廷令를 위하는 것이지 장군
을 위하는 것이 아니요." 그러자 安世는 중지하며 다시는 말을 하지
못했다. 이에 조서를 내려 말했다. "故 액정령 張賀에게 守塚하는

민호 30家를 내리노라." 선제는 직접 30호의 마을을 지정했는데 무덤 서쪽의 鬪雞翁(투계옹, 닭싸움을 잘하는 노인이라는 뜻)의 집 남쪽으로 선제가 어렸을 때 놀러 다닌 곳이었다. 그 다음 해에 다시 조서를 내렸다.

"짐이 어렸을 때, 고 액정령 장하는 짐을 키워주면서 학문과 경전을 가르쳤는데 그 은혜가 특별하고 그 공덕이 크도다.《詩》에도 '무언하면 응답이 없고 덕을 베풀지 않으면 보답도 없다.'고 하였도다. 장하 아우의 아들 侍中 關內侯인 彭祖를 陽都侯로 封하고 張賀의 시호를 陽都哀侯로 정하노라."

이때 장하의 孤孫인 張霸(장패)는 7살이었는데 散騎 中郎將을 제수하고 關內侯의 작위와 식읍 3백 호를 하사하였다. 安世는 父子가 封侯이고 관직도 아주 높았기에 녹봉을 사양하였다. 선제는 都內에게 張氏 일가를 위한 無名錢을 數 百萬을 비축하라고 명했다.

原文

安世尊爲公侯, 食邑萬戶, 然身衣弋綈, 夫人自紡績, 家童七百人, 皆有手技作事, 內治産業, 累織纖微, 是以能殖其貨, 富於大將軍光. 天子甚尊憚大將軍, 然內親安世, 心密於光焉.

元康四年春, 安世病, 上疏歸侯, 乞骸骨. 天子報曰, "將軍年老被病, 朕甚閔之. 雖不能視事, 折衝萬里, 君先帝大臣, 明於治亂, 朕所不及, 得數問焉, 何感而上書歸衛將軍富

平侯印? 薄朕忘故, 非所望也. 願將軍强餐食, 近醫藥, 專精
神, 以輔天年." 安世復强起視事, 至秋薨. 天子贈印綬, 送
以輕車介士, 諡曰敬侯. 賜塋杜東, 將作穿復土, 起塚祠堂.
子延壽嗣.

| 註釋 | ○弋綈 (익제) – 검은 비단. 弋 주살 익. 검은색. 綈 깁 제. 두껍게
짠 비단. ○家童 – 하인. ○能殖其貨 – 재산을 불리다. ○心密 – 마음으로
親密하다. ○元康四年 – 宣帝의 연호, 前 62년에 해당. ○歸侯 – 봉호를 반
납하다. ○乞骸骨 (걸해골) – 사직하다. 고향에 돌아가 묻히길 바라다. ○折
衝萬里 – 만 리 밖의 적을 격퇴하고 승리하다. 折衝 (절충)은 적을 제압하고
승리하다. 아직도 기개가 살아있다는 칭송. ○薄朕忘故 – 짐을 박대하며 옛
일을 잊으려는 것이다. ○輕車介士 – 작은 戰車 (의장용 戰車)와 介士 (甲士,
의장병). ○塋 – 무덤 영. ○起塚祠堂 – 무덤의 祠堂을 짓다.

〔國譯〕

　張安世는 공경 열후의 존귀한 신분에 식읍이 1만 호나 되었지만,
검은 비단옷을 입었고, 夫人은 직접 길쌈을 하였으며 7백 명 하인들
이 모두 손재주를 가지고 일을 하며 가내 산업을 일으켜 가는 비단
을 생산하면서 재산을 불려가니 대장군 곽광보다도 부유했다. 천자
는 대장군 곽광을 너무 어려워하며 꺼렸지만 마음으로는 安世를 가
까이 하여 곽광보다도 친밀하였다.

　元康 4년 봄에 安世는 병으로 封號를 반납하며 사직하겠다고 상
소하였다. 이에 천자가 대답하였다. "장군의 노환을 짐은 심히 걱정
하노라. 비록 업무를 처리할 수 없더라도 만 리 밖의 적을 이길 수

있으며, 君은 先帝의 대신으로 治亂에 밝으니 짐이 모르는 것을 자주 물어야 하거늘, 무슨 생각으로 衛將軍 富平侯의 인수를 반납하시려는가? 이는 짐에게 박정하고 옛 일을 잊으려는 것이니 짐이 바라는 바가 아니요. 장군께서는 억지로라도 식사를 하고 醫藥을 복용하며 정신을 가다듬어 天壽를 채우기 바라오."

安世는 다시 회복하여 정무를 보았으나 가을에 죽었다. 선제는 印綬(인수)를 증정하고 輕車와 甲士를 보내 장례를 도왔고 시호를 敬侯라 하였다. 杜陵 동쪽에 무덤을 만들며 땅을 파고 다시 흙을 쌓게 하였으며 무덤에 사당을 짓도록 허용하였다. 아들 張延壽가 뒤를 이었다.

59-3. (孫) 張延壽 外

原文

延壽已歷位九卿, 旣嗣侯, 國在陳留, 別邑在魏郡, 租入歲千餘萬. 延壽自以身無功德, 何以能久堪先人大國, 數上書讓減戶邑, 又因弟陽都侯彭祖口陳至誠, 天子以爲有讓, 乃徙封平原, 並一國, 戶口如故, 而租稅減半. 薨, 諡曰愛侯. 子勃嗣. 爲散騎諫大夫.

| 註釋 | ○張延壽(장연수) - 張湯의 손자. ○陳留(진류) - 郡名. 치소는 陳留縣(今 河南省 開封市 동남). ○魏郡(위군) - 치소는 鄴縣(업현, 今 河北省 邯鄲市 관할의 臨漳縣). ○平原 - 郡名. 國名. 치소는 平原縣, 領縣 19현. 今 山東省 德州市 일대. ○散騎諫大夫 - 散騎는 侍中과 같은 加官의 칭호. 諫大夫는 관직명, 光祿勳 소속, 議論을 관장.

〖 國譯 〗

張延壽(장연수)가 이미 九卿의 지위를 거쳤다지만 제후를 계승하여 봉지는 陳留郡에 있고 別邑은 魏郡에 있으면서 租稅로 1년에 1천여만 전이 들어왔다. 장연수 자신은 아무 공덕도 없었으니 어찌 조상의 큰 봉지를 오래 감당하겠느냐면서 여러 번 봉읍을 삭감해 달라고 상서하였고 또 동생 陽都侯 張彭祖도 지성으로 건의하였기에 천자는 겸양의 덕이 있다고 생각하며 봉읍을 平原 하나로 병합하고 호구 수는 그대로 두되 조세를 반감하였다. 장연수가 죽으니, 시호는 愛侯였다. 아들 張勃(장발)이 뒤를 이었고 散騎諫大夫가 되었다.

原文

元帝初卽位, 詔列侯擧茂材, 勃擧太官獻丞陳湯. 湯有罪, 勃坐削戶二百, 會薨, 故賜諡曰繆侯. 後湯立功西域, 世以勃爲知人. 子臨嗣.

| 註釋 | ○元帝初(재위 前 48 - 33) - 宣帝의 아들, 선제가 민간에 있을 때 출생. 모친은 恭哀皇后 許平君. ○茂材 - 秀才, 後漢 光武帝 劉秀를 피휘하

여 茂材로 기록. ㅇ太官獻丞 - 太官令은 少府 소속 관직명. 황궁의 음식이
나 酒類나 果品을 공급 담당자. 그 아래 7丞을 거느렸는데 獻丞은 그중의 하
나. ㅇ陳湯 - 元帝 建昭 3년(前 36)에 흉노를 원정하여 공을 세웠다. 70권,
〈傅常鄭甘陳段傳〉에 立傳.

[國譯]

　元帝가 즉위하면서 조서로 열후들에게 茂材(무재)를 천거하게 했
는데, 張勃(장발)은 太官獻丞인 陳湯(진탕)을 천거하였다. 진탕이 죄
를 짓자 장발은 연좌되어 식읍 2백 호를 삭감 당했고 그 상태로 죽
었기에 繆侯(목후)라는 나쁜 시호를 내렸다. 뒤에 진탕은 서역에서
공을 세웠는데 세상 사람들은 장발이 사람을 볼 줄 안다고 말했다.
아들 張臨이 뒤를 이었다.

原文

　張臨亦謙儉, 每登閣殿, 常歎曰, "桑,霍爲我戒, 豈不厚
哉!" 且死, 分施宗族故舊, 薄葬不起墳. 臨尙敬武公主. 薨,
子放嗣.

| 註釋 |　ㅇ桑,霍爲 - 桑弘羊과 霍禹, 어설픈 반란 음모로 멸족 당했다.
ㅇ薄葬 - 厚葬의 반대. 不起墳은 봉분을 산처럼 크게 만들지 않다. ㅇ敬武
公主 - 元帝의 여동생.

張臨(장림) 또한 겸손하고 검소하였는데 매번 전각에 오를 때마다 늘 탄식하며 말했다. "상홍양과 곽우가 나를 훈계해 주었으니 어찌 고맙지 않은가!" 죽기 전에 일가 친족과 우인들에게 재물을 나누어 주었으며 검소한 장례를 치르고 봉분을 만들지 말라고 하였다. 장림은 敬武公主에게 장가들었다. 장림이 죽자 아들 張放이 뒤를 이었다.

原文

(張放) 鴻嘉中, 上欲遵武帝故事, 與近臣游宴, 放以公主子開敏得幸. 放取皇后弟平恩侯許嘉女, 上爲放供張, 賜甲第, 充以乘輿服飾, 號爲天子取婦, 皇后嫁女. 大官私官並供具第, 兩宮使者冠蓋不絶, 賞賜以千萬數. 放爲侍中中郎將, 監平樂屯兵, 置莫府, 儀比將軍. 與上臥起, 寵愛殊絶, 常從爲微行出遊, 北至甘泉, 南至長楊,五莋, 鬪雞走馬長安中, 積數年.

| 註釋 | ○鴻嘉(홍가) – 成帝의 연호(前 20 – 17). ○故事 – 前例. ○開敏 – 활달하고 똑똑하다. ○取皇后弟平恩侯許嘉女 – 取는 娶(장가들 취). 황후는 成帝의 許皇后. 조비연의 모함으로 폐출되었다. ○供張 – 연회를 크게 열다. ○甲第 – 크고 좋은 집. ○大官私官 – 大官은 太官. 여기서는 황제를 시중하는 부서에 대한 일반적 지칭. 私官은 황후를 시중드는 관서. ○平樂

－궁궐 이름. ○莫府－幕府. ○甘泉(감천), 長楊, 五莋(오작)－모두 궁궐
이름. 莋은 풀 먹을 작.

　成帝 鴻嘉(홍가) 연간에, 성제가 武帝의 전례에 따라 近臣들과 游
宴(유연)할 때, 張放은 敬武公主가 낳은 아들로 활달하고 영민하여
총애를 받았다. 張放은 皇后의 여동생인 平恩侯 許嘉(허가)의 딸과
결혼했는데 성제가 장방을 위한 잔치를 열어 주고 큰 집을 하사했으
며 수레나 服飾(복식)을 챙겨주었는데 天子가 며느리를 맞이하고 황
후가 딸을 시집보내는 것과 같다고 하였다. 大官과 私官에서 여러
가지 기물을 챙겨주느라고 兩宮의 使者와 벼슬아치들이 줄을 이었
으며 하사한 물건들은 千이나 萬으로 세어야 했다. 장방은 侍中中郞
將이 되어 平樂의 屯兵을 감독하며 幕府를 설치했는데 그 儀仗(의
장)이 장군과도 같았다. 황제와 함께 기거하며 寵愛(총애)가 남달랐
고 成帝를 따라 자주 微服(미복)으로 유람하면서 북으로는 甘泉宮,
남으로는 長楊宮이나 五莋宮(오작궁)까지 다녔으며 장안에서 鬪鷄
(투계)나 말달리기를 수 년 동안 계속했다.

　是時, 上諸舅皆害其寵, 白太后. 太后以上春秋富, 動作
不節, 甚以過放. 時數有災異, 議者歸咎放等. 於是丞相宣,
御史大夫方進奏, "放驕蹇縱恣, 奢淫不制. 前侍御史修等四
人奉使至放家逐名捕賊, 時放見在, 奴從者閉門設兵弩射

吏, 距使者不肯內. 知男子李游君欲獻女, 使樂府音監景武強求不得, 使奴康等之其家, 賊傷三人. 又以縣官事怨樂府游憿莽, 而使大奴駿等四十餘人, 群黨盛兵弩, 白晝入樂府攻射官寺, 縛束長吏子弟, 斫破器物, 宮中皆犇走伏匿. 奔自髡鉗, 衣赭衣, 及守令史調等皆徒跣叩頭謝放, 放乃止. 奴從者支屬並乘權勢爲暴虐, 至求吏妻不得, 殺其夫, 或恚一人, 妄殺其親屬, 輒亡入放第, 不得, 幸得勿治. 放行輕薄, 連犯大惡, 有感動陰陽之咎, 爲臣不忠首, 罪名雖顯, 前蒙恩. 驕逸悖理, 與背畔無異, 臣子之惡, 莫大於是, 不宜宿衛在位. 臣請免放歸國, 以銷衆邪之萌, 厭海內之心."

┃註釋┃ ○太后 – 元帝의 황후, 成帝의 생모인 王政君(前 71 – 13), 왕망의 고모. 성제 때부터 王氏들이 크게 득세했다. ○上春秋富 – 上의 나이가 젊다. 成帝는 원제의 장남, 선제의 장손으로 선제의 총애를 독차지하면서 성장하여 19세에 즉위하였다. 前 51년 출생, 33년 즉위, 前 7년 붕어. ○甚以過放 – 張放을 심하게 질책하다. ○宣 – 薛宣(설선). 83권, 〈薛宣朱博傳〉에 입전. ○御史大夫方進 – 翟方進(적방진). 84권, 〈翟方進傳〉에 입전. ○驕蹇縱恣(교건종자) – 교만하고 방종하다. 驕 교만할 교. 蹇 다리를 절 건. 恣 방자할 자. ○逐名捕賊 – 유명한 도적을 추적하다. ○距使者 – 使者에게 대항하다. 距 떨어질 거. 대항하다. ○知子男李游君欲獻女 – 이유군이라는 남자가 미녀를 성제에게 바치려는 것을 장방이 알고서. ○樂府音監 – 樂府는 武帝 때 설치한 음악을 담당하는 관청. 민가를 수집하여 여기에서 '樂府詩'라는 문학 형식이 나온다. 音監은 악인들을 감독하는 관직. ○使奴康等之其家 – 노비 康 등을 시켜 그 집(李游君)에 가서. ○樂府游憿莽 – 樂府의 순

찰하는 小吏 莽(망). 游儌(유요)는 순찰 담당 하급 관리. ○官寺 - 官署. ○斫破(작파) - 부수다. 斫 벨 작. 자르다. 부수다. ○犇走(분주) - 달아나다. 奔走(분주). 犇은 달아날 분. ○伏匿(복익) - 엎드려 숨다. ○髡鉗(곤겸) - 머리를 깎고 목에 쇠퇴를 두른. 髡 머리 깎을 곤. 鉗 칼 겸. 목에 씌우는 刑具. ○衣赭衣 - 붉은 물들인 옷을 입다. 赭 붉은 흙 자. 죄수복. ○支屬 - 親屬. ○不忠首 - 不忠之首. ○前蒙恩 - 이전의 일인데도 聖恩을 받았습니다.(그래서 그냥 방치하여 오늘에 이르렀다는 의미). ○厭海內之心 - 천하 사람들의 욕구를 충족시키다. 厭은 싫을 염. 만족하다.

[國譯]

이때에 황제의 여러 외숙들이 張放에 대한 총애를 싫어하며 王太后(王政君)에게 말했다. 왕태후는 성제가 젊기 때문에 행동이 절제가 되지 않는다면서 심하게 장방을 책망하였다. 이때에 여러 災異도 많이 발생했는데 많은 사람들이 그 허물을 장방 때문이라고 생각하였다. 이에 승상 薛宣(설선)과 어사대부 翟方進(적방진)이 상주하였다.

"張放(장방)은 교만하고 방자하며 그 사치와 음란을 막을 수가 없습니다. 前 侍御史인 修 등 4인이 명을 받고 장방의 집에 도적을 잡으러 들어갔는데 그때 장방이 보고 있으면서 노비와 종자들은 대문을 닫고 쇠뇌를 설치하여 관리들에게 쏘면서 사자들을 막고 들여보내지 않았습니다. 그전에 李游君(이유군)이라는 사람이 미인을 바치려 한다는 것을 알고 장방은 樂府의 音監인 景武를 통해 강제로 뺏으려다가 차지하지 못하자 다시 노비 康 등을 李游君의 집에 들여보내 빼앗아 오면서 3인을 다치게 하였습니다. 그리고 악부에서 樂府의 순찰 담당 小吏인 莽(망)을 잡아가두었다 하여 장방은 노비의 대장인 駿(준) 등 40여 명이 무리를 지어 무기를 들고 白晝(백주)에 樂府에 들어가 관청을 향해 활을 쏘고 長吏와 子弟들을 묶고 기물을 부수자 건물에 있던 사람들이 모두 도망가거나 숨어야 했습니다. 奔(망)은 죄수로 머리를 깎았으며 목에 칼을 쓰고 죄수복을 입은 채로 난동을 부리자 守令인 史調 등이 모두 맨발로 머리를 숙이며 장방에게 사죄하자 장방은 겨우 그만두었습니다. 노비나 從者 무리들이 모두 장방의 권세를 믿고 포악한 짓을 저질렀는데 어떤 관리의 처를 차지하려다가 차지 못하자 그 남편을 죽였으며 한 사람에게 화를 내면서 그 친척을 죽였는데 그럴 때마다 장방의 집으로 도망가 숨으면 잡아낼 수도 없고 행여 잡아내도 어찌할 수가 없었습니다. 장방은 하는 짓이 경박하고 연달아 큰 죄를 저질렀기에 陰陽을 어지럽히는 허물도 있으며 불충한 자의 우두머리로 죄명이 뚜렷한데도 이전에 聖恩을 입었습니다. 장방의 교만 방자한 패륜 행동은 반역과 다름이 없으며 신하된 자의 악행이 이보다 더할 수가 없으니 폐하를 숙위하는 지위에 놔둘 수 없습니다. 臣들은 장방을 면직시켜 封地로 보내길 간청하오며 그래야만 여러 악행의 싹을 미리 방지하고 천하 사람들의 마음을 달랠 수 있을 것입니다."

原文

上不得已, 左遷放爲北地都尉. 數月, 復徵入侍中. 太后以放爲言, 出放爲天水屬國都尉. 永始,元延間, 比年日蝕, 故久不還放, 璽書勞問不絶. 居歲餘, 徵放歸第視母公主疾. 數月, 主有瘳, 出放爲河東都尉. 上雖愛放, 然上迫太后, 下用大臣, 故常涕泣而遣之. 後復徵放爲侍中光祿大夫, 秩中二千石. 歲餘, 丞相方進復奏放, 上不得已, 免放, 賜錢五百萬, 遣就國. 數月, 成帝崩, 放思慕哭泣而死.

| 註釋 |　○北地都尉 - 북지군 도위, 都尉는 郡의 군사 지휘자.　○天水屬國都尉 - 천수군의 屬國都尉. 天水郡의 치소는 平襄縣(今 甘肅省 天水市). 속국은 변방의 군현에 이주한 이민족이 자신의 습속을 유지하며 사는 자치 지역.) 도위는 군사 지휘관.　○永始 - 成帝의 연호(前 16 - 13). 元延(원연)은 성제의 연호 前 12 - 前 9년.　○比年 - 連年. 比는 頻也(자주).　○璽書(쇄서) - 천자의 직인을 찍은 문서. 璽書.　○瘳 - 병 나을 추.　○下用大臣 - 아래로는 대신에게 휘둘리다. 用은 남의 말을 들어주다.

〖國譯〗

　　成帝는 부득이 장방을 北地郡 都尉로 좌천시켰다. 몇 달 뒤 다시 侍中으로 불러들였다. 太后가 장방에 대해 말하자 장방을 다시 天水郡의 屬國都尉로 내보냈다. 永始, 元延 연간에 연이어 일식이 있어 오랫동안 장방을 부를 수 없었고 장방을 위로하는 황제의 서신이 끊이질 않았다. 몇 년을 지나 장방을 불러 모친인 敬武公主의 병을 시중케 하였다. 몇 달 뒤 공주의 병이 낫자 장방을 河東都尉로 내보냈다. 성제가 비록 장방을 아껴주었으나 위로는 태후에게 눌리고 아래로는 대신들의 말을 따라야 했기에 늘 눈물을 흘리며 보내야만 했다. 뒤에 다시 장방을 불러 侍中光祿大夫에 秩 中二千石으로 불렀다. 일 년 남짓 뒤에 승상 翟方進(적방진)이 다시 상주하니 성제는 부득이 장방을 면직시키고 돈 5백 만을 주어 봉지로 보내야만 했다.

몇 달 뒤 성제가 죽자 장방도 성제를 그리며 울다가 죽었다.

原文

初, 安世長子千秋與霍光子禹俱爲中郎將, 將兵隨度遼將
軍范明友擊烏桓. 還, 謁大將軍光, 問千秋戰鬪方略, 山川
形勢, 千秋口對兵事, 畫地成圖, 無所忘失. 光復問禹, 禹不
能記, 曰, "皆有文書." 光由是賢千秋, 以禹爲不材, 歎曰,
"霍氏世衰, 張氏興矣!" 及禹誅滅, 而安世子孫相繼, 自宣,
元以來爲侍中,中常侍,諸曹散騎,列校尉者凡十餘人. 功臣
之世, 唯有金氏,張氏, 親近寵貴, 比於外戚.

| 註釋 | ○度遼將軍(도료장군) 范明友(범명우, ?-前 66) - 烏桓族을 격퇴
하여 平陵侯에 봉해졌다가 宣帝 地節 4년(前 66) 모반 사건에 연루되어 멸족
당했다. ○烏桓(오환) - 북방 소수민족. 東胡族, 또는 鮮卑山과 烏桓山의 산
이름이 부족명으로 불렸다. 烏桓山은 今 黑龍江省 서쪽에서 內蒙古自治區에
남북으로 이어진 大興安嶺 산맥의 중앙부에 있는 산. ○金氏 - 金日磾(김일
제) 일족을 지칭.

[國譯]

그전에 張安世의 장남 張千秋와 霍光의 아들 霍子(곽우)가 함께
中郎將이 되어 군사를 거느리고 度遼將軍 范明友을 따라 烏桓(오환)
을 토벌하였다. 돌아와 대장군 곽광을 알현하였는데 장천추에게 전
투 상황과 방략, 산천 형세에 대하여 묻자 장천추는 군사업무를 말

로 설명하면서 땅에 지도를 그려가며 빠진 것이 없이 설명했다. 곽광이 이어서 곽우에게 묻자, 곽우는 기억하지 못하고 "문서에 다 있습니다."라고 말했다. 곽광은 이로써 장천추는 현명하고 곽우는 재목이 아니라는 것을 알고 탄식했다. "곽씨의 세상은 끝나지만 장씨들은 흥할 것이다!" 얼마 뒤 곽우는 멸족되었고 張安世의 후손은 계속 이어졌으니 宣帝와 元帝 이후로 侍中이나 中常侍, 諸曹의 散騎나 校尉의 반열에 오른 자가 모두 10여 명이었다.

　宣帝의 功臣의 세대 중 오직 金日磾(김일제)와 장씨들이 황실과 가깝게 총애를 받아 외척과 比等하였다.

　放子純嗣侯, 恭儉自修, 明習漢家制度故事, 有敬侯遺風. 王莽時不失爵, 建武中歷位至大司空, 更封富平之別鄕爲武始侯.
　張湯本居杜陵, 安世武,昭,宣世輒隨陵, 凡三徙, 復還杜陵.

| 註釋 | ○敬侯遺風 – 敬侯는 張安世의 諡號. ○王莽時不失爵 – 王莽에게 九錫을 내려주어야 한다며 상서한 列侯와 그 후손 902명의 이름 맨 위에 張純의 이름이 올랐다고 한다. 이는 張純이 왕망에게 아부한 증거라는 註가 있다. 그리고 班固가 《漢書》를 편찬할 때도 張氏의 家世가 여전히 강했다고 한다. ○建武 – 後漢(東漢) 光武帝의 연호(서기 25 – 56년). ○大司空 – 어사대부를 개칭. ○富平 – 현명. 今 寧夏自治區 吳忠市. '天下黃河富寧夏'라

는 말이 있고 그중에서도 인구 120여 만의 吳忠市는 回族의 주요 거주지로
'塞上明珠'라고 불린다.   ○別鄕 – 別邑.   ○輒隨陵 – 자신이 모셨던 황제의
능을 따라 이사하다.

〚 國譯 〛

　張放의 아들 張純이 뒤를 이어 제후가 되었는데 공경 검소하며
바른 행실에 漢의 여러 制度와 故事를 익혔고 敬侯(張安世)의 遺風
을 따랐다. 王莽(왕망) 때에도 작위를 잃지 않았고 (後漢 光武帝의)
建武 연간에 여러 관직을 거쳐 大司空에 이르렀으며, 富平의 別邑에
봉해져 武始侯가 되었다.

　張湯은 본래 杜陵(두릉)에 거주했었는데 張安世는 武帝, 昭帝, 宣
帝 때에 능을 따라 모두 3번을 이사했었는데 다시 杜陵縣으로 돌아
왔다.

原文

　贊曰, 馮商稱張湯之先與留侯同祖, 而司馬遷不言, 故闕
焉. 漢興以來, 侯者百數, 保國持寵, 未有若富平者也. 湯雖
酷烈, 及身蒙咎, 其推賢揚善, 固宜有後. 安世履道, 滿而不
溢. 賀之陰德, 亦有助云.

│ 註釋 │　○馮商(풍상) – 人名. 劉向의 제자.　○留侯 – 張良.　○酷烈(혹열)
– 매우 모질고 격렬하다. 《史記》에 장탕은 〈酷吏列傳〉에 올랐다.　○蒙咎(몽
구) – 허물을 덮어쓰다.　○滿而不溢 – 가득 찼지만 넘치지 않았다. 최고의

복을 누렸지만 방탕하지 않았다.

〚國譯〛

　班固의 論贊 : 馮商(풍상)은 張湯(장탕)의 선조가 留侯(張良)와 같은 조상이라 하였지만 司馬遷은 그런 말을 하지 않아 여기서는 뺐다. 漢 건국 이후 제후가 된 자를 百단위로 세어야 하지만 富平侯 같은 사람이 없었다. 장탕은 너무 모질고 과격하여 그 자신이 허물을 입었지만 그가 賢者를 천거하고 善을 높였기에 그 후손이 번성했을 것이다. 張安世는 正道를 지켰기에 가득 찼지만 넘치지 않았다. 張賀가 베푼 陰德도 또한 도왔을 것이다.

60 杜周傳
〔두주전〕

60-1. 杜周

原文

　杜周, 南陽杜衍人也. 義縱爲南陽太守, 以周爲爪牙, 薦之張湯, 爲廷尉史. 使案邊失亡, 所論殺甚多. 奏事中意, 任用, 與減宣更爲中丞者十餘歲.

│註釋│ ○杜周(두주, ?－前 94) －武帝 때 유명한 혹리로 어사대부 역임. ○南陽 － 郡名. 治所는 宛縣(今 河南省 南陽市). ○杜衍(두연) － 縣名. 今 河南省 南陽市 서남. ○義縱(의종) － 人名. 90권, 〈酷吏傳〉에 立傳. ○爲爪牙 － 조수로 만들다. 爪牙는 손톱과 어금니. 나쁜 말로 내 뜻대로 할 수 있는 앞잡이. ○廷尉史 － 관직명. 정위의 屬吏. ○使案邊失亡 － 변방에서 亡失罪

에 의하여 재판에 회부되다. 변방의 군현에서 이민족의 침입으로 병졸과 백성의 殺傷 또는 가축, 무기, 군량의 손실에 대한 정위의 조사나 판결. ○所論殺甚多 − 법에 따라 사형에 처할 안건이 매우 많다. ○中意 − 황제의 뜻에 맞다. ○減宣(감선) − 人名. 90권, 〈酷吏傳〉에 立傳. 咸宣(함선)으로 기록된 판본도 있다. 減(덜 감, 성 감)과 咸(성 함, 덜 감)은 음이 유사하여 혼동했을 것이다. ○更 − 교대로. ○中丞 − 御史中丞. 어사대부의 속관. 侍御史를 거느리며 공경이 상주하는 문서를 감찰, 지방행정 감찰.

〚 國譯 〛

　杜周(두주)는 南陽郡 杜衍縣(두연현) 사람이다. 義縱(의종)은 南陽太守가 되자 杜周를 심복으로 두었다가 두주를 張湯(장탕)에게 천거했고 두주는 廷尉史에 임용되었다. 변방에서는 망실 죄에 해당하여 법에 의거 사형에 처할 안건이 매우 많았다. 아뢰는 내용이 황제의 뜻과 맞아 減宣(감선)과 함께 교대로 어사중승에 임용되어 십여 년 재직하였다.

原文

　周少言重遲, 而內深次骨. 宣爲左內史, 周爲廷尉, 其治大抵放張湯, 而善候司. 上所欲擠者, 因而陷之, 上所欲釋, 久繫待問而微見其冤狀. 客有謂周曰, "君爲天下決平, 不循三尺法, 專以人主意指爲獄, 獄者固如是乎?" 周曰, "三尺安出哉? 前主所是著爲律, 後主所是疏爲令, 當時爲是, 何古之法乎!"

| 註釋 | ○重遲(중지) ― 느리고 둔하다. 민첩하지 않다. 遲 늦을 지. ○內深次骨 ― 殘酷(잔혹)하기가 뼈에 사무치다. 次骨은 至骨. ○候司 ― 윗사람의 눈치를 보다. 候는 물을 후. 기다리다. 司는 伺(엿볼 사). ○擠 ― 밀 제. 배척하다. ○三尺法 ― 법률. 예전에는 三尺의 목간에 법률 조항을 기록했다. '三尺'도 법률이란 뜻. ○三尺安出哉 ― 三尺(法)이 어디서 나오는가? ○疏 ― 트일 소. 조목별로 나누다. 조목별로 진술하다. ○當時爲是 ― 시대에 부합되는 것이 옳은 것이다. ○何古之法乎 ― 옛날의 법이란 무엇인가? 무엇이 옛 법인가!

〖 國譯 〗

杜周(두주)는 말 수가 적고 둔중하며 행동이 굼떴으나 속마음은 뼈에 사무칠 정도로 아주 각박하였다. 減宣(감선)이 左內史가 되고 두주는 廷尉가 되었는데 그 방법은 대개 張湯(장탕)과 비슷했으며 윗사람 뜻을 잘 받들었다. 천자가 배척하려는 사람은 어떻게 해서든 죄에 빠트렸지만 천자가 풀어주려는 사람은 오래 가둬두고 하문을 기다리면서 그 죄상을 적당히 감추어 주었다. 어떤 사람이 두주에게 물었다. "당신은 천하를 위해 공평해야 하는데 법을 따르지 않고 전적으로 폐하의 뜻에 따라 옥사를 처리하는데 판결이란 게 본래 그러한 것입니까?" 이에 두주가 말했다.

"三尺(法)은 어디서 나오는 것입니까? 앞에 있던 천자가 명시한 것이 법률이라면 뒤에 온 천자가 조목별로 정리한 것이 令이니 시대에 부합되는 令이 정당한 것이거늘 무엇이 옛날의 법입니까!"

至周爲廷尉, 詔獄亦益多矣. 二千石繫者新故相因, 不滅
百餘人. 郡吏太府擧之廷尉, 一歲至千餘章. 章大者連逮證
案數百, 小者數十人, 遠者數千里, 近者數百里. 會獄, 吏因
責如章告劾, 不服, 以掠笞定之. 於是聞有逮證, 皆亡匿. 獄
久者至更數赦十餘歲而相告言, 大氐盡詆以不道, 以上廷尉
及中都官, 詔獄逮至六七萬人, 吏所增加十有餘萬.

| 註釋 | ○詔獄 – 황제의 명에 따른 수사와 재판. ○郡吏大府 – 군수와
公府(승상이나 어사대부의 관청). ○擧之 – 모두 다. ○連逮 – 연좌되어 체포
되다. ○證案 – 증거. 증인을 조사한 문건. ○會獄 – 증인과 대질하다. ○掠
笞 – 매질하다. 掠 볼기 칠 략, 뺏을 략. ○逮證 – 증인으로 불려가다. ○更
– 경과하다.   ○大氐(대저) – 大抵, 무릇, 대개. ○盡詆 – 다 들춰내다. 詆
들춰낼 저, 꾸짖을 저. ○不道 – 大逆無道의 축약. 그 죄의 구체적 형상을 아
주 넓게 해석하여 '조서의 내용을 비방' 하거나 '요언을 퍼트려 대중을 현
혹' 하거나 '무고한 一家 三人을 살해한 죄' 도 부도에 해당되었다고 한다. 우
리가 보통 생각하는 반역의 부도는 거의 '夷三族' 했다. ○中都官 – 京師(수
도)에 근무하는 관리.

〖國譯〗

杜周(두주)가 廷尉가 되자 황제 명에 따른 재판도 많이 늘어났다.
二千石 고관으로 체포되어 앞뒤로 연관된 자가 백여 명 아래로 줄어
들지 않았다. 郡의 태수나 太府에서 정위에게 넘겨진 건수가 1년에
천여 건이나 되었다. 큰 사건에 걸려 체포되거나 증인으로 불려간

사람이 수백 명, 작은 사건이라도 수십 명이었으며 멀게는 수천 리 밖에서 가까운 자라도 수백 리 밖에서 불려 왔다. 죄인과 대질 심문할 경우 옥리는 고발된 내용대로 따져 물었고 거기에 불복하면 매질을 해서 죄를 확정하였다. 이 때문에 증인으로 불려가야 한다면 모두가 도망가 숨었다. 오래된 사건은 여러 번의 사면을 겪으면서도 십여 년에 걸쳐 서로 고발하게 하니 대개 철저한 조사로 大逆不道 죄가 되었는데 廷尉 및 中都官 이상의 詔獄(조옥)에 연관된 자가 6, 7만 명에 이르렀고 옥리도 10여만 명으로 늘었다.

　周中廢, 後爲執金吾, 逐捕桑弘羊,衛皇后昆弟子刻深, 上以爲盡力無私, 遷爲御史大夫. 始周爲廷史, 有一馬, 及久任事, 列三公, 而兩子夾河爲郡守, 家訾累巨萬矣. 治皆酷暴, 唯少子延年行寬厚云.

| 註釋 | ○中廢 – 중간에 廢黜(폐출)되다. ○執金吾(집금오) – 京師의 치안 담당관. 9卿과 같은 반열. ○桑弘羊(상홍양, 前 152 – 80) – 재정 전문가. 鹽鐵 전매를 강력 주장. 前80年에 燕王 劉旦 및 上官桀의 謀反 사건에 걸려 被殺. ○衛皇后(위황후, 衛子夫) – 무제의 2번째 황후, 衛太子(戾太子)의 생모. 前 91년, '巫蠱의 禍'에 자살. ○兩子夾河爲郡守 – 두주의 아들 延壽와 延考가 河南과 河內의 태수를 역임했다. ○家訾(가자) – 家貲와 同. 집안의 재물. 訾는 재물자, 資와 通.

　杜周는 중간에 쫓겨났다가 뒤에 執金吾가 되어 桑弘羊을 체포하였고 衛皇后의 형제와 자식들을 철저하게 치죄하였는데, 무제는 두주가 국가를 위해 진력하고 私心이 없다고 생각하여 御史大夫로 승진시켰다. 두주가 처음에 廷史가 되었을 때는 말(馬) 한 마리뿐이었는데 오랫동안 근무하여 三公의 반열에 올랐고 두 아들이 河南과 河內의 군수를 지내어 재산을 거만금이나 축적하였다. 두주의 治罪는 잔혹하고 포악하였지만 막내아들 杜延年(두연년)만은 그 행실이 寬大厚德했다고 한다.

60-2. (子) 杜延年

原文

　延年字幼公, 亦明法律. 昭帝初立, 大將軍霍光秉政, 以延年三公子, 吏材有餘, 補軍司空. 始元四年, 益州蠻夷反, 延年以校尉將南陽士擊益州, 還, 爲諫大夫. 左將軍上官桀父子與蓋主,燕王謀爲逆亂. 假稻田使者燕倉知其謀, 以告大司農楊敞. 敞惶懼, 移病, 以語延年. 延年以聞, 桀等伏辜. 延年封爲建平侯.

| 註釋 | ○杜延年(두연년, ? - 前 52) - 宣帝의 麒麟閣 11功臣 중 한 사람.
父 杜周의 관직에 의거 蔭補로 軍司空에 임명. 桑弘羊, 上官桀 부자, 昭帝의
누이 鄂邑蓋主(악읍개주), 燕王 劉旦(유단)이 霍光을 죽이고 廢帝하며 燕王
을 옹립하려는 음모를 알고 이를 고발하여 상관걸, 상홍양 일족은 처형되었
고 劉旦과 鄂邑長公主(蓋主)는 자살했다. 이후 여러 관직을 두루 역임했다.
○大將軍 - 三公之上의 최고직. 상설직은 아니다. ○軍司空 - 장군의 속관.
軍 司空令. 군대 내의 재판관. ○始元四年 - 소제의 연호, 前 83년. ○校尉
- 단위 부대(校, 5~700명)의 지휘관. 가관의 칭호. 今 대대장급 지휘관. ○左
將軍 - 수도방위 사령관에 해당. ○上官桀父子與~ - 63권, 〈武五子傳〉. 68
권, 〈霍光傳〉 참고. ○稻田使者 - 大司農의 속관. 稅收 관련 업무 담당자.
○燕倉(연창) - 인명. 蓋主 舍人의 父. ○大司農 - 국자 재정, 전곡 출납을
담당, 9卿의 하나. ○惶懼(황구) - 몹시 두려워하다. ○移病 - 병을 핑계로
사직하다. ○伏辜(복고) - 죄를 자백하다. 辜는 허물 고.

[國譯]

　　杜延年(두연년)의 字는 幼公으로 부친처럼 法律에 밝았다. 昭帝가
즉위하고 대장군 霍光(곽광)이 권력을 장악하였는데 두연년 3형제
가 관리로서의 자질이 뛰어나다 하여 두연년을 軍司空令에 임명하
였다. 始元 4년 益州의 蠻夷(만이)들이 배반하자 두연년은 校尉가 되
어 南陽의 군사를 이끌고 益州 반란을 토벌하고 돌아와 諫大夫가 되
었다. 左將軍인 上官桀 부자가 蓋主와 燕王과 함께 逆亂을 모의하였
다. 임시 稻田使者인 燕倉(연창)은 그 모의를 알고서 大司農 楊敞(양
창)에게 알렸다. 양창은 크게 두려워하며 병을 핑계로 사직하며 이
를 두연년에게 말했다. 두연년이 이를 보고하자 상관걸 등은 죄를
자백했다. 두연년은 建平侯가 되었다.

延年本大將軍霍光吏, 首發大姦, 有忠節, 由是擢爲太僕右曹給事中. 光持刑罰嚴, 延年輔之以寬. 治燕王獄時, 御史大夫桑弘羊子遷亡, 過父故吏侯史吳. 後遷捕得, 伏法. 會赦, 侯史吳自出繫獄, 廷尉王平與少府徐仁雜治反事, 皆以爲桑遷坐父謀反而侯史吳臧之, 非匿反者, 乃匿爲隨者也. 卽以赦令除吳罪. 後侍御史治實, 以桑遷通經術, 知父謀反而不諫爭, 與反者身無異. 侯史吳故三百石吏, 首匿遷, 不與庶人匿隨從者等, 吳不得赦. 奏請復治, 劾廷尉, 少府縱反者. 少府徐仁卽丞相車千秋女婿也, 故千秋數爲侯史吳言. 恐光不聽, 千秋卽召中二千石,博士會公車門, 議問吳法. 議者知大將軍指, 皆執吳爲不道. 明日, 千秋封上衆議, 光於是以千秋擅召中二千石以下, 外內異言, 遂下廷尉平, 少府仁獄. 朝廷皆恐丞相坐之. 延年乃奏記光爭, 以爲"吏縱罪人, 有常法, 今更詆吳爲不道, 恐於法深. 又丞相素無所守持, 而爲好言於下, 盡其素行也. 至擅召中二千石, 甚無狀. 延年愚, 以爲丞相久故, 及先帝用事, 非有大故, 不可棄也. 間者民頗言獄深, 吏爲峻詆, 今丞相所議, 又獄事也, 如是以及丞相, 恐不合衆心. 群下讙譁, 庶人私議, 流言四布, 延年竊重將軍失此名於天下也!" 光以廷尉,少府弄法輕重, 皆論棄市, 而不以及丞相, 終與相竟. 延年論議持平, 合和朝廷, 皆此類也.

|註釋| ○太僕右曹給事中 - 太僕은 九卿의 하나. 右曹와 給事中은 모두 加官名. 급사중은 황제의 최 측근으로 매일 알현하고 자문에 응대. 尙書의 업무를 분담하는 中朝의 요직. 名儒나 황제의 인척, 大夫, 博士, 議郞 등이 받을 수 있는 加官이었다. ○過父故吏 - 부친의 옛 관리에게 찾아가다. ○侯史吳(후사오) - 人名. 侯史는 복성. ○少府 - 九卿의 하나. 황실의 생활물자 일체를 공급하고 관리. ○雜治 - 합동으로 심문조사하다. ○通經術 - 儒學에 밝다. ○與反者身無異 - 반란자와 다름이 없다. ○首匿(수익) - 반란의 首魁(수괴)를 은익해주다. ○車千秋(차천추) - 人名. 무제에게 衛太子 죽음의 억울함을 호소했던 사람. 前 89 - 77년 승상 역임. ○中二千石 - 萬石 녹봉 다음의 직위, 어사대부, 九卿 등이 여기에 해당. 관리들은 녹봉으로 곡식을 받지는 않고 거기에 해당하는 금전을 받았는데 中二千石은 月 4萬錢에 해당한다는 주석이 있다. ○公車 - 궁궐 호위 총책인 衛尉의 감독을 받는 기구. 황제가 부르거나 황제를 알현할 사람들에 관한 업무를 모두 여기에서 담당하였다. ○皆執吳爲不道 - 여러 사람이 侯史吳가 대역부도 죄에 해당한다고 주장하다. ○外內異言 - 外朝와 內朝. 무제 때 황권을 강화하기 위한 방법으로 황제가 親任하는 신하로 정책 결정에 참여할 수 있는 신하를 中朝(內朝)라 하였다. 여기에는 大司馬, 左右將軍, 後將軍, 博士, 侍中, 常侍, 散騎, 諸吏가 속한다. 우리나라의 경우 청와대 비서실과 수석비서관이라 생각하면 된다. 정책실행 부서로 丞相 이하 질 6백석까지의 신하를 外朝라 구분하였다. ○詆 - 꾸짖을 저. 중상하다. 비방하다(誣蔑). ○甚無狀 - 잘한 일이 아니다. ○及先帝用事 - 先帝(武帝) 때부터 승상을 맡아왔다. ○間者 - 요즈음. ○峻詆(준저) - 준엄하게 질책하다. ○讙譁(훤화) - 시끄럽다. 떠들썩하다. 讙 시끄러울 훤(환). 譁 시끄러울 화. ○竊重 - 중시해야 한다고 생각하다. ○弄法輕重 - 법률 조항을 멋대로 해석하여 중죄를 경죄로 판결하다. ○論棄市 - 棄市의 형에 처해야 한다고 판결하다.

　두연년은 본래 대장군 霍光의 屬吏로 대역 사건을 처음으로 고발하여 충절을 지켰다고 발탁되어 太僕右曹給事中이 되었다. 곽광이 형벌을 준엄하게 실행하면 두연년은 이를 관대하게 보필하였다. 燕王의 獄事를 처리하는 과정에서 어사대부 桑弘羊의 아들 桑遷(상천)이 도주하여 부친의 옛 부하이던 侯史吳(후사오)를 찾아가 숨었다. 나중에 상천은 체포되어 처형되었다. 뒤에 사면을 받아 후사오는 옥에서 나왔는데 廷尉인 王平과 少府卿인 徐仁이 합동으로 그 사건을 심문하면서 桑遷이 부친의 음모에 연좌되었고 후사오가 상천을 숨겨준 것은 반역자를 숨긴 것이 아니고 반역에 추종한 자를 숨겨준 것으로 처리하였다. 그러면서 사면령으로 후사오의 죄를 없애주었다. 그러나 뒤에 侍御史가 사실을 엄정하게 조사했는데 상천은 儒家의 경전에 밝은 사람으로 부친의 모반을 알고서도 간쟁을 하지 않은 것은 반역자와 다름이 없다고 판단하였다. 또 후사오는 그때 三百石 관리로 수괴인 상천을 숨겨준 것은 서민이 반역에 따르는 사람을 숨겨준 것과 같을 수 없기에 후사오는 사면을 받아서는 안 된다고 하였다. 그래서 이 사건을 다시 처리할 것을 주청하며 廷尉(王平)와 少府(徐仁), 그리고 반역을 추종했던 사람들을 고발하였다. 그런데 少府卿 徐仁은 바로 승상 車千秋의 사위였기에 차천추는 후사오에 이롭도록 여러 번 발언을 하였다. 차천추는 곽광이 자기 의견에 따르지 않을까 걱정이 되어 中二千石의 고관과 박사를 公車의 문에서 소집하여 후사오의 법적 처리에 대해 물었다. 여러 사람들은 대장군 곽광의 뜻을 알고 있기에 후사오가 不道(叛逆)하다는 의견을 말했다. 다음 날, 차천추가 이를 衆議에 올리자 곽광은 차천추가 멋대로

中二千石 이하 관리를 소집하였고 外朝와 內朝의 말이 다르다 하면서 廷尉 王平과 少府 徐仁을 하옥시켰다. 조정에서는 모두가 승상이 이에 연좌될 것을 걱정하였다. 이에 두연년은 상주할 글을 가지고 곽광과 논쟁하며 말했다.

"관리가 죄인을 풀어주었다면 처리할 정상적인 법이 있습니다만 지금 다시 후사오를 반역으로 몰아가는 것은 법을 가혹하게 적용하는 것입니다. 그리고 승상은 평소에 뚜렷한 주관이 없이 아랫사람들에게 듣기 좋은 말만 하면서 지내왔습니다. 그리고 中二千石 관리를 멋대로 소집한 것도 잘한 것은 아닙니다. 저 두연년은 어리석지만 승상은 先帝 때부터 오랫동안 승상 일을 담당해오면서 큰 잘못이 없었으니 승상을 버릴 수도 없는 것입니다. 요즈음에 백성들은 獄事가 너무 잔혹하며 관리들이 준엄하게 몰아붙인다는 말을 많이 하고 있는데 이번에 승상의 의논을 가지고 또 獄事가 생기고 승상에게도 연좌가 된다면 백성의 민심과 불합할 것입니다. 그리하여 백성들이 소란해지고 서민들의 사사로운 의논이 流言이 되어 사방에 퍼진다면 대장군께서 이번 일로 천하에 인심을 잃을 수도 있다는 것을 깊이 생각해야 한다고 저는 생각합니다."

곽광은 정위와 소부가 법률 조항을 멋대로 해석하여 중죄를 경죄로 처리하였기에 棄市(기시)의 형에 처해야 한다고 판결하고 승상에게는 연좌하지 않고 일을 마무리 짓게 하였다. 두연년이 논의의 공정성을 유지하고 조정을 화합하게 하는 것이 대개 이와 같았다.

見國家承武帝奢侈師旅之後, 數爲大將軍光言, "年歲比
不登, 流民未盡還, 宜修孝文時政, 示以儉約寬和, 順天心,
說民意, 年歲宜應." 光納其言, 擧賢良, 議罷酒榷,鹽,鐵, 皆
自延年發之. 吏民上書言便宜, 有異, 輒下延年平處復奏.
言可官試者, 至爲縣令, 或丞相,御史除用, 滿歲以狀聞, 或
抵其罪法, 常與兩府及廷尉分章.

| 註釋 | ○師旅(사여) – 군사. 군대를 동원한 外征. ○比不登 – 연속 흉
년이 들다. ○孝文時政 – 文帝는 與民休息하는 無爲의 治를 숭상하였다.
○議罷 – 의논하여 혁파하다. ○酒榷(주각) – 술을 전매하다. 榷 외나무다
리 각. 전매하다. 독점하다. ○便宜(편의) – 나라와 백성에 유익하다. ○平
處 – 공평한 처분. ○官試者 – 임시로 관리에 임용되는 자. ○除用 – 벼슬
을 주다. 임시로 채용하다. ○兩府 – 승상부와 어사부. 章은 문서로 상주하
다.

〖 國譯 〗

두연년은 國家가 武帝의 사치와 군사 정벌을 본받는 것을 보고서
대장군 곽광에게 자주 말했다.

"해마다 흉년이 들고 流民을 다 돌려보내지도 못했으니 文帝 때
의 정사를 본받아 검소와 절약, 관용과 화합을 본보이고 천심에 순
응하며 民意를 기쁘게 한다면 응당 풍년이 들 것입니다."

곽광은 두연년의 건의를 받아들여 현량한 자를 등용하였으며 술
의 전매와 소금과 철에 대한 세금을 논의하여 혁파한 것은 모두 두

연년에서 시작되었다. 백성이 상서하여 이롭다는 것이나 이의가 있다면 두연년을 보내어 공정히 처리하고 다시 상주하게 하였다. 임시로 관리에 임용할 자가 있다면 현령에서부터 승상이나 어사가 임용하더라도 1년이 되기 전에 근무상황을 보고하게 하고 혹시 법에 저촉되는 일을 했다면 승상부나 어사부 또는 정위가 나누어 보고하게 하였다.

原文

昭帝末, 寢疾, 徵天下名醫, 延年典領方藥. 帝崩, 昌邑王卽位, 廢, 大將軍光, 車騎將軍張安世與大臣議所立. 時, 宣帝養於掖廷, 號皇曾孫, 與延年中子佗相愛善, 延年知曾孫德美, 勸光, 安世立焉. 宣帝卽位, 褒賞大臣, 延年以定策安宗廟, 益戶二千三百, 與始封所食邑凡四千三百戶. 詔有司論定策功, 大司馬大將軍光功德過太尉絳侯周勃, 車騎將軍安世, 丞相楊敞功比丞相陳平, 前將軍韓增, 御史大夫蔡誼功比潁陰侯灌嬰, 太僕杜延年功比朱虛侯劉章, 後將軍趙充國, 大司農田延年, 少府史樂成功比典客劉揭, 皆封侯益土.

| 註釋 | ○寢疾(침질) - 병에 걸리다. ○典領方藥 - 처방과 복약을 주관하다. ○掖廷(액정) - 후궁들의 거소. ○丞相楊敞(양창) - 66권, 〈公孫劉田王楊蔡陳鄭傳〉에 입전. ○蔡誼(채의) - 66권, 〈公孫劉田王楊蔡陳鄭傳〉에 立傳. ○潁陰侯灌嬰(영음후 관영) - 41권, 〈樊酈滕灌傅靳周傳〉에 입전. ○朱

虛侯劉章 – 齊 悼惠王 劉肥의 아들. 文帝 즉위에 有功. ○趙充國 – 69권, 〈趙充國辛慶忌傳〉에 입전. ○田延年 – 90권, 〈酷吏傳〉에 입전.

〔 國譯 〕

昭帝 末年에 昭帝가 병이 걸리자 천하의 명의를 징발했고 두연년이 처방과 복약을 주관하였다. 소제가 죽자 昌邑王이 즉위했으나 폐위되고, 대장군 霍光과 거기장군 張安世는 대신들과 옹립을 논의하였다. 그때 宣帝는 掖廷(액정)에서 자랐고 皇曾孫이라 불렸는데 두연년의 작은 아들과 서로 아끼며 친했기에 두연년은 황증손의 미덕을 알고 곽광과 장안세에게 옹립을 권유했었다. 宣帝가 즉위하고 대신을 포상할 때, 두연년은 방책을 결정하여 종묘를 안정케 하였기에 식읍 2,300호를 더 받아 처음에 받은 식읍과 함께 총 4,300호가 되었다. 담당자에게 명하여 공적을 논정하게 하였는데 대사마 대장군 곽광의 功德은 太尉이었던 絳侯(강후) 周勃보다 더 나았고, 거기장군 장안세와 승상 楊敞(양창)의 공은 승상 陳平에 비등하며 전장군 韓增(한증)과 어사대부 蔡誼(채의) 공은 영음후 灌嬰(관영)과 같으며, 태복인 두연년의 공은 朱虛侯 劉章과 같고 후장군 趙充國과 大司農 田延年, 그리고 소부 史樂의 공적은 典客 劉揭(유게)의 공과 같다며 모두 제후에 봉하고 식읍을 늘려주었다.

原文

延年爲人安和, 備於諸事, 久典朝政, 上任信之, 出卽奉駕, 入給事中, 居九卿位十餘年, 賞賜賂遺, 訾數千萬.

○備於諸事 – 여러 업무에 숙달하다. ○入給事中 – 입시하면 고문에 응대하다. 給事中은 관직명. 대부, 박사, 의랑에게 주어지는 가관의 칭호. 황제의 정사에 대한 고문과 응대, 황제를 알현하고 업무를 주청하거나 건의할 수 있다.

〖國譯〗

　두연년은 사람이 안온 온화하며 여러 업무에 숙달하고 조정 정사를 오랫동안 집행하여 황제의 신임을 받아 出宮하면 어가를 수행하고, 입궁하면 응대하며 九卿의 자리에 10여 년을 근무하면서 상으로 하사받은 재물이 수천만에 이르렀다.

原文

　霍光薨後, 子禹與宗族謀反, 誅. 上以延年霍氏舊人, 欲退之, 而丞相魏相奏延年素貴用事, 官職多姦. 遣吏考案, 但得苑馬多死, 官奴婢乏衣食, 延年坐免官, 削戶二千. 後數月, 復召拜爲北地太守. 延年以故九卿外爲邊吏, 治郡不進, 上以璽書讓延年. 延年乃選用良吏, 捕擊豪强, 郡中清靜. 居歲餘, 上使謁者賜延年璽書, 黃金二十斤, 徙爲西河太守, 治甚有名. 五鳳中, 徵入爲御史大夫. 延年居父官府, 不敢當舊位, 坐臥皆易其處. 是時, 四夷和, 海內平, 延年視事三歲, 以老病乞骸骨, 天子優之, 使光祿大夫持節賜延年黃金百斤,酒, 加致醫藥, 延年遂稱病篤. 賜安車駟馬, 罷就第. 後數月薨, 諡曰敬侯, 子緩嗣.

| 註釋 | ○遣吏考案 - 관리를 보내 점검하다. ○苑馬多死 - 두연년은 太
僕이기에 御馬를 관리하였다. ○治郡不進 - 군을 다스린 실적이 타군에 비
해 부진했다. ○謁者(알자) - 관직명. 어명 전달, 빈객 접대를 위해 임시로
선발하여 보내는 관리. ○西河 - 군명. 치소는 今 內蒙古 鄂爾多斯市 東勝
區. ○五鳳 - 宣帝의 연호(前 57 - 54). ○居父官府 - 부친이 근무했던 직무
를 맡다. ○天子優之 - 천자가 우대하다.

〔 國譯 〕

　霍光(곽광)이 죽은 뒤에 아들 霍禹와 일족이 모반했다가 주살되었
다. 宣帝는 두연년이 곽광의 옛사람이라며 퇴출시키려 했는데 승상
인 魏相은 두연년이 평소 업무를 수행하며 비리가 많다고 상주하였
다. 관리를 보내 점검해보니 宮苑의 御馬들이 많이 죽었고 노비들의
의식이 결핍했을 뿐이었으나 두연년은 이와 관련하여 면직되고 식
읍 2,000호를 삭감 당하였다. 몇 달 뒤에 다시 불러 北地郡 태수가
되었다. 두연년은 九卿 자리에 오래 있다가 변방 군수로 나갔기에
治郡 실적이 부진했는데, 宣帝는 璽書(새서, 詔書)를 내려 두연년을
문책하였다. 두연년은 이에 良吏를 골라 등용하고 토호를 잡아가두
자 郡內가 淸靜하였다. 일 년쯤 지나 선제가 謁者(알자)를 보내 두연
년에게 國書(국서)와 함께 황금 2십 근을 하사하였고 西河太守로 전
직시켰는데 치적이 매우 좋았다. 宣帝 五鳳 연간에 조정으로 들어가
어사대부가 되었다. 두연년은 선친의 관직에 취임하여 예전 선친의
자리를 사용할 수 없어 자리를 모두 바꿔 앉았다. 이때 四夷는 和順

하고, 海內가 평안하였는데 두연년이 3년간 직무를 수행한 뒤 老病으로 퇴임하겠다고 주청하자 선제는 두연년을 우대하여 光祿大夫를 시켜 持節을 가지고 가서 두연년에게 황금 100근과 어주를 하사하고 醫藥을 보내주었으나 두연년은 병이 위독하여 致仕하였다. 선제는 두연년에게 安車에 駟馬를 보내 집에까지 모시게 하였다. 몇달 뒤에 죽었는데, 시호는 敬侯였고 아들 杜緩(두완)이 계승하였다.

60-3. (孫) 杜緩

原文

緩少爲郎, 本始中以校尉從蒲類將軍擊匈奴, 還爲諫大夫, 遷上谷都尉, 雁門太守. 父延年薨, 徵視喪事, 拜爲太常, 治諸陵縣, 每冬月封具獄日, 常去酒省食, 官屬稱其有恩. 元帝初卽位, 穀貴民流, 永光中西羌反, 緩輒上書入錢穀以助用, 前後數百萬.

緩六弟, 五人至大官, 少弟熊歷五郡二千石, 三州牧刺史, 有能名, 唯中弟欽官不至而最知名.

| 註釋 | ○杜緩(두완, ?-前 34) - 杜延年의 장남. 시호는 孝侯. ○本始 - 宣帝의 연호. 前 73-70. ○蒲類將軍 - 趙充國. 蒲類(포류)는 今 新疆省의

巴里坤湖. ○上谷都尉 - 上谷은 郡名. 치소는 沮陽縣(今 河北省 張家口市 懷來縣 동남). 도위는 郡의 군사 담당관. ○雁門(안문) - 郡名. 치소는 善無縣(今 山西省 북부 朔州市 관할의 右玉縣). ○太常 - 관직명. 九卿之一. 종묘의례와 陵園 관리. ○陵縣(능현) - 皇陵 주변 지역을 특별한 縣으로 지정. 전국의 富豪를 이주시켜 陵 주변에 읍락을 형성. 强豪의 세력 억제책의 일환. 능 주변에 읍락을 형성하지 않은 우리와는 개념이 달랐다. ○每冬月封具獄日 - 해마다 겨울에 獄案이 다 갖추는 날에 封하다. 具獄은 형이 확정된, 또는 판결한 사안의 서류를 갖추다. 封은 산에 제단을 쌓고 天神에 제사하는 일. 황제는 泰山에서 封하고 출정한 장수나 지방관도 정벌이나 큰일을 끝내면 산에 올라 封하고 祭天했다. ○漢元帝初卽位 - 재위, 前 49 - 33년. 宣帝의 長子. 民間에서 출생, 母는 恭哀皇后 許平君. ○永光中 - 원제의 연호. 전43 - 39년. ○西羌(서강) - 티베트족. 今 甘肅省, 靑海省, 四川省 일대에 거주. ○五郡二千石 - 5개 郡의 태수. 태수는 질 2천석이었기에 二千石은 태수 또는 지방관의 뜻으로 사용되었다. ○州牧刺史 - 무제는 전국에 13부 자사를 두고 질 6백석의 감찰관을 두고 태수 이하의 관리를 감찰케 하였다. ○官不至 - 관직이 높지는 않다.

〔 國譯 〕

杜緩(두완)은 젊어 낭관이 되었고 宣帝 本始 연간에 校尉로 蒲類將軍 趙充國을 따라 흉노를 토벌하고 돌아와 諫大夫가 되었다가 上谷郡 都尉, 雁門郡 太守를 역임했다. 부친 杜延年이 죽자 돌아와 喪事를 돌본 뒤에 太常에 제수되어 여러 陵縣을 다스렸고 매 겨울 獄案이 마무리 되는 날에 封하여 祭天했고 늘 술을 멀리하며 음식을 절제하였는데 官屬들은 은택이 있을 것이라 칭송했다. 元帝가 즉위하면서 곡물이 품귀하고 流民이 발생했으며 永光 연간에는 서쪽 羌

族이 반란을 일으키자 두완은 곧 상서하여 錢穀을 國用으로 바쳤는데 전후 여러 차례에 數百萬이나 되었다.

두완의 6명의 동생 중에서 다섯이 大官에 이르렀는데 막내아우 杜熊은 5개 군의 태수와 3개 州의 牧이나 刺史를 역임하여 유능하다는 명성을 누렸으며, 中弟인 杜欽(두흠)은 관직이 높지는 않았으나 이름이 가장 알려졌다.

60-4. (孫) 杜欽

原文

欽字子夏, 少好經書, 家富而目偏盲, 故不好爲吏. 茂陵杜鄴與欽同姓字, 俱以材能稱京師, 故衣冠謂欽爲'盲杜子夏'以相別. 欽惡以疾見詆, 乃爲小冠, 高廣財二寸, 由是京師更謂欽爲'小冠杜子夏', 而鄴爲'大冠杜子夏'云.

| 註釋 | ○杜欽(두흠) − 생졸년 미상. 王鳳의 참모로 지명도가 있었다. ○目偏盲 − 질병으로 한쪽 눈을 실명한 것으로 추정할 수 있다.   ○茂陵(무릉) − 陵縣 이름. 今 陝西省 咸陽市 관할의 興平市 서쪽. ○杜鄴(두업) − 人名. 哀帝 때 涼州刺史 역임.   ○同姓字 − 姓氏와 字가 같다.   ○衣冠 − 사대부.   ○見詆(견저) − 남이 흉보다. 다른 사람에게 흉잡히다(詆毁).   ○財二寸

- 겨우 두 치. 財(cái)는 才(cái), 纔(cái, 겨우 재).

〖國譯〗

　　杜欽(두흠)의 字는 子夏로 젊어서부터 經書를 좋아하였는데 집은 부유했으나 한쪽 눈을 실명하여 관리가 되려 하지 않았다. 茂陵縣의 杜鄴(두업)은 杜欽과 姓氏와 字가 같았는데 두 사람 모두 材能으로 京師에 소문이 났었는데, 사대부들은 두흠을 '맹인 杜子夏'라 불러 구별하였다. 두흠은 자신의 질병으로 흉잡히는 것을 싫어했는데 높이가 겨우 2寸인 관을 만들어 썼기에 장안에서는 두흠을 '작은 관 杜子夏'라 하여 '큰 관의 杜子夏'와 구별하였다고 한다.

原文

　　時, 帝舅大將軍王鳳以外戚輔政, 求賢知自助. 鳳父頃侯禁與欽兄緩相善, 故鳳深知欽能, 奏請欽爲大將軍軍武庫令. 職閒無事, 欽所好也.

| 註釋 |　○帝舅大將軍王鳳(왕봉, ? - 前 22) - 成帝(재위, 前 33 - 前 7) 時 外戚, 元帝의 皇后인 王政君의 오빠. 成帝 즉위 후에 大司馬大將軍領尙書事가 되어 정권을 독차지했다. 왕봉의 4형제(王鳳, 王音, 王商, 王根)가 모두 요직을 독차지했다. 이 왕봉의 조카가 바로 王莽(왕망)이다.　○頃侯 王禁(왕금) - 元帝의 장인. 王 황후의 生父.

그 무렵 成帝의 외삼촌인 대장군 王鳳이 외척으로 정치를 보필하고 있었는데 왕봉은 현명하고 지혜로운 인재를 골라 자신을 돕게 하였다. 왕봉의 부친 頃侯 王禁은 두흠의 형인 杜緩(두완)과 가깝게 지냈기에 왕봉은 두흠의 능력을 잘 알고 두흠을 대장군의 軍武庫令으로 천거하였다. 그 자리는 한가하고 일거리가 없어 두흠이 좋아하였다.

欽爲人深博有謀. 自上爲太子時, 以好色聞, 及卽位, 皇太后詔采良家女. 欽因是說大將軍鳳曰, "禮壹娶九女, 所以極陽數, 廣嗣重祖也, 必鄕擧求窈窕, 不問華色, 所以助德理內也, 娣姪雖缺不復補, 所以養壽塞爭也. 故后妃有貞淑之行, 則胤嗣有賢聖之君, 制度有威儀之節, 則人君有壽考之福. 廢而不由, 則女德不厭, 女德不厭, 則壽命不究於高年. 《書》云, '或四三年', 言失欲之生害也. 男子五十, 好色未衰, 婦人四十, 容貌改前. 以改前之容侍於未衰之年, 而不以禮爲制, 則其原不可救而後徠異態, 後徠異態, 則正后自疑而支庶有間適之心. 是以晉獻被納讒之謗, 申生蒙無罪之辜. 今聖主富於春秋, 未有適嗣, 方鄕術入學, 未親后妃之議. 將軍輔政, 宜因始初之隆, 建九女之制, 詳擇有行義之家, 求淑女之質, 毋必有色聲音技能, 爲萬世大法. 夫少, 戒之在色,〈小卞〉之作, 可爲寒心. 唯將軍常以爲憂."

| 註釋 | ○自上爲太子時 - 上(成帝)이 태자로 있을 때. ○皇太后 - 성제의 생모. 王政君. ○所以極陽數 - 陽數의 극을 택하다. 1, 3, 5, 7, 9는 奇數로 9는 양수 중 가장 큰 수이다. ○廣嗣重祖 - 아들을 많이 낳아 선조를 높이 받드는 뜻. ○娣侄(제질) - 여동생과 조카. 여자 형제 또는 고모와 조카가 한 제후나 왕에게 같이 시집을 갔다. 娣 여동생 제. ○胤嗣(윤사) - 후계자. 胤 이을 윤, 맏아들 윤. ○廢而不由 - 폐하고 채용하지 않다. 由는 用. ○女德不厭 - 무척 好色하다. 不厭(불염)은 만족하지 못하다. ○壽命不究於高年 - 수명이 高年을 다할 수 없다. 일찍 죽는다는 뜻. ○《書》云, 或四三年 -《書經 周書 亡逸》, 호색을 하면 수명이 10년 또는 4년이나 3년이 줄어든다는 뜻. 여기서 '四三'은 원문의 가장 적은 수를 인용했다. ○言失欲之生害也 - 욕망을 따르면(放蕩) 몸을 해치게 된다. 失은 佚(편안할 일)과 通. 방탕을 의미. ○後徠 - 以後. ○異態 - 變態. 정상체위가 아닌 이색체위를 좋아할 수 있다는 의미로 해석할 수 있다. ○支庶(지서) - 支子, 庶子. 여기서는 첩이나 후궁. ○有間適之心 - 첩이 정처를 대신하려는 마음이 생긴다. 間은 대신하다. 適은 正妻. 嫡子. ○晉獻(진헌) - 춘추시대 晉의 獻公. ○申生蒙無罪之辜 - 晉 헌공의 적자 신생은 없는 죄를 덮어쓰다. 헌공의 驪姬가 자신이 낳은 奚齊(해제)를 즉위시키려고 태자 신생을 모함하여 죽였다. ○詳擇 - 신중하게 선택하다. ○夫少, 戒之在色 - 젊어서는 색을 조심해야 한다. 《論語 季氏》孔子曰, "君子有三戒, 少之時, 血氣未定, 戒之在色, 及其壯也, 血氣方剛, 戒之在鬪, 及其老也, 血氣既衰, 戒之在得." ○小卞(소변) -《詩經 小雅》의 편명. 周幽王이 褒姒(포사)의 꾐에 빠져 申后를 폐한 일을 풍자한 시.

杜欽(두흠)은 심원하고 廣博한 지모를 가진 사람이었다. 成帝는 태자로 있을 때부터 好色으로 소문이 났었는데 즉위하면서 황태후는 良家의 여인을 구해 오도록 명령하였다. 이에 두흠이 대장군 王鳳에게 말했다.

"禮에 한번에 九女를 맞이하는 것은 陽數의 큰 것을 택한 것으로 이는 아들을 많이 두어 조상을 중히 여기려는 뜻이고, 반드시 요조숙녀를 구하려 힘쓰고, 미모를 불문하는 것은 덕으로 보필하여 宮內를 다스리려는 뜻이며 여형제나 조카가 한 사람에게 출가했을 때 그 결원을 보충하지 않는 것은 長壽를 챙기고 여인의 다툼을 막으려는 뜻이었습니다. 그러므로 后妃의 행실이 정숙하면 후사에 賢聖之君이 나오고, 제도에 威儀의 절도가 있으면 人君이 장수하며 복을 누리게 됩니다. 이를 폐하고 따르지 않는다면 끝없이 호색하게 되고 호색만을 따르다 보면 長壽를 바랄 수 없습니다. 그래서 《書經》에 '或 3, 4년이 줄어든다.'고 말한 것은 방탕의 폐해가 있다는 뜻입니다. 남자는 50에도 호색하는 마음이 쇠퇴하지 않고 부인은 40이면 용모가 전과 달라집니다. 40세 이전의 용모로 50세 이전 남자를 모실 경우에 禮로 견제하지 않는다면 그 본래의 뜻을 구할 수 없고 이후로는 변태(특별한 용모)가 나오게 되는데, 변태가 나오면 정식 부인은 자신의 자리를 걱정하게 되고 후궁은 정처의 자리를 차지하려는 마음이 생기게 됩니다. 이 때문에 晉의 獻公(헌공)은 참언의 비방을 받아들였고 태자 申生은 죄도 없이 허물을 덮어썼습니다. 지금 폐하는 젊은 춘추에 아직 嫡子가 없으며 마침 학술에 재미를 붙여야 할 나이로 后妃에 대한 의논을 할 때가 아닙니다. 장군께서 정사를 보필하면서 처음 시작할 때부터 九女의 제도를 확립해야 하며 行義之家를 잘 살펴 고르고 淑女之質을 구해야지 절대로 노래나 잘하고 춤 잘 추는 미녀를 고를 수 없는 것은 萬世의 大法입니다. 젊어서는 미색을 조심해야 하며《詩經》〈小卞(소변)〉이 만들어져서는 寒心하다 할 것입니다. 將軍께서는 이를 늘 걱정해주시기 바랍니다."

原文

鳳白之太后, 太后以爲故事無有. 欽復重言, "《詩》云, '殷監不遠, 在夏后氏之世.' 刺戒者至迫近, 而省聽者常怠忽, 可不愼哉! 前言九女, 略陳其禍福, 甚可悼懼, 竊恐將軍不深留意. 后妃之制, 夭壽治亂存亡之端也. 跡三代之季世, 覽宗,宣之饗國, 察近屬之符驗, 禍敗曷常不由女德? 是以佩玉晏鳴,〈關雎〉歎之, 知好色之伐性短年, 離制度之生無厭, 天下將蒙化, 陵夷而成俗也. 故詠淑女, 幾以配上, 忠孝之篤, 仁厚之作也. 夫君親壽尊, 國家治安, 誠臣子至願, 所當勉之也.《易》曰, '正其本, 萬物理.' 凡事論有疑未可立行者, 求之往古則典刑無, 考之來今則吉凶同, 卒搖易之則民心惑, 若是者誠難施也. 今九女之制, 合於往古, 無害於今, 不逆於民心, 至易行也, 行之至有福也. 將軍輔政而不蚤定, 非天下之所望也. 唯將軍信臣子之願, 念〈關雎〉之思, 逮委政之隆, 及始初淸明, 爲漢家建無窮之基, 誠難以忽, 不可以遴." 鳳不能自立法度, 循故事而已. 會皇太后女弟司馬君力與欽兄子私通, 事上聞, 欽慚懼, 乞骸骨去.

| **註釋** | ○故事無有 – 故事는 舊日의 典章制度. ○《詩》云 –《詩經 大雅 蕩》. ○殷監不遠, 在夏后氏之世 – 殷監의 監은 鑑(본보기). 夏后는 禹王(殷 건국자)의 별칭. ○怠忽(태홀) – 게을러서 소홀히 하다. ○季世 – 末世. ○覽宗,宣之饗國 – 殷 高宗과 周 宣王. 饗(잔치할 향)은 亨國의 뜻. ○禍敗曷常不由女德 – 曷 어찌 갈. ○是以佩玉晏鳴 – '佩玉晏鳴'은 〈魯詩〉의 한 구절. 佩玉(패옥)은 玉을 차다. ○〈關雎〉歎之 –〈關雎(관저)〉는《詩經 國風 周南》. 요조숙녀가 君子의 짝이 되어야 한다는 뜻을 노래했다. 關雎의 關은 關關. 곧 물새들이 서로 화목하게 울다. 雎 물수리 저. 關雎는 文王과 后妃의 성덕의 덕화가 아랫사람에게도 미친다고 노래하였는데, 여기서도 그런 부부의 애정을 백성들에게 보여주어야 한다는 뜻을 말하고 있다. ○伐性短年 – 伐性은 心身을 危害하다. ○無厭 – 無厭(만족하지 못하다)을 여기서는 '好色'으로 의역할 수 있다. ○蒙化 – 敎化되다. ○陵夷而成俗也 – 陵夷(능이)는 쇠퇴하다. 타락하다. ○幾以配上 – 幾는 冀(바랄 기). 期望. 기대하다. ○《易》曰, '正其本, 萬物理' – 이 말은《易經》에 나오지 않는다. ○典刑 – 전통적 法式. ○卒搖易之 – 卒은 猝(갑자기 졸). 搖易는 동요하여 바뀌다. 搖 흔들릴 요. ○不蚤定 – 蚤定(조정). 빨리 정하다. 蚤(일찍 조, 손톱 조)는 早와 同. ○逮委政之隆 – 逮는 따라가다. 틈을 타 이용하다(趁). ○不可以遴 – 遴은 어려워할 인. 머뭇거리다. 막다. 막히다. ○皇太后女弟司馬君力 – 司馬君力은 元帝 王皇后(王政君)의 여동생인 王君力. 곧 成帝의 이모. 본래 司馬氏에게 출가했기에 司馬君力으로 표기.

王鳳이 태후에게 아뢰었는데 태후는 예전의 典章制度에 있는가를 물었다. 이에 두흠은 이를 다시 설명하였다.

"《詩經》에 '殷나라의 본보기는 먼데 있지 않으니, 夏后씨의 시대에 있네.' 라고 하였으니, 이는 잘못을 깨우치게 하는 본보기는 아주 가까운 데 있지만 이를 살필 사람은 늘 소홀히 하게 된다는 뜻이니 어찌 조심하지 않을 수 있겠습니까! 앞서 九女를 맞이하는 제도를 말한 것은 禍福(화복)의 대강을 설명한 것인데 이는 매우 신중해야 합니다. 저는 장군께서 깊이 유념하지 않을까 걱정이 됩니다. 后妃의 제도는 (主君) 壽命의 장단과 治亂과 存亡의 출발점입니다. 三代의 말세를 따라가 보거나 殷나라 高宗과 周나라 宣王의 오랜 기간 치국을 살펴보면 또 최근의 가까운 여러 사례를 고찰한다면 재앙이나 패망이 어찌 女德 때문이 아니겠습니까? 女色 때문에 周 康王은 아침에 늦게 일어났다 하였고 〈關雎〉의 詩도 이를 탄식하였으니 호색이 심신을 해치고 수명을 단축시킨다는 것을 알 수 있습니다. 주군이 禮制를 지키지 않고 호색하게 된다면 천하가 그런 영향을 받아 禮敎는 무너지고 퇴폐가 풍속처럼 될 것입니다. 그래서 숙녀의 정숙한 부덕을 노래하여 군자의 짝이 되기를 희망하였으며 독실한 忠孝와 인자한 후덕을 노래한 것입니다. 主君이 친애하고 장수하며 존귀하다면 국가가 안정될 것이니 이는 진실로 신하의 간절한 희망이기에 마땅히 힘써 실천해야 합니다. 《易經》에서 말하길 '근본을 바로 하여 만물을 다스린다.' 고 하였습니다. 이런 모든 일의 論議에 의혹을 가지고 실행하지 않으면서 지나간 옛 행적에서 찾으며 전통적 법식이 없다 하고 앞으로 발생할 일을 생각해 본다면 길흉은 예전과 같을 것이며 옛 전통을 갑자기 바꾼다면 민심이 현혹될 것이니 이 일은 정말 시행하기 어려울 것입니다. 지금 논하는 九女의 제도는 지난 옛 제도와 일치하고 현세에 폐해가 없으며 민심에 역행하지 않아 아주 실행하기 쉬우며 실천한다면 축복이 있을 것입니다. 장군께서 정사를 보좌하면서 이를 빨리 확정 실천하지 않는다면 이는 천하가 소망하는 바가 아닐 것입니다. 장군께서는 신하들이 원하는 사실에 바탕을 두고 〈關雎〉詩의 뜻을 생각하시면서 장군에게 정사를 위임한 폐하의 융성한 총애를 바탕으로 그 시작을 깨끗하게 하여 漢 황실을 위한 무궁한 발전의 기초를 마련해야 하기에 이는 결코 소홀히 할 수 없는 일이며 지체해서도 안 될 것입니다.”

그러나 王鳳은 스스로 제도를 확립시키지 못하고 전에 하던 그대로 따라만 갔다. 그 무렵 皇太后의 女弟인 司馬君力과 두흠의 조카가 私通했는데 이 일이 황제에게도 알려지자 두흠은 부끄러워 관직을 사임하고 떠나갔다.

原文

後有日蝕, 地震之變, 詔擧賢良方正能直言士, 合陽侯梁放擧欽. 欽上對曰, “陛下畏天命, 悼變異, 延見公卿, 擧直言之士, 將以求天心, 跡得失也. 臣欽愚戇, 經術淺薄, 不足以奉大對. 臣聞日蝕地震, 陽微陰盛也. 臣者, 君之陰也, 子者, 父之陰也, 妻者, 夫之陰也, 夷狄者, 中國之陰也.《春秋》日蝕三十六, 地震五, 或夷狄侵中國, 或政權在臣下, 或

婦乘夫, 或臣子背君父, 事雖不同, 其類一也. 臣竊觀人事
以考變異, 則本朝大臣無不自安之人, 外戚親屬無乖刺之
心, 關東諸侯無强大之國, 三垂蠻夷無逆理之節, 殆爲後宮.
何以言之? 日以戊申蝕. 時加未. 戊未, 土也. 土者, 中宮之
部也. 其夜地震未央宮殿中, 此必適妾將有爭寵相害而爲患
者, 唯陛下深戒之. 變感以類相應, 人事失於下, 變象見於
上. 能應之以德, 則異咎消亡, 不能應之以善, 則禍敗至. 高
宗遭雊雉之戒, 飭己正事, 享百年之壽, 殷道復興, 要在所以
應之. 應之非誠不立, 非信不行. 宋景公, 小國之諸侯耳, 有
不忍移禍之誠, 出人君之言三, 熒惑爲之退舍. 以陛下聖明,
內推至誠, 深思天變, 何應而不感? 何搖而不動? 孔子曰,
'仁遠乎哉!' 唯陛下正后妾, 抑女寵, 防奢泰, 去佚游, 躬節
儉, 親萬事, 數御安車, 由輦道, 親二宮之饔膳, 致晨昏之定
省. 如此, 卽堯舜不足與比隆, 咎異何足消滅? 如不留聽於
庶事, 不論材而授位, 殫天下之財以奉淫侈, 匱萬姓之力以
從耳目, 近諂諛之人而遠公方, 信讒賊之臣以誅忠良, 賢俊
失在巖穴, 大臣怨於不以, 雖無變異, 社稷之憂也. 天下至
大, 萬事至衆, 祖業至重, 誠不可以佚豫爲, 不可以奢泰持
也. 唯陛下忍無益之欲, 以全衆庶之命. 臣欽愚戇, 言不足
采.”

| 註釋 | ○賢良方正科 − 인재등용의 한 방법. 천거된 자는 정치득실을 논

하고 대책을 건의하며 政事에 대한 충간을 할 수 있다. 우수한 자는 관직에 임용되었다. ◦愚戇 – 어리석다. 戇은 어리석을 당. 어리석은 고집. ◦乘夫 – 夫를 능멸하다. 乘은 陵也. ◦乖剌(괴자) – 乖戾(괴려). 어긋나다. ◦關東 – 함곡관 동쪽. 函谷關은 今 河南省 靈寶市 동북방 소재. 동쪽에 崤山(효산) 서쪽에 潼津(동진)이 있고 地勢가 險要하여 '車不方軌하고 馬不並轡하여' 마차가 겨우 통할 수 있는 길이라고 하였다. ◦三垂 – 三陲(삼수). 東, 西, 南의 변경. ◦殆 – 近也. 大槪. ◦戊申 – 成帝 建始 3년(前 30) 12월 1일이라고 하였다. ◦適妾 – 適은 嫡. 正后. ◦異咎(이구) – 이변이나 재앙. 咎는 허물 구. ◦高宗遭雊雉之戒(고종조구치지계) – 殷 高宗(武丁)이 成湯(殷 개국자)을 제사할 때 꿩이 날아와 鼎(정)에 앉아 울었는데 고종은 이를 재이가 일어날 징조로 보고 더욱 근신하고 정사에 힘써 장수했다고 한다. 雊 장끼가 울 구. 雉는 꿩 치. ◦飭己 – 飭 신칙할 칙. 조심하다. ◦宋景公 – 춘추시대 제후, 前 516 – 469 재위. 하늘의 宋國에 해당하는 위치에 前 480년에 火星이 나타났었다고 한다. 이는 경공에게 닥쳐올 재앙인데 그런 재앙을 宰相이나 백성 또는 흉년 드는 것으로 대체할 수 있다고 하자 宋 景公은 그 누구에게도 재앙을 떠넘길 수 없다고 말했다. 그러자 그 정성에 감동하여 하늘의 혜성이 사라졌다고 한다. 熒惑(형혹)은 災禍나 兵亂을 예고하는 별. 혜성. 火星. 火神. 熒 등불 형. 惑 미혹할 혹. ◦仁遠乎哉 –《論語 述而》. 子曰, "仁遠乎哉? 我欲仁, 斯仁至矣." 이는 仁을 내 의지로 실천할 수 있다는 뜻이다. ◦奢泰 – 奢侈(사치). ◦佚游(일유) – 방종과 방탕으로 節制가 없음. ◦二宮之饔膳 – 二宮은 太皇太后(황제의 조모)와 太后(황제의 모친). 饔膳(옹선)은 식사. 饔 아침밥 옹. 膳 반찬 선. ◦晨昏之定省 – 昏定晨省. ◦殫 – 다할 탄 (盡). ◦匱 – 함 궤. 다 써서 비우다. ◦不以 – 不用. ◦唯 – ~하기 바라다. 희망을 표현.

　뒷날 일식과 지진의 變怪(변괴)가 일어나자 賢良方正하고 直言을
할 인재를 천거하라고 조서를 내리자 合陽侯 梁放(양방)이 두흠을
추천하였는데, 이에 두흠은 대책을 올려 말했다.

　"폐하께서는 천명을 두려워하시고 變異를 걱정하시며 公卿을 引
見하시고 直言之士를 등용하시면서 이들을 통해 천심과 정치 득실
의 자취를 알고 싶어 하십니다. 그러나 臣 두흠은 어리석고 우둔하
며 경학도 천박하여 폐하의 대책에 답변하기에는 많이 부족합니다.
臣이 알기로는, 일식과 지진은 양기가 미약하고 음기가 성한 것입니
다. 신하는 君의 陰이고, 子는 父의 陰이며, 妻란 夫의 陰이고 夷狄
(이적)은 중국의 陰입니다.《春秋》에 일식이 36회 있었고, 지진이 5
회 기록되었고 이런 때는 이적이 중국을 침범하거나 혹은 정권이 신
하에게 있거나 아니면 婦가 夫를 능멸하거나 또는 臣子가 君父를 배
신하였는데 이런 사례는 같지 않아도 그 성격은 하나입니다. 臣이
인사를 가지고 이변의 원인을 고찰해 본다면 本朝(朝廷)의 대신에
스스로 안존하려는 자가 있지 않으며 외척이나 친속에 나쁜 마음을
가진 자도 없고 函谷關(함곡관) 동쪽의 제후 중에 漢에 대항하려는
강대한 제후국도 없으며 동남서 변방에 순리를 거역할 蠻夷族(만이
족)이 있지도 않으니 그렇다면 아마도 後宮에 원인이 있을 것입니
다. 왜 이렇게 말할 수 있겠습니까? 일식은 戊申日에 未時에 있었습
니다. 戊와 未는 五行의 土에 속합니다. 그리고 土는 中宮에 속합니
다. 그리고 그날 밤 지진이 未央宮에 발생하였는데 이는 틀림없이
앞으로 正后(適)와 후궁(妾)이 총애를 다투면서 서로 해악을 끼쳐
환란이 일어날 뜻이니 폐하께서 아주 조심하셔야 합니다. 異變은 비

슷한 종류끼리 영향을 주어 상응하는 것이니 아래(下, 땅)에서 인사가 정도를 잃으면 그 變象(變狀)은 하늘(上)에 나타납니다. 이런 이변에 대하여 덕으로 대응한다면 재앙은 사라질 것이나 선행으로 대응하지 못한다면 재앙이 닥칠 것입니다. 殷나라 高宗은 장끼가 날아와 우는 계시를 받고 몸가짐을 바로 하고 正道로 섬겨서 백 년의 장수를 누렸고 殷의 왕도가 부흥하였으니 그 요체는 계시에 대한 대응에 있었습니다. 그 대응에 정성이 없다면 존속할 수 없었으며 진실하지 않았으면 실행할 수도 없었습니다. 宋 景公은 소국의 제후이었는데 혜성이 나타났지만 그 재앙을 차마 다른 사람에게 옮겨가게 할 수 없다는 정성이 있었고 이런 人君의 말을 3번 반복하자 혜성은 宋 景公을 위해 사라졌습니다. 폐하의 聖明으로써 진심으로 至誠을 내보이며 천변을 깊이 반성한다면 어떠한 조치인들 하늘을 감응시키지 못하겠습니까? 또 어떤 소란인들 사라지지 않겠습니까? 공자는 '仁이 나에게서 멀리 있는가!' 라고 하셨습니다. 다만 폐하께서 后妾을 바로 거느리시고 女寵(여총)을 자제하시며 사치를 멀리하고 질탕한 놀이를 하지 않으시며 절검을 실천하시고 만사를 친람하시며 안차를 자주 몰아 輦道(연도)에 행차하시고 태황태후와 태후의 식사를 친히 챙겨 보시며 昏定晨省(혼정신성)을 실천하십시오. 이와 같이 한다면 바로 堯舜일지라도 폐하의 융성을 따라오지 못할 것이니 무슨 재앙인들 소멸하지 않겠습니까? 그런데 만약 서정을 친람하시지도 않고 인재를 살펴보지도 않고 관직을 수여하며 천하의 재물을 탕진하면서 지나친 사치를 다하고 백성의 노력을 다 낭비하면서 이목을 즐기려 하시고 아첨하는 무리를 가까이 두고 공정하며 바른 인재를 멀리 하신다면, 또 참소하고 헐뜯는 신하의 말을 믿어 충량한 신

하를 죽이려 한다면, 현인이나 俊才(준재)들은 관직을 잃고 암혈에
숨어버릴 것이며 대신은 등용되지 않아 원망을 할 것이오니 이럴 경
우라면 災異가 없을지라도 사직의 근심거리가 될 것입니다. 그리하
여 아무리 천하가 지대하고, 만물이 아무리 많으며, 祖業이 아무리
至重하다 하여도 정말로 한가히 놀면서 다스릴 수 없는 것이며 사치
하면서 꾸려나갈 수 없는 것입니다. 오로지 폐하께서는 백해무익한
욕망을 자제하시어 만백성의 생명을 보전해주셔야 합니다. 臣 두흠
은 어리석기에 제 말은 받아들이기에 부족할 것입니다.”

原文

　其夏, 上盡召直言之士詣白虎殿對策, 策曰, “天地之道何
貴? 王者之法何如?《六經》之義何上? 人之行何先? 取人
之術何以? 當世之治何務? 各以經對.”

| 註釋 | ○詣 – 이를 예. 도착하다. 학예가 뛰어나다. ○白虎殿 – 未央宮
내의 전각. ○對策(對冊) – 政事나 經義 등 設問하여 응시자의 대답을 들어
인재를 선발하는 考試의 한 방법. ○以經對 – 經義(경의)를 근거로 답변하다.

〔國譯〕

　그 해 여름, 성제는 直言之士를 모두 白虎殿에 불러 모아서 對策
을 물었다. 策書에는 “天地의 道는 무엇이 가장 貴한가? 王者의 治
法은 어떠해야 하는가?《六經》의 뜻으로는 무엇을 가장 중시하는
가? 사람의 행실에서 무엇을 최우선해야 하는가? 인재를 고르는 방

법은 무엇인가? 지금 치국에서 가장 힘써야 할 일은 무엇인가? 각자 經義를 근거로 대책을 올리도록 하라."고 하였다.

欽對曰, "臣聞天道貴信, 地道貴貞, 不信不貞, 萬物不生. 生, 天地之所貴也. 王者承天地之所生, 理而成之, 昆蟲草木靡不得其所. 王者法天地, 非仁無以廣施, 非義無以正身, 克己就義, 恕以及人, 《六經》之所上也. 不孝, 則事君不忠, 莅官不敬, 戰陳無勇, 朋友不信. 孔子曰, '孝無終始, 而患不及者, 未之有也.' 孝, 人行之所先也. 觀本行於鄕黨, 考功能於官職, 達觀其所擧, 富觀其所予, 窮觀其所不爲, 乏觀其所不取, 近觀其所爲, 遠觀其所主. 孔子曰, '視其所以, 觀其所由, 察其所安, 人焉廋哉?' 取人之術也. 殷因於夏尙質, 周因於殷尙文, 今漢家承周, 秦之敝, 宜抑文尙質, 廢奢長儉, 表實去僞. 孔子曰, '惡紫之奪朱', 當世治之所務也. 臣竊有所憂, 言之則拂心逆指, 不言則漸日長, 爲禍不細, 然小臣不敢廢道而求從, 違忠而耦意. 臣聞玩色無厭, 必生好憎之心, 好憎之心生, 則愛寵偏於一人, 愛寵偏於一人, 則繼嗣之路不廣, 而嫉妒之心興矣. 如此則匹婦之說, 不可勝也. 唯陛下純德普施, 無慾是從, 此則衆庶咸說, 繼嗣日廣, 而海內長安. 萬事之是非何足備言!"

| 註釋 | ○貞 – 正, 또는 精誠. 成熟. ○恕 – 容恕(용서). 寬容(관용). ○莅
官 – 관직에 나가다. 莅 다다를 리. 그 자리에 가다. 莅의 俗字. ○孝無終始
3句 –《孝經 庶人章》. 곧 남을 따라하는 것이 아니라 자기가 스스로 행하는
것이라는 뜻. ○鄕黨 – 마을. 鄕은 12,500戶. 黨은 500호. ○達觀其所擧 이
하 4句 –《說苑》과《周書》에서 인용한 글이라는 註가 있다. ○孔子曰 –《論
語 爲政》. 所以는 사귀는 朋友, 所由는 목적 달성을 위해 택하는 방법, 所安
은 마음의 편함, 곧 즐기는 방법. ○人焉廋哉 – 어찌 숨길 수 있겠는가? 廋
는 감출 수. 공자는 '人焉廋哉'를 두 번 말하여 감출 수 없음을 재 강조하였
다. ○長儉 – 儉約을 숭상하다. ○惡紫之奪朱 –《論語 陽貨》의 글. 紫는 혼
합색, 朱는 純正한 색. 小人이 君子를 해치는 것을 미워한다는 의미도 있다.
○當世治之所務也 – 當世之治所務也. ○耦意 – 자기 주관 없이 남의 뜻에
영합하다. 耦는 짝 우. 合也 ○匹婦之說 – 여인 한 사람의 말. ○衆庶咸說
– 백성이 다 기뻐하다. 說은 悅.

〖 國譯 〗

이에 두흠이 대책을 올려 말했다.

"臣이 알기로는, 天道는 信義를 높이고 地道는 貞(正)을 귀하게
여기니 信이 아니거나 正이 아니라면 만물은 생명이 없을 것입니다.
따라서 생명은 천지에 가장 소중한 것입니다. 王者는 천지에 소생하
는 바를 이어받아 다스리고(理) 또 성숙케 해야 하며, 곤충과 초목들
이라도 있어야 할 곳을 얻지 못한 생명이란 없습니다. 王者는 천지
를 법으로 삼아야 하나니 仁이 아니라면 널리 베풀 것이 없고, 義가
아니라면 몸을 바로 할 것이 없으며, 克己하여 義를 실천해야 하고,
관용으로 다른 사람에게 베풀어야 하나니 이는《六經》에서 가장 높
이는 가치일 것입니다. 불효한 자는 事君하되 不忠하고, 관직에 나

가서는 不敬하며, 戰陣에서도 용기가 없고 붕우에게 신의도 없습니다. 그래서 孔子는 '孝에는 끝도 시작도 없으니 따라가지 못할까 걱정하는 사람은 없다.'고 하였습니다. 孝는 사람의 행실에서 맨 먼저 실천해야 합니다. 鄕黨에서의 바탕 행실을 관찰하고, 관직에서의 능력을 평가하며, 뜻을 이루었을 때 천거하는 사람을 보고 富를 얻었을 때 그가 베푸는 바를 보며, 궁색할 때 그가 하지 않는 것을 보고, 결핍할 때 그가 취하지 않는 것을 보며, 가까이 산다면 그가 하는 행위를 보고, 먼 곳에서 왔다면 그가 어떤 손님의 주인이 되는가를 보는 것입니다. 공자는 '그가 사귀는 벗을 보고, 그가 행동하는 방법을 보며, 그가 즐기는 것을 볼 수 있나니 사람이 무엇을 감출 수 있겠나?'라고 하였습니다. 곧 이는 사람을 고르는 방법이라 할 수 있습니다. 殷은 夏를 이어 질박함을 숭상하였고 周는 殷에 바탕을 두고 문채(禮)를 숭상하였는데 지금 漢家에서는 周와 秦의 폐단을 이었으니 응당 抑文(억문)하며 질박한 것을 숭상하고 사치를 폐하고 검약을 높이고, 실질을 표창하고 꾸밈(僞)을 제거해야 합니다. 孔子는 '紫色(자주색, 소인)이 붉은색(純正한 색, 君子)을 흐리게 하는 것을 미워한다.'고 하였습니다. 이는 지금의 통치에서 힘써야 할 것입니다. 臣이 삼가 걱정하는 바는 이를 지적한다면 (소인은) 뒤틀린 마음으로 뜻을 거스르고 이를 말하지 않는다면 날마다 세력을 키워 나가게 되어 재앙을 초래하는 것이 적지 않으며 小臣은 감히 正道를 없앨 수는 없어 순응은 하지만 거짓 충성이고 뜻에 영합할 뿐입니다. 臣이 알기로, 好色은 그 끝이 없으니 틀림없이 좋아하고 미워하는 마음이 일어나고, 好惡의 마음이 생기면 총애가 한 사람에게 기울어지고, 그렇게 되면 후사를 이어 나갈 길이 넓어지지 않을 것이며 嫉妬(질투)하는 마음이 일어날 것입니다. 이렇게 된다면 한 여인의 말을 이길 수가 없습니다. 폐하께서 純德을 널리 베푸시고 無慾을 따라주신다면 이는 만백성이 모두가 기뻐할 것이며, 후사는 날마다 더 넓어지고 海內는 언제나 평안할 것입니다. 세상만사의 是非를 어찌 다 말할 수 있겠습니까!"

原文

欽以前事病, 賜帛罷, 後爲議郎, 復以病免.

徵詣大將軍莫府, 國家政謀, 鳳常與欽慮之. 數稱達名士王駿, 韋安世, 王延世等, 救解馮野王, 王尊, 胡常之罪過, 及繼功臣絶世, 塡撫四夷, 當世善政, 多出於欽者. 見鳳專政泰重, 戒之曰, "昔周公身有至聖之德, 屬有叔父之親, 而成王有獨見之明, 無信讒之聽, 然管, 蔡流言而周公懼. 穰侯, 昭王之舅也, 權重於秦, 威震鄰敵, 有旦莫偃伏之愛, 心不介然有間, 然范雎起徒步, 由異國, 無雅信, 開一朝之說, 而穰侯就封. 及近者武安侯之見退, 三事之跡, 相去各數百歲, 若合符節, 甚不可不察. 願將軍由周公之謙懼, 損穰侯之威, 放武安之欲, 毋使范雎之徒得間其說."

| 註釋 | ○議郎 - 光祿勳의 속관. 宿衛는 하지 않고 황제의 고문에 응대하며 정사 의논에 참여하는 황제의 근신. 秩은 比 6백석. ○徵詣 - 불려가다. 詣 다다를 예. 관부에 나아가다. ○王駿(왕준) - 王吉의 子. 72권, 〈王貢

兩龔鮑傳)에 附傳. ◦韋安世(위안세) – 成帝 때 長樂衛尉를 역임. 당시 名士로 재상감이라는 평판이 있었다. ◦王延世 – 성제 때 치수토목공사의 전문가로 명성을 날렸다. 成帝 때 河平(前 28 – 24) 연호는 치수 사업의 성공을 기념한 연호이다. ◦稱達(칭달) – 칭찬하고 격려하다. ◦馮野王(풍야왕) – 馮奉世의 아들. 49권, 〈馮奉世傳〉에 附傳. ◦王尊 – 王鳳이 능력을 인정한 유능한 관리였다. ◦胡常 – 孔安國의 三傳 제자. 成帝 時 博士. ◦繼功臣絶世 – 공신의 단절된 후손을 찾아 繼位시키다. 이는 두흠의 공적이 아니라 杜業의 공적이라는 註가 있다. ◦塡撫 – 鎭撫. 塡 메울 전. 누를 진. ◦管, 蔡 – 管叔과 蔡叔. 武王과 周公의 아우. 成王의 숙부. 주공이 성왕을 폐위시키려 한다는 유언을 퍼트렸고 武更 등과 함께 周에 반기를 들었다. ◦穰侯(양후) – 전국시대 秦의 大臣. ◦旦莫偃伏之愛 – 旦莫는 旦暮(단모). 아침과 저녁. 偃伏는 뒹굴며 놀다. 偃 넘어질 언, 누울 언. ◦介然有間 – 介然은 막힌 모양. 의지가 굳은 모양. 間은 장벽(隔閡). 서먹서먹함. ◦范雎起徒步 – 范雎(범저)는 人名. 전국시대 魏國 평민 출신으로 秦에 들어와 昭王을 신임을 얻어 승상이 되었다. 雎는 물수리 저. 睢는 물 이름 수. 눈 부릅뜰 휴. 《史記》에는 范睢(범수)로 기록되었다. 徒步(도보)는 맨발. 평민. 步卒. ◦雅信 – 평소에 서로 신임하다. ◦武安侯 – 田蚡(전분), 무제의 외삼촌. 少府 소속의 官匠을 데려다가 집을 꾸몄다가 무제가 노하자 밀려났다. 52권, 〈竇田灌韓傳〉에 입전. ◦由周公之謙懼 – 由는 따르다. 謙懼(겸구)는 겸손과 두려워함.

〔國譯〕

　　두흠은 전에 있었던 일로(조카와 王태후 여동생과의 私通) 병을 핑계로 비단을 하사받고 사임했는데 그 후 議郎이 되었다가 병으로 다시 그만두었다. 대장군의 幕府에 불려가서 국가의 정책 결정에 참여했는데 王鳳은 늘 두흠과 함께 논의하였다. 名士인 王駿(왕준), 韋

安世(위안세), 王延世 등을 자주 불러 칭찬하고 격려하였으며 馮野王 (풍야왕), 王尊(왕준), 胡常(호상)의 허물을 변명 구원하였으며 功臣의 絶世를 계승케 하고, 四夷를 진무하는 등 당시의 여러 善政이 두흠 에게서 나왔다.

두흠은 왕봉의 막강한 권력행사를 보고 그를 깨우쳐주는 말을 하 였다.

"예전에 周公은 자신에게 至聖의 德이 있었고 (成王의) 숙부라는 친족이었고 또 成王이 혼자 사리를 판단할만한 지혜가 있으며 참소 의 말을 듣지 않는 덕이 있어도 管叔과 蔡叔의 流言에 周公은 두려 워 떨었습니다. 穰侯(양후)는 秦 昭王의 숙부로 秦에서 그 권한이 막 강하여 이웃 적국에까지 위세를 떨쳤고 아침저녁으로 (어린 昭王 이) 곁에서 뒹굴고 놀았던 애정이 있어 마음에 아무런 막힘도 없었 지만 그래도 范雎(범저)가 보졸에서 起身하여 이국 출신인데도 또 평소 신임하던 사이도 아니었지만 한번 조정에서 유세하자 양후는 封地로 떠나갔습니다. 근자에 무안후 田蚡(전분)이 밀려난 일까지 이 3인의 경우는 서로 수백 년 떨어졌지만 사실에 서로 딱 맞으니 세심히 살펴보지 않을 수 없습니다. 장군께서는 周公의 겸손함과 걱 정하는 조심성을 따르고 穰侯(양후)가 위세를 낮추었던 일과 武安侯 가 욕심을 버린 일을 본받아서 范雎(범저) 같은 무리가 중간에 들어 와 말하지 않도록 해야 합니다."

頃之, 復日蝕, 京兆尹王章上封事求見, 果言鳳專權蔽主之過, 宜廢勿用, 以應天變. 於是天子感悟, 召見章, 與議, 欲退鳳. 鳳甚憂懼, 欽令鳳上疏謝罪, 乞骸骨, 文指甚哀. 太后涕泣爲不食. 上少而親倚鳳, 亦不忍廢, 復起鳳就位. 鳳心慚, 稱病篤, 欲遂退. 欽復說之曰, “將軍深悼輔政十年, 變異不已, 故乞骸骨, 歸咎於身, 刻己自責, 至誠動衆, 愚知莫不感傷. 雖然, 是無屬之臣, 執進退之分, 絜其去就之節者耳, 非主上所以待將軍, 非將軍所以報主上也. 昔周公雖老, 猶在京師, 明不離成周, 示不忘王室也. 仲山父異姓之臣, 無親於宣, 就封於齊, 猶歎息永懷, 宿夜徘徊, 不忍遠去, 況將軍之於主上, 主上之與將軍哉! 夫欲天下治安變異之意, 莫有將軍, 主上照然知之, 故攀援不遣, 《書》稱 ‘公毋困我!’ 唯將軍不爲四國流言自疑於成王, 以固至忠.” 鳳復起視事. 上令尙書劾奏京兆尹章, 章死詔獄. 語在〈元后傳〉.

| 註釋 | ○王章 – 成帝 河平 4년(전 25)에 京兆尹에 임명되었다. 본래 王鳳이 천거한 사람이었지만 왕봉에 협조하지 않았다. 다음 해 대역죄로 처형되었다. 王尊, 王駿과 함께 三王이라 불리면서 명망이 있었다고 한다. ○無屬之臣 – 친인척 관계가 없는 신하. 王鳳은 成帝의 외숙이니 無屬之臣은 아니다. ○絜其去就 – 거취를 깨끗이 하다. 絜 깨끗이 할 결(潔과 同). 헤아릴 혈. ○成周 – 宗周(周의 王都)가 되어야 한다는 註에 따라 번역하였다. ○仲山父 – 中山甫, 周 宣王의 大臣. ○莫有將軍 – ‘莫若將軍’이어야 한다는 註

에 따랐다. ○攀援不遣 ─ 만류하고 보내지 않다. 攀援(반원)은 挽留하다.
○《書》稱 '公毋困我' ─《書經 周書 洛誥》. 이는 成王이 周公에게 한 말이다.
○元后傳 ─ 68권. 元帝의 황후 王政君의 傳.

〔國譯〕

　　얼마 뒤에 다시 일식이 일어나자 경조윤 王章이 봉서를 올려 알
현을 요청하였는데, 예상대로 王鳳이 전권을 휘둘러 주군을 엄폐하
는 과오를 범했으니 폐출시켜 天變에 대응해야 한다고 말했다. 이에
천자도 느낀 바가 있어 왕장을 불러 만나 같이 협의하며 왕봉을 제
거하려 하였다. 왕봉은 매우 두려워했고 두흠은 왕봉 자신이 사죄하
며 사임하겠다는 글을 올리게 하였는데 그 문장이 심히 애절하였다.
왕태후는 눈물을 흘리며 식사도 하지 못했다. 성제는 어려서부터 친
히 왕봉에게 의지했었기에 차마 물리치지 못하고 다시 왕봉을 이전
직위에 등용하였다. 왕봉은 마음으로 부끄러워 병이 위중하다며 퇴
임하려 하였다.

　　이에 두흠이 다시 왕봉에게 말했다. "장군께서는 정사를 보좌한
10년 동안에 이변이 그치지 않았던 것을 심히 걱정하며 사임하여
스스로의 허물로 돌려 절절하게 자책하니 그 至誠에 많은 사람을 움
직였기에 어리석은 백성들도 감동을 받지 않은 이가 없습니다. 그렇
지만 이는 황제와 친속관계가 없는 신하가 진퇴를 구분하여 거취를
깨끗이 하려는 지조이지 主上이 장군에 바라는 바도 아니며 장군이
주상에게 보답하는 뜻도 아닙니다. 예전에 周公은 비록 노쇠했지만
경사에 머물면서 周의 왕도를 떠나지 않겠다는 의도를 분명히 하였
으니 이는 왕실을 잊지 않겠다는 뜻이었습니다. 仲山父(중산보)는 異

姓의 신하로 선왕의 친족이 아니었지만 封地인 齊로 떠나면서 감회에 깊이 탄식하면서 밤새 배회하며 차마 발길을 떼질 못하였는데, 하물며 장군이 주상을 섬겼으며 주상이 장군에게 관직을 수여하는데 떠날 수 있겠습니까? 천하의 이변을 안정케 하려는 뜻이 장군과 같은 이가 없다는 것을 주상께서 확실하게 아시기에 장군을 만류하고 보내지 않은 것이니《書經》에도 '公은 나를 곤경에 처하게 하지 말라.'고 했던 것입니다. 장군께서는 사방에 퍼진 유언비어에 따라 스스로 成王이 의심토록 하는 일을 하지 않는 것이 정말 최고의 충성일 것입니다."

왕봉은 다시 나아가 정사를 돌보았다. 成帝는 尙書에게 명령하여 경조윤 王章의 죄를 조사케 하였고 왕장은 詔獄(조옥)의 판결로 주살되었다. 이 말은 〈元后傳〉에 있다.

原文

章旣死, 衆庶冤之, 以譏朝廷. 欽欲救其過, 復說鳳曰, "京兆尹章所坐事密, 吏民見章素好言事, 以爲不坐官職, 疑其以日蝕見對有所言也. 假令章內有所犯, 雖陷正法, 事不暴揚, 自京師不曉, 況於遠方. 恐天下不知章實有罪, 而以爲坐言事也. 如是, 塞爭引之原, 損寬明之德. 欽愚以爲宜因章事擧直言極諫, 並見郎從官展盡其章, 加於往前, 以明示四方, 使天下咸知主上聖明, 不以言罪下也. 若此, 則流言消釋, 疑惑著明." 鳳白行其策. 欽之補過將美, 皆此類也.

| 註釋 | ○假令 − 그렇다 치더라도. 設使. 設令.   ○暴揚(폭양) − 세상에 널리 알리다. 暴 드러날 폭.   ○爭引 − 사건을 끌어다가 간쟁하다. 또는 간쟁을 하면 그 말을 받아들이다.   ○補過將美 − 잘못을 고치고 善을 권장하다. 將은 助也.

〖 國譯 〗

王章이 사형 당했지만 백성은 억울한 일이라며 조정을 비방하였다. 두흠은 이런 잘못을 바로 잡기 위하여 다시 王鳳에게 말했다.

"京兆尹 王章이 연좌된 죄는 알려지지 않았고 관리나 백성들은 평소 왕장의 언변이 좋은 것만 보았기에 업무가 아니라 일식 때문에 알현하여 건의한 것 때문이라 의심하고 있습니다. 가령 왕장이 내부적으로 죄를 범해서 법대로 처리되었더라도 사실대로 알려지지 않으면 京師에서도 모르는데 하물며 먼 지방에서 어찌 알겠습니까? 걱정스러운 것은 천하 사람들이 왕장의 실제 죄를 범한 것은 모르고 바른 말을 하다가 죽었다고 아는 것입니다. 이러면 간쟁할 수 있는 근원을 막게 되고 폐하의 관용과 명철한 덕을 손상시키게 됩니다. 두흠의 어리석은 생각이지만 왕장의 사건의 계기로 직언이나 極諫하는 인재를 천거하고 아울러 낭관들에게 그 할 말을 다하게 하고 더 나아가 이를 사방에 널리 알려서 온 천하가 主上의 聖明과 바른 말을 했다 하여 죄를 묻지 않는다는 것을 널리 알려야 합니다. 이렇게 된다면 流言은 사라지고 의혹은 확실해질 것입니다."

왕봉은 이를 아뢰고 실천하였다. 두흠이 과실을 고치고 선행을 장려하는 것이 대개 이런 식이었다.

　優遊不仕, 以壽終. 欽子及昆弟支屬至二千石者且十人.
欽兄緩前免太常, 以列侯奉朝請, 成帝時乃薨, 子業嗣.

| 註釋 |　○優遊 – 한가롭게 지내는 모양.

〔國譯〕

　두흠은 한가히 지내며 관직에 나가지 않고 천수를 누렸다. 두흠
의 아들이나 형제의 자식으로 2천석 벼슬에 오른 자가 거의 10명이
었다. 두흠의 형 杜緩은 전에 太常에서 면직했는데 열후로서 봄과
가을에 천자를 알현하였는데 성제 때 죽어 아들 杜業이 계승하였다.

60-5. (曾孫) 杜業

原文

　業有材能, 以列侯選, 復爲太常. 數言得失, 不事權貴, 與
丞相翟方進, 衛尉定陵侯淳于長不平. 後業坐法免官, 復爲
函谷關都尉. 會定陵侯長有罪, 當就國, 長舅紅陽侯立與業
書曰, "誠哀老姉垂白, 隨無狀子出關, 願勿復用前事相侵."
定陵侯旣出關, 伏罪復發, 下雒陽獄. 丞相史搜得紅陽侯書,

奏業聽請, 不敬, 坐免就國.

| 註釋 | ○杜業(? - 서기 1년) - 字 君都. 前 33년에 부친 杜緩의 建平侯 세습. 成帝 시 太常 역임. 哀帝 때 다시 太常 역임. ○列侯 - 徹侯에서 개칭. 通侯라고도 표기. ○翟方進(적방진, ? - 前 7년) - 永始 2年(前 15)에 어사대 부. 승상에 올라 高陵侯에 봉해졌고 '通明相'이라는 칭송을 얻었다. 王莽의 질시를 받았다. 84권, 〈翟方進傳〉에 입전. ○淳于長 - 93권, 〈佞幸傳〉에 입전. ○無狀子 - 不肖子. ○伏罪復發 - 복죄는 지난날에 알려지지 않았던 죄. ○聽請 - 청탁을 받다.

〖國譯〗

杜業(두업)은 재능이 있어 列侯 중에서 선발되어 다시 太常이 되었다. 자주 정사의 득실을 논했고 權貴를 가까이 하지 않았기에 丞相 翟方進(적방진)이나 衛尉 定陵侯 淳于長(순우장)과 사이가 안 좋았다. 뒷날 두업은 법에 걸려 免官되었다가 函谷關都尉가 되었다. 그 무렵 定陵侯 淳于長이 죄를 짓고 봉국으로 돌아가는데 순우장의 외삼촌인 紅陽侯 王立이 두업에게 서신을 보내 말했다. "정말 애달프게도 늙은 누이가 머리가 희어서 못난 아들을 따라 관문을 지나가려 하니 전에 일 때문에 힘들게 하지 말기를 바랍니다." 정릉후가 함곡관을 나간 뒤 전에 몰랐던 죄가 밝혀져서 洛陽의 옥에 갇혔다. 丞相史가 紅陽侯의 서신을 찾아내었고 두업은 청탁을 받았으며 이는 불경죄에 해당한다 하여 두업은 면직되어 封地로 돌아갔다.

其春, 丞相方進薨, 業上書言, "方進本與長深結厚, 更相稱薦, 長陷大惡, 獨得不坐, 苟欲障塞前過, 不爲陛下廣持平例, 又無恐懼之心, 反因時信其邪辟, 報睚眦怨. 故事, 大逆朋友坐免官, 無歸故郡者, 今坐長者歸故郡, 已深一等. 紅陽侯立坐子受長貨賂故就國耳, 非大逆也, 而方進復奏立黨友後將軍朱博, 鉅鹿太守孫宏, 故少府陳咸, 皆免官, 歸咸故郡. 刑罰無平, 在方進之筆端, 衆庶莫不疑惑, 皆言孫宏不與紅陽侯相愛. 宏前爲中丞時, 方進爲御史大夫, 舉掾隆可侍御史, 宏奏隆前奉使欺謾, 不宜執法近侍, 方進以此怨宏. 又方進爲京兆尹時, 陳咸爲少府, 在九卿高弟, 陛下所自知也. 方進素與司直師丹相善, 臨御史大夫缺, 使丹奏咸爲奸利, 請案驗, 卒不能有所得, 而方進果自得御史大夫. 爲丞相, 即時詆欺, 奏免咸, 復因紅陽侯事歸咸故郡. 衆人皆言國家假方進權太甚. 案師丹行能無異, 及光祿勳許商被病殘人, 皆但以附從方進, 嘗獲尊官. 丹前親薦邑子丞相史能使巫下神, 爲國求福, 幾獲大利. 幸賴陛下至明, 遣使者毛莫如先考驗, 卒得其奸, 皆坐死. 假令丹知而白之, 此誣罔罪也. 不知而白之, 是背經術惑左道也, 二者皆在大辟, 重於朱博, 孫宏, 陳咸所坐. 方進終不舉白, 專作威福, 阿黨所厚, 排擠英俊, 托公報私, 橫厲無所畏忌, 欲以熏轑天下. 天下莫不望風而靡, 自尙書近臣皆結舌杜口, 骨肉親屬莫不股

慄. 威權泰盛而不忠信, 非所以安國家也. 今聞方進卒病死,
不以尉示天下, 反覆賞賜厚葬, 唯陛下深思往事, 以戒來
今."

| 註釋 | ○其春 – 成帝 綏和(수화) 2년(前 7). ○障塞(장색) – 틀어막다.
○平例 – 공평한 準則(준직). ○信其邪辟 – 信은 伸과 같음. ○邪辟 – 도리
에 벗어나고 편벽됨(邪僻). 피벽. ○睚眥(애자) – 부릅뜨고 노려보다. 사소
한 악 감정. 睚 눈초리 애. 眥 흘길 자. 눈초리 제. ○紅陽侯立 – 王鳳의 동
생인 王立. ○陳咸 – 陳萬年의 아들. 66권, 〈公孫劉田王楊蔡陳鄭傳〉에 입
전. ○司直 – 관직명. 승상을 도와 불법을 행한 자를 검거하는 임무. ○師
丹(사단) – 86권, 〈何武王嘉師丹傳〉에 입전. ○詆欺 – 속이다. 詆 꾸짖을
저. 欺 속일 기. ○邑子 – 고향 사람. ○左道 – 邪道. ○大辟 – 사형. ○排
擠 – 밀어내다. 排 밀칠 배. 擠 밀어낼 제. ○橫厲 – 맹렬한 기세로 설쳐대
다. ○熏轑天下 – 천하 사람들을 핍박하다. 熏轑는 태우다. 으르고 협박하
다. 熏 연기 낄 훈. 轑 불을 놓을 요(료). ○股慄 – 허벅지가 후들후들 떨리
다. 살에 소름이 돋다. 몹시 두려워하는 모양. 股 넓적다리 고. 慄 두려워할
율. ○方進卒病死 – 적방진이 갑자기 병사하다. 적방진은 자살했다. 卒은
猝地에. ○尉示天下 – 천하 백성을 慰撫(위무)하다. 尉는 慰와 通.

[國譯]

　그 봄에 승상 翟方進(적방진)이 죽자, 杜業은 글을 올려 말했다.
　"적방진은 본래 淳于長과 깊이 사귈 뿐만 아니라 상호 간에 칭찬
하며 천거하는 사이였는데 순우장이 큰 죄를 지었을 때 적방진만 혼
자 연좌되지 않았으며 前過를 막아버리고 폐하의 공평한 법을 따르
지 않았을 뿐만 아니라 아무런 두려움도 없이 때에 따라 사악한 짓

을 하면서 사소한 원한에도 복수를 했습니다. 예전 법에는 대역 죄
인의 벗이 연좌되면 관직을 내놓을 뿐 고향으로 돌아가는 자가 없었
는데 요즈음은 연좌된 관리는 모두 고향으로 돌아가야 하니 전보다
한층 더 심한 것입니다. 紅陽侯 王立은 아들이 순우장의 뇌물을 받
았다 하여 자기 본국으로 돌아가야 했는데 대역죄를 지은 것도 아니
었습니다. 적방진은 또 상주하여 자기와 같은 당인으로 삼았던 後將
軍 朱博(주박)과 鉅鹿太守 孫宏(손굉), 전임 少府 陳咸(진함) 등을 다
면관하여 모두 본 고향으로 돌아가게 했습니다. 이처럼 형벌이 공평
하지 않은 것은 적방진의 붓 끝에 달려 있기에 의혹을 갖지 않는 이
가 없으며 모두가 손굉은 紅陽侯와 서로 가까운 사이도 아니라고 하
였습니다. 손굉은 전에 中丞時(중승시)이었고, 적방진은 어사대부가
되어 어사부의 掾(연, 관직명)인 隆(융, 人名)을 侍御史로 천거하자, 손
굉은 隆(융)이 앞서 사자가 되었을 때 거짓말을 하였기에 법을 집행
하는 近侍로는 접합하지 않다고 상주하였는데 적방진은 이때부터
손굉에게 원한을 가졌습니다. 또 적방진은 그가 京兆尹이 되었을
때, 陳咸(진함)은 少府로 九卿의 고관이었는데 이는 폐하께서도 알
고 계셨습니다. 적방진은 평소에 司直인 師丹(사단)과 서로 친했는
데, 어사대부가 결원이 되었을 때, 사단을 시켜 진함이 부당 이득을
취한 것이 있으니 조사를 해야 한다고 상주하게 하여 진함은 어사대
부가 되지 못했고 결국 적방진이 어사대부 자리에 올랐습니다. 적방
진은 승상이 되고 나서 즉시 거짓으로 진함을 면직시켜야 한다고 상
주하였고 다시 紅陽侯의 사건에 연좌하여 출신 郡으로 돌아가게 하
였습니다. 많은 사람들이 나라에서 적방진에게 부여한 권한이 너무
심하다는 말을 하였습니다. 師丹의 행위도 적방진과 별로 다르지 않

았으니, 光祿勳인 許商은 병에 걸린 병약한 사람인데도 사단을 통해 적방진에게 아부하여 고관직을 얻을 수 있었습니다. 사단은 그전에 친히 고향 사람을 丞相史로 천거하였는데 그는 무당을 시켜 神을 내리게 하여 나라를 위해 복을 빈다며 큰 이득을 챙기려 하였습니다. 다행히도 陛下의 至明 덕분에 사자 毛莫如(모막여)를 보내어 미리 조사하게 하여 그 간악한 무리를 잡아 모두 사형에 처하였습니다. 가령 사단이 이를 알고도 그렇게 말했다면 이는 誣罔罪(무망죄)에 해당합니다. 모르면서 그런 일을 아뢰었다면 이는 경학을 배신하고 사도에 현혹된 것이니 어느 쪽으로든 사형에 해당할 것이며 朱博이나 孫宏과 陳咸이 관련된 죄보다 훨씬 중죄에 해당할 것입니다. 적방진은 끝까지 자백하지 않고 오로지 자신의 위세와 이득을 지키고 黨人들에게는 후하게 대우하고 뛰어난 인재를 밀쳐내고 公을 내세우며 사익을 챙기었고 사방으로 날뛰면서 거리낌도 없이 천하를 협박하려 했습니다. 天下에 바람에 따라 쏠리듯 넘어가지 않은 사람이 없었으며 尙書로부터 近臣들은 모두 혀를 묶고 입을 막았으며 가까운 骨肉과 親屬이라도 두려워 떨지 않은 사람이 없었습니다. 적방진의 권위가 너무 막강하였기에 성실하지도 않았으며 나라를 안정시킨 것도 아니었습니다. 지금 적방진이 병사하였다는 소식을 들었지만 천하 백성들을 위로 하지 않고 되레 많은 하사품으로 후장을 치르게 한다하니 폐하께서는 지난 일을 깊이 생각하시어 앞날의 경계로 삼으셔야 할 것입니다."

會成帝崩, 哀帝卽位, 業復上書言, "王氏世權日久, 朝無骨鯁之臣, 宗室諸侯微弱, 與繫囚無異, 自佐史以上至於大吏皆權臣之黨. 曲陽侯根前爲三公輔政, 知趙昭儀殺皇子, 不輒白奏, 反與趙氏比周, 恣意妄行, 譖訴故許后, 被加以非罪, 誅破諸許族, 敗元帝外家. 內嫉妒同産兄姊紅陽侯立及淳于氏, 皆老被放棄. 新喋血京師, 威權可畏. 高陽侯薛宣有不養母之名, 安昌侯張禹姦人之雄, 惑亂朝廷, 使先帝負謗於海內, 尤不可不愼. 陛下初卽位, 謙讓未皇, 孤獨特立, 莫可據杖, 權臣易世, 意若探湯. 宜蚤以義割恩, 安百姓心. 竊見朱博忠信勇猛, 材略不世出, 誠國家雄俊之寶臣也, 宜徵博置左右, 以塡天下. 此人在朝, 則陛下可高枕而臥矣. 昔諸呂欲危劉氏, 賴有高祖遺臣周勃, 陳平尙存, 不者, 幾爲姦臣笑."

| 註釋 | ○哀帝 - 名 劉欣(유흔). 成帝의 동생인 定陶恭王 劉康의 아들, 모친은 丁氏. 재위 前 6 - 前 1년. 역사상 유명한 同性愛 황제. ○骨鯁之臣 - 강직하여 主君의 허물을 직언하는 신하. 鯁骨. 鯁 생선 뼈 경. ○曲陽侯根(? - 前6) - 前 27년 曲陽侯. 12년에 大司馬 票騎將軍. 前 8년 趙飛燕과 함께 定陶王 劉欣의 황위 계승을 승인. 이가 곧 평제. ○趙昭儀殺皇子 - 昭儀는 妃嬪의 품계. 趙飛燕는 成帝의 2번 째 황후. 자신은 無子. 애제 즉위 후에 曹氏라는 후궁이 낳은 皇子를 죽였다는 탄핵을 받는다. 몸이 작고 가벼워 손바닥 위에서 춤을 추었다는 전설이 만들어졌다. 能歌善舞하여 成帝의 10년

총애를 누렸고 중국 미인의 모습으로 '環肥燕瘦(환비연수, 環은 楊貴妃, 楊玉環)'라는 成語의 주인공. 前7년 성제가 갑자기 죽자 비난을 받던 조비연은 나중에 자살했다. 당시 38세로 추정? ○比周 − 比黨과 同. 같은 무리. 무리를 짓다. ○許后 − 宣帝의 황후, 許平君. 元帝의 생모. ○喋血(첩혈) − 피를 밟다. 유혈이 낭자하다. 喋 재잘거릴 첩, 피 흘릴 첩. 부리로 쪼을 잡. ○高陽侯 薛宣(설선) − 少府, 御史大夫 역임. 前 20년 승상에 임명. 83권, 〈薛宣朱博傳〉에 立傳. ○安昌侯 張禹(장우) − 前 25년 승상이 되었다가 前 20년 致仕. 81권, 〈匡張孔馬傳〉에 입전. ○意若探湯(의약탐탕) − 끓는 물에 손을 넣는 것처럼 조심하다. 매우 두려워하는 모양. 나쁜 일에서 빨리 빠져나가다. ○朱博(주박) − 京兆尹, 大司空, 御史大夫 역임. 前 5년 승상이 되었으나 그 해에 자살. 83권, 〈薛宣朱博傳〉에 입전. ○不世出 − 한 세대가 지나도 나올 수 없는. 매우 보기 드문. ○高枕而臥 − 아무런 걱정도 하지 않다. ○不者 − 그렇지 않았으면. 不如. ○幾爲姦臣笑 − 거의 간신에게 웃음거리가 되다.

〖 國譯 〗

그때 成帝가 붕어하고 애제가 즉위하였다. 두업은 다시 상서하였다.

"왕씨들이 대대로 권력을 잡은 지가 오래 되어 조정에 직언하는 신하가 없고 종실과 제후들은 미약하여 갇힌 죄수와 다름없으며 佐史 이상 대신들이 모두 權臣의 黨與 뿐입니다. 曲陽侯 王根이 전에 三公으로 輔政할 때, 趙昭儀가 皇子를 죽인 사실을 알고서도 바로 보고하지 않고 도리어 趙氏와 같은 무리가 되어 제멋대로 망녕된 짓을 저질렀고 이미 죽은 許皇后를 참소하여 없는 죄를 덮어 씌워 許氏 일족을 죽이고 파탄시켜 元帝의 外家를 패망케 하였습니다. 안으로는 같은 형제(남매)인 홍양후 王立 및 淳于氏(淳于長의 모친)를 질투하여 모두 늙은 채 버려졌습니다. 요즈음도 京師(長安)에 유혈이 낭자하며 그의 권위가 두렵기만 합니다. 高陽侯 薛宣(설선)은 모친을 부양하지도 않았으며, 安昌侯 張禹(장우)는 간악한 무리의 우두머리가 되어 조정을 어지럽히고 先帝가 천하 사람들로부터 욕을 먹게 만들었으니 더욱 불가불 엄중히 처벌해야 합니다. 폐하께서는 이제 막 즉위하시어 겸양하시느라 겨를이 없으시겠지만 홀로 우뚝 서겠다는 주관으로 남에게 의지하지 마시고 권신들을 교체하며 조심하셔야 합니다. 그리고 의당 正義를 세우고 은혜를 베푸시며 백성 마음을 안정시켜야 합니다. 저의 소견으로는 朱博(주박)은 성실하고 용맹하며 불세출의 재략을 가졌으니 참으로 나라를 이끌 훌륭한 현신이오니 빨리 불러 좌우에 두시고 천하를 안정시키십시오. 이 사람이 조정에 있다면 폐하는 높은 베개를 베고 누워 계실 수 있습니다. 예전에 呂氏들이 劉氏들을 위협할 적에 高祖의 遺臣인 周勃(주발)과 陳平이 남아 있었는데 그렇지 않았으면 거의 간신들의 웃음거리가 되었을 것입니다."

原文

業又言宜爲恭王立廟京師, 以章孝道. 時, 高昌侯董宏亦言宜尊帝母定陶王丁后爲帝太后. 大司空師丹等劾宏誤朝不道, 坐免爲庶人, 業復上書訟宏. 前後所言皆合指施行, 朱博果見拔用. 業由是徵, 復爲太常. 歲餘, 左遷上黨都尉. 會司隷奏業爲太常選擧不實, 業坐免官, 復就國.

○恭王 - 哀帝의 生父, 成帝의 동생. 定陶恭王 劉康. ○高昌侯 董宏(동굉) - 高昌侯 董忠의 아들. ○大司空 - 成帝 때 어사대부를 大司空 으로 개칭. ○上黨 - 郡名. 치소는 長子縣(今 山西省 長治市 관할의 長子縣). ○司隷(사예) - 대사공의 속관, 장안을 포함한 三輔(京兆, 左馮翊, 右扶風)와 三河(河內, 河東, 河南)와 弘農 등 7개 군의 범죄자 단속을 맡은 관직. ○選擧 - 여기서는 속관의 選任.

〖國譯〗

杜業은 응당 定陶恭王(哀帝의 先親)의 묘당을 京師에 건립하여 효 도의 기풍을 진작시켜야 한다고 건의하였다. 그때, 高昌侯 董宏(동 굉)도 애제의 모친 定陶王의 丁后를 황제의 태후로 받들어야 한다고 건의하였다. 大司空 師丹 등은 동굉이 조정을 그르치고 不道한 짓을 한다고 탄핵하여 동굉을 서인으로 강등시키자 두업은 상서하여 동 굉을 변호하였다. 두업이 전후하여 올린 글들은 哀帝의 뜻과 같아 시행 되었고, 나중에 朱博도 높이 등용되었다. 두업도 이에 부름을 받아 다시 太常이 되었다. 그 몇 년 뒤에는 上黨郡의 도위로 좌천되 었다. 그때 司隷(사예, 사예교위)가 두업이 太常으로 있으면서 屬官을 부실하게 채용하였다고 상주하자 두업은 바로 면관되어 자신의 封 國으로 돌아갔다.

原文│

哀帝崩, 王莽秉政, 諸前議立廟尊號者皆免, 徙合浦. 業 以前罷黜, 故見闊略, 憂恐, 發病死. 業, 成帝初尙帝妹潁邑

公主, 主無子. 薨, 業家上書求還京師與主合葬, 不許, 而賜
諡曰荒侯, 傳子至孫絶. 初, 杜周武帝時徙茂陵, 至延年徙
杜陵云.

| 註釋 | ○王莽秉政 – 王莽(왕망, 前 45 – 後 23)이 정권을 장악하다. 成帝
永始 元年(前 16)에 新都侯에 봉해진 뒤 大司馬가 되어 병권을 장악했으나
애제가 즉위하면서 애제의 외척이 세력을 얻자 新野란 곳에 은거도 했었다.
前 1年 哀帝가 죽자 왕망의 고모인 太皇太后 王政君이 傳國의 玉璽를 쥐고
平帝를 즉위케 하고 왕망은 다시 大司馬가 되어 군권을 장악하였다. 왕망의
딸이 皇后가 되었고 元始 4年(서기 4年) 九錫을 하사받아 나라의 최고 원로
가 되었다. 서기 5년, 平帝를 독살한 뒤 겨우 2살의 孺子 嬰(유자 영)을 皇太
子로 정해 놓고 太皇太后 王氏의 명에 따라 假皇帝(攝皇帝)로 정권을 오로
지 하다가 初始 원년(8년)에 유자 영의 선양을 받아 칭제하며 국호를 新이라
하였다. ○合浦 – 군명. 치소는 합포현(今 廣西壯族自治區 北海市 관할의 合浦
縣. 廣東省 경계). ○罷黜(파출) – 내쫓기다. 罷 그만둘 파. 고달플 피. 黜 물
리칠 출. ○闊略(활약) – 사면되어 불문에 부치다.

〔 國譯 〕

　哀帝가 죽자 王莽(왕망)이 정권을 장악하였는데 전에 (哀帝 先親
의) 묘당을 세우자거나 존호를 올리자는 의논을 제기한 사람들을
모두 면직케 하고 合浦郡으로 이주케 하였다. 두업은 이미 내쫓겼기
에 사면되었으나 두려움에 떨다 병이 나서 죽었다. 두업은 成帝 初
에 성제의 여동생인 潁邑(영읍) 공주와 결혼하였으나 공주는 아들이
없었다. 두업이 죽자 두업의 후손이 상서하여 장안의 공주 무덤에
합장하겠다고 상서하였으나 허가받지 못했고 내려온 시호는 荒侯

(황후)이었으며 아들 손자까지 전위되다가 끊겼다. 그전에 杜周는 武帝 때 茂陵縣으로 이사했다가 杜延年에 이르러 다시 杜陵으로 이사했다고 한다.

原文

贊曰, 張湯,杜周並起文墨小吏, 致位三公, 列於酷吏. 而俱有良子, 德器自過, 爵位尊顯, 繼世立朝, 相與提衡. 至於建武, 杜氏爵乃獨絶, 跡其福祚, 元功儒林之後莫能及也. 自謂唐杜苗裔, 豈其然乎? 及欽浮沉當世, 好謀而成, 以建始之初深陳女戒, 終如其言, 庶幾乎〈關雎〉之見微, 非夫浮華博習之徒所能規也. 業因勢而抵隙, 稱朱博, 毁師丹, 愛憎之議可不畏哉!

| 註釋 | ○德器自過 – 도덕과 度量에서 자식이 부친보다 뛰어나다. ○相與提衡 – (두 사람이) 서로 비슷하다(抗衡). 衡 저울대 형. ○建武 – 후한 光武帝의 연호(서기 25 – 56년). ○元功儒林之後 – 元功은 소하, 조참, 장량, 진평 같은 개국 원훈. 儒林은 薛宣, 韋賢 같은 유학자. ○唐杜苗裔 – 周代 唐杜氏의 후손. 苗裔(묘예)는 후손. ○建始之初 – 成帝의 연호(前 32 – 28). ○深陳女戒 – 호색에 대한 경계를 깊이 있게 陳述하다. ○〈關雎〉之見微 – 화목한 부부관계는 인륜의 첫째이며 사회 紀綱에 주요하며 敎化의 단서이다. 〈關雎〉는 화목한 부부관계를 상징. ○抵隙 (지희) – 틈을 노려 치다. 抵 거스를 저. 손으로 칠 지. 隙는 험할 희(音 義). 패했지만 기회를 노려 다시 공격한다는 뜻.

班固의 論贊 : 張湯과 杜周는 나란히 法文을 다루는 小吏에서 출세하여 三公의 자리에 오른 酷吏(혹리)들이다. 또 선량한 아들을 두어 도덕과 度量에서 부친보다 뛰어나 작위를 받고 존귀한 자리에 올랐으며 대를 이어 조정에 나아간 것도 서로 비슷하였다. 建武 연간에 杜氏의 爵位는 그만 단절되었지만 그간 누린 복을 따져본다면 漢初의 원로 공신이나 유림의 후손들도 따라갈 수가 없었다. 스스로 周代 唐杜의 후예라 했는데 사실 그러하다 아니할 수 있는가? 杜欽 (두흠)은 그 당시 부침하면서도 뛰어난 지모를 내어 성공하였고 成帝 建始 초기에 好色에 대한 警戒(경계)를 진술하여 끝내 그 말처럼 되었는데, 이는 거의 〈關雎〉와 같은 교화의 단초를 알아본 것이었으니 부화하고 博習한 사람들이 결코 알 수 없는 規戒라 할 수 있다. 杜業(두업)의 경우 상황에 따라 다시 일어나 치면서 朱博(주박)을 칭송하고 師丹을 공격하였으니 애증에 대한 그의 의논이 두렵다 아니할 수 없을 것이다!

61 張騫李廣利傳
〔장건,이광리전〕

61-1. 張騫

原文

張騫, 漢中人也, 建元中爲郎. 時, 匈奴降者言匈奴破月氏王, 以其頭爲飮器, 月氏遁而怨匈奴, 無與共擊之. 漢方欲事滅胡, 聞此言, 欲通使, 道必更匈奴中, 乃募能使者. 騫以郎應募, 使月氏, 與堂邑氏奴甘父俱出隴西. 徑匈奴, 匈奴得之, 傳詣單于. 單于曰, "月氏在吾北, 漢何以得往使? 吾欲使越, 漢肯聽我乎?" 留騫十餘歲, 予妻, 有子, 然騫持漢節不失.

| **註釋** | ○張騫(장건, ?-前 114) - 字 子文. '絲綢之路(비단길, 簡稱 絲路)' 개척자. 博望侯. 騫은 이지러질 건. 허물.《史記 大宛列傳》참고. ○漢中 - 郡名. 치소는 南鄭縣(今 陝西省 漢中市). ○建元 - 무제 최초 연호. 前 140 - 135년. ○月氏(ròuzhī 월지, 氏音 支) - 今 甘肅省 蘭州, 敦煌 일대에 살던 종족. 흉노의 공격으로 伊犁河(이리하) 서쪽으로 이주한 사람들은 大月氏라 하고 祁連山 일대에서 羌族(강족)과 잡거한 사람들은 小月氏로 구분한다. ○飮器 - 酒器. ○更 - 經過하다. 지나가다. ○堂邑氏奴甘父 - 당읍씨의 노비인 甘父. 堂邑은 姓氏. 甘父는 인명. ○隴西(농서) - 郡名. 치소는 狄道(今 甘肅省 定西市 臨洮縣, 蘭州市와 경계). 장건이 농서군에서 출발한 것은 建元 3년(前 138)이었다.

〔**國譯**〕

張騫(장건)은 漢中郡 사람으로 武帝 建元 연간에 郎官이 되었다. 그때 투항한 흉노인이 '흉노가 月氏(월지) 왕을 죽여 그 두개골로 술잔을 만들었고 월지인들은 도주하며 흉노를 같이 공격할 사람이 없다고 한탄하였다.' 라고 말했다.

漢은 그때 흉노를 공격하려고 했었는데 이 말을 듣고 월지에 사신을 보내려 했지만 흉노의 땅을 지나야 하기에 사자가 될 만한 사람을 구하였다. 장건은 낭관으로 응모하여 월지국에 가는 사자가 되었는데 堂邑氏의 노비인 甘父란 사람과 함께 隴西郡(농서군)에서 출발하였다. 匈奴의 땅을 지나가다 흉노에 잡혔고 흉노의 單于(선우)에게 보내졌다. 單于가 말했다. "月氏는 우리 땅 북쪽에 있는데 漢에서는 왜 사신을 보내려 하는가? 우리가 越(월)에 사신을 보낸다면 漢에서는 우리 말을 들어주겠는가?"

흉노는 장건을 10여 년 억류하면서 여인을 얻게 하여 아들을 낳았지만 장건은 漢의 持節을 보관하고 있었다.

原文

居匈奴西, 騫因與其屬亡鄉月氏, 西走數十日, 至大宛. 大宛聞漢之饒財, 欲通不得, 見騫, 喜, 問欲何之. 騫曰, "爲漢使月氏而爲匈奴所閉道, 今亡, 唯王使人道送我. 誠得至, 反漢, 漢之賂遺王財物不可勝言." 大宛以爲然, 遣騫, 爲發道譯, 抵康居. 康居傳致大月氏. 大月氏王已爲胡所殺, 立其夫人爲王. 旣臣大夏而君之, 地肥饒, 少寇, 志安樂. 又自以遠遠漢, 殊無報胡之心. 騫從月氏至大夏, 竟不能得月氏要領.

| 註釋 | ○大宛(대원) － 西域의 국명. 宛은 나라 이름 원. 굽을 완. 영어로는 Ferghana. 國都는 貴山城. 汗血馬 산지. 무제 때 복속, 宣帝 이후 서역도호부에 속했다. 영역은 지금의 중앙아시아의 키르키즈스탄(吉爾吉斯斯坦)에 해당. ○道送我 － 길을 안내하여 나를 보내주다. ○道譯 － 길 안내자와 통역. ○康居 － 중앙아시아의 유목민족. 영어로는 Sogdiana. 大宛(대원)의 서북에 있던 나라. 大月氏의 북쪽, 烏孫의 서쪽, 奄蔡(엄채)의 동쪽, 丁零의 남쪽 지역에 거주. ○大月氏 － 今 新疆省 서부 伊犁河(이리하) 유역과 그 서부에 거주하던 종족 이름. ○大夏(대하) － 중앙아시아의 나라 이름. 영어로는 Bactria(巴克特里亞). 지금의 아프가니스탄 북부 일대. ○要領 － 腰領(요령, 허리와 목). 일이나 방법의 핵심. ○報胡之心 － 胡는 흉노.

흉노의 서쪽에 머물다가 장건은 그 무리와 함께 월지땅을 향해 도망해서 서쪽으로 10여 일을 달려가 大宛(대원)에 도착하였다. 대원국에서는 漢이 부자 나라인 것을 알고 통교하고 싶어도 통하지 못했기에 장건 일행을 만나 기뻐하며 어디로 가는가를 물었다. 이에 장건이 말했다.

"漢의 사신으로 월지를 찾아가는데 흉노에 잡혀 있다가 이제 도망을 나왔는데 국왕께서는 사람을 시켜 나를 안내해 보내주기 바랍니다. 정말로 그렇게만 해 준다면 漢으로 돌아가 이루 다 말할 수 없을 만큼 재물을 왕에게 보내 주겠습니다."

대원에서는 그렇게 생각하고 장건을 보내주며 길 안내자와 통역을 내 주어 康居國(강거국)으로 갔다. 康居에서는 일행을 大月氏로 보내주었다. 大月氏의 왕은 이미 흉노에 의해 살해되었기에 그 부인이 왕이 되어 통치하고 있었다. 그들은 이미 大夏(대하)를 복속시켜 다스리고 있었는데 땅은 비옥하고 외적의 침입도 거의 없어 안락한 생활을 즐기고 있었다. 그리고 漢과는 너무 멀기도 하고 흉노에 대한 복수심도 없었다. 장건은 월지족을 따라 大夏에도 갔지만 끝내 월지에 간 목적을 이루지는 못했다.

原文

留歲餘, 還, 並南山, 欲從羌中歸, 復爲匈奴所得. 留歲餘, 單于死, 國內亂, 騫與胡妻及堂邑父俱亡歸漢. 拜騫太中大夫, 堂邑父爲奉使君.

騫爲人强力, 寬大信人, 蠻夷愛之. 堂邑父胡人, 善射, 窮急射禽獸給食. 初, 騫行時百餘人, 去十三歲, 唯二人得還.

騫身所至者, 大宛, 大月氏, 大夏, 康居, 而傳聞其旁大國五六, 具爲天子言其地形所有, 語皆在〈西域傳〉.

| 註釋 | ○並南山 − 남산을 따라. 並은 ~을 따라, 沿着. 南山은 新疆省 남부의 카라코룸(喀喇昆侖) 산맥. ○羌 − 강족. 종족 이름. ○太中大夫 − 郎中令의 속관으로 정치에 관한 의논을 담당. ○堂邑父 − 堂邑氏의 노비인 甘父. ○去十三歲 − 건원 3년(前 138)부터 元朔 3년(前 126). ○地形所有 − 지형과 産物.

〔 國譯 〕

1년여를 머물다가 돌아오면서 南山을 따라 羌族(강족) 지역으로 귀국하다가 다시 흉노에게 잡혔다. 1년 남짓 억류되었는데 單于가 죽어 그들 국내가 혼란해지자 장건은 흉노족 아내, 堂邑氏의 甘父와 함께 漢으로 돌아왔다. 장건은 太中大夫에 임명되었고 堂邑父는 奉使君이 되었다.

장건은 사람됨이 힘이 강하고 관대하며 신용이 있어 蠻夷(만이)들이 좋아하였다. 堂邑父는 흉노족으로 활을 잘 쏘았고 굶주릴 때는 짐승이나 새를 사냥하여 식사를 대신해 주었다. 전에 장건이 출발할 때 백여 명이었으나 13년이 지나 겨우 2사람만 돌아왔다.

장건이 직접 다녀온 곳은 大宛(대원)과 大月氏(대월지), 大夏(대하)와 康居(강거) 등이고 그 주변의 5, 6개의 큰 나라에 대하여 그곳의 지형과 산물을 모두 천자에게 보고하였는데 이는 〈西域傳〉에 실려 있다.

原文

騫曰. "臣在大夏時, 見邛竹杖, 蜀布, 問, '安得此?' 大夏
國人曰, '吾賈人往市之身毒國. 身毒國在大夏東南可數千
里. 其俗土著, 與大夏同, 而卑濕暑熱. 其民乘象以戰. 其國
臨大水焉.' 以騫度之, 大夏去漢萬二千里, 居西南. 今身毒
又居大夏東南數千里, 有蜀物, 此其去蜀不遠矣. 今使大夏,
從羌中, 險, 羌人惡之. 少北, 則爲匈奴所得, 從蜀, 宜徑, 又
無寇." 天子旣聞大宛及大夏, 安息之屬皆大國, 多奇物, 土
著, 頗與中國同俗, 而兵弱, 貴漢財物. 其北則大月氏, 康居
之屬, 兵强, 可以賂遺設利朝也. 誠得而以義屬之, 則廣地
萬里, 重九譯, 致殊俗, 威德遍於四海. 天子欣欣以騫言爲
然. 乃令因蜀, 犍爲發間使, 四道並出, 出駹, 出筰, 出徙, 邛,
出僰, 皆各行一二千里. 其北方閉氐, 筰, 南方閉嶲, 昆明. 昆
明之屬無君長, 善寇盜, 輒殺略漢使, 終莫得通. 然聞其西
可千餘里, 有乘象國, 名滇越, 而蜀賈間出物者或至焉, 於是
漢以求大復道始通滇國. 初, 漢欲通西南夷, 費多, 罷之. 及
騫言可以通大夏, 及復事西南夷.

| 註釋 | ∘邛竹杖 – 邛山(공산)의 대나무 지팡이. ∘蜀布 – 족에서 생산

되는 細布. ○身毒國 - 견독국. 印度. 身은 나라 이름 견. 몸 신. ○可數千里 - 대략 수천 리. ○土著(토착) - 土着. 정착생활. 흉노의 이동 유목생활과 대비되기에 특서한 것 같다. ○宜徑(의경) - 가장 가까운 거리로. ○安息 - 나라 이름. 파르티아(페르샤, 波斯) 왕국, 기원 전 3세기 경에 독립국가로 발전한 이란(伊朗) 지방의 고대왕국. ○可以賂遺設利朝也 - 재물을 보내주고 이득을 얻게 하면 조공을 할 것이다. ○重九譯 - 여러 단계 통역을 거치다. ○犍爲(건위) - 郡名. 치소는 僰道縣(북도현, 今 四川省 宜賓市 관할의 宜賓縣 서남). 犍은 거세한 소 건. ○駹 - 말 이름 방. 西南夷의 부족 이름. ○莋(작) - 四川省 서남쪽에 살던 부족 이름. ○徙(사), 邛(공) - 모두 부족 이름. ○僰 (북) - 오랑캐 북. 부족 이름. ○氐(저) - 부족 이름 저. 氐族. 별 이름 저. ○南方閉 - 南方이 막히다. 閉는 도로가 봉쇄되다. ○嶲(휴) - 今 雲南省 일대의 古 部族 名. 새 이름 휴. ○昆明(곤명) - 雲南의 古 부족 이름. 도시 이름으로 昆明은 雲南省의 成都(省會). 별명은 '春城'. ○滇國(전국) - 雲南의 古 부족 국가. 滇 성할 전. 큰 물 전. ○復事 - 다시 왕래하다.

[國譯]

　장건이 무제에게 보고했다. "臣이 大夏에 있을 때, 邛(공)의 竹杖 (죽장)과 蜀에서 생산되는 細布를 보고 '어디서 구했는가?' 라고 물었습니다. 大夏 사람은 '우리의 상인이 身毒國(견독국, 印度)에 가서 사온 것입니다. 身毒國은 대하의 동남쪽 수천 리쯤 됩니다. 그들 풍속은 정착생활을 하고 대하와 비슷하지만 지대가 습하고 뜨겁습니다. 그 사람들은 코끼리를 타고 전쟁을 합니다. 또 그 나라에는 큰 강가에 있습니다.' 라고 말했습니다. 제가 헤아려보건대, 대하는 漢에서 1만2천 리 정도 서남쪽에 있습니다. 지금 身毒은 대하 동남쪽 수천 리에 있고 蜀의 물산이 들어간다니 이는 蜀에서 멀지 않은 것입니다. 이제 大夏에 사신을 보낼 때 羌族(강족) 땅으로 간다면 길도 험하고 羌人들이 싫어할 것입니다. 약간 북쪽에는 흉노에게 잡힐 것이니 蜀에서 간다면 길도 가까울 것이고 도적도 없을 것입니다."

武帝는 이미 大宛(대원)과 大夏(대하), 安息(안식) 같은 나라들이 모두 큰 나라이며 기이한 물산이 많고 정착생활을 하는 등 중국과 비슷하지만 군사적으로는 약하며 漢의 재화와 물건을 귀하게 여긴다는 것을 알고 있었다. 그 북쪽의 大月氏(대월지)나 강거의 무리는 군사력은 강하지만 물건을 보내고 이득을 준다면 입조할 것이라고 생각하였다. 그들의 마음을 얻어 의리로 臣屬케 한다면 漢의 영역은 1만 리 정도 넓어지며 여러 단계 통역을 거쳐야 하고 습속을 달리하더라도 천자의 덕을 사해에 떨칠 수 있다고 생각하였다. 무제는 흡족하여 장건의 말을 옳다고 여기었다. 그리하여 蜀郡과 犍爲郡(건위군)에서 통교할 사자를 출발시켰는데 駹(방족)과 莋(작족)의 땅과, 徙(사족)과 邛(공족) 및 僰(북족)의 땅에서 출발하여 모두 1, 2천 리 정도 나아갔다. 북쪽에서는 氐(저족)과 莋(작족)에게 막히고 南方에서 출발한 사람들은 雟(휴족)과 昆明(곤명족)에게 막히었다. 昆明族은 君長이 없지만 약탈에 능해서 漢의 사절을 보는 대로 노략질하고 죽여서 끝내 통할 수가 없었다. 그러나 그들 땅 서쪽 1천여 리 되는 곳에 코끼리를 타는 나라가 있는데 이름을 滇越(전월)이라 하고 蜀의 상인들이 몰래 반출한 물자가 들어간다는 사실을 알았기에 漢에서는 다시 도로를 복구하여 滇越國과 통교하려고 하였다. 그전에 漢에서는 서남이와 통교하려 했으나 비용이 많이 들어 그만둔 적이 있었다. 이제 장건이 대하와 통교할 수 있다 하여 다시 서남이와 통교하려 했다.

騫以校尉從大將軍擊匈奴, 知水草處, 軍得以不乏, 乃封騫爲博望侯. 是歲, 元朔六年也. 後二年, 騫爲衛尉, 與李廣俱出右北平擊匈奴. 匈奴圍李將軍, 軍失亡多, 而騫後期當斬, 贖爲庶人. 是歲, 驃騎將軍破匈奴西邊, 殺數萬人, 至祁連山. 其秋, 渾邪王率衆降漢, 而金城, 河西並南山至鹽澤, 空無匈奴. 匈奴時有候者到, 而希矣. 後二年, 漢擊走單于於幕北.

| 註釋 | ○大將軍 - 衛靑(위청). 25卷〈衛靑霍去病傳〉에 立傳. ○博望侯(박망후) - 博望은 今 河南省 方城縣. ○元朔六年 - 前 123년. ○李廣 - 54권,〈李廣蘇建傳〉에 입전. ○右北平 - 郡名. 治所는 無終縣〔今 天津市 북부의 薊縣(계현)〕. ○贖爲庶人 - 속전을 내고 서인이 되다. ○驃騎將軍(표기장군) - 霍去病(곽거병). 55권,〈衛靑霍去病傳〉에 입전. ○祁連山(기련산) - 今 甘肅省 張掖市(장액시) 서남에 있는 산맥. ○渾邪王(혼야왕) - 본래 張掖郡(장액군, 今 甘肅省 張掖市) 일대를 지배하던 흉노의 왕. 武帝 元狩 2년(前 121)에 4만 명을 거느리고 투항해왔다. ○金城 - 郡名. 甘肅省 蘭州市, 靑海省 西寧市 일대가 관할 구역. 치소는 允吾縣(今 甘肅省 臨夏回族自治州 관할의 永靖縣 서북). ○河西 - 지역 이름. 今 甘肅省과 寧夏回族自治區를 흐르는 黃河의 서쪽 곧 河西走廊 일대. ○南山 - 新疆省 남부의 카라코룸(喀喇昆侖) 산맥. ○澤 - 今 新疆省의 蒲昌海라는 호수. ○候者 - 정탐하러 온 사람. ○幕北 - 사막의 북쪽. 幕은 漠(사막 막).

　장건은 校尉가 되어 대장군 衛靑을 따라 匈奴를 토벌하였는데 水草가 있는 곳을 알아 漢軍이 어려움을 겪지 않았기에 장건은 博望侯에 봉해졌다. 이 해는 元朔 6년이었다. 그 2년 뒤, 장건은 衛尉(위위)가 되어 李廣과 함께 右北平郡에서 출발하여 흉노를 토벌하였다. 흉노가 李將軍을 포위하였고 漢軍의 손실이 많았는데 장건은 약속 기일을 지키지 못해 참수되어야 했지만 贖錢(속전)을 내고 서인이 되었다. 이 해에 驃騎將軍 곽거병은 서쪽에서 흉노를 격파하면서 수만 명을 죽이고 祁連山(기련산)까지 진출하였다. 그해 가을 흉노의 渾邪王(혼야왕)은 무리를 이끌고 漢에 투항하였는데 金城郡과 河西 지역, 그리고 南山의 鹽澤(염택)에 이르기까지 텅 비어 흉노가 없었다. 匈奴 정탐병이 가끔 나타났지만 매우 드물었다. 그 2년 뒤 漢軍은 흉노의 單于(선우)를 사막 북쪽으로 축출하였다.

原文

　天子數問騫大夏之屬. 騫旣失侯, 因曰. "臣居匈奴中, 聞烏孫王號昆莫. 昆莫父難兜靡本與大月氏俱在祁連,敦煌間, 小國也. 大月氏攻殺難兜靡, 奪其地, 人民亡走匈奴. 子昆莫新生, 傅父布就翕侯抱亡置草中, 爲求食, 還, 見狼乳之, 又烏銜肉翔其旁, 以爲神, 遂持歸匈奴, 單于愛養之. 及壯, 以其父民衆與昆莫, 使將兵, 數有功. 時, 月氏已爲匈奴所破, 西擊塞王. 塞王南走遠徙, 月氏居其地. 昆莫旣健, 自請單于報父怨, 遂西攻破大月氏. 大月氏復西走, 徙大夏地. 昆莫略其衆, 因留居, 兵稍强, 會單于死, 不肯復朝事匈奴. 匈奴遣兵擊之, 不勝, 益以爲神而遠之. 今單于新困於漢, 而昆莫地空. 蠻夷戀故地, 又貪漢物, 誠以此時厚賂烏孫, 招以東居故地, 漢遣公主爲夫人, 結昆弟, 其勢宜聽, 則是斷匈奴右臂也. 既連烏孫, 自其西大夏之屬皆可招來而爲外臣." 天子以爲然, 拜騫爲中郞將, 將三百人, 馬各二匹, 牛, 羊以萬數, 繼金幣帛直數千巨萬, 多持節副使, 道可便遣之旁國. 騫既至烏孫, 致賜諭指, 未能得其決. 語在〈西域傳〉. 騫卽分遣副使使大宛,康居,月氏,大夏. 烏孫發道譯送騫, 與烏孫使數十人, 馬數十匹. 報謝, 因令窺漢, 知其廣大.

| 註釋 | ○烏孫 – 부족. 나라 이름. 祁連山과 敦煌(돈황) 일대에 살다가 서쪽으로 옮겨 지금의 伊犁河(이리하) 지역으로 이주하였다. 국도는 赤谷城(今 新疆省 阿克蘇市 부근). ○昆莫 – 곤막. 오손왕의 칭호. 昆彌(곤미)와 同. 莫은 없을 막. 날 저물 모. ○傅父(부보) – 후견인. ○翕侯(흡후) – 歙侯(흡후). 漢代 烏孫國 重臣의 관호. 翎侯(영호)라고도 부른다. 漢의 將軍처럼 정원이 없었다는 주해가 있다. ○西擊塞王 – 서쪽으로 塞族(색족, 스키타이족)의 왕을 격파하다. 塞(막힐 색, 변방 새)은 고 부족명. 여러 나라에 떼를 지어 흩어져 살았는데 일부는 烏孫族과 혼재했다고 한다. ○報謝 – 漢에서 먼저 사신을 보냈기에 오손도 사신을 보내 답례했다는 뜻.

〖 國譯 〗

天子(武帝)는 장건에게 大夏 등에 관하여 자주 물었다. 장건은 작위를 잃었지만 물음에 대답하였다.

"臣이 흉노에 잡혀있을 때, 烏孫의 왕은 昆莫(곤막)이라고 들었습니다. 곤막의 부친 難兜靡(난두미)는 본래 대월지와 함께 기련산과 돈황 사이에 살던 소국의 왕이었습니다. 대월지가 난두미를 죽이고 그 땅을 빼앗자 그 인민들은 흉노로 달아났습니다. 그때 곤막은 막 태어났는데 傅父(부보)는 아이를 싸서 翕侯(흡후)에게 가면서 안고 도망가다가 풀속에 놓아두고 먹을 것을 구하러 갔다가 돌아와 보니 이리가 젖을 먹이고 또 까마귀가 고기를 물고 날아와 옆에 앉는 것을 보고 神이 돕는다 생각하며 흉노로 데려 갔고 흉노의 선우는 사랑으로 아이를 키웠다고 하였습니다. (선우는) 곤막이 자라자 부친의 무리를 곤막에게 주고 군사를 거느리게 했는데 곤막은 여러 번 공을 세웠습니다. 그 무렵 월지는 이미 흉노에게 격파당했었는데 곤막도 서쪽으로 塞人(색인)의 왕을 공격하였습니다. 塞王(색왕)은 남쪽으로 멀리 이주하였고 월지는 그 지역을 차지했습니다. 昆莫(곤막)은 힘이 강해지자 선우에게 부친의 원수를 갚게 해달라고 자청하여 마침내 서쪽으로 나아가 대월지를 격파하였습니다. 대월지는 다시 서쪽으로 도주하여 大夏의 땅으로 이주하였습니다. 곤막은 그 무리를 공략하며 그 지역에 머물렀고 군사는 점차 강력해졌는데 마침 선우가 죽자 곤막은 흉노를 다시는 섬기지 않았습니다. 이에 흉노가 군사를 보내 공격했지만 이기지 못하자 神이 돕는다 생각하며 멀리 했습니다. 지금 선우는 漢의 공격으로 약해졌고 곤막의 땅은 비었습니다. 본래 蠻夷(만이)들은 옛 땅을 그리워하고 또 漢의 産物을 부러워하기에 이런 때를 이용하여 오손에게 예물을 후하게 주고 동쪽으로 불러 옛 땅에 살게 하면서 또 漢의 공주를 주어 아내로 삼게 하며 형제관계를 맺어준다면 형편상 당연히 따라 올 것이니 이는 곧 흉노의 오른팔을 자르는 것과 같습니다. 그렇게 오손과 이어진다면 그 서쪽의 대하와 같은 나라들을 불러들여 外臣으로 만들 수 있을 것입니다."

무제는 장건의 말을 옳다고 생각하여 장건을 중랑장에 임명하였고 군사 3백 명에 각각 말 2필과 수만 마리 소와 양, 수천에서 巨萬에 해당하는 금과 비단에 지절을 가진 부사 여러 명을 거느리고 가다가 상황에 따라 이웃 나라에 보내게 하였다. 장건이 오손에 이르러 예물을 주고 황제의 뜻을 전했지만 그들을 우리편으로 만들지는 못했다. 이는 〈西域傳〉에 기록했다. 장건은 바로 부사를 나누어 大宛(대원), 康居(강거), 月氏(월지), 大夏(대하)에 보냈다. 烏孫에서는 안내자와 통역을 장건에게 보내주었으며 오손의 사자 수십 명과 말 수십 필을 내주었다. 그들도 사절을 보내 回謝하면서 漢의 사정을 알아보며 漢이 광대한 나라임을 알게 되었다.

原文

騫還, 拜爲大行. 歲餘, 騫卒. 後歲餘, 其所遣副使通大夏之屬者皆頗與其人俱來, 於是西北國始通於漢矣. 然騫鑿空, 諸後使往者皆稱博望侯, 以爲質於外國, 外國由是信之. 其後, 烏孫竟與漢結婚.

| 註釋 |　○大行 – 大行令, 관직명. 외빈 접대. 소수 민족에 관한 업무. 무제 태초 원년에 大鴻臚(대홍려)로 명칭 변경.　○鑿空(착공) – 구멍을 뚫다.

개통하다. 처음 시작하다. 鑿 뚫을 착. ○質 - 信用하다. ○結婚 - 통혼하다.

[國譯]

　장건은 돌아와 大行令이 되었다. 일년 뒤에 장건이 죽었다. 그 후 일년 뒤, 大夏 등에 보냈던 부사들이 그 나라 사람들과 함께 돌아왔고 이후로 서북의 나라들이 漢과 왕래하였다. 장건이 처음 통교를 시작했기에 이후에 나가는 사신은 모두 博望侯를 칭하며 보증을 해야 외국에서 믿어주었다. 그후 오손은 마침내 漢과 통혼했다.

原文

　初, 天子發書《易》, 曰'神馬當從西北來'. 得烏孫馬好, 名曰. '天馬'. 及得宛汗血馬, 益壯, 更名烏孫馬曰'西極馬', 宛馬曰'天馬'云. 而漢始築令居以西, 初置酒泉郡, 以通西北國. 因益發使抵安息, 奄蔡, 犛軒, 條支, 身毒國. 而天子好宛馬, 使者相望於道, 一輩大者數百, 少者百餘人, 所賚操, 大放博望侯時. 其後益習而衰少焉. 漢率一歲中使者多者十餘, 少者五六輩, 遠者八九歲, 近者數歲而反.

| 註釋 | ○發書 - 점을 치다. ○汗血馬(한혈마) - 大宛國에서 나오는 天馬. ○令居 - 縣名. 今 甘肅省 蘭州市 관할의 永登縣 서쪽. ○酒泉 - 郡名. 치소는 祿福縣(今 甘肅省 북서부의 酒泉市 일대). 만리장성의 서쪽 끝이라 할 수 있는 嘉峪關市(가욕관시)에 가깝다. ○奄蔡(엄채) - 서역의 부족 이름.

○犛軒(이간) − 고대 로마 제국의 동방 영토(大秦國). 犛 야크 리(이). 軒
가죽 간. ○條支 − 서역의 나라 이름. 지금 이라크(伊拉克) 지방. ○賫操
(재조) − 휴대하거나 들고 가는 것. 곧 비단 같은 재물이나 符節. 賫는 齎의
俗字.

〖 國譯 〗

　그전에 무제가 《易經》으로 점을 치니, '神馬가 서북에서 온다.'
고 하였다. 烏孫에서 보내온 좋은 말을 받고서는 이름을 '天馬'라
하였다. 뒤에 大宛(대원)에서 온 汗血馬가 더 힘이 좋아서 烏孫의 말
을 '西極馬'라 부르고 대원의 말을 '天馬'라고 하였다. 漢에서는 令
居縣 서쪽에 성을 쌓고 酒泉郡을 처음으로 설치하고 서북쪽의 나라
들과 통교하였다. 이로부터 사신이 安息國, 奄蔡(엄채), 犛軒(이간),
條支(조지), 身毒國(견독국)에 보내졌다. 천자는 대원의 말을 좋아하
였기에 오가는 사자들이 길에 서로 이어졌으며, 사신 한 패가 큰 경
우는 수백 명 작은 규모도 백여 명이었고, 갖고 가는 것은 대개 장건
때와 비슷하였다. 그 후로 왕래가 잦아지면서 점차 줄어들었다. 漢
에서는 대개 1년에, 많을 때는 10여 차례, 적을 때는 5, 6차례 사절
을 보냈고, 먼 곳은 8, 9년 가까운 곳은 몇 년이 지나 돌아왔다.

原文

　是時, 漢旣滅越, 蜀所通西南夷皆震, 請吏. 置牂柯,越嶲,
益州,沈黎,文山郡, 欲地接以前通大夏. 乃遣使歲十餘輩,
出此初郡, 皆復閉昆明, 爲所殺, 奪幣物. 於是漢發兵擊昆

明, 斬首數萬. 後復遣使, 竟不得通. 語在〈西南夷傳〉.

| 註釋 | ○請吏 - (漢 郡縣의) 관리를 보내달라고 하다. 郡縣 설치를 희
망하다. ○牂柯(장가) - 郡名. 今 貴州省 黔東南苗族侗族自治州 관할의 黃
平縣. ○越嶲(월수) - 今 四川省 남부의 西昌市 서남. 嶲 고을 이름 수. 새
이름 휴. ○益州(익주) - 치소는 滇池縣(今 雲南省 昆明市 관할의 晉寧縣).
○沈黎(침려) - 郡名. 今 四川省 雅安市 관할의 漢源縣. ○文山郡 - 今 雲南
省 文山壯族苗族自治州 관할의 文山市. ○前通 - 전진하여 상통하다.

〖國譯〗

이때에 漢은 越을 멸망시켰기에 蜀에서 소통할 수 있는 西南夷들
은 모두 두려워하며 漢의 관리를 보내달라고 하였다. (漢에서는) 牂
柯(장가), 越嶲(월수), 益州, 沈黎(침려), 文山郡을 설치하고 접경지대
에서 전진하여 大夏와 상통하려 하였다. 이에 1년에 10여 차례나 사
자를 내어 이들 군에서 출발했어도 대개가 昆明에서 막히고 피살되
었으며 갖고 간 재물을 탈취 당하였다. 이에 漢에서는 군사를 내어
昆明族을 토벌하여 수만 명을 죽였다. 이후 다시 사자를 보냈지만
결국 통교하지 못했다. 이는 〈西南夷傳〉에 기록했다.

原文

自騫開外國道以尊貴, 其吏士爭上書, 言外國奇怪利害,
求使. 天子爲其絶遠, 非人所樂, 聽其言, 予節, 募吏民無問
所從來, 爲具備人衆遣之, 以廣其道. 來還不能無侵盜幣物,

及使失指, 天子爲其習之, 輒復按致重罪, 以激怒令贖, 復求
使. 使端無窮, 而輕犯法. 其吏卒亦輒復盛推外國所有, 言
大者予節, 言小者爲副, 故妄言無行之徒皆爭相效. 其使皆
私縣官齎物, 欲賤市以私其利. 外國亦厭漢使人人有言輕
重, 度漢兵遠, 不能至, 而禁其食物, 以苦漢使. 漢使乏絶,
責怨, 至相攻擊. 樓蘭,姑師小國, 當空道, 攻劫漢使王恢等
尤甚. 而匈奴奇兵又時時遮擊之. 使者爭言外國利害, 皆有
城邑, 兵弱易擊. 於是天子遣從票侯破奴將屬國騎及郡兵數
萬以擊胡, 胡皆去. 明年, 擊破姑師, 虜樓蘭王. 酒泉列亭鄣
至玉門矣. 而大宛諸國發使隨漢使來, 觀漢廣大, 以大鳥卵
及犛軒眩人, 獻於漢, 天子大悅. 而漢使窮河源, 其山多玉
石, 採來, 天子案古圖書, 名河所出山曰崑崙云.

| 註釋 | ○所從來 – 어디 곳의 어떤 출신. ○及使失指 – 사자로서 천자
의 뜻을 저버리다. ○使端 – 사절을 보낼 事端(사단). ○私縣官齎物 – 나라
의 재물을 사유화하다. 私는 사유화하다. 빼돌리다. 縣官은 官府. 국가. 齎
物은 財物. ○賤市 – 싸게 팔다. ○輕重 – 실제와 부합하지 않다. 앞뒤 말이
서로 틀리다. ○樓蘭(누란) – 서역의 나라 이름. 그 고성은 新疆省 巴音郭楞
蒙古自治州 若羌縣 북쪽. 서기 4세기 경에 소멸한 나라로 알려졌다. ○姑師
(고사) – 서역의 나라 이름. 車師國. ○遮擊之 – 사절의 길을 차단하고 공격
하다. 遮 막을 파. ○從票侯破奴 – 종표후 趙破奴(人名). ○屬國 – 漢에 투
항한 이민족으로 漢의 郡縣 안에서 자신들의 풍습을 지키며 거주하는 집단.
○明年 – 武帝 元封 3년(前 108). ○酒泉列亭鄣至玉門矣 – 酒泉郡에서 玉
門關까지 성채가 한 줄로 이어졌다. 酒泉은 郡名. 今 甘肅省 酒泉市. 亭鄣(정

장)은 보루, 요새. 鄣 성채 장. 막아내다. 玉門은 玉門關, 今 甘肅省 敦煌市 서북. ○犛軒眩人(이간현인) − 로마 영역의 마술사. 犛軒(이간)은 로마 제 국의 동방 영토(大秦國). 眩人(현인)은 마술사. 칼을 삼키고 불을 토하며, 사 람이나 말을 칼로 자르는 마술에 漢人의 눈이 어지러웠다. ○河源 − 黃河의 發源地.

〔國譯〕

　장건이 외국과의 길을 열어 존귀해진 이후로 그의 관리들은 다투 어 上書하여 외국의 기이한 사정과 이해관계를 논하며 사신이 되고 자 하였다. 武帝는 외국이 너무 멀고 가려는 사람들이 없기에 그들 말을 듣고서 부절을 주고 관리의 출신을 불문하고 백성들을 모집해 서 내보내어 길을 넓히려 하였다. 돌아온 자 중에서는 폐물을 훔치 거나 사자로서 天子의 뜻을 저버리는 자들이 없을 수 없었는데 천자 는 그들이 버릇이 되었다고 생각하여 사안에 따라 중죄로 다스리거 나 격노하여 배상케 하거나 다시 사신으로 나가게 하였다. 그러한 사절의 事端은 무궁했기에 아무렇지도 않게 법을 어겼다. 그런 吏卒 들은 매번 외국의 산물을 반복적으로 칭송하였으니 크게 부풀리는 자는 부절을 주었고 작게 부풀리는 副使로 내보내니 제멋대로 큰 소 리치고 행실이 나쁜 자들이 다투어 서로 경쟁하며 본받았다. 그 사 자들은 나라 官物을 빼돌리거나 싸게 처분하여 私利를 채우려 하였 다. 外國 또한 漢의 사자가 제각각 하는 말이 실제와 일치하지 않는 것에 싫증이 나고 漢兵도 너무 멀어 공격해올 수 없다는 것을 헤아 려서 음식물 공급을 끊어 漢의 사절들을 괴롭혔다. 漢의 사절은 궁 핍해져서 서로를 탓하면서 서로를 공격하기에 이르렀다.

樓蘭(누란)과 姑師(고사)는 小國이고 空道에 있어 漢使 王恢(왕회) 등을 아주 심하게 공격하고 겁탈하였다. 그리고 흉노의 매복군도 때때로 길을 막고 漢의 사절을 공격하였다. 사자들은 外國의 利害를 말하면서 모두 城邑이 있다지만 군사력이 약하여 쉽게 공격할 수 있다고 말하였다. 이에 天子는 從票侯 趙破奴(조파노)를 보내 각 屬國의 기병과 각 郡의 군사 수만 명을 거느리고 흉노를 공격케 하니 흉노는 모두 도주하였다. 다음 해에 姑師國(고사국)을 격파하고 樓蘭王을 생포하였다. 그리하여 酒泉에서 玉門關까지 보루가 한 줄로 이어졌다. 또 大宛(대원) 등 諸國에서 보내는 사절이 漢의 사자를 따라 들어와 漢의 廣大함을 확인하였고 大鳥卵이나 犛軒(이간)의 마술사들을 漢에 바쳤는데 천자는 크게 기뻐하였다. 그리고 漢의 사절은 황하의 발원지를 찾아내었고 그 산에 玉石이 많아 채집해 돌아왔는데 무제는 옛 圖書를 찾아보고 황하가 발원하는 산을 崑崙山(곤륜산)이라 이름지었다.

原文

是時, 上方數巡狩海上, 乃悉從外國客, 大都多人則過之, 散財帛賞賜, 厚具饒給之, 以覽視漢富厚焉. 大角氐, 出奇戱諸怪物, 多聚觀者, 行賞賜, 酒池肉林, 令外國客遍觀名各倉庫府臧之積, 欲以見漢廣大, 傾駭之. 及加其眩者之工, 而角氐奇戱歲增變, 其益興, 自此始. 而外國使更來更去. 大宛以西皆自恃遠, 尙驕恣, 未可詘以禮羈縻而使也.

| 註釋 | ○巡狩 – 지방 시찰과 사냥을 통한 군사 훈련. 나중에는 지방 巡行을 의미. ○覽視 – 보여주다. ○角氐(각저) – 角抵. 씨름. 레슬링〔撑跤(솔교)〕. ○見漢廣大 – 見은 顯示. 見은 現의 古字. ○眩者(현자) – 마술사. ○更來更去 – 사람이 바뀌면서 왕래하다. 更은 換. ○詘 – 굽힐 굴. 屈과通. ○羈縻(기미) – 재갈을 물리거나 고삐를 매어 통제하다. 羈 굴레 기. 縻고삐 미.

〖國譯〗

이때, 무제는 자주 해안 도시를 순수하였는데, 외국 사절을 모두데리고 出行하여 큰 도시 사람이 많은 곳에 들려 재물과 비단을 상으로 충분히 넉넉하게 하사하며 漢의 부유함을 보여주었다. 씨름판을 크게 열었고 기이한 구경거리나 괴이한 물건을 선보이며 구경꾼을 많이 끌어 모으고 상품을 하사하고 주지육림의 잔치를 열었고 외국 사절로 하여금 여러 창고에 보관 비축한 물건을 두루 구경시켜漢의 廣大함을 보여주어 외국 사절을 놀라게 하였다. 거기에 마술사의 재주가 보태지고 씨름의 기교가 해마다 늘고 발전하여 흥행을 벌리는 일이 이때부터 시작되었다. 이에 따라 외국 사절은 교대로 왕래하였다. 大宛國(대원국)은 서쪽 멀리 있다고 여전히 교만하여 禮로굴복시키거나 통제할 수는 없었다.

原文

漢使往旣多, 其少從率進孰於天子, 言大宛有善馬在貳師城, 匿不肯示漢使. 天子旣好宛馬, 聞之甘心, 使壯士車令等待千金及金馬以請宛王貳師城善馬. 宛國饒漢物, 相與謀曰. "漢去我遠, 而鹽水中數有敗, 出其北有胡寇, 出其南乏水草, 又且往往而絶邑, 乏食者多. 漢使數百人爲輩來, 常乏食, 死者過半, 是安能致大軍乎? 且貳師馬, 宛寶馬也." 遂不肯予漢使. 漢使怒, 妄言, 椎金馬而去. 宛中貴人怒曰. "漢使至輕我!" 遣漢使去, 令其東邊鬱成王遮攻, 殺漢使, 取其財物. 天子大怒. 諸嘗使宛姚定漢等言. "宛兵弱, 誠以漢兵不過三千人, 强弩射之, 卽破宛矣." 天子以嘗使浞野侯攻樓蘭, 以七百騎先至, 虜其王, 以定漢等言爲然, 而欲侯寵姬李氏, 乃以李廣利爲將軍, 伐宛.

驀孫猛, 字子游, 有俊才, 元帝時爲光祿大夫, 使匈奴, 給事中, 爲石顯所譖. 自殺.

| 註釋 | ○進孰 − 熟計를 건의하다. 孰은 熟과 通. ○貳師城(이사성) − 중앙아시아 키르기즈스탄(吉爾吉斯斯坦) 서남부. ○車令 − 人名. ○絶邑 − 城邑이 없다. ○至輕我 − 우리를 완전 輕視했다. ○姚定漢(요정한) − 인명. ○浞野侯(착야후) − 趙破奴(조파노). 漢의 장수. 흉노와 싸우다가 생포되었는데 10년간 흉노에 머물다가 흉노 태자를 데리고 귀환하였다. 25권, 〈衛靑霍去病傳〉에 立傳. ○樓蘭(누란) − 今 新疆 위구르자치구 서남부의 고대 소국. 서기 4세기 경에 소멸한 나라로 알려졌다. ○寵姬李氏 − 무제의 李夫人. 음률에 정통했다. 그 형제가 李延年과 李廣利이다. ○石顯(석현) − 93권, 〈佞幸傳〉에 立傳.

漢使의 왕래가 많아지면서, 젊어서부터 수행한 자는 武帝에게 쓸 만한 계책을 솔선해서 건의했는데 대원국의 貳師城(이사성)에 좋은 말이 있는데 숨겨두고 漢의 사자에게는 보여주지 않는다고 말했다. 무제는 대원의 말을 좋아하였는데 그 말을 듣고서 마음이 내키어 장사인 車令(차령) 등을 시켜 千金과 金馬를 가지고 가서 대원의 왕에게 이사성의 좋은 말을 가져오게 시켰다. 대원국에서는 漢의 물자가 풍부하여 서로 모의하며 말했다.

"漢은 우리와 멀리 있고 鹽水(鹽澤)에서 여러 번 敗死했으며 북쪽 길로 가면 흉노를 만나고 남쪽 길로 가면 물과 풀이 없으며 또 오가며 마을이 없어 굶어 죽는 자가 많을 것이다. 漢의 사절은 수백 명이 떼를 지어 오지만 늘 식량이 부족하여 죽는 자가 그 과반이니 이들이 어찌 대군을 보낼 수 있겠는가? 그리고 이사성의 말은 大宛의 寶馬이다."

그러면서 漢使에게 보여주려고 하지 않았다. 漢使는 화가 나서 막말을 하고 가지고 온 金馬를 몽둥이로 부수고 떠나갔다. 대원의 귀족들도 화를 내며 말했다. "漢使가 우리를 아주 무시했도다!" 漢의 사절이 떠나가자 그들의 동쪽의 鬱成(울성, 地名)의 王에게 길을 막고 공격케 하니 漢의 사절을 죽이고 그 재물을 탈취하였다. 무제는 大怒했다. 그간 대원에 다녀왔던 姚定漢(요정한) 등이 말했다. "대원의 군세는 약해서 사실 漢兵 3천 명 정도가 강한 쇠뇌를 쏘아대면 대원을 격파할 수 있습니다." 무제는 전에 사신으로 다녀온 浞野侯(착야후) 趙破奴가 樓蘭(누란)을 공격하며 7백 명 기사를 선발로 보내 누란 왕을 사로잡았었기에 요정한의 말을 그대로 믿고 寵姬인

李夫人의 동생을 제후로 봉하고자 곧 李廣利를 將軍으로 명해 대원국을 정벌케 하였다.

장건의 손자 張猛(장맹)의 字는 子游인데 俊才로 元帝 재위 중에 광록대부가 되었고, 匈奴에 사신으로 다녀와 給事中이 되었으나 石顯(석현)의 참소를 당해 자살하였다.

61-2. 李廣利

原文

李廣利, 女弟李夫人有寵於上, 産昌邑哀王. 太初元年, 以廣利爲貳師將軍, 發屬國六千騎及郡國惡少年數萬人以往, 期至貳師城取善馬, 故號'貳師將軍'. 故浩侯王恢使道軍. 旣西過鹽水, 當道小國各堅城守, 不肯給食, 攻之不能下. 下者得食, 不下者數日則去. 比至郁成, 士財有數千, 皆饑罷. 攻郁成城, 郁成距之, 所殺傷甚衆. 貳師將軍與左右計. "至郁成尙不能擧, 況至其王都乎?" 引而還. 往來二歲, 至敦煌, 士不過什一二. 使使上書言. "道遠, 多乏食, 且士卒不患戰而患饑. 人少, 不足以拔宛. 願且罷兵, 益發而復往." 天子聞之, 大怒, 使使遮玉門關, 曰. "軍有敢入, 斬之." <u>貳師</u>恐, 因留屯<u>敦煌</u>.

| 註釋 | ○李廣利(이광리, ? - 前 88) - 武帝 寵姬 李夫人의 오빠. 前 104년 貳師장군이 되어 大宛(대원) 원정에 실패. 太初 3년 재원정하여 겨우 성공. 海西侯에 피봉. 후에 흉노에 투항, 피살. ○昌邑哀王 - 武帝의 5子. 劉髆(유박). 李夫人 소생. 劉髆의 아들(劉賀)이 昭帝 사후에 등극했으나 재위 27일만에 폐출되었다. ○太初元年 - 前 104년. ○屬國 - 변방 군현에 자신의 풍습을 유지하며 집단 거주하는 이민족 집단. ○惡少年 - 性行이 불량한 청소년. 2100년 전이나 지금이나 어느 시대건 불량 청소년은 존재했다. ○浩侯 王恢(왕회) - 앞에 나온 王恢와는 동일인이 아니다. ○郁成(욱성) - 서역의 고 지명. 今 烏茲別克斯坦(우즈베키스탄) 동쪽 끝의 安集延(Andijon)市. ○財有數千 - 겨우 수천이 남았다. 財는 才와 同. 겨우. ○什一二 - 10분의 1 또는 2. ○益發 - 더 많은 군사를 發兵하다.

〖國譯〗

李廣利의 여동생인 李夫人이 武帝의 총애를 받아 昌邑 哀王(劉髆)을 낳았다. 太初 원년에 이광리는 貳師將軍이 되어 屬國의 기병 6천 및 郡國의 불량소년 수만 명을 거느리고 출정하였는데 貳師城(이사성)에 가서 좋은 말을 구해온다고 기약했기에 '이사장군' 이라 불렀다. 예전 浩侯인 王恢(왕회)가 군사의 길을 안내하였다. 서쪽으로 나아가 鹽水(염수, 鹽湖)를 지났는데 도중의 소국에서 모두 성을 굳게 지키며 식량을 공급하지 않았고 함락시킬 수도 없었다. 성을 함락해야 식량을 구할 수 있는데 함락을 시키지 못하면 며칠을 그냥 가야만 했다. 郁成(욱성)에 도착했을 때 병사는 겨우 수천 명이었고 모두 굶주리고 지쳐있었다. 郁成(욱성)의 城을 공격했지만 욱성이 항거하면서 죽거나 부상자가 매우 많았다. 이사장군은 측근과 대책을 논의했다. "욱성도 점령하지 못하는데 하물며 王都를 차지하겠는가?" 하면서 군사를 이끌고 귀환하였다. 가고 오는데 2년이 걸려 敦煌(돈황)에 도착했을 때 병사는 10분의 1, 2에 불과했다. 사자를 보내 상서하여 말했다. "길이 멀고 군량이 많이 부족하여 사졸이 싸우기를 겁내기보다는 굶주릴 것을 걱정하였습니다. 병력도 부족하여 대원을 이기지 못했습니다. 일단 군사를 해산한 다음에 더 많은 군사를 내어 다시 원정에 나서겠습니다."

그러나 무제는 보고를 받고 대노하며 사자를 보내 玉門關을 차단하게 하면서 명령했다. "원정 군사가 入關한다면 참수하라." 이사장군은 두려워 떨며 어쩔 수 없이 돈황에 주둔하였다.

原文

其夏, 漢亡涊野之兵二萬餘於匈奴, 公卿議者皆願罷宛軍, 專力攻胡. 天子業出兵誅宛, 宛小國而不能下, 則大夏之屬漸輕漢, 而宛善馬絶不來, 烏孫,輪臺易苦漢使, 爲外國笑. 乃案言伐宛尤不便者鄧光等. 赦囚徒扞寇盜, 發惡少年及邊騎, 歲餘而出敦煌六萬人, 負私從者不與. 牛十萬, 馬三萬匹, 驢,橐駝以萬數繼糧, 兵弩甚設. 天下騷動, 轉相奉伐宛, 五十餘校尉. 宛城中無井, 汲城外流水, 於是遣水工徙其城下水空以穴其城. 益發戍甲卒十八萬酒泉,張掖北, 置居延,休屠以衛酒泉. 而發天下七科適, 及載糒給貳師, 轉

車人徒相連屬至敦煌. 而拜習馬者二人爲執驅馬校尉, 備破
宛擇取其善馬云.

| 註釋 | ㅇ浞野之兵 – 浞野侯 趙破奴의 군사. ㅇ業 – 이미. 벌써. 시작
하다. ㅇ輪臺 – 지명. 今 新疆維吾爾自治區 巴音郭楞蒙古自治州 관할의 輪
臺縣. ㅇ案 – 죄를 따져 처벌하다. ㅇ鄧光(등광) – 인명. ㅇ扞寇盜 – 扞은
막을 한. 도적(이민족)을 막게 하다. ㅇ橐駝(탁타) – 駱駝(낙타)의 異稱. 橐
전대 탁. 駝 낙타 탁. ㅇ宛城中無井 – 이하 3구는 다음 단의 兵到者三萬의
다음에 있어야 한다는 주석이 있다. ㅇ居延 – 縣名. 今 內蒙古 阿拉善盟 관
할의 額濟納旗의 동남. 중국의 酒泉衛星發射中心이 여기에 있다. ㅇ休屠(휴
도) – 縣名. 今 甘肅省 武威市. ㅇ七科適(七科謫) – 정규 양민 군대가 부족
할 때 변방에 동원되는 7종의 부류인. 죄를 지은 관리. 도망친 죄인. 빚을 지
고 팔려왔다가 데릴사위가 된 사람〔贅婿(췌서)〕. 상인, 예전에 상인 호적에
이름이 올랐던 사람. 부모가 상인에 올랐던 사람. 조부모가 상인에 올랐던
사람. ㅇ糒 – 乾糧(건량) 비.

〖國譯〗

그해 여름, 漢은 浞野侯 趙破奴의 군사 2만여 명을 흉노에게 잃어
버리자 公卿의 일부는 大宛 원정군을 해체하고 전력을 다해 흉노에
대비해야 한다고 주장하였다. 天子는 이미 대원을 정벌하러 출병했
었으나 대원 같은 소국을 굴복시키지 못하였으니 大夏같은 나라들
은 점차 漢을 경시할 것이고 대원의 좋은 말은 앞으로 들어오지 않
을 것이며 烏孫이나 輪臺(윤대) 같은 곳에서도 漢의 사절을 무시하
고 괴롭힐 것이니 외국의 웃음거리가 될 것이라고 생각하였다. 이에
대원 정벌이 불필요하다고 주장하는 鄧光(등광) 등의 죄를 따져 처

리하게 하였다. 죄수를 용서하여 외적을 막는데 동원하였고 악행 소년과 국경 군현의 기병을 징발하면서 준비하여 일 년 뒤에 6만 명을 敦煌에서 출병시켰는데 짐을 지고 따라가는 從者는 계산하지 않았다. 소 10만 마리, 말 3만 필과 노새, 낙타 수만 마리가 식량을 운반하고 병기와 활도 모두 다 준비되었다. 온 나라가 소란한 가운데 대원 정벌을 위한 지원이 이루어지며 校尉 50여 명이 출정하였다. 대원의 城中에는 우물이 없어 성 밖 강물을 길어다 사용했는데 이번에 (漢이 침공한다는 소식에) 물을 성 안의 물구덩이(水空)를 파고 끌어들여 사용하였다. (漢軍은) 수비군졸 18만 명을 酒泉郡과 張掖郡 북쪽의 居延縣과 休屠縣에 배치하여 酒泉郡을 방어하게 하였다. 그리고 온 나라의 七科適(칠과적)을 동원하여 이사장군의 군사에게 乾糧(건량)을 운반하게 하였으며 수레를 끄는 인부들이 돈황까지 이어졌다. 또 말을 잘 볼 줄 아는 2인을 執馬校尉와 驅馬校尉에 임명하여 대원을 점령했을 때 좋은 말을 고르도록 준비하였다.

原文

　於是貳師後復行, 兵多, 所至小國莫不迎, 出食給軍. 至輪臺, 輪臺不下, 攻數日, 屠之. 自此而西, 平行至宛城, 兵到者三萬. 宛兵迎擊漢兵, 漢兵射敗之, 宛兵走入保其城. 貳師欲攻郁成城, 恐留行而令宛益生詐, 乃先至宛, 決其水原, 移之, 則宛固已憂困. 圍其城, 攻之四十餘日. 其外城壞, 虜宛貴人勇將煎靡. 宛大恐, 走入中城, 相與謀曰. "漢所爲攻宛, 以王毋寡." 宛貴人謀曰. "王毋寡匿善馬, 殺漢使. 今殺王而出善馬, 漢兵宜解. 即不, 乃力戰而死, 未絶也." 宛貴人皆以爲然, 共殺王. 持其頭, 遣人使貳師, 約曰. "漢無攻我, 我盡出善馬, 恣所取, 而給漢軍食. 即不聽我, 我盡殺善馬, 康居之救又且至. 至, 我居內, 康居居外, 與漢軍戰. 孰計之, 何從?" 是時, 康居候視漢兵尚盛, 不敢進. 貳師聞宛城中新得漢人知穿井, 而其內食尙多. 計以爲來誅首惡者毋寡, 毋寡頭已至, 如此不許, 則堅守, 而康居候漢兵罷來救宛, 破漢軍必矣. 軍吏皆以爲然, 許宛之約. 宛乃出其馬, 令漢自擇之, 而多出食食漢軍. 漢軍取其善馬數十匹, 中馬以下牝牡三千餘匹. 而立宛貴人之故時遇漢善者名昧蔡爲宛王, 與盟而罷兵, 終不得入中城, 罷而引歸.

| 註釋 | ○屠 – 잡을 도. 屠戮(도륙)하다. ○平行 – 편하게 행군하다. 적을 만나지 않다. ○煎靡(전미) – 인명. 煎 불로 달일 전. 靡 쓰러질 미. ○毋寡(무과) – 人名. ○牝牡(빈모) – 암컷과 수컷. 牝 암컷 빈. 牡 수컷 모. ○昧蔡(매채) – 人名.

〔國譯〕

이번 貳師將軍의 2차 출병은 대병력이라서 통과하는 작은 나라에서는 영접하며 식량을 내어 漢軍에 공급하지 않는 나라가 없었다. 輪台城에 도착했으나 윤대성이 항복하지 않자 며칠을 공격 함락하여 모조리 도륙하였다. 이후로 서쪽으로 평안하게 행군하여 大宛(대원)의 성에 3만 명의 군사가 도착하였다. 대원의 군사도 漢軍을 맞아 싸웠으나 한군이 화살 공격으로 패퇴시키자 대원의 군사는 성 안으로 들어가 지켰다. 이사장군은 郁成(욱성)의 城을 먼저 공격하려 했으나 그를 공격하는 동안 대원에서 속임수 작전을 쓸 것 같아 바로 대원성에 도착하였으며 그들의 水源을 터트려 물길을 옮기자 대원에서는 큰 곤란에 봉착하였다. 그 성을 포위하고 40여 일을 공격하였다. 그들의 외성을 무너트리고 대원의 귀족이며 勇將인 煎靡(전미)를 사로잡았다. 대원 사람들은 크게 두려워하며 中城(內城)으로 들어가 서로 협의하며 말했다. "漢이 우리 대원을 공격하는 것은 왕 毋寡(무과) 때문이요!" 대원의 貴人(貴族)들도 모의하며 말했다. "무과 왕은 善馬를 숨기고 漢使를 죽였소. 이번에 왕을 죽이고 좋은 말을 내 준다면 漢軍은 포위를 풀 것이요. 만약 그렇지 않다면 힘껏 싸우다 죽어도 늦지 않을 것이요." 대원의 貴人들은 모두 그렇게 생각하고 함께 왕을 죽였다. 그 머리를 가지고 사람을 이사장군에게 보내 약속하자며 말했다.

"漢軍이 우리를 더 이상 공격하지 않는다면 우리는 좋은 말을 모두 내줘 마음대로 고르게 하고 한군에게 군량을 공급하겠소. 만약 우리 요구를 수락하지 않는다면 우리는 좋은 말을 모두 죽여 버릴 것이며 康居國의 구원병이 곧 올 것이요. 오게 되면 우리는 안에서, 강거국의 군사는 밖에서 한군을 협공할 것이요. 잘 생각해보시고 어느 쪽을 택하겠소?"

이때 康居 척후병의 漢軍 염탐이 매우 많았지만 진격하지는 않고 있었다. 이사장군은 대원의 성중에 우물을 팔 줄 아는 漢人을 찾았고 내성에 식량도 많다는 소식을 들었다. 이사장군은 원흉인 무과왕을 그들이 죽였고 그 머리를 여기까지 보내왔는데, 이를 불허하다면 그들은 견고히 지킬 것이고 강거국에서는 한군이 지치는 것을 보아가며 대원을 구원한다면 한군은 틀림없이 패전할 것이라고 생각하였다. 참모들도 그렇게 생각하여 대원의 약속을 수락하였다. 대원국에서는 그들 말을 모두 내주고 漢에서 마음대로 고르게 했고 군량을 많이 내어 한군에게 공급했다. 漢軍은 최고 좋은 말 수십 필과 중간 이하의 말 암수 3천 필을 골랐다. 그리고 대원의 귀족으로 평소에 漢에게 우호적이었던 昧蔡(매채)란 사람을 택해 대원국의 왕으로 세우고 맹약을 체결한 뒤 전투를 중지하니 끝내 中城(內城)에는 들어가지 못하고 군사를 해산하고 귀환하였다.

原文

初, 貳師起敦煌西, 爲人多, 道上國不能食, 分爲數軍, 從南北道. 校尉王申生, 故鴻臚壺充國等千餘人別至郁成, 城守不肯給食. 申生去大軍二百里, 負而輕之, 攻郁成急. 郁成窺知申生軍少, 晨用三千人攻殺申生等, 數人脫亡, 走貳師. 貳師令搜粟都尉上官桀往攻破郁成, 郁成降. 其王亡走康居, 桀追至康居. 康居聞漢已破宛, 出郁成王與桀, 桀令四騎士縛守詣大將軍. 四人相謂"郁成, 漢所毒, 今生將, 卒失大事." 欲殺, 莫適先擊. 上邽騎士趙弟拔劍擊斬郁成王. 桀等遂追及大將軍.

| 註釋 | ○起 - 출발하다. ○道上國 - 近道의 여러 나라. ○王申生, 壺充國(호충국) - 모두 人名. ○搜粟都尉上官桀 - 霍光과 함께 昭帝를 보필했던 上官桀과는 同名異人. ○漢所毒 - 漢軍이 원한을 가진 사람. ○莫適先擊 - 먼저 찌르려는 사람이 없었다. ○上邽(상규) - 縣名. 今 甘肅省 天水市. 세계문화유산에 등재된 유명한 麥積山 石窟이 있다.

〔國譯〕

그 전에 이사장군이 敦煌에서 서쪽으로 출발할 때, 병력이 충분히 많아 길 가까운 나라에서 식량을 다 조달 받을 수 없다고 생각하여 군사를 몇 부대로 나누어 남과 북의 길을 따라 진군케 하였다. 校尉 王申生과 예전 大鴻臚(대홍려)에 근무했던 壺充國(호충국) 등 1천여 명이 郁成(욱성)에 도착하였는데 성에서는 식량을 내주려 하지 않았다. 왕신생은 大軍이 2백 리 밖에 있다는 것을 믿고 적을 경시하며 욱성을 맹렬히 공격하였다. 욱성에서는 왕신생의 군사가 많지 않은 것을 보고 새벽에 3천 명을 동원하여 왕신생을 공격하여 죽여버렸고 몇 사람은 탈출하여 이사장군에게 보고하였다. 이사장군은 搜粟都尉(수속도위) 上官桀(상관걸)을 보내 욱성을 공격케 하자 욱성은 투항하였다. 욱성의 왕이 康居國으로 도주하자 상관걸은 강거국까지 추격하였다. 강거국에서는 한군이 이미 대원을 격파했다는 소식을 듣고 욱성의 왕을 상관걸에게 넘겨주었다. 상관걸은 4명의 기병에게 욱성왕을 묶어 대장군에게 끌고 가게 하였다. 이에 기병이 서로 협의하며 말했다. "욱성왕에 대한 漢軍이 원한이 많은데 이를 살려 데려가다가 잘못해서 놓치기라도 하면 큰일이다." 그리고서 죽이려 하는데 먼저 찌르려는 사람이 없었다. 上邽縣(상규현)의 기병인 趙弟(조제)가 칼을 뽑아 욱성왕의 목을 잘랐다. 상관걸 등은 마침내 大將軍을 따라 붙었다.

初, 貳師後行, 天子使使告烏孫大發兵擊宛. 烏孫發二千騎往, 持兩端, 不肯前. 貳師將軍之東, 諸所過小國聞宛破, 皆使其子弟從入貢獻, 見天子, 因爲質焉. 軍還, 入玉門者萬餘人, 馬千餘匹. 後行, 非乏食, 戰死不甚多, 而將吏貪, 不愛卒, 侵牟之, 以此物故者衆. 天子爲萬里征伐, 不錄其過. 乃下詔曰: "匈奴爲害久矣, 今雖徙幕北, 與旁國謀共要絶大月氏使, 遮殺中郎將江, 故雁門守攘. 危須以西及大宛皆合約殺期門車令,中郎將朝及身毒國使, 隔東西道. 貳師將軍廣利征討厥罪, 伐勝大宛. 賴天之靈, 從浿河山, 涉流沙, 通西海, 山雪不積, 士大夫徑度, 獲王首虜, 珍怪之物畢陳於闕. 其封廣利爲海西侯, 食邑八千戶."

又封斬郁成王者趙弟爲新時侯,軍正趙始成功最多, 爲光祿大夫. 上官桀敢深入, 爲少府, 李哆有計謀, 爲上黨太守. 軍官吏爲九卿者三人, 諸侯相,郡守,二千石百餘人, 千石以下千餘人. 奮行者官過其望, 以適過行者皆黜其勞. 士卒賜直四萬錢. 伐宛再反, 凡四歲而得罷焉.

後十一歲, 征和三年, 貳師復將七萬騎出五原, 擊匈奴, 度

<u>郅居水</u>. 兵敗, 降<u>匈奴</u>, 爲單于所殺. 語在〈匈奴傳〉.

| 註釋 | ○後行 – 뒤따라가다. ○持兩端 – 首尾 양쪽을 돌아보다. 猶豫
未決하다. ○之東 – 동쪽으로 나아가다. ○侵牟之 – 침탈하다. 牟는 빼앗
다. ○物故 – 죽이다. 죽다. ○不錄其過 – 잘못(예를 들어 부하를 학대하는
일)을 따지지 않다. ○從幕北 – 사막 북쪽으로 옮겨가다. 幕은 漠, 사막.
○要絶 – 중간에서 끊으려 하다. ○危須(위수) – 서역의 옛 나라 이름. ○期
門車令 – 기문인 거령. 期門은 관직명, 황제 호위병. 車令은 人名. ○從派河
山 – 황하의 시작인 곤륜산을 거슬러 올라가서. 派 거슬러 올라갈 소. 河山
은 황하와 곤륜산. ○涉流沙 – 사막을 건너. 流沙(유사)는 沙漠. ○通西海
– 서해에 닿았다. 서해는 인도양이나 아라비아 海를 지칭. 실제로 그곳까지
간 것은 아니다. ○山雪不積 – 이 해에 눈이 적게 내려 산에 눈이 쌓이지 않
았다. 곧 하늘도 원정을 도왔다는 뜻을 표현했다. ○徑度 – 직접 건너가다.
○海西侯 – 廣陵郡(今 江蘇省 揚州市 일대)에 속하는 지역. ○李哆(이치) –
인명. 哆는 너그러울 치. ○奮行者 – 용감하게 전투한 자. ○以適過行者皆
黜其勞 – ‘七科適’으로 동원된 자로 용감하게 싸운 자는 그 노역을 면제시
켜주다. ○直 – 値와 同. 해당하다. ○伐宛再反 – 대원을 토벌했고 다시 배
반하여. 곧 이광리의 2차례 원정을 말함. ○征和三年 – 무제의 연호 前 90
년. 征和는 延和(연화)의 誤記라는 주장이 있다. ○五原 – 郡名. 치소는 九原
縣(今 內蒙古 黃河 북안의 包頭市 서북). ○度郅居水(도질거수) – 질거수를 건
너. 질거수는 몽고 중서부의 杭愛山脈에서 발원하여 바이칼호(貝加爾湖)로
흘러가는 色楞格河. 지금의 몽고 땅에 출전했다는 뜻.

〖 國譯 〗

　　그전에 貳師장군이 後行하며 귀국하는데 天子가 사자를 보내 烏
孫이 대 병력을 내어 대원을 공격했다고 알려주었다. 오손은 2천 기

병을 보내 이쪽저쪽을 살피며 전진하지 못했다. 이사장군이 동쪽으로 오면서 여러 작은 나라에서는 대원이 격파되었다는 것을 알고 그들 자제를 보내 토산물을 바쳤는데 이들은 漢에 들어와 황제를 알현하고 인질이 되었다. 귀환한 원정군으로 玉門關에 들어온 자는 1만여 명이었고 말 1천여 필이었다. 2차 원정에서 군량이 부족하지도 않았고 전사자가 많지도 않았지만 장군이나 군리들이 탐욕으로 사졸을 아끼지도 않았고 침탈하여 이런 저런 사유로 죽은 자가 많았기 때문이었다. 천자는 만리 정벌을 행하면서 그 과오는 기록하지 않았다. 이에 조서를 내려 말했다.

"匈奴가 해악을 저지른 지 오래였고 지금은 비록 사막 북쪽으로 도주하였으나 다른 나라들과 모의하여 함께 대월지로 보내는 사절을 가로막고 中郞將 江(강)과 雁門(안문)태수였던 攘(양)을 죽였다. 危須國(위수국) 서쪽 지역과 대원은 함께 모의하여 期門인 車令과 中郞將인 朝와 身毒國(견독국)에 보내는 사절을 죽이며 동서의 길을 막았다. 이에 이사장군 李廣利는 그들의 죄악을 징벌하여 대원을 원정하여 승리하였다. 신령스런 하늘의 도움을 받아 황하와 곤륜산을 거슬러 올라갔고, 사막을 건너 멀리 西海에 닿았으며, 산에 눈이 쌓이지 않아 우리 사대부들이 직접 진격하여 왕이나 우두머리들을 사로잡았으며 진기한 사물들을 궁궐에 다 보여주었다. 이에 李廣利를 봉하여 식읍 8천호에 海西侯로 삼는다."

그리고 욱성의 王을 죽인 趙弟를 新時侯(신치후)에 봉해졌고, 軍正인 趙始成은 功이 가장 크기에 光祿大夫가 되었다. 上官桀은 용감하게 적지에 깊숙이 공략하였기에 少府가 되었으며 李哆(이치)는 전략을 잘 세웠기에 上黨郡 太守가 되었다. 軍官吏로 九卿에 오른 자가 3인이었고 諸侯의 相이나 군수 또는 二千石이 된 자가 100여 명이었으며 千石 이하 관직을 받은 자가 1천여 명이었다. 용감히 싸운 자들의 관직은 바라던 것 이상이었으며 七科適者로 용감한 자는 그 노역을 면제받았다. 사졸들에게 하사한 돈이 4만전이나 되었다. 대원의 2차례 원정은 모두 4년이나 걸려 끝났다.

그 후 11년, 征和 3년(前 90) 이사장군은 다시 7만 기병을 거느리고 五原郡에서 출정하여 흉노를 공격하며 郅居水(질거수)를 건넜다. 이광리는 兵敗하여 匈奴에 투항하였다가 선우에게 피살되었다. 이는 〈匈奴傳〉에 기록했다.

原文

贊曰. 〈禹本紀〉言河出崑崙, 崑崙高二千五百里餘, 日月所相避隱爲光明也. 自張騫使大夏之後, 窮河原, 惡睹所謂崑崙者乎? 故言九州山川, 《尙書》近之矣. 至〈禹本紀〉,〈山經〉所有, 放哉!

┃註釋┃ ㅇ禹本紀 - 《史記》의 〈禹本紀〉. ㅇ里餘 - 餘里. ㅇ河原 - 황하의 발원지. ㅇ惡睹 - 무엇을 보고. 惡(오)는 의문사. ㅇ山經 - 《山海經》의 내용인 〈西山經〉 등 山에 관한 4개의 편명. ㅇ放哉 - 터무니없다〔迂闊(우활)〕. 믿을 수 없다.

〖國譯〗

班固의 論贊 : 〈禹本紀〉에는 황하가 崑崙山(곤륜산)에서 시작하는데 곤륜산의 높이가 2,500여 리나 되며 日月이 서로 교대로 숨기에 밝다고 하였다. 張騫(장건)이 大夏에 사절로 나간 뒤에 황하의 근원을 찾았다고 하였는데, 무엇을 보고서 곤륜산이라 하였는가? 예로부터 九州의 山川을 말한 것은 《尙書》가 사실에 가깝다. 〈禹本紀〉나 〈山經〉의 내용은 믿을 수가 없다!

62 司馬遷傳
〔사마천전〕

原文

　昔在顓頊, 命南正重司天, 火正黎司地. 唐,虞之際, 紹重黎之後, 使復典之, 至於夏商, 故重黎氏世序天地. 其在周, 程伯休甫其後也. 當宣王時, 官失其守而爲司馬氏. 司馬氏世典周史. 惠,襄之間, 司馬氏適晉. 晉中軍隨會犇魏, 而司馬氏入少梁.

｜註釋｜　○顓頊(전욱) – 五帝 중 1인. 顓 마음대로 할 전. 頊 삼갈 욱.　○南正 – 전설 속의 관직명. 重(중)은 人名. 司는 주관하다.　○火正 – 관직명. 司地는 大地 및 人事.　○唐 – 마을 이름. 陶唐氏인 堯가 수장이었다. 虞(우)는 마을 이름 有虞氏가 수장이었다.　○紹 – 잇다. 이어서(繼也).　○程伯 – 程國伯. 程國은 今 陝西省 咸陽市 동쪽 지역의 소국. 休甫는 人名.　○宣王 – 周宣王.　○司馬氏 – 司馬는 武事를 관장하고 군사를 통솔하는 관리. 6卿의 하

나. 관직을 성씨로 하였다. ㅇ世典周史 – 대대로 周의 역사기록을 주관하였다. ㅇ惠,襄之間 – 周의 惠王과 襄王, 기원 전 7세기에 해당한다. ㅇ晉(진) – 춘추시대의 국명. 前 11세기 – 前 376년(韓,趙,魏로 분열)까지 존속. 지금의 山西省 일대를 차지한 강국. ㅇ中軍隨會 – 中軍 직책의 隨會. 隨會는 인명. ㅇ少梁 – 邑名. 今 陝西省 중동부 황하 좌안의 韓城市. 본래 梁國인데 후에 秦에 의해 멸망되었기에 少梁으로 기록했다.

[國譯]

옛날 顓頊(전욱)은 南正인 重(중)에게 하늘에 관한 일을, 火正인 黎(려)에게는 땅에 관한 일을 맡기었다. 堯와 舜 시절에는 重과 黎를 이은 후손에게 그 일을 다시 담당케 하였고 夏와 商에 이르러서도 重과 黎의 후손은 대대로 하늘과 땅에 관한 일을 담당하였다. 周代 程國의 伯이었던 休甫(휴보)는 그 후손이었다. 周 宣王 시대에 관직(司天)을 잃고 司馬氏가 되었다. 司馬氏는 대대로 周史를 주관하였다. 周의 惠王과 襄王 연간에 사마씨는 晉(진)으로 이주하였다. 晉의 中軍이었던 隨會(수회)는 魏로 出奔(출분)하였는데 司馬氏도 따라서 少梁으로 이주하였다.

原文

自司馬氏去周適晉, 分散, 或在衛, 或在趙, 或在秦. 其在衛者, 相中山. 在趙者, 以傳劍論顯, 蒯聵其後也. 在秦者錯, 與張儀爭論, 於是惠王使錯將兵伐蜀, 遂拔, 因而守之. 錯孫蘄, 事武安君白起. 而少梁更名夏陽. 蘄與武安君坑趙長平軍, 還而與之俱賜死杜郵, 葬於華池. 蘄孫昌, 爲秦王鐵官. 當始皇之時, 蒯聵玄孫卬爲武信君將而徇朝歌. 諸侯之相王, 王卬於殷. 漢之伐楚, 卬歸漢, 以其地爲河內郡. 昌生毋懌, 毋懌爲漢市長. 毋懌生喜, 喜爲五大夫, 卒, 皆葬高門. 喜生談, 談爲太史公.

| 註釋 | ○衛(위) - 지금의 河南省 일부. 趙는 今 山西省과 河北省 일부를 차지한 戰國시대의 나라. ○相中山 - 中山國의 相이 되다. 中山은 소국으로 뒷날 趙에 병합되었다. ○劍論 - 검술에 관한 논리. ○蒯聵(괴외) - 春秋 衛國 出公의 이름이 괴외인데 이는 관련이 없고, 다른 註에는《史記 刺客列傳》의 蒯聵라고 하였지만 자객열전에 괴외 이름이 없다. 여기서는 蒯聶(괴섭)의 착오라는 주석에 따른다. ○張儀 - 縱橫家 장의. 連衡策을 주장, 6국의 合縱을 깨트렸다. ○錯孫蘄(조손기) - 司馬錯의 손자인 司馬蘄. 錯 音 千古反. 蘄는 풀이름 기. ○坑趙長平軍 - 前 262년 秦과 趙의 長平(今 山西省 晉城市 관할의 高平市)의 전투. 趙軍이 대패했다. ○朝歌 - 衛國의 都城. 今 河南省 鶴壁市 관할의 淇縣. ○市長 - 集市의 長. 漢代에도 長安의 四市에 市長을 두었다. ○五大夫 - 秦의 관작명. 漢에서도 그대로 답습하였는데 20등급 중 높은 순으로 9등에 해당(20등급인 列侯가 가장 높다). ○高門 - 地名. 今 陝西省 韓城市. 사마천의 묘도 여기에 있다. ○司馬談(? - 前 110) - 建元에서 元封 연간(前 140 - 110)에 太史로 天文과 歷法을 관장하였다.

〖國譯〗

司馬氏가 周를 떠나 晉으로 가면서 사마씨는 분산하여 衛나 趙, 秦으로 들어갔다. 그중 衛에 살던 조상은 中山國의 相이었다. 趙에 살던 조상으로 전승되는 劍術을 논해 이름을 날렸는데 蒯聵(괴외, 蒯

聶)는 그 후손이었다. 秦에 살았던 司馬錯(사마조)는 張儀와 논쟁을 벌였는데 秦 惠王이 사마조에게 군사를 주어 蜀을 정벌케 하자 촉을 점령한 뒤에 남아 다스리었다. 사마조의 손자인 司馬蘄(사마기)는 武安君 白起(백기) 장군을 섬겼다. 그리고 少梁은 夏陽으로 이름이 바뀌었다. 사마기와 무안군 백기는 趙와 長平에서 싸워 승리하였고 돌아와 함께 杜郵(두우)에서 賜死되어 華池에 묻혔다. 사마기의 손자 司馬昌은 秦王 때 鐵官이었다. 始皇帝 시대에 괴외의 玄孫 司馬卬(사마앙)은 武信君(武臣, 人名)의 부장으로 朝歌(조가, 地名)를 지켰다. 제후들이 相이나 王이 될 때 司馬卬(사마앙)은 (초왕 항우에 의해) 殷王이 되었는데 그 영역은 河內郡 일대였다. 司馬昌은 司馬毋懌(사마무역)을 낳았는데 무역은 漢의 市長이었다. 무역이 司馬喜를 낳고 사마희는 五大夫로 죽었는데 모두 高門에 묻혔다. 사마희는 司馬談을 낳았고 사마담은 太史公이 되었다.

原文

太史公學天官於唐都, 受《易》於楊何, 習道論於黃子. 太史公仕於建元, 元封之間, 愍學者不達其意而師悖, 乃論六家之要指曰,

| 註釋 | ○天官 - 천문 역법. ○唐都 - 人名. 方士라는 주장도 있다. 太初曆 제정에도 참여했다. ○楊何(양하) - 字는 叔元. 58권, 〈儒林傳〉에 元光 연간에 太中大夫가 되었다고 기록되었다. ○道論 - 道家 학설. 黃子는 黃生. 景帝 때 박사. ○建元 - 前 140 - 135년. ○元封 - 前 110 - 105년. 司

馬談은 前 110년에 죽었다. ○愍 - 근심할 민. 걱정하다. ○師悖 - 스승과 어긋나다. '스승도 잘못 이해하다'는 뜻으로 해석할 수도 있다. 悖는 어그러질 패. 기준에서 벗어나다. 惑也. ○六家 - 陰陽家, 儒家, 墨家, 名家, 法家, 道德家(道家).

〔國譯〕

太史公은 唐都한테 천문역법을 배웠고, 楊何(양하)로부터《易》을 전수받았으며 黃生에게서 道論을 배웠다. 태사공은 建元에서 元封 연간에 出仕하였는데 學者가 六家의 본질을 이해 못하고 스승도 잘 못 알고 있는 것을 걱정하여 六家의 요지를 논술하였다.

原文

《易 大傳》, '天下一致而百慮, 同歸而殊塗.' 夫陰陽,儒, 墨,名,法,道德, 此務爲治者也. 直所從言之異路, 有省不省耳. 嘗竊觀陰陽之術, 大詳而衆忌諱, 使人拘而多畏, 然其叙四時之大順, 不可失也. 儒者博而寡要, 勞而少功, 是以其事難盡從, 然其叙君臣,父子之禮, 列夫婦,長幼之別, 不可易也. 墨者儉而難遵, 是以其事不可遍循, 然其彊本節用, 不可廢也. 法家嚴而少恩, 然其正君臣上下之分, 不可改也. 名家使人儉而善失眞, 然其正名實, 不可不察也. 道家使人精神專一, 動合無形, 澹足萬物. 其爲術也, 因陰陽之大順, 采儒,墨之善, 撮名,法之要, 與時遷徙, 應物變化, 立俗施事,

無所不宜, 指約而易操, 事少而功多. 儒者則不然, 以爲人
主天下之儀表也, 君唱臣和, 主先臣隨. 如此, 則主勞而臣
佚. 至於大道之要, 去健羨, 黜聰明, 釋此而任術. 夫神大用
則竭, 形大勞則敝, 神形蚤衰, 欲與天地長久, 非所聞也.

| 註釋 | ○《易 大傳》-《周易 繫辭傳》. ○一致而百慮 - 하나에 대한 온
갖 사려. 궁극적 목표는 하나이지만 접근이나 처리 방법이 제각각이라는 뜻.
○同歸而殊塗 - 귀착점은 같으나(同歸於正) 길은 다르다. ○務爲治者也 -
治者가 되려고 힘쓰다. 잘 다스리려고 힘쓰다. ○有省不省耳 - 잘 省察하는
것도 있고 성찰하지 못한 것도 있다. 省을 善의 뜻으로 새길 수도 있다. ○嘗
- 상세히(詳). ○大詳而衆忌諱 - 祥은 吉凶之先見也. 忌諱(기휘)는 꺼리다.
○博而寡要 - 넓고 상세하여 대요를 파악하기 어렵다. ○墨者儉而難遵 -
절검을 주장하나(尙儉) 실천하기 어렵다. ○儉而善失眞 - 명분에 집착하여
쉽게 진실을 상실하다. ○動合無形, 澹足萬物 - 道는 우주만물을 주재하고
만물을 풍성하게 만들어 준다. 澹 담박할 담. 贍(넉넉할 섬)과 通. 澹足은 豊
足. ○撮 - 손으로 잡을 촬. ○臣佚 - 신하는 편안하다. 佚은 逸과 同. ○去
健羨 - 雄健과 욕망을 제거하다. 健을 수컷(雄)의 기질을 버리고 암컷(雌)의
道를 따르는 것이라고 풀이한 註도 있다. 羨은 부러울 선. 탐내다. ○黜聰明
- 총명을 내치다(不尙賢). 똑똑한 척하고 싶은 마음을 버리다. 黜은 물리칠
출. ○夫神大用則竭 - 정신을 너무 많이 쓰면 고갈된다. ○天地長久 - 天
長地久.

〔國譯〕
《易經》의 〈大傳(繫辭傳)〉에서는 '天下의 목표는 하나이나 사려
는 제각각이고, 같은 곳을 가려 하지만 길이 다르다.' 라고 하였다.

대개, 陰陽家, 儒家, 墨家, 名家, 法家, 道德家(道家)는 모두 잘 다스리고자 하는 방법이다. 다만 하는 말에 따라 길이 다르며 성찰을 잘한 것도 있고 성찰하지 못한 것도 있다.

내가 살펴본 바, 陰陽家의 방법은 '大詳(길흉의 조짐)이 있다'고 하면서 많은 것을 忌諱(기휘)하게 하며 사람들을 속박하고 두렵게 하는 것이 많으나 四時에 잘 따를 것을 서술하고 있으니 버릴 수는 없을 것이다. 儒家는 예법이 廣博하여 요약하기 어렵기에 힘이 들고 효과는 크지 않으며 예를 다 따라 실행하기 어렵지만 君臣과 부자의 예법을 말하고 夫婦와 長幼의 구별을 설명하고 있으니 이를 바꿔서는 안 될 것이다. 墨家는 검약을 강조하여 지키기가 쉽지 않으며 그 때문에 두루 다 따르기는 어렵지만 그 근본 강화와 節用은 없애서는 안 될 것이다. 法家는 엄격하고 은택이 없지만 군신 상하의 구분을 엄격히 따지고 있으니 고쳐서는 안 될 것이다. 名家는 사람을 명분에 얽매게 하여 참됨을 잃기 쉬우나 그냥 보아 넘길 수만은 없다.

道家는 사람의 정신을 한 곳으로 집중하며 인간의 행동을 보이지 않는 道에 일치시키려 하고 만물을 풍족케 한다.

도가의 학술은 陰陽家의 大順을 따르고, 儒家와 墨家의 장점을 취하고, 名家와 法家의 요점을 잡아 시대에 따라 적응하고 사물에 따라 변화하며, 시속에 따라 일을 처리한다면 적의하지 않은 것이 없을 것이며, 그 요지를 간략히 알고 쉽게 따라간다면 수고는 적고 이루는 것은 많을 것이다. 그러나 유가는 그러하지 않으니 人主는 천하의 儀表라 생각하여 主君이 먼저 唱導하면 신하가 따라 화답하며 주군이 앞서고 신하는 따라간다. 그러하기에 주군은 勞心하고 신하는 안일하다. 도가 大道의 요점은 웅건한 힘과 탐욕을 없애고 총

명함을 제거하는 것으로 無爲의 道에 맡겨두는 것이다. 정신을 많이 쓰면 고갈되며 육신을 과로하면 망가지나니 정신과 육체를 빨리 쇠약하게 만들고서 天地처럼 장구할 수 있다는 말을 아직 듣지 못했다.

原文

夫陰陽, 四時, 八位, 十二度, 二十四節各有教令, 曰 '順之者昌, 逆之者亡.' 未必然也, 故曰 '使人拘而多畏.' 夫春生, 夏長, 秋收, 冬藏, 此天道之大經也, 弗順, 則無以爲天下紀綱. 故曰 '四時之大順, 不可失也.'

| 註釋 | ○四時 – 四季. ○八位 – 八方. ○十二度 – 12 구분. 日月星辰(일월성신)의 움직임을 12부분으로 구분. ○二十四節 – 24 절기. ○教令 – 해야 할 또는 해서는 안 될 일. ○大經 – 주요 법칙.

〔 國譯 〕

陰陽家에서는 4季와 8方位, 12度와 24節氣에 각각 教令이 있고 '이에 잘 따르는 자는 昌盛하고, 어기는 자는 멸망한다.' 고 하지만 꼭 그러지는 않기에 '사람을 얽매며 두려워하게 하는 것이 많다.' 고 하였다. 대개 만물이 春生하고 夏長하며, 秋收하며 冬藏하는 이것은 天道의 大經이며 이를 따르지 않는다면 천하의 紀綱으로 삼을 만한 다른 것이 없는 것이다. 그러하기에 '四時의 순환에 따르는 것을 버릴 수 없다.' 고 하였다.

夫儒者, 以《六藝》爲法, 《六藝》經傳以千萬數, 累世不能
通其學, 當年不能究其禮. 故曰 '博而寡要, 勞而少功.' 若
夫列君臣, 父子之禮, 序夫婦, 長幼之別, 雖百家弗能易也.

墨者亦上堯舜, 言其德行, 曰 "堂高三尺, 土階三等, 茅茨
不剪, 采椽不斲. 飯土簋, 歠土刑, 糲粱之食, 藜藿之羹. 夏
日葛衣, 冬日鹿裘." 其送死, 桐棺三寸, 擧音不盡其哀. 敎
喪禮, 必以此爲萬民率. 故天下法若此, 則尊卑無別也. 夫
世異時移, 事業不必同, 故曰 '儉而難遵'也. 要曰 '彊本節
用", 則人給家足之道也. 此墨子之所長, 雖百家不能廢也.

| 註釋 | ○六藝 – 六經. ○當年 – 當世. 平生. ○茅茨不剪 – 초가 지붕을
가지런히 다듬지 않다. 茅茨(모자)는 띠. 잔디. 지붕을 덮는 풀. 茅 띠 모. 茨
가시나무 자. 지붕을 덮다. 剪 자를 전. ○采椽不斲 – 골라 쓴 서까래도 다
듬지 않다. 椽 서까래 연. 斲 벨 작. 도끼로 다듬다. ○土簋(토궤) – 진흙으
로 만든 제기. 簋는 祭器 이름 궤. 밥을 담는 그릇(盛飯也). ○歠土刑 – 흙
그릇으로 떠서 마시다. 歠은 마실 철. 土刑은 土型. 刑은 型과 通. ○糲粱之
食 – 거친 기장밥을 먹고 糲는 玄米(현미) 려(여). 방아 찧어 껍질만 벗긴 곡
식. 粱은 기장 량(양). ○藜藿之羹 – 명아주와 콩 잎을 끓인 국. 惡食. 藜 명
아주 려(여). 藿 콩잎 곽. 羹 국 갱. ○葛衣(갈의) – 삼베옷. ○鹿裘 – 사슴
가죽옷. 裘 갖옷 구.

[國譯]

儒家는 《六藝》(六經)을 법도로 삼는데 《六藝》의 經傳은 千이나

萬으로 세어야 하며 오랜 세월을 두고 배워도 그 학문에 통달할 수 없으며 평생을 걸려도 그 禮를 다 講究할 수 없다. 그래서 '廣博하고 요령은 적고 힘들며 성과는 적다.'고 하였다. 유가가 군신과 부자의 禮를 강조하고 부부와 長幼의 구별을 서술한 것은 비록 百家라도 그것을 變易(변역)할 수 없을 것이다.

墨家는 위로 요순의 덕행을 말하면서 '마루의 높이는 3자, 흙의 계단은 3계단, 지붕의 띠풀을 가지런히 하지 않고 서까래도 다듬지 않으며, 질그릇으로 물을 떠 마시고 거친 기장 밥과 명아주나 콩잎국을 마신다. 여름에는 삼베옷을 겨울에는 사슴 가죽옷을 입는다.'고 하였다. 장례를 치루는 관은 오동나무 관으로 두께는 3치이며 곡을 하여도 마음의 슬픔을 다하지 않는다. 이런 喪禮를 가르치고 이를 온 백성을 위해 솔선한다. 그리하여 온 천하가 이와 같이 한다면 존비의 구별이 없을 것이다. 시대에 따라 시속에 따라 달라져야 하는 것이지 모든 일이 다 똑같아야 하는 것은 아니다. 그래서 묵가를 '儉約(검약)하지만 따르기는 어렵다.'고 하였다. 요점은 근본을 강화하면서 씀씀이를 줄이니 사람이 넉넉해지는 길이라 할 수 있다. 이는 묵자의 특장이니 百家라도 이를 없앨 수는 없을 것이다.

原文

法家不別親疏, 不殊貴賤, 壹斷於法, 則親親尊尊之恩絶矣, 可以行一時之計, 而不可長用也, 故曰 '嚴而少恩.' 若尊主卑臣, 明分職不得相逾越, 雖百家不能改也.

名家苛察繳繞, 使人不得反其意, 剸決於名, 時失人情, 故曰'使人儉而善失眞.' 若夫控名責實, 參伍不失, 此不可不察也.

| 註釋 | ○親疏 - 가까운 사람과 먼 사람. 친족과 소원한 사람. ○親親尊尊 - 親者를 親愛하고 尊者를 尊重하다. ○逾越(유월) - 뛰어 넘다. 逾 넘을 유. 越 넘을 월. ○苛察繳繞 - 얽히고 설킨 것을 세밀히 살피다. 苛는 매울 가. 상세히. 세밀히. 繳繞(교요)는 작은 일에 얽매이다. 繳는 얽힐 교. 주살의 끈 작. 繞 두를 요. ○剸決於名 - 전적으로 명분만을 따져 결정하다. 剸은 專. ○控名責實 - 명분과 실리를 잡으려 하고 추구하다. 控은 당길 공. 잡아 끌다. 責은 求也. ○參伍不失 - 三이나 五를 놓치지 않다. 비슷한 것도 다 챙겨보다. 五는 伍. 八을 捌. 九를 玖라 쓰는 것과 같음.

〔 國譯 〕

法家는 親疏(친소)를 구별하지 않으며 귀천을 달리 보지 않고 한결같이 법에 의해 결단하니 (법가에는) 親者를 친애하고 尊者를 존중하는 은택을 단절한다. 이는 일시적 계책이 될 수 있지만 장구히 쓸 수는 없기에 '엄하지만 은택이 없다'고 하였다. 주군을 높이고 신하를 낮추며 직분을 분명히 하고 서로 넘을 수 없는 것은 다른 百家라도 바꾸지 못할 것이다.

名家는 주변을 상세히 관찰하고 따져서 사람으로 하여금 그 뜻에 반할 수 없게 하며 전적으로 명분만을 따져 결정하기에 때로는 인정을 버려야 한다. 그러기에 '사람을 명분에 얽매게 하여 참됨을 잃기 쉽다.'고 하였다. 명분을 내세우고 실질을 추구하며 작은 것을 놓치지 않는 것은 그냥 넘겨볼 수만은 없다.

　道家無爲, 又曰無不爲, 其實易行, 其辭難知. 其術以虛無爲本, 以因循爲用. 無成勢, 無常形, 故能究萬物之情. 不爲物先後, 故能爲萬物主. 有法無法, 因時爲業, 有度無度, 因物興舍. 故曰'聖人不巧, 時變是守.' 虛者, 道之常也, 因者, 君之綱也. 群臣並至, 使各自明也. 其實中其聲者謂之端, 實不中其聲者謂之款. 款言不聽, 奸乃不生, 賢不肖自分, 白黑乃形. 在所欲用耳, 何事不成! 乃合大道, 混混冥冥, 光耀天下, 復反無名. 凡人所生者神也, 所托者形也. 神大用則竭, 形大勞則竭, 形神離則死. 死者不可復生, 離者不可復合, 故聖人重之.

　由此觀之, 神者生之本, 形者生之俱. 不先定其神形, 而曰'我有以治天下.' 何由哉?

| 註釋 | ○無爲 - 자연에 따라 人爲를 행하지 않다. ○無不爲 - (자연은, 道는) 이루지 못하는 것이 없다. ○因循 - 과거의 습관을 따르다. 새로운 시도를 꾀하지 않다. 여기서는 자연을 따르다. ○常形 - 고정불변의 형세. ○不爲物先後 - 만물의 선후를 따지지 않다 → 만물과 함께 流轉하다. ○有法無法, 因時爲業 - 자연의 소유와 무소유의 법은 시간에 따라 功業을 이룬다. ○有度無度, 因物興舍 - 만물에 대한 판단의 기준은 만물의 운행에 따

라 생기거나 사라진다. 興은 興起. 숨는 休止. ○聖人不巧, 時變是守 - 聖人
자취는 사라지지 않고 時俗의 변화에 따라 道를 지키다. ○款 - 정성 관. 비
다. 공허하다. ○混混冥冥 - 혼돈 상태. 혼탁하여 어두운 모양. 元氣가 충만
한 모양.

[國譯]

　道家는 無爲를 내세우고 또 無不爲하는데 실질은 쉽게 행할 수
있지만 그 말을 알기는 어렵다. 그 방법은 허무를 근본으로 하고 자
연을 따르는 因循(인순)을 수용한다. 고정된 힘도 불변의 형세도 없
기에 만물의 본 뜻을 강구할 수 있다. 사물의 선후를 따르지 않고 변
화하기에 만물의 주인이 될 수 있는 것이다. 자연의 소유와 무소유
의 법은 시간에 따라 功業을 이룬다. 만물에 대한 판단 기준의 유무
는 만물의 순행에 따라 생기거나 없어진다. 그러하기에 '성인이 쇠
퇴하지 않는 것은 추이에 따른 변화를 지키기 때문이다.' 라고 하였
다. 虛無는 道의 일상이며 자연의 도에 따르는 因循은 군주의 근본
이다. 모든 신하가 함께 이루면서 각자 자신을 發明해야 한다. 실질
이 말(名分)과 일치하는 것을 正端이라 하고 실질이 명분과 부합하
지 않는 것을 款(관. 공허)라 한다. 공허한 말(款言, 虛言)을 따르지
않으면 奸巧(간교)가 없어지고 賢과 不肖(불초)는 구분되며 黑白은
저절로 드러난다. 실존하며 이를 쓴다면 무슨 일을 이루지 못하겠는
가! 大道에 합치하면 元氣가 충만하여 천하를 밝게 하며 無名으로
다시 돌아간다. 모든 사람이 태어나는 것은 神이고 精神이 의탁한
것은 形(肉身)이다. 정신을 과도히 쓰면 고갈되고, 육신이 과로하면
疲弊(피폐)해지는데 육신과 정신이 분리되는 것이 바로 죽음이다.

죽은 자는 다시 살아날 수 없고 분리된 것은 다시 합칠 수 없기에 성인은 정신과 육신을 중히 여긴다. 이런 점에서 본다면 정신은 생명의 근본이며 육신은 생명의 도구이다. 먼저 정신과 육신을 먼저 돌보지 않고 '내가 존재하기에 천하를 통치하겠다.' 라고 말한다면, 어디에 그 이유가 있는가?

原文

太史公既掌天官, 不治民. 有子曰遷.

遷生龍門, 耕牧河山之陽. 年十歲則誦古文. 二十而南遊江,淮, 上會稽, 探禹穴, 窺九疑, 浮沅,湘. 北涉汶,泗, 講業齊魯之都, 觀夫子遺風, 鄉射鄒嶧, 厄困鄱,薛,彭城, 過梁,楚以歸. 於是遷仕爲郎中, 奉使西征巴,蜀以南, 略邛,莋,昆明, 還報命.

| 註釋 | ◦太史公 - 司馬談. 司馬遷(사마천, ? - 前 86)의 字는 子長, 사마천의 출생 연도에 대해서는 前 145년 說과 前 135년 說이 있다. 부친 司馬談은 前 110년에 죽었고, 사마천이 李陵(이릉)을 변호하다 宮刑의 치욕을 당한 것이 天漢 2년(前 99)이었다. 사마천은 武帝가 죽은 다음 해 자살했다. ◦龍門 - 龍門山. 今 山西省 河津 서북, 陝西省 韓城市 동북에 있는 산. 당시 행정구역으로는 左馮翊(좌풍익) 夏陽縣(今 陝西省 韓城市). ◦河山之陽 - 황하의 북쪽 용문산의 남쪽. ◦誦古文 - 古文은 先秦의 古文(篆書)으로 쓰인 經書. ◦江,淮 - 長江과 淮水. ◦會稽(회계) - 山名. 今 浙江省 紹興市 南部 100km에 위치한 명산. 최고봉은 354m의 香爐峰. ◦禹穴(우혈) - 회계산에 있다는

禹王의 巖穴(암혈). ○九疑(구의) - 九疑山은 舜임금이 묻혔다는 湖南省 永州市 寧遠縣의 산(1,959m) 이름. ○沅(완),湘(상) - 今 湖南省 경내의 강 이름. 洞庭湖로 흘러든다. ○汶(문),泗(사) - 今 山東省 경내의 강 이름. 汶水는 黃河로, 泗水는 淮水로 흘러간다. ○齊魯之都 - 齊와 魯의 도읍. 齊의 도읍은 臨淄縣(今 山東省 臨淄市). 魯都는 曲阜縣(今 山東省 남부 濟寧市 관할의 縣級市인 曲阜市). ○鄕射鄒嶧(향사추역) - 鄒縣과 嶧山에서 鄕射禮에 참여하다. 嶧山은 今 山東省 남부 鄒城市(추성시) 남쪽의 산. '至聖' 孔子와 '亞聖' 孟子의 출생지. '孔孟桑梓之邦, 文化發祥之地'라는 美稱을 누리고 있다. ○厄困(액곤) - 액운으로 고생하다. ○蕃(번), 薛(설), 彭城(팽성) - 蕃縣과 薛縣은 今 山東省 지역. 彭成縣은 今 江蘇省 徐州市. ○梁,楚 - 제후국명, 梁都는 睢陽(수양, 今 河南省 중동부의 商丘市). 楚都는 今 彭城. ○邛(공), 莋(작), 昆明(곤명) - 西南夷의 부족 이름.

〖 國譯 〗

太史公은 천문 역법을 담당했기에 백성을 다스리지 않았다. 아들을 낳았는데 이름은 遷이었다. 사마천은 용문산 아래에서 태어났고 황하와 용문산 아래에서 농사와 목축을 하였다. 10세에 고문을 외웠다. 20세에 남쪽으로 장강과 회수 지역을 유람하면서 會稽山(회계산)에 올라 禹穴(유혈)을 탐사하고 九疑山을 구경했으며, 沅江(원강)과 湘江(상강)을 따라 내려왔으며, 북쪽으로 汶水(문수)와 泗水를 건너 齊와 魯의 도읍에서 講學하며 孔夫子의 유풍을 참관하였고 鄒縣(추현)과 嶧山(역산)에서 鄕射禮를 보았으며 蕃縣, 薛縣, 彭城縣에서 액운을 당해 고생한 뒤에 梁과 楚를 지나 돌아왔다.

그리고 사마천은 벼슬길에 들어 郎中이 되었고 사명을 받들어 서쪽으로 巴郡과 蜀郡 이남의 邛(공), 莋(작), 昆明(곤명) 족을 정벌하고 돌아와 복명하였다.

是歲, 天子始建漢家之封, 而太史公留滯周南, 不得與從事, 發憤且卒. 而子遷適反, 見父於河,雒之間. 太史公執遷手而泣曰, "予先, 周室之太史也. 自上世嘗顯功名虞,夏, 典天官事. 後世中衰, 絶於予乎? 汝復爲太史, 則續吾祖矣. 今天子接千歲之統, 封泰山, 而予不得從行, 是命也夫! 命也夫! 予死, 爾必爲太史. 爲太史, 毋忘吾所欲論著矣. 且夫孝, 始於事親, 中於事君, 終於立身, 揚名於後世, 以顯父母, 此孝之大也. 夫天下稱周公, 言其能論歌文,武之德, 宣周,召之風, 達大王,王季思慮, 爰及公劉, 以尊后稷也. 幽,厲之後, 王道缺, 禮樂衰, 孔子修舊起廢, 論《詩》,《書》, 作《春秋》, 則學者至今則之. 自獲麟以來四百有餘歲, 而諸侯相兼, 史記放絶. 今漢興, 海內一統, 明主賢君, 忠臣義士, 予爲太史而不論載, 廢天下之文, 予甚懼焉, 爾其念哉!"遷俯首流涕曰, "小子不敏, 請悉論先人所次舊聞, 不敢闕." 卒三歲, 而遷爲太史令, 紬史記石室金鐀之書. 五年而當太初元年, 十一月甲子朔旦冬至, 天歷始改, 建於誰, 諸神受記.

| 註釋 | ◦是歲 – 元封 원년(前 110). ◦漢家之封 – 封은 흙을 쌓아 단을

만들고서(累土爲壇) 天神에게 제사하고 天神의 공덕에 보답하는 범국가적 행사. ○太史公 - 司馬談. ○周南(주남) - 洛陽. ○是命也夫 - 당시 武帝는 儒生이 封禪의 禮에 참여하는 것을 금지시키고 方士(술사)들이 封禪을 보조하고 진행케 하였다. 사마담의 입장에서는 天文을 담당하는 자신이 당연히 국가적 행사를 주관하여야 한데 참여하지 못하니 분통이 터질 노릇이었다. ○宣周, 召之風 - 《詩經》의 〈周南〉과 〈召南〉에서 노래한 덕을 널리 알리다. ○大王, 王季 - 태왕(大王 音 太王, 文王의 祖父인 古公亶父(고공단보))과 王季(文王의 부친인 季歷, 곧 무왕의 祖父). ○公劉(공유) - 周族의 선조. 周의 종족을 이끌고 豳(빈) 땅에 정착한 실질적 조상. ○后稷(후직) - 堯임금을 도와 나라의 농사일을 담당했던 周族의 최초 시조. ○幽, 厲之後 - 周 幽王과 厲王(여왕). ○獲麟以來四百有餘歲 - 魯 哀公 14년(전 481)에 서쪽에서 사냥하다가 기린을 잡았는데 孔子의 《春秋》는 여기서 끝난다. 그리고 그 이후 사마담이 죽는 해까지 400년(정확하게는 372년)이 지났다. ○史記放絶 - 《춘추》 이후 역사 기록이 끊겼다. 《춘추》 이후 400년의 역사 기록을 남겨야 한다는 사명을 유언으로 남겼다. ○爾其念哉 - 爾 너 이(汝也). ○先人所次舊聞 - 先人은 先親, 次는 순서에 의거한 기록. ○太史令 - 九卿의 하나인 太常의 屬官. ○紬史記石室金鐀之書 - 紬는 명주 주, 모을 주. 모아 편철하다. 史記는 역사 기록. ○石室金鐀 - 서적을 보관하는 곳. 鐀(궤짝 궤)는 匱와 通. ○太初元年 - 前 104년. ○諸神受記 - 신에 대한 모든 제사가 기록되었다.

〔國譯〕

　이 해에 천자는 처음으로 漢 왕조에서 봉선을 행했는데 太史公은 周南(주남, 洛陽)에 머물며 참여할 수 없어 발분하여 죽으려 했다. 그때 아들 사마천이 돌아왔고 사마천은 부친을 河水와 雒水(낙수) 사이에서 뵈었다. 태사공은 사마천의 손을 잡고 눈물을 흘리며 말했다.

"너의 조상은 周室의 太史令이었다. 그러니까 일찍이 舜과 夏 때부터 功名을 이룩했고 천문 역법의 일을 담당했었다. 후세에 중도에 쇠퇴했지만 내 세대에서 단절될 수 있겠느냐? 네가 다시 太史가 된다면 우리 조상의 가업을 잇는 것이다. 지금 천자께서는 천년의 大統을 이어 泰山에서 封을 했는데 내가 수행할 수 없었으니 이는 운명일 것이다. 운명일 것이야! 내가 죽으면 너는 꼭 太史가 되어야 한다. 태사가 되거든 내가 저술하려던 것을 잊지 말아야 한다. 그리고 大孝란 事親에서 시작하여 事君으로 이어지고 立身으로 끝이 나는데 후세에 이름을 남기고 부모 명성을 알리는 것이 바로 가장 큰 효도이다. 천하 사람들이 周公을 칭송하는 것은 그분이 文王과 武王의 덕을 칭송하고 〈周南〉과 〈召南〉에서 노래한 덕을 널리 알렸으며, 太王과 王季의 이상을 실천하여 먼 조상인 公劉(공유)는 물론 后稷(후직)까지 높였기 때문이다. 周 幽王(유왕)과 厲王(여왕) 이후로 王道는 무너지고 禮樂은 쇠퇴하였다. 孔子께서는 옛 제도를 보완하고 사라진 것을 일으키면서 《詩》와 《書》를 논하고 《春秋》를 저술하셨으니 이후 학자들은 지금껏 이를 법도로 본받고 있다. 기린이 잡힌 이래로 400여 년 동안에 諸侯들은 서로 경쟁하였고 역사 기록은 버려진 채 단절되었다. 이제 漢이 건국되었고 이후로 海內가 통일되어 明主賢君과 忠臣義士들이 있었는데 나는 太史가 되어 이를 論纂(논찬)하여 기록하지 못하여 천하의 文章을 단절케 하였으니 나는 몹시 두렵기만 하니 너는 이를 마음에 새겨두어라!"

사마천은 고개를 숙이고 눈물을 흘리며 말했다.

"小子가 不敏하오나 아버님께서 차례대로 기록한 옛 기록을 모두 편찬하여 빠트리지 않겠습니다."

선친이 작고하고 3년에 사마천은 태사령이 되어 석실과 금궤의 역사 기록을 간추려 엮었다. 그로부터 5년인 太初 元年 11월 초하루 동지에 天曆(태초력)이 처음 시행되었고 명당을 세웠으며 각종 제사가 새 역법에 의거 기록되었다.

原文

太史公曰, "先人有言 '自周公卒五百歲而有孔子, 孔子至於今五百歲, 有能紹而明之, 正《易傳》, 繼《春秋》, 本《詩》,《書》,《禮》,《樂》之際.' 意在斯乎! 意在斯乎! 小子何敢攘焉!"

| 註釋 | ○太史公 – 사마천 자칭. 이하 同. ○至於今五百歲 – 공자 사후 元封 원년까지는 375년이었다. 대략 어림수로 말했을 것이다. ○紹 – 繼也. ○意在斯乎 – 선친의 말씀은 《춘추》와 같은 저술을 남기라는 뜻이었다. ○攘 – 讓과 同. 推讓하다. 남에게 미루다.

[國譯]

太史公이 말했다. "선친께서 '周公이 죽은 지 5백 년에 孔子가 출생하였고, 孔子에서 지금까지 5백 년이니 능력자가 공자의 이런 전통을 계승하여 《易傳》의 뜻을 밝히고 《春秋》의 뜻을 서술하며 《詩》와 《書》,《禮》와 《樂》의 근본을 말할 사람이 있을 것이다.' 라고 말씀하시었다. 그 뜻은 아마 여기에 있었을 것이다. 아마 이런 뜻이었으니 내가 어찌 미룰 수 있겠는가!"

原文

上大夫壺遂曰, "昔孔子爲何作《春秋》哉?" 太史公曰, "餘聞之董生, '周道廢, 孔子爲魯司寇, 諸侯害之, 大夫壅之. 孔子知時之不用, 道之不行也, 是非二百四十二年之中, 以爲天下儀表, 貶諸侯, 討大夫, 以達王事而已矣.' 子曰, '我欲載之空言, 不如見之於行事之深切著明也.'《春秋》上明三王之道, 下辨人事之經紀, 別嫌疑, 明是非, 定猶與, 善善惡惡, 賢賢賤不肖, 存亡國, 繼絶世, 補弊起廢, 王道之大者也.《易》著天地,陰陽,四時,五行, 故長於變,《禮》綱紀人倫, 故長於行,《書》記先王之事, 故長於政,《詩》記山川,溪谷,禽獸,草木,牝牡,雌雄, 故長於風,《樂》樂所以立, 故長於和,《春秋》辯是非, 故長於治人. 是故《禮》以節人,《樂》以發和,《書》以道事,《詩》以達意,《易》以道化,《春秋》以道義. 撥亂世反之正, 莫近於《春秋》.《春秋》文成數萬, 其指數千. 萬物之散聚皆在《春秋》.《春秋》之中, 弑君三十六, 亡國五十二, 諸侯奔走不得保社稷者不可勝數. 察其所以, 皆失其本已. 故《易》曰'差以豪氂, 謬以千里.' 故'臣弑君, 子弑父, 非一朝一夕之故, 其漸久矣.' 有國者不可以不知《春

秋》, 前有讒而不見, 後有賊而不知. 爲人臣者不可以不知
《春秋》, 守經事而不知其宜, 遭變事而不知其權. 爲人君父
者而不通於《春秋》之義者, 必蒙首惡之名. 爲人臣子不通於
《春秋》之義者, 必陷簒弑誅死之罪. 其實皆爲善爲之, 而不
知其義, 被之空言不敢辭. 夫不通禮義之指, 至於君不君,
臣不臣, 父不父, 子不子. 夫君不君則犯, 臣不臣則誅, 父不
父則無道, 子不子則不孝, 此四行者, 天下之大過也. 以天
下大過予之, 受而不敢辭. 故《春秋》者, 禮義之大宗也. 夫
禮禁未然之前, 法施已然之後, 法之所爲用者易見, 而禮之
所爲禁者難知."

| 註釋 | ○壺遂(호수) - 梁 출신으로 武帝 때 詹事(첨사)라는 관직에 있었
다. 司馬遷의 廉正忠厚한 友人으로 함께 經義를 논하고 律曆 제정에 협력하
였다. ○董生 - 董仲舒(동중서). 56권, 〈董仲舒傳〉에 立傳. ○司寇(사구) -
大司寇. 刑獄과 司法 담당관. ○雍 - 막을 옹. ○二百四十二年 - 《춘추》는
魯 隱公 원년(前 722)에서 魯 哀公 14년(前 481)까지 242년간의 그 시비를
評定하였다. ○貶諸侯 - 제후의 政事와 언행을 褒貶(포폄, 포상과 폄하)하다.
○空言 - 實言의 상대적인 말. 추상적인 말(표현). ○經紀 - 綱常. 불변의
대 원칙. 큰 ○猶與 - 猶豫(유예), 결정을 미루다. ○道化 - 변화를 설명하
다. 道는 闡明(천명)하다. ○撥亂世 - 亂世를 다스리다. 撥 다스릴 발. 바로
잡다. ○文成數萬 - 글자 수가 많음을 표현했지만 《춘추》의 원문은 16,500
여 字이다. ○其指數千 - 指는 趣旨(취지), 義例. ○豪氂(호리) - 毫釐(호
리)와 同, 毫 가는 털 호. 釐 단위 리. 1分의 10분의 1. 謬 그릇된 류. 어긋나
다. ○經事 - 常事. ○權 - 임시변통. ○爲人君父者 - 남의 주군이 된 자.

君父는 主君. ○首惡 - 악인의 우두머리. ○簒弑 - 簒奪과 弑害. 簒 빼앗을
찬.

〖國譯〗

上大夫인 壺遂(호수)가 물었다. "예전에 공자께서는 왜《春秋》를
지었습니까?" 이에 太史公이 대답했다.

"내가 董仲舒(동중서)한테 듣기로는 '周의 王道가 쇠퇴했을 때, 孔
子가 魯의 司寇(사구)가 되자 제후는 공자를 해치려 했고 대부들은
공자를 견제하였다. 공자는 자신이 등용될 때가 아니며 道가 행해지
지 않을 것을 알고 242년 동안의 是非를 따져 천하의 儀表로 삼아
제후를 褒貶(포폄)하고 大夫를 성토하여 王道의 이상을 이룩하려 했
을 뿐이다.' 라고 하였습니다. 공자는 '나는 空言으로 기록하려 했
으나 爲政의 실체와 드러난 것을 확실하게 보여주는 것만 못하다고
생각하였다.' 라고 하였습니다. 그래서《春秋》에서는 위로 三王의
道를 명확히 하고, 아래로는 人事의 큰 원칙을 보아 혐의를 판가름
하며, 是非를 밝히고 이러지도 저러지도 못하는 것을 결정하며, 善
을 가까이 하고 惡을 멀리하게 하며, 현자를 우대하고 무능력자를
하대하게 하였으며, 망할 나라를 존속케 하고 단절된 世系를 잇게
하며 폐단을 보완하고 망할 나라를 일으켜 세우는 것이 王道의 대
원칙이라 할 수 있습니다.《易經》은 天地와 陰陽과 四季와 五行을
확실하게 드러내었으니 변화를 아는데 도움이 되며,《禮經》은 人倫
의 綱紀(紀綱)를 세웠으니 행실에 유리하고,《書經》은 先王의 政事
를 기록하였으니 정치에 도움이 되며,《詩經》은 산천과 계곡, 禽獸
(금수)와 초목, 자웅과 암수 컷을 묘사하여 風敎에 이로우며,《樂經》

은 立言을 즐긴 것이니 和諧(화해)에 도움이 되고,《春秋》는 是非를 가린 것이니 治人에 이롭습니다. 그래서 《禮》로 인성을 조절하고, 《樂》으로 和氣을 조성하며,《書》로 정사를 말하고,《詩》로 그 뜻을 표출케 하며,《易》으로 변화를 서술하고,《春秋》로 義를 밝힐 수 있습니다. 亂世를 바로 잡아 正으로 돌아가게 하는데《春秋》보다 나은 것이 없습니다.《春秋》는 수만 자로 쓰여 있고 그 뜻은 수천 개입니다. 만물의 집합과 해산이 모두《春秋》에 들어있습니다.《春秋》에 弑君(시군)이 36회, 亡國이 52번 기록되었고 諸侯가 도망가거나 사직을 지키지 못한 사례는 이루 다 셀 수도 없습니다. 그 원인을 살펴본다면 모두 그 근본을 잃었기 때문입니다. 그러니《易》에서는 '털 끝만한 차이에 천리가 벌어진다.' 고 하였습니다. '신하가 주군을 시해하고 자식이 아비를 죽이는 일은 일조일석의 변고가 아니라 조금씩 오래된 것이다.' 라고 하였습니다. 나라를 다스리는 자가《春秋》를 몰라서는 아니 되나니, 면전에서 아첨하는 자가 있어도 보이지 않고 뒤에서 해치는 자가 있어도 알지 못합니다. 남의 신하된 자도《春秋》를 몰라서 아니 되나니, 늘 하는 일이라고 일을 하면서도 적당한 것을 알지 못하고 돌변하는 상황에 처해 임시변통을 모릅니다. 남의 주군이 된 자가《春秋》의 義를 알지 못하면 틀림없이 首惡이라는 오명을 덮어쓰게 됩니다. 남의 신하 된 자가《春秋》의 義를 알지 못하면 틀림없이 찬탈이나 시해를 하려다가 사형당할 죄를 짓게 됩니다. 실제로 모두가 선한 일을 한다며 실행해 보지만 그 義理를 알지 못하기에 쓸데없는 말이 되어 버리고 변명을 하지도 못하게 됩니다. 대개 禮와 義의 본뜻을 알지 못하기에 主君이 주군 노릇을 못하고, 신하가 신하답지 못하며, 아비가 아비 노릇을 못하고, 자식이지만 자식이 아닙니다. 主君이 주군답지 못하면 자리를 빼앗기고, 신하가 신하 노릇을 못하면 죽어야 하며, 父不父면 無道한 짓을 하게 되고, 子不子면 不孝하게 되니 이 4가지는 천하의 큰 허물입니다. 천하의 大過가 벌어진다면 일을 저지르고 변명도 못하게 됩니다. 그래서 《春秋》란 禮와 義의 큰 근본입니다. 사실 禮는 일이 일어나기 전에 막는 것이고 法은 사건이 터진 뒤에 처리하는 것입니다. 법에 의한 처리의 효과는 쉽게 볼 수 있지만 禮에 의해 사전에 예방하는 것은 알기 어렵습니다."

原文

壺遂曰, "孔子之時, 上無明君, 下不得任用, 故作《春秋》, 垂空文以斷禮義, 當一王之法. 今夫子上遇明天子, 下得守職, 萬事旣具, 咸各序其宜, 夫子所論, 欲以何明?" 太史公曰, "唯唯, 否否, 不然. 餘聞之先人曰, '虙戲至純厚, 作《易》八卦. 堯,舜之盛, 《尙書》載之, 禮樂作焉. 湯,武之隆, 詩人歌之. 《春秋》采善貶惡, 推三代之德, 褒周室, 非獨刺譏而已也.' 漢興已來, 至明天子, 獲符瑞, 封禪, 改正朔, 易服色, 受命於穆淸, 澤流罔極, 海外殊俗重譯款塞, 請來獻見者, 不可勝道. 臣下百官力誦聖德, 猶不能宣盡其意. 且士賢能矣, 而不用, 有國者恥也. 主上明聖, 德不布聞, 有司之過也. 且餘掌其官, 廢明聖盛德不載, 滅功臣賢大夫之業不述, 墮先人所言, 罪莫大焉. 餘所謂述故事, 整齊其世傳, 非所謂作也, 而君比之《春秋》, 謬矣."

| 註釋 | ○垂空文以斷禮義 － 垂는 流傳하다. 널리 전하다. ○唯唯 － 예!
예! 재빨리 대답하는 모양. ○虙戲 － 伏羲. 虙 위엄 있을 복. 戲 탄식할 희.
○穆淸 － 하늘. ○海外殊俗重譯款塞 － 해외는 중국을 기준으로 四海 밖. 重
譯은 여러 번 통역하다. 款塞는 변경의 관문을 두드리다. 款은 정성 관, 두드
릴 관. 머물다. ○墮先人所言 － 墮 떨어질 타. 허물다.

[國譯]

이에 壺遂(호수)가 말했다.

"孔子 시절에 위로 明君이 없고 아래서 등용되지도 못하였기에
《春秋》를 지어 실질이 없는 글로 禮와 義를 정의하여 王者의 법으로
삼으려 했습니다. 그러나 당신은 지금 위로 聖明하신 천자를 만났고
아래로 일할 직분을 얻었으며, 萬事가 다 갖추어졌고 모두가 적절한
제자리를 차지하였는데 당신의 의론은 무엇을 밝히려는 뜻입니
까?"

이에 太史公이 말했다.

"네! 예! 아, 아니, 그렇지 않습니다. 나는 선친으로부터 '伏羲(복
희)는 아주 순박하며 후덕하신 분으로《易經》八卦를 지으셨다. 堯
와 舜의 盛德은《尙書》에 실려 있으며 禮樂을 정하였다. 湯王과 武
王의 융성을 시인이 노래했다.《春秋》는 善을 취하고 악을 물리치며
周왕실을 예찬하였으니 풍자나 비방 뿐은 아니다.' 라고 들었습니
다. 漢이 건국된 이후 아주 명철하신 天子에 이르러 祥瑞가 나타나
封禪을 했고 正朔을 개정하고 服色을 바꾸었으며 하늘의 명을 받아

은택을 먼 곳까지 베풀어 四海 밖 풍속을 달리 하고 여러 번 통역을 거쳐야 하는 자들이 변새에 들어와 공물을 바치고 천자를 알현하겠다는 자들을 이루 다 말할 수가 없습니다. 신하와 百官은 聖德을 크게 칭송하지만 그 참뜻을 다 표현하지 못합니다. 또 현사들이 유능하다지만 다 등용하지 못하니 이는 통치자의 큰 걱정거리입니다. 주상께서 聖明하시지만 그 덕을 널리 알리지 못한다면 이는 관리의 잘못일 것입니다. 그리고 내가 그런 관직을 담당하면서 성명하신 盛德을 버려 기록하지 않는다면 또 공신과 賢大夫의 업적을 없애 서술하지 않고, 선친의 유언을 따르지 않는다면 이보다 더 큰 죄는 없을 것입니다. 내가 옛일을 서술하고 그간에 전해온 바를 잘 정리하는 것은 새로 만드는 것이라 할 수 없으니 당신이 《春秋》이 비교하는 것은 잘못입니다."

原文

於是論次其文. 十年而遭李陵之禍, 幽於縲絏. 乃喟然而歎曰, "是餘之辜夫! 身虧不用矣." 退而深惟曰, "夫《詩》, 《書》隱約者, 欲遂其志之思也." 卒述陶唐以來, 至於麟止, 自黃帝始.

| 註釋 | ○十年 —《史記》는 7년으로 기록. 사마천이 태사령이 된 元封 3년(전 108)년에서 李陵의 패전(前 99)까지는 10년이다. ○李陵(이릉) — 명장 李廣의 아들. 54권, 〈李廣蘇建傳〉에 附傳. 李陵의 禍에 대해서는 다음의 〈報任少卿書〉 참고. ○縲絏(누설) — 죄수. 縲 연이을 루, 쌓일 루. 갇히다. 絏 고

삐 설, 묶이다. ○至於麟止 – 기린이 나타난 것으로 끝내다. 《춘추》는 魯 哀
公 때 '西狩獲麟(서수획린)'으로 끝난다. 獲麟은 絶筆의 뜻으로 사용. 무제
때 白麟이 잡혀 元狩(前 122 – 117)로 개원했는데 이때는 사마천이 태사령
이 되기 전이다. 《史記》는 대개 天漢(前 100 – 97) 연간에 완성되었다고 인
정되고 있다.

　이에 史書의 글을 순차적으로 논술하였다. 10년이 지나 李陵(이
릉)의 화를 당하여 죄수로 갇혔다. 이에 크게 탄식하며 말했다. "이
는 나의 허물이로다! 몸은 망가져 쓸 수가 없다." 그리고 물러나 깊
이 생각하며 말했다. "저 《詩經》과 《書經》의 깊은 뜻을 가진 간단한
말은 큰 의지를 이루려는 뜻일 것이다." 마침내 陶唐(堯) 시대부터
武帝에 이르러 절필하였는데 黃帝부터 시작하였다.

　〈五帝本紀〉第一, 〈夏本紀〉第二, 〈殷本紀〉第三, 〈周本
紀〉第四, 〈秦本紀〉第五, 〈始皇本紀〉第六, 〈項羽本紀〉
第七, 〈高祖本紀〉第八, 〈呂后本紀〉第九, 〈孝文本紀〉第
十, 〈孝景本紀〉第十一, 〈今上本紀〉第十二.

| 註釋 | ○〈五帝本紀〉의 앞에 司馬貞은 〈三皇本紀〉를 보충하였다. ○〈秦
本紀〉는 〈秦始皇本紀〉의 상편이 되어야 한다는 주장도 있다. ○〈項羽本紀〉
는 皇帝는 아니지만 '在權不在位'의 명분으로 본기에 넣었다. ○〈呂太后本

紀)는 명의상 〈惠帝本紀〉가 되어야 하나 명분은 〈項羽本紀〉와 같다. ○〈孝
景本紀〉는 一說에 原篇에서 이미 망실되었는데 《漢書》에 의거 보완했다는
주장도 있지만 그 근거가 없다고 한다. ○〈孝武本紀〉는 〈今上本紀〉라고 해
야 할 것이다. 원문은 이미 망실되었고 褚少孫(저소손)이 〈封禪書〉에 의거
보완하고 개편하였다고 한다.

〔國譯〕
　생략.

原文

　〈三代世表〉第一, 〈十二諸侯年表〉第二, 〈六國年表〉第
三, 〈秦楚之際月表〉第四, 〈漢諸侯年表〉第五, 〈高祖功臣
年表〉第六, 〈惠景間功臣年表〉第七, 〈建元以來侯者年表〉
第八, 〈王子侯者年表〉第九, 〈漢興以來將相名臣年表〉第
十.

｜註釋｜　○각 연표 篇首에 '太史公曰' 시작하는 引言이 있다.

〔國譯〕
　생략.

〈禮書〉第一,〈樂書〉第二,〈律書〉第三,〈歷書〉第四,
〈天官書〉第五,〈封禪書〉第六,〈河渠書〉第七,〈平准書〉
第八.

| 註釋 | ○〈禮書〉는 이미 망실되었고 겨우 篇首의 ‘太史公曰’이하의 引
言만 남아 있다. 荀子의 〈禮論〉 및 〈議兵〉으로 正文을 대신하였다. 〈樂書〉도
이미 없어졌고 篇首의 ‘太史公曰’ 이하의 引言만 남았다.《禮記》와《樂記》
로 正文을 대체하였다.

〖國譯〗
생략.

〈吳太伯世家〉第一,〈齊太公世家〉第二,〈魯周公世家〉
第三,〈燕召公世家〉第四,〈管蔡世家〉第五,〈陳杞世家〉
第六,〈衛康叔世家〉第七,〈宋微子世家〉第八.〈晉世家〉
第九,〈楚世家〉第十,〈越世家〉第十一,〈鄭世家〉第十
二,〈趙世家〉第十三,〈魏世家〉第十四,〈韓世家〉第十
五,〈田完世家〉第十六,〈孔子世家〉第十七,〈陳涉世家〉
第十八,〈外戚世家〉第十九,〈楚元王世家〉第二十,〈荊燕
王世家〉第二十一,〈齊悼惠王世家〉第二十二,〈蕭相國世

家〉第二十三,〈曹相國世家〉第二十四,〈留侯世家〉第二十五,〈陳丞相世家〉第二十六,〈絳侯世家〉第二十七,〈梁孝王世家〉第二十八,〈五宗世家〉第二十九,〈三王世家〉第三十.

| 註釋 | ○〈外戚世家〉에는 呂后(高祖后), 薄姬(文帝母), 竇皇后(文帝后), 薄皇后(景帝后, 後廢), 王皇后(景帝后)의 사적을 수록했다. ○〈五宗世家〉는 景帝의 아들 13王을 수록했다. 같은 모친의 아들을 묶어 1宗이라 한다. 五宗은 栗姬(율희)의 소생 3王, 程姬 소생 3王, 賈夫人 소생 2王, 唐姬 소생 1王, 王夫人 소생 4王을 말한다.《漢書》에는 53권,〈景十三王傳〉이라 했다. ○〈三王世家〉는 武帝의 六子 중 王夫人 소생 齊 懷王 劉閎, 李姬 소생 燕 刺王 劉旦, 廣陵 厲王 劉胥를 기록했다.《漢書》에는 63권,〈武五子傳〉이 있다.

〖 國譯 〗

생략.

原文

〈伯夷列傳〉第一,〈管晏列傳〉第二,〈老子韓非列傳〉第三,〈司與穰苴列傳〉第四,〈孫子吳起列傳〉第五,〈伍子胥列傳〉第六,〈仲尼弟子列傳〉第七,〈商君列傳〉第八,〈蘇秦列傳〉第九,〈張儀列傳〉第十,〈樗里甘茂列傳〉第十一,〈穰侯列傳〉第十二,〈白起王翦列傳〉第十三,〈孟子荀卿列傳〉第十四,〈平原虞卿列傳〉第十五,〈孟嘗君列傳〉第十六,〈魏公子列傳〉第十七,〈春申君列傳〉第十八,〈范雎蔡澤列傳〉第十九,〈樂毅列傳〉第二十,〈廉頗藺相如列傳〉第二十一,〈田單列傳〉第二十二,〈魯仲連列傳〉第二十三,〈屈原賈生列傳〉第二十四,〈呂不韋列傳〉第二十五,〈刺客列傳〉第二十六,〈李斯列傳〉第二十七,〈蒙恬列傳〉第二十八,〈張耳陳餘列傳〉第二十九,〈魏豹彭越列傳〉第三十,〈黥布列傳〉第三十一,〈淮陰侯韓信列傳〉第三十二,〈韓王信盧綰列傳〉第三十三,〈田儋列傳〉第三十四,〈樊酈滕灌列傳〉第三十五,〈張丞相倉列傳〉第三十六,〈酈生陸賈列傳〉第三十七,〈傅靳崩阜成侯列傳〉第三十八,〈劉敬叔孫通列傳〉第三十九,〈季布欒布列傳〉第四十,〈爰盎朝錯列傳〉第四十一,〈張釋之馮唐列傳〉第四十二,〈萬石張叔列傳〉第四十三,〈田叔列傳〉第四十四,〈扁鵲倉公列傳〉第四十五,〈吳王濞列傳〉第四十六,〈魏其武安列傳〉第四十七,〈韓長孺列傳〉第四十八,〈李將軍列傳〉第四十九,〈衛將軍驃騎列傳〉第五十,〈平津主父列傳〉第五十一,〈匈奴列傳〉第五十二,〈南越列傳〉第五十三,〈閩越列傳〉第五十四,〈朝鮮列傳〉第五十五,〈西南夷列傳〉第五十六,〈司馬相如列傳〉第五十七,〈淮南衡山列傳〉第五十八,〈循吏列傳〉第五十九,〈汲鄭列傳〉第六十,〈儒林列傳〉第六十一,〈酷吏列傳〉第六十二,〈大宛列傳〉第六十三,〈遊俠列傳〉第六十四,〈佞幸列傳〉第六十五,〈滑稽列傳〉第六十六,〈日者列傳〉第六十七,〈龜策列傳〉第六十八,〈貨殖列傳〉第六十九.

『國譯』
생략.

原文

惟漢繼五帝末流, 接三代絶業. 周道旣廢, 秦撥去古文, 焚滅《詩》,《書》, 故諡,石室,金鐀,玉版圖籍散亂. 漢興, 蕭何次律令, 韓信申軍法, 張蒼爲章程, 叔孫通定禮儀, 則文學彬彬稍進,《詩》,《書》往往間出. 自曹參薦蓋公言黃老, 而賈誼, 鼂錯明申,韓, 公孫弘以儒顯, 百年之間, 天下遺文古事靡不畢集. 太史公仍父子相繼纂其職, 曰, "於戲! 餘維先人嘗掌斯事, 顯於唐,虞, 至於周, 復典之. 故司馬氏世主天官, 至於餘乎, 欽念哉!" 網羅天下放失舊聞, 王跡所興, 原始察終, 見盛觀衰, 論考之行事, 略三代, 錄秦,漢, 上記軒轅, 下至於茲, 著十二本紀, 旣科條之矣. 並時異世, 年差不明, 作十表, 禮樂損益, 律歷改易, 兵權,山川,鬼神, 天人之際, 承敝通變, 作八書, 二十八宿環北辰, 三十輻共一轂, 運行無窮, 輔弼股肱之臣配焉, 忠信行道以奉主上, 作三十世家. 扶義俶儻,不令己失時, 立功名於天下, 作七十列傳, 凡百三十篇, 五十二萬六千五百字, 爲《太史公書》. 序略, 以拾遺補蓺, 成一家言, 協《六經》異傳, 齊百家雜語, 臧之名山, 副在京師, 以俟後聖君子. 第七十, 遷之自敍云爾. 而十篇缺, 有錄無書.

| 註釋 | ○絶業 － 《史記》에는 ‘統業’. ○撥去 － 없애 버리다. 撥 덜 발. 제거하다. 튕기다. ○張蒼(장창) － 42권, 〈張周趙任申屠傳〉에 입전. ○叔孫通 － 유생. 43권, 〈酈陸朱劉叔孫傳〉에 입전. ○曹參(조참) － 39권, 〈蕭何曹參傳〉에 입전. 蓋公(개공)은 齊相인 조참에게 청정무위의 정치를 권했고, 조참은 개공을 스승으로 모셨다. ○賈誼(가의) － 48권, 〈賈誼傳〉에 입전. ○鼂錯(조조) － 49권, 〈爰盎鼂錯傳〉에 입전. ○畢集(필집) － 모두 모으다. ○纂(반찬 찬) － 纘(이을 찬)과 通. 相繼하다. ○欽念 － 공경하며 생각하다. ○行事 － 治積. ○科條 － 조목별로 나누다. 연대순으로 정리하였다는 뜻. ○二十八宿(이십팔수) － 宿은 별자리 수. ○北辰(북신) － 북극성. ○轂 － 바퀴통 곡. ○俶儻(척당) － 俶 기개 있을 척. 비로소 숙. 倜과 通. 倜儻(척당). 뜻이 크고 氣槪(기개)가 있음. ○序略 － 그 대략을 編述(편술)하다. ○補蓺(보예) － 부족한 부분을 보충하다. 蓺는 藝(재주 예, 끝 예). ○協《六經》異傳 － 協은 齊同(같게 하다). ○臧之 － 臧은 藏. 보관하다. ○十篇缺 － 사마천이 죽은 이후에 〈景帝本紀〉, 〈武帝本紀〉, 〈禮書〉, 〈樂書〉, 〈兵書〉, 〈漢興以來將相年表〉, 〈三王世家〉, 〈龜策列傳〉, 〈日者列傳〉, 〈傅靳列傳(부근열전)〉 등 10편이 망실되었다.

〔國譯〕

　漢은 五帝의 끝을 이어 (夏, 殷, 周) 三代의 위업을 이어 왔다. 周의 王道가 쇠퇴하자 秦은 古文을 없애버렸고, 《詩》와 《書》를 태워 없앴으며, 예전의 諡과 石室의 金鐀(금궤)의 玉版과 圖籍도 흩어져 버렸다.

漢이 홍기한 뒤에 蕭何(소하)는 律令을 정비하였고, 韓信은 軍法을 저술하였으며, 張蒼(장창)은 법률을 편찬하였고, 叔孫通은 禮儀을 제정하니 文學之士들이 文質이 彬彬(빈빈)하게 점차 등용되고 숨겨졌던 《詩》와 《書》도 가끔 발굴이 되었다. 曹參(조참)이 蓋公(개공)이 말한 黃老사상의 채택을 건의하며 천거한 이후, 賈誼(가의)와 鼂錯(조조)는 申不害와 韓非子의 학술로 빛을 냈고, 公孫弘은 유학자로 이름이 높았으니 개국 이후 1백 년 동안에 천하의 遺文과 古事의 기록이 나라에 모이지 않은 것이 없었다.

太史公의 관직은 전례대로 父子가 서로 이어 그 직을 계승하며 말했다.

"아! 나의 선조들은 일찍부터 이를 관장하여 堯舜 시절부터 이름이 났고 周代에도 다시 이를 담당했었다. 예로부터 司馬氏는 대대로 天官을 맡아 나에 이르렀으니 자랑스럽도다!"

천하에 흩어진 옛 기록들을 망라하여 王者가 홍기한 자취의 시작과 끝, 성쇠를 관찰하였으며 치적을 論考하여 三代의 대략과 秦과 漢을 기록하였으니 위로는 黃帝 軒轅氏(헌원씨)에서부터 지금에 이르도록 12本紀를 저술하였는데 조목별로 나누었다. 같은 시대 또는 다른 세대에 년도에 차이가 있어 10表를 만들었다. 禮樂의 損益이나 律歷의 改易, 兵權과 山川, 鬼神, 天人 관계의 계승 등 시대에 따른 변화를 8書로 지었다. 28수가 北辰을 중심으로 순환하고 수레에 30개 바퀴살이 모두 하나의 바퀴통을 같이하며 끝없이 운행하듯 보필하고 수족처럼 움직이는 신하들을 배속시켜 忠信으로 行道하며 주상을 받들기에 30世家를 지었다. 義를 지키며 큰 기개를 가지고 자신에게 주어진 때를 잃지 않아 천하에 공명을 이룬 사람들을 70列傳으로 엮었으니 모두 130편에 52만6천500字의《太史公書》를 지었다. 그 대략을 편술하고 빠지거나 부족한 것을 보완하여 一家의 학설을 만들고,《六經》의 異傳을 보완하고, 百家의 雜語를 정리하여 名山에 보관하고, 副本을 京師(장안)에 두어 뒤에 오는 聖君子를 기다린다고 하였다. 第 70권은 사마천의 자신에 관한 서술이라 할 수 있다. 그리고 10편이 망실되어 목록은 있으나 내용이 없다.

原文

遷旣被刑之後, 爲中書令, 尊寵任職. 故人益州刺史任安予遷書, 責以古賢臣之義. 遷報之曰,

| 註釋 | ○故人 - 친우. 벗. 舊交. ○益州刺史 - 무제 元封 5년(前 106)에 설치한 13刺史部는 무제 때 처음 설치. 익주자사는 漢中郡, 廣漢郡, 蜀郡, 巴郡, … 등을 관할. 자사는 매년 8월에 관할 군현을 시찰하고 지방 관원과 호족을 감찰하고 연말에 어사대부의 속관인 御史中丞에게 그 내용을 보고하였다. 刺史는 질 6백석. 郡守의 秩 比二千石보다 훨씬 낮음. 이후 점차 권한이 강대해졌다. 州는 監察하는 지역 구분이지 행정단위가 아니다. ○任安 - 征和 2년(前 91)에 巫蠱之禍(무고의 화)가 일어났는데 사마천의 友人인 任安(字 少卿)은 太子 劉據(유거)로부터 發兵하라는 명령을 받았으나 태자를 돕지 않았고 그렇다고 武帝편에 서지도 않았다. 결국 임안은 '坐觀成敗'의 죄목으로 처형되었다. 66권,〈公孫劉田王楊蔡陳鄭傳〉참고. ○遷報之曰 -

사마천은 옥중에 있는 任安에게 이전에 받았던 서신의 답장으로 이 편지를
보냈다. 이 글에서 사마천은 자신이 《史記》 저술의 이유를 '究天人之際' 하
고 '通古今之變' 하여 '成一家之言' 이라고 밝혔다. 이 글의 '人固有一死, 死
有重於泰山, 或輕於鴻毛' 는 사마천의 비장한 기개를 느낄 수 있는 名句로 후
세인들에게 널리 알려졌다.

〖國譯〗

　사마천은 궁형을 받은 뒤에 中書令이 되어 무제의 신임을 받으며
직무를 수행하였다. 友人인 益州刺史 任安이 사마천에게 옛 예에 따
라 賢臣을 천거하라는 뜻으로 서신을 보내왔었다. 사마천은 이에 답
신을 보냈다.(〈報任少卿書〉)

原文

〈報任少卿書〉*

「少卿足下, 曩者辱賜書, 敎以愼於接物, 推賢進士爲務.
意氣勤勤懇懇, 若望僕不相師用, 而流俗人之言. 僕非敢如
是也. 雖罷駑, 亦嘗側聞長者遺風矣. 顧自以爲身殘處穢,
動而見尤, 欲益反損, 是以抑鬱而無誰語. 諺曰, ‘誰爲爲之,
孰令聽之?’ 蓋鐘子期死, 伯牙終身不復鼓琴. 何則? 士爲知
已用, 女爲說己容. 若僕大質已虧缺, 雖材懷隨, 和, 行若由,
夷, 終不可以爲榮, 適足以發笑而自點耳.」

| 註釋 | ㅇ〈報任少卿書〉-《文選》에도 실려 있는데 '太史公牛馬走司馬遷再拜言 少卿足下~'로 시작한다. ㅇ少卿足下 - 少卿은 任安의 字. 足下는 경칭. 동배 또는 약간 윗사람에게도 사용했다. ㅇ曩者 - 지난번에. 曩 접때 낭. 者는 助詞. 해석하지 않음. ㅇ辱 - 욕되게 하다. 내가 받은 것이 나에게 과분하다는 뜻의 겸사. ㅇ接物 - 타인과의 교제. ㅇ勤勤懇懇 - 은근하고 간절하다. 勤은 慇懃(은근). 懇은 정성 간. 간절하다. ㅇ望 - 怨望(원망). ㅇ師用 - 본받다. 따라하다. ㅇ流俗人之言 - 流는 順也. ㅇ罷駑 - 병약하고 무능하다. 罷는 疲와 通함. ㅇ抑鬱(억울) - 억울하다. 번민하다. ㅇ誰爲爲之, 孰令聽之 - 누굴 위해 무얼 하며 누구에게 들어달라고 하겠는가? 誰爲는 爲誰, 孰令은 令孰. 誰 누구 수. 孰 누구 숙, 어느 숙. ㅇ蓋 - 위의 문장을 이어받아 이유나 원인을 이끌어내는 語氣를 표현한다. ㅇ鐘子期, 伯牙 - 춘추시대 楚나라의 명인. 彈琴의 名人 伯牙는 知己며 知音인 종자기가 죽어 다시는 연주하지 않았다.(伯牙絶絃). ㅇ女爲說己容 - 容은 얼굴을 꾸미다. ㅇ大質 - 신체. 몸뚱이. ㅇ隨, 和 - 隨侯珠와 和氏璧. ㅇ由, 夷, - 許由와 伯夷. 굳은 지조와 절개를 가진 古人. ㅇ詀 - 過失. 玷行(점행). 도리에 어긋난 행동.

〔 國譯 〕

〈報任少卿書〉* (任少卿(安)에게 드리는 글)

「少卿께 드립니다. 지난번에 과분하게도 글을 주시어 타인과 교제에 신중하고 현인을 추천하는데 힘쓰라 하셨습니다. 그 뜻이 아주 은근하고 간절하시어 제가 그 말씀에 따르지 않고 俗人의 말을 들을까 걱정하시는 것 같았습니다. 제가 감히 어찌 그럴 수 있겠습니까? 제가 비록 우둔하다지만 저 역시 長者의 遺風을 들어 알고 있습니다. 생각해 보면, 제 몸은 이미 망가지고 더럽혀졌기에 움직일수록 허물은 많아지고 도움을 주려 할수록 손해만 끼칠 것이라 생각하니 그저 억울하지만 무슨 말을 하겠습니까? 속언에 하는 말 그대로 '누 굴 위해 무얼 하고 누구에게 들어달라 하겠습니까?' 그래서 鍾子期 가 죽자 伯牙는 죽을 때까지 다시는 彈琴(탄금)하지 않았습니다. 그 런데 왜 그랬겠습니까? 志士는 知己를 위해 일을 하고 여인은 잘 해 주는 사람을 위해 화장을 합니다. 나의 몸을 이제 완전히 망가졌 으니 비록 隨侯玉이나 和氏璧과 같은 재능이 있더라도, 또 許由나 伯夷(백이)같은 행실을 하더라도 그것은 끝내 영광이 아니라 도리어 웃음거리가 되고 오점일 것입니다.」

原文

「書辭宜答, 會東從上來, 又迫賤事, 相見日淺, 卒卒無須 與之間得竭指意. 今少卿抱不測之罪, 涉旬月, 迫季冬, 僕 又薄從上上雍, 恐卒然不可諱. 是僕終已不得舒憤懣以曉左 右, 則長逝者魂魄私恨無窮. 請略陳固陋. 闕然不報, 幸勿 過.」

| 註釋 | ○宜答 – 早答. ○賤事 – 담당 업무. ○卒卒 – 倉卒(倉猝) 間에. ○涉 – 경과하다. 旬月은 1개월. ○迫季冬 – 12월에 가깝다. 季冬은 12월. 사형은 겨울철에 집행했다. ○卒然不可諱 – 卒然은 猝然. 갑자기. 不可諱는 피할 수 없는 일. 任安의 사형집행을 뜻함. ○憤懣(분만) – 내심에 쌓여있는 억울함. 懣은 번민할 만. ○左右 – 경칭으로 임안을 지칭한다. ○長逝者 – 멀리 간 사람. 죽은 사람. ○闕然 – 상당히 오랜 시간이 지나다.

「주신 글에 빨리 답을 했어야 하는데, 마침 주상을 따라 동쪽에 다녀왔고 일이 바빴으며 상견할 날이 없는데다가 만나볼 수 있는 잠깐의 틈도 갑자기 없었습니다. 지금 少卿께서는 예측하지도 못한 죄에 걸려 한 달이 경과하여 겨울이 가까웠는데 저는 또 주상을 수행하여 雍縣(옹현)에 가야 하는데 갑자기 큰일을 당하실까 걱정이 됩니다. 그렇게 되면 저는 제 마음속의 울분을 당신에게 이야기하여 풀지도 못하고, 죽은 사람의 혼백 또한 한없이 서운할 것입니다. 저의 고루한 생각을 이제 말하고자 합니다. 오랫동안 답장을 못했지만 허물하지 마시기 바랍니다.」

「僕聞之, 修身者智之府也, 愛施者, 仁之端也, 取予者, 義之符也, 恥辱者, 勇之決也, 立名者, 行之極也. 士有此五者, 然後可以托於世, 列於君子之林矣. 故禍莫憯於欲利, 悲莫痛於傷心, 行莫醜於辱先, 而詬莫大於宮刑. 刑餘之人, 無所比數, 非一也, 所從來遠矣! 昔衛靈公與雍渠載, 孔子適陳, 商鞅因景監見, 趙良寒心, 同子參乘, 爰絲變色, 自古而恥之. 夫中材之人, 事關於宦豎, 莫不傷氣, 況慷慨之士乎! 如今朝雖乏人, 奈何令刀鋸之餘薦天下豪雋哉! 僕賴先人緒業, 得待罪輦轂下, 二十餘年矣. 所以自惟, 上之, 不能納忠效信, 有奇策材力之譽, 自結明主, 次之, 又不能拾遺補闕, 招賢進能, 顯巖穴之士, 外之, 不能備行伍, 攻城野戰, 有斬將搴旗之功, 下之, 不能累日積勞, 取尊官厚祿, 以爲宗族交遊光寵. 四者無一遂, 苟合取容, 無所短長之效, 可見於此矣. 鄕者, 僕亦嘗廁下大夫之列, 陪外廷末議. 不以此時引維綱, 盡思慮, 今已虧形爲掃除之隷, 在闒茸之中, 乃欲央首信眉, 論列是非, 不亦輕朝廷, 羞當世之士邪! 嗟乎! 嗟乎! 如僕, 尙何言哉! 尙何言哉!」

| 註釋 | ○義之符也 - 의리의 증빙이다. 符는 證凭(증빙). ○列於君子之林 - 군자의 숲에 들어가다. 군자가 될 수 있다. ○詬 - 허물 후. 치욕. 꾸짖다. ○刑餘之人 - 수형자. ○無所比數 - (궁형을 받은 자는) 사람의 수에 넣지 않다. 사람 취급도 안 하다. ○同子參乘 - 환관 趙談. 사마천은 부친의 名 談을 피휘하여 同子라고 표기하였다. ○爰絲 - 爰盎(원앙), 絲는 원앙의 字. 文帝가 환관 趙談을 참승시키자 원앙이 수레 앞에 엎드려 간해서 조담을 내리게 하였다 49권, 〈爰盎鼂錯傳〉 참고. ○宦豎(환수) - 환관. 宦 벼슬 환. 宦官. 豎 더벅머리 수. 내시. ○刀鋸之餘 - 형벌을 받은 자. 鋸 톱 거. 톱질하다. ○薦天下豪儁哉 - 薦은 천거하다. ○豪儁(호준) - 豪傑, 俊才. 儁 영특할 준. ○緖業 - 遺業. 緖는 餘와 通. ○得待罪輦轂下 - 待罪는 직분을 제대로 수행하지 못해 죄를 짓는다는 뜻의 謙辭. 輦轂(연곡)은 황제의 수레. 輦 손수레 연. 轂 바퀴 곡. 수레. ○斬將搴旗之功 - 적장을 베거나 적장의 깃발을 빼다. 搴 빼낼 건. ○光寵 - 영광이 되다. 자랑스럽게 여기다. ○苟合取容 - 구차하게 용납될 뿐이다. 겨우 자리나 지키고 있다. ○廁下大夫之列 - 두다. 置身於下大夫之列. 太史令은 질 6백석이니 하급 관리라 할 수 있다. ○外廷 - 外朝. 무제 때 황권을 강화하기 위한 방법으로 황제가 親任하는 신하로 정책 결정에 참여할 수 있는 신하를 中朝(內朝)라고 불렀다. 여기

에는 大司馬, 左右將軍, 後將軍, 博士, 侍中, 常侍, 散騎, 諸吏가 속한다. 우리나라의 경우 청와대 비서실과 수석비서관이라 생각하면 된다. 정책 실행 부서로 丞相 이하 질 6백석까지의 신하를 外朝라 구분하였다. ○維綱 - 法度. ○闒茸之中 - 闒茸(탑용)은 천한 사람. 闒 천할 탑, 다락문 탑. 茸 무성할 용.

〔國譯〕

「제가 알기로는, 修身은 지혜의 창고(府庫)이고 온정을 베푸는 것은 仁愛의 시작이며, 주고받는 것은 의리의 증빙이고, 치욕은 是非에 대한 용기의 결단이며, 이름을 날리는(立名) 것은 행위의 결과입니다. 志士에게 이 5가지가 있어야만 세상이 나올 수 있고 군자에 낄 수 있습니다. 그러기에 이욕을 탐하는 것보다 처참한 재앙은 없고, 傷心보다 더 비통한 슬픔이 없으며, 조상을 욕되게 하는 것보다 추한 행동은 없고, 宮刑보다 더 큰 치욕은 없습니다. 궁형을 받은 자를 사람 취급도 안한 예는 하나가 아니며 먼 예전부터 그러했습니다. 예전에 衛나라의 靈公이 환관 雍渠(옹거)와 같이 수레를 타고 가자 孔子는 陳나라로 떠나갔으며, (衛의) 商鞅(상앙)이 환관 景監(경감)을 통해 알현하자 趙良은 寒心한 사람으로 생각했었고, 환관 趙談이 文帝의 수레에 참승하자 爰盎(원앙)은 낯빛을 바꾸었으니 예로부터 이처럼 환관을 치욕으로 여겼습니다.

보통 사람들도 어떤 일에 환관이 관여하면 기운이 상한다고 여겼는데, 하물며 강개한 지사라면 더 어떻겠습니까? 지금 비록 조정에 인재가 부족하다지만 어떻게 형을 받은 사람이 천하의 준걸을 추천할 수 있겠습니까! 저는 선친의 유업을 이어 황제를 모신지 20여 년이 되었습니다. 제 생각으로, 위로는 충성과 신의를 다하지 못하고 기이한 책모를 다 한다는 칭송도 듣지 못해 명철한 주상의 신임을 얻지 못하였으며, 또 다음으로 유능한 인재를 찾아내거나 현명하고 능력 있는 인재를 초빙하거나 암혈에 은거한 은자를 천거하지도 못했고, 밖으로 나가 군사를 거느리고 성을 공격하거나 野戰을 치루며 적장을 베거나 깃발을 빼앗지도 못하였으며, 또 오랫동안 공적을 쌓아 높은 자리에 오르고 후한 녹봉을 받아 종족과 우인이 자랑으로 여기지도 않았습니다. 이상 4가지 중 하나도 성취하지 못하고 겨우 자리나 보전하면서 크고 작은 공적을 세우지도 못했음을 이로써도 알 수 있습니다. 예전에 제가 下大夫의 반열에 있을 때 外朝의 말석에서 의논에 배석하였습니다. 그때 어떤 법도를 세우지도 사려를 다하지도 못하였기에 지금은 몸을 망친 뒤 청소나 하는 노예처럼 천한 무리에 끼여 있기에 고개를 들고 눈썹을 펴고 시비를 논하면서 조정을 경시는 것이 아니라 하여도 당세의 인사들에게 어찌 부끄럽지 않겠습니까? 슬프고 슬픕니다! 그러고도 무엇을 말하겠는가! 무슨 말을 하겠습니까!」

原文

「且事本末未易明也. 僕少負不羈之才, 長無鄉曲之譽, 主上幸以先人之故, 使得奉薄技, 出入周衛之中. 僕以爲戴盆何以望天, 故絶賓客之知, 忘室家之業, 日夜思竭其不肖之材力, 務壹心營職, 以求親媚於主上. 而事乃有大謬不然者.

夫僕與李陵俱居門下，素非相善也，趣舍異路，未嘗銜杯酒接殷勤之歡．然僕觀其爲人自奇士，事親孝，與士信，臨財廉，取予義，分別有讓，恭儉下人，常思奮不顧身以徇國家之急．其素所畜積也，僕以爲有國士之風．夫人臣出萬死不顧一生之計，赴公家之難，斯已奇矣．今舉事壹不當，而全軀保妻子之臣隨而媒孽其短，僕誠私心痛之！且李陵提步卒不滿五千，深踐戎馬之地，足歷王庭，垂餌虎口，橫挑强胡，卬億萬之師，與單于連戰十餘日，所殺過當．虜救死扶傷不給，旃裘之君長咸震怖，乃悉徵左右賢王，舉引弓之民，一國共攻而圍之．轉鬥千里，矢盡道窮，救兵不至，士卒死傷如積．然李陵一呼勞軍，士無不起，躬流涕，沫血飮泣，張空弮，冒白刃，北首爭死敵．陵未沒時，使有來報，漢公卿王侯皆奉觴上壽．後數日，陵敗書聞，主上爲之食不甘味，聽朝不怡．大臣憂懼，不知所出．僕竊不自料其卑賤，見主上慘悽怛悼，誠欲效其款款之愚．以爲李陵素與士大夫絕甘分少，能得人之死力，雖古名將不過也．身雖陷敗，彼觀其意，且欲得其當而報漢．事已無可奈何，其所摧敗，功亦足以暴於天下．僕懷欲陳之，而未有路，適會召問，卽以此指推言陵功，欲以廣主上之意，塞睚眥之辭．未能盡明，明主不深曉，以爲僕沮貳師，而爲李陵遊說，遂下於理．拳拳之忠，終不能自列．因爲誣上，卒從吏議．家貧，財賂不足以自贖，交遊莫救，左右親近不爲一言．身非木石，獨與法吏爲伍，深幽囹圄之中，誰可告訴者! 此正少卿所親見, 僕行事豈不然邪? 李陵旣生降, 隤其家聲, 而僕又茸以蠶室, 重爲天下觀笑. 悲夫! 悲夫!」

| **註釋** | ○負不羈之才 – 통제받을 수 없는 재능. 負는 抱. ○羈 – 굴레기. ○鄕曲 – 鄕里. ○周衛 – 주밀한 호위, 宮禁. 宮中. ○戴盆 – 물동이 (盆)를 머리에 이다. ○賓客之知 – 빈객과의 왕래. 知는 교제하다. ○親媚 – 친애하고 아껴주다. ○趣舍異路 – 志向이 같지 않다. ○隨而媒孽其短 – 수시로 그 단점을 부풀려 키우다. 媒孽(매얼)은 누룩이 발효시키듯 부풀리다. 孽(얼)은 蘖(누룩 얼)과 通. ○足歷王庭 – 王廷은 흉노 선우의 조정. 선우의 직할지(單于庭). 선우가 직접 통치하는 지역. 漢 前期의 單于庭은 漢의 代郡과 雲中郡 맞은 편에 해당. 左賢王 등 左王은 漢 上谷郡 동쪽에서 朝鮮까지, 右王은 上郡에서 氐族과 羌族 거주 지역까지를 관할하여 각 分地 내에서 水草를 따라 이동했다. ○卬億萬之師 – 卬은 仰의 古字. 계곡을 통과하는 이릉의 군사를 흉노의 單于가 거느린 군사가 포위했기에 올려다보고 싸웠다고 하였다. ○所殺過當 – 적군을 죽인 수가 우리 군사 수보다 많다. ○旃裘之君長(전구지군장) – 旃裘는 흉노의 복장. 旃裘之君長은 單于이고 左,右賢王은 부족장에 해당하는 자. ○款款之愚 – 간절한 愚忠. 款款(관관)은 충실한 태도. ○絶甘分少 – 좋은 것은 취하지 않고, 작은 몫을 받다. 남에게 많은 것을 양보하다. ○塞睚眥之辭 – 이릉에게 원망하는 말에 막히다. 睚眥(애자)는 눈을 흘기다. 睚 눈초리 애. 眥 흘길 자. ○沮貳師 – 貳師將軍 李廣利를 깎아내리다. 이광리는 당시 무제의 총애를 받던 李夫人의 오빠였다. ○遂下於理 – 理는 형옥을 담당하는 大理. ○茸以蠶室 – 잠실에 밀어넣다. 궁형을 받은 사람은 몸을 따뜻하게 해야 한다고 잠실에서 당분간 지내야 했다 茸은 밀어 넣다(推入).

〔國譯〕

「게다가 사안의 본말은 쉽게 밝혀질 수도 없었습니다. 저는 어려서 뛰어난 재주를 타고났다 했으나 장성해서는 향리에서의 칭송도 없었지만 선친 덕분에 주상의 신임을 얻어 미천한 학식을 가지고 궁중에 출입하였습니다. 저는 물동이를 머리에 이고서는 하늘을 볼 수 없다고 생각하여 빈객과의 교제도 단절하고 가사의 일도 잊었으며 밤낮으로 불초한 재능이지만 다 바쳐 한마음으로 직무를 수행하여 주상의 인정을 받고자 하였습니다. 그러나 일은 크게 어긋나 제대로 되지 않았습니다.

저와 李陵(이릉)은 함께 같은 부서에 근무한 적이 있었지만 평소에 서로 가깝게 지내지도 않았고 뜻하는 바가 같지도 않았기에 가깝게 한잔 술을 나누거나 즐기지도 않았습니다. 그렇지만 저는 그 사람을 특별한 사람으로 생각하였는데 부모에게 효도하고 벗에게 신임을 받았으며, 재물을 취하면서 의리를 지켰고 나누는 몫이라도 양보하였으며, 아랫사람에게도 공경할 줄 알고 나라의 위기에 몸을 아끼지 않으며 언제나 헌신하려는 기개가 있었습니다. 그의 평소 행적이 이러했기에 저는 그 사람을 國士의 風度가 있다고 생각하였습니다. 신하라면 만 번을 죽더라도 살겠다는 계책을 생각하지 않고 나라의 난관에 뛰어들 수 있어야 奇士라 할 수 있습니다. 지금 국사를 처리하면서 단 한 번의 실수에 대하여 평소에는 처자만 지키려던 그런 신하들이 기회가 되면 그 단점만 과장하는 것을 저는 진심으로 마음 아파하였습니다.

또 李陵은 5천 명도 안 되는 보졸을 이끌고 적진 깊숙이 들어가 흉노 군왕의 거주 지역을 마음대로 누비면서 마치 호랑이 입에 밀어

넣은 미끼처럼 강한 흉노에 도전하였고 흉노 수만의 군사를 높은 곳에 두고 선우와 10여 일을 연속 싸웠는데 적군을 우리 군사 수보다도 더 많이 죽였습니다. 적군이 사상자를 구원할 수도 없자 흉노의 君長은 두려워 떨며 左,右賢王을 모두 징집하고 활을 쏠 줄 아는 흉노족을 징발하면서 일국의 병력 모두가 이릉의 군사를 포위하였습니다. 천리를 옮겨 다니며 싸우는 동안 화살이 떨어지고 길이 막혔으며 구원병은 오지 않았고 죽어 다친 士卒은 늘어만 갔습니다. 그러나 이릉이 큰 소리로 군사들을 격려하자 사졸들은 모두 분기하였고, 눈물을 흘리면서 피로 세수를 했고, 눈물을 삼키며 빈 활을 당기고, 칼날에 맞서면서 북쪽을 향해 죽기로 싸웠습니다. 이능이 패망하기 전, 사자가 와서 전승을 보고하면 漢의 公卿王侯들은 모두 술잔을 들어 황제에게 祝壽하였습니다. 그 며칠 뒤 이릉의 패전 소식이 알려지면서 主上은 밥맛을 잃었고 조회를 하면서도 기쁜 빛이 없었습니다. 대신들은 모두 두려워하면서 어찌할 바를 몰랐습니다.

저는 저의 비천한 지위를 생각하지 않고 주상께서 너무 처참하고 참담해 하시기에 저의 우직한 충성을 바치려 했습니다. 이릉이 평소에 다른 사대부들에게 많은 양보를 하였고 사람이 할 수 있는 死力을 다했기에 옛 명장도 이릉보다 더 낮지 않을 것이라 생각하였습니다. 몸은 비록 패전하였지만 그의 뜻을 보건대 적당한 기회를 얻는다면 漢에 보답할 것입니다. 사태가 이미 어쩔 수 없게 되었고 그가 패전은 했지만 그의 공적은 그래도 세상에 알려야 한다고 생각하였습니다.

저는 이러한 뜻으로 상주하려 하였지만 기회가 없었는데 마침 주상께서 제 의견을 물으시기에 이런 취지로 이릉의 공적을 말하고 주상의 마음을 너그럽게 해드리려 했지만 이릉을 원망하려는 말에 막혀버렸습니다. 제대로 설명도 하지 못했고 주상께서는 깊이 생각하지 않으시면서 내가 이사장군을 깎아내리고 이릉을 위해 유세한다고 생각하여 형옥 담당 관리에게 넘겼습니다. 저의 진정한 충성심은 끝내 설명할 길이 없었습니다. 주상의 뜻을 헐뜯은 죄로 결국 형리들의 의논이 결정되었습니다. 집이 가난하여 스스로 贖錢(속전)을 바칠 재물이 없었고 도와줄만한 친구도 없었으며 가까운 좌우의 누구도 말 한마디 하지 않았습니다. 제 몸이 목석이 아니니 오직 法吏와 함께 있어야만 했고 어두운 감옥에서 누구에게 호소하겠습니까! 이는 少卿께서도 바로 직접 겪었을 것이니, 저의 일이 어찌 그렇지 않았겠습니까? 이릉은 살아 투항하였기에 그 가문의 명성을 헐어버렸으며 저는 저대로 蠶室(잠실)에 들어가야 했으니 거듭 천하의 웃음거리가 되었습니다. 슬프고도 비통합니다!」

原文

「事未易一二爲俗人言也. 僕之先人, 非有剖符丹書之功, 文史星歷, 近乎卜祝之間, 固主上所戲弄, 倡優畜之, 流俗之所輕也. 假令僕伏法受誅, 若九牛亡一毛, 與螻蟻何異! 而世又不與能死節者比, 特以爲智窮罪極, 不能自免, 卒就死耳. 何也? 素所自樹立使然. 人固有一死, 死有重於泰山, 或輕於鴻毛, 用之所趨異也. 太上不辱先, 其次不辱身, 其次不辱理色, 其次不辱辭令, 其次詘體受辱, 其次易服受辱, 其次關木索被箠楚受辱，其次鬄毛髮嬰金鐵受辱，其次毀肌膚斷支體受辱，最下腐刑，極矣．傳曰'刑不上大夫，'此言士節不可不厲也．猛虎處深山，百獸震恐，及其在阱檻之中，搖尾而求食，積威約之漸也．故士有畫地為牢勢不入，削木為吏議不對，定計於鮮也．今交手足，受木索，暴肌膚，受榜箠，幽於圜牆之中，當此之時，見獄吏則頭槍地，視徒隸則心惕息．何者？積威約之勢也．及已至此，言不辱者，所謂強顏耳，曷足貴乎！且西伯，伯也，拘牖里，李斯，相也，具五刑，淮陰，王也，受械於陳，彭越，張敖，南鄉稱孤，繫獄具罪，絳侯誅諸呂，權傾五伯，囚於請室，魏其，大將也，衣赭，關三木，季布為朱家鉗奴，灌夫受辱居室．此人皆身至王侯將相，聲聞鄰國，及罪至罔加，不能引決自財．在塵埃之中，古今一體，安在其不辱也！由此言之，勇怯，勢也，強弱，形也．審矣，曷足怪乎！且人不能蚤自財繩墨之外，已稍陵夷至於鞭箠之間，乃欲引節，斯不亦遠乎！古人所以重施刑於大夫者，殆為此也．夫人情莫不貪生惡死，念親戚，顧妻子，至激於義理者不然，乃有不得已也．今僕不幸，蚤失二親，無兄弟之親，獨身孤立，少卿視僕於妻子何如哉？且勇者不必死節，怯夫慕義，何處不勉焉！僕雖怯耎欲苟活，亦頗識去就之分矣，何至自湛溺累紲之辱哉！且夫臧獲婢妾猶能引決，況若僕之不得已乎！所以隱忍苟活，函糞土之中而不辭者，恨私心有所不盡，鄙沒世而文采不表於後也．」

| 註釋 | ○一二 – 하나씩 둘 씩. 자세하게. ○剖符丹書之功 – 세습 작위. ○卜祝之間 – 점을 치거나 제사를 주관하다. 卜祝(복축)은 占卜祝願. ○倡優畜之 – 倡優(창우)는 광대, 畜 쌀을 축, 가축 축. 기를 휵. 畜民(육민)은 백성을 돌보다. ○若九牛亡一毛 – 보통 九牛一毛로 사용한다. ○螻蟻(누의) – 땅강아지와 개미. 보잘 것 없는 존재. ○用之所趨異也 – 추이(처지나 방법)가 다르기 때문이다. 用은 因也. 趨는 趨向. 나아가는 바. 목표. ○不辱理色 – 죽음 앞두고 비굴한 표정을 지어서는 안 될 것이라는 뜻. 理는 피부, 色은 顔色(안색). ○詘體受辱 – 신체가 굴욕을 당하다. 詘 굽힐 굴. ○關木索被箠楚受辱 – 關木은 나무 족쇄나 수갑을 채우다. 索被는 새끼줄로 묶다. 箠楚(추초)는 매질. 箠 채찍 추. 楚는 楚撻(초달, 매질). ○鬄毛髮嬰金鐵受辱 – 머리를 깎이거나 목에 쇠사슬을 두르다. 鬄 머리 깎을 체(척). 嬰은 빙 둘러치다. 두르다. 갓난아이 영. ○傳曰 –《禮記 曲禮 上》. ○士節不可不厲也 – 士人에게 형벌을 가할 수 없다. 漢代에는 제후 왕이나 고관들이 자결한 예가 매우 많다. ○阱檻(정함) – 함정과 우리. ○定計於鮮也 – 정해진 방법은 자살에 있다. 자살할 수 있다. 鮮(고울 선. 깨끗하다)은 自決을 뜻함. ○視徒隷則心惕息 – 徒隷는 형리. 獄卒. 惕息(척식)은 두려워 숨이 막히다. 惕 두려워할 척. ○西伯 – 周 文王. 伯은 方伯. 여러 제후의 우두머리. ○牖里(유리) – 지명. 牖 창 유. ○受械 – 족쇄를 채우다. 械는 형틀 계. 形具. ○彭越(팽월), 張敖(장오) – 팽월은 高祖에 의해 梁王에 피봉. 차후 모반, 주살. 4권,〈韓彭英盧吳傳〉에 입전. 張敖는 趙王 張耳의 아들. 고조의 사위. 32권,〈張耳陳餘傳〉에 附傳. ○絳侯(강후) – 周勃. 개국공신. 여씨 일당을 제거, 文帝 옹립. 10권,〈張陳王周傳〉에 입전. ○請室 – 궁궐 내에 있는 제후를 가두는 방. ○魏其 – 魏其侯 竇嬰(두영), 22권,〈竇田灌韓傳〉에 입전. ○衣赭 – 붉은색 옷을 입다. 죄수복. ○三木 – 목, 손, 발에 채우는 형구. ○季布爲朱家鉗奴 – 계포는 주씨 집안의 노비로 신분을 숨겼다. 季布는 37권,〈季布欒布田叔傳〉에 입전. 朱家는 92권,〈遊俠傳〉에 입전. ○灌夫 – 55권,〈竇田灌韓

傳)에 입전. ○不能引決自財 – 自財는 자결하다. 財는 裁와 通. ○塵埃之中
– 진애는 티끌세상. 속세. 여기서는 감옥. 塵 티끌 진. 埃 티끌 애. ○曷足怪
乎 – 曷 어찌 갈. ○繩墨(승묵) – 법률. 묶이거나 묵형을 받다. 繩 새끼 줄
승. 법도. ○鞭箠(편추) – 채찍. 鞭 채찍 편.(채찍질을 당하다.) 箠는 채찍
추. ○引節 – 자신의 절개를 지키다. ○怯耎(겁연) – 怯懦와 같음. 겁이 많
음. 怯은 겁낼 겁. 耎은 가냘플 연. 懦는 나약할 나. ○湛溺(탐닉) – 빠지다.
즐기다. ○臧獲婢妾 – 노비나 천한 여자. 臧獲(장획)의 臧은 남자 종. 착할
장. 獲은 계집 종. 얻을 획.

〔國譯〕

「이번 일을 속인들에게 말로 다 하기는 쉽지 않습니다. 저의 선친
은 부절을 나누고 붉은 글씨의 조서를 받을만한 공적도 없었으며,
천문과 太史와 律曆의 업무는 점쟁이 일에 가까웠기에 主上이 희롱
하며 광대처럼 대우하였기에 세속에서도 경시되었습니다. 가령, 내
가 법에 걸려 죽음을 당하더라도 九牛에서 一毛가 없어진 것과 같을
것이니 땅강아지나 개미와 무엇이 다르겠습니까! 그리고 世人들은
절개를 지켜 죽은 사람과는 비교도 하지 않으면서 어쩔 수 없이 큰
죄를 짓고 자결도 하지 못하고 지내다가 겨우 죽었다고 생각할 것입
니다. 왜 그렇겠습니까? 평소 하는 일과 처지가 그러했기 때문일 것
입니다. 사람은 한번 죽지만 태산보다 무거운 죽음도 있고(死有重
於泰山), 기러기 털보다 가벼운 죽음도 있는데(或輕於鴻毛), 이는 왜
죽게 되었느냐에 따라 다른 것입니다.

가장 중요한 것은 조상을 욕되게 하지 않는 죽음입니다. 다음은
자신이 욕되지 않아야 하고, 그 다음은 얼굴 표정이 욕되지 않아야
하며, 그 다음은 말로 욕을 당하지 않아야 하며 다음으로는 묶인 몸

으로 죽어서는 안 되고 그 다음은 죄수복을 입고 죽는 굴욕이며, 다음은 손발이 묶인 채 매질을 당하는 굴욕이고 그 다음은 머리를 깎이거나 목에 쇠를 두르는 형벌이며, 그 다음은 살에 글자를 새기거나 팔다리가 잘리는 형벌이며, 가장 아래 형벌은 宮刑으로 치욕의 극치입니다.

예전부터 '대부에게는 형을 가하지 않는다.'라 하였는데, 이는 지사의 절개는 형벌로도 어찌할 수 없다는 뜻입니다. 맹호가 심산에 있을 때는 온갖 짐승이 두려워 떨지만 함정이나 우리에 갇혀서는 꼬리를 흔들며 먹이를 달라 하는 것은 위세에 눌려 기세가 죽었기 때문입니다. 그러하기에 士人은 땅에 금을 그어놓고 감옥이라 하여도 형세에 몰려 들어갈 수 없으며 나무를 깎아 세워놓고 형리라 하여도 논리로 대꾸하지 않는다고 한 것은 자살할 수 있기 때문입니다. 손발이 나무 족쇄에 묶이고서 살을 드러낸 채로 매질을 당하며 둘러친 담장 안에 갇혀 있을 때는 옥리를 보면 머리가 땅에 닿도록 수그리고 간수를 보면 두려워 심장이 두근거렸는데, 왜 그랬겠습니까? 오랫동안 그렇게 눌려서 약해졌기 때문입니다. 이런 상황에서 욕을 당하지 않았다고 말한다면 그것은 뻔뻔한 것이니 어찌 장하다고 하겠습니까? 그리고 西伯은 제후였지만 牖里(유리)의 옥에 갇혔고, 李斯는 승상이었는데 五刑을 받아 죽었으며, 淮陰侯(회음후)는 王이었지만 陳에서 형구에 묶였고, 彭越(팽월)과 張敖(장오)는 南面하고 왕을 칭했으나 옥에 갇혀 죄를 조사받았으며, 絳侯(강후)는 呂氏 일족을 제거하고 그 권세가 五霸(오패)보다 강했지만 請室(청실)에 갇혔고, 魏其侯 竇嬰(두영)은 대장이었지만 죄수복을 입고 목과 손발에 形具에 매여야 했으며, 季布는 朱家의 집에 목에 칼을 맨 죄수였고,

灌夫(관부)도 居室(거실, 제후를 가두는 방)에서 욕을 당했습니다.

　이런 사람들은 모두 왕후이고 장상으로 그 명성이 이웃 제후국까지 알려졌지만 죄에 얽혀 법망에 걸려들면 스스로 자결할 결심도 못 했습니다. 감옥 안에서는 예나 지금이 마찬가지이니 치욕을 당하지 않는 감옥이 어디에 있겠습니까? 이를 두고 말한다면, 용기와 나약함은 세력이고 강약은 형세입니다. 이를 본다면, 무엇이 이상하겠습니까? 그리고 사람이 법망에 걸리기 전에 일찌감치 자결하지 못하다가 이미 모욕을 당하고 매질을 당하여 자결로 자신의 명예와 지조를 지킨다는 것은 사실 너무 늦은 것이 아니겠습니까?

　예전에 대부에게 형벌을 가하는 일에 신중했던 것은 아마 이런 이유였을 것입니다. 인정으론 살기를 탐하고 죽기를 싫어하며, 친척을 생각하고 처자를 돌아보지 않는 사람이 없으나 의리를 중히 여기는 사람은 그렇지 않다고 하는데 아마 이 또한 부득이한 경우일 것입니다. 지금 저는 불행히도 양친을 일찌감치 여의었고 형제도 없는 단신이지만 少卿께서 볼 때 내가 처자에게 어떻게 해야 하겠습니까? 그리고 勇者라 하여 꼭 죽어야만 지조를 지키는 것은 아니며, 겁쟁이라도 의리를 지키려 한다면 어떤 경우든 지조를 지켜내지 않겠습니까? 제가 비록 겁쟁이처럼 구차하게 살려는 것은 거취의 명분을 나름대로 알기 때문이지, 어찌 형벌의 치욕에 길들여졌기 때문이겠습니까! 그리고 종이나 천한 여자도 자결할 줄 아는데 하물며 내가 부득이해서 자결하지 못하겠습니까! 隱忍(은인)하고 구차히 살며 이 속세를 떠나지 않는 것은 내 마음에 하지 못한 일이 한으로 남아 있기 때문이며 비루하게 죽는다면 뒷날 아름다운 문채를 남길 수 없기 때문입니다.」

「古者富貴而名摩滅, 不可勝記, 唯俶儻非常之人稱焉. 蓋西伯拘而演《周易》, 仲尼厄而作《春秋》, 屈原放逐, 乃賦〈離騷〉, 左丘失明, 厥有《國語》, 孫子臏脚, 《兵法》修列, 不韋遷蜀, 世傳《呂覽》, 韓非囚秦, 〈說難〉, 〈孤憤〉. 《詩》三百篇, 大氐賢聖發憤之所爲作也. 此人皆意有所鬱結, 不得通其道, 故述往事, 思來者. 及如左丘無目, 孫子斷足, 終不可用, 退論書策以舒其憤, 思垂空文以自見. 僕竊不遜, 近自托於無能之辭, 網羅天下放失舊聞, 考之行事, 稽其成敗興壞之理, 凡百三十篇, 亦欲以究天人之際, 通古今之變, 成一家之言. 草創未就, 適會此禍, 惜其不成, 是以就極刑而無慍色. 僕誠已著此書, 藏之名山, 傳之其人, 通邑大都, 則僕償前辱之責, 雖萬被戮, 豈有悔哉! 然此可爲智者道, 難爲俗人言也.」

| 註釋 | ○摩滅 – 닳아 없어지다. 摩는 磨. ○俶儻(척당) – 俶 기개 있을 척. 비로소 숙. 儻과 通. 倜儻(척당). 뜻이 크고 氣槪(기개)가 있음. ○演 – 推演하다. 文王은 8괘를 풀어 주역 64괘를 지었다고 한다. ○賦 – 창작하다. 노래하다. ○左丘 – 左丘明. 魯의 太史. 《春秋左傳》의 저자. 失明한 뒤에 춘추시대의 나라별 역사를 기록한 《國語》를 지었다고 한다. '盲左'라고도 말한다. ○臏脚 – 정강이뼈를 자르는 형벌. 臏 무릎 뼈 빈. ○《呂覽》 – 《呂氏春秋》. ○大氐 – 大抵(대저)와 同. ○鬱結(울결) – 가슴이 막혀 답답하다.

「옛날에 富貴하였지만 이름이 없는 사람을 이루 다 기록할 수 없으니 오직 큰 뜻을 가진 비상한 사람만이 일컬어지고 있습니다. 저西伯(文王)께서는 구금되어 있으면서 《周易》을 풀이하였고, 仲尼(중니, 孔子)께서는 곤궁할 때 《春秋》를 지었으며, 屈原(굴원)은 放逐(방축)되어 〈離騷(이소)〉를 읊었고, 左丘明은 失明했지만 《國語》를 남겼으며, 孫子는 다리를 잘리고서도 《兵法》을 편수하였고, 呂不韋는 蜀에 쫓겨 가서 《呂覽(여람)》을 지어 남겼으며, 韓非子는 秦에 갇힌 뒤 〈說難〉과 〈孤憤〉을 지었습니다. 《詩經》 3백 편의 시도 대개 현인들이 발분하여 지은 것입니다. 이런 분들은 대개 마음에 맺힌 것이 있지만 그 道를 성취할 수가 없어 지난 일을 서술하여 후세 사람들이 자기 뜻을 기억해주길 바랐습니다. 左丘明은 앞을 못 보았고 孫子는 다리가 잘려 끝내 등용될 수 없었기에 물러나 책을 저술하며 그 분함을 삭이었고 실익이 없는 글을 통해 자기 뜻을 내 보였습니다. 저 또한 불손하지만 근래에 무능한 글에 의거하여 천하의 사라진 옛 글들을 모두 모으고, 옛 치적을 살펴보고 그 성패와 흥망의 이치를 상고하여 총 130편을 엮었으니 이를 통해 하늘과 인간의 관계를 추구하고, 고금의 변화를 깨달아 나만의 저작을 이루고자 했습니다. 그러나 처음 시작이 끝나지도 않아 그런 화를 당했지만 그 마무리를 못하는 것이 애석하여 극형을 당하고서도 憤氣(분기)를 표출하지 못했던 것입니다. 저는 다행히도 이 책을 완성하여 명산에 보관하였다가 후세에 뜻이 있는 사람에게 전하여 온 고을과 경사에 알려지게 된다면 저는 지난날의 그 치욕을 보상받을 것이니 비록 만 번을 가시 죽는다 하여도 무슨 후회가 있겠습니까! 그렇지만 알 만한 사람에게 이런 말을 할 수 있지만 속인에게는 이야기하기도 어렵습니다.」

「且負下未易居, 下流多謗議. 僕以口語遇遭此禍, 重爲鄕黨戮笑, 汚辱先人, 亦何面目復上父母之丘墓乎? 雖累百世, 垢彌甚耳! 是以腸一日而九回, 居則忽忽若有所亡, 出則不知所如往. 每念斯恥, 汗未嘗不發背沾衣也. 身直爲閨閣之臣, 寧得自引深臧於巖穴邪! 故且從俗浮湛, 與時俯仰, 以通其狂惑. 今少卿乃敎以推賢進士, 無乃與僕之私指謬乎? 今雖欲自雕瑑, 曼辭以自解, 無益, 於俗不信, 只取辱耳. 要之死日, 然後是非乃定. 書不能盡意, 故略陳固陋.」

| 註釋 | ○負下 – 世人으로부터 나쁜 평가를 받으면서. ○垢彌甚耳 – 垢 허물 구. 때. 수치. 彌 두루 미. 더욱. ○閨閣之臣 – 閨閣之臣. 궁중에서 신하. 환관. ○浮湛(부침) – 영고성쇠가 순환하다. ○俯仰 – 내려다보거나 올려보다. 임기응변하다. ○雕瑑(조전) – 彫琢하다. 詩文을 꾸며 짓다. ○曼辭(만사) – 미사여구.

〖 國譯 〗

「또한 낮은 평판을 받으며 사는 것도 쉬운 일이 아니니 下流에 처할수록 비방이 많습니다. 저는 입으로 이런 화를 당하여 향리에서도 웃음거리가 되어 조상을 욕되게 하였으니 무슨 면목으로 다시 부모의 묘지에 갈 수 있겠습니까? 백세의 세월이 흘러간들 허물은 더욱 커질 것입니다. 이 때문에 창자가 하루에도 아홉 번이 꼬이는 것 같으며 집안에서는 무엇인가 잃은 듯하고 밖에 나가면 어디로 가야할지를 모릅니다. 이런 수치를 생각할 때마다 등에 땀이 나서 속옷을 적십니다. 환관과 같은 신하 몸이 어찌 암혈을 찾아 은거할 수 있겠습니까? 그리하여 시속을 따라 부침하면서 시류 따라 그냥저냥 살면서 울분을 풀어버려야 할 것입니다. 이번에 少卿께서는 현인들을 추천하라 권하셨지만 저의 생각과는 많이 다른 일이 아니겠습니까? 비록 내가 아름다운 글을 짓고 미사여구로 나를 해명한다 하여도 무익하며 세상이 믿지도 않을 것이고 욕만 먹을 것입니다. 나중에 죽은 뒤에야 시비는 판정이 날 것입니다. 이 글로 뜻을 다 말할 수도 없으니 대략 고루한 생각을 말씀드렸습니다.」

原文

遷旣死後, 其書稍出. 宣帝時, 遷外孫平通侯楊惲祖述其書, 遂宣佈焉. 王莽時, 求封遷後, 爲史通子.

| 註釋 | ○宣帝 - 前 74 - 48년 재위. ○平通侯 楊惲(양운, ? - 前 54) - 司馬遷의 外孫, 丞相 楊敞(사마천의 사위)의 작은아들. 宣帝 神爵 원년(前 61)에 霍光 아들의 모반을 고발하여 平通侯에 봉해졌다. 나중에 다른 관료들과 불화하고 사치한 생활을 하다가 처형되었다. 66권, 〈公孫劉田王楊蔡陳鄭傳〉에 楊敞 立傳, 楊惲 附傳. ○史通子 - 美稱.

　사마천이 죽은 뒤, 그의 글은 점차 알려졌다. 宣帝 때 사마천의 외손 平通侯 楊惲(양운)은 그 책을 요약하여 널리 유포시켰다. 王莽(왕망) 때에 사마천의 후손을 찾아 '史通子'라 하였다.

原文

　贊曰, 自古書契之作而有史官, 其載籍博矣. 至孔氏纂之, 上繼唐堯, 下訖秦繆. 唐,虞以前, 雖有遺文, 其語不經, 故言漢帝,顓頊之事未可明也. 及孔子因魯史記而作《春秋》, 而左丘明論輯其本事以爲之傳, 又纂異同爲《國語》. 又有《世本》, 錄皇帝以來至春秋時帝王,公,侯,卿,大夫祖世所出. 春秋之後, 七國幷爭, 秦兼諸侯, 有《戰國策》. 漢興伐秦定天下, 有《楚漢春秋》. 故司馬遷據《左氏》,《國語》, 采《世本》,《戰國策》, 述《楚漢春秋》, 接其後事, 訖于天漢. 其言秦,漢詳矣. 至于采經摭傳, 分散數家之事, 甚多疏略, 或有抵梧. 亦其涉獵者廣博, 貫穿經傳, 馳騁古今, 上下數千載間, 斯以勤矣. 又, 其是非頗繆于聖人, 論大道而先黃,老而後六經, 序游俠則退處士而進奸雄, 述貨殖則崇勢利而羞賤貧, 此其所蔽也. 然自劉向,揚雄博極群書, 皆稱遷有良史之材, 服其善序事理, 辨而不華, 質而不俚, 其文直, 其事核, 不虛美, 不隱惡, 故謂之實錄. 烏呼! 以遷之博物洽聞, 而不能以知自全, 旣陷極刑, 幽而發憤, 書亦信矣. 迹其所以自傷悼, 〈小雅〉巷伯之倫. 夫唯〈大雅〉'旣明且哲, 能保其身', 難矣哉!

| **註釋** | ○書契(서계) - 문자. ○載籍(재적) - 書册. ○簒(반찬 찬) - 撰(지을 찬)과 通. 저술하다. ○不經 - 경전과 다르다. ○輯其本事以爲之傳 - 이를《春秋左氏傳》이라 한다. ○《世本》 - 先秦 時期 史官이 修撰한 책으로 알려졌다. ○《戰國策》 - 東周, 西周와 秦, 齊, 楚, 趙, 魏, 韓, 燕의 七國과 宋, 衛, 中山國 등의 역사를 서술한 총 33卷 약 12만자의 저술. 작자 불명. ○天漢 - 武帝의 연호. 前 100 - 97년. ○采經摭傳 - 摭 주울 척. ○抵梧(저오) - 抵梧, 거스르다. 사실과 다르다. ○劉向 - 36권, 〈楚元王傳〉에 입전. 揚雄(양웅)은 87권, 〈揚雄傳〉에 입전. ○核 - 堅實하다. ○博物洽聞 - 博識과 많은 見聞. ○〈小雅〉巷伯 - 巷伯(항백)은 西周 王室의 환관인 孟子의 관직 이름. 참소를 당해 자신의 울분을 시로 읊었다. ○〈大雅〉 -《詩經 大雅 烝民》의 구절.

〔**國譯**〕

班固의 論贊 : 자고로 문자가 만들어진 이후로 史官이 있었으니 그 서적은 매우 많다. 공자가 서적을 편찬하면서 堯임금에서 시작하여 아래로는 秦의 繆公(목공)에 이르렀다. 요순 이전에 대해서는 비록 遺文이 있지만 그 말이 경전과 일치하지 않으니 黃帝와 顓頊(전욱)의 사적은 밝힐 수가 없다고 말한다. 孔子는 魯의 역사 기록을 바탕으로《春秋》를 지었고, 左丘明(좌구명)은 그 本事를 論輯(논집)하여《春秋》의 傳을 지었으며, 또 같거나 다른 내용으로《國語》를 편찬하였다. 또《世本》이 있는데 이는 黃帝 이래 春秋 시기에 이르는 帝王과 公侯와 卿大夫의 조상 연원을 수록하였다. 春秋시대 이후로 七國

이 서로 다투다가 秦이 제후들을 통일하였고《戰國策》이 나왔다. 漢이 건국되고 秦을 멸망시키고 천하를 평정할 시기에《楚漢春秋》가 있었다. 그래서 사마천은《左氏傳》과《國語》의 내용을 근거로《世本》과《戰國策》의 자료를 보태고,《楚漢春秋》내용과 그 이후의 기록을 서술하여 무제의 天漢 연간까지 서술하였다. 그 서술은 秦과 漢은 상세하다. 경전에서 재료를 모으고 百家의 사적을 분산 서술하였기에 소략한 부분이 매우 많고 어떤 것은 서로 다르기도 하다. 그렇지만 그가 섭렵한 것이 매우 넓고 많으며 경전을 두루 관통하고 고금의 상하 수천 년을 함께 아울렀으니 이는 사마천의 근면일 것이다.

또 그 시비가 자못 聖人과 다르기도 하니 大道를 논하면서 黃老 사상을 앞세우고 六經을 뒤로 하였으며, 遊俠(유협)을 서술하면서 山林處士를 뒤로 하고 奸雄을 내세웠고, 貨殖을 서술하면서 勢利를 숭상하고 賤貧을 수치로 생각한 것도 그 폐단이라 할 수 있다.

그러나 劉向과 揚雄은 여러 책을 두루 열람한 학자로 두 사람 다 사마천을 '良史之材'라 칭송하면서 그가 일을 바르게 계획하여 처리하였고, 달변이지만 화려하지 않고 질박하지만 속되지 않으며, 그 문장이 곧고 기록은 건실하며 공허한 아름다움이 없고 악을 감추지 않았기에 '사실적 기록(실록)'이라고 칭송하였다.

嗚呼라! 사마천은 박식과 견문으로도 자신을 보전하지 못하고 극형을 받아야 했고 어둠 속에서 발분하였으니 책은 신뢰할 수 있도다. 그 연유를 따지며 스스로 슬퍼하였으니《詩經 小雅》의 巷伯인 孟子와 같은 사람이로다. 그리고 〈大雅〉의 '밝은 지혜를 가졌으니 자신을 잘 지킬 수 있으리라.'는 시 구절은 어려운 일이로다!

63 武五子傳
〔무오자전〕

63-1. 戾太子 劉據

原文

孝武皇帝六男. 衛皇后生戾太子, 趙婕妤生孝昭帝, 王夫
人生齊懷王閎, 李姬生燕剌王旦, 廣陵厲王胥, 李夫人生昌
邑哀王髆.

| 註釋 | ○衛皇后(?－前 91)－字 子夫. 武帝의 2번째 皇后. 景帝의 平陽
公主 집 歌奴. 입궁하여 生男(戾太子, 劉據)하고 夫人이 되었다가 황후에 책
립. 장군 衛靑의 異父 누나. 霍去病(곽거병)의 이모. 宣帝의 曾祖母. '무고의
화' 때 자살. ○戾太子－戾 어그러질 여(려). 戾는 諡號(시호). ○趙婕妤
(조첩여)－鉤弋夫人(구익부인), 婕妤는 후궁의 官名. 倢伃(첩여)와 同. ○李

姬 - 행적 불명. ○燕剌王旦 - 剌은 어그러질 날(랄)이고 剌 찌를 자와 別字 ○李夫人 - 樂倡. 妙麗善歌舞하여 득총, 李延年, 李廣利의 형제. ○髆 - 어 깨 박.

〖國譯〗

　孝武皇帝는 六男을 두었다. 衛皇后는 戾(려)太子를 낳았고, 趙婕 妤는 孝昭帝를, 王夫人은 齊 懷王 劉閎(유굉)을, 李姬는 燕 剌王(날왕) 劉旦(유단)과 廣陵 厲王 劉胥(유서)를, 李夫人은 昌邑 哀王 劉髆(유박) 을 낳았다.

原文

　戾太子 據, 元狩元年立爲皇太子, 年七歲矣. 初, 上年二 十九乃得太子, 甚喜, 爲立禖, 使東方朔,枚皐作禖祝. 少壯, 詔受《公羊春秋》, 又從瑕丘江公受《穀梁》. 及冠就宮, 上爲 立博望苑, 使通賓客, 從其所好, 故多以異端進者. 元鼎四 年, 納史良娣, 産子男進, 號曰史皇孫.

│註釋│ ○戾太子 據(前 128 - 91) - 뒷날 劉據의 孫子인 劉詢이 宣帝로 등극. ○元狩元年 - 前 122년. 생전에는 모친 성을 따라 衛太子라 호칭. 戾 太子는 선제 즉위 후에 올린 시호. 諡法에 ‘不悔前過曰 戾’ 라 하였다. 위태 자는 江充과 韓說(한열) 등에 의해 황제를 무고했다는 모함을 받자 군사를 동원하여 강충 일당을 살해하였는데 거기서 그쳤어야 했다. 그러나 승상 劉 屈氂(유굴리)의 군사와 충돌하여 수만 명 사상자를 내고 도망해 숨었다가 자

살하였다. 이 때문에 宣帝는 부득이 조부에게 '前過를 뉘우치지 않았다.'는
시호를 올려야만 했다. ○禖(매제 매) − 황제가 아들을 얻으려고 올리는 제
사를 禖祭(매제)라고 한다. ○東方朔 − 東方은 複姓. 65권, 〈東方朔傳〉 입
전. 枚皐(매고)는 枚乘(매승)의 아들. 51권, 〈賈鄒枚路傳〉에 附傳. ○瑕丘江
公 − 瑕丘(하구)는 縣名. 今 山東省 濟寧市 兗州區 일대. 江公은 魯 申公의
弟子. ○元鼎 − 무제의 연호. 前 116 − 111년. ○良娣(양제) − 太子 媵妾(잉
첩)의 호칭. 妃, 良娣, 孺子의 三等級이 있었다.

〔國譯〕

　戾太子(여태자) 劉據(유거)는 元狩 원년 7세에 皇太子로 책립되었
다. 전에 무제 나이 29세에야 태자를 얻어 매우 기뻐했는데 아들을
얻으려는 제사〔禖祭(매제)〕를 지내게 했고, 東方朔과 枚皐(매고)로
매제 축문을 짓게 했었다. 소년이 되어 詔命에 의거《公羊春秋》를
배우고 또 瑕丘縣 江公에게《穀梁春秋》를 배웠다. 관례를 치루고 태
자비를 맞이하자 무제는 태자를 위해 博望苑(박망원)을 지어주고 賓
客과 교류하며 좋아하는 일을 하게 하자 많은 異端者들이 모여들었
다. 元鼎 4년에, 史氏 良娣(양제)에게서 아들 進(진)을 얻었는데 이를
史皇孫이라 불렀다.

原文

　武帝末, 衛后寵衰, 江充用事, 充與太子及衛氏有隙, 恐上
晏駕後爲太子所誅, 會巫蠱事起, 充因此爲奸. 是時, 上春
秋高, 意多所惡, 以爲左右皆爲蠱道祝詛, 窮治其事. 丞相

公孫賀父子, 陽石,諸邑公主, 及皇后弟子長平侯衛伉皆坐
誅. 語在〈公孫賀〉, 〈江充傳〉.

| 註釋 | ○江充(강충, ? - 前 91) - 키 크고 잘 생긴 외모 덕분에 무제의 심
임을 얻었다. '巫蠱之禍(무고지화)'를 일으킨 장본인. 본인은 戾太子에게 피
살, 武帝에 의해 삼족이 멸족 당했다. 45권,〈蒯伍江息夫傳〉에 입전. ○晏駕
(안가) - 황제의 수레가 늦게 나오다. 황제의 죽음을 뜻함. ○巫蠱(무고) -
어떤 저주나 행위 또는 물건을 이용하여 남에게 화를 줄 수 있다고 믿는 행
위, 蠱 독 고. 벌레. 惡氣. ○公孫賀 - 66권,〈公孫劉田王楊蔡陳鄭傳〉에 입
전. ○陽石,諸邑公主 - 衛皇后 소생.

〖國譯〗

  武帝 말년에 衛后의 총애가 식으면서 江充이 권력을 잡았는데,
강충은 태자와 위황후와 사이가 좋지 않아 무제가 죽으면 태자에게
주살당할 것을 두려워했는데 마침 巫蠱(무고) 사건이 일어나자 강충
은 이를 이용하여 흉계를 꾸몄다. 이때 무제는 고령으로 마음속에
의심이 많았고 좌우에서 무고에 의해 저주를 한다고 생각하면서 끝
까지 캐려고 하였다. 승상인 公孫賀 부자와 陽石, 諸邑 공주와 皇后
동생 衛靑(위청)의 아들인 長平侯 衛伉(위항) 등이 모두 주살되었다.
이는〈公孫賀傳〉과〈江充傳〉에 실려 있다.

原文

  充典治巫蠱, 旣知上意, 白言宮中有蠱氣, 入宮至省中, 壞

御座掘地. 上使按道侯韓說,御史章贛,黃門蘇文等助充. 充
遂至太子宮掘蠱, 得桐木人. 時上疾, 辟暑甘泉宮, 獨皇后,
太子在. 太子召問少傅石德, 德懼爲師傅並誅, 因謂太子曰,
"前丞相父子,兩公主及衛氏皆坐此, 今巫與使者掘地得徵
驗, 不知巫置之邪, 將實有也, 無以自明, 可矯以節收捕充等
繫獄, 窮治其奸詐. 且上疾在甘泉, 皇后及家吏請問皆不報,
上存亡未可知, 而奸臣如此, 太子將不念秦扶蘇事耶?"

太子急, 然德言.

| 註釋 | ○按道侯 韓說(한열, ? – 前 91) – 韓王信의 曾孫, 弓高侯 韓頹當
(한퇴당)의 손자. ○御史章贛 – 贛 내려줄 공. 강 이름 공. ○黃門 – 환관.
장가를 들고도 평생 아이가 없는 사람. ○桐木人 – 오동나무로 만든 인형.
사실 이는 江充이 몰래 시킨 것이었다. ○辟暑 – 避暑(피서). 辟(임금 벽)은
避의 古字. ○坐此 – 이에 연관되었다. ○巫 – 당시 강충은 흉노인 巫女를
使嗾(사주)했었다. ○徵驗 – 증거물. ○矯 – 바로잡을 교. 속이다. 거짓으
로. 詔命이라고 핑계 대다. ○家吏 – 태자궁의 신하. ○秦扶蘇事 – 시황제
의 태자 부소는 환관 胡亥에 의해 변방으로 밀려나갔고 시황제의 죽음도 모
른 채 죽어야 했다.

〔國譯〕

강충은 巫蠱(무고)행위 조사를 주관하면서 무제의 뜻을 알았기에
궁중에 무고의 기운이 들어 조정까지 들어갔다고 공언하면서 御座
(어좌) 아래 땅을 파기도 하였다. 무제는 按道侯인 韓說(한열), 御史
인 章贛(장공), 내시 蘇文(소문) 등에게 강충을 돕게 하였다. 강충은

마침내 태자의 궁궐에서 무고를 찾아낸다면서 땅을 파 오동나무 인형을 캐내었다. 이때 무제는 병이 나서 감천궁에서 피서 중이었고 황후와 태자만 남아 있었다. 太子는 少傅인 石德을 불러 이를 묻자 석덕은 사부로서 주살당할 것을 두려워하며 태자에게 말했다.

"이전 丞相의 父子와 공주 두 분과 衛伉(위항)이 모두 무고에 연좌되었는데 이번에 무녀와 使人이 땅을 파 증거물을 얻었다 하니 무녀가 몰래 묻었는지 알 수 없지만 만약 사실이라면 해명할 길이 없으니 부절을 사칭하여 강충 등을 잡아 가두고 거짓을 끝까지 캐내야 합니다. 게다가 지금 폐하는 병으로 甘泉宮에 계시면서 황후와 태자께서 보내는 家吏가 문안을 여쭙고자 해도 허락을 안 하신다니 주상의 존망을 알 수도 없는데 간신은 이처럼 날뛰니 태자께서는 秦 扶蘇(부소)의 일을 생각 안 하실 수 있겠습니까?"

太子는 조급하여 석덕의 말을 따랐다.

原文

征和二年七月壬午, 乃使客爲使者收捕充等. 按道侯說疑使者有詐, 不肯受詔, 客格殺說. 御史章贛被創突亡, 自歸甘泉. 太子使舍人無且持節夜入未央宮殿長秋門, 因長御倚華具白皇后, 發中廐車載射士, 出武庫兵, 發長樂宮衛, 告令百官曰江充反. 乃斬充以徇, 炙胡巫上林中. 遂部賓客爲將率, 與丞相劉屈氂等戰. 長安中擾亂, 言太子反, 以故衆不附. 太子兵敗, 亡, 不得.

| 註釋 | ○征和二年 - 前 91년. 征和는 延和(연화)의 誤記라는 주장이 있다. ○格殺 - 擊殺. ○無且 - 人名. ○長御倚華 - 長御는 宮中 女官 職名. 倚華(의화)는 인명. ○中廄(중구) - 황후의 車馬를 관리하는 곳. ○劉屈氂(유굴리) - 66권, 〈公孫劉田王楊蔡陳鄭傳〉에 입전. ○不得 - 태자를 잡지는 못했다.

[國譯]

征和 2년(前 91) 7월 임오일, 태자는 빈객을 사자로 보내 강충 등을 체포하게 하였다. 按道侯 韓說(한열)은 사자가 가짜일 수 있다고 생각하여 詔命을 따르지 않자 빈객은 한열을 격살하였다. 어사 張公은 부상을 당한 채 도망쳐 감천궁으로 돌아갔다. 태자는 使人 無且(무차)를 시켜 지절을 가지고 밤에 未央宮殿의 長秋門으로 들어가 長御인 倚華(의화)를 통해 皇后에게 아뢴 다음 中廄(중구)의 수레에 궁사를 태우고 武庫의 군사를 출동시키고 長樂宮의 衛士들을 동원하여 백관들에게 강충이 모반하였다고 말했다. 이어 강충을 참수하여 내보이면서 흉노의 巫女를 상림원에서 태워 죽였다. 이어 빈객을 나누어 군사를 거느리고 승상 劉屈氂(유굴리) 등과 싸웠다. 장안 성 안이 소란해지면서 태자가 모반한 것이 알려지자 백성들은 편들지 않았다. 태자는 패전하고 도망쳤는데 잡히지는 않았다.

原文

上怒甚, 群下憂懼, 不知所出. 壺關三老茂上書曰,

"臣聞父者猶天, 母者猶地, 子猶萬物也. 故天平地安, 陰

陽和調, 物乃茂成, 父慈母愛, 室家之中子乃孝順. 陰陽不和, 則萬物夭傷, 父子不和, 則室家喪亡. 故父不父則子不子, 君不君則臣不臣, 雖有粟, 吾豈得而食諸! 昔者虞舜, 孝之至也, 而不中於瞽叟, 孝己被謗, 伯奇放流, 骨肉至親, 父子相疑. 何者? 積毀之所生也. 由是觀之, 子無不孝, 而父有不察. 今皇太子爲漢適嗣, 承萬世之業, 體祖宗之重, 親則皇帝之宗子也. 江充, 布衣之人, 閭閻之隸臣耳, 陛下顯而用之, 銜至尊之命以迫蹴皇太子, 造飾奸詐, 群邪錯謬, 是以親戚之路隔塞而不通. 太子進則不得上見, 退則困於亂臣, 獨冤結而亡告, 不忍忿忿之心, 起而殺充, 恐懼逋逃, 子盜父兵以救難自免耳, 臣竊以爲無邪心.《詩》曰, '營營青蠅, 止於藩, 愷悌君子, 無信讒言, 讒言罔極, 交亂四國.' 往者江充讒殺趙太子, 天下莫不聞, 其罪固宜. 陛下不省察, 深過太子, 發盛怒, 舉大兵而求之, 三公自將, 智者不敢言, 辯士不敢說, 臣竊痛之. 臣聞子胥盡忠而忘其號, 比干盡仁而遺其身, 忠臣竭誠不顧鈇鉞之誅以陳其愚, 志在匡君安社稷也.《詩》云, '取彼譖人, 投畀豺虎.' 唯陛下寬心慰意, 少察所親, 毋患太子之非, 亟罷甲兵, 無令太子久亡. 臣不勝惓惓, 出一旦之命, 待罪建章闕下."

書奏, 天子感寤.

|註釋| ○壺關(호관) − 上黨郡의 縣名. 今山西省 동남부의 長治市. ○三

老茂 - 교화를 담당하는 鄕官인 令狐茂(人名).   o 瞽叟(고수) - 舜임금의 아버지. 瞽 소경 고. 叟 늙은이 수.   o 孝己(효기) - 殷 高宗의 효성스런 아들. o 伯奇(백기) - 周代 尹吉甫의 아들. 계모의 흉계에 빠진 아버지가 죽이려하자 산속으로 도망했다.   o 宗子 - 嫡長子.   o 閭閻之隸臣 - 鄕里의 賤臣. o 逋逃(포도) - 달아나다. 逋 달아날 포. 逃 도주할 도.   o 《詩》曰 - 《詩經 小雅 靑蠅(청승)》.   o 愷悌(개제) - 和樂하고 단정하다. 愷 즐거울 개. 悌는 공경할 제.   o 罔極(망극) - 법도가 없다.   o 江充讒殺趙太子 - 강충은 본래 趙國 邯鄲(한단) 사람으로 본명은 江齊였다. 그의 여동생이 趙國의 태자 劉丹(유단)에게 시집을 갔는데 나중에 유단을 同腹(동복)의 누나 및 왕의 후궁과 간통했다고 고발하여 결국은 자살케 하였다. 趙國에서 도망친 강제는 장안에 와서 江充으로 이름을 바꾸고 무제의 신임을 받았다.   o 子胥 - 伍子胥(오자서). 吳王에게 충성을 다했으나 사형당했다. 忘其號는 이름조차 없어졌다.   o 比干(비간) - 殷의 현신. 紂王이 그의 심장을 갈라 죽였다.   o 鈇鉞之誅 - 鈇鉞(부월, 도끼)에 의한 처형.   o 《詩》云 - 《詩經 小雅 巷伯》.   o 投畀豺虎 - 畀 줄 비. 豺虎(시호)는 승냥이나 호랑이. 맹수.   o 惓惓(권권) - 충성이 매우 간절한 모양. 惓 삼갈 권.

〔國譯〕

무제는 크게 분노했고 신하들은 두려워 떨며 아무 대책도 없었다. 이때 壺關縣(호관현)의 三老인 令狐茂(영호무)가 上書하여 말했다.

"신이 알기로, 父는 하늘과 같고 母는 땅과 같으며 자식은 만물과 같다고 하였습니다. 그래서 천지가 평안하면 음양이 조화되고 만물이 무성하게 자라며, 부모가 자애하면 집안의 자식도 효도하고 순종합니다. 음양이 불화하면 만물이 일찍 죽고, 부자가 불화한다면 집

안이 망하게 됩니다. 그리하여 아비가 아비답지 못하면 자식이 자식
답지 않고, 주군이 주군 노릇을 못하면 신하가 신하노릇을 못하니
비록 곡식이 있다 한들 어찌 먹을 수 있겠습니까! 옛날에 舜임금은
대단한 효자였으나 아버지의 마음에 들지 못했으며, 孝己(효기)는
비방을 당했고 伯奇(백기)는 방축되었는데 骨肉至親으로 부자가 서
로 의심하였습니다. 이는 왜 그러 했겠습니까? 훼방이 누적되었기
때문이었습니다. 이를 본다면 불효하는 자식은 없지만 부모는 다 살
피지 못할 수 있습니다.

지금 皇太子는 漢 황실의 적통이며 萬世之業을 계승해야 하니 몸
은 祖宗之重이며 피붙이로는 皇帝의 宗子입니다. 江充(강충)은 백성
으로 시골 賤臣일 뿐이나 폐하께서 특별히 등용하여 지존의 皇命을
받았다고 황태자를 압박하였으며 간사한 흉계를 꾸몄으며 모든 詐
術을 다 써서 친척간의 통로가 막아 불통하게 하였습니다. 太子가
들어와서는 주상을 뵐 수 없고 물러나면 亂臣들에게 곤란을 당하니
홀로 억울하여 알릴 데도 없어 忿憤(분분)한 마음을 참지 못하고 기
병하여 강충을 죽이고서 두려워 도주하였는데 이는 자식이 아비의
군사를 훔쳐 난관을 돌파하여 살려한 것으로 그 어떤 邪心도 없었다
고 臣은 생각합니다.

《詩經》에 '앵앵거리는 파리가 울타리에 앉았네, 화락한 군자시여
참언을 믿지 마소서. 참언은 바른 법이 아니니 온 나라를 흔든다
오.' 라고 하였습니다. 지난 날 江充이 참소하여 趙太子를 죽게 하였
는데 이를 천하에 모르는 사람이 없고 그 죄는 확실합니다. 폐하께
서는 그러한 강충을 깊이 살피지 않았고 태자를 과도하게 책망하고
화를 내시면서 대병을 동원하여 구원하시며 三公이 직접 군사를 거

느리게 하시니 智者라도 감히 말할 수 없고 辯士도 설득할 수 없었으니 臣은 이를 가슴 아프게 생각합니다. 臣이 알기로, 伍子胥(오자서)는 충성을 다했지만 그 이름조차 없어졌고 比干(비간)은 인자했으나 그 몸을 보전하지 못하였는데 충신이 도끼에 의한 죽음을 무릅쓰고 그 愚衷(우충)을 다하는 것은 주군을 바로 하고 사직을 안정케 하려는 뜻입니다. 《詩經》에 '저 참소하는 사람을 잡다가 호랑이에게 던져주오.' 라고 하였으니, 폐하께서는 너그러이 마음을 푸시고 친족을 그만 사찰하시고 태자의 잘못을 걱정하지 마시면서 빨리 군사를 해산시켜 태자로 하여금 죽지 않게 하십시오. 臣은 충성을 다하여 하루뿐인 목숨을 걸고 建章闕門 아래서 죄를 받겠습니다."

上書가 들어가자 天子는 크게 깨달은 바가 있었다.

原文

太子之亡也, 東至湖, 臧匿泉鳩里. 主人家貧, 常賣屨以給太子. 太子有故人在湖, 聞其富贍, 使人呼之而發覺. 吏圍捕太子, 太子自度不得脫, 即入室距戶自經. 山陽男子張富昌爲卒, 足蹋開戶, 新安令史李壽趨抱解太子, 主人公遂格鬪死, 皇孫二人皆並遇害. 上旣傷太子, 乃下詔曰, "蓋行疑賞, 所以申信也. 其封李壽爲邘侯, 張富昌爲題侯."

| 註釋 | ○湖 - 縣名. 今 河南省 靈寶市. 겨우 함곡관을 벗어난 셈이었다. ○富贍 - 부유하다. 贍은 넉넉할 섬. ○自經 - 목을 매다. ○足蹋 - 발로 차

다. 蹋 밟을 답. 차내다. ○山陽 – 군, 국명, 治所는 昌邑縣(今 山東省 菏澤市 鉅野縣 남쪽). 景帝 中元 2년(前 148)에 郡守를 太守로 개칭. ○男子 – 관직 자와 평민에게 모두 사용할 수 있는 호칭. ○新安 – 縣名. 今 河南省 三門峽 市 관할의 澠池縣(면지현). ○蓋行疑賞 – 행실이 확실하지 않아도 상을 주 지 않을 수 없는 것은, 그때까지 태자의 몸에는 현상금이 있었고 용서한다는 조서도 없었다고 한다. 발로 차서 문을 열고 목맨 시신을 끌어내린 것은 태 자를 살리려는 뜻보다도 산 채로 체포해야 큰 상을 받을 수 있기 때문이었 다. 그러나 살리려 했다고 해석하지 않을 수 없었을 것이다. 蓋 어찌 아니할 합. 덮을 개.

〖 國譯 〗

　太子는 도망하여 동쪽으로 나가 湖縣에 이르러 泉鳩里(천구리)라 는 마을에 숨었다. 주인은 가난하여 매일 신발을 팔아 태자를 봉양 하였다. 태자가 아는 사람이 湖縣이 사는데 부유하다는 말을 듣고 사람을 보내 그를 불렀으나 발각되었다. 관리들이 태자를 잡으려고 포위하자 태자는 탈출할 수 없다는 것을 알고 문을 걸어 잠그고 목 을 매었다. 山陽縣의 張富昌이란 사람은 사졸이었는데 발로 차서 문 을 열었고, 新安의 令史인 李壽란 사람은 달려가 태자를 안고 줄을 풀었으며 주인은 결국 싸우다 죽었고 황손 2사람도 모두 시해를 당 했다. 무제는 태자를 잃은 뒤에 조서를 내렸다.

　"행실이 의심스러우나 시상하지 않을 수 없는 것은 信義를 위해 서이다. 이에 李壽을 봉하여 邘侯(우후)로 삼고 張富昌을 題侯(제후) 에 봉한다."

久之, 巫蠱事多不信. 上知太子惶恐無他意, 而車千秋復
訟太子冤, 上遂擢千秋爲丞相, 而族滅江充家, 焚蘇文於橫
橋上, 及泉鳩里加兵刃於太子者, 初爲北地太守, 後族. 上
憐太子無辜, 乃作思子宮, 爲歸來望思之臺於湖. 天下聞而
悲之.

| 註釋 | ○惶恐 - 높은 자리에 눌리어 두려워하다. 惶 두려워할 황. ○車
千秋(? - 前 77) - 본명 田千秋. 前 89년 丞相에 임명, 封 富民侯. 昭帝 즉위
후 田千秋가 年老하여 坐車 上朝할 것을 허용하자 이후 車丞相 또는 車千秋
라고 불렸다. 66권, 〈公孫劉田王楊蔡陳鄭傳〉에 입전. ○橫橋 - 장안서 북쪽
橫門 밖의 교량. ○後族 - 뒤에 滅族하다.

〔國譯〕

얼마 후, 巫蠱(무고)의 일을 많은 사람들이 믿지 않았다. 무제도
태자가 두려워했지 다른 뜻이 없었음을 알았는데 車千秋가 태자의
원한을 풀어주어야 한다고 다시 아뢰었다. 무제는 마침내 차천추를
발탁하여 승상에 임명하였고 강충 가문을 멸족시켰으며, 환관 蘇文
을 橫橋에서 불태워 죽였고 泉鳩里에서 태자에게 병기를 대었던 자
를 처음에는 北地太守로 삼았었는데 나중에 멸족시켰다. 무제는 태
자가 무고히 죽었음을 가엽게 여겨 思子宮을 지었고 歸來望思之臺
을 湖縣에 세웠다. 이를 전해 들은 모두가 슬퍼했다.

初, 太子有三男一女, 女者平輿侯嗣子尙焉. 及太子敗, 皆同時遇害. 衛后,史良娣葬長安城南. 史皇孫,皇孫妃王夫人及皇女孫葬廣明. 皇孫二人隨太子者, 與太子並葬湖.

| 註釋 | ○尙 - 높은 신분을 아내로 맞이하다. ○廣明 - 苑名.

〖國譯〗

전에, 太子는 三男一女를 두었는데 딸은 平輿侯(평여후)의 아들에게 출가했었다. 태자가 죽으면서 모두 같은 시기에 해를 입었다. 衛后와 史良娣(사양제)는 長安城 남쪽에 묻혔다. 史皇孫과 皇孫의 妃인 王夫人, 그리고 皇女孫은 廣明苑에 장례했다. 두 皇孫은 태자를 따라갔었는데 태자와 함께 湖縣에 나란히 묻혔다.

太子有遺孫一人, 史皇孫子, 王夫人男, 年十八卽尊位, 是爲孝宣帝, 帝初卽位, 下詔曰, "故皇太子在湖, 未有號諡, 歲時祠, 其議諡, 置園邑." 有司奏請, "《禮》, '爲人後者, 爲之子也.' 故降其父母不得祭, 尊祖之義也. 陛下爲孝昭帝後, 承祖宗之祀, 制禮不逾閒. 謹行視孝昭帝所爲故皇太子起位在湖, 史良娣塚在博望苑北, 親史皇孫位在廣明郭北. 諡法曰, '諡者, 行之跡也.' 愚以爲親諡宜曰悼皇, 母曰悼

后, 比諸侯王園, 置奉邑三百家. 故皇太子諡曰戾, 置奉邑
二百家. 史良娣曰戾夫人, 置守塚三十家. 園置長丞, 周衛
奉守如法." 以湖閿鄕邪里聚爲戾園, 長安白亭東爲戾后園,
廣明成鄕爲悼園. 皆改葬焉.

| 註釋 | ○史皇孫子 − 戾太子와 史良娣 사이에서 난 史皇孫(이름은 劉
進, 武帝의 손자)의 아들이니 戾太子의 손자이고 武帝에게는 曾孫이다. ○宣
帝 − 原名 劉病已, 즉위 후에 詢(순)으로 개명. 재위 前 74 − 48. 武帝의 曾
孫, 戾太子 劉據의 長孫, 史皇孫 劉進의 長子. ○有司 − 各有專司의 뜻. 職
官. 담당자. ○湖閿鄕邪里聚 − 湖縣의 閿鄕(문향)의 邪里聚(야리취, 聚落 이
름). 閿은 눈 내리깔고 볼 문(閩 과 同), 뒤에 聞으로 통용.

〔國譯〕

(戾)太子에게 손자 한 사람이 살아남았으니, 곧 史皇孫(劉進)과
王夫人의 아들로 나이 18세에 존위에 올랐는데, 이가 孝宣帝이며
宣帝가 즉위하면서 조서를 내려 말했다. "돌아가신 皇太子는 湖縣
에 묻혔지만 아직 號諡(시호)가 없으나 歲時에 제사하며 시호와 園
邑을 두는 일을 논의토록 하라." 이에 有司가 奏請하였다.

"《禮》에 '후손은 그 아들에 따른다.'고 하였기에 부모를 낮추고
서는 제사할 수 없으니 이는 조상을 받드는 뜻입니다. 폐하는 孝昭
帝의 뒤를 이어 祖宗의 제사를 받들기에 그 制禮에 이런 제한을 넘
을 수는 없습니다. 삼가 생각해볼 때 昭帝는 작고하신 皇太子(戾太
子)를 湖縣에서 이으신 것이며 史良娣(宣帝의 祖母)의 塚(총)은 博望
苑(박망원)의 북쪽에 있고 (선제의) 선친이신 史皇孫의 神位는 廣明

園의 북쪽에 있습니다. 諡法(시법)에 있기를 '諡號(시호)란 (일생의) 行跡이다.'라고 하였으니, 愚見으로는 先親의 시호는 悼皇(도황)으로 하고 先妣는 悼后(도후)가 마땅할 것 같으며 諸侯王의 능원과 같게 奉邑 三百家를 두어야 합니다. 그리고 皇太子 諡號를 戾로 하고 奉邑 2百家를 두어야 합니다. 史良娣를 戾夫人이라 칭하고 守塚 30家를 두어야 합니다. 각 園에는 長丞을 두고 주변 호위와 관리는 법대로 해야 합니다."

그리하여 湖縣 閿鄕(문향) 邪里聚(야리취)를 戾園으로 만들고, 長安 白亭의 동쪽을 戾后園으로, 廣明 成鄕을 悼園으로 하였다. 그리고 모두 改葬하였다.

原文

後八歲, 有司復言, "《禮》, '父爲士, 子爲天子, 祭以天子.' 悼園宜稱尊號曰皇考, 立廟, 因園爲寢, 以時薦享焉. 益奉園民滿千六百家, 以爲奉明縣. 尊戾夫人曰戾后, 置園奉邑, 及益戾園各滿三百家."

| 註釋 | ○有司復言 - 有司는 직분이나 성명을 명시하지 않은 官吏. 設官하고 담당 職務를 구분하기에 事有專司의 뜻. 담당자. 담당 관청이나 담당 부서의 뜻으로도 쓰인다. 宣帝 元康 원년(前 65)에 승상인 魏相(위상) 등이 상주하였다. ○皇考 - '돌아가신 황제의 아버지'란 의미. 考는 돌아가신 아버지. ○奉明縣 - 縣名. 今 陝西省 西安市 서북.

8년 뒤에 담당 관리가 다시 상주하였다. 《禮》에 '부친이 士人이고 아들이 천자이면 천자의 禮로 제사한다.'고 하였으니, 悼園(도원, 곧 悼皇)을 높여 皇考라 부르고 묘당을 세울 것이며, 능묘인 園을 陵寢(능침)으로 하고 계절에 맞춰 祭享(제향)을 올려야 합니다. 奉園하는 민호를 늘려 1,600호를 채워야 하고 奉明縣으로 승격해야 합니다. 戾夫人을 높여 戾后로 하고 園의 奉邑을 두고 戾園의 민호를 늘려 3백 호를 채워야 합니다."

63-2. 齊懷王 劉閎

齊懷王閎與燕王旦, 廣陵王胥同日立, 皆賜策, 各以國土風俗申戒焉, 曰, "惟元狩六年四月乙巳, 皇帝使御史大夫湯廟立子閎爲齊王, 曰, '烏呼! 小子閎, 受茲靑社. 朕承天序, 惟稽古, 建爾國家, 封於東土, 世爲漢藩輔. 烏呼! 念哉, 共朕之詔. 惟命於不常, 人之好德, 克明顯光, 義之不圖, 俾君子怠. 悉爾心, 允執其中, 天祿永終, 厥有愆不臧, 乃凶於乃國, 而害於爾躬. 嗚呼! 保國乂民, 可不敬與! 王其戒之!'"

閎母王夫人有寵, 閎尤愛幸, 立八年, 薨, 無子, 國除.

| 註釋 | ○齊 懷王 劉閎(유굉) – 武帝의 二子. 前 117 – 110 任職. 紘 갓
끈 굉. 굵은 밧줄. ○惟元狩六年 – 前 117년. 惟는 생각할 유. 이번(是). ○御
史大夫湯 – 어사대부 張湯. 59권, 〈張湯傳〉 입전. ○靑社 – 동방의 社土. 齊
가 동쪽에 있기 때문에 靑社라 지칭. ○稽古 – 옛 제도를 참고하다. 稽는 머
무를 계. 詳考하다. ○藩輔(번보) – 지켜주고 도와주다. 藩 울타리 번. 지키
다. ○共朕之詔 – 짐의 조서를 공손히 받들라. 共은 恭. ○惟命於不常 – 천
명은 일정하지 않다. ○悉爾心 – 너의 마음을 다하여. ○允執其中 – 마땅
히 그 中正을 견지하라. 允 마땅할 윤. 진실로. ○厥有愆不臧 – 허물이 있고
善하지 않다면. 厥 그 궐. 그것. 거기. ○乂民 – 乂 벨 예, 다스릴 예.

〖 國譯 〗

　齊 懷王(회왕) 劉閎(유굉)과 燕王 劉旦(유단), 廣陵王 劉胥(유서)는
같은 날 冊立되어 모두 策書를 받았는데 각각 땅과 풍속에 따라 거
듭 훈계하였다.

　"이번 元狩 6년 4월 乙巳일에 황제께서는 어사대부 張湯을 시켜
종묘에서 황자 劉閎을 齊王에 책립케 하면서 이르노라. '烏呼라! 小
子 閎(굉)은 이 동방 社土를 받을지어라. 짐은 하늘의 뜻을 받들고
옛일을 계고하여 너의 나라를 세워주며 동쪽 땅에 책봉하나니 대대
로 漢을 지키고 보필하라. 오호라! 유념할지어니 짐의 조명을 받들
라. 저 天命은 일정하지 않나니 사람이 덕을 베풀어야 밝게 빛날 것
이며 義를 따르지 않는다면 君子(관리)들이 게으를 것이다. 너의 마
음을 다하여 中正을 견지한다면 天祿이 영원하겠지만 허물이 있고
선하지 않다면 너의 나라에 흉사가 있을 것이고 네 몸을 해치게 될

것이다. 오호라! 나라를 지키고 백성을 다스리되 공경하지 않을 수 있겠는가! 왕은 이를 조심할지어라!'"

유굉의 생모 王夫人이 총애를 받으면서 유굉 또한 사랑을 많이 받았으나 왕이 된지 8년에 죽었고 아들이 없어 나라가 없어졌다.

63-3. 燕刺王 劉旦

原文

燕刺王旦賜策曰, "嗚呼! 小子旦, 受茲玄社, 建爾國家, 封於北土, 世爲漢藩輔. 嗚呼! 薰鬻氏虐老獸心, 以姦巧邊甿. 朕命將率, 徂征厥罪. 萬夫長, 千夫長, 三十有二帥, 降旗奔師. 薰鬻徙域, 北州以妥. 悉爾心, 毋作怨, 毋作棐德, 毋乃廢備. 非敎士不得從徵. 王其戒之!"

|註釋| ○燕 刺王 劉旦(유단, 前 117 - 80년 在任) - 李姬 소생, 昭帝의 이복 형. ○玄社 - 北方의 社土. 玄 검을(黑) 현. 북방의 색. ○薰鬻氏(훈육씨) - 흉노족의 다른 명칭. 鬻는 묽은 죽 죽. 팔 육. 鬻粥(훈육) 同. ○虐老 - 노인을 학대하다. 흉노 습속은 노인을 학대하는데 노인을 죽여 그 고기를 먹는다는 말도 전해왔다. ○邊甿(변맹) - 甿 백성 맹. ○徂征厥罪 - 가서 그 죄를 징벌하다. 徂 갈 조. 往也. ○三十有二帥 - 흉노의 장수 32명을 생포했다

는 뜻. ○北州以妥 - 북방의 고을이 안정되다. 妥(온당할 타)는 綏(편안할 수)의 古字. 安也. ○棐德 - 비덕. 덕에 어긋나는 일. 棐(도지개 비)는 非의 古字. ○毋乃廢備 - '毋廢乃備'가 되어야 함. 廢하지 말고 대비하라.

[國譯]

燕 刺王(날왕) 劉旦(유단)에게 내린 책서에서 말했다.

"嗚呼라! 小子 旦은 이 북방의 社土를 받을지어니, 너의 나라를 세워 북쪽 땅에 봉하나니 대를 이어 漢을 지키고 도울지어라. 오호라! 훈육씨(흉노)는 노인을 학대하는 짐승 같은 마음으로 북쪽 백성에게 나쁜 짓을 했었다. 짐은 장수들을 시켜 출정케 하여 그 죄를 물었노라. 萬夫長과 千夫長 등 32명의 장수를 생포하니 흉노는 깃발을 내리고 투항하였도다. 흉노가 옮겨가니 북쪽 지역이 안정되었노라. 너의 마음을 다하여 원한을 만들지 말고 은덕을 버리지 말며 군사적 대비를 갖추도록 하라. 백성을 가르치지 않았다면 징발할 수 없나니 왕은 이를 명심할지어라!"

原文

旦壯大就國, 爲人辯略, 博學經書,雜說, 好星歷,數術,倡優,射獵之事, 招致游士. 及衛太子敗, 齊懷王又薨, 旦自以次第當立, 上書求入宿衞. 上怒, 下其使獄. 後坐臧匿亡命, 削良鄕,安次,文安三縣. 武帝由是惡旦, 後遂立少子爲太子.

| 註釋 | ○辯略 - 말솜씨가 있고 활달하다. ○數術 - 占卜. ○衛太子敗

－巫蠱의 禍로 衛太子(戾太子)가 죽다. ◦臧匿亡命 － 도망자를 숨겨주다. 臧匿은 藏匿(장익). 숨기고 감추다. ◦良鄕 － 縣名. 今 北京市 房山區. ◦安次 － 縣名. 今 河北省 廊坊市 관할의 安次區. 북경시 남쪽. ◦文安 － 今 河北省 廊坊市 관할의 文安縣. ◦立少子爲太子 － 趙婕妤(조첩여, 鉤弋夫人) 소생의 劉弗陵(昭帝).

〔國譯〕

劉旦은 성인이 되어 封國에 취임하였는데 사람이 말을 잘하고 활달하였으며 經書와 雜說을 두루 공부했고 星歷과 占卜, 광대놀음과 사냥도 좋아하였으며 유랑하는 才士를 끌어들였다. 衛太子가 죽고 이어 齊 懷王도 죽자 유단은 응당 즉위할 차례라 생각하고 입궁하여 숙위하겠다고 上書하였다. 武帝는 화를 내며 사자를 옥에 가두게 하였다. 뒤에 도망자를 숨겨준 일에 연좌되어 良鄕, 安次, 文安 三縣을 삭감 당했다. 武帝는 이 때문에 유단을 더 미워하였고, 그 뒤에 막내아들(昭帝)을 태자로 봉했다.

原文

帝崩, 太子立, 是爲孝昭帝, 賜諸侯王璽書. 旦得書, 不肯哭, 曰, "璽書封小. 京師疑有變." 遣幸臣壽西長,孫縱之,王孺等之長安, 以問禮儀爲名. 王孺見執金吾廣意, 問, "帝崩所病? 立者誰子? 年幾歲?" 廣意言, "待詔五莋宮, 宮中讙言帝崩, 諸將軍共立太子爲帝, 年八九歲, 葬時不出臨." 歸以報王. 王曰, "上棄群臣, 無語言, 蓋主又不得見, 甚可怪

也." 復遣中大夫至京師上書言, "竊見孝武皇帝躬聖道, 孝
宗廟, 慈愛骨肉, 和集兆民, 德配天地, 明並日月. 威武洋溢,
遠方執寶而朝, 增郡數十, 斥地且倍. 封泰山, 禪梁父, 巡狩
天下, 遠方珍物陳於太廟, 德甚休盛, 請立廟郡國."

　奏報聞, 時大將軍霍光秉政, 褒賜燕王錢三千萬, 益封萬
三千戶. 旦怒曰, "我當爲帝, 何賜也!" 遂與宗室中山哀王
子劉長, 齊孝王孫劉澤等結謀, 詐言以武帝時受詔, 得職吏
事, 修武備, 備非常.

┃註釋┃ ○孝昭帝 - 재위 前 86 - 74. ○璽書(새서) - 옥새를 찍은 문서.
詔書. ○封小 - 문서가 짧다는 뜻. ○壽西長(수서장) - 인명. 壽西는 복성.
○廣意 - 人名. 郭廣意. 집금오는 궁궐 밖, 장안을 순찰하며 치안 유지 담당
관. ○所 - 何. ○讙言 - 여러 말이 많다. 讙은 시끄러울 환(喧). ○臨 - 哭
하다. ○上棄群臣 - 주상이 여러 신하를 버리다. '붕어하다'의 다른 표현.
○蓋主(개주) - 鄂邑公主(악읍공주, ? - 前 80), 蓋長公主 또는 鄂邑蓋長公主
라 호칭. 武帝의 딸. 上官桀 부자와 연결하여 霍光(곽광)을 죽이려는 계획에
동참. 누설되자 자살했다. ○洋溢 - 크게 성하고 넘치는 모양. 溢 넘칠 일.
○德甚休盛 - 休는 美也. ○劉長(? - 前 86) - 中山 哀王 劉昌의 아들. 昭帝
즉위 후에 燕王 劉旦을 황제로 즉위시키려 했으나 음모가 사전에 발각되어
자살했다. 高祖의 막내아들 淮南王 劉長(前 198 - 174)과 同名이나 후세 사
람이다. ○得職吏事 - 職은 주관하다. 吏事는 행정 업무.

〔國譯〕
　무제가 붕어하자 태자가 즉위하니, 이가 孝昭帝로 諸侯王에게 璽

書(새서, 詔書)를 내렸다. 연왕 旦(단)은 조서를 받고 통곡하려 하지 않고 말했다. "조서가 짧다. 장안에 변고가 있는지 의심이 든다." 그리고서는 측근의 壽西長(수서장), 孫縱之(손종지), 王孺(왕유) 등을 예의를 묻는다는 명분으로 장안에 보냈다. 王孺는 執金吾인 郭廣意에게 물었다.

"선제께서는 무슨 병으로 붕어하셨는가요? 즉위하신 분은 어느 아들인가요? 연세는 얼마나 됩니까?" 郭廣意가 말했다. "五柞宮(오작궁)에서 조서를 받았고, 궁중에서 황제가 붕어하셨다고 소란했었지만 여러 장군들이 함께 태자를 황제로 옹립하였으며 연세는 8, 9세라고 하며 장례 시에 나와 통곡하지는 않았습니다."

이들이 돌아와 연왕에게 보고하였다. 이에 연왕이 말했다.

"선제께서 붕어하시면서 아무 말씀이 없고 蓋長公主(개장공주)도 못 보았다 하니 매우 이상하다." 그리고 다시 中大夫를 京師에 보내 上書하였다.

"저의 소견으로는, 孝武皇帝는 聖道를 실천하시며 宗廟에 효도하시고 골육에게 자애로웠고 백성들에게도 화락하셨으니 그 덕은 천지와 같고 밝기는 日月과 같았습니다. 武威를 크게 떨치시니 먼 곳에서 보물을 가지고 입조하였으며 수십 개의 郡을 새로 설치하고 영역을 배로 넓히셨습니다. 泰山과 梁父山(양보산)에서 봉선을 하셨고 천하를 순수하셨고 먼 이국의 진기한 물건들을 太廟에 전시하셨으니 그 은덕이 아름답고 크시기에 군국인 燕나라에 사당을 설치하려 합니다."

이러한 상주문이 보고되자, 당시 권력을 독점하고 있던 대장군 霍光(곽광)은 연왕을 포상하는 뜻으로 錢 3천만 전을 하사하고 1만3

천호를 추가로 봉해 주었다. 이에 연왕 유단은 화를 내며 말했다. "내가 응당 황제가 되어야 하는데 어찌 하사를 받아야 하나!" 그리고서는 종실인 中山國 哀王의 아들 劉長, 齊 孝王의 손자인 劉澤 등과 모의하며 武帝 때 이미 조서를 받았다고 거짓말을 하면서 관리의 업무를 주관하며 무기를 정비하며 비상사태에 대비하였다.

原文

長於是爲旦命令群臣曰, "寡人賴先帝休德, 獲奉北藩, 親受明詔, 職吏事, 領庫兵, 飭武備, 任重職大, 夙夜兢兢, 子大夫將何以規佐寡人? 且燕國雖小, 成周之建國也, 上自召公, 下及昭,襄, 於今千載, 豈可謂無賢哉? 寡人束帶聽朝三十餘年, 曾無聞焉. 其者寡人之不及與? 意亦子大夫之思有所不至乎? 其咎安在? 方今寡人欲撟邪防非, 章聞揚和, 撫慰百姓, 移風易俗, 厥路何由? 子大夫其各悉心以對, 寡人將察焉." 群臣皆免冠謝.

郎中成軫謂旦曰, "大王失職, 獨可起而索, 不可坐而得也. 大王一起, 國中雖女子皆奮臂隨大王." 旦曰, "前高后時, 僞立子弘爲皇帝, 諸侯交手事之八年. 呂太后崩, 大臣誅諸呂, 迎立文帝, 天下乃知非孝惠子也. 我親武帝長子, 反不得立, 上書請立廟, 又不聽. 立者疑非劉氏."

| 註釋 | ○飭武備 − 武備를 정돈하다. 飭(신칙할 칙)은 정돈 정비하다.

○召公 - 周의 召公奭. 무왕의 동성제후. 召公奭이 甘棠樹 아래에서 聽訟했다 하여 '甘棠遺愛'의 성어가 생겼다. ○昭,襄 - 昭王과 襄王. 전국시대 燕王. ○不及與 - 與는 歟(여) 의문어기사. ○撟邪防非 - 邪를 바로잡고(正) 非理를 막으려 하다. 撟 들어 올릴 교. 바로 하다(正). 矯와 同. ○大王失職 - 大王이 제위를 계승하지 못하다. ○子弘 - 惠帝 다음에 즉위했던 前 少帝의 이름은 劉恭인데 여후에 의해 피살. 이후 제위에 오른 허수아비 두 번째 (後) 少帝인 劉弘. 原名은 劉山인데 劉義로 개명했다가 제위에 오른 뒤 다시 劉弘으로 개명. 형식상 4대 皇帝로 前 184 - 180 재위, 呂氏 일족이 제거되면서 피살. ○交手事之八年 - 交手는 拱手(공수). 8년은 前, 後 少帝 2명의 재위 기간. 곧 呂后가 칭제하던 기간.

〔 國譯 〕

(中山王) 劉長은 이에 劉旦을 위해 여러 신하들에게 말했다.

"寡人은 先帝의 美德에 힘입어 북쪽 땅의 제후가 되어 친히 조서를 받아 행정을 감독하고 府庫와 병력을 거느리며 군사 장비를 정비하는 중요한 업무를 수행하면서 밤낮으로 애쓰는데 여러 大夫들은 나를 어떻게 도우려 하는가? 그리고 燕國이 비록 작다지만 周代에 건국되었으며 위로는 召公부터 시작하여 아래로는 昭王과 襄王에 이르도록 천년을 지속하였으니 어찌 賢人이 없겠는가? 寡人은 束帶하고 30여 년을 섬기면서 일찍이 인재가 없다는 말을 들은 적이 없소. 그렇다면 현인을 과인이 함께 할 수 없겠는가? 아니면 여러분들의 생각이 여기까지 미치지 못하였는가? 그 허물은 어디에 있는가? 과인은 지금 사악과 비리를 바로잡고 막으며 바른 말을 듣고 화합하며 백성을 慰撫(위무)하고 풍속을 바로잡으려 하는데 그 길은 무엇인가? 여러분이 진심을 말해준다면 과인은 꼭 살피겠노라."

군신들은 모두 관을 벗고 사죄하였다.

郞中인 成軫(성진)이란 사람이 燕王 旦에게 말했다.

"大王께서 제위에 오르지 못하였는데 기병하지도 않고 그냥 얻으려 하는데 앉아서 차지할 수 있는 것은 아닙니다. 대왕께서 일단 기병하시면 나라 안에서 비록 부녀자라도 팔을 걷어붙이고 대왕을 따를 것입니다."

이에 연왕 旦이 말했다. "전날 高后 시절에 혜제의 가짜 아들인 劉弘을 황제로 옹립하였는데도 제후들은 拱手(공수)하고 8년을 섬기었었다. 呂太后가 죽자 大臣이 여씨 일족을 주살하고 文帝를 영입하면서 孝惠帝의 아들이 아닌 것을 천하가 그때서야 알았었다. 나는 武帝의 親長子인데 오히려 제위에 오르지도 못했고 상서하여 무제의 묘당을 건립하려 했지만 허락받지 못했다. 이번에 즉위한 사람은 아마 유씨가 아닐 것이다."

原文

郞與劉澤謀爲姦書, 言少帝非武帝子, 大臣所共立, 天下宜共伐之. 使人傳行郡國, 以搖動百姓. 澤謀歸發兵臨淄, 與燕王俱起. 旦遂招來郡國姦人, 賦斂銅鐵作甲兵, 數閱其車騎材官卒, 建旌旗鼓車, 旄頭先驅, 郞中侍從者著貂羽, 黃金附蟬, 皆號侍中. 旦從相,中尉以下, 勒車騎, 發民會圍, 大獵文安縣, 以講士馬, 須期日. 郞中韓義等數諫旦, 旦殺義等凡十五人. 會觪侯劉成知澤等謀, 告之靑州刺史雟不疑,不疑收捕澤以聞. 天子遣大鴻臚丞治, 連引燕王. 有詔勿治, 而劉澤等伏誅, 益封軿侯.

| 註釋 | ○臨淄(임치) – 齊의 도성. 今 山東省 淄博市(치박시) 臨淄區. ○材官卒 – 강궁을 쏠 수 있는 건장한 보병. ○旄頭先驅(모두선구) – 天子의 의장대로 앞에 나가는 騎兵. ○貂羽(초우) – 담비 꼬리로 관을 장식하다. ○黃金附蟬 – 황금의 매미 날개로 冠을 장식하다. ○以講士馬 – 講은 익히다. 훈련시키다. ○軿侯 劉成 – 菑川靖王 劉建의 아들 軿侯(병후) 劉成(? – 前 69). 軿 두레박 병. ○雋不疑(전불의) – 人名. 나중에 京兆尹으로 승진하였다. 경조윤은 군수와 동급이지만 그 지위는 비교가 되지 않을 정도로 높았다. 경조윤의 치소는 장안 성내에 있었다. 71권, 〈雋疏于薛平彭傳〉에 立傳. 雋 새 살찐 전. 성씨. 영특할 준, 새매 준. ○有詔勿治 – 漢에서는 宗正 등을 보내 연왕 旦을 설득했고 연왕 단이 먼저 사죄하여 처벌은 면했다.

〔國譯〕

어린 황제는 무제의 아들이 아닌데도 대신들이 함께 옹립하였으니 천하가 모두 같이 토벌해야 한다는 허위 문서를 즉시 齊王 劉澤(유택)과 함께 만들기로 모의하였다. 연왕은 사자를 각 郡國에 보내어 백성들을 선동키로 하였다. 劉澤은 모의하고 돌아와 임치에서 군사를 일으켜 燕王과 함께 기병하기로 하였다. 연왕 旦은 나라 안의 姦人들을 불러 모으고 구리와 쇠를 거두어 갑옷과 무기를 만들며 車騎와 弓手와 보졸을 자주 검열하고 천자용 깃발과 천자의 의장 기병대를 설치하고 郎中과 侍從者들은 모두 담비 꼬리로 장식한 관을 쓰고 황금빛 매미 날개를 관에 부치게 하면서 모두를 侍中이라고 호칭하였다. 연왕 旦은 相과 中尉 以下의 관원을 거느리고 車騎郡을 통

제하며 백성을 동원하여 사냥터를 포위하게 하고 文安縣에서 크게
사냥을 하며 군사와 말들을 조련하고 약속일을 기다렸다. 郎中인 韓
義 등은 여러 번 연왕을 간쟁하였으나 연왕은 韓義 등 모두 15명을
죽여 버렸다. 그때 缾侯(병후) 劉成은 齊王 劉澤 등의 모의를 알고 靑
州刺史인 雋不疑(전불의)에게 알렸고 전불의는 유택을 체포한 뒤 중
앙에 보고하였다. 昭帝는 大鴻臚丞을 보내 조사케 하여 燕王을 자백
케 했다. 조서를 내려 연왕을 처벌하지 않게 했지만 劉澤 등은 처형
하였고, 缾侯(병후)의 식읍을 늘려주었다.

原文

久之, 旦姊鄂邑蓋長公主,左將軍上官桀父子與霍光爭權
有隙, 皆知旦怨光, 卽私與燕交通. 旦遣孫縱之等前後十餘
輩, 多齎金寶走馬, 賂遺蓋主. 上官桀及御史大夫桑弘羊等
皆與交通, 數記疏光過失與旦, 令上書告之. 桀欲從中下其
章. 旦聞之, 喜, 上疏曰, “昔秦據南面之位, 制一世之命, 威
服四夷, 輕弱骨肉, 顯重異族, 廢道任刑, 無恩宗室. 其後尉
佗入南夷, 陳涉呼楚澤, 近狎作亂, 內外俱發, 趙氏無炊火
焉. 高皇帝覽蹤跡, 觀得失, 見秦建本非是, 故改其路, 規土
連城, 布王子孫, 是以支葉扶疏, 異姓不得間也. 今陛下承
明繼成, 委任公卿, 群臣連與成朋, 非毀宗室, 膚受之訴, 日
騁於廷, 惡吏廢法立威, 主恩不及下究. 臣聞武帝使中郎將
蘇武使匈奴, 見留二十年不降, 還寘爲典屬國. 今大將軍長

史敞無勞, 爲搜粟都尉. 又將軍都郎羽林, 道上移蹕, 太官先置. 臣旦願歸符璽, 入宿衛, 察奸臣之變."

| 註釋 | ○上官桀(상관걸, ? − 前 80) − 武帝, 昭帝를 섬김. 孫女 上官氏가 昭帝의 황후. 上官은 複姓. ○交通 − 왕래하다. 연결되다. ○走馬 − 善走之馬. ○尉佗入南夷 − 尉佗는 趙佗(조타). 진시황 때 남쪽 지방의 현령이었다가 2세 때 지금의 桂林 지역에 들어가 자립하여 남월왕이 되었다. ○陳涉呼楚澤 − 陳涉(진승)이 楚의 땅인 大澤鄕에서 처음으로 봉기하였다(前 209). ○近狎作亂(근압작란) − 가까운 측근이 장난을 치다.(환관 趙高의 弄奸을 뜻함). ○趙氏無炊火焉 − 趙氏는 秦의 國姓을 뜻함. 無炊火는 제사의 불씨가 꺼지다. 나라가 망하다. ○膚受之訴 − 사실과 다른 참소. ○還亶爲典屬國 − 亶 믿음 단. 다만(但과 同). 屬國은 漢의 변방 郡縣에 거주하는 이민족의 집단. ○楊敞(양창) − 96권,〈公孫劉田王楊蔡陳鄭傳〉에 입전. ○都郎羽林 − 都는 총괄하다. 총 지휘하다. ○太官先置 − 太官은 太官令. 少府의 속관. 秩 一千石. 앞에 글자가 빠진 것 같다는 주석이 있다.

〖 國譯 〗

　얼마 후, 연왕 劉旦(유단)의 누이인 鄂邑蓋長公主(악읍개장공주)와 左將軍 上官桀(상관걸) 父子와 霍光(곽광) 간에 권력 다툼에 사이가 나빠졌는데 이들은 연왕 유단이 곽광을 미워하는 것을 알고 즉시 은밀히 연왕과 연결되었다. 유단은 孫縱之 등을 전후 10여 차례 보내면서 많은 금은보화와 잘 달리는 말을 개장공주에게 보냈다. 상관걸과 어사대부 桑弘羊(상홍양) 등은 서로 연락하면서 곽광의 과실을 적어 유단에게 보내어 유단으로 하여금 소제에게 상소하였다. 상관걸도 그에 따른 글을 지어 보내주기로 하였다. 유단은 이를 듣고 좋아하면서 상서하였다.

"예전에 秦이 南面하고 一世를 호령하면서 四夷를 힘으로 굴복시켰는데 황실의 골육을 약화시키고 다른 씨족을 높이 중용하였으며 왕도를 따르지 않고 형벌에 의존하며 종실에 아무 은택을 내리지 않았습니다. 그러자 尉佗(위타)는 남쪽으로 도주하였고 陳涉(陳勝)은 楚의 대택향에서 起義하였으며, 가까운 사람(趙高)이 농간을 부리니 內外에서 환난이 함께 일어나 秦나라는 멸망하였습니다. 高皇帝께서는 그 자취를 보셨으며 그 득실을 살피시어 秦이 근본을 강하게 해야 하나 그렇지 않았음을 아시고 그 길(통치 방법)을 바꾸었으니 땅을 나누고 성을 이어 자손을 왕으로 배치하시니 이로써 본줄기와 잎이 함께 번성하였고 異姓이 끼어들지 못하였습니다. 지금 폐하께서는 이런 밝은 전통을 이어가면서 아래의 公卿에게 일임하셨지만 群臣들은 떼를 짓고 무리를 만들어 종실을 헐뜯고 사실도 아닌 참소를 하여 날마다 법정으로 나가게 만들었으며, 惡吏들은 법을 무시하고 위세를 부리니 폐하의 은택이 아래까지 내려오지 못하고 있습니다. 臣이 알기로, 武帝께서는 中郎將 蘇武를 흉노에 사신으로 보냈고 20년을 억류되었지만 투항하지 않고 돌아와 겨우 屬國의 일을 맡아보게 하였습니다. 지금 大將軍(霍光)의 長史인 楊敞(양창)은 아무 공로도 없이 搜粟都尉가 되었습니다. 또 大將軍은 우림군을 총괄하면서 길을 치우게 하며 太官을 먼저 보냈습니다. 臣 旦은 입궁하여 옥새를 반납하고 숙위하면서 간신들의 변란을 살피고자 합니다."

　是時, 昭帝年十四, 覺其有詐, 遂親信霍光, 而疏上官桀
等. 桀等因謀共殺光, 廢帝, 迎立燕王爲天子. 旦置譯書, 往
來相報, 許立桀爲王, 外連郡國豪傑以千數. 旦以語相平,
平曰, "大王前與劉澤結謀, 事未成而發覺者, 以劉澤素誇,
好侵陵也. 平聞左將軍素輕易, 車騎將軍少而驕, 臣恐其如
劉澤時不能成, 又恐旣成, 反大王也." 旦曰, "前日一男子
詣闕, 自謂故太子, 長安中民趣鄕之, 正讙不可止, 大將軍
恐, 出兵陳之, 以自備耳. 我帝長子, 天下所信, 何憂見反?"
後謂群臣, "蓋主報言, 獨患大將軍與右將軍王莽. 今右將軍
物故, 丞相病, 幸事必成, 徵不久." 令群臣皆裝.

| 註釋 | ○相平 – 平은 이름. 燕國의 행정책임자인 相. 姓 미상. ○車騎
將軍 – 票騎將軍(上官安)이어야 한다는 註에 따른다. ○自謂故太子 – 張延
年(또는 成方遂)란 점쟁이가 있었는데 그전에 戾太子의 舍人이 점을 치러
왔다가 戾태자와 모습이 매우 닮았다고 말했다. 이 사람이 昭帝 始元 5년(前
82)에 궁궐 앞에 나타나 자신이 戾太子라고 말했다. 당시 京兆尹이었던 雋不
疑(전불의)가 잡아 치죄하여 가짜임을 밝혀내고 斬殺(참살)하였다. 71권, 〈雋
疏于薛平彭傳〉 참고. ○右將軍 王莽 – 漢을 멸망시킨 王莽과는 同名異人.
○物故 – 죽다. 죽이다.

〔國譯〕

　이때 昭帝는 나이 14세로 상서 내용이 거짓이라는 것을 알고 있
었으며 마침내 霍光을 신임하고 上官桀 등을 멀리 하였다. 상관걸

등은 이를 계기로 함께 곽광을 죽인 뒤, 昭帝를 폐하고 연왕을 영입하여 황제로 모시기로 모의하였다. 연왕 旦은 譯書를 두고 오가는 소식을 서로에게 알려주었고 상관걸을 王에 봉하기로 약속하였으며 인접 군국의 호걸을 수천 명을 모았다. 연왕이 이를 相인 平에게 말하자 平이 말했다.

"大王은 전에 劉澤과 모의하였으나 일이 실패하고 발각된 것은 유택이 평소에 떠벌리기와 끼어들기를 좋아했기 때문입니다. 제가 평소에 듣기로, 좌장군(상관걸)은 평소에 사람이 경박하며 車騎將軍(票騎將軍 上官安)은 나이도 어린데다가 교만하다니 臣은 劉澤 때처럼 성공하지 못할까 걱정이며 또 성공한다 하여도 대왕에게 반기를 들 것입니다."

그러자 유단이 말했다.

"前日에 어떤 남자가 궁에 들어가서 예전의 태자라고 말하자 장안의 백성들이 갑자기 그를 따르며 소란해져 그치게 할 수 없었으며 대장군 곽광도 두려워하여 군사를 동원하고 대비했었다. 내가 전 황제의 長子인 것을 천하가 다 믿고 있는데 왜 내가 반역당할 것을 걱정하겠는가?"

그리고 뒤에 여러 신하들에게 말했다. "蓋長公主가 알려오기를 다만 大將軍과 右將軍 王莽(왕망)만이 걱정된다고 하였는데, 지금 右將軍은 죽었고 丞相은 앓고 있으니 거사는 틀림없이 성공할 것이고 여러분을 부를 날도 머지 않았다."

이에 여러 신하들은 복종하는 척하였다.

原文

　是時天雨, 虹下屬宮中飮井水, 井水竭. 廁中豕群出, 壞大官竈. 烏鵲鬪死. 鼠舞殿端門中. 殿上戶自閉, 不可開. 天火燒城門. 大風壞宮城樓, 折拔樹木. 流星下墮. 后妃以下皆恐. 王驚病, 使人祠葭水,台水. 王客呂廣等知星, 爲王言, "當有兵圍城, 期在九月,十月, 漢當有大臣戮死者." 語具在〈五行志〉.

|註釋| ○屬 – 닿다. 連也. ○廁中 – 돼지우리. ○大官竈 – 大官令(太官令)의 부엌. 大官은 大官令(太官令)으로 황제나 왕의 식사를 조리하고 주선한다. 竈 부엌 조. ○端門 – 왕궁의 正南門. ○葭水(가수), 台水(이수) – 水名. 台 별 태. 기뻐할 이.

[國譯]

　이 무렵에 하늘에서 비가 내리는데 무지개가 궁중 마시는 우물에 닿았고 우물이 다 말라버렸다. 돼지우리의 돼지가 떼를 지어 탈출했고 大官令의 부엌이 무너졌다. 까마귀와 까치가 싸우다가 죽었다. 쥐들이 궁정 남문에서 춤을 추었다. 전각의 문이 저절로 닫혀 열 수가 없었다. 하늘에서 떨어진 불덩이에 성문이 타 버렸다. 큰 바람에 궁성의 누각이 무너졌고 나무가 뽑히고 부러졌다. 流星이 떨어졌다. 后妃 이하 여러 사람이 모두 두려워했다. 燕王이 놀라 병이 났고 사람을 보내 葭水(가수)와 台水(이수)에 제사를 지내게 했다. 왕의 빈객인 呂廣 등 천문을 보는 사람이 왕에게 말했다.

　"틀림없이 군사가 성을 포위할 것인데 9월이나 10월일 것이며 漢

에서도 틀림없이 대신들이 도륙당할 것입니다."

이런 내용은 〈五行志〉에 있다.

原文

王愈憂恐, 謂廣等曰, "謀事不成, 妖祥數見, 兵氣且至, 柰何?" 會蓋主舍人父燕倉知其謀, 告之, 由是發覺. 丞相賜璽書, 部中二千石逐捕孫縱之及左將軍桀等, 皆伏誅. 旦聞之, 召相平曰, "事敗, 遂發兵乎?" 平曰, "左將軍已死, 百姓皆知之, 不可發也." 王憂懣, 置酒萬載宮, 會賓客,群臣,妃妾坐飮. 王自歌曰, "歸空城兮, 狗不吠, 雞不鳴, 橫術何廣廣兮, 固知國中之無人!" 華容夫人起舞曰, "髮紛紛兮寘渠, 骨籍籍兮亡居. 母求死子兮, 妻求死夫. 裴回兩渠間兮, 君子獨安居!" 坐者皆泣.

| 註釋 | ○柰何 – 어찌하다. 어찌하여. 柰 어찌 내. 어찌 나. ○舍人 – 궁중 일을 보는 사람. ○憂懣 – 걱정하다. 懣 번민할 만. ○橫術 – 가로지른 도로. 術은 道路. ○寘渠(치거) – 물도랑에 처박히다. 寘 둘 치(置也). 渠 도랑 거. ○籍籍(적적) – 흩어진 모양. 이리저리 쌓인 모양. 紛紛. ○裴回 – 徘徊(배회).

〖國譯〗

燕王은 더욱 두려워 걱정하면서 여광 등에게 말했다. "하려던 일을 실패하였고 요상한 일만 자꾸 나타나며 전쟁이 날 것 같다니 어찌해야 하는가?" 마침 개장공주의 숨人의 부친인 燕倉(연창)이 그 모의를 알고 고발하여 일이 발각되었다. 丞相이 璽書(새서, 國書)를 보내며 中二千石을 시켜 孫縱之(손종지)와 左將軍 上官桀 등을 체포하였고 모두 사형에 처했다. 연왕 유단은 이 소식을 듣고 相人 平을 불러 말했다. "일이 들통 났는데 군사를 출동시켜도 되겠는가?" 平이 말했다. "左將軍이 이미 죽었고 백성들이 다 알 것이니 출동할 수 없습니다."

연왕은 번민하면서 萬載宮에 주석을 마련하고 賓客과 群臣, 그리고 妃妾들을 모아 술을 마셨다. 연왕이 노래를 불렀다.

"空城에 돌아오나니 개도 아니 짖고 닭도 울지 않네. 가로 지른 길은 어찌 이리 넓디넓으니 나라에 백성이 없는 줄 알겠노라!"

華容夫人이 일어나 춤을 추며 노래했다.

"머리카락 흩어져 도랑에 처박혔고 뼈들이 이리저리 쌓였으니 사는 이 없네. 어미는 죽은 아들, 아내는 죽은 남편을 찾고 있네! 물도랑 사이를 배회하나니 君子는 어디서 살려는가!"

자리에 있던 모두가 눈물을 흘렸다.

原文

有赦令到, 王讀之, 曰, "嗟乎! 獨赦吏民, 不赦我." 因迎后姬諸夫人之明光殿, 王曰, "老虜曹爲事當族!" 欲自殺. 左右曰, "黨得削國, 幸不死." 后姬夫人共啼泣止王. 會天子使使者賜燕王璽書曰, "昔高皇帝王天下, 建立子弟以藩屛社稷. 先日諸呂陰謀大逆, 劉氏不絶若髮, 賴絳侯等誅討賊亂, 尊立孝文, 以安宗廟, 非以中外有人, 表裏相應故邪? 樊, 酈, 曹, 灌, 攜劍推鋒, 從高帝墾菑除害, 耘鋤海內, 當此之時, 頭如蓬葆, 勤苦至矣, 然其賞不過封侯. 今宗室子孫曾無暴衣露冠之勞, 裂地而王之, 分財而賜之, 父死子繼, 兄終弟及. 今王骨肉至親, 敵吾一體, 乃與他姓異族謀害社稷, 親其所疏, 疏其所親, 有逆悖之心, 無忠愛之義. 如使古人有知, 當何面目復奉齊酹見高祖之廟乎!"

旦得書, 以符璽屬醫工長, 謝相二千石, "奉事不謹, 死矣." 卽以綬自絞. 后夫人隨旦自殺者二十餘人. 天子加恩, 赦王太子建爲庶人, 賜旦謚曰剌王. 旦立三十八年而誅, 國除.

| 註釋 | ○老虜曹 – 죄인들. 曹는 무리(輩). ○黨得削國 – 혹시 나라의 땅을 삭감당하다. 黨은 儻. 만일. 혹시. 削은 깎을 삭. ○藩屛(번병) – 울타리. 藩 울타리 번. 屛 가릴 병. 병풍. ○樊, 酈, 曹, 灌 – 모두 개국공신. 樊噲(번쾌), 酈商(역상), 灌嬰(관영)은 41권, 〈樊酈滕灌傅靳周傳〉에 입전. 曹는 曹參(조참). 39권, 〈蕭何曹參傳〉에 입전. ○攜劍推鋒(휴검추봉) – 칼과 창을 들고 싸우다. 攜 끌 휴. 가지다. 携(휴)의 古字. ○墾菑除害(간치제해) – 묵은 밭을 일구듯 해악을 제거하다. 墾 개간할 간. 菑 묵정 밭 치. ○蓬葆(봉보) – 흐트러지다. 蓬 쑥 봉, 흐트러질 봉. 葆 더부룩할 보. ○敵吾一體 – 나의 손발과 같다. 敵은 等也. ○齊酹 – 술을 따라 올리다. 齊는 齋(재계할 재).

酎 진한 술 주. 醇酒(순주). ○醫工長 - 醫官. ○以綬自絞 - 綬 인끈 수. 줄.
絞는 목맬 교. ○剌王(날왕) - 諡法(시법)에 사납고 親함이 없으면 剌(어그러
질 날)이라고 했다. 剌(어그러질 날. 剌 là). 刺(찌를 자)가 아님. ○旦立三十八
年而誅 - 元封 원년(前 80).

〔國譯〕

　사면령이 내려오자 연왕이 읽고서 말했다. "아! 관리들만 사면하
고 나를 용서하지 않는구나." 그리고 왕후와 姬妾(희첩)들을 明光殿
에서 만나본 뒤에 왕이 말했다. "우리 죄인들은 마땅히 죽어야 한
다!" 그리고 자살하려 했다. 이에 측근들이 말했다. "만약 영지를 삭
감당한다면 죽지 않을 수도 있습니다." 왕후와 여러 부인들이 울면
서 왕을 만류했다. 그때 천자가 사자를 시켜 연왕에게 璽書(새서, 詔
書)를 내려 말했다.

　"옛날에 고조께서는 천하를 차지하고서 자제를 책립하여 사직의
울타리로 삼았었다. 전날에 呂氏들이 대역의 음모를 꾸밀 때 劉氏들
은 머리카락처럼 명맥을 이어오다가 絳侯(강후, 周勃) 등이 亂賊을 토
벌하고 文帝를 옹립하고 종묘를 안정시켰는데, 이는 안과 밖에 인재
가 있어 겉과 속이 상응했기 때문이 아니었겠는가? 樊噲(번쾌), 酈商
(역상), 曹參(조참), 灌嬰(관영) 등이 병기를 들고 고조를 따라 묵은 밭
을 갈 듯 해로운 자들을 제거하고 海內를 평정하던 그 당시에 머리
는 쑥대처럼 더부룩했고 고생이 극심했지만 그 상은 제후로 봉하는
것에 불과했다. 지금 종실 자손들은 옷과 관을 벗으며 힘들게 세운
공도 없이 땅을 받아 왕이 되었고 재물을 나누어 받았으며 부친이
죽으면 아들이, 형이 죽으면 동생이 물려받고 있다. 지금 왕들은 골

육지친으로 나의 손발과 같아야 하나 異姓처럼 사직에 해를 끼치며 멀리 할 사람과 친하고 친할 사람은 멀리하면서 반역하려는 마음만 있고 충성과 애국의 의리도 없다. 만약 옛 선조들이 이를 안다면 무슨 면목으로 다시 고조의 종묘에 나가 술을 따라 올리겠는가!"

연왕 旦은 국서를 받은 뒤 옥새를 醫官에게 넘겨주었고 相과 二千石 관리에게 "천자를 잘 섬기지 못했기에 죽노라."라고 말했다. 그리고 바로 끈을 매어 자살하였다. 왕후와 부인 등 연왕을 따라 자살한 사람이 20여 명이었다. 천자는 은전을 베풀어 연왕의 太子 劉建을 서인이 되게 하고 시호를 내려 剌王(날왕)이라 하였다. 유단은 책립된 지 38년에 죽었고 나라는 없어졌다.

原文

後六年, 宣帝卽位, 封旦兩子, 慶爲新昌侯, 賢爲安定侯. 又立故太子建, 是爲廣陽頃王, 二十九年薨. 子穆王舜嗣, 二十一年薨. 子思王璜嗣, 二十年薨. 子嘉嗣. 王莽時, 皆廢漢藩王爲家人, 嘉獨以獻符命封扶美侯, 賜姓王氏.

| 註釋 | ○廣陽 - 燕을 廣陽國으로 개명. 치소는 薊縣(계현, 今 天津市 관할). ○家人 - 서민, 평민. 無官秩者. ○符命 - 하늘이 천자가 될 사람에게 내려주는 祥瑞의 징표.

〔國譯〕

6년 후, 宣帝가 즉위하며 劉旦의 두 아들 책봉하여 劉慶은 新昌侯

가, 劉賢은 安定侯가 되었다. 또 예전 태자 劉建을 봉하였는데 이가 廣陽國의 頃王으로 재위 29년에 죽었다. 아들 穆王 劉舜이 이어 21년에 죽었다. 아들 思王 劉璜(유황)이 이었고 20년에 죽었다. 아들 劉嘉가 뒤를 이었다. 王莽(왕망) 때에 漢의 藩王을 폐하고 평민으로 만들었는데 劉嘉만은 홀로 符命(부명)을 바쳐 扶美侯에 봉해졌고 왕씨 성을 하사받았다.

63-4. 廣陵厲王 劉胥

原文

廣陵厲王胥賜策曰, "嗚呼! 小子胥, 受茲赤社, 建爾國家, 封於南土, 世世爲漢藩輔. 古人有言曰, '大江之南, 五湖之間, 其人輕心. 揚州保彊, 三代要服, 不及以正.' 嗚呼! 悉爾心, 祇祇兢兢, 乃惠乃順, 毋桐好逸, 毋邇宵人, 惟法惟則! 《書》云 '臣不作福, 不作威,' 靡有後羞. 王其戒之!"

| 註釋 | ○廣陵 厲王 劉胥(유서, ? - 前 54) - 武帝의 六男, 生母 李姬. 元狩 6년(前 117)에 책봉. 廣陵은 제후국 이름. 今 江蘇省 揚州市 일대. ○大江之南 - 長江 남쪽. 五湖는 太湖 주변 5백 리를 五湖라 지칭, 또는 洞庭湖를 비롯한 5湖. ○保彊 - 굳게 지키다. ○要服 - 五服의 하나. 京畿 지역을 포

함하여 5백 리 단위로 끊어 甸(전, 경기), 侯, 綏(수), 要, 荒服으로 구분하였는데 要服은 王京에서 2천 리 떨어진 蠻地로 인정하였다. ○正 – 政也. ○祗祗兢兢 – 공경하고 勤愼(근신)하다. ○乃惠乃順 – 아랫사람에게 자혜롭고 윗사람에게 온순하다. ○毋桐好逸 – 노는 것을 좋아하지 말라. 桐(오동나무 동)은 詷(자랑할 동)과 같음. ○毋邇宵人(무이소인) – 小人을 가까이 하지 말라. 邇 가까울 이. 가까이 하다. 宵人(소인)은 脊人, 곧 小人. ○《書》云 –《書經 洪範》. ○臣不作福, 不作威 – '臣無有作福作威.' 作福은 벼슬을 주거나 잘 살 수 있게 혜택을 베푸는 것.

〔國譯〕

廣陵國 厲王(여왕) 劉胥(유서)에게 策書를 하사하며 말했다.

"오호라! 小子 胥(서)는 여기 적색의 社土를 받을지어니, 너의 나라를 세워 남쪽 땅에 봉하나니 世世로 漢을 기키고 도울지어라. 옛 사람이 말하기를 '大江의 남쪽과 五湖의 땅은 그 사람들 마음이 쉽게 변한다. 揚州를 굳게 지킬 것이니 三代부터 蠻地이니 통치가 미치지 못했다.' 고 하였다. 오호라! 네 마음을 다하고 공경하며, 근신하고 자혜로우며, 온순하고 놀기를 좋아하지 말며, 소인을 가까이 하지 말지어니 이를 꼭 본받고 지킬지어라!《書》에 '신하는 남에게 福을 베풀거나 위세를 부릴 수 없다.' 라고 하였으니 후회가 없도록 하라. 왕은 이를 명심할지어라!"

原文

胥壯大, 好倡樂逸游, 力扛鼎, 空手搏熊彘猛獸. 動作無法度, 故終不得爲漢嗣.

　昭帝初立, 益封胥萬三千戶, 元鳳中入朝, 復益萬戶, 賜錢二千萬, 黃金二千斤, 安車駟馬寶劍. 及宣帝卽位, 封胥四子聖,曾,寶,昌皆爲列侯, 又立胥小子弘爲高密王. 所以褒賞甚厚.

| 註釋 |　○力扛鼎 - 힘으로는 솥을 들어 올리다. 扛 들 강. 擧也.　○搏熊彘(박웅체) - 곰과 멧돼지를 때려잡다.　○元鳳 - 昭帝의 연호, 前 80 - 75 년.　○四子聖,曾,寶,昌 - 태자 劉霸는 여기서 열거 안했다. 寶는 필요 없는 글자라는 註에 따른다.　○高密王 - 고밀국은 膠西郡을 개칭. 치소는 高密縣, 今 山東省 濰坊市(유방시) 관할의 高密市. 靑島市 서북.

〖國譯〗

　劉胥는 신체가 장대하고 唱優나 樂工과 놀기를 좋아하였고, 힘은 솥을 들어 올릴 정도였으며 맨손으로 곰이나 멧돼지를 때려잡았다. 그 행동에 절도가 없었기에 끝내 漢의 계승자가 될 수 없었다.

　昭帝가 즉위하면서 劉胥에게 식읍으로 13,000호를 보태주었고 元鳳 연간에 入朝했을 때 다시 1만호를 더 보태주었고 錢 2천萬과 黃金 2천근, 安車에 駟馬(사마)와 보검을 하사하였다. 宣帝가 즉위하고서는 劉胥 四子 중 劉聖, 劉曾, 劉昌을 열후에 봉했고 또 劉胥의 막내아들 劉弘을 高密王에 봉하였다. 이렇듯 褒賞(포상)이 매우 많았다.

始, 昭帝時, 胥見上年少無子, 有覬欲心. 而楚地巫鬼, 胥
迎女巫李女須, 使下神祝詛. 女須泣曰, "孝武帝下我." 左
右皆伏. 言 "吾必令胥爲天子." 胥多賜女須錢, 使禱巫山.
會昭帝崩, 胥曰, "女須良巫也!" 殺牛塞禱. 及昌邑王徵, 復
使巫祝詛之. 後王廢, 胥寖信女須等, 數賜予錢物. 宣帝卽
位, 胥曰, "太子孫何以反得立?" 復令女須祝詛如前. 又胥
女爲楚王延壽后弟婦, 數相饋遺, 通私書. 後延壽坐謀反誅,
辭連及胥. 有詔勿治, 賜胥黃金前後五千斤, 它器物甚衆.
胥又聞漢立太子, 謂姬南等曰, "我終不得立矣." 乃止不詛.
後胥子南利侯寶坐殺人奪爵, 還歸廣陵, 與胥姬左修姦. 事
發覺, 繫獄, 棄市. 相勝之奏奪王射陂草田以賦貧民, 奏可.
胥復使巫祝詛如前.

| 註釋 | ○覬欲(기욕) − 바라다. 도모하다. 覬 바랄 기. ○巫鬼(무귀) −
무당과 귀신을 좋아하다. ○祝詛(축저) − 기도하다. 저주하다. ○孝武帝下
我 − 효무제께서 저에게 강림하셨습니다. ○殺牛塞禱 − 소를 잡아 굿과 기
도를 올리다. 塞는 賽(굿할 새)와 通. ○昌邑王 − 劉賀. 재위 27일 만에 축출.
○寖 − 잠길 침. 점차. 더욱 더. ○饋遺(궤유) − 물건을 보내주다. 饋 먹일
궤. 물건을 보내주다. ○射陂(사피) − 射水의 저수지. 陂 비탈 피(파). 물을
막다(저수지 둑).

  그전 昭帝 때, 劉胥(유서)는 昭帝가 나이도 젊고 아들이 없는 것을
보고 일을 꾸며볼 마음이 있었다. 楚人들은 무당과 귀신을 좋아하였
는데 유서는 여자 무당 李女須(이여수)를 불러다가 神을 내려 저주하
게 하였다. 이여수가 울며 "孝武帝께서 저에게 강림하였습니다."라
고 말했다. 이에 좌우 모두가 엎드렸다. 이여수는 "내가 틀림없이
유서를 천자로 만들겠다."라고 말했다. 유서는 이여수에게 많은 돈
을 주면서 巫山에서 기도하게 하였다. 마침 昭帝가 붕어하자 유서가
말했다. "女須(여수)는 신통한 무녀로다!" 그리고는 소를 잡아 굿을
올리게 하였다. 昌邑王이 천자로 옹립되자 다시 무녀에게 황제를 저
주하게 시켰다. 얼마 후 昌邑王이 폐위되자 유서는 더욱 이여수 등
을 신뢰하며 자주 돈과 물건을 보내주었다. 宣帝가 즉위하자 유서가
말했다. "戾태자의 손자가 어떻게 즉위할 수 있겠는가?" 유서는 다
시 여수에게 전처럼 저주 기도를 올리게 했다. 유서의 딸이 楚王 劉
延壽 왕후의 동생 부인이 되었는데 자주 서로 물건을 보내주면서 비
밀 서신을 교환하였다. 뒷날 유연수가 모반에 연루되어 주살되자 그
자백이 유서에게도 파급되었다. 선제는 조서를 내려 처벌하지 않게
하면서 유서에게 황금을 여러 번에 걸쳐 5천 근이나 하사하였으며
다른 물건도 많이 보내주었다. 유서가 漢에서 태자를 책립했다는 소
식을 듣고 寵姬(총희) 南(남) 등에게 말했다. "나는 끝내 즉위할 수 없
구나." 그리고서는 저주 기도를 중지시켰다. 뒤에 유서의 아들 南利
侯 劉寶가 殺人에 연좌되어 작위를 박탈당해 廣陵國으로 돌아왔는
데 유서의 姬妾(희첩)인 左修와 간음하였다. 일이 발각되어 감옥에
갇혔다가 棄市(기시)되었다. 광릉국의 相인 勝之가 왕 소유 射陂(사

피)의 草田으로 貧民을 돕자고 하자 실행하라고 하였다. 유서는 다시 무녀를 시켜 전처럼 황제를 저주하게 하였다.

原文

胥宮園中棗樹生十餘莖, 莖上赤, 葉白如素. 池水變赤, 魚死. 有鼠晝立舞王後廷中. 胥謂姬南等曰, "棗水魚鼠之怪甚可惡也." 居數月, 祝詛事發覺, 有司按驗, 胥惶恐, 藥殺巫及宮人二十餘人以絶口. 公卿請誅胥, 天子遣廷尉, 大鴻臚卽訊. 胥謝曰, "罪死有餘, 誠皆有之. 事久遠, 請歸思念具對." 胥旣見使者還, 置酒顯陽殿. 召太子霸及子女董訾, 胡生等夜飲, 使所幸八子郭昭君, 家人子趙左君等鼓瑟歌舞. 王自歌曰, "欲久生兮無終, 長不樂兮安窮! 奉天期兮不得須臾, 千里馬兮駐待路. 黃泉下兮幽深, 人生要死, 何爲苦心! 何用爲樂心所喜, 出入無悰爲樂亟. 蒿里召兮郭門閱, 死不得取代庸, 身自逝." 左右悉更涕泣奏酒, 至雞鳴時罷. 胥謂太子霸曰, "上遇我厚, 今負之甚. 我死, 骸骨當暴. 幸而得葬, 薄之, 無厚也." 卽以綬自絞死. 及八子郭昭君等二人皆自殺. 天子加恩, 赦王諸子皆爲庶人, 賜諡曰厲王. 立六十四年而誅, 國除.

| 註釋 | ○棗樹－대추나무. 棗 대추나무 조. ○後廷－後庭. ○廷尉－당시 정위는 于定國(우정국)이었다. ○子女董訾(동자), 胡生(호생)－유서의

딸 이름. ○八子郭昭君 — 八子는 女官(後宮)의 직명. ○出入無悰爲樂亟 —
出入에 즐길 수도 없고 쾌락은 빨리 사라지다. 悰은 즐길 종. 亟 빠를 극. 재
촉하다. ○蒿里召兮郭門閱 — 蒿里(호리)는 묘지. 죽은 사람을 파묻는 산. 郭
門閱(곽문열)은 무덤(墓槨)의 출입문이 막혔다. ○死不得取代庸 — 죽는 일
은 다른 사람을 품을 사서 시킬 수도 없다. 다른 사람으로 대신 죽게 할 수
없다. ○悉更 — 모두가 교대로, 更은 교대로(互相). ○奏酒(주주) — 獻酒(헌
주)하다.

〔國譯〕

　劉胥의 궁궐 뜰 대추나무에 10여 개의 가지(줄기)가 나왔는데 그
끝이 붉게 변했고 잎은 흰 비단처럼 희였다. 연못물이 붉게 변했고
물고기가 죽었다. 어떤 쥐가 낮에 왕궁 後庭에서 춤을 추었다. 이에
劉胥(유서)가 총희 南(남) 등에게 말했다. "대추나무, 연못, 물고기와
쥐 등의 변고는 정말 불길하다." 몇 달 뒤에 황제를 저주하는 기도
가 발각되어 담당 관리가 조사하게 되자 유서는 몹시 두려워하며 무
당과 궁인 20여 명을 입을 막으려 독약을 먹여 죽였다. 여러 公卿이
유서를 죽여야 한다고 주청하였다. 천자는 廷尉와 大鴻臚(대홍려)를
보내 바로 심문케 하였다. 유서가 사죄하며 말했다. "죽고 남을 만
큼 죄를 지었으며 모두가 다 사실입니다. 오래 전 일이라 돌아가 주
면 생각을 가다듬어 사실대로 대답하겠습니다." 유서는 사자들이
돌아간 것을 확인하고 顯陽殿에서 술자리를 마련하였다. 太子 劉霸
(유패)와 딸 董訾(동자)와 胡生(호생) 등과 함께 밤에 술을 마시면서
총애하는 八子 郭昭君과 서민의 아들인 趙左君 등과 함께 거문고를
타며 노래하고 춤을 추게 하였다. 왕도 직접 노래를 불렀다.

"오래 살고 죽지 싫지 않으나 늘 즐겁지 않았고 안락도 끝이로다! 하늘의 기약을 받드니 조금도 머물 수 없고 천리마는 갈 길에서 기다리네. 黃泉으로 내려갈 길 멀고도 깊으니 인생은 죽어야 하거늘 왜 苦心하겠나! 어찌해야 즐겁고 마음이 기쁘겠나. 태어나 죽기까지 즐길 겨를 없었고 쾌락도 잠깐이로다. 묘지에서 부르고 관곽의 구멍도 닫히니, 죽는 일을 품을 사서 시킬 수 없으니 내가 직접 가야하네."

측근들이 모두 교대로 울면서 술을 올렸고 새벽닭이 울 때쯤 끝났다. 유서는 태자 劉霸(유패)를 불러 말했다. "主上께서는 나를 후하게 대했지만 나는 여태껏 잘못이 매우 많았다. 내가 죽으면 시신은 당연히 버려야 한다. 행여나 묻을 수 있다면 薄葬(박장)을 하고 厚葬(후장)하지 말라."

그리고는 바로 끈으로 목을 매 죽었다. 이에 八子 郭昭君 등 2명도 다 자살하였다. 宣帝는 은택을 베풀어 왕의 여러 아들을 서인으로 만들었고 시호를 厲王(여왕)이라 하였다. 책립되고 64년에 죽었고 나라는 없어졌다.

原文

後七年, 元帝復立胥太子霸, 是爲孝王, 十三年薨. 子共王意嗣, 三年薨. 子哀王護嗣, 十六年薨, 無子, 絶. 後六年, 成帝復立孝王子守, 是爲靖王, 立二十年薨. 子宏嗣, 王莽時絶.

初, 高密哀王弘本始元年以廣陵王胥少子立, 九年薨. 子頃王章嗣, 三十三年薨. 子懷王寬嗣, 十一年薨. 子愼嗣, 王莽時絶.

| 註釋 | ○元帝 - 宣帝의 아들. 재위 前 48 - 33년. ○成帝 - 재위 전 32 - 前 7년. ○本始元年 - 宣帝의 최초 연호 前 73년.

〖 國譯 〗

7년 뒤에 元帝는 劉胥의 태자 劉霸(유패)를 다시 책립하니, 이가 廣陵 孝王으로 재위 13년에 죽었다. 아들 共王(恭王) 劉意가 이어 3년 만에 죽었다. 아들 哀王 劉護(유호)가 뒤를 이어 16년에 죽었는데 아들이 없어 단절되었다. 그 6년 뒤 成帝는 孝王의 아들 劉守를 다시 책립하니, 이가 靖王으로 재위 20년에 죽었다. 아들 劉宏(유굉)이 뒤를 이었으나 王莽 때 단절되었다.

그전에 高密國 哀王 劉弘은 宣帝 本始 원년에 廣陵王 劉胥의 막내아들로 책립되었는데 재위 9년에 죽었다. 아들 頃王(경왕) 劉章이 뒤를 이어 재위 33년에 죽었다. 아들 懷王 劉寬이 뒤를 이어 11년에 죽었다. 아들 劉愼이 뒤를 이었으나 王莽 때 단절되었다.

63-5. 昌邑 哀王 劉髆

原文

昌邑哀王髆, 天漢四年立, 十一年薨, 子賀嗣. 立十三年, 昭帝崩, 無嗣, 大將軍霍光徵王賀典喪. 璽書曰, "制詔昌邑王, 使行大鴻臚事少府樂成, 宗正德,光祿大夫吉,中郎將利漢徵王, 乘七乘傳詣長安邸." 夜漏未盡一刻, 以火發書. 其日中, 賀發, 晡時至定陶, 行百三十五里, 侍從者馬死相望於道. 郎中令龔遂諫王, 令還郎謁者五十餘人. 賀到濟陽, 求長鳴雞, 道買積竹杖. 過弘農, 使大奴善以衣車載女子. 至湖, 使者以讓相安樂. 安樂告遂, 遂入問賀, 賀曰, "無有." 遂曰, "卽無有, 何愛一善以毀行義! 請收屬吏, 以湔灑大王." 卽捽善, 屬衛士長行法.

| 註釋 | ○昌邑 哀王 劉髆(유박, ? – 전 87) – 武帝 五子, 李夫人所生. 天漢 4年(前 97)에 昌邑王에 책립. 창읍국은 山陽郡을 개명한 것임. 치소는 昌邑縣(今 山東省 菏澤市 관할의 鉅野縣). ○劉賀(유하, 前 92 – 59) – 5살에 창읍왕이 되었고, 19세인 前 74년, 霍光(곽광) 등에 의해 황제에 옹립되어 27일간 재위. 곽광 등에 의거 축출. 前 63년 宣帝에 의해 海昏侯에 피봉. ○制詔 – 漢 天子의 正號는 皇帝이고, 自稱할 때는 朕(짐), 臣民이 호칭할 때는 陛下, 황제의 말이나 명령을 制詔라 한다. ○七乘傳 – 가장 빠른 傳車. 7번 환승하는 전거. 文帝가 장안에 들어올 때는 6乘傳을 탔다. 그만큼 더 촉박했다는

뜻. 전거는 站(참)에 비치한 역마와 수레. ○晡時 — 下午의 새참 먹을 시간.
오후 4시경. 晡는 申時 포. ○定陶(정도) — 縣名. 今 山東省 菏澤市 관할의
定陶縣. ○濟陽 — 縣名. 今 河南省 직할 蘭考縣.(開封市 동쪽, 山東省과 접
경). ○長鳴雞 — 울음소리가 아주 긴 닭. ○積竹杖 — 대나무 쪽을 묶어서
만든 지팡이. 황제로 즉위하러 가는 사람이 닭이나 지팡이를 사는 철없는 행
동을 했다는 뜻. ○弘農 — 군명, 치소 弘農縣. 今 河南省 三門峽市 관할의 靈
寶市. 함곡관에 들어오기 전. ○衣車 — 여자가 앉아갈 수 있게 천으로 가린
수레. ○湖 — 湖縣. 今 河南省 靈寶市 서쪽. ○湔灑(전쇄) — 세탁하다. 피를
씻어내다. 처형하다. 湔 씻을 전. 누명을 벗다. 灑 부릴 쇄. ○捽善 — 捽은
잡을 졸. 善은 인명.

〔國譯〕

　　昌邑 哀王 劉髆(유박)은 天漢 4년에 책립되어 재위 11년에 죽어서
아들 劉賀(유하)가 계승하였다. 재위 13년에 昭帝가 붕어하며 후사
가 없자 대장군 霍光(곽광)이 昌邑王 劉賀를 모셔다가 국상을 주관
케 했다. 국새를 찍은 국서에 "昌邑王에게 명하나니 行大鴻臚事 少
府인 史樂成, 宗正인 劉德, 光祿大夫인 丙吉, 中郎將 利漢(姓은 不
明)을 보내 창읍왕을 七乘傳을 이용하여 長安의 私邸로 모시라."고
하였다. 한 밤 1각이 되지 않아 긴급히 새서를 띄웠다. 그날 낮에 창
읍왕 유하가 출발하여 晡時(申時)에 定陶縣에 도착하였으니 135리
를 달려왔기에 시종과 죽은 말이 길에 이어졌었다. 郎中令 龔遂(공
수)가 창읍왕에게 건의하여 郎官과 謁者(알자) 50여 명을 돌아가게
하였다. 유하는 濟陽縣에 도착하여 長鳴雞(장명계)를 구했고 길에서
積竹杖을 구입하였다. 弘農에 들려서는 노비 우두머리인 善(선)을
시켜 衣車에 여인을 태웠다. 湖縣에 도착해서 사자가 昌邑의 相인

安樂을 책망했다. 안락이 공수에게 말했고 공수가 들어가 유하에게
물었는데, 유하는 "그런 일 없다."고 말했다. 그러자 공수가 말했다.
"정말 그런 일이 없다면 왜 善(선)이란 노비를 아긴다며 바른 행실을
더럽힙니까! 관리에게 넘겨 대왕을 위해 죽게 하십시오."

그리고 즉시 善을 잡아 衛士長에서 넘겨 법대로 처형했다.

賀到霸上, 大鴻臚效迎, 騶奉乘輿車. 王使僕壽成御, 郎
中令遂參乘. 旦至廣明東都門, 遂曰, "禮, 奔喪望見國都哭.
此長安東郭門也." 賀曰, "我嗌痛, 不能哭." 至城門, 遂復
言, 賀曰, "城門與郭門等耳." 旦至未央宮東闕, 遂曰, "昌
邑帳在是闕外馳道北, 未至帳所, 有南北行道, 馬足未至數
步, 大王宜下車, 鄕闕西面伏. 哭盡哀止." 王曰, "諾." 到,
哭如儀.

| 註釋 | ㅇ霸上(패상) – 地名. 今 陝西省 西安市 동쪽 白鹿原의 북쪽. 당
시 군사 요지. ㅇ廣明 – 苑名. ㅇ奔喪(분상) – 친상을 당하여 급히 집에 돌
아오다. ㅇ嗌痛(익통) – 목이 아프다. 嗌 목구멍 익. ㅇ昌邑帳 – 창읍왕이
머물며 곡을 하며 喪事를 처리하는 곳.

〔國譯〕

劉賀(유하)가 霸上(패상)에 도착하자, 大鴻臚(대홍려)가 교외에서

영접하며 大興와 수레로 모셨다. 왕은 창읍의 僕人(복인) 壽成에게 수레를 몰게 하였고 郞中令 龔遂(공수)가 참승했다. 새벽에 廣明苑 東都門에 도착하자 공수가 말했다. "예법에 분상할 경우 國都가 보이면 곡을 해야 합니다. 여기는 장안성 동쪽 외곽의 문입니다."

그러자 유하가 말했다. "난 목이 아파 곡을 할 수가 없다." 장안 성문에 이르자 공수가 다시 말했다. 유하는 "성문이나 외곽문이나 같은 것이다."라고 말했다. 이어 未央宮의 東闕에 오자 공수가 말했다. "昌邑王의 휘장은 궁궐 밖 馳道(치도)의 북쪽에 있는데 휘장이 있는 곳, 그전에 남북으로 이어진 큰 길이 있는데 말은 거기서 더 못 가니 대왕께서는 여기서 내려야 하며 궁궐을 향해 서쪽을 보고 엎드려 아주 애통하게 충분히 곡을 해야 합니다." 창읍왕은 "알았다."고 말했다. 그리고 帳幕에 도착해서는 형식적으로 곡을 했다.

原文

王受皇帝璽綬, 襲尊號. 卽位二十七日, 行淫亂. 大將軍光與群臣議, 白孝昭皇后, 廢賀歸故國, 賜湯沐邑二千戶, 故王家財物皆與賀. 及哀王女四人各賜湯沐邑千戶. 語在〈霍光傳〉. 國除, 爲山陽郡.

| 註釋 | ○皇帝璽綬 – 황제의 國璽(국새)와 印綬(인수). ○襲尊號 – 존호를 계승하다. 襲 물려받을 습. ○爲山陽郡 – 昌邑國 이전에 본래 山陽郡이었다.

창읍왕은 皇帝의 국새와 인수를 받고 존호를 계승하였다. 즉위 27일 동안에 음란하였다. 大將軍 霍光(곽광)은 群臣과 의논하고 孝昭皇后에게 아뢴 다음에 유하를 폐위하여 故國에 돌려보내고 湯沐邑(탕목읍) 2천 호를 하사하고 예전 왕가의 재물도 모두 유하에게 주었다. 哀王의 딸 4인에게도 각각 탕목 읍으로 1천 호를 하사하였다. 이는 〈霍光傳〉에 있다. 창읍국을 없애고 山陽郡을 두었다.

原文

初, 賀在國時, 數有怪. 嘗見白犬, 高三尺, 無頭, 其頸以下似人, 而冠方山冠. 後見熊, 左右皆莫見. 又大鳥飛集宮中. 王知, 惡之, 輒以問郎中令遂. 遂爲言其故, 語在〈五行志〉. 王卬天歎曰, "不祥何爲數來!" 遂叩頭曰, "臣不敢隱忠, 數言危亡之戒, 大王不說. 夫國之存亡, 豈在臣言哉? 願王內自揆度. 大王誦《詩》三百五篇, 人事浹, 王道備, 王之所行中《詩》一篇何等也? 大王位爲諸侯王, 行汚於庶人, 以存難, 以亡易, 宜深察之." 後又血汚王坐席, 王問遂, 遂叫然號曰, "宮空不久, 祆祥數至. 血者, 陰憂象也. 宜畏愼自省." 賀終不改節. 居無何, 徵. 旣卽位, 後王夢靑蠅之矢積西階東, 可五六石, 以屋版瓦覆, 發視之, 靑蠅矢也. 以問遂, 遂曰, "陛下之《詩》不云乎? '營營靑蠅, 至於藩, 愷悌君子,

毋信讒言.' 陛下左側讒人衆多, 如是靑蠅惡矣. 宜進先帝
大臣子孫親近以爲左右. 如不忍昌邑故人, 信用讒諛, 必有
凶咎. 願詭禍爲福, 皆放逐之. 臣當先逐矣." 賀不用其言,
卒至於廢.

| 註釋 | ○無頭 −〈五行志〉에는 '無尾'로 되어 있다. 無頭면 犬인가를 어
떻게 알고 방산관을 어찌 쓰고 있겠는가? ○方山冠 − 漢代 종묘제례에서 樂
士들이 쓰는 관. ○卬天 − 仰天. 卬은 仰의 古字. ○揆度(규탁) − 揆 헤아릴
규. 度 헤아릴 탁. ○浹 − 두루 미칠 협. ○中《詩》一篇何等也 − 中은 부합하
다. ○靑蠅之矢(청승지시) − 파리의 똥. 矢는 屎(똥 시). ○詩 '營營靑蠅~'
−《詩經 小雅 靑蠅》. ○愷悌 − 얼굴과 기상이 和樂하고 端雅함.

〔國譯〕

이전에 유하가 창읍국에 있을 때부터 괴이한 일이 자주 있었다.
전에 흰 개가 나타났는데 키는 3척 쯤 되고 꼬리가 없으며 목 아래
는 사람과 비슷했으나 方山冠을 쓰고 있었다. 나중에는 곰이 나타났
는데 좌우가 보이지 않았다. 또 큰 새들이 날아와 궁중에 모여들었
다. 왕이 이를 알고 혐오하며 낭중령 龔遂(공수)에게 물었다. 공수가
그 연고를 말해주었는데 이는 〈五行志〉에 있다. 이에 창읍왕이 하
늘을 보며 탄식했다. "상서롭지 못한 일이 왜 이리 자주 나타나는
가!" 이에 공수가 머리를 조아리며 말했다.

"臣이 忠心을 감추질 못하고 여러 번 망할 징조라고 말씀드렸지
만 대왕은 좋아하지 않으셨습니다. 나라의 존망이 어찌 신하에 말에
달려 있겠습니까? 바라건대, 대왕께서는 스스로 헤아려야 합니다.

대왕께서 《詩》 305편을 읽어보시면 人事가 잘 나타나 있고 王道도 다 들어있으니 왕께서 저지른 행실은 《詩經》의 어느 한 편과 부합할 것 같겠습니까? 대왕의 자리는 제후로서 왕이지만 행실은 庶人(서인)처럼 더럽혔으며 존속을 어렵고 망하기는 쉬우니 깊이 살펴보셔야 합니다."

그 뒤에 왕의 자리가 피로 더럽혀지자 왕이 공수에게 물었다. 이에 공수는 절규하듯 큰 소리로 말했다. "머지않아 궁중이 빌 것이라서 재앙의 징조가 자주 나타납니다. 피(血)란 것은 陰이며 근심의 형상입니다. 심히 삼가고 근심하며 자성해야 합니다."

그러나 유하는 끝내 그 행실을 바꾸지 않았다.

얼마 안 있어 황제로 부름을 받았다. 즉위한 이후에 왕은 파리똥이 서쪽 계단의 동편에 쌓여 있는 꿈을 꾸었는데, 5, 6石은 될 정도이고 그 위에 지붕을 덮는 기와가 얹혀 있어 왕이 들춰보니 파리의 똥이었다. 왕이 이에 대하여 공수에게 묻자, 공수가 말하였다.

"폐하께서 읽은 《詩》에 있지 않습니까? '앵앵대는 파리가 울타리에 앉았네. 화락한 군자시여 참언을 믿지 마오.' 폐하 좌측의 아부꾼이 너무 많으니 이는 파리보다도 더 혐오스럽습니다. 응당 先帝의 대신이나 자손을 친히 여기시고 측근으로 삼아야 합니다. 만약 창읍에서 데려온 옛사람을 버리지 못하고 아부하는 말을 믿어준다면 반드시 흉한 일만 있을 것입니다. 재앙을 복으로 만들려 하신다면 그들을 모두 방축해야 합니다. 저도 당연히 먼저 내쳐야 합니다."

유하는 그 말을 받아들이지 않았고 결국 폐위되었다.

大將軍光更尊立武帝曾孫, 是爲孝宣帝. 卽位, 心內忌賀,
元康二年遣使者賜山陽太守張敞璽書曰, "制詔山陽太守,
其謹備盜賊, 察往來過客. 毋下所賜書!" 敞於是條奏賀居
處, 著其廢亡之效, 曰, "臣敞地節三年五月視事, 故昌邑王
居故宮, 奴婢在中者百八十三人, 閉大門, 開小門, 廉吏一人
爲領錢物市買, 朝內食物, 它不得出入. 督盜一人別主徼循,
察往來者. 以王家錢取卒, 迥宮清中備盜賊. 臣敞數遣丞吏
行察. 四年九月中, 臣敞入視居處狀, 故王年二十六七, 爲
人靑黑色, 小目, 鼻末銳卑, 少鬚眉, 身體長大, 疾痿, 行步
不便. 衣短衣大褲, 冠惠文冠, 佩玉環, 簪筆持牘趨謁. 臣敞
與坐語中庭, 閱妻子奴婢. 臣敞欲動觀其意, 卽以惡鳥感之,
曰, '昌邑多梟.' 故王應曰, '然. 前賀西至長安, 殊無梟. 復
來, 東至濟陽, 乃復聞梟聲.' 臣敞閱至子女持轡, 故王跪曰,
'持轡母, 嚴長孫女也.' 臣敞故知執金吾嚴延年字長孫, 女
羅紨, 前爲故王妻. 察故王衣服言語跪起, 淸狂不惠. 妻十
六人, 子二十二人, 其十一人男, 十一人女. 昧死奏名籍及
奴婢財物簿. 臣敞前書言, '昌邑哀王歌舞者張修等十人, 無
子, 又非姬, 但良人, 無官名, 王薨當罷歸. 太傅豹等擅留,
以爲哀王園中人, 所不當得爲, 請罷歸.' 故王聞之曰, '中
人守園, 疾者當勿治, 相殺傷者當勿法, 欲令亟死, 太守奈何
而欲罷之?' 其天資喜由亂亡, 終不見仁義, 如此. 後丞相御

史以臣敞書聞, 奏可. 皆以遣." 上由此知賀不足忌.

| 註釋 | ○宣帝 – 무제의 증손, 戾太子의 손자. 재위 前 73 – 49년. ○元
康 二년 – 宣帝. 前 64년. ○地節三年 – 前 67년. ○逪 – 막을 열. 대열을
지어 경계하다. ○淸中 – 집안을 단속하다. ○疾痿 – 바람맞을 위. 중풍.
마비되다. ○惠文冠 – 趙나라 惠文王이 만들어 썼다는 일종의 武人 冠. ○簪
筆持牘趨謁 – 머리에 붓을 비녀처럼 꽂고 목간을 들고 달려 나와 만나다.
○濟陽 – 縣名. 今 河南省 직할 蘭考縣(開封市 동쪽, 山東省과 접경). ○持彎
(지비) – 人名. 유하의 딸.

〖 國譯 〗

대장군 곽광은 다시 武帝의 曾孫을 받들어 옹립하니, 이가 孝宣
帝이다. 선제는 卽位 이후 마음으로 劉賀(유하)가 걱정이 되어 元康
2년에, 사자를 보내 山陽郡 太守 張敞(장창)에게 국서를 보내 말했
다. "山陽太守에게 명하노라. 도적에 잘 대비하면서 왕래하거나 지
나는 빈객을 관찰하고 이 국서를 내리되 전달하지 말라!"

장창은 이에 유하의 거처와 폐위된 이후의 질정에 대하여 조목별
로 보고하였다.

"臣 장창은 地節 3년 5월부터 근무하였는데 예전 昌邑王이 거처
하던 故宮에 있는 노비는 183명이며 大門을 폐하고 小門만 열어 통
행하는데 보통 관리 한 사람이 돈을 갖고나와 시장에서 물건을 사가
지고 아침에 음식물을 납입하고 다른 사람들은 출입하지 못합니다.
도둑을 막기 위해 한 사람이 별도로 순찰하며 왕래하는 자를 감찰합
니다. 王家의 돈을 받는 사졸이 집안 내외를 순찰하며 도둑에 대비
도 하고 있습니다. 臣 장창은 자주 丞吏를 보내 순찰케 하고 있습니

다. 地節 4년 9월 중에 臣 장창이 들어가서 사는 형편을 보았는데 옛 왕은 나이는 26, 7세 정도로 사람이 좀 검은 편이며, 눈은 작고 코는 오뚝하지 않아 낮았으며, 수염이 거의 없고 신체는 장대했으나 중풍을 맞았는지 행보가 불편해 보였습니다. 짧은 웃옷에 큰 바지를 입고 있었으며, 惠文冠을 쓰고 玉環을 패용하였으며, 머리에 붓을 비녀처럼 꽂고 목간을 들고 달려 나와 만났습니다. 臣 장창은 中庭에 앉아 이야기를 하면서 妻子와 노비들도 살펴보았습니다. 臣 장창은 그의 뜻을 알아보려고 '창읍에 올빼미가 많습니다.' 라고 했습니다. 예전 왕은 '그렇소. 전에 내가 서쪽 장안에 갈 때는 특별히 올빼미가 없었습니다. 동쪽으로 돌아오면서 濟陽縣(제양현)에 와서야 다시 올빼미 소리를 들었습니다.' 라고 대답했습니다. 臣 장창이 子女 持轡(지비)에 대하여 묻자, 옛 왕은 무릎을 꿇으며 말했습니다. '持轡(지비)의 생모가 嚴長孫의 딸입니다.' 臣 장창은 그래서 執金吾 嚴延年의 字가 長孫이며 (엄연년의) 딸 羅紨(나부)가 전에 유하의 처가 된 것을 알았습니다. 옛 왕의 의복과 언어 동작을 살펴볼 때 사람이 백치인 듯 똘똘하지 못했습니다. 아내가 16명이며 자식이 22명인데 그중 11명이 사내이고 11명이 딸입니다. 부족하지만 여기에 그 이름과 노비와 재물에 대한 장부를 첨부합니다."

"臣 장창이 앞서 승상에게 문서로 올린 '昌邑 哀王(劉髆, 곧 劉賀의 先親)의 歌舞者인 張修 등 10명은 자식이 없고 또 姬妾도 아니며, 다만 良人일 뿐 관직이 없었기에 왕이 죽으면서 당연히 본가로 돌려보내야 했습니다. 그러나 太傅 豹(표) 등이 멋대로 억류하여 哀王의 정원 관리하는 사람(노비)이라 했는데 이는 부당한 조치이기에 돌려보내야 합니다.' 라고 한 것에 대하여 옛 왕은 이 말을 듣고 '中人(宮

女)으로 정원을 돌보았으니 아프다 하여도 내가 치료해줄 필요도 없고 서로 죽이고 다치게 했어도 응당 법으로 처리할 필요가 없으니 빨리 죽게 하면 되는데 太守는 왜 그들을 내보내려 합니까? 라고 말했습니다. 그 사람의 본바탕이 이처럼 혼란스러우며 이처럼 끝까지 仁義를 찾아볼 수 없었습니다. 뒤에 승상과 어사가 臣 장창의 문서로 상주할 것이니 재가 바랍니다. 이상 보고합니다.”

宣帝는 이후로 劉賀를 걱정할 필요가 없다고 생각하였다.

原文

其明年春, 乃下詔曰, “蓋聞象有罪, 舜封之, 骨肉之親, 析而不殊. 其封故昌邑王賀爲海昏侯, 食邑四千戶.” 侍中衛尉金安上上書言, “賀, 天之所棄, 陛下至仁, 復封爲列侯. 賀嚚頑放廢之人, 不宜得奉宗廟朝聘之禮.” 奏可. 賀就國豫章.

數年, 揚州刺史柯奏賀與故太守卒史孫萬世交通, 萬世問賀, “前見廢時, 何不堅守毋出宮, 斬大將軍, 而聽人奪璽綬乎?” 賀曰, “然. 失之.” 萬世又以賀且王豫章, 不久爲列侯. 賀曰, “且然, 非所宜言.” 有司案驗, 請逮捕. 制曰, ‘削戶三千.’ 後薨.

| 註釋 | ○象 - 舜의 이복동생. ○海昏 - 豫章郡의 縣名. 今 江西省 九江市 관할의 永修縣. ○金安上 - 金日磾(김일제) 동생의 아들. 68권, 〈霍光金

日磾傳)에 附傳. ○嚚頑(은완) – 어리석고 고집 세다. 嚚 어리석을 은. 頑
무딜 완. 둔하다. ○朝聘(조빙) – 제후가 입조하여 황제를 알현하다. ○後薨
– 유하는 宣帝 神爵 3년(前 59)에 죽었다.

〖國譯〗

그 다음 해, 봄에 조서를 내렸다.

"전에 듣기로, 象이 죄를 지었어도 舜이 그 동생을 봉한 것은 골
육의 정 때문이며 내치기는 했어도 죽이지는 않았다. 이에 옛 昌邑
王 劉賀를 海昏侯에 봉하며 食邑은 4千戶이다."

侍中衛尉인 金安上이 上書하여 말했다.

"劉賀는 하늘이 버렸는데도 폐하께서는 크게 인자하시어 다시 열
후로 봉하셨습니다. 그러나 유하는 어리석고 우둔하며 내쫓긴 사람
이니 종묘의 춘추 조빙의 의례에 참여케 해서는 안 될 것입니다."
상주는 받아들여졌다. 유하는 豫章郡의 봉지로 갔다.

몇 년 뒤 揚州刺史 柯(가)가 "유하와 전임 태수의 卒史이었던 孫
萬世가 왕래하면서 손만세가 유하에게 말했습니다. '그전에 폐위당
할 때, 왜 출궁하지 않겠다고 버티며 대장군을 참수하고 국새와 인
수를 가져가지 못하게 하지 않았느냐?' 그러자 유하가 말했습니다.
'그렇소. 그걸 놓쳤소.' 손만세는 유하에게 豫章의 왕이 될 것이며
머지않아 열후가 될 것이라고 말하였습니다. 그러자 유하는 '그렇
게 되겠지만 할 말은 아니요' 라고 말하였답니다. 관리를 보내 이를
검증하고 체포해야 할 것입니다."라고 상주하였다. 주상은 "삭감하
여 식읍을 3천호로 하라."고 하였다. 그 뒤에 유하는 죽었다.

豫章太守廖奏言, "舜封象於有鼻, 死不爲置後, 以爲暴亂
之人不宜爲太祖. 海昏侯賀死, 上當爲後者子充國, 充國死,
復上弟奉親, 奉親復死, 是天絶之也. 陛下聖仁, 於賀甚厚,
雖舜於象無以加也. 宜以禮絶賀, 以奉天意. 願下有司議."
議皆以爲不宜爲立嗣, 國除.

元帝卽位, 復封賀子代宗爲海昏侯, 傳子至孫, 今見爲.

| **註釋** | ○有鼻(유비) - 地名. 今 廣西壯族自治區 桂林市 소속 興安縣.
○太祖 - 始祖. ○元帝 - 宣帝 아들. 前 48년 즉위. ○今見爲 - 爲 다음에
'侯' 字가 있는 판본도 있다.

[**國譯**]

豫章太守 廖(료)가 상주하였다. "舜이 象을 有鼻(유비)에 봉하였으
나 죽은 뒤에는 그 후손을 봉하지 않았는데 이는 난폭한 사람이 시
조가 되어서는 안 되기 때문이었습니다. 海昏侯 유하가 죽자 그 계
승자가 될 아들 劉充國을 담당 관리에게 보고하였고 유충국이 죽자
다시 동생인 劉奉親을 상신하였고 이번에 유봉친이 죽었는데, 이는
하늘이 단절시킨 것입니다. 폐하께서는 聖明仁慈하시어 유하를 매
우 후하게 대우하시는데 비록 舜일지라도 象에게 이렇게 하지 못할
것입니다. 당연히 예로 유하를 단절시켜 하늘의 뜻을 따라야 할 것
입니다. 이 일을 유사가 심의하기 바랍니다."

논의는 그 후사를 세우는 것이 옳지 않다고 하여 나라를 없앴다.

元帝가 卽位하고 유하의 아들 劉代宗을 海昏侯에 봉하였고 아들

에서 손자에 이르렀으며 지금도 이어져 侯가 되었다.

原文

贊曰, 巫蠱之禍, 豈不哀哉! 此不唯一江充之辜, 亦有天時, 非人力所致焉. 建元六年, 蚩尤之旗見, 其長竟天. 後遂命將出征, 略取河南, 建置朔方. 其春, 戾太子生. 自是之後, 師行三十年, 兵所誅屠夷滅死者不可勝數. 及巫蠱事起, 京師流血, 僵屍數萬, 太子子父皆敗. 故太子生長於兵, 與之終始, 何獨一嬖臣哉! 秦始皇卽位三十九年, 內平六國, 外攘四夷, 死人如亂麻, 暴骨長城之下, 頭盧相屬於道, 不一日而無兵. 由是山東之難興, 四方潰而逆秦. 秦將吏外畔, 賊臣內發, 亂作蕭牆, 禍成二世. 故曰 '兵猶火也, 弗戢必自焚', 信矣. 是以倉頡作書, '止戈'爲武. 聖人以武禁暴整亂, 止息兵戈, 非以爲殘而興縱之也. 《易》曰, '天之所助者順也, 人之所助者信也, 君子履信思順, 自天祐之, 吉無不利也.' 故車千秋指明蠱情, 章太子之冤. 千秋材知未必能過人也, 以其銷惡運, 遏亂原, 因衰激極, 道迎善氣, 傳得天人之祐助云.

| 註釋 | ◦建元六年 − 前 135년. ◦蚩尤之旗(치우지기) − 혜성. 兵亂이 일어날 조짐으로 인식되었다. ◦竟天(경천) − 하늘을 가로지르다. 이쪽 하늘 끝에서 저쪽 하늘 끝까지. ◦朔方郡(삭방군) − 치소는 朔方縣(今 內蒙古

鄂爾多斯杭錦旗 北쪽). 삭방은 북쪽이란 뜻. ○僵屍(강시) − 거꾸로 처박힌
시신. 얼어 죽은 시신. 僵 쓰러질 강. ○頭盧(두로) − 해골. 盧는 顱(두개골
로)의 古字. ○山東 − 崤山(효산)의 동쪽. 곧 함곡관 동쪽. ○蕭牆(소장) −
君臣이 만나는 곳을 둘러친 담. 내부. 蕭牆之憂는 내란. ○弗戢 − 끄지 않
다. 그치게 하지 않다. 戢 거둘 즙, 그칠 즙. ○止戈 − 그칠 지. 창 과. 두 글
자를 합친 것이 武이다. 이는 會意字이다. ○兵戈(병과) − 무기. 무기를 들고
싸우다. ○《易》曰 −《易經 繫辭》. ○遏亂原 − 遏은 막을 알. ○因衰激極 −
衰弱한 것을 아주 활발하게 만들다. ○道迎善氣 − 선한 기운을 이끌고(導)
맞이하다(迎). ○傳 − 끌어내다. 引也.

[國譯]

　　班固의 論贊 : 巫蠱(무고)의 禍(화)가 어찌 슬프지 않은가! 이는 江
充의 허물 때문만은 아니며 하늘의 시운도 있으니 인력이 초래한 것
만은 아니었다. 建元 6년에 혜성이 나타났는데, 그 길이가 온 하늘
에 걸쳤었다. 그 뒤에 장수에게 출정을 명령했고 河南 지역을 공략
하여 朔方郡을 설치하였고 그 해 봄에 戾太子가 출생하였다. 그리고
이후로 30년간 군사를 일으켰는데 전쟁에 의해 죽거나 죽인 자들을
이루 다 셀 수가 없을 것이다. 급기야는 무고의 화가 일어나 長安에
서도 유혈사태가 일어나 엎어져 죽은 시신이 수만이었고 태자 자신
과 그 아들이 모두 죽었다. 그러니 태자는 전쟁과 함께 태어나 함께
끝을 보았으니 어찌 아부하는 신하 한 사람 때문이라 하겠나!

　　秦始皇이 즉위하고 39년간 6국을 평정하고 사방의 이민족을 물
리치면서 죽은 사람이 베어진 삼(麻)과 같았고 長城 아래에 뼈가 널
렸고 길에는 해골이 이어졌으며 단 하루라도 싸움이 없는 해가 없었
다. 이 때문에 山東 지역에서는 반란이 일어나기 어려웠지만 사방이

허물어지면서 秦을 역공하였다. 秦의 장수들이 지방에서 반기를 들었고 賊臣들은 내부에서 일어났으니 혼란은 울타리 안에서 시작되었고 二世 때에는 재앙이 되었다. 그래서 '전란은 불과 같으니 끄지 않으면 필히 자신도 불타게 된다.'라는 말은 사실이다. 그러하기에 倉頡(창힐)은 문자를 만들면서 '止와 戈'로 武를 만들었다. 聖人은 武로써 난폭한 행동을 금하며 혼란을 안정케 하며 兵戈(병과)를 멈추게 하였지, 무기로 백성을 해치거나 세력을 얻고 따르게 하지는 않았다. 그래서《易經 繫辭》에 '하늘이 돕는 자는 順한 자이고 인간이 돕는 자는 신의가 있는 자이니, 君子는 신의를 지키고 順理를 생각해야만 하늘이 도울 것이며 吉하고 不利하지 않을 것이다.'라고 하였다. 그러기에 車千秋가 '무고의 화' 실정을 파악하고 태자의 억울함을 밝혔던 것이다. 차천추의 才智가 보통 사람보다 특별히 나은 것은 아니었으나 그로써 악운을 없애고 혼란의 원천을 차단하였으며 쇠미해진 국운을 다시 크게 일으켰으며 善한 기풍을 이끌고 맞이하여 하늘과 인간의 도움을 이끌어 내었다고 말할 수 있다.

64 嚴朱吾丘主父徐嚴終王賈傳(上)
〔엄,주,오구,주보,서,엄,종,왕,가전〕(상)

64-1. 嚴助

原文

嚴助, 會稽吳人, 嚴夫子子也, 或言族家子也. 郡擧賢良,
對策百餘人, 武帝善助對, 繇是獨擢助爲中大夫. 後得朱買
臣,吾丘壽王,司馬相如,主父偃,徐樂,嚴安,東方朔,枚皐,膠
倉,終軍,嚴蔥奇等, 並在左右. 是時, 征伐四夷, 開置邊郡,
軍旅數發, 內改制度, 朝廷多事, 婁擧賢良文學之士. 公孫
弘起徒步, 數年至丞相, 開東閣, 延賢人與謀議, 朝覲奏事,
因言國家便宜. 上令助等與大臣辯論, 中外相應以義理之
文, 大臣數詘. 其尤親幸者, 東方朔,枚皐,嚴助,吾丘壽王,司

馬相如. 相如常稱疾避事. 朔,皐不根持論, 上頗俳優畜之. 唯助與壽王見任用, 而助最先進.

|註釋| ○嚴助(엄조) − 嚴忌(엄기, 嚴夫子)의 아들. 本姓 莊, 《漢書》에서는 後漢 明帝(劉莊)를 피휘하여 嚴으로 개칭. 嚴助는 辭賦의 작가로도 유명. ○會稽吳人 − 會稽郡, 치소는 吳縣(今 江蘇省 蘇州市). ○對策 − 對册이라고도 하는데 政事나 經義에 대한 설문에 응시자의 답변을 대책이라 한다. 대책에 의거 석차를 부여하여 등용하였으니 인재 등용의 한 방법이다. ○繇是 − 由是. ○吾丘壽王(오구수왕) − 大臣이며 문장가. ○枚皐(매고) − 枚乘의 아들. 51권, 〈賈鄒枚路傳〉에 附傳. ○膠倉(교창), 嚴蔥奇(엄총기) − 〈藝文志〉에 聊蒼(요창), 莊蔥奇(장총기)로 수록. ○終軍(종군) − 人名. 본권 下에 立傳. ○公孫弘 − 68권, 〈公孫弘卜式兒寬傳〉에 입전. ○東閣 − 공손홍은 집무실 동편에 조그만 문을 열어두고 빈객을 맞이하며 대우하였다. 빈객을 접대하는 곳. ○義理之文 − 정책의 득실을 따지는 글. 詘 굽힐 굴. ○俳優畜之 − 배우(광대)처럼 대우하다. 畜은 기를 축(原音은 흉).

〔國譯〕

嚴助(엄조)는 會稽郡 吳縣 사람으로 嚴夫子(嚴忌, 엄기)의 아들인데 간혹 엄기 일족의 자제라고도 한다. 회계군에서 賢良을 천거할 때 對策에 응한 사람이 백여 명이었는데 武帝는 엄조의 대책을 좋아하여 오직 엄조만을 발탁하여 中大夫로 삼았다. 무제는 뒷날 朱買臣, 吾丘壽王(오구수왕), 司馬相如, 主父偃(주보언), 徐樂, 嚴安, 東方朔(동방삭), 枚皐(매고), 膠倉(교창), 終軍(종군), 嚴蔥奇(엄총기) 등을 발탁하여 모두 측근으로 삼았다. 이 시기에는 사방의 이민족을 정벌하고 변방의 군을 설치하느라고 군사를 자주 일으켰으며, 안으로 제도를 개혁하는 등 조정에 國事가 많았으며 누차에 걸쳐 賢良文學之士를 선발하였다. 公孫弘은 병졸에서 기신하여 불과 수년 만에 승상이 되어 東閣을 열고 賢人을 맞이하고 의논하여 조회에서 주상을 뵙고 알현하면서 국가에 도움이 되는 정책을 건의하였다. 주상은 엄조 등으로 하여금 大臣과 변론케 하였고 이에 따라 조정과 지방에서 옳고 그름을 따지는 글들이 상응하였기에 대신들은 자주 뜻을 굽혀야 했다. 이런 인재들 중에 무제가 가까이 두고 아끼는 자는 東方朔, 枚皐, 嚴助, 吾丘壽王, 司馬相如 등이었다. 그러나 사마상여는 병약하여 늘 일을 피하려 했다. 동방삭과 매고는 자신의 지론을 견지하지 못하여 주상이 거의 광대처럼 대우하였다. 오직 엄조와 吾丘壽王(오구수왕)만 신임하였는데 그중에서도 엄조가 제일 앞서 나갔다.

原文

建元三年, 閩越擧兵圍東甌, 東甌告急於漢. 時, 武帝年未二十, 以問太尉田蚡. 蚡以爲越人相攻擊, 其常事, 又數反覆, 不足煩中國往救也, 自秦時棄不屬. 於是助詰蚡曰, "特患力不能救, 德不能覆, 誠能, 何故棄之? 且秦擧咸陽而棄之, 何但越也! 今小國以窮困來告急, 天子不振, 尙安所訴, 又何以子萬國乎?"上曰, "太尉不足與計. 吾新卽位, 不欲出虎符發兵郡國." 乃遣助以節發兵會稽. 會稽守欲距法, 不爲發. 助乃斬一司馬, 諭意指, 遂發兵浮海救東甌. 未至, 閩越引兵罷.

| **註釋** | ○建元三年 - 前 138년. ○閩越(민월) - 閩粵(민월) 또는 無諸國이라고도 부른다. 종족 이름이면서 나라 이름으로도 통용. 전국시대에 楚나라에 의해 쫓긴 越國人들이 열악한 남방으로 도주하여 토착민과 연합하여 형성된 정치집단이었다. 대략 기원전 330년대에서 前 110년까지 유지되었는데 前 200년 이후 前 130년경까지 국력이 왕성했으며 도성은 無諸王의 城村(今 福建省 북쪽의 武夷山市)로 알려졌다. ○東甌(동구) - 越王 勾踐(구천)의 후예인 東甌王의 封地이었던 땅. 今 浙江省(절강성) 남부 溫州市 일대의 小國. 甌 사발 구. ○田蚡(전분) - 52권, 〈竇田灌韓傳〉에 입전. ○特 - 다만. ○不振 - 구원하지 않다. ○尙安所訴 - 그렇다면 호소할 곳이 어디 있는가? 호소할 곳이 없다. ○子萬國乎 - 만국을 어떻게 아들처럼 거두겠는가? 子는 동사로 쓰였다. ○距法 - 법을 거역하다. 법적 명령을 거부하다. ○諭意指 - (천자의) 뜻을 설명하다.

〔**國譯**〕

建元 3년, 閩越(민월)이 군사를 동원하여 東甌(동구)를 포위하자, 동구국에서는 漢에 위급한 상황을 알려왔다. 이때 武帝 나이는 20세가 안되었는데 이를 太尉인 田蚡에게 물었다. 전분은 越人이 서로 공격하는 것은 그들에게 보통 있는 일이며 또 수시로 뒤집히기에 중국이 가서 구원할 정도로 마음을 쓸 정도는 아니며 이미 秦나라 때에도 臣屬시키기를 포기했었다고 말했다.

이에 엄조가 전분을 詰難(힐난)하며 말했다. "다만 구원할 힘이 없다거나 德으로 그들을 이끌 수 없다면 모를까 할 수 있다는데도 왜 포기합니까? 그리고 秦은 도성 咸陽조차도 포기했었는데 어찌 越人뿐이었나요! 지금 東甌(동구) 같은 소국이 다급하여 구원을 바라고 있는데 天子가 구원하지 않는다면 어디에 호소하겠으며, 또 어찌 萬

國을 자식처럼 돌봐주겠습니까?"

이에 주상이 말했다. "太尉의 생각은 더 논의할 것이 없소. 내가
즉위한 지 얼마 되지 않기에 虎符를 내어 郡國의 군사를 징발할 수
는 없소."

그리고는 엄조를 보내 회계군에서 군사를 동원하게 하였다. 회계
군의 태수는 부절이 없다며 군대를 동원하려 하지 않았다. 이에 엄
조는 司馬 한 사람을 참수하며 황제의 뜻을 설명하고 마침내 군사를
동원하여 바다를 건너 동구를 구원하러 출발했다. 엄조가 도착하기
전에 민월은 군사를 철수하였다.

原文

　後三歲, 閩越復興兵擊南越. 南越守天子約, 不敢擅發兵,
而上書以聞. 上多其義, 大爲發興, 遣兩將軍將兵誅閩越.
淮南王安上書諫曰,

| 註釋 |　○後三歲 - 건원 6년(前 135).　○南越 - 고대 越人의 總稱. 五嶺
산맥 남쪽 原住民의 총칭. 지금의 廣東, 廣西, 海南 및 雲南省 지역에 분포.
秦代에 桂林郡, 南海郡, 象郡을 설치. 秦末에 眞定人 趙佗(조타)가 都尉로 桂
林郡 등 3郡을 평정하고 今 廣州에서 前 203년에 南越王(武王)을 자칭. 前
111년 까지 존속. 도읍은 番禺(반우, 今 廣東省 廣州市). 영역은 지금의 廣東
省과 廣西省에 해당. 멸망 후에 남해군 등 9개 군 설치. 95권, 〈西南夷兩粵朝
鮮傳〉에 입전.　○多其義 - 그 뜻을 높이 평가하다.　○淮南王安 - 淮南王 劉
安(前 179 - 122). 고조의 막내아들 劉長의 아들이니 고조의 孫子이다. 門客

과 함께 《淮南子》(原名은 鴻烈) 저술하였다. 武帝 때 모반을 계획한다고 고발당해 아들과 함께 자살하였다. 그러나 민간에서는 得道하여 신선이 되었다고 믿는다.('一人得道, 雞犬升天'의 주인공). 두부를 최초로 만들었기에 지금도 두부 집에서는 神으로 모신다.

[國譯]

그 3년 뒤, 閩越(민월)이 다시 군사를 일으켜 南越(남월)을 공격하였다. 남월에서는 천자와의 약속을 지켜 마음대로 군사를 낼 수 없어 상서하여 이를 보고해왔다. 주상은 그 의기를 높이 평가하며 크게 군사를 일으켜 두 명의 장군을 보내 민월을 토벌하게 시켰다. 이에 회남왕 劉安이 상서하여 이를 반대하였다.

原文

「陛下臨天下, 布德施惠, 緩刑罰, 薄賦斂, 哀鰥寡, 恤孤獨, 養耆老, 振匱乏. 盛德上隆, 和澤下洽, 近者親附, 遠者懷德, 天下攝然, 人安其生, 自以沒身不見兵革. 今聞有司舉兵將以誅越, 臣安竊爲陛下重之. 越, 方外之地, 劗髮文身之民也. 不可以冠帶之國法度理也. 自三代之盛, 胡越不與受正朔, 非強弗能服, 威弗能制也, 以爲不居之地, 不牧之民, 不足以煩中國也. 故古者封內甸服, 封外侯服, 侯衛賓服, 蠻夷要服, 戎狄荒服, 遠近勢異也. 自漢初定已來七十二年, 吳越人相攻擊者不可勝數, 然天子未嘗舉兵而入其地也.」

│ 註釋 │ ◦鰥寡(환과) – 홀아비와 과부. ◦振匱乏(진궤핍) – 가난한 사람
을 賑恤(진휼)하다. 振 건질 진. 구휼하다. ◦攝然(섭연) – 안정된 상태. 攝
당길 섭. 굳게 유지하다. ◦重 – 難也. 어려운 일이라 생각하다. ◦劗髮(전
발) – 머리를 깎다. 劗 깎을 전. 剪, 翦과 同. ◦冠帶之國 – 衣冠과 束帶를
갖춘 나라. 중국. ◦封內甸服 – 封內는 제후에게 땅을 나눠줄 수 있는 지역.
甸服(전복)은 王京에서 5백 리 이내의 땅. 甸은 京畿 전. 五服 중 가장 가까운
곳. ◦侯服(후복) – 王京으로부터 5백 리에서 1천 리 사이의 땅. ◦賓服(빈
복) – 侯服 이후 5백 리의 땅. 王者가 손님으로 대우할 수 있는 땅. ◦要服 –
왕경에서 1,500리에서 2,000리까지의 땅. ◦荒服 – 2,000리에서 2,500리까
지의 땅.

〖 國譯 〗

「폐하께서는 천하를 통치하시면서 덕과 은혜를 베푸시고 형벌을
완화하시며, 징세를 줄이고 홀아비와 과부, 고아나 자식 없는 사람
을 보살피며, 노인들을 부양하고 가난한 백성을 구제하셨습니다. 위
로는 성덕을 융성케 하셨고, 아래로는 온화한 은택이 넘쳤기에 가까
운 자는 친히 복속하고, 먼 나라에서는 폐하의 덕을 흠모하여 온 천
하가 안정되었고, 백성은 편안히 살면서 죽을 때까지 전쟁을 겪지
않았습니다. 지금 듣기로, 담당 관리가 군사를 내어 越人을 원정한
다고 하니 臣 劉安은 폐하를 위해 이를 만류하고자 합니다.

越 땅은 夷狄(이적)이 사는 곳으로 머리를 깎고 문신을 하는 사람
들입니다. 그들은 중국의 법도로 다스릴 수 없습니다. 예전 三代의
융성 이후로 흉노와 越人은 중국의 책력을 사용하지 않았으며, 강한

힘이 아니면 복속시킬 수 없고 위압이 아니면 제어할 수 없었으며, 사람이 살 수 없는 땅이며 다스릴 수 없는 백성이고 중국인이 마음을 쓸 가치가 없는 사람이었습니다. 그래서 옛날에 제후로 봉할 수 있는 땅은 甸服(전복)이고 封外 지역은 侯服(후복)이며, 후복이 살펴야 할 지역이 賓服이며, 蠻夷(만이)들이 거주하는 곳이 要服이며, 戎狄(융적)이 거주하는 곳을 荒服이라 하여 원근에 대하여 세력을 달리하였습니다. 漢이 건국된 이후 72년에 吳越의 사람들이 서로 공격한 것은 이루 다 셀 수가 없었으나 그간에 천자께서는 거병하여 군사를 그 땅에 보낸 적이 없었습니다.」

原文

「臣聞越非有城郭邑里也, 處溪谷之間, 篁竹之中, 習於水鬪, 便於用舟, 地深昧而多水險, 中國之人不知其勢阻而入其地, 雖百不當其一. 得其地, 不可郡縣也, 攻之, 不可暴取也. 以地圖察其山川要塞, 相去不過寸數, 而間獨數百千里, 阻險林叢弗能盡著. 視之若易, 行之甚難. 天下賴宗廟之靈, 方內大寧, 戴白之老不見兵革, 民得夫婦相守, 父子相保, 陛下之德也. 越人名爲藩臣, 貢酎之奉, 不輸大內, 一卒之用不給上事. 自相攻擊而陛下發兵救之, 是反以中國而勞蠻夷也. 且越人愚戇輕薄, 負約反覆, 其不用天子之法度, 非一日之積也. 一不奉詔, 擧兵誅之, 臣恐後兵革無時得息也.」

| 註釋 | ○篁竹之中 - 대나무 숲. 篁 대나무 숲 황. ○地深昧 - 땅이 매우 어둡다. 초목이 우거졌다. ○不過寸數 - 수 寸에 불과하다. 지도에서 그러하다는 의미. ○阻險林叢 - 阻險은 險阻(험조). 林叢은 叢林(총림). ○盡著 - 盡明. 모두 표시하다. ○貢酎之奉 - 공물. 酎 진한 술 주. ○大內 - 나라의 창고. ○愚戇(우당) - 어리석다. 戇 어리석을 당. 어리석은 고집.

[國譯]

「臣이 알기로, 越은 성곽이나 마을이 없으며 계곡 사이 대나무 숲에 살면서 물에서 싸우기를 잘하고 배를 잘 사용하며 초목이 우거졌고 험한 물이 많은 땅이라서 중국 사람이 그 험한 지세를 알지 못하고 들어가면 비록 백 명일지라도 그들 한 사람을 당하지 못한다고 하였습니다. 그 땅을 얻는다 하여도 군현으로 할 수 없으며 공격한다 하여도 쉽게 차지할 수도 없습니다. 지도로 그 산천의 요새를 보면 그 거리가 불과 몇 치인 것 같아도 그 사이는 수백 수천 리이며 험한 지형과 수풀은 다 나타낼 수도 없습니다. 볼 때는 평이한 땅 같지만 다니기에는 매우 어렵습니다. 지금 천하는 종묘 조상의 영험한 힘으로 사방이 크게 평안하고 머리가 흰 노인은 전쟁을 당하지 않았고 부부와 부자가 서로 보살피고 지켜줄 수 있으니 모두가 폐하의 은덕입니다. 越人들은 명분으로는 藩臣(번신)이라며 공물을 바치지만 그것을 나라의 창고까지 운반하지도 않으며 아주 적은 것이어서 위에서 쓸 수도 없습니다. 그들이 서로 공격한다고 폐하께서 군사를 내어 구원한다면 이는 도리어 蠻夷(만이)를 위해 중국이 고생하는 것입니다. 게다가 越人들은 어리석고 경박하며 약조 깨기를 반복하기에 그들에게는 천자의 법도를 적용할 수도 없으니 이는 하루에 이루어진 것이 아닙니다. 천자의 명령을 한 번 거부한다고 군사를 일으켜 토벌한다면 이후로 전쟁을 쉴 겨를이 없을 것이기에 臣은 이를 걱정합니다.」

原文

「間者, 數年歲比不登, 民待賣爵贅子以接衣食, 賴陛下德澤振救之, 得毋轉死溝壑. 四年不登, 五年復蝗, 民生未復. 今發兵行數千里, 資衣糧, 入越地, 輿轎而隃領, 拖舟而入水, 行數百千里, 夾以深林叢竹, 水道上下擊石. 林中多蝮蛇猛獸, 夏月暑時, 嘔洩霍亂之病相隨屬也, 曾未施兵接刃, 死傷者必衆矣. 前時南海王反, 陛下先臣使將軍閒忌將兵擊之, 以其軍降, 處之上淦. 後復反, 會天暑多雨, 樓船卒水居擊棹, 未戰而疾死者過半. 親老涕泣, 孤子啼號, 破家散業, 迎屍千里之外, 裹骸骨而歸. 悲哀之氣數年不息, 長老至今以爲記. 曾未入其地而禍已至此矣.」

| 註釋 | ○比不登 – 연속 흉년이 들다. 登은 익을 등. 풍년든 해를 登歲라고 함. ○贅子(췌자) – 아들을 남의 집에 노비로 팔다. 3년 내에 갚지 못하면 팔린 아들은 영원히 노비가 된다. 贅는 저당 잡힐 췌. 데릴사위 제. ○蝗 – 누리 황. 메뚜기. 蝗蟲. ○輿轎(여교) – 들어 올리는 가마. 절벽에 사람이나 물자를 운반하는 장치. ○隃領 – 隃 넘을 유. 領은 嶺(고개, 재). ○拖 – 끌타. ○蝮蛇 – 살모사. 毒蛇. 蝮 살모사 복. ○嘔洩霍亂之病 – 嘔 토할 구.

嘔吐. 洩은 샐 설. 泄瀉(설사), 霍亂(곽란)은 食滯(식체)로 창자가 뒤틀리는 병. ○南海王 - 이름은 織. 고조 12년(前 195년)에 남해왕에 봉해졌는데(봉지는 今 廣東省 동부의 潮州市 일원) 文帝 때 2차례에 걸쳐 漢에 반기를 들었다. ○先臣 - 여기서는 회남왕 劉長(고조의 막내아들). ○上淦(상감) - 今 江西省 북부 信江의 지류. 淦 배에 물 괼 감.

[國譯]

「요즈음 몇 년간 해마다 연속 흉년이 들고 백성들은 작위를 팔거나 자식을 팔아 의식을 해결하며 폐하께서 은택을 내려 구원하여 죽어 구덩이에 들어가지 않기를 바라고 있습니다. 그간 4년 흉년이 들더니 5년 째 다시 황충의 폐해가 있어 백성의 생산력이 회복되지 못했습니다. 이번에 군사를 동원하여 수천 리를 행군하고 군량을 공급하여 越 땅에 들어가면 들어 올리는 가마를 이용하여 고개를 넘고 배를 끌고 가거나 물에 들어가 수백 수천 리를 가고 울창한 숲과 대나무 숲을 지나가야 하고 물길 곳곳에서 암초에 걸리게 됩니다. 숲에는 독사와 맹수가 우글거리며, 여름 더울 때는 토하거나 설사 곽란 같은 병에 연속 걸리기에 접전하여 싸우기도 전에 필히 죽고 다치는 자가 많습니다. 그전에 南海王(織)이 반역하였을 때, 폐하의 先臣께서 間忌(간기) 장군으로 하여금 군사를 거느리고 토벌케 하여 그 반란군을 토벌하고 上淦(상감) 가에 주둔하였습니다. 마침 날이 무덥고 비가 많이 내려 큰 전함의 수졸들이 물에서 노를 저어야 했기에 싸우지도 않았는데 절반이 병사하였습니다. 늙은 부모가 울고 고아 자식들은 통곡했으며 가정이 파산하고 천리 밖에서 시신을 찾아 해골만 싸들고 돌아왔습니다. 그 슬픔이 몇 년 동안 가시지 않았고 노인들은 지금도 기억하고 있습니다. 아마 그 땅에 들어가기도 전에 재앙은 이미 여기까지 왔을 것입니다.」

原文

「臣聞軍旅之後必有凶年, 言民之各以其愁苦之氣, 薄陰陽之和, 感天地之精, 而災氣爲之生也. 陛下德配天地, 明象日月, 恩至禽獸, 澤及草木, 一人有饑寒不終其天年而死者, 爲之凄愴於心. 今方內無狗吠之警, 而使陛下甲卒死亡, 暴露中原, 沾漬山谷, 邊境之民, 爲之早閉晏開, 鼂不及夕, 臣安竊爲陛下重之.」

| 註釋 | ○饑寒 – 饑 주릴 기. ○方內 – 천하. 四方의 안쪽. ○無狗吠之警 – 개가 짖어 조심하라고 일러주지 않다. 천하가 태평하다. ○沾漬 – 스며들다. 沾 더할 첨. 漬 담글 지. ○早閉晏開 – 백성들이 불안하여 빨리 문을 닫고 늦게야 문을 연다는 뜻. ○鼂不及夕 – 아침에서 저녁까지 이어지지 못하다. 하루하루가 불안하다. 鼂는 朝의 古字.

〔國譯〕

「臣이 알기로, 전쟁이 있은 뒤에는 꼭 흉년이 든다고 하는데 이는 백성들 고생과 한숨의 기운이 음양의 조화를 깨트리고 천지의 정기를 건드려 재앙의 기운이 생기기 때문이라고 말합니다. 폐하의 성덕은 천지와 짝하고 그 밝기는 일월과 같으며, 은택은 금수나 초목에도 미치지만 단 한 사람이라도 굶주림과 추위로 천수를 다하지 못하

고 죽는 자가 있다면 마음은 얼마나 처참하겠습니까? 지금은 겨우
나라가 평안해졌는데 폐하의 사졸이 죽어 중원에 뒹굴고 산골짜기
를 메우며 변경의 백성은 일찍 닫고 늦게 열며 아침에 저녁을 이어
가지 못할 것이니 臣은 폐하를 위해 이를 말리려는 것입니다.」

原文

「不習南方地形者, 多以越爲人衆兵彊, 能難邊城. 淮南全
國之時, 多爲邊吏, 臣竊聞之, 與中國異. 限以高山, 人跡所
絶, 車道不通, 天地所以隔外內也. 其入中國必下領水, 領
水之山峭峻, 漂石破舟, 不可以大船載食糧下也. 越人欲爲
變, 必先田餘干界中, 積食糧, 乃入伐材治船. 邊城守候誠
謹, 越人有入伐材者, 輒收捕, 焚其積聚, 雖百越, 奈邊城何!
且越人綿力薄材, 不能陸戰, 又無車騎弓弩之用, 然而不可
入者, 以保地險, 而中國之人不能其水土也. 臣聞越甲卒不
下數十萬, 所以入之, 五倍乃足, 挽車奉餉者, 不在其中. 南
方暑濕, 所夏癉熱, 暴露水居, 蝮蛇蝨生, 疾癘多作, 兵未血
刃而病死者什二三. 雖擧越國而虜之, 不足以償所亡.」

| 註釋 | ○淮南全國之時 – 회남국에서 衡山國과 廬江國이 분할되기 전.
○領水 – 산에서 흐르는 물. 領은 嶺. ○漂石 – 물속에 솟은 돌. 漂 떠돌 표.
○餘干(여간) – 縣名. 今 江西省 동북쪽 上饒市 관할의 餘干縣. ○綿力薄材
(면력박재) – 힘도 약하고 재주도 없다. ○癉熱 – 열병을 앓다. 황달. 癉 병

들 단. ○蠚生 − 독충. 蠚독 쏠 학.

〖國譯〗

「남방의 지형에 익숙하지 않은 사람들은 越이 사람도 많고 군사도 강하지만 변경에 성을 만들 줄도 모른다고 생각합니다. 전에 회남국이 갈라지기 전에 변방 출신 관리들이 많아 臣이 들은 바에 의하면 그들은 중국과 다릅니다. 큰 산에 막혔고 인적도 끊겼으며, 수레가 다닐 길도 통하지 않아 온 천지가 안 밖으로 떨어져 있습니다. 거기서 중국에 들어오려면 반드시 산 계곡 물을 따라와야 하고, 물이 흐르는 산은 매우 가파르며, 물속 바위에 배가 부서지기에 큰 배에 양식을 싣고 내려올 수도 없습니다. 그래서 越人들이 변란을 일으키려면 필히 餘干縣(여간현)의 경계선 같은 지역에서 농사를 지어 식량을 준비한 다음에 나무를 베어 배를 만듭니다. 邊城을 다스리는 현관이 성실하다면 越人으로 산에 들어와 나무를 베는 자들을 체포하거나 그들이 비축한 물자를 태워버리기에 비록 越人들이지만 그런 변방에서 어떻게 성을 만들겠습니까! 게다가 越人들은 힘도 약하고 재주도 없으니 육전에 능하지도 못하고 또 수레나 기병, 화살을 사용하지도 않지만 우리가 그 땅에 들어갈 수 없는 것은 험고한 지형 때문이며 중국인들이 그들 풍토에 적응하지 못하기 때문입니다. 臣이 듣기로, 越人의 甲卒은 10만이 넘지 않지만 우리가 그 땅에 들어가려면 5배는 되어야 할 것이며 수레를 끌거나 군량을 운반하는 자는 거기에 들어 있지 않습니다. 남방의 더위와 습기 때문에 여름에는 열병을 앓고 벌거벗고 물에 살아야 해서 독사나 독충에 물리는 등 온갖 질병이 많이 발생하여 병졸 칼에 피가 묻기도 전에 병사하는 자가 열에 두 셋은 될 것입니다. 그래서 비록 월국을 점령하고 포로로 잡는다 하여도 잃은 것을 보상받기에 부족할 것입니다.」

「臣聞道路言, 閩越王弟甲弑而殺之, 甲以誅死, 其民未有所屬. 陛下若欲來內, 處之中國, 使重臣臨存, 施德垂賞以招致之, 此必攜幼扶老以歸聖德. 若陛下無所用之, 則繼其絶世, 存其亡國, 建其王侯, 以爲畜越, 此必委質爲藩臣, 世共貢職. 陛下以方寸之印, 丈二之組, 塡撫方外, 不勞一卒, 不頓一戟, 而威德並行. 今以兵入其地, 此必震恐, 以有司爲欲屠滅之也, 必雉兔逃入山林險阻, 背而去之, 則復相群聚. 留而守之, 歷歲經年, 則士卒罷倦, 食糧乏絶. 男子不得耕稼樹種, 婦人不得紡績織紝, 丁壯從軍, 老弱轉餉, 居者無食, 行者無糧. 民苦兵事, 亡逃者必衆, 隨而誅之, 不可勝盡, 盜賊必起.」

| 註釋 | ○弟甲 ─ 동생 아무개. 甲은 아무, 某의 뜻. 이름 대신 쓰는 글자. ○來內 ─ 招納. ○臨存 ─ 위문하다. ○委質 ─ 인질을 보내다. ○共貢 ─ 공물을 바치다. ○雉兔 ─ 雉 꿩 치. 兔 토끼 토. ○織紝 ─ 길쌈을 하다. 옷감을 짜다. 織 짤 직. 紝 짤 임.

〚 國譯 〛

「臣이 길에서 들은 바로는, 閩越王(민월왕)의 동생 아무개가 왕을 시해하였고 또 그가 주살 당하자 그 백성들은 소속이 없게 되었습니다. 폐하께서 만약 그들을 불러 내 편으로 만들어 중국에 살게 하고 싶다면 중신을 보내 위문하며, 덕을 베풀고 상을 내려 초치하면 그들은 틀림없이 어린애들과 노인을 데리고 폐하의 성덕에 귀의할 것입니다. 만약 폐하께서 그들이 쓸모없다고 생각하시면 그 단절된 世系를 이어주고 그 망한 나라를 존속시키면서 王侯을 세우고 越人으로 살게 해준다면 그들은 틀림없이 인질을 보내고 藩臣(번신)이 되어 대를 이어 조공할 것입니다. 폐하께서는 사방 1寸의 封印과 1丈2尺의 인수로 방외를 진무하고 사졸의 고생이나 창 하나 쓰지 않고 위엄과 덕을 함께 베풀 수 있을 것입니다. 지금 군사가 그 땅에 들어간다면 그늘은 자기들을 죽이려 한다고 생각하여 틀림없이 꿩이나 토끼처럼 험한 산속으로 도망갔다가 다시 모여 무리를 지을 것입니다. 우리가 머물러 지키려면 몇 해 지나 우리 사졸들이 힘들고 지치며 식량이 부족할 것입니다. 남자들은 농사를 짓거나 나무를 심고 가꾸지도 못하고 여자는 길쌈을 할 수가 없을 것이며, 젊은 사람은 종군해야 하고 노약자들은 군량을 날라야 할 것이니, 마을에 사는 사람이나 종군하는 사람이나 모두 먹을 것이 없을 것입니다. 백성은 군사 때문에 고통 받게 되면 틀림없이 도망자가 많아질 것이며 그들을 잡아 죽인다면 다 죽일 수도 없거니와 틀림없이 도적떼가 일어날 것입니다.」

「臣聞長老言, 秦之時嘗使尉屠睢擊越, 又使監祿鑿渠通
道. 越人逃入深山林叢, 不可得攻. 留軍屯守空地, 曠日引
久, 士卒勞倦, 越出擊之. 秦兵大破, 乃發適戍以備之. 當此
之時, 外內騷動, 百姓靡敝, 行者不還, 往者莫反, 皆不聊生,
亡逃相從, 群爲盜賊, 於是山東之難始興. 此老子所謂 '師
之所處, 荊棘生之'者也. 兵者凶事, 一方有急, 四面皆從.
臣恐變故之生, 奸邪之作, 由此始也.《周易》曰, '高宗伐鬼
方, 三年而克之.' 鬼方, 小蠻夷, 高宗, 殷之盛天子也. 以盛
天子伐小蠻夷, 三年而後克, 言用兵之不可不重也.」

| 註釋 | ○屠睢(도휴) − 人名. ○鑿渠 − 물길을 파다. 鑿 뚫을 착. 渠 물
도랑 거. ○山東之難 − 효산 동쪽(山東)에서의 싸움. 難은 전쟁, 재앙. ○老
子所謂 −《老子道德經》30章. '~師之所處, 荊棘生焉. 大軍之後, 必有凶年
~.' ○《周易》曰 −《周易》'旣濟 卦' 九三의 爻辭(효사). ○高宗伐鬼方 − 高
宗은 殷의 22대 왕인 武丁. 鬼方은 今 陝西省 북쪽에 살던 부족 이름.

〔國譯〕

「臣이 長老로부터 들은 바로는, 秦 시절에 屠睢(도휴)란 尉官을 시
켜 越人을 공격케 하였고, 또 監郡御史인 祿(록)으로 하여금 운하를
파고 길을 내게 하였습니다. 그러자 越人들은 깊은 산 숲 속으로 도
망가 공격할 수도 없었습니다. 사람도 살지 않는 땅에 주둔하고 지
켰으나 세월이 지나며 사졸들이 지치고 게을러지자 越人들이 나와

공격하였습니다. 秦은 군사가 대패하자 귀양 갈 사람들을 보내 지키게 하였습니다. 그 무렵, 내외가 소란하고 백성들은 지쳤고 떠나간 사람들은 돌아오지 않아 모두 살아갈 수가 없자 도망자들이 이어졌고 무리를 지어 도적떼가 되었기에 山東에서의 싸움이 비로소 일어났던 것입니다. 이는 老子가 말한 '군사가 머문 곳에 가시나무가 자란다.'는 말과 같습니다. 전쟁이란 사실 흉사이며 한 쪽에서 벌어진 전쟁에 사방이 따르게 되었습니다. 臣은 여러 변고와 간사한 짓이 전쟁에서 시작되는 것을 걱정합니다. 《周易》에서도 '殷 高宗이 鬼方(귀방)을 정벌하는데 3년이 되어 정복했다.'고 하였습니다. 귀방은 소수 이민족이고 고종은 殷의 전성 시기의 天子이었습니다. 이처럼 강력한 천자가 미개한 종족을 토벌하면서 3년이 지나서야 이길 수 있었으니 용병은 불가불 신중하지 않을 수 없다는 뜻입니다.」

原文

「臣聞天子之兵有征而無戰, 言莫敢校也. 如使越人蒙徼幸以逆執事之顔行, 廝輿之卒有一不備而歸者, 雖得越王之首, 臣猶竊爲大漢羞之. 陛下以四海爲境, 九州爲家, 八藪爲囿, 江漢(海)爲池, 生民之屬皆爲臣妾. 人徒之衆足以奉千官之共, 租稅之收足以給乘輿之御. 玩心神明, 秉執聖道, 負黼衣, 馮玉几, 南面而聽斷, 號令天下, 四海之內莫不鄕應. 陛下垂德惠以覆露之, 使元元之民安生樂業, 則澤被萬世, 傳之子孫, 施之無窮. 天下之安猶泰山而四維之也, 夷狄之地何足以爲一日之閒, 而煩汗馬之勞乎!《詩》云‘王猶允塞, 徐方既來’, 言王道甚大, 而遠方懷之也. 臣聞之, 農夫勞而君子養焉, 愚者言而智者擇焉. 臣安幸得爲陛下守藩, 以身爲障蔽, 人臣之任也. 邊境有警, 愛身之死而不畢其愚, 非忠臣也. 臣安竊恐將吏之以十萬之師爲一使之任也!」

| 註釋 | ○顔行 – 앞장서다. 군사의 맨 앞 열. ○大漢羞之 – 전투에서 지거나 다행히 월왕을 잡는다 하여도 天子로서는 자랑스러울 것은 없다는 뜻. ○八藪(팔수) – 8개의 큰 호수. 楚의 雲夢澤과 같은 8개의 늪지대. ○江漢 – 長江과 漢水로 새길 수 있지만 江海가 되면 뜻은 더 명확함. ○千官之共 – 共은 供(공급하다). ○黼依(보의) – 천자가 제후의 하례를 받을 때 천자의 뒤편에 세우는 병풍(扆 병풍 의). 黼衣(보의)는 천자의 예복. 黼衣(보의)와 黼依(보의)는 다름. ○元元之民 – 으뜸으로 여겨야 할 백성. ○《詩》云 – 《詩經 大雅 常武》. ○王猶允塞, 徐方既來 – 猶는 계책. 謀와 同. 允은 진실로. 塞은 충만하다. 徐方(서방)은 東夷의 종족명. 來는 귀부하다.

〔國譯〕

「臣이 알기로, ‘天子의 군사는 정벌은 하되 전투는 하지 않는다.’고 하였으니, 이는 强弱曲直을 비교할 수 없다는 뜻입니다. 만약 越人이 천자의 뜻을 실행하는 군사의 앞 열을 요행히 이기게 된다거나 수레를 모는 사졸이 갑자기 귀순해 와서 越王을 죽이거나 생포한다 하여도 臣이 생각하기에 이는 大漢에게 수치가 될 수 있습니다. 폐하께서는 四海가 울타리이며 九州를 집으로, 八藪(팔수)가 정원이며

江海을 연못으로 삼아야 하고 온 백성이 모두 폐하의 臣妾입니다. 거느리는 무리들이 많아 족히 千官을 다 채울 수 있고 조세로 거두어들이는 것이 필요한 모든 것을 공급할 수 있습니다. 느긋한 마음과 神明으로 聖道를 지켜나가며, 수놓은 병풍 黼依(보의)의 앞에서 옥으로 만든 안석에 기대어 남면하고 결단을 내리며 천하를 호령한다면 四海之內에 響應(향응)하지 않는 자가 없을 것입니다. 폐하께서는 德惠를 베풀어 천하를 혜택으로 감싸주고 키워야 하며 나라의 으뜸이며 사랑해야 할 백성들로 하여금 생업을 즐기고 힘쓰게 하여 그 혜택이 만세에 이르러야 하고 자손에게 이어져 무궁하게 펼쳐져야 할 것입니다. 천하의 안정은 마치 태산이 사방의 근본인 것과 같거늘 어찌 夷狄의 땅을 두고 하루라도 마음을 쓰고 군사의 수고로움을 걱정해야 하겠습니까? 《詩》에서 '왕의 지모는 정말 충만하여 徐方族이 이미 歸附했네.' 라고 노래한 것은 王道가 아주 위대하니 遠方을 품어야 한다는 뜻입니다. 臣이 알기로는, 농부가 노작하여 군자를 부양하고 어리석은 자의 말이라도 智者는 골라 씁니다. 臣 劉安은 다행히도 폐하를 지키는 藩臣이 되었으니 몸으로 폐하를 지키는 것이 人臣의 의무입니다. 邊境에서 지킬 일이 있는데 몸이 죽는 것을 아까워한다면 그것은 우충을 다하는 것이 아니며 충신도 아닙니다. 臣 劉安은 혹 십만의 군사를 거느려야 할 장수로서의 임무를 수행하게 될 것을 걱정할 뿐입니다.」

原文

是時, 漢兵遂出, 未踰領, 適會閩越王弟餘善殺王以降.

漢兵罷. 上嘉淮南之意, 美將卒之功, 乃令嚴助諭意風指於
南越. 南越王頓首曰, "天子乃幸興兵誅閩越, 死無以報!"
卽遣太子隨助入侍.

| 註釋 | ○未踰領 - 五嶺을 넘지 못하다. 領은 嶺. 長江 水系(곧 華中)와
珠江 수계(곧 華南)을 대별하며 동서로 길게 뻗은 큰 산맥을 五嶺 산맥이라
고 한다. 이는 廣東, 廣西, 湖南, 江西의 4개 省의 경계를 이루며 산맥의 남쪽
이 곧 嶺南이다. 영남은 아열대성 기후로 오령 이북과 판연히 다르다. 오령
이란 越城嶺(월성령), 都龐嶺(도방령), 萌渚嶺(맹저령), 騎田嶺(기전령), 大庾
嶺(대유령)을 말하는데, 이중 대유령은 江西省에서 廣東省으로 들어가는 교
통요지이다. ○上嘉淮南之意 - 회남왕은 원정보다는 그들을 회유하는 것이
낫다고 강조하였다. ○風指 - 뜻을 전해 깨우치다. 指는 旨. ○南越王 - 당
시는 趙佗의 손자인 趙明.

〔國譯〕
  이때에, 漢兵은 出兵하였으나 아직 五嶺을 넘지 못했는데 마침
閩越王(민월왕)의 동생 餘善(여선)이 왕을 죽이고 항복하였다. 漢은
군사를 철수하였다. 무제는 淮南王의 뜻을 가상하게 여기면서 장졸
의 공도 인정하여 엄조에게, 南越王에게 천자의 뜻을 일러 깨우치라
고 명했다.
  이에 南越王은 머리를 조아리며 말했다. "天子께서 민월을 토벌
하시니 죽더라도 보답하지 못할 것입니다!" 바로 太子를 보내 엄조
를 따라 漢에 입시케 하였다.

助還, 又諭淮南曰, "皇帝問淮南王, 使中大夫玉上書言
事, 聞之. 朕奉先帝之休德, 夙興夜寐, 明不能燭, 重以不德,
是以比年凶菑害衆. 夫以眇眇之身, 托於王侯之上, 內有饑
寒之民, 南夷相攘, 使邊騷然不安, 朕甚懼焉. 今王深惟重
慮, 明太平以弼朕失, 稱三代至盛, 際天接地, 人跡所及, 咸
盡賓服, 藐然甚慚. 嘉王之意, 靡有所終, 使中大夫助諭朕
意, 告王越事."

| 註釋 | ○休德 – 美德. ○明不能燭 – 明智를 밝히지 못하고. 燭은 밝히
다(照). ○凶菑害衆 – 흉년이 백성을 괴롭히다. 백성이 흉년으로 고생하다.
菑 묵정밭 치. 재앙 재(災와 同). ○眇眇之身 – 보잘 것 없는 몸, 自身. 眇眇
는 작은 모양. 微小. ○相攘 – 서로 침탈하다. ○以弼朕失 – 자신의 부족함
을 보필해주다. ○藐然甚慚 – 홀로 매우 부끄럽다. 藐然(막연)은 고독한 모
양, 멀고 아득한 모양. 藐 아득할 막. 멀 묘. 慚 부끄러울 참.

〖國譯〗

嚴助(엄조)가 돌아오자 다시 회남왕에게 諭告(유고)하였다.

"皇帝로 淮南王에게 말하나니, 中大夫 玉(옥)을 시켜 상서한 뜻을
읽었노라. 朕이 선제의 훌륭한 은덕을 입어 일찍 일어나고 늦게 자
면서도 지혜를 밝히지 못하고 부덕이 심하기에 해마다 백성은 흉년
으로 고생을 하고 있도다. 부족한 내가 王侯의 위에 있지만 안으로
백성이 굶주리고 南夷들은 서로 침탈하기에 변방이 소란하고 불안
하니 짐은 이를 매우 걱정하였다. 이번에 王이 신중히 사려하여 태

평을 밝혀 짐의 과실을 보필하고 三代의 至盛을 칭송하여 천지가 맞
닿고 인적이 미치는 먼 변방의 일을 말해주니 짐은 홀로 많이 부끄
러웠노라. 王의 뜻을 가상히 여겨 끝이 없지만 中大夫 嚴助를 보내
어 짐의 뜻을 전하며 왕에게 南越의 일을 말하게 하노라."

助諭意曰, "今者大王以發屯臨越事上書, 陛下故遣臣助
告王其事. 王居遠, 事薄遽, 不與王同其計. 朝有闕政, 遺王
之憂, 陛下甚恨之. 夫兵固凶器, 明主之所重出也, 然自五
帝, 三王禁暴止亂, 非兵, 未之聞也. 漢爲天下宗, 操殺生之
柄, 以制海內之命, 危者望安, 亂者卬治. 今閩越王狼戾不
仁, 殺其骨肉, 離其親戚, 所爲甚多不義. 又數擧兵侵陵百
越, 並兼鄰國, 以爲暴强, 陰計奇策, 入燔尋陽樓船, 欲招會
稽之地, 以踐句踐之跡. 今者, 邊又言閩王率兩國擊南越.
陛下爲萬民安危久遠之計, 使人諭告之曰, '天下安寧, 各繼
世撫民, 禁毋敢相並.' 有司疑其以虎狼之心, 貪據百越之
利, 或於逆順, 不奉明詔, 則會稽,豫章必有長患. 且天子誅
而不伐, 焉有勞百姓苦士卒乎? 故遣兩將屯於境上, 震威
武, 揚聲鄉, 屯曾未會, 天誘其衷, 閩王隕命, 輒遣使者罷屯,
毋後農時. 南越王甚嘉被惠澤, 蒙休德, 願革心易行, 身從
使者入謝. 有狗馬之病, 不能勝服, 故遣太子嬰齊入侍, 病

有癃, 願伏北闕, 望大廷, 以報盛德. 閩王以八月擧兵於冶南, 士卒罷倦, 三王之衆相與攻之, 因其弱弟餘善以成其誅. 至今國空虛, 遣使者上符節, 請所立, 不敢自立, 以待天子之明詔. 此一擧, 不挫一兵之鋒, 不用一卒之死, 而閩王伏辜, 南越被澤, 威震暴王, 義存危國, 此則陛下深計遠慮之所出也. 事效見前, 故使臣助來諭王意."

於是王謝曰, "雖湯伐桀, 文王伐崇, 誠不過此. 臣安妄以愚意狂言, 陛下不忍加誅, 使使者臨詔臣安以所不聞, 誠不勝厚幸!" 助由是與淮南王相結而還. 上大說.

| 註釋 | ○薄遽(박거) - 급박하다. 薄 엷을 박. 遽 갑자기 거. ○闕政 - 미진한 政事. 闕 집 궐. 모자라다. 제외하다. 허물. 틈새. ○狼戾(낭려) - 貪戾. 탐욕스럽고 사납다. ○尋陽(심양) - 縣名. 今 湖北省 黃岡市 관할의 武穴市(廣濟縣). ○入燔尋陽樓船 - 燔 구울 번. 불태우다. 樓船(누선)은 望樓(망루)가 있는 軍用船. ○句踐 - 춘추시대 越王 구천. ○虎狼之心 - 잔인한 마음. ○且天子誅而不伐 - 천자가 (惡을) 토벌하고 (善을) 토벌하지 않는 것이~, 천자는 정의에 따르지 백성과 사졸의 고생 여부에 따르지 않는다는 뜻. ○聲鄕 - 聲響. ○屯曾未會 - 주둔하며 다 집합하지도 않았는데. ○隕命 - 운명하다. 죽다. 隕 떨어질 운. ○狗馬之病 - 狗馬는 臣下. 藩臣으로 병이 있다는 뜻. ○冶南 - 회계군 경내에 있는 冶山의 남쪽. ○三王之衆 - 南越王, 東越王과 閩越 餘善의 반군. ○事效見前 - 원정의 효과가 눈앞에 드러나다. ○伐崇 - 殷(商)의 諸侯인 崇侯(名은 虎, 崇은 今 河南省 崇縣)를 토벌하다.

[國譯]

이에 엄조가 황제의 뜻을 劉安에게 설명하였다.

"이번에 군사를 내어 주둔하며 越人을 정벌한 일에 관하여 대왕
께서 상서하였기에 폐하께서는 일부러 저를 보내어 대왕께 설명하
라 하셨습니다. 왕께서는 먼 곳에 계시고 일은 급박하여 대왕과 같
이 의논하지 못했습니다. 조정의 미진한 政事로 대왕을 심려케 한
것을 폐하는 심히 걱정하셨습니다. 말씀하신 대로 전쟁은 흉사이기
에 현명한 주군이라면 쉽게 쓸 수는 없지만 五帝나 三王도 폭력을
제거하고 혼란을 막는데 전쟁을 하지 않았다고는 들어보지 못했습
니다. 漢이 천하의 종가가 되어 살생의 권한을 가지고서 海內를 명
령하게 되자 위기에 처하거나 혼란을 당한 자는 모두 안정을 갈망하
였습니다. 이번에 閩越王(민월왕)은 탐욕스럽고 不仁하며 그 골육을
살해하고 친척을 이간하는 등 불의한 짓이 너무 많았습니다. 또 자
주 군사를 일으켜 百越을 침략하였으며 이웃 나라를 겸병하고 광폭
한 짓을 다 했으며 음밀한 계략을 꾸며 우리의 尋陽縣(심양현)에 잠
입하여 軍船을 불태우고 회계 지역을 차지하여 越王 句踐(구천)의
옛 자취를 따르려 하였습니다. 이번에 또 변경에서 閩越王(민월왕)이
양국의 군사를 거느리고 南越을 공격한다고 보고하였습니다. 폐하
께서는 만민의 안위를 위한 항구적인 계획을 생각하시어 사자를 보
내 민월왕에게 말했습니다. '천하가 안녕하고 각각 世系를 이어가
고 백성을 보살피면서 서로 빼앗는 일이 없기를 바라노라.' 그러나
담당 관리들은 민월이 잔악한 욕심을 갖고 있으며, 百越에서의 이득
을 욕심내며 순리를 거역하면서 폐하의 뜻을 받아들이지 않은 것이
며, 이는 會稽와 豫章郡에 틀림없이 먼 뒷날의 걱정거리가 될 것이

라고 생각하였습니다. 또 천자가 악자를 토벌하고 선한 자를 정벌하지 않는 것이 어찌 백성과 사졸을 고생시키지 않는 뜻에 달렸다고 말할 수 있겠습니까? 그래서 폐하께서는 두 장수를 보내 변경에서 武威를 떨치고 주변에서 향응토록 하면서 주둔케 하였는데 군사가 다 모이기도 전에, 하늘이 충정을 깨우쳐 주었는지 閩越王(민월왕)이 죽자 (민월왕의 동생 餘善이) 곧바로 사자를 보내왔기에 (우리는) 원정군을 해산하여 농사철을 놓치지 않게 하였습니다. 南越王도 천자의 은택을 받은 것을 매우 기뻐하며 큰 덕을 받았기에 마음과 행실을 바꾸어 자신이 사자를 따라와 천자께 사례하려고 하였습니다. 그러나 그가 藩臣으로 신병이 있어 천자에 입조하기가 어려워 대신 태자 嬰齊(영제)를 보내 입시케 하였습니다. 일단 병이 나으면 북궐에 엎드려 천자의 궁궐을 바라보며 성덕에 보답할 것입니다."

"閩越王(민월왕)은 8월에 冶山(야산)의 남쪽에서 거병하였는데 士卒이 피폐하였고, 三王의 군사가 함께 공격해오면서 어린 동생 餘善(여선)에 의해 주살되었습니다. 지금은 나라에 주군이 없는 상태라서 여선은 사자를 보내 漢에서 받은 符節을 올리고 책봉해주기를 청원하며 감히 자립하지 못하고 천자의 詔命을 기다리고 있습니다. 이번 원정은 사졸의 창 한 자루도 잃지 않고 단 한명의 병졸도 죽지 않았으면서 민월왕은 죄에 따를 벌을 받았고 남월왕은 천자의 은택을 받았으며, 천자의 위세로 포악한 왕을 떨게 했고 義氣로 멸망에 몰린 나라를 존속시켰으니 이는 폐하의 深計遠慮에서 나온 것입니다. 이번 원정의 효과가 이처럼 확실하기에 저를 보내 폐하의 뜻을 말씀드리라 하였습니다."

이에 회남왕이 사죄하며 말했다. "비록 湯王이 (夏의) 桀王(걸왕)

을 토벌하고 (周) 文王이 崇侯를 토벌했을 때라도 이와 같이는 못했을 것입니다. 臣 劉安은 어리석고 황당한 말을 하였는데도 폐하께서 벌하지 않으시고 사자를 보내어 제가 알지 못하는 바를 깨우쳐 주시니 크신 영광을 감당하지 못하겠습니다!"

엄조는 이후로 회남왕과 우정을 나누고 돌아왔다. 무제도 크게 기뻐하였다.

原文

助侍燕從容, 上問助居鄕里時, 助對曰, "家貧, 爲友婿富人所辱." 上問所欲, 對願爲會稽太守. 於是拜爲會稽太守. 數年, 不聞問. 賜書曰, "制詔會稽太守, 君厭承明之廬, 勞侍從之事, 懷故土, 出爲郡吏. 會稽東接於海, 南近諸越, 北枕大江. 間者, 闊焉久不聞問, 具有《春秋》對, 毋以蘇秦從橫."

助恐, 上書謝稱, "《春秋》天王出居於鄭, 不能事母, 故絶之. 臣事君, 猶子事父母也, 臣助當伏誅. 陛下不忍加誅, 願奉三年計最." 詔許, 因留侍中. 有奇異, 輒使爲文, 及作賦頌數十篇.

| 註釋 | ○侍燕從容 - 쉴 때 조용히 시종하다. 燕 편히 쉬다. 閑居하다. 私席. ○友婿 - 同門의 婿. ○不聞問 - 문안을 하지 않다. 소식이 없다. ○承明之廬 - 승명전. 전각 이름. ○蘇秦從橫 - 전국시대 辯士인 蘇秦의 縱

橫論 같은 辨說. ○天王出居於鄭, ～故絶之－周 惠王의 아들(뒤에 襄王으로 즉위)은 동생이 惠后의 총애를 받고 혜왕도 동생을 후계자로 삼으려 하자 鄭나라로 망명하였다. 그러나 모친을 모실 수 없다고 아예 소식을 끊고 지냈다고 한다.(엄조도 직접 모실 수 없어 일부러 문안하지 않았다는 변명이다.) ○計最－지방관이 1년 또는 3년마다 중앙에 보고하는 업무 실적표. 보고에는 군현의 호구, 墾田(간전), 錢穀 출입, 치안상태 등 업무 실적 전반을 보고한다. 이를 중앙에서 집계하고 처리하는 관직이 計相이다. 여기서 엄조는 計相을 담당하겠다는 뜻을 표시하였다. 最는 보고 요점. ○賦頌數十篇－엄조가 35편의 賦를 지었다고 했으나 현존하는 작품은 하나도 없다.

〖國譯〗

무제가 한가할 때 엄조가 시종하는데 무제가 향리에 살 때의 일을 물었다. 이에 엄조가 대답하였다. "집이 가난하여 同門의 富者 사위한테 모욕을 당한 적이 있습니다." 무제가 원하는 바를 묻자, 엄조는 會稽郡 太守를 원했다. 이에 엄조를 회계태수에 임명하였다. 몇 년 동안 소식이 없었다. 무제가 엄조에게 서신을 내렸다.

"會稽太守에게 명하노라. 君은 承明殿에서 힘들게 시종하는 일이 싫고 고향을 그려 郡의 태수로 나갔었다. 會稽는 동쪽으로는 바다에 남쪽으로는 越과 접했으며 북쪽으로는 장강을 끼고 있다. 그간에 멀리 있다고 오랫동안 소식도 없었는데 모든 것을 《春秋》에 의거 답변하되 蘇秦의 從橫論 같이 말하지 말라."

엄조는 두려워하며 상서하며 사죄하였다.

"《春秋》에 周 襄王이 출국하여 鄭에 거처하면서 모친을 모실 수 없자 일부러 소식을 전하지 않았습니다. 신하의 事君은 아들이 부모를 모시는 것과 같아야 하니 臣 엄조는 마땅히 죽어야 합니다. 폐하께서는 저를 차마 죽이지 않으시니 저는 입조하여 3년간 計最를 담당하고자 합니다."

무제는 조서를 내려 허가했고 엄조는 侍中으로 주상을 모셨다. 기이한 일이 있을 때마다 엄조를 시켜 글을 짓게 하였기에 賦頌 수십 편을 지었다.

原文

後淮南王來朝, 厚賂遺助, 交私論議. 及淮南王反, 事與助相連, 上薄其罪, 欲勿誅. 廷尉張湯爭, 以爲助出入禁門, 腹心之臣, 而外與諸侯交私如此, 不誅, 後不可治. 助竟棄市.

| 註釋 | ○張湯 – 59권, 〈張湯傳〉에 입전.

〖 國譯 〗

뒤에 淮南王이 내조하여 엄조에게 많은 재물을 주었고 사적으로 사귀며 의논을 많이 하였다. 淮南王 모반이 드러나자 사건에 엄조도 연관이 되었는데, 무제는 엄조의 죄를 가볍게 생각하여 사형을 원하지 않았다. 그러나 廷尉 張湯(장탕)이 논쟁을 하면서 엄조가 궁궐에 출입하는 심복의 신하로 밖으로 제후와 이처럼 사적 교류를 했는데도 사형에 처하지 않으면 뒤에 이런 죄를 다스릴 수 없다고 하였다. 엄조는 결국 棄市(기시)되었다.

64-2. 朱買臣

原文

朱買臣字翁子, 吳人也. 家貧, 好讀書, 不治産業, 常艾薪
樵, 賣以給食, 擔束薪, 行且誦書. 其妻亦負戴相隨, 數止買
臣毋歌嘔道中. 買臣愈益疾歌, 妻羞之, 求去. 買臣笑曰,
"我年五十當富貴, 今已四十餘矣. 女苦日久, 待我富貴報女
功." 妻恚怒曰, "如公等, 終餓死溝中耳, 何能富貴!" 買臣
不能留, 卽聽去. 其後, 買臣獨行歌道中, 負薪墓間. 故妻與
夫家俱上塚, 見買臣饑寒, 呼飯飮之.

| 註釋 | ○朱買臣(주매신, ?－前 115)－覆水難收(복수난수), 馬前潑水(마
전발수) 등 成語의 주인공. ○艾薪樵－艾 거둘 예. 풀을 베다(刈와 同). 쑥
애. 늙은이. 薪은 섶나무 신. 樵 땔나무 초. 薪樵(신초)는 장작. ○負戴(부대)
－등에 짐을 지거나 머리에 이다. ○歌嘔－嘔 노래할 구. 외우다. ○女苦
日久－女는 汝(너 여). ○恚－성낼 에.

〖 國譯 〗

朱買臣의 字는 翁子로 吳縣 사람이다. 집은 가난했지만 독서를
좋아하여 가업에는 마음을 쓰지 않고 늘 나무를 해다가 팔아서 먹고
살았는데 나뭇짐을 지고 가면서도 글을 외웠다. 그 아내 역시 등에
지거나 머리에 이고 따라다녔는데 주매신이 길에서 책을 외우는 것

을 그만두라고 여러 번 말했었다. 그러면 주매신은 더욱 크게 글을 외웠고 아내는 그것이 부끄러워 떠나가겠다고 말했다. 주매신이 웃으며 말했다.

"내가 50이 되면 틀림없이 높은 사람이 될 것인데 이미 40이 넘었도다. 당신이 고생한 날이 오래지만 내가 富貴할 때까지 기다려준다면 당신의 공덕에 보답할 것이요."

그러자 주매신의 처는 화를 내며 말했다.

"당신 같은 사람은 결국 굶어죽어 구덩이에 들어가지 어찌 부귀를 누리겠나!"

주매신은 잡지 못하고 아내를 그냥 보내주었다. 그 뒤에 주매신은 혼자 글을 외우며 다녔는데 어느 날 나무를 지고 묘 옆을 지나갔다. 옛 처와 새 남자가 같이 무덤에 왔다가 주매신이 떨며 굶주린 것을 보고 불러 밥과 마실 것을 주었다.

原文

後數歲, 買臣隨上計吏爲卒, 將重車至長安, 詣闕上書, 書久不報. 待詔公車, 糧用乏, 上計吏卒更乞匄之. 會邑子嚴助貴幸, 薦買臣, 召見, 說《春秋》, 言《楚詞》, 帝甚說之, 拜買臣爲中大夫, 與嚴助俱侍中. 是時, 方築朔方, 公孫弘諫, 以爲罷敝中國. 上使買臣難詘弘, 語在〈弘傳〉. 後買臣坐事免, 久之, 召待詔.

| 註釋 | ○上計 – 지방 郡에서 치적을 문서로 작성하여(計最) 보고하는 것. ○將重車 – 중거를 끌다. 將은 부축하다. 끌다. 重車는 옷이나 의복을 실은 수레. ○待詔 – 漢代의 특수 관직명. 詔는 황제의 명령을 기록한 문서. 황제의 부름을 받아 대기하다가 조서를 받고 그에 따른 임무를 수행하거나 자문에 응한다. 待詔의 장소로는 待詔殿中, 待詔保宮, 待詔公車, 待詔黃門, 待詔丞相府, 待詔金馬門 등등이 있다. 특수한 분야의 전문가인 경우 예를 들어 太史, 治曆, 音律, 本草의 경우에는 ○○待詔라고 불렸다. ○公車 – 궁궐 호위 총책인 衛尉(위위)의 감독을 받는 기구. 황제가 부르거나 황제를 알현할 사람들에 관한 업무를 모두 여기에서 담당하였다. 동시에 관리 출장이나 업무수행을 위한 편의를 제공하였다. ○乞匃(걸개) – 乞丐(걸개). 거지. 匃는 구걸할 개. 丐(빌 개)와 同. ○築朔方 – 武帝 元朔 3년(전 126). 朔方城은 今 內蒙古 杭錦旗 서북쪽 黃河의 남안. ○難詘弘(난굴홍) – 비난하여 공손홍을 굴복시키다. 詘 굽힐 굴. ○〈弘傳〉 – 58권, 〈公孫弘卜式兒寬傳〉.

〔 國譯 〕

몇 해 뒤, 주매신은 郡에서 장안에 보고하러 올라가는 관리를 수행하는 사졸이 되어 重車를 끌고 장안에 와서는 궁궐에서 글을 올렸으나 글은 오랫동안 보고조차 되지 않았다. 公車에서 詔命을 기다리는 동안 양식과 비용이 떨어지자 上計吏卒은 거지가 되었다. 마침 고향 사람인 嚴助가 높은 자리에서 황제의 신임을 받고 있었는데 주매신을 천거하였고, 무제가 불러보고 《春秋》와 〈楚詞〉에 대하여 이야기를 나누었는데 무제가 매우 기뻐하며 주매신을 中大夫에 임명하였고 엄조와 더불어 侍中이 되었다. 그때는 막 朔方郡에 성을 쌓을 때였는데 公孫弘이 이를 두고 중국을 피폐하게 만든다고 忠諫했다. 무제는 주매신을 시켜 논쟁하여 공손홍을 꺾게 하였는데, 이는 〈公

孫弘傳)에 있다. 그 뒤에 주매신은 법에 걸려 면직되었다가 얼마 뒤에 다시 부름을 받았다.

是時, 東越數反覆, 買臣因言, "故東越王居保泉山, 一人守險, 千人不得上. 今聞東越王更徙處南行, 去泉山五百里, 居大澤中. 今發兵浮海, 直指泉山, 陳舟列兵, 席捲南行, 可破滅也." 上拜買臣會稽太守. 上謂買臣曰, "富貴不歸故鄕, 如衣繡夜行, 今子何如?" 買臣頓首辭謝. 詔買臣到郡, 治樓船, 備糧食, 水戰具, 須詔書到, 軍與俱進.

| 註釋 | ○泉山 - 今 福建省 泉州市의 淸源山. ○席捲(석권) - 席卷. 자리를 말 듯 손쉽게 차지하다.

〔國譯〕

이 무렵 東越은 자주 漢을 배반하였는데 이에 주매신이 건의하였다.

"예전의 동월왕은 泉山(천산)을 차지하고 있었는데 그곳을 1인이 지키면 천 명의 군사도 오를 수 없는 곳이었습니다. 지금 동월왕은 남쪽으로 거처를 옮겼는데 천산에서 5백 리 떨어진 곳으로 큰 호수 주변입니다. 이제 군사를 내어 바다를 따라서 바로 천산에 가서 선박을 진지로 삼고 군사를 출동시켜 정벌하며 남쪽으로 진격하면 동월을 격파할 수 있을 것입니다."

무제는 주매신을 會稽(회계)태수로 임명하였다. 무제가 주매신을 보고 말했다. "富貴하여 고향에 가지 않는다면 비단옷을 입고 밤 길을 가는 것과 같다 하였으니, 지금 그대 생각은 어떠한가?"

주매신은 머리를 조아려 사례하였다. 조서는 주매신이 회계군에 가서 戰船을 제조하고 양식과 水戰 장비를 비축하여 조서가 내려오기를 기다렸다가 군사를 거느리고 진격하라고 하였다.

原文

初, 買臣免, 待詔, 常從會稽守邸者寄居飯食. 拜爲太守, 買臣衣故衣, 懷其印綬, 步歸郡邸. 直上計時, 會稽吏方相與群飮, 不視買臣. 買臣入室中, 守邸與共食, 食且飽, 少見其綬. 守邸怪之, 前引其綬, 視其印, 會稽太守章也. 守邸驚, 出語上計掾吏. 皆醉, 大呼曰, "妄誕耳!" 守邸曰, "試來視之." 其故人素輕買臣者入內視之, 還走, 疾呼曰, "實然!" 坐中驚駭, 白守丞, 相推排陳列中庭拜謁. 買臣徐出戶. 有頃, 長安廐吏乘駟馬車來迎, 買臣遂乘傳去. 會稽聞太守且至, 發民除道, 縣長吏並送迎, 車百餘乘. 入吳界, 見其故妻, 妻夫治道. 買臣駐車, 呼令後車載其夫妻, 到太守舍, 置園中, 給食之. 居一月, 妻自經死, 買臣乞其夫錢, 令葬. 悉召見故人與飮食諸嘗有恩者, 皆報復焉.

| 註釋 | ○會稽守邸者 - 會稽郡의 長安 출장소를 관리하는 자. ○直 - 値也. ○上計掾吏(상계연리) - 보고 문서를 올리려 상경한 관리. ○妄誕(망탄) - 터무니없는 거짓말. 誕 속일 탄. 태어나다. ○廄吏 - 廄 마구간 구. ○經死 - 목을 매어 죽다. ○乞其夫錢 - 그 남편에게 돈을 주다. 乞은 給與. 주다.

〔 國譯 〕

　　그전에 주매신이 면직되어 조명을 기다릴 때 늘 회계태수 관저를 관리하는 자와 함께 기거하며 식사를 했었다. 회계태수를 제수받자 주매신은 예전 옷을 입고 인수를 품에 넣고 걸어서 郡邸(군저)로 갔다. 마침 郡에서 치적을 보고할(上計) 때라서 회계군에서 온 관리들은 모여 함께 술을 마시면서 주매신을 무시하였다. 주매신은 안에 들어가 관저 관리인과 식사를 하고 배가 부르자 그 인수를 조금 보여주었다. 관저 관리인이 이상히 여기면서 그 인수를 당겨 印章을 보니 회계태수 인장이었다. 관리인은 놀라서 밖으로 나가 上計掾吏 (상계연리)에게 말했다. 그러나 술에 취한 여러 사람들은 "미친 거짓말이야!"라고 소리쳤다. 그러자 관리인이 말했다. "한 번 와서 보시오." 그전에 주매신을 업신여기던 한 사람이 들어와 보고서는 돌아나가 소리 질렀다. "정말이야!" 좌중은 모두 놀라 관리 책임자에게 보고하였고 모두 뜰에 줄지어 서서 매신에게 절을 올렸다. 주매신은 천천히 걸어 나갔다. 잠시 후 장안의 마부들이 말 4마리가 끄는 수레를 몰고 영접하러 왔고 주매신은 傳車를 타고 회계군으로 떠났다.

　　會稽郡에서는 태수가 온다고 백성들을 동원하여 길을 치우고 현의 관리들을 보내 영접케 하니 수레가 백여 대나 되었다. 吳縣 경계에 들어가니 예전의 아내와 남편이 길을 닦고 있었다. 주매신은 수레를 멈추고 불러 뒤의 수레에 그 부부를 태워 관사에 도착한 뒤 머물며 지내게 하였다. 한 달쯤 지내다가 아내는 스스로 목을 매 죽었고 주매신은 그 남편에게 돈을 주어 장례를 치르게 하였다. 주매신은 옛 우인을 불러 만나고 그간에 음식을 주며 은혜를 베푼 사람들에게 모두 보답을 하였다.

居歲餘, 買臣受詔將兵, 與橫海將軍韓說等俱擊破東越, 有功. 徵入爲主爵都尉, 列於九卿.

數年, 坐法免官, 復爲丞相長史. 張湯爲御史大夫. 始, 買臣與嚴助俱侍中, 貴用事, 湯尙爲小吏, 趨走買臣等前. 後湯以廷尉治淮南獄, 排陷嚴助, 買臣怨湯. 及買臣爲長史, 湯數行丞相事, 知買臣素貴, 故陵折之. 買臣見湯, 坐床上弗爲禮. 買臣深怨, 常欲死之. 後遂告湯陰事, 湯自殺, 上亦誅買臣. 買臣子山拊官至郡守, 右扶風.

| 註釋 | ○主爵都尉(주작도위) – 封爵(봉작)에 관한 업무 담당자. ○長史 – 승상, 대장군, 태위, 어사대부 등의 보좌관. 秩 1천석. ○趨走(추주) – 종종걸음으로 빨리 걷다. 상관을 두려워하고 공경한다는 뜻. ○排陷(배함) – 밀어서 구덩이에 빠트리다. 연루시켜 죽이다. ○湯數行丞相事 – 어사대부가 승상 다음 지위이기에 장탕은 승상의 업무를 대행할 수 있었다. ○故陵折之 – 고의로 능멸하다. 陵折(능절)은 무시하고 억누르다(欺壓). ○常欲死

之 - 늘 목숨을 걸고 해치려 하다. ○陰事 - 非理. ○右扶風(우부풍) - 三輔
(삼보 - 京兆尹, 左馮翊, 右扶風)의 하나.

〖 國譯 〗

　　일 년 뒤에 주매신은 詔書를 받아 군사를 거느리고 橫海將軍 韓
說(한열) 등과 함께 東越을 격파하는 공을 세웠다. 조정에 들어가 主
爵都尉가 되어 九卿의 반열에 올랐다.

　　몇 년 뒤 법을 어겨 면직되었다가 다시 승상의 長史가 되었다. 張
湯은 어사대부가 되었다. 전에 주매신과 嚴助(엄조)가 함께 侍中으
로 있으면서 천자의 신임을 받고 일을 할 때 장탕은 아직 小吏로 주
매신 앞을 종종걸음으로 지나가야 했다.

　　뒤에 장탕이 延尉가 되어 淮南王의 반역에 대한 심문을 주관하면
서 엄조를 사건에 연루시켜 죽게 하자 주매신은 장탕에게 원한을 품
었다. 매신이 長史가 되었을 때 장탕은 수시로 승상의 업무를 代行
했다. 장탕은 주매신이 전에 자신보다 높았었기에 일부러 주매신을
무시하고 욕보였다. 주매신이 장탕을 알현할 때 장탕은 책상에서 답
례를 취하지도 않았다. 주매신은 언제나 목숨을 걸고 장탕을 해치려
하였다. 뒤에 주매신은 장탕의 비리를 고발했고 장탕은 자살했는데,
武帝 역시 주매신을 사형에 처했다. 주매신의 아들 朱山拊(주산부)는
관직이 군수와 右扶風에 올랐다.

64-3. 吾丘壽王

原文

吾丘壽王字子贛, 趙人也. 年少, 以善格五召待詔. 詔使
從中大夫董仲舒受《春秋》, 高才通明. 遷侍中中郎, 坐法免.
上書謝罪, 願養馬黃門, 上不許. 後願守塞扞寇難, 復不許.
久之, 上疏願擊匈奴, 詔問狀, 壽王對良善, 復召爲郎.

| 註釋 | ○吾丘壽王(오구수왕) - 吾丘는 복성 虞邱로도 표기. ○贛 - 줄
공. ○格五 - 五子棋. 오목 바둑. ○董仲舒(동중서) - 56권,〈董仲舒傳〉입
전. ○黃門 - 官署 이름. 養馬黃門은 황제의 수레, 가마 관리. 犬馬 사육. 黃
門은 宦官을 의미하는데 여기서는 환관의 의미로 사용되지 않았다. ○扞寇
難 - 扞은 막을 한. 寇 도둑 구.

〔國譯〕

吾丘壽王(오구수왕)의 字는 子贛(자공)으로 趙나라 사람이다. 젊었
을 때 오목을 잘 두어 주상의 부름을 받았다. 詔命에 의거 中大夫 董
仲舒로부터《春秋》를 전수받았는데 재주가 많고 두뇌가 명석했다.
侍中中郎으로 승진했으나 법을 어겨 면직되었다. 오구수왕은 상서하
여 사죄하며 말 사육을 담당하는 養馬黃門이 되고자 했으나 주상은
허락하지 않았다. 뒤에 변경을 수비하며 외적을 막겠다고 하였으나
또 불허했다. 얼마 지나 흉노 토벌에 나서겠다고 상소하자 조서를 내
려 심문했는데 수왕이 답변을 잘해서 다시 불러 낭관에 임용하였다.

稍遷, 會東郡盜賊起, 拜爲東郡都尉. 上以壽王爲都尉, 不復置太守. 是時, 軍旅數發, 年歲不熟, 多盜賊. 詔賜壽王璽書曰, "子在朕前之時, 知略輻湊, 以爲天下少雙, 海內寡二. 及至連十餘城之守, 任四千石之重, 職事並廢, 盜賊從橫, 甚不稱在前時, 何也?" 壽王謝罪, 因言其狀.

| 註釋 | ○稍遷(초천) – 점차 승진하다. ○東郡 – 郡名. 치소는 濮陽縣, 今 河南省 濮陽市(복양시) 서남. ○知略輻湊(지략복주) – 智略이 바퀴살이 바퀴통에 모이는 것과 같다. 지략이 우수하고 풍부하다. ○少雙, 寡二 – 雙보다 적고, 二에 모자라다. 견줄 만한 것이 없다. 寡二少雙. ○任四千石之重 – 郡의 태수나 도위는 모두 2천석임. 오구수왕은 동군의 도위이면서 태수를 겸임하였기에 4천석의 중임을 맡았다고 표현하였다.

〔國譯〕

오구수왕은 점차 승진했는데, 마침 東郡에 도적이 들끓자 동군 도위가 되었다. 주상은 수왕을 都尉로 임명하면서 태수를 보내지 않았다. 이 무렵 군사를 자주 징발하고 흉년이 들어 도적이 많았다. 주상은 수왕에게 국서를 내려 말했다.

"그대가 짐 앞에 근무할 때는 지략이 풍부하여 천하와 해내에 견줄 만한 사람이 없는 것 같았다. 십여 개 성을 다스리며 4천석의 중임을 맡았는데 직무가 모두 부진하고 도적이 횡행하여 내 앞에 있을 때와 크게 다른데 그 이유는 무엇인가?"

오구수왕은 사죄하며 그 실상을 보고하였다.

後徵入爲光祿大夫侍中. 丞相公孫弘奏言, "民不得挾弓
弩. 十賊彍弩, 百吏不敢前, 盜賊不輒伏辜. 免脫者衆, 害寡
而利多, 此盜賊所以蕃也. 禁民不得挾弓弩, 則盜賊執短兵,
短兵接則衆者勝. 以衆吏捕寡賊, 其勢必得. 盜賊有害無利,
且莫犯法, 刑錯之道也. 臣愚以爲禁民毋得挾弓弩便."

上下其議. 壽王對曰,

| 註釋 | ○光祿大夫侍中 – 光祿大夫는 이전 中大夫의 명칭을 바꾼 것임.
侍中은 加官의 하나. 이 가관의 칭호를 받으면 궁중에 출입하며 천자를 알현
하고 의견을 개진할 수 있다.   ○挾弓弩 – 挾 낄 협. 소지하다. 弓弩는 활.
○彍 – 활시위 당길 확.   ○蕃 – 增多.

[國譯]

그 뒤에 조정에 들어가 光祿大夫 侍中이 되었다. 승상 公孫弘이
상주하였다.

"백성들의 활 소지를 금해야 합니다. 도적 10명이 활시위를 당기
고 있으면 관리가 100명이라도 전진하지 못하니 도적들을 잡아 처
벌하지 못합니다. 도망자가 많은 것은 손해보다 이득이 많기 때문이
며 이것이 도적은 더 많아지는 까닭일 것입니다. 백성이 활을 소지
할 수 없게 되면 도적들은 칼을 쇠할 것이고 칼싸움을 하게 되면 많
은 쪽이 이깁니다. 다수의 관리가 적은 수의 도적을 체포할 수 있는
것은 당연합니다. 도적들은 손해가 많고 이득이 없게 되면 법을 어
기지 않을 것이니, 이는 형벌을 폐지할 수 있는 방법일 것입니다. 臣

의 어리석은 생각이지만 백성이 활 소지를 금지시키는 것이 이득일 것입니다."

　주상은 이를 논의케 하였다. 이에 오구수왕이 상서하였다.

　「臣聞古者作五兵, 非以相害, 以禁暴討邪也. 安居則以制猛獸而備非常, 有事則以設守衛而施行陣. 及至周室衰微, 上無明王, 諸侯力政, 强侵弱, 衆暴寡, 海內抗敝, 巧詐並生. 是以知者陷愚, 勇者威怯, 苟以得勝爲務, 不顧義理. 故機變械飾, 所以相賊害之具不可勝數. 於是秦兼天下, 廢王道, 立私議, 滅《詩》,《書》而首法令, 去仁恩而任刑戮, 堕名城, 殺豪桀, 銷甲兵, 折鋒刃. 其後, 民以耰鋤箠梃相撻擊, 犯法滋衆, 盜賊不勝, 至於赭衣塞路, 群盜滿山, 卒以亂亡. 故聖王務敎化而省禁防, 知其不足恃也.」

| 註釋 | ○五兵 - 劍(검), 弓, 矛(모, 가지가 없는 창), 戟(극, 가지가 두 갈래인 창), 戈(과, 가지가 있어 찍어 당길 수도 있는 창). ○有事 - 전쟁. ○抗敝(완폐) - 문드러지고 피폐해지다. 扞 꺾일 완. 문드러지다. 敝 해질 폐. ○機變械飾(기변계식) - 機械는 병기와 여러 가지 전쟁 장비. ○私議 - 正道가 아닌 속임수. ○首 - 숭상하다. ○堕 - 떨어질 타. 毁滅(훼멸)하다. ○滋衆 - 더욱 많아지다. 滋는 益也.

「臣이 알기로는, 옛날에 5가지 兵器를 만든 것은 서로 해치기보다는 포악한 짓을 금하고 사악한 자를 토벌할 뜻이었습니다. 편히 살려면 맹수를 제압해야 하고 비상에 대비하며 전쟁에서 방어하고 진을 치며 준비하는 것이었습니다. 周室이 쇠미해지면서 위로는 明王이 없고 제후는 힘으로 통치했기에 강자는 약자를 침탈하고, 다수는 소수를 짓누르면서 천하가 피폐해지고 거짓이 판을 쳤습니다. 그래서 知者는 어리석은 자를 해치고, 勇者는 약자를 위협하여 이기기에만 힘쓰고 의리를 생각하지 않았습니다. 그러면서 병기와 장치들이 개선되어 상대를 해치는 장비가 헤아릴 수가 없게 많아졌습니다. 나중에 秦이 천하를 차지하면서 王道가 없어지고 속임수가 판을 쳤고, 《詩》와 《書》도 없애고 法令를 숭상하였으며, 仁恩의 정치가 아닌 형벌과 살육에 의거하였고, 옛 성곽을 허물고 호걸을 죽였으며, 무기를 녹여 없애고 창을 꺾어버렸습니다. 그 후로 백성들은 괭이나 채찍과 몽둥이로 서로를 치고 때리면서 범법자는 더욱 늘어났고 도적을 잡을 수 없게 되었으며 수형자들이 길을 메웠고 산에는 도적떼가 꽉 차서 결국 멸망에 이르렀습니다. 이런 까닭에 聖王은 교화에 힘쓰면서 금지나 억압을 줄이려 했는데 이는 금압에 의지할 수 없다는 사실을 알았기 때문입니다.」

原文

「今陛下昭明德, 建太平, 擧俊才, 興學官, 三公有司或由窮巷, 起白屋. 裂地而封, 宇內日化, 方外鄕風, 然而盜賊猶

有者, 郡國二千石之罪, 非挾弓弩之過也.《禮》曰男子生,
桑弧蓬矢以舉之, 明示有事也. 孔子曰, '吾何執, 執射乎?'
大射之禮, 自天子降及庶人, 三代之道也.《詩》云 '大侯旣
抗, 弓矢斯張, 射夫旣同, 獻爾發功.' 言貴中也. 愚聞聖王
合射以明敎矣, 未聞弓矢之爲禁也. 且所爲禁者, 爲盜賊之
以攻奪也. 攻奪之罪死, 然而不止者, 大奸之於重誅固不避
也. 臣恐邪人挾之而吏不能止, 良民以自備而抵法禁, 是擅
賊威而奪民救也. 竊以爲無益於禁姦, 而廢先王之典, 使學
者不得習行其禮, 大不便.」

　書奏, 上以難丞相弘. 弘詘服焉.

| 註釋 | ○窮巷 - 외진 마을. ○白屋 - 빈한한 집. ○桑弧蓬矢 - 뽕나무
로 만들 활과 쑥대 화살. 이를 하늘에 쏘는 의식으로 국가와 가정을 보위해
야 할 책임을 강조하였다. ○孔子曰~ -《論語 子罕》. 子聞之, 謂門弟子曰,
"吾何執? 執御乎? 執射乎? 吾執御矣!" ○《詩》云 -《詩經 小雅 賓之初筵》.
○言貴中也 - 여기서 中은 맞히다. 命中. ○難 - 나무랄 난. 힐난하다. ○詘
服(굴복) - 논리적으로 굴복시키다. 詘은 굽힐 굴, 말 막힐 굴.

〖國譯〗

　「지금 폐하께서는 명덕을 밝게 펴시어 태평을 이룩하셨으며 俊才
를 등용하시고 學官을 진흥하셨으며 三公이나 有司들은 외딴 마을
이나 가난한 집에서도 나왔습니다. 그리고 땅을 나누어 제후로 봉하
고 천하에 교화가 행해지면서 먼 이국에도 風敎가 영향을 주었지만

아직도 도적이 남아있는 것은 각 군국 지방관의 잘못이지 활을 가지고 다니기 때문이 아닙니다. 《禮》에 남자아이가 출생하면 뽕나무 활에 쑥대 화살을 쏘아 전쟁에 대비한다는 뜻을 일러 주었습니다. 공자께서도 '내가 무슨 일을 해야 하는가? 궁사가 되어야 하는가?' 라고 하였으며, 大射之禮는 천자로부터 서민에 이르기까지 三代의 道이었습니다. 《詩經》에서도 '큰 과녁 펼쳐지고 화살 얹어 당기노니, 활 쏜 이 모두 모여 그 결과를 아뢴다.' 고 하여 命中의 덕을 높이 노래하였습니다. 제가 알기로, 聖王은 상하가 모여 활을 쏘면서 교화를 밝게 하였지 활쏘기를 금지시켰다는 말을 듣지 못했습니다. 그리고 활 지참을 금하는 것은 도적들의 강탈을 돕는 것입니다. 남의 물건을 강제로 뺏으면 사형에 처하더라도 여전히 도적질을 하는 것은 큰 죄를 엄벌에 처해도 무서워하지 않는 것입니다. 제가 걱정하는 것은 사악한 사람이 활을 갖고 다니면 관리가 빼앗지도 못하지만 양민이 자신을 지키기 위해 소지하더라도 법을 어기게 되는 것이니, 이는 도적의 위세에 도움을 주고 백성들의 자구 방법을 빼앗는 것입니다. 이는 범죄를 억제하는데 도움이 되지도 못하면서 선왕의 전범을 없애는 것이며 배우는 사람으로 하여금 禮를 익힐 기회도 주지 않기에 크게 불편할 것입니다.

글이 상주되자 주상은 승상 공손홍을 책망했다. 공손홍은 말이 막혔다.

原文

及汾陰得寶鼎, 武帝嘉之, 薦見宗廟, 臧於甘泉宮. 群臣

皆上壽賀曰, "陛下得周鼎." 壽王獨曰非周鼎. 上聞之, 召
而問之, 曰, "今朕得周鼎, 群臣皆以爲然, 壽王獨以爲非,
何也? 有說則可, 無說則死." 壽王對曰, "臣安敢無說! 臣聞
周德始乎后稷, 長於公劉, 大於大王, 成於文,武, 顯於周公,
德澤上昭, 天下漏泉, 無所不通. 上天報應, 鼎爲周出, 故名
曰周鼎. 今漢自高祖繼周, 亦昭德顯行, 布恩施惠, 六合和
同. 至於陛下, 恢廓祖業, 功德愈盛, 天瑞並至, 珍祥畢見.
昔秦始皇親出鼎於彭城而不能得, 天祚有德而寶鼎自出, 此
天之所以與漢, 乃漢寶, 非周寶也." 上曰, "善." 群臣皆稱
萬歲. 是日, 賜壽王黃金十斤. 後坐事誅.

| 註釋 | ○汾陰得寶鼎 – 분음현에서 보물과 같은 솥을 찾아내다. 汾陰은
縣名. 今 山西省 運城市 관할의 河津市. ○公劉 – 后稷의 증손. 棄(后稷) –
不窋(불줄) – 鞠(국) – 公劉(공유)로 이어지며 豳(빈)을 근거로 통치 체계를
갖추었다. ○大王(태왕) – 古公亶甫(고공단보). 文王의 조부. ○天下漏泉 –
은택이 위에서 물이 떨어지는 것과 같았다. ○六合 – 천지의 上下와 四方.
○恢廓 – 크고 빛나게 드러내다. 恢 넓을 회. 廓 둘레 곽.

〔 國譯 〕

　　汾陰縣(분음현)에서 寶鼎을 얻었는데 무제는 이를 가상히 여기며
종묘에 고한 다음에 甘泉宮에 보관하였다. 모든 신하가 주상의 장수
를 빌고 축하하면서 "폐하께서 周鼎(주정)을 얻으셨다."고 말했다.
그러나 오구수왕만은 홀로 周鼎이 아니라고 말했다. 무제가 이를 전

해 듣고 오구수왕을 불러 말했다. "이번에 짐이 周鼎을 얻었는데 모든 신하가 다 周鼎이라 하는데, 오구수왕은 혼자 아니라고 하는데, 왜 그러한가? 그럴 까닭이 있으면 괜찮지만 아니면 죽어야 한다."

그러자 오구수왕이 대답했다.

"臣이 어찌 없는 이야기를 하겠습니까! 臣이 알기로, 周德은 后稷(후직)에서 시작하여 公劉(공유) 代에 이르러 완성이 되었으며, 大王(태왕) 때에 크게 성취하고 文王과 武王에 의해 완성되었으며, 周公에 이르러 빛났는데 그 德이 위에서 빛나자 하늘에서 비를 내리 듯 相通하지 않는 바가 없었습니다. 이에 대하여 하늘이 보답하듯 솥이 周시대에 나왔기에 이름이 周鼎이었습니다. 지금 漢의 고조께서는 周의 전통을 이으시어 마찬가지로 밝은 덕행을 확실하게 실천하시며 은혜를 널리 베푸시어 六合이 하나로 화합하였습니다. 폐하에 이르러서는 조상의 업적을 크게 넓히시고 그 공덕이 더욱 성대하시기에 하늘의 祥瑞가 함께 하고 진기한 징조가 전부 나타났습니다. 옛날에 진시황이 몸소 彭城(팽성)에서 寶鼎을 캐내고서도 차지하지 못하였는데, 이를 보면 天福은 有德者에게 내리고 寶鼎은 스스로 나타난 것입니다. 이는 하늘이 漢에게 주는 것이기에 漢의 보배이지 周의 보배가 아닙니다."

무제는 "옳은 말이다."라고 말했고 여러 신하들은 모두 만세를 불렀다. 이 날 주상은 오구수왕에게 황금 10근을 하사하였다.

오구수왕은 뒷날 업무상 법을 어겨 주살되었다.

64-4. 主父偃

原文

主父偃, 齊國臨菑人也. 學長短從橫術, 晚乃學《易》,《春
秋》, 百家之言. 游齊諸子間, 諸儒生相與排儐, 不容於齊.
家貧, 假貸無所得, 北遊燕,趙,中山, 皆莫能厚, 客甚困. 以
諸侯莫足游者, 元光元年, 乃西入關見衛將軍. 衛將軍數言
上, 上不省. 資用乏, 留久, 諸侯賓客多厭之, 乃上書闕下.
朝奏, 暮召入見. 所言九事, 其八事爲律令, 一事諫伐匈奴,
曰,

| 註釋 | ○主父偃(주보언, ?-前 126) - 主父는 복성. 父(보)는 남자에 대
한 미칭. 偃은 넘어질 언. ○長短從橫術 - 縱橫家의 遊說術. ○諸子 - 諸侯
王子. ○排儐 - 儐은 대접할 빈. 擯(물리칠 빈)과 通. ○假貸(가특) - 빌리
다. 貸 빌 특. ○元光元年 - 武帝. 前 134. ○衛將軍 - 衛靑(위청). 25권,〈衛
靑霍去病傳〉에 입전.

〖 國譯 〗

　主父偃(주보언)은 齊國의 臨菑(임치) 사람이었다. 종횡가의 유세술
을 배웠고 만년에《易經》과《春秋》, 그리고 百家의 학술을 공부했
다. 齊의 여러 제후나 왕자, 儒生들은 서로 주보언을 배척하여 齊에
서 인정받지 못했다. 집도 가난하여 빌릴 수도 없어 북쪽으로 燕과

趙와 中山國을 돌며 유세했지만 대우해주는 사람이 아무도 없었고
떠돌이로 고생이 심했다. 元光 원년에 서쪽 關中에 들어가 장군 위
청을 만났다. 위청이 여러 번 무제에게 천거했지만 주상은 살피지
않았다. 돈도 떨어졌고 오래 머물다 보니 제후의 빈객들도 모두가
주보언을 싫어하였기에 바로 궁궐에 상서하였다. 아침에 상주하여
저녁 무렵 불려 들어갔다. 주보언이 말한 9가지 건의 중 8개가 율령
에 관한 것이었고 나머지 하나는 흉노 정벌을 만류하는 것이었다.
주보언이 말했다.

原文

「臣聞明主不惡切諫以博觀, 忠臣不避重誅以直諫, 是故
事無遺策而功流萬世. 今臣不敢隱忠避死, 以效愚計, 願陛
下幸赦而少察之.

〈司馬法〉曰, '國雖大, 好戰必亡, 天下雖平, 忘戰必危.'
天下旣平, 天子大愷, 春蒐秋獮, 諸侯春振旅, 秋治兵, 所以
不忘戰也. 且怒者逆德也, 兵者凶器也, 爭者末節也. 古之
人君一怒必伏屍流血, 故聖王重行之. 夫務戰勝, 窮武事,
未有不悔者也.」

| 註釋 | ○〈司馬法〉─ 春秋時代 齊國의 將軍이며 軍事理論家인 司馬穰
苴(사마양저)의 병법. 《史記 司馬穰苴列傳》참고. ○天子大愷 ─ 天子가 군
사를 훈련할 때 쓰는 음악. 愷 즐거울 개. ○春蒐秋獮(춘수추선) ─ 봄가을의

사냥. 蒐 사냥할 수. 獮 가을 사냥 선. ○振旅(진려) – 군사를 정리하다. 훈련하다. ○重行之 – 신중하게 행동하다. 重은 難也.

〔國譯〕

「제가 알기로는, 明主라면 진심어린 충간을 마다 않고 두루 열람하며, 충신이라면 죽음을 무릅쓰고 직간을 하기 때문에 실패한 정책이 없고 그 공적은 萬世에 이른다고 하였습니다. 지금 저는 충성심을 감추거나 죽음을 피하지도 않고 어리석은 계책을 올리오니 폐하께서는 널리 용서하시며 잠깐 살펴주시기 바랍니다.

〈司馬兵法〉에서는 '비록 大國일지라도 호전하면 필히 망하고 천하가 태평하더라도 전쟁을 잊는다면 반드시 위험에 빠진다.'고 하였습니다. 천하가 태평하더라도 천자는 大愷樂(대개악)을 연주하고 봄가을로 사냥을 하며 제후가 봄에 군사를 훈련하고 가을에 병기를 정비하는 것은 전쟁을 잊지 않으려는 것입니다. 그리고 怒氣는 덕을 거스른 것이며, 兵器는 흉기이며, 다툼이란 것은 節操(절조)가 없기 때문입니다. 고대의 군주가 한 번 진노하면 필히 시체가 쌓이고 피를 보게 되기에 聖王의 행동은 신중하였습니다. 그리고 전쟁에 이기려 애쓰거나 武事에만 치중하면 후회하지 않는 경우가 없었습니다.」

原文

「昔秦皇帝任戰勝之威, 蠶食天下, 倂呑戰國, 海內爲一, 功齊三代. 務勝不休, 欲攻匈奴, 李斯諫曰, "不可. 夫匈奴

無城郭之居, 委積之守, 遷徙鳥舉, 難得而制. 輕兵深入, 糧
食必絶, 運糧以行, 重不及事. 得其地, 不足以爲利, 得其民,
不可調而守也. 勝必棄之, 非民父母, 靡敝中國, 甘心匈奴,
非完計也." 秦皇帝不聽, 遂使蒙恬將兵而攻胡, 卻地千里,
以河爲境. 地固澤鹵, 不生五穀, 然後發天下丁男以守北河.
暴兵露師十有餘年, 死者不可勝數, 終不能踰河而北. 是豈
人衆之不足, 兵革之不備哉? 其勢不可也. 又使天下飛芻挽
粟, 起於黃, 腄, 琅邪負海之郡, 轉輸北河, 率三十鐘而致一
石. 男子疾耕不足於糧餉, 女子紡績不足於帷幕. 百姓靡敝,
孤寡老弱不能相養, 道死者相望, 蓋天下始叛也.」

| 註釋 | ○李斯(이사) − 楚의 말단 창고지기였던 이사는 法家 사상을 공
부하고 秦에 유세하여 客卿이 되었다가 丞相에 올라 천하통일에 큰 역할을
하였으나 최후는 비참했다. ○遷徙鳥舉 − 옮겨 다니며 새처럼 행적이 일정
치 않다. ○非民父母 − 부모로써 보살펴 줄만한 백성이 아니다. 자식처럼
돌볼 관계가 아니다. ○蒙恬(몽념) − 秦의 名將. ○澤鹵(택로) − 저습하고
염분이 많은 땅. 鹵 소금 로. ○飛芻挽粟(비추만속) − 馬草를 운송하고 군량
을 공급하다. 芻 꼴 추. 건초. 粟 곡식 속. ○黃, 腄(수), 琅邪(낭야) − 모두 縣
名. 今 山東省 일대. ○北河 − 내몽고의 巴彦淖爾市와 鳥海市 중간 磴口市
일대의 황하를 지칭. ○率三十鐘而致一石 − 6斛(곡) 4斗를 1鍾이라 하였는
데 30종을 보내면 운반하는 사람들도 먹어야 하기에 겨우 1석만이 현장에
공급된다는 뜻. ○蓋 − 대개, 아마도. 위의 글을 이어받아 이유나 원인을
표시.

「예전에 秦 皇帝는 전승의 위세를 바탕으로 천하를 蠶食(잠식)하고 전국시대 6국을 병탄하여 海內를 통일하였으니 그 공은 三代와 같았습니다. 언제나 승리만을 추구하며 흉노를 정벌하려 하자 李斯(이사)가 이를 말렸습니다.

"불가합니다. 흉노인들은 성곽에 거주하거나 쌓아두고 지키는 것이 아니고 옮겨 다니며 새처럼 행적이 없기에 그들을 제압할 수가 없습니다. 경무장으로 깊숙이 들어가면 틀림없이 양식이 떨어지고, 양식을 운반하며 행군하면 느려서 따라잡을 수가 없습니다. 그들 땅을 차지해도 이득이 되지 않으며 그 백성을 잡는다 하여도 조화를 이루며 수비할 수가 없습니다. 우리가 이겨도 어차피 버려야 하고 부모로서 보살펴 줄만한 족속이 아니며 중국을 피폐하게 만들기에 기분이라도 좋게 흉노를 이기려는 것도 완전한 계책이 아닙니다."

그러나 秦 황제는 이를 따르지 않았고 마침내 蒙恬(몽념)으로 하여금 군사를 거느리고 흉노를 정벌하여 천리나 되는 땅을 넓히고 황하를 경계로 삼았습니다. 그러나 그 땅은 저습하고 소금기가 많아 오곡을 심을 수도 없었지만 천하의 장정을 동원하여 北河를 지키게 하였습니다. 10여 년간 야전을 겪으며 죽은 자를 이루 셀 수가 없었으나 끝내 황하를 넘어 북으로 나갈 수 없었습니다. 이것이 어찌 사람이 부족했기 때문이며 무기가 모자라서 그러했겠습니까? 그 형세가 불가했었습니다. 또 천하를 동원하여 마초와 군량을 운반하는데 黃縣, 腄縣(수현), 琅邪縣(낭야현) 등 바닷가의 縣에서 시작하여 군량을 北河까지 운반하는데 30鍾의 곡식을 보내야 1石이 현장에 공급되었습니다. 때문에 남자가 아무리 열심히 농사지어도 식량이 모자랐고 여자가 방적을 해도 휘장과 천막이 모자랐습니다. 백성들이 피폐해지고 고아와 과부, 노약자를 거둘 수가 없었으며 길에는 죽은 자가 이어졌기에 천하에 반란이 일어났던 것입니다.」

原文

「及至高皇帝定天下, 略地於邊, 聞匈奴聚代谷之外而欲擊之. 御史成諫曰, "不可. 夫匈奴, 獸聚而鳥散, 從之如搏景, 今以陛下盛德攻匈奴, 臣竊危之." 高帝不聽, 遂至代谷, 果有平城之圍. 高帝悔之, 乃使劉敬往結和親, 然後天下亡干戈之事.」

| 註釋 | ○從之如搏景 − 搏 잡을 박. 景은 그림자 영. 景은 影의 古字. ○劉敬 − 본명은 婁敬(루경). 장안 도읍을 강력하게 건의하였다. 劉氏 성을 하사받아 劉敬이 되었다. 43권, 〈酈陸朱劉叔孫傳〉 입전. ○干戈之事 − 전쟁. 干戈(간과)는 방패와 창.

〔國譯〕

「高皇帝께서 천하를 평정하시며 변경으로 땅을 넓히면서 흉노가 代谷의 밖에 모여 있다는 것을 알고 공격하려 하였습니다. 그때 어사 成(성)이 간언을 올렸습니다.

"불가합니다. 흉노는 짐승처럼 모였다가 새처럼 흩어지기에 그들을 따라잡는 것은 그림자를 잡는 것과 같으며, 지금 폐하의 盛德으로 흉노를 공격한다면 제 생각으로는 매우 위험합니다."

그렇지만 고조께서는 따르지 않고 代谷에 진출했으나 결국 平城에서 포위되었습니다. 고조께서는 후회하며 劉敬(유경)을 보내 흉노와 화친했고 그 뒤엔 전쟁이 없었습니다.」

「故兵法曰, '興師十萬, 日費千金.' 秦常積衆數十萬人, 雖有覆軍殺將, 係虜單于, 適足以結怨深讎, 不足以償天下之費. 夫匈奴行盜侵驅, 所以爲業, 天性固然. 上自虞, 夏, 殷, 周, 固不程督, 禽獸畜之, 不比爲人. 夫不上觀虞, 夏, 殷, 周之統, 而下循近世之失, 此臣之所以大恐, 百姓所疾苦也. 且夫兵久則變生, 事苦則慮易. 使邊境之民靡敝愁苦, 將吏相疑而外市, 故尉佗, 章邯得成其私, 而秦政不行, 權分二子, 此得失之效也. 故〈周書〉曰, "安危在出令, 存亡在所用." 願陛下孰計之而加察焉.」

| 註釋 | ○深讎(심수) − 큰 원한을 가진 원수. 深仇와 같음. ○程督 − 과세하거나 문책하다. 程은 課, 課稅의 뜻. 督은 督察하다. ○慮易(여역) − 생각이 바뀌다. ○尉佗(위타) − 人名. 秦의 군사를 거느리고 남월을 정벌하러 나갔다가 桂林郡 일대를 차지하고 南越王이 되었다. ○權分二子 − 二子는 項羽와 劉邦. ○〈周書〉 − 현행 《書經 周書》에는 이 구절이 없다.

「옛 병법에서는 '10만 군사를 내면 매일 비용이 千金'이라고 했습니다. 秦은 늘 수십 만 병력을 유지하면서 비록 적군을 무찌르고 장수를 죽였으며 흉노 선우를 포로로 잡았지만 이에 따라 원한도 깊어졌으며 천하가 부담한 비용을 보상할 수도 없었습니다. 흉노는 도적질과 침략이 그들의 생업이고 천성처럼 굳어졌습니다. 멀리 舜임금과 夏, 殷, 周 때부터 그들에게 과세하거나 살펴보지도 않고 금수처럼 여기고 사람이라 생각하지도 않았습니다. 위로는 舜이나 夏, 殷, 周 때부터의 전통을 살펴보지 않고, 아래로는 근세의 실책을 따라하는 것은 臣이 가장 큰 걱정이며 백성들의 고통일 것입니다. 그리고 發兵하여 오랜 시간이 지나다 보면 변란이 일어나고 일이 고통스러우면 생각이 바뀌게 됩니다. 변경의 백성을 피폐하게 하고 고통을 주거나 장군이나 군관들이 서로 의심하면서 외부와 거래를 하게 되는데 尉佗(위타)와 章邯(장한)은 사욕을 달성했으며 秦의 정치가 무너지고 권력은 고조와 항우 두 사람에게 분산되었으니 이것이 바로 득실의 결과라 할 수 있습니다. 그래서 〈周書〉에서는 '나라의 安危는 軍令에 있고, 存亡은 누구를 등용하느냐에 있다.'고 하였습니다. 폐하께서 어느 계책을 쓸 것인가를 깊이 생각하시고 살펴주시기 바랍니다.」

是時, 徐樂, 嚴安亦俱上書言世務. 書奏, 上召見三人, 謂曰, "公皆安在? 何相見之晚也!" 乃拜偃, 樂, 安皆爲郎中. 偃數上疏言事, 遷謁者, 中郎, 中大夫, 歲中四遷.

| 註釋 | ○徐樂(서악) - 본권에 立傳. ○嚴安 - 본명 莊安. 본권(下)에 입전. ○公皆安在 - 공들은 모두 어디에 있었는가? ○謁者(알자) - 관직명. 낭중령의 속관. 질 6백석. 中郎은 질 比6백석. 中郎將도 중랑이라 간칭하였는데 중랑장은 황제 시위를 담당. 질 比2천석. 中大夫(뒤에 光祿大夫로 개칭)는 정사의 의논을 담당. 질록은 比2천석이었다.

〔 國譯 〕

이 무렵에 徐樂과 嚴安 또한 상서하여 世務를 논했다. 상서가 보고되자 주상은 3인을 불러 만나고서 이들에게 말했다. "公들은 어디에 있었는가? 어찌 이제야 만나게 되었는가!" 그리고서는 주보언과 서악, 엄안을 모두 郎中에 임명하였다. 주보언은 자주 상서하여 정사를 논했는데 謁者, 中郎將, 中大夫로 승진하여 일 년에 4번이나 자리를 옮겼다.

原文

偃說上曰, "古者諸侯地不過百里, 强弱之形易制. 今諸侯或連城數十, 地方千里. 緩則驕奢易爲淫亂, 急則阻其强而合從以朔京師. 今以法割削, 則逆節萌起, 前日朝錯是也. 今諸侯子弟或十數, 而適嗣代立, 餘雖骨肉, 無尺地之封, 則仁孝之道不宣. 願陛下令諸侯得推恩分子弟, 以地侯之. 彼人人喜得所願, 上以德施, 實分其國. 必稍自銷弱矣." 於是上從其計. 又說上曰, "茂陵初立, 天下豪桀兼並之家, 亂衆民, 皆可徙茂陵, 內實京師, 外銷姦猾, 此所謂不誅而害除." 上又從之.

| 註釋 | ○萌起 – 싹이 트다. 萌 싹 맹. ○朝錯(조조) – 鼂錯. 晁錯. 49권, 〈爰盎鼂錯傳〉에 입전. ○茂陵(무릉) – 무제가 建元 2년부터 조성하기 시작한 자신의 능. 밑변의 사방 길이 각 240m, 높이 46m. 정상부분 길이 동서 30m, 남북 35m로 漢 제왕의 능묘 중 최대 규모. 능 주변에 전국의 부호를 이주시키면서 무릉현을 설치.(이를 陵縣이라 한다.)

〖國譯〗

주보언이 무제를 설득하였다.

"고대 제후의 봉지는 백 리를 넘지 않았기에 강약의 형세에 따라 쉽게 제어할 수 있었습니다. 지금 제후는 수십 개의 성을 연결하여 사방 천리에 달합니다. 풀어주면 驕慢奢侈(교만사치)하여 쉽게 음란해지고 조이면 강한 힘으로 저항하며 서로 연결하여 중앙에 대항합니다. 이제서 이들을 법으로 삭감하려면 반역의 싹이 트게 되니 전날 鼂錯(조조)가 그러한 예입니다. 지금 제후의 자제가 십여 명이 되더라도 적장자만 뒤를 이을 뿐 나머지는 비록 골육이지만 조그만 땅에도 봉할 수가 없으니 이렇게 해서는 仁孝를 권장할 수가 없습니다. 폐하께서는 제후들이 推恩(추은)을 받아 자제에게 땅을 나누어 봉할 수 있게 해 주십시오. 그러면 저들은 각자 바라던 바를 얻을 수 있어 기뻐할 것이며, 주상께서는 덕을 베풀면서 실제로는 그 나라를 분할하는 것이기에 그 세력은 필히 조금씩 스스로 약해질 것입니다."

이에 주상은 그 방책에 따랐다. 주보언이 또 건의하였다.

"茂陵(무릉)을 새로 건립하면서 천하의 호걸로 겸병하거나 백성들을 선동할 수 있는 자들을 무릉으로 옮기게 하면 안으로는 장안의 내실을 이룩하고, 밖으로는 교활한 세력을 꺾을 수 있으니 이는 죽이지 않고도 해악을 제거하는 길입니다."

주상은 또 그 건의에 따랐다.

原文

尊立衛皇后及發燕王定國陰事, 偃有功焉. 大臣皆畏其口, 賂遺累千金. 或說偃曰, "大橫!" 偃曰, "臣結髮遊學四十餘年, 身不得遂, 親不以爲子, 昆弟不收, 賓客棄我, 我厄日久矣. 丈夫生不五鼎食, 死則五鼎亨耳! 吾日暮, 故倒行逆施之."

| 註釋 | ○燕王定國 - 燕 敬王 劉澤의 손자인 劉定國(? - 前 128). 35권, 〈荊燕吳傳〉 참고. 유정국은 아버지 康王의 후궁과 사통하여 아들 하나를 낳았으며 여러 비윤리적 행위가 많았다. ○大橫 - 너무 멋대로 설치다. ○厄日(액일) - 빈곤하고 궁색했던 시절. ○五鼎食 - 牛, 羊, 豕(돼지 시), 魚, 麋(사슴 미). 제후 제사의 제물. ○五鼎亨耳 - 亨은 烹(삶을 팽) 同. ○日暮 - 日暮途遠(일모도원)의 뜻. 살 날이 많지 않다. ○倒行逆施 - 常理를 따를 수 없다.

〔 國譯 〕

衛皇后를 尊立하였고 燕王 劉定國의 음행을 밝혀내는데 주보언의 힘이 컸다. 대신들은 모두 주보언의 입을 두려워하며 수천 금의 재물을 바쳤다. 어떤 사람이 주보언에게 말했다. "너무 멋대로 한다!" 그러자 주보언이 말했다.

"제가 성인이 되어 떠돌며 배우기 40여 년, 출세하지 못했기에 부모도 나를 자식으로 여기기 않았고 형제들도 나를 거두지 않았으며 빈객들도 나를 외면했으니 궁색했던 시절이 너무 길었습니다. 사내가 태어나 大夫가 되어 출세하지 못한다면 큰 솥에 팽살 당할 뿐입니다! 날은 저물고 길은 멀기에 常理를 따를 수 없습니다."

原文

偃盛言朔方地肥饒, 外阻河, 蒙恬城以逐匈奴, 內省轉輸戍漕, 廣中國, 滅胡之本也. 上覽其說, 下公卿議, 皆言不便. 公孫弘曰, "秦時嘗發三十萬衆築北河, 終不可就, 已而棄之." 朱買臣難詘弘, 遂置朔方, 本偃計也.

| 註釋 | ○朔方 - 郡名. 今 內蒙古 杭錦旗 서북쪽 黃河의 남안. ○終不可就 - 就는 成就.

〖國譯〗

주보언은 朔方(삭방) 지역이 비옥하다는 것을 강조하며 밖으로는 황하가 막아주고 蒙恬(몽념)이 축성하여 흉노를 축출하였으며, 군량을 운반해 오거나 조운이 필요없다면서 중국의 영역을 넓히고 흉노를 공격할 수 있는 기지로 삼아야 한다고 주장하였다. 무제는 그 건의를 보고 公卿에게 의논케 하였으나 모두 실리가 없다고 말했다. 公孫弘은 "秦나라 때 30만 대군을 동원하여 北河에 축성하였으나 끝내 완성하지 못했으며 얼마 있다 포기하였습니다."라고 말했다. 그러나 朱買臣은 공손홍을 힐난하며 굴복시켜 삭방군을 설치케 하였는데 이는 본래 주보언의 계획이었다.

原文

元朔中, 偃言齊王內有淫失之行, 上拜偃爲齊相. 至齊, 遍召昆弟賓客, 散五百金予之, 數曰, "始吾貧時, 昆弟不我衣食, 賓客不我內門. 今吾相齊, 諸君迎我或千里. 吾與諸君絶矣, 毋復入偃之門!" 乃使人以王與姊奸事動王. 王以爲終不得脫, 恐效燕王論死, 乃自殺.

| 註釋 | ○元朔 – 무제의 연호, 前 128 – 123년. ○齊王 – 齊 厲王 劉次昌. 齊 悼惠王 劉肥의 曾孫. 劉壽의 아들. 前 131년 父王의 뒤를 계승, 前 127년 자살. ○淫失 – 淫佚(음일), 淫逸(음일). 음란하고 쾌락적인. ○數曰 – 하나하나 따지면서 말하다. 책망하다. ○內門 – 납문. 문에 들어오게 하다. 內는 納의 古字. ○動王 – 왕에게 말하다.

〖 國譯 〗

元朔(원삭) 연간에 주보언은 齊王(劉次昌)이 궁에서 음일한 행위를 했다고 아뢰자 주상은 주보언을 齊國의 相으로 임명했다. 주보언은 齊에 가서 형제와 빈객을 두루 다 불러 놓고 5백 금을 나누어 주며 따지면서 말했다.

"전에 내가 가난할 때 형제들은 나에게 衣食을 대주지 않았고 빈객들은 나를 문에도 못들어오게 했었소. 이제 내가 齊의 相이 되니 여러분들이 나를 맞이하고 먼 데서 찾아오기도 했소. 나는 이제 여러분들과 단교할 것이니 앞으로는 내 집 문에 들어오지도 마시오!"

주보언은 사람을 시켜 齊王과 누이와의 간통을 비밀리에 아뢰었다. 왕은 절대 벗어날 수 없으리라 생각하고 燕王처럼 公論을 당하고 죽는 것이 두려워 바로 자살하였다.

原文

偃始爲布衣時, 嘗游燕,趙, 及其貴, 發燕事. 趙王恐其爲國患, 欲上書言其陰事, 爲居中, 不敢發. 及其爲齊相, 出關, 卽使人上書, 告偃受諸侯金, 以故諸侯子多以得封者. 及齊王以自殺聞, 上大怒, 以爲偃劫其王令自殺, 乃徵下吏治. 偃服受諸侯之金, 實不劫齊王令自殺. 上欲勿誅, 公孫弘爭曰, "齊王自殺無後, 國除爲郡, 入漢, 偃本首惡, 非誅偃無以謝天下." 乃遂族偃.

偃方貴幸時, 客以千數, 及族死, 無一人視, 獨孔車收葬焉. 上聞之, 以車爲長者.

| 註釋 | ○趙王(趙 敬肅王) - 景帝의 八子, 劉彭祖(유팽조, 재위 前 154 - 92), 武帝의 異腹 兄. 53권, 〈景十三王傳〉에 입전. 유팽조의 同母弟가 中山靖

王 劉勝이다. 이 유승의 먼 후손이 劉備이다.《삼국연의》가 유행하면서 중산 정왕이 알려졌다. ○爲居中 - 조정에 근무하기 때문에. ○首惡 - 元兇. ○族 偃 - 주보언의 일족을 멸하다. 族은 滅族.

〔國譯〕

주보언이 출세하기 전, 燕과 趙를 떠돌았지만 출세하고서는 燕王 의 獄事를 일으켰다. 趙王(劉彭祖)는 자기 나라에도 해악을 끼치리 라 걱정하여 주보언의 비리를 고발하려 했으나 그가 중앙에 근무하 기에 고발하지 않았다. 그가 齊相이 되어 함곡관을 나서자 사람을 보내 주보언이 제후의 돈을 받고 제후 아들을 여러 명 제후로 봉해 주었다고 고발하였다. 여기에 齊王의 자살 소식이 알려지자 무제는 대노하며 주보언이 제왕을 위협하여 자살케 했을 것이라고 생각하 여 주보언을 소환시켜 廷吏가 조사케 하였다. 주보언은 제후의 돈을 받은 사실을 자복하였으나 齊王을 자살하도록 위협하지는 않았다 고 증명되었다. 주상이 사형에 처하지 않자 공손홍이 쟁론을 하며 말했다.

"齊王은 자살하고 후손도 없어 나라를 없애 郡으로 만들어 漢에 편입시킨 원흉이 바로 주보언인데 죽이지 않는다면 천하에 할 말이 없습니다."

결국 주보언 일가를 멸족했다. 주보언이 한창 신임을 받을 때 문 객이 천여 명이었으나 멸족을 당하자 아무도 챙겨주는 사람이 없었 는데 다만 孔車(공거)란 사람이 시신을 거두어 장례해 주었다. 주상 이 이를 알고 공거를 長者라고 생각하였다.

64-5. 徐樂

徐樂, 燕無終人也. 上書曰,

「臣聞天下之患, 在於土崩, 不在瓦解, 古今一也. 何謂土崩? 秦之末世是也. 陳涉無千乘之尊, 疆土之地, 身非王公大人名族之後, 無鄉曲之譽, 非有孔,曾,墨子之賢, 陶朱,猗頓之富也. 然起窮巷, 奮棘矜, 偏袒大呼, 天下從風, 此其故何也? 由民困而主不恤, 下怨而上不知, 俗已亂而政不修, 此三者陳涉之所以爲資也. 此之謂土崩, 故曰天下之患在乎土崩. 何謂瓦解? 吳,楚,齊,趙之兵是也. 七國謀爲大逆, 號皆稱萬乘之君, 帶甲數十萬, 威足以嚴其境內, 財足以勸其士民, 然不能西攘尺寸之地, 而身爲禽於中原者, 此其故何也? 非權輕於匹夫而兵弱於陳涉也. 當是之時, 先帝之德未衰, 而安土樂俗之民衆, 故諸侯無竟外之助. 此之謂瓦解, 故曰天下之患不在瓦解.」

| 註釋 | ○徐樂(서악, 樂 풍류 악) – 생몰년 미상. 이 〈上武帝書〉는 元朔 원년(前 128)이었다. ○無終 – 縣名. 今 天津直轄市 관하의 薊縣(계현) ○土崩 – 窮困한 백성의 원성이 길에 넘치는데도 계속 큰일을 일으키는 폭정에 대한 백성의 저항을 의미. ○瓦解 – 두 마음을 가진 貴族의 반란을 의미. ○陶朱(도주), 猗頓(의돈) – 富商. 91권, 〈貨殖傳〉에 입전. ○奮棘矜(분극근)

- 대추나무 창을 들고 분기하다. 棘 대추나무 극. 戟也. 민간의 무기를 모두 거둬 녹였기 때문에 대추나무로 창을 대신했다는 뜻. 矜은 자루 근, 창의 자루. 자랑할 긍. ○偏袒(편단) - 한쪽 어깨를 드러내다. 맹세와 복종의 뜻. ○陳涉 - 陳勝. 31권, 〈陳勝項籍傳〉에 입전. ○七國謀爲大逆 - 景帝 前元 3년(前 154), 吳楚七國의 난. ○攘 - 물리칠 양. 반란측에서는 침략하여 빼앗다. 禽은 擒也.

[國譯]

徐樂(서악)은 燕의 無終縣(무종현) 사람이다. 서악이 무제에게 上書하였다.

〈上武帝書〉*

「臣이 알기로, 천하의 걱정은 土崩(토붕)에 있지 瓦解(와해)에 있지 않으며, 이는 고금이 마찬가지입니다. 무엇이 토붕이겠습니까? 秦의 말기가 바로 토붕이었습니다. 陳涉은 千乘의 존귀한 지위나 영역으로 가진 땅도 없었으며, 신분이 왕공대인이나 명문거족의 후예도 아니었고 향리에서 칭송도 없었으며, 孔子, 曾子, 墨子 같은 지혜도 없었으며, 陶朱公이나 猗頓(의돈)같은 부자도 아니었습니다. 그러나 궁벽한 시골에서 起義하며 대추나무 창을 들고 어깨를 드러내고 부르짖자 온 천하가 바람에 휩쓸리듯 따랐으니 그 이유가 무엇이겠습니까? 이는 백성의 곤궁을 주군이 돌보지 않았고, 하층의 원성을 위에서 몰랐으며, 세상은 혼란하여 정령이 지켜지지 않았기 때문이니 이 3가지가 바로 진섭의 밑천이 되었습니다. 이것이 바로 土崩(토붕, 근본의 붕괴)이기에 천하의 우환은 토붕에 있다고 말한 것입니다.

무엇을 瓦解(와해)라고 하겠습니까? 吳와 楚, 齊와 趙의 군사가 바로 이것입니다. 7국이 모의하여 大逆을 할 때 이들은 모두 萬乘之君을 자처하며 수십 만의 군사를 거느리고 그 위세는 영내의 백성을 두려워 떨게 하였으며 백성들을 끌어들였기에 국고는 넉넉했지만 그들은 서쪽으로 단 한 뼘의 땅도 차지 못하고 나중에 秦 황제의 포로가 되었는데, 이는 무엇 때문이겠습니까? 그 권력이 필부보다도 미약했거나 병력이 진섭보다도 약했기 때문도 아니었습니다. 그 당시에 先帝의 덕이 쇠미하지도 않았으며 그 땅에서 편안하게 살고 있던 백성들이었기에 다른 제후들의 외부 지원이 없었습니다. 이를 瓦解(와해, 枝葉의 몰락)라고 할 수 있기 때문에 천하의 우환은 와해에 있지 않다고 말한 것입니다.」

原文

「由此觀之, 天下誠有土崩之勢, 雖布衣窮處之士或首難而危海內, 陳涉是也, 況三晉之君或存乎? 天下雖未治也, 誠能無土崩之勢, 雖有强國勁兵, 不得還踵而身爲禽, 吳,楚是也. 況群臣,百姓, 能爲亂乎? 此二體者, 安危之明要, 賢主之所留意而深察也.」

| 註釋 | ○首難 – 맨 먼저 반기를 들다. ○三晉之君 – 춘추 말기 진을 삼분하여 제후로 독립한 韓, 魏, 趙의 군주.

「이를 통해 본다면, 천하가 실질적인 土崩(토붕)의 형세라면 비록 무명의 백성이나 궁벽한 곳의 선비가 혹시 난을 선동할 경우 곧 천하에 위험요소가 될 수 있으니 바로 진섭이 그런 본보기인데, 하물며 三晉을 갈라먹은 군주 같은 사람이 있다면 어떠하겠습니까? 천하가 비록 잘 다스려지지 않더라도 정말 토붕의 형세가 아니라면 비록 강국이고 막강한 군사력이 있더라고 발꿈치를 돌릴 겨를도 없이 사로잡힐 것이니 吳와 楚가 그런 예입니다. 하물며 群臣과 백성이 난을 일으킬 수 있겠습니까? 이 두 가지 대 원칙이 바로 나라의 安危에 관한 분명한 요점이오니 賢主께서 유념하시고 상세히 살펴야 할 것입니다.」

「間者, 關東五穀數不登, 年歲未復, 民多窮困, 重之以邊境之事, 推數循理而觀之, 民宜有不安其處者矣. 不安故易動, 易動者, 土崩之勢也. 故賢主獨觀萬化之原, 明於安危之機, 修之廟堂之上, 而銷未形之患也. 其要, 期使天下無土崩之勢而已矣. 故雖有强國勁兵, 陛下逐走獸, 射飛鳥, 弘游燕之圉, 淫從恣之觀, 極馳騁之樂, 自若. 金石絲竹之聲不絶於耳, 帷幄之私, 俳優侏儒之笑不乏於前, 而天下無宿憂. 名何必夏,子, 俗何必成,康! 雖然, 臣竊以爲陛下天然之質, 寬仁之資, 而誠以天下爲務, 則禹,湯之名不難侔, 而

成,康之俗未必不復興也. 此二體者立, 然後處尊安之實, 揚
廣譽於當世, 親天下而服四夷, 餘恩遺德爲數世隆, 南面背
依攝袂而揖王公, 此陛下之所服也. 臣聞圖王不成, 其敝足
以安. 安則陛下何求而不得, 何威而不成, 奚征而不服哉?」

| 註釋 | ○自若 – 태연하다. 평소와 같다. ○金石絲竹 – 모든 악기의 총
칭. ○帷幄之私 – 휘장 안에서의 은밀한 즐거움. ○宿憂 – 오래된 걱정거
리. ○夏,子, 成康 – 夏는 禹. 子는 湯王. 탕왕의 氏가 子이다. 成,康은 周의
成王과 康王. ○不難侔 – 똑같이 되기가 어렵지 않다. 侔 가지런할 모. ○背
依攝袂 – 등 뒤에 扆(병풍 의, 天子만 사용할 수 있는 병풍)를 세우고 팔짱을 끼
고서. 곧 천자가 제후의 입조를 받는 자세. 依는 扆. 곧 黼依(보의). 攝 당길
섭. 袂 소매 몌. ○所服也 – 해야 할 일이다. ○奚 – 어찌 해. 어느. 무엇.

〖 國譯 〗

「요즈음 함곡관 동쪽에 오곡이 몇 년째 흉년이 들고 흉년의 여파
가 회복되지 않아 백성이 많이 힘들어 하고 변경의 군사 징발이 겹
쳤는데 순환의 이치를 따져서 본다면 살림이 불안한 백성이 많을 것
입니다. 살림이 불안하기에 움직이려 하고, 쉽게 움직일 수 있다면
토붕의 형세라고 보아야 합니다. 그러기에 賢主는 온갖 변화의 근원
을 관찰하고 안위의 전기를 명확히 인식하여 이를 조정에서 해결하
면 아직 볼 수 없는 환난을 없애야 합니다. 그러한 요점은 천하에 토
붕의 형세가 없도록 만드는 것뿐입니다. 그렇게 되면 비록 큰 나라
에 강한 군사가 있지만 폐하께서는 짐승을 사냥하고 날아가는 새를
쏘며 놀이동산을 넓히고 편한 마음으로 즐기며 마음껏 치달리는 쾌

락과 함께 태연할 수 있습니다. 온갖 악기의 소리가 귀에서 떠나지 않고 휘장 안의 은밀한 즐거움이나 배우나 난쟁이의 웃음소리를 들으며 놀더라도 천하에는 오래 마음 써야 할 걱정이 없을 것입니다. 꼭 夏禹나 殷湯의 명성을 얻고 成王과 康王 시대와 같은 세상이어야 합니까! 그런 상황은 아니더라도 제가 볼 때 폐하께서는 근본 품성이 관대 인자하신 바탕을 가지시고 지성으로 천하를 위해 애쓰시니 禹王 湯王과 나란한 명성을 얻기가 어렵지 않을 것이며 成王과 康王 같은 시대를 틀림없이 부흥하시리라 생각합니다. 위의 두 가지 요체를 확립하신 뒤에 편안한 세상에서 존경을 받고 당대의 명성을 마음껏 누리시며 온 천하를 親覽(친람)하시고 四夷를 품어주며 그래도 남은 은혜와 혜택으로 오래오래 융성하시되 남면하시고 뒤에는 黼依(보의, 병풍)을 세우고 팔짱을 끼고서 왕공에게 읍을 하는 것이 폐하께서 하실 일입니다. 臣이 알기로는, 왕도를 펴시면 성공하지 못하더라도 나라는 안정된다 하였습니다. 백성이 편안하다면 폐하께서는 구해도 얻지 못할 것이 무엇이고, 떨칠 수 없는 없는 위엄이 어디 있겠으며, 어디를 정복한들 누가 불복하겠습니까?」

64 嚴朱吾丘主父徐嚴終王賈傳(下)
〔엄,주,오구,주보,서,엄,종,왕,가전〕(하)

64-6. 嚴安

原文

嚴安者, 臨菑人也. 以故丞相史上書, 曰,

「臣聞《鄒子》曰, ‘政敎文質者, 所以云救也, 當時則用, 過則舍之, 有易則易之, 故守一而不變者, 未睹治之至也.’ 今天下人民用財侈靡, 車馬, 衣裘, 宮室皆競修飾, 調五聲使有節族, 雜五色使有文章, 重五味方丈於前, 以觀欲天下. 彼民之情, 見美則願之, 是敎民以侈也. 侈而無節, 則不可瞻, 民離本而徼末矣. 末不可徒得, 故搢紳者不憚爲詐, 帶劍者夸殺人以矯奪, 而世不知愧, 故姦軌浸長. 夫佳麗珍怪固順

于耳目, 故養失而泰, 樂失而淫, 禮失而采, 敎失而僞. 僞,
采,淫,泰, 非所以範民之道也. 是以天下人民逐利無已, 犯
法者衆. 臣願爲民制度以防其淫, 使貧富不相燿以和其心.
心旣和平, 其性恬安. 恬安不營, 則盜賊銷, 盜賊銷, 則刑罰
少, 刑罰少, 則陰陽和, 四時正, 風雨時, 草木暢茂, 五穀蕃
孰, 六畜遂字, 民不夭厲, 和之至也.」

| 註釋 | ○嚴安(엄안) – 본명 莊安. ○《鄒子(추자)》– 戰國 말기 陰陽家
의 대표자인 鄒衍(추연)의 저서. ○救也 – 救敝. 폐단을 바로 잡기. ○侈靡
(치미) – 분수에 넘치는 사치. ○衣裘 – 의복. 裘 갖옷 구. ○節族 – 節奏
(절주)와 같음. 박자와 리듬이 잘 맞는 것. 節은 止也(끊어짐). 族은 進也(이
어짐). ○方丈於前 – 사방 1丈이 되는 큰 상에 차려 놓다. 엄청나게 많은 음
식을 준비하다. 이 말의 출처는 《孟子 盡心 章句 下》 '~ 食前方丈, 侍妾數百
人, 我得志, 弗爲也. ~' ○以觀欲天下 – 보여주어서 천하 사람들에게 하고
싶은 마음을 갖게 하다. ○不可贍 – 만족할 수 없다. 贍 넉넉할 섬. ○民離
本而徼末矣 – 本은 본업. 농사. 末은 상업. 徼 구할 요. ○未不可徒得 – 不
可徒未得의 강조 형태. 徒는 空也. 공짜로. 그냥. ○搢紳者 – 홀(笏)을 큰 띠
에 꽂은 자. 고급 벼슬아치. 縉紳(진신) 同. ○夸殺人 – 경쟁적으로 살인하
다. 夸(자랑할 과)는 競也. ○泰 – 교만하다. 뽐내다. ○采 – 彩와 通. 문채
가 실질보다 지나치게 많음. ○燿 – 빛날 요. 耀와 同. 자기 자랑. ○恬安(염
안) – 편안하다. 안정되다. 安息. ○遂字 – 字는 새끼를 낳다. ○厲 – 갈
(磨) 려. 힘쓰다. 병들다. 재앙.

嚴安(엄안)은 臨菑(임치) 사람이다. 엄안이 전임 丞相史의 자격으로 상서하였다.

「臣이 알기로는,《鄒子》에 '政敎의 운용(文)과 본질(質)은 폐단을 바로 잡는데 있으니 시류에 합당하면 적용하지만 맞지 않는다면 버려야 하고 바꿀 것은 바꿔야 하는데 원칙만 고수하는 불변은 좋은 정치라 할 수 없다.'고 하였습니다. 지금 천하 백성들은 씀씀이가 지나치게 사치하여 車馬와 의복과 거처에 모두 경쟁적으로 화려하게 꾸미는데, 五聲을 조화시켜 박자를 맞추고 五色을 섞어 文章을 만들며 五味의 음식을 사방 1丈이나 되는 상에 늘어놓고 먹는데 이런 것을 보면 누구나 따라 하고 싶을 것입니다. 백성의 감정이란 것은 아름다운 것을 보면 따라 하고 싶은 것인데 이런 것들은 백성에게 사치를 가르치는 것입니다. 사치는 절도가 없기에 만족할 수 없으며 백성들은 본업을 떠나 末業을 찾아나서게 됩니다. 그냥 맨손으로 얻을 수가 없기에 고관은 거짓말도 주저하지 않고 칼을 가진 자는 살인이라도 하면서 억지로 빼앗는데 세상은 이것이 부끄러운 짓이라는 것을 모르기에 간사한 계교는 점점 늘어가게 됩니다.

아름답고 진기한 것은 실제로 귀에 익숙하고 눈이 즐겁지만, 수양이 없으면 교만이고 화락하지 않으면 淫佚이며, 禮가 없으면 형식이고 교화가 없다면 거짓입니다. 이러한 위선과 꾸밈, 지나침과 교만은 백성에게 모범을 되는 道가 아닙니다. 그러하기에 천하의 백성들은 이득 추구를 멈추지 않고 범법자는 많아집니다. 臣이 바라는 것은 백성을 위하는 제도를 만들어 그 지나침을 막아야 하며 가난한 자나 부자가 서로에게 내 보이지 않고 화합해야 합니다. 마음이 화평하다면 그 정서도 안정될 것입니다. 편안해져서 이득을 추구하지 않는다면 도적도 점점 줄어들고, 도적이 줄면 受刑者도 감소할 것이며, 수형자가 적어지면 음양이 조화를 이루고 사계절 순환이 바르며 풍우가 때를 맞출 것이고 초목이 무성하며 오곡이 잘 자라 열매 맺고 六畜도 새끼를 잘 낳을 것이며, 백성은 일찍 죽거나 병들지 않아 완전한 화합을 이룰 것입니다.」

原文

「臣聞周有天下, 其治三百餘歲, 成,康其隆也, 刑錯四十餘年而不用. 及其衰, 亦三百餘年, 故五伯更起. 伯者, 常佐天子興利除害, 誅暴禁邪, 匡正海內, 以尊天子. 五伯既没, 賢聖莫續, 天子孤弱, 號令不行. 諸侯恣行, 强陵弱, 衆暴寡. 田常簒齊, 六卿分晋, 并爲戰國, 此民之始苦也. 于是强國務攻, 弱國修守, 合從連衡, 馳車轂擊, 介胄生蟣虱, 民無所告訴.」

| 註釋 | ○刑錯(형조) - 형벌에 관한 措置(조치). ○五伯(오패) - 春秋五霸. 伯 맏 백. 우두머리 패. ○田常簒齊 - 田常(田恒)이 齊를 찬탈하다. 齊는 본래 呂尙(太公望)을 봉한 나라로 國姓은 呂氏이었다. 田常은 簡公을 시해하고 平公을 옹립한 뒤 齊의 정권을 독점하였다. ○六卿分晋 - 晋의 韓氏, 趙氏, 魏氏, 知氏, 范氏, 中行氏가 통치하다가 韓, 魏, 趙 삼국이 분할 독립하는데(前 403) 이를 戰國시대의 시작으로 보기도 한다. ○連衡(연횡) - 衡 저울대 형. 가로 횡. ○介胄(개주) - 갑옷과 투구. ○蟣虱(기슬) - 사람 몸에

기생하는 서캐와 이. 갑옷에 이가 있는 옷을 늘 입었다. 계속된 전쟁. 蟣는
서캐 기. 虱 이 슬.

〖國譯〗

「臣이 알기로는, 周가 천하를 차지하고 다스리기 3백여 년 중 成
王과 康王 융성기에 40여 년간 형벌을 적용하지 않았습니다. 그 쇠
퇴기 또한 3백여 년에 5패가 번갈아 일어났습니다. 패자는 늘 천자
를 도와 도움을 주고 해악을 제거하며 포악한 자를 주살하고 사악한
짓을 못하게 하여 海內를 바로 잡으며 천자를 높였습니다. 오패가
몰락한 뒤 현인이나 성인이 잇지 못하고 천자는 외롭고 약해졌으며
정령은 실천되지 않았습니다. 제후들은 멋대로 행동하고 강자는 약
자를 능멸하였고 다수는 소수에게 포악했습니다. 田常이 齊를 찬탈
하고 六卿이 晉을 나누고 전 중국이 戰國時代가 되었는데 이것이 백
성들 고생의 시작이었습니다. 이에 강국은 공격에 힘쓰고 소국은 방
어했으며, 합종과 연횡이 펼쳐지며 달리는 수레바퀴가 부딪치듯 오
가고 계속되는 전쟁에 백성들은 호소할 데가 없었습니다.」

原文

「及至秦王, 蠶食天下, 并吞戰國, 稱號皇帝, 一海內之政,
壞諸侯之城. 銷其兵, 鑄以爲鐘虞, 示不復用. 元元黎民得
免於戰國, 逢明天子, 人人自以爲更生. 鄉使秦緩刑罰, 薄
賦斂, 省繇役, 貴仁義, 賤權利, 上篤厚, 下佞巧, 變風易俗,
化於海內, 則世世必安矣. 秦不行是風, 循其故俗, 爲知巧

權利者進, 篤厚忠正者退, 法嚴令苛, 諂諛者衆, 日聞其美,
意廣心逸. 欲威海外, 使蒙恬將兵以北攻强胡, 辟地進境,
戍於北河, 飛芻挽粟以隨其後. 又使尉屠睢將樓船之士攻
越, 使監祿鑿渠運粮, 深入越地, 越人遁逃. 曠日持久, 粮食
乏絶, 越人擊之, 秦兵大敗. 秦乃使尉佗將卒以戍越. 當是
時, 秦禍北構於胡, 南挂於越, 宿兵於无用之地, 進而不得
退. 行十餘年, 丁男被甲, 丁女轉輸, 苦不聊生, 自經於道樹,
死者相望. 及秦皇帝崩, 天下大畔. 陳勝,吳廣舉陳, 武臣,張
耳舉趙, 項梁舉吳, 田儋舉齊, 景駒舉郢, 周巿舉魏, 韓廣舉
燕, 窮山通谷, 豪士并起, 不可勝載也. 然本皆非公侯之後,
非長官之吏, 無尺寸之勢, 起閭巷, 杖棘矜, 應時而動, 不謀
而俱起, 不約而同會, 壤長地進, 至乎伯王, 時敎使然也. 秦
貴爲天子, 富有天下, 滅世絶祀, 窮兵之禍也. 故周失之弱,
秦失之强, 不變之患也.」

| 註釋 | ○蠶食 ─ 누에 잠. ○鐘虡(종거) ─ 종을 매다는 큰 틀(鍾架).
○元元 ─ 착함. 근본이 되는 백성. 黎民은 백성. 黎 검을 여. 벼슬이 없어 관
을 쓰지 않는다는 뜻. ○繇役(요역) ─ 노동력 징발. 徭役. ○樓船之士 ─ 水
軍. 樓船은 戰船. ○自經 ─ 스스로 목을 매다. ○大畔 ─ 큰 반란. 畔 밭두둑
반. 배반하다. 叛과 通. ○武臣(? ─ 前 208) ─ 陳人, 陳王 陳勝의 部將, 뒤에
自立하여 趙王이라 칭했다. ○張耳(? ─ 前 202) ─ 大梁(今 開封)人, 뒷날 項
羽에 의해 常山王이 되었다가 漢 太祖(高祖)에 의해 趙王에 봉해진다. ○田
儋(전담, ? ─ 前 208) ─ 옛 齊의 王族인 田氏. 陳涉이 周巿(주불)을 보내 옛 齊

의 땅을 평정케 하였는데 옛 齊의 왕족이던 田儋과 田榮, 田横 등이 현지의 지방관을 죽이고서 田儋이 齊王으로 자립하여 옛 齊地를 차지하였다. ○景駒(경구, ? - 前 208) - 秦末 농민전쟁 시기의 楚王. 前 208년 陳勝이 마부 莊賈에게 살해된 뒤 陳勝의 部將 秦嘉가 自立하여 大司馬라 자칭하며 景駒를 楚王으로 옹립하였다. ○周市(주불, ? - 前 208) - 魏人. 진승이 기의한 이후 魏地를 평정하고 魏 왕족 魏咎(위구)를 위왕으로 세우고 자신은 魏相이 되었다. 市은 무릎 가리개 불. 巾部 1획.

〖國譯〗

「진시황에 이르러 천하를 잠식하여 戰國을 병탄하고 황제라 칭하며 海內를 하나로 통일하고 제후의 성곽을 허물었습니다. 그 무기를 녹여 종걸이를 만들어 다시는 무기를 사용 않겠다는 뜻을 내보였습니다. 착한 백성들은 전쟁에서 벗어나 명철한 천자를 만나 사람마다 새롭게 살아갈 수 있다고 생각하였습니다. 예전에 秦이 형벌을 완화하고 부세를 낮추며 요역을 줄여주고 인의를 높이며 권리를 천시하고 후덕을 숭상하며 아첨을 멀리하면서 풍속을 바꾸고 천하를 교화했었다면 틀림없이 대대로 안정을 누렸을 것입니다. 그러나 秦은 이런 풍조를 일으키지 않고 옛날에 하던 그대로 따랐으니 잔재주나 피우고 억압하며 이득을 얻으려는 자를 등용하고 성실후덕한 자를 배척하였으며 엄격 가혹한 법령으로 다스리자 아첨하는 무리가 많아 날마다 칭송하는 말만 들어 야심만 더 커졌습니다. 사방을 위압하려고 蒙恬(몽념)을 시켜 군사를 거느리고 북쪽으로 강한 흉노를 치게 하면서 궁벽한 땅 끝까지 국경을 넓혀 北河를 지키기 위해 馬草와 군량을 나르며 뒤를 따르게 하였습니다. 또 도위 屠睢(도휴)로 하여금 수군을 거느리고 越人을 공격케 했으며 監御史인 祿(녹)을 시켜 운하를 파고 군량을 운반케 하면서 越 땅 깊숙이 진격하자 월인들은 도주하였습니다. 오래 세월을 버티다가 군량이 다하자 월인이 공격해오자 秦의 군사는 대패하였습니다. 秦은 이에 尉佗(위타)를 시켜 군사를 거느리고 월인을 막게 하였습니다. 이때에 秦의 재앙은 북쪽으로 흉노와 얽혔고 남으로는 월인에게 닿았는데 쓸모도 없는 땅에 군대를 주둔케 하면서 진격은 했으나 퇴군할 수가 없었습니다. 그렇게 10여 년에 丁男은 갑옷을 입어야 했고 丁女는 군량을 나르는 고생 때문에 살 수가 없자 길 가의 나무에 스스로 목을 매어 죽은 자가 길에 이어졌습니다. 진시황제가 죽자 온 천하가 반기를 들었습니다. 陳勝과 吳廣은 陳에서 일어났고 武臣과 張耳는 趙에서 거병했으며, 項梁(항량)은 吳에서, 田儋(전담)은 齊에서, 景駒(경구)는 郢(영)에서, 周市(주불)은 魏(위)에서, 韓廣은 燕에서 반기를 들었으니 모든 산하에서 호걸들이 한꺼번에 봉기하니 이루 다 기록할 수가 없었습니다. 그러나 근본은 그들이 모두 公侯의 후손이 아니었고 높은 지위의 관리도 아니었으며 尺寸의 세력도 없이 마을에서 기병한 것입니다. 이들은 대추나무 창을 들고 때 맞추어 움직였으며 계획도 없이 제각각 일어났고 약속도 없지만 같이 모여 넓은 땅을 차지하며 진격하여 패왕이 되었으니 이는 때가 그러하게 만든 것입니다. 秦은 고귀한 천자였으며 부유하기로는 온 나라를 차지했었지만 멸족되어 제사도 끊겼으니 이는 전쟁만을 끝까지 추구했던 재앙이었습니다. 그러하기에 周는 쇠약해서 秦은 강대해서 망하였으니, 이는 상황에 따라 변화하지 못한 재앙이었습니다.」

「今徇南夷, 朝夜郞, 降羌僰, 略薉州, 建城邑, 深入匈奴,
燔其龍城, 議者美之. 此人臣之利, 非天下之長策也. 今中
國無狗吠之警, 而外累於遠方之備, 靡敝國家, 非所以子民
也. 行無窮之欲, 甘心快意, 結怨於匈奴, 非所以安邊也. 禍
挐而不解, 兵休而復起, 近者愁苦, 遠者驚駭, 非所以持久
也. 今天下鍛甲摩劍, 矯箭控弦, 轉輸軍粮, 未見休時, 此天
下所共憂也. 夫兵久而變起, 事煩而慮生. 今外郡之地或幾
千里, 列城數十, 形束壤制, 帶脅諸侯, 非宗室之利也. 上觀
齊,晉所以亡, 公室卑削, 六卿大盛也. 下覽秦之所以滅, 刑
嚴文刻, 欲大無窮也. 今郡守之權非特六卿之重也, 地幾千
里非特閭巷之資也, 甲兵器械非特棘矜之用也, 以逢萬世之
變, 則不可勝諱也.」

　　後以安爲騎馬令.

| 註釋 | ○徇南夷 – 남쪽의 이민족을 호령하다. 徇 복종케 하다. ○朝夜
郞 – 朝는 來朝하다. 入貢하다. 夜郞(야랑)은 國名. 지금의 貴州省, 廣西省
서북, 雲南省 동부 지역에 군림. ○羌僰(강북) – 부족 이름. 지금 雲南省 일
대에 주로 거주. 羌 종족 이름 강. 僰 오랑캐 복. ○略薉州 – 동예 땅을 차지
하다. 薉는 濊. 薉州는 東濊(동예). 今 韓半島. 薉 거친 풀 예. ○燔其龍城 –
燔 구울 번. 龍城은 흉노의 單于가 祭天하던 곳. 今 內蒙古 鄂爾多斯市 동쪽
의 准格爾旗 지역. ○非所以子民也 – 백성을 사랑하는 길이 아니다. 子는
동사로 쓰였다. 사랑하다. 慈와 通. ○禍挐而不解 – 禍를 만들고 없애지 않

는다. 挐 잡을 나. 連引. ○形束壤制 – 영역의 형세로도 백성을 통제하다.
○公室卑削 – 公室은 王室. 卑削(비삭)은 쇠퇴하고 위축되다. ○不可勝諱 –
망하지 않을 수 없다. 勝은 이겨서 없애다. 다하다. 盡也. 諱 피할 휘. ○騎馬
令 – 관직명. 太僕의 속관. 황제의 馬匹 관리자.

〔國譯〕

「지금 南夷를 복속시켰고 夜郎國도 입조했고 羌僰人(강북인)도 투
항했으며, 薉州(예주, 동예)의 땅을 차지하고 城邑을 건설했으며, 匈
奴땅 먼 곳까지 공격하여 龍城을 불태웠는데 이를 많은 사람들이 칭
송을 하고 있습니다. 그러나 이는 大臣의 욕심이지만 천하를 장구히
다스릴 길은 아니었습니다. 지금 中國 내부에 아무 변고가 없지만
외부의 먼 이민족의 내침에 대비하느라 나라를 피폐하게 만드는데
이는 백성을 자애롭게 돌보는 길이 아닙니다. 끝없는 욕망을 충족시
키고 통쾌한 승리를 맛보려 흉노와 원한을 맺는 것은 변경을 안정케
하는 길이 아닙니다. 禍亂을 만들었지만 없애지 않고, 전쟁을 끝냈
다가 또 동원하면 가까운 곳 백성은 고생하고 먼 곳의 백성도 두려
워하니 이는 항구적 대책이 아닙니다. 지금 천하는 갑옷과 무기, 활
과 화살을 만들고 군량을 수송하느라 휴식할 겨를이 없는데 이는 온
천하의 걱정거리입니다. 대군이 일으켜 오래 지나면 변란이 일어나
고 일이 복잡하면 생각이 달라집니다. 지금 장안에서 먼 郡國은 거
의 천리 영역에 수십 개의 성을 거느리면서 그 영역만으로도 작은
제후를 위협하는 형세이니 이는 종실에도 이롭지 않습니다. 먼 옛날
齊와 晉이 망한 까닭을 살펴보면 公室은 미약했고 六卿은 너무 번성
하였습니다. 근세에 秦이 멸망한 이유를 따져보면 엄격한 형벌과 각

박한 법조문에 야욕은 크고 끝이 없었습니다. 지금 지방 군수의 권한은 비단 옛날 晉의 六卿만큼 강할 뿐만 아니라 지역이 거의 천리에 달하는데, 이는 옛 제후가 조그만 마을을 바탕으로 했던 것과 다를 뿐만이 아니며, 군사와 무기가 陳勝처럼 가시나무 창과 같은 기능이 아니기에 혹 오랜 뒤에 변란이라도 일어나면 멸망하지 않을 수 없습니다.」

이후에 엄안은 騎馬令이 되었다.

64-7. 終軍

原文

終軍字子雲, 濟南人也. 少好學, 以辯博能屬文聞於郡中. 年十八, 選爲博士弟子. 至府受遣, 太守聞其有異材, 召見軍. 甚奇之, 與交結. 軍揖太守而去, 至長安上書言事. 武帝異其文, 拜軍爲謁者給事中.

從上幸雍祠五時, 獲白麟, 一角而五蹄. 時又得奇木, 其枝旁出, 輒復合於木上. 上異此二物, 博謀群臣. 軍上對曰,

| 註釋 | ○終軍(종군, 前 133 - 112) - 人名. '긴 밧줄을 갖고 가서 南越王을 묶어다 바치겠다(請纓報國).' 면서 자청하여 남월에 사신으로 갔다가 그

곳 승상 呂嘉에게 피살되었다. 21살의 아까운 나이였기에 사람들이 '終童'이라고 불렀다. ○濟南 – 군명. 治所는 東平陵縣(今 山東省 濟南市 관할의 章丘市). ○辯博 – 口辯에 博學하다. ○博士弟子 – 漢代 太學의 학생. ○受遣 – 보내졌다. ○雍(옹) – 縣名. 今 陝西省 鳳祥市에 해당. ○五畤(오치) – 五帝에게 제사를 올리는 곳. 說法이 일정하지 않다.

〖國譯〗

終軍(종군)의 字는 子雲으로 濟南郡 사람이다. 어려서부터 好學하여 구변이 좋고 박학하며 글을 잘 지어 郡內에 소문이 났었다. 18세에 博士弟子로 뽑혔다. 郡에 갔을 때 태수는 종군이 뛰어나다는 것을 알고 종군을 불러 만났다. 태수는 아주 기특해 하며 교우가 되었다. 종군은 태수에게 揖(읍)을 하고 떠나가 장안에 와서 정사에 관한 글을 올렸다. 武帝는 그 글이 우수하여 종군을 謁者 給事中에 임명하였다.

終軍은 주상이 雍縣(옹현)에 행차하여 五畤(오치)에 제사할 때 수행하였는데 그곳에서 白麟(백린)을 잡았는데 외뿔에 발굽이 5개였다. 그 무렵 기이한 나무가 자랐는데 곁에서 나온 나뭇가지가 위에서 다시 합쳐졌다. 무제는 이 두 가지 기이한 사물에 대하여 군신들에게 널리 물었다. 이에 종군이 글을 올렸다.

原文

「臣聞《詩》頌君德,《樂》舞后功, 異經而同指, 明盛德之所隆也. 南越竄屛葭葦, 與鳥魚群, 正朔不及其俗. 有司臨境,而東甌內附, 閩王伏辜, 南越賴救. 北胡隋畜薦居, 禽獸行, 虎狼心, 上古未能攝. 大將軍秉鉞, 單于犇幕, 票騎抗旌, 昆邪右衽. 是澤南洽而威北暢也. 若罰不阿近, 擧不遺遠, 設不竢賢, 縣賞待功, 能者進以保祿, 罷者退而勞力, 刑於宇內矣. 履衆美而不足, 懷聖明而不專, 建三宮之文質, 章厥職之所宜, 封禪之君無聞焉.」

| 註釋 | ○竄屛葭葦 - 갈대숲에 숨어살다. 竄 숨길 찬. 屛 가릴 병. 葭葦 (가위)는 갈대. ○正朔不及其俗 - 중국의 문물이 그들에게 영향을 끼치지 못하다. 正朔은 曆法. 正朔의 개정은 새 왕조 설립의 상징적 업무였다. 중국 주변 민족은 중국의 역법을 그대로 답습했다. ○賴救(뇌구) - 의지해 살아 가다. ○隋畜薦居 - 가축을 따라 이동하며 살다. 薦居는 거처를 바꾸다. 薦은 屢(자주 루), 여러 번. ○大將軍秉鉞 - 大將軍은 衛靑. 秉鉞(병월)은 무력으로 정복하다. ○犇幕(분막) - 사막으로 도주하다. 犇(달아날 분)은 奔也. 幕은 沙漠(사막). ○票騎抗旌 - 票騎장군〔霍去病(곽거병)〕이 원정을 하다. 抗旌(항정)은 깃발을 높이 들다. ○昆邪右衽 - 昆邪王(혼야왕, 흉노의 족장 칭호)이 투항하다. 昆邪는 흉노 單于 아래 왕의 명칭. 昆 사람 이름 혼. 混, 渾과 同. 맏이 곤. 右衽(우임)은 중국인의 옷. 우측 깃이 안으로 들어가게 입는 옷. 左衽은 오랑캐의 옷, 衽은 옷깃 임. 袵과 同. ○威北暢也 - 위엄이 북쪽에 닿다. 暢(펼 창)은 達也. ○若罰不阿近 - 징벌하더라도 친근한 자를 편들어 주지 않았으며. 阿는 편들어 주다(偏袒). ○擧不遺遠 - 먼 곳에 있는 사람도 빠짐없이 천거하다. ○設官竢賢 - 벼슬자리를 마련하고 賢人을 기다리다. 竢 기다릴 사. ○縣賞 - 懸賞. 상을 주다. ○刑於宇內矣 - 온 나라에 모범을 보이다. 刑은 型의 古字. 표준(본보기)을 세우다. 宇內는 하늘 아래. 온 세상. ○履衆美而不足 - 모든 장점을 다 갖추고도 만족하지 않다. ○懷

聖明而不專 − 聖明한 큰 뜻을 품고도 마음대로 하지 않다. ◦建三宮之文質 − 三宮의 文質을 건립하다. 여러 가지 좋은 제도를 실행하다. 三宮은 三雍 (삼옹). 곧 明堂(명당), 辟雍(벽옹, 周의 최고 교육기관), 靈臺(영대, 周 天子의 천문대.) 文質은 왕조에 따른 문화의 기본 방향. ◦章厥職之所宜 − 해당 직분을 잘 수행하는 인재를 표창하다. 章은 彰也(드러내다). ◦封禪之君無聞焉 − 前代의 천자는 이런 것을 알지 못하다. 여기서 封禪은 武帝의 封禪(전 110 년)이 아님. 이 부분은 무제의 치적에 대한 열렬한 칭송이다.

〖國譯〗

　「臣이 알기로,《詩經》은 君德을 칭송하였고,《樂經》은 왕후의 공적을 노래한 것으로 經은 다르지만 그 뜻은 같으니 곧 성덕의 융성을 밝혔습니다. 南越은 갈대숲에 숨어 살며, 새나 물고기처럼 살며 중국 문물도 그들에게 영향을 미치지 못합니다. (漢의) 장군이 국경에 다가가자 東甌國(동구국)은 內附하였고, 閩越王(민월왕)은 용서를 빌었으며, 南越(남월)은 우리에게 의지하였습니다. 북쪽의 흉노는 가축과 함께 이동하면서 禽獸(금수)처럼 행동하고 잔인한 성질이라서 예부터 굴복하지 않았습니다. 그런데 대장군 위청이 정벌에 나서자 선우는 사막으로 도주했고 票騎將軍(霍去病)이 군사를 일으키자 혼야왕은 중국에 투항했습니다. 이는 폐하의 덕택이 남쪽에 미친 것이며 위엄이 북쪽 끝까지 도달한 것입니다. 폐하께서는 징벌에서 친근한 자를 편들지 않았고, 먼 곳의 사람도 빠트리지 않고 등용했으며 관직을 마련하여 賢才를 기다리셨고, 공을 세운 자에게 상을 내렸기에 유능한 인재는 등용되어 봉록을 받고 무능력자는 물러나 농사를 짓게 하여 나라에 본보기를 세웠습니다. 모든 장점을 다 갖추고서도 더 노력하시며 聖明한 성품을 품고서도 專制하지 않으시며 여러 가지 좋은 제도를 실행하셨고 적임자를 발굴하여 표창하셨으니 옛날의 천자는 이를 알지 못하셨습니다.」

原文

「夫天命初定, 萬事草創, 及臻六合同風, 九州共貫, 必待明聖潤色, 祖業傳於無窮. 故周至成王, 然後制定, 而休徵之應見. 陛下盛日月之光, 垂聖思於勒成, 專神明之敬, 奉燔瘞於郊宮, 獻享之精交神, 積和之氣塞明, 而異獸來獲, 宜矣. 昔武王中流未濟, 白魚入於王舟, 俯取以燎, 群公咸曰 '休哉!' 今郊祀未見於神祇, 而獲獸以饋, 此天之所以示饗, 而上通之符合也. 宜因昭時令日, 改定告元, 苴白茅於江, 淮, 發嘉號於營丘, 以應緝熙, 使著事者有紀焉.」

| **註釋** | ○及臻六合同風 – 臻 이를 진. 미치다. 六合은 天地와 四方. ○燔瘞於郊宮 – 燔 하늘에 대한 제사. 구울 번. 瘞는 제사지내는 터 예. 지신에 대한 제사. 郊宮은 교외. ○燎 – 태울 료. 굽다. ○示饗 – 제물을 歆饗(흠향)하겠다는 의미. ○改定告元 – 개원하고 하늘에 고하다. 元은 天也. ○苴白茅於江,淮 – 長江과 淮水에 제후를 봉하다. 苴白茅는 흰 띠풀(삘기)로 흙을 싸다. 천자가 제후를 책봉하는 의식의 일부. 苴 깔 저. 싸다. 白茅(백모)는 풀이름. 띠. 삘기. ○發嘉號於營丘 – 發嘉號는 봉선하다. 營丘는 泰山. ○緝熙 – 光明. 緝 모을 집. ○紀 – 記也.

「대개 天命을 처음 받게 되면 만사를 새로 제정해야 하고 온 천하
가 풍속을 같이 하며 九州에 하나로 두루 통하고 聖王에 의해 보완
이 되어야 조상의 功業이 후세에 전해질 수 있습니다. 그러기에 周
도 成王 때 문물이 정비된 이후에야 상서의 징조가 부응하여 나타났
던 것입니다. 지금 폐하께서는 일월의 광명처럼 융성하시고 聖明하
신 사려로 공덕을 이루시며, 신명한 공경으로 교외에서 하늘과 땅에
제사하시며, 정성을 다한 제물을 올려 신과 교감하시고 온화의 기운
을 모아 밝게 채워주시니 신이한 짐승이 나타나는 것은 당연한 것입
니다. 예전에 武王께서 강을 다 건너지 못했을 때 白魚가 왕의 배에
뛰어들었는데 이를 몸을 굽혀 잡아 굽는 것을 보고 여러 제후들이
다 같이 '좋은 징조이다!' 라고 말했습니다. 지금 교외의 天地 제사
에 神의 영험이 나타나기 전에 이런 짐승을 잡아 제물로 올릴 수 있
는 것은 하늘이 제물을 받으시겠다는 표시이니 이는 정성이 하늘에
통했다는 표시일 것입니다. 폐하께서는 응당 길일을 골라 연호를 바
꿔 하늘에 고하시고 태산에 封禪하시며 祥瑞에 상응하는 조치를 취
하시고 기록 담당자에게 기록토록 시켜야 합니다.」

「蓋六鷁退飛, 逆也, 白魚登舟, 順也. 夫明暗之徵, 上亂
飛鳥, 下動魚, 各以類推. 今野獸獸幷角, 明同本也, 衆支內
附, 示無外也. 若此之應, 殆將有解編髮, 削左袵, 襲冠帶,
要衣裳而蒙化者焉. 斯拱而俟之耳!」

對奏, 上甚異之, 由是改元爲元狩. 後數月, 越地及匈奴
名王有率衆來降者, 時皆以軍言爲中.

│註釋│ ○蓋六鶂退飛 – 아마 물새 여섯 마리가 뒤로 날아간 것은. 이는
《춘추》僖公(희공) 16년의 기사이다. 蓋 덮을 개. 어쩌면, 아마. 發語詞. 鶂은
물새 이름 역. 鷁(새 이름 익)과 同. 退飛는 머리 쪽이 아닌 꽁무니 쪽으로 날
아가다. 이를 제후들 반역의 징조라고 풀이했다. ○幷角 – 외뿔을 두 개의
뿔이 하나로 합쳐진 것으로 보았다. ○編發 – 辮髮(변발). ○斯拱而俟之耳
– 이에 공수하고 기다리다. 拱 두 손 맞잡을 공. 俟 기다릴 사. ○元狩(원수)
– 무제 연호.(前 122 – 117년). ○爲中 – (예언이) 적중하다.

〔**國譯**〕
「아마도 여섯 마리 물새가 뒤쪽으로 날아간 것은 제후 반역의 징
조이고 白魚가 배에 뛰어오른 것은 귀순해 온다는 뜻이었습니다. 명
암의 징조가 하늘에서는 거꾸로 나는 새, 땅에서는 물고기 움직임으
로 나타났으니 각각을 유추할 수 있습니다. 지금 들 짐승의 뿔이 하
나로 합쳐진 것은 근본이 같다는 뜻을 알려 준 것이고 나뭇가지 여
러 개가 안으로 합쳐진 것은 밖(外)이 없다는 표시입니다. 이런 일에
대한 대응현상은 아마 앞으로 변발을 그만두고 왼쪽으로 옷깃 여미
는 것을 풀고 중국처럼 冠帶를 사용하여 옷을 바로 하고서 동화할
것이니 폐하께서는 팔짱을 끼고 그런 일을 기다리시면 될 것입니
다!」
終軍이 상주한 글이 올라가자 주상은 매우 좋아하면서 글에 맞춰
元狩(원수)라 개원하였다. 몇 달 뒤에 越과 흉노의 현직 왕이 무리를

거느리고 투항하였는데 당시에 모두가 終軍의 말이 적중했다고 생각하였다.

原文

元鼎中, 博士徐偃使行風俗. 偃矯制, 使膠東,魯國鼓鑄鹽鐵, 還, 奏事, 徙爲太常丞. 御史大夫張湯劾偃矯制大害, 法至死. 偃以爲《春秋》之義, 大夫出疆, 有可以安社稷, 存萬民, 顓之可也. 湯以致其法, 不能詘其義, 有詔下軍問狀, 軍詰偃曰, "古者諸侯國異俗分, 百里不通, 時有聘會之事, 安危之勢, 呼吸成變, 故有不受辭造命顓己之宜. 今天下爲一, 萬里同風, 故《春秋》'王者無外'. 偃巡封域之中, 稱以出疆何也? 且鹽鐵, 郡有餘臧, 正二國廢, 國家不足以爲利害, 而以安社稷存萬民爲辭, 何也?" 又詰偃, "膠東南近琅邪, 北接北海, 魯國西枕泰山, 東有東海, 受其鹽鐵. 偃度四郡口數,田地, 率其用器食鹽, 不足以幷給二郡邪? 將勢宜有餘, 而吏不能也? 何以言之? 偃矯制而鼓鑄者, 俗及春耕種瞻民器也. 今魯國之鼓, 當先具其備, 至秋乃能舉火. 此言與實反者非? 偃已前三奏, 無詔, 不惟所爲不許, 而直矯作威福, 以從民望, 干名采譽, 此明聖所必加誅也. '枉尺直尋', 孟子稱其不可. 今所犯罪重, 所就者小, 偃自予必死而爲之邪? 將幸誅不加, 欲以采名也?" 偃窮詘, 服罪當死. 軍奏

"偓矯制顓行, 非奉使體, 請下御史徵偓卽罪." 奏可. 上善其詰, 有詔示御史大夫.

| **註釋** | ㅇ元鼎(원정) – 무제의 연호. 前 116 – 111년. ㅇ徐偃(서언) – 人名. 偃 누울 언. ㅇ膠東(교동), 魯國 – 제후국 이름, 교동국의 國都는 卽墨縣(今 山東省 靑島市 관할의 平度市). 魯國의 치소는 魯縣((今 山東省 濟寧市 관할의 曲阜市(곡부시)). ㅇ鼓鑄鹽鐵 – 소금 제조와 철의 제련을 허락하다. ㅇ太常丞(태상승) – 九卿의 하나인 太常의 속관. ㅇ《春秋》之義 이하 –《公羊傳》莊公 19년. 大夫는 다른 나라에 가서라도 국가에 도움이 되는 일이라면 임의로 처리할 수 있다는 뜻. ㅇ顓之可也 – 顓(전단할 전)은 專과 同. ㅇ聘會之事 – 제후 사이 또는 제후와 천자 사이에 사람을 보내 묻거나 협의하는 일. ㅇ呼吸成變 – 짧은 시간에 변하다. ㅇ餘臧 – 잉여를 비축하다. 臧은 藏也. ㅇ正二國廢 – 두 나라에서 즉시 폐지하더라도(제조하지 않더라도). ㅇ北海 – 지금의 渤海(발해, bóhǎi만). ㅇ東海 – 우리나라의 西海. 우리나라 지도에서 '黃海'라고 표기하는 것을 동해를 '日本海'라고 표기하는 것과 같다. 중국에서는 山東半島와 遼東半島 사이의 바다는 渤海, 山東省과 江蘇省의 앞바다를 黃海, 上海市 앞 바다는 東海, 廣東省과 廣西省 앞 바다는 南海라고 통칭한다. ㅇ度四郡~ – 度는 헤아릴 탁. 四郡은 위의 琅邪(낭야), 北海, 泰山, 東海郡. ㅇ不惟所爲不許 – 不許한 것이라 생각하지 않고. 惟는 思也. ㅇ而直矯作威福 – 다만 거짓으로 作威作福하다. 直은 다만. 矯作은 일부러 꾸미다. 威福은 위세를 부리거나 특혜를 주다. ㅇ枉尺直尋(왕척직심) – 1자를 굽혀 8자를 펴다. 작은 양보로 큰 이득을 얻다. 枉 굽을 왕. 굽히다. 直 곧게 펴다. 尋은 찾을 심. 길이의 단위(8尺 1尋). ㅇ采名 – 명성을 얻다.

〔國譯〕

元鼎(원정) 연간에 博士 徐偃(서언)이 각지의 풍속을 시찰하였다. 서언은 황제의 명을 사칭하며 膠東國(교동국)과 魯國에서 쇠의 채굴과 소금 제조를 허가했고 돌아와 보고하였으며 太常丞(태상승)으로 승진하였다. 어사대부인 張湯(장탕)은 서언이 황제 명을 사칭하여 큰 해악을 저질렀기에 사형에 처해야 한다고 탄핵하였다. 그러나 서언은 '大夫가 국경을 나가 사직을 편안케 하고 백성을 지킬 수 있다면 독자적으로 처리할 수 있다'는 《春秋》의 뜻을 언급하였다. 장탕은 법을 집행할 수는 있지만 그 이론을 굴복시킬 수가 없다고 하자 무제는 終軍에게 이를 물었다. 이에 종군은 서언을 비난하며 말했다.

"옛날에 제후국에 따라 풍속이 달랐고 백 리만 가도 소통이 안 되었기에 그때는 제후끼리 사람을 보내 물었으며 安危에 관계되는 일은 짧은 순간에도 바뀔 수 있기에 보고를 하지 않고도 독자적으로 처리해도 옳았습니다. 지금은 천하가 하나로 통일되고 萬里를 가더라도 풍속이 같은데, 이는 바로 《春秋》의 '王者에게는 다른 外地가 없다.'는 말입니다. 서언의 제후국 순행을 국외라고 말한 것은 무슨 뜻입니까? 그리고 소금과 철은 군마다 여분이 저장되어 있어 두 나라에서 생산하지 않아도 나라 전체가 부족할 것이라고 그 利害를 말할 수도 없는데 사직을 지키고 만민을 보전케 했다고 말한 까닭은 무엇입니까?"

종군은 서언을 계속 힐난하였다. "교동국은 남쪽에 琅邪郡(낭야군), 북쪽에 北海郡과 접했으며, 魯國은 서쪽에 泰山郡 동쪽으로 東海郡과 이어졌기에 그곳의 소금과 쇠를 받을 수도 있습니다. 당신은

4개 군의 호구 수와 경작지, 필요한 농기구나 먹는 소금의 양을 계산해 보고서 2개 나라에 공급이 안 될 것이라고 판단하였습니까? 아니면 실제 여유는 있지만 관리들이 처리 못할 것이라 생각한 것입니까? 무슨 말을 하겠습니까? 당신이 천자의 명을 칭하고 주조를 허락한 것은 봄철 농사를 앞두고 백성의 농기구를 충분히 공급하려는 뜻이라 할 수도 있습니다. 이번처럼 魯에서 허락하려면 응당 여러 준비를 갖춘 뒤에 가을에나 제련의 불을 붙일 수 있습니다. 그런데 이번 허락은 실제로 반대가 아닙니까? 당신께서는 이전에 3번 주청했다고 하는데 승낙이 없었다면 불허라고 생각해야합니다. 그런데 멋대로 위세를 부리고 혜택을 주어 백성이 원하는 대로 따라가며 명성이나 얻으려 하였으니 이는 폐하께서 분명히 처벌하셔야 할 것입니다. '1尺을 굽혀 8尺을 나아가는 것'을 孟子도 해서는 안 된다고 하였습니다. 이번 일에서 범법의 죄는 무겁고 성취한 것은 적으니 스스로 죽어 마땅하다고 인정하지 않을 수 있습니까? 죽음을 당하지는 않을 것이니 명성이나 낚으려 했습니까?"

서언은 할 말이 없어 죽어 마땅한 죄라고 인정하였다. 終軍은 "서언은 制命을 사칭하여 독단적으로 행동하여 使命을 받은 자의 임무를 망각하였기에 어사대부에게 보내어 서언의 죄를 즉각 처리해야합니다."라고 상주하였다. 종군의 상서는 그대로 승인되었다. 무제는 종군이 잘 따져 밝혔다면서 그 글을 어사대부에게 보내라고 명령하였다.

初, 軍從濟南當詣博士, 步入關, 關吏予軍繻. 軍問, "以此何爲?" 吏曰, "爲復傳, 還當以合符." 軍曰, "大丈夫西游, 終不復傳還." 棄繻而去. 軍爲謁者, 使行郡國, 建節東出關, 關吏識之, 曰, "此使者乃前棄繻生也." 軍行郡國, 所見便宜以聞. 還奏事, 上甚說.

| 註釋 | ○繻 – 고운 명주 수. 통행 증명서라 할 수 있는 비단 조각.

〖國譯〗

그전에 終軍이 濟南에서 博士에게 올 때에 걸어서 관문을 통과하는데 關吏가 종군에게 통행증을 주었다. 종군이 "이것이 무엇에 쓰는 것이냐?"고 물었다. 관문의 병졸은 "돌아올 때 반환하여 보관하는 것과 맞아야 됩니다."라고 대답했다. 종군은 "대장부가 서쪽 장안에 가면 끝내 돌아오지 않을 수도 있소."라고 통행증을 버리고 갔다. 종군이 謁者(알자)가 되어 지절을 앞세우고 동쪽으로 관문을 나설 때 그 관문 병졸이 종군을 알아보고 말했다. "저분이 그전에 통행증을 버리고 간 유생입니다."

종군은 각 군국을 순행하면서 고쳐야 할 사항은 바로 보고하였다. 돌아와 무제에게 보고하자 무제는 매우 기뻐하였다.

　當發使匈奴, 軍自請曰, "軍無橫草之功, 得列宿衛, 食祿
五年. 邊境時有風塵之警, 臣宜被堅執銳, 當矢石, 啓前行.
駑下不習金革之事, 今聞將遣匈奴使者, 臣願盡精厲氣, 奉
佐明使, 畵吉凶於單于之前. 臣年少材下, 孤於外官, 不足
以亢一方之任, 竊不勝憤懣." 詔問畵吉凶之狀, 上奇軍對,
擢爲諫大夫.

| 註釋 |　○橫草之功 – 미세한 軍功.　○風塵之警(풍진지경) – 전쟁이 일어
날 사태. 風塵은 말이 달릴 때 일어나는 먼지.　○駑下(노하) – 鈍才(둔재). 자
신을 낮춰 지칭하는 말.　○亢 – 목 항. 감당하다.　○憤懣(분만) – 화가 나서
속을 끓이다. 懣은 번민할 만.

〔國譯〕

　흉노에 사신을 보내려 할 때 종군이 자청하며 말했다.

　"저는 아주 작은 戰功도 없이 宿衛(숙위)하는 신하가 되어 5년이
나 녹봉을 받았습니다. 지금 변경에서는 때때로 전쟁의 위험이 있는
데 臣 또한 의당 갑옷에 무기를 들고 화살과 돌을 무릅쓰고 싸우며
앞길을 열어야 합니다. 저는 전투에 대해 익숙하지 못합니다만, 지
금 흉노에 사신을 보낸다고 하니, 臣은 제 정성을 다하여 영명한 사
신을 보좌하면서 흉노의 선우에게 길흉을 그려가며 설명하고자 합
니다. 臣은 나이도 어리고 재주도 적어 외직을 홀로 담당하거나 한
고을을 감당하기에는 능력이 모자라서 저 스스로 번민하고 있습니
다."

무제가 불러 길흉의 상황을 어떻게 그려 설명할 것이냐고 물었고
무제는 종군의 대답을 기특하게 여겨 諫大夫로 발탁하였다.

原文

南越與漢和親, 乃遣軍使南越, 說其王, 欲令入朝, 比內諸
侯. 軍自請, "願受長纓, 必羈南越王而致之闕下." 軍遂往
說越王, 越王聽許, 請舉國內屬. 天子大說, 賜南越大臣印
綬, 一用漢法, 以新改其俗, 令使者留塡撫之. 越相呂嘉不
欲內屬, 發兵攻殺其王及漢使者, 皆死. 語在〈南越傳〉. 軍
死時年二十餘, 故世謂之'終童'.

| 註釋 | ○長纓(장영) - 긴 밧줄. 纓 갓끈 영. 밧줄. ○羈 - 굴레 기. 잡아
매다. ○塡撫(진무) - 鎭撫. 塡 메울 전. 누를 진.

〖 國譯 〗

南越이 漢과 和親고자 하여 남월에 사신을 보내어 왕을 설득시켜
입조하게 하고 국내의 제후와 같이 대우해 주기로 하였다. 종군은
사신을 자청하면서 "긴 밧줄을 가지고 가서 틀림없이 남월왕을 잡
아다가 폐하께 바치겠습니다."라고 말했다.

종군은 가서 남월왕을 설득했고 남월왕도 승낙하면서 온 나라가
臣屬하겠다고 요청하였다. 천자도 크게 기뻐하면서 南越에 大臣의
印綬(인수)를 하사하고 漢法을 그대로 적용하며 그 습속을 바꾸도록

사신이 남아 鎭撫(진무)토록 하였다. 남월의 승상인 呂嘉(여가)는 漢에 臣屬(신속)하지 않으려고 군사를 내어 그 왕과 漢의 사자를 모두 죽였다. 이는 〈南越傳〉에 실려 있다. 종군이 죽을 때 나이는 20여 세였기에 세상 사람들은 종군을 '終童'이라 불렀다.

64-8. 王褒

原文

王褒字子淵, 蜀人也. 宣帝時修武帝故事, 講論《六藝》群書, 博盡奇異之好, 徵能爲〈楚辭〉九江被公, 召見誦讀, 益召高材劉向, 張子僑, 華龍, 柳褒等侍詔金馬門. 神爵, 五鳳之間, 天下殷富, 數有嘉應. 上頗作歌詩, 欲興協律之事, 丞相魏相奏言知音善鼓雅琴者渤海趙定, 梁國龔德, 皆召見待詔. 於是益州刺史王襄欲宣風化於衆庶, 聞王褒有俊材, 請與相見, 使褒作〈中和〉, 〈樂職〉, 〈宣布〉詩, 選好事者令依〈鹿鳴〉之聲習而歌之. 時, 氾鄉侯何武爲僮子, 選在歌中. 久之, 武等學長安, 歌太學下, 轉而上聞. 宣帝召見武等觀之, 皆賜帛, 謂曰, "此盛德之事, 吾何足以當之!"

| 註釋 | ○王褒(왕포, 생졸년 미상) – 蜀 資中縣(今 四川省 資陽市 雁江區. 成都市의 동남쪽) 사람. 漢代의 辭賦家. 《漢書 藝文志》에 16편이 실려 있는데 〈聖主得賢臣賦〉, 〈甘泉賦〉 등 황제 칭송 작품이 많다. ○宣帝 – 재위 前 73 – 49년. 연호는 本始(前 73 – 70년), 地節(前 69 – 66년), 元康(前 65 – 62년), 神爵(前 61 – 58), 五鳳(前 57 – 54년), 甘露(前 53 – 50년), 黃龍(前 49년). ○故事 – 유래가 있는 옛날 이야기. ○九江 – 郡名. 치소는 壽春縣(今 安徽省 六安市 壽縣). 被公(피공)의 被는 성씨. ○劉向 – 大學者, 36권, 〈楚元王傳〉에 입전. ○張子僑(장자교), 華龍(화룡) – 78권, 〈蕭望之傳〉 참고. 柳褒(유포)는 행적 미상. ○金馬門 – 장안성 미앙궁의 북문, 원 이름은 노반문. 무제 때 청동말을 제작하여 세워 놓았기에 金馬門이라 불렀다. 황제가 부르거나 황제를 만날 사람이 대기하였다. ○頗 – 자못 파. 제법, 매우, 두루미치다. 치우칠 파. ○魏相 – 인명. 74권, 〈魏相丙吉傳〉에 입전. ○〈鹿鳴〉 – 《詩經》의 편명, 천자와 群臣의 宴樂에서 부르는 樂歌. ○僮子(동자) – 冠禮 이전의 젊은이. 下人. ○氾鄕侯(사향후) 何武 – 86권, 〈何武王嘉師丹傳〉에 입전.

〖 國譯 〗

王褒(왕포)의 字는 子淵(자연)으로 蜀郡 사람이었다. 宣帝 때에 武帝의 故事를 편찬하고, 六藝(육예, 六經)의 여러 서적을 講論하며 奇異한 일들을 널리 모으면서 〈楚辭〉에 능통한 九江郡의 被公(피공)을 불러 〈楚辭〉를 낭송하게 하였으며, 더 뛰어난 학자인 劉向, 張子僑, 華龍, 柳褒(유포) 등을 金馬門으로 불렀다. 神爵(신작)과 五鳳(오봉) 연간에 천하는 태평하고 부유하여 상서로운 일이 자주 나타났었다. 선제는 詩歌를 두루 짓게 하여 음율을 진흥시키고자 하였는데 당시의 승상 魏相(위상)은 知音하고 善鼓하며 雅琴한 인재로 渤海郡의 趙定(조정)과 梁國의 龔德(공덕)을 천거하여 이들을 불러 조칙을 받게 하였다.

　이때에 益州刺史인 王襄(왕양)은 백성들을 널리 교화하고자 하였
는데, 왕포의 재주가 뛰어나다는 것을 알고 초청하여 만나본 뒤에
왕포로 하여금 〈中和〉, 〈樂職〉, 〈宣布〉와 같은 시를 짓게 하고 창을
잘하는 사람을 골라 《詩經》〈鹿鳴〉의 성조를 익혀 노래하게 하였
다. 이 무렵에 汜鄕侯(사향후) 何武(하무)는 젊은이로 노래하는 사람
에 뽑혔다. 얼마 뒤에 하무 등은 長安에 가서 배우면서 太學 근처에
서 노래를 불렀는데 이것이 소문이 나서 宣帝가 알게 되었다. 선제
는 하무 등을 불러 만나 본 뒤에 모두에게 비단을 하사하며 말했다.
"이는 德을 높이는 일이려니 내가 어찌 혼자 즐길 수 있겠는가!"

原文

　褒旣爲刺史作頌, 又作其傳, 益州刺史因奏褒有軼材. 上
乃徵褒. 旣至, 詔褒爲〈聖主得賢臣頌〉其意. 褒對曰,

　"夫荷旃被毳者, 難與道純綿之麗密, 羹藜含糗者, 不足與
論太牢之滋味. 今臣辟在西蜀, 生於窮巷之中, 長於蓬茨之
下, 無有游觀廣覽之知, 顧有至愚極陋之累, 不足以塞厚望,
應明指. 雖然, 敢不略陳愚而抒情素."

| 註釋 | ○又作其傳 - 〈四子講德論〉 등을 지었다고 한다. ○軼材(일재)
- 뛰어난 인재. 逸才와 同. 軼은 앞지를 일. ○荷旃被毳(하전피취) - 모직물
이나 털옷을 입다. 荷 짊어질 하. 여기서는 몸에 걸치다. 旃 깃발 전. 모직물.
氈(모전 전)과 通. 毳는 털 취. 털옷. ○純綿之麗密 - 純綿(순면)은 고운 비단

(면직물). 麗密은 아름다움. 純은 絲. 명주 실. ○羹藜含糗(갱려함구) － 羹藜
(갱려)는 명아주 국. 나물 국. 含糗(함구)는 보리밥. 羹 국 갱. 藜 명아주 려.
含 먹을 함. 糗 볶은 쌀 구. ○太牢(태뢰) － 맛좋은 음식. 고깃국. ○蓬茨(봉
자) － 초가 집. 蓬 쑥대 봉. 茨 가시나무 자. ○抒情素 － 素는 愫(정성 소). 眞
情.

〔國譯〕

  왕포가 익주자사를 위해 頌詩를 지었고 또 그에 대한 글을 지었
기에 익주자사는 왕포를 뛰어난 인재라 하여 선제에게 상주하였다.
선제는 곧 왕포를 불러 〈聖主得賢臣頌〉의 뜻에 대하여 물었다. 이
에 왕포가 대답하였다.

  "毛氈(모전)을 걸치거나 털옷을 입은 사람은 고운 명주옷의 아름
다움을 말할 수 없고, 명아주 국이나 보리밥을 먹는 사람은 太牢(태
뢰)의 滋味(자미)에 대하여 논할 수 없습니다. 지금 저는 서쪽 蜀의
벽지 가난한 마을에서 태어나 초가집에서 자라면서 넓고 많은 지식
을 배우지도 못했으며 아주 어리석고 누추한 것만을 보아왔기에 폐
하의 크신 기대를 채우고 명철하신 가르침에 응대하기에 부족할 뿐
입니다. 그렇지만 감히 우매한 뜻이지만 저의 진심을 간략히 서술하
겠습니다."

原文

  記曰, 「共惟《春秋》法五始之要, 在乎審己正統而已. 夫賢
者, 國家之器用也. 所任賢, 則趨舍省而功施普, 器用利, 則

用力少而就效衆. 故工人之用鈍器也, 勞筋苦骨, 終日矻矻.
及至巧冶鑄干將之樸, 淸水焠其鋒, 越砥斂其咢, 水斷蛟龍,
陸剸犀革, 忽若彗氾畫涂. 如此, 則使离婁督繩, 公輸削墨,
雖崇臺五增, 延袤百丈, 而不溺者, 工用相得也. 庸人之御
駑馬, 亦傷吻敝策而不進於行, 匈喘膚汗, 人極馬倦. 及至
駕齧膝, 驂乘旦, 王良執靶, 韓哀附輿, 縱馳騁騖, 忽如景靡,
過都越國, 蹙如歷塊, 追奔電, 逐遺風, 周流八極, 萬里一息.
何其遼哉? 人馬相得也. 故服絺綌之凉者, 不苦盛暑之鬱
燠, 襲貂狐之暖者, 不憂至寒之凄愴. 何則? 有其具者易其
備. 賢人君子, 亦聖王之所以易海內也. 是以嘔喩受之, 開
寬裕之路, 以延天下英俊也. 夫竭知附賢者, 必建仁策, 索
人求士者, 必樹伯迹. 昔周公躬吐捉之勞, 故有圉空之隆,
齊桓設庭燎之禮, 故有匡合之功. 由此觀之, 君人者勤於求
賢而逸於得人.」

| 註釋 | ○記曰 — 〈聖主得賢臣頌〉. ○共惟 — 삼가 생각해보면. 共은 恭
의 古字. ○五始 —《春秋》의 '元年春王正月'에서 元은 氣의 시작이고, 春은
4季의 시작, 王은 受命의 시작, 正月은 政敎의 시작이며 公에 즉위한 것은 一
國의 시작이라고 하였다. ○趨舍 — 나아감과 멈춤. 동작, 노력. ○鈍器 — 무
딘 연장. ○勞筋苦骨 — 筋 힘줄 근. 筋骨의 勞苦가 많다. 머리가 나쁘면 손발
이 피곤한 것과 마찬가지다. ○矻矻(골골) — 애써 일하는 모양. 피곤한 모
양. 矻 돌멩이 골. 애쓰는 모양. ○干將之樸 — 보검의 본바탕(재료). 干將(간
장)은 고대의 寶劍. 樸은 다듬지 않는 통나무 박. 재료. 근본. 질박함. ○焠

其鋒(쉬기봉) – 칼날을 물에 담그다. 焠 담금질할 쉬. ○越砥斂其咢 – 좋은 숫돌에 칼날을 갈다. 越砥(월지)는 南昌에서 나오는 좋은 숫돌. 砥는 숫돌 지. 斂 거둘 렴. 수렴하다. 咢 놀랄 악. 칼 끝. 鍔(칼날 악)과 同. ○剸 – 벨 단(절단하다). 오로지 전. ○犀革(서혁) – 물소의 가죽. ○彗氾畫涂(혜범획도) – 오물을 쓰러내고 진흙을 퍼내다. 彗는 빗자루 혜, 쓸어내다. 혜성. 氾는 넘칠 범(泛). 뜨다. 더러운 것. 畫涂(획도)의 畫은 그을 획(劃). 칼로 나누다. 그림 화. 涂는 泥(진흙 니). 오물. ○离婁督繩 – 离婁로 하여금 줄을 찾게 하다. 离婁(이루)는 黃帝 때 눈이 아주 밝은 사람. 천리안. ○公輸削墨 – 공수반이 먹줄대로 깎다. 公輸는 公輸班. 최고의 건축 기술자. 魯나라 사람, 그래서 魯班이라고도 하며 목수들의 神이다. '공자 앞에서 문자 쓰다'와 비슷한 의미로 '魯班의 집 앞에서 솜씨자랑하다(魯班門前弄大斧).'라는 중국인의 속담이 있다. 削墨은 먹줄대로 깎다. ○五增 – 五層. 增은 層. ○延袤百丈(연무백장) – 百丈을 뻗어나가다. 延 끌 연. 袤 길이 무 百丈. ○不溷(불혼) – 不亂. 溷은 混. ○傷吻(상문) – 말의 입이 찢어지다. 입에 물린 재갈을 함부로 당겨 말의 입이 찢어진다. 吻 입술 문. ○敝策(폐책) – 채찍이 닳다. ○匈喘膚汗(흉천부한) – 숨이 차고 땀이 나다. 匈은 胸(가슴 흉). 喘 헐떡거릴 천. 膚 살갗 부. 汗 땀 한. ○齧膝(교슬) – 良馬. 良馬는 구부릴 때 입이 무릎에 닿는다고 한다. 齧 깨물 교. 膝 무릎 슬. ○驂乘旦(참승단) – 駿馬가 끄는 수레를 타다. 旦은 且의 오류. 且는 駔(준마 장)을 뜻한다. ○王良執靶(왕량집파) – 王良(伯樂) 같은 사람이 고삐를 잡다. 王良은 천리마 감식가인 伯樂(백락). 靶 고삐 파. ○韓哀附輿 – 韓哀같은 사람이 수레를 몰다. 韓哀는 고대에 수레를 잘 몰았던 사람. ○縱馳騁騖(종치빙무) – 아무리 달리더라도. 縱은 설사 ~ 할지라도. 馳 달릴 치. 騁 달릴 빙. 騖 달릴 무. ○忽如景靡 – 마치 그림자가 없어지듯. 景은 그림자 영. ○蹶如歷塊(궐여역괴) – 蹶 넘어질 궐. 뛰다. 밟다. 빠르다. 歷塊는 흙덩이를 밟다. ○遺風 – 질풍. ○八極 – 八方. ○何其遼哉 – 어찌 그리 멀리갈 수 있는가? ○絺綌(치격) – 시원한 갈 옷. 絺 고운

갈포 치. 綌 굵은 갈포 격. ○鬱燠(울욱) - 鬱 막힐 울. 답답하다. 燠 더울 욱
(오), 燠暑(욱서)는 무더위. ○襲貂狐 - 貂 담비 초. 狐 여우 호. 襲 입을 습.
껴입다. 衣上加衣. ○凄愴(처창) - 처량함. 슬픔. ○易海內 - 易은 治. ○嘔
喩(구유) - 화락한 모양. 嘔 노래할 구. 喩 깨우칠 유. 기뻐하다. ○寬裕(관
유) - 너그러움. ○竭知附賢者 - 마음을 다하여 현인을 얻으려 하는 사람.
○伯迹(패적) - 패자의 업적. ○吐捉之勞 - 一飯에 三吐食하고 一沐에 三握
髮하는 수고. 이처럼 人才를 영입하였다. ○圉空之隆 - 감옥이 텅 비는 태평
성대. 圉는 마구간. 감옥. ○齊桓 - 제나라 환공. 춘추 5패의 한 사람. ○設
庭燎之禮 - 정원에 수많은 횃불을 밝혀 인재를 맞이하는 성의를 표시했다.

〖國譯〗

그 글에 말하기를,

〈聖主得賢臣頌〉*

「삼가 생각해보면,《春秋》의 법도에 五始의 시작은 자신의 정통
을 아는데 있습니다. 賢者는 국가의 用器입니다. 현인에게 일을 맡
기는 것은 노력을 줄일 수 있고 혜택을 널리 베풀 수 있으며 연장이
좋으면 힘은 적게 들고 성과는 많습니다. 그러므로 工人이 무딘 연
장을 쓰면 뼈와 근육이 힘들게 종일 고생만 하게 됩니다. 솜씨 좋게
干將(간장) 같은 명검의 재료를 제련하고 달구었다가 맑은 물에 그
칼날을 담금질하고 越砥(월지)같은 숫돌에 칼날을 갈면 물에서는 蛟
龍(교룡)을 벨 수 있고 땅에서는 무소 가죽도 자를 수 있으니 마치 오
물을 쓸어내고 진흙을 자르는 것과 같습니다. 이는 곧 离婁(이루)에
게 새끼줄을 찾게 하고 公輸班(공수반)에게 먹줄대로 깎게 하는 것과
같으니 비록 5층의 높은 건물을 짓고 百丈을 뻗어나가더라도 틀리
지 않는 것은 공구와 쓰는 사람이 다 제자리를 찾았기 때문입니다.

보통 사람이 둔한 말을 몰고 간다면 말의 입이 찢어지고 채찍이 닳아도 잘 나가지 못하며 숨이 차고 땀에 젖어 사람과 말이 극도로 지치게 됩니다. 만약 良馬에 멍에를 얹고 준마가 끄는 수레를 타고 伯樂 같은 사람이 고삐를 잡고 韓哀(한애)같은 사람이 수레를 몰게 한다면 아무리 빨리 달리더라도 마치 그림자가 스쳐가듯 도성과 나라를 지나 땅을 박차고 나아가고 번개처럼 달려 질풍을 따라가듯 팔방의 끝까지 1만 리를 단숨에 달릴 수 있습니다. 어찌 그리 멀리 갈 수 있겠습니까? 사람과 말이 모두 제자리를 찾았기 때문입니다. 그런 것처럼 시원한 갈포 옷을 입은 사람은 숨 막힐 무더위 때문에 괴로워하지 않고 담비와 여우 갖옷을 더 입은 사람은 심한 추위에 혹독한 고생을 하지 않습니다. 왜 그러겠습니까? 필요한 것을 쉽게 갖출 수 있기 때문입니다. 賢人君子가 있으면 聖王은 천하를 쉽게 통치할 수 있습니다. 기꺼이 받아들이려고 넓고 큰 길을 열어 놓고 천하의 영웅과 준걸을 맞이합니다. 정성을 다하여 현인을 맞이하는 주군은 仁義의 정책을 마련하고 애써 인재를 얻는 자는 霸業(패업)을 이룩할 수 있습니다. 예전에 周公은 음식을 먹거나 머리를 감다가도 몸소 인재를 맞이하였기에 감옥이 텅 비는 태평성대를 이루었으며 齊의 桓公(환공)은 정원에 횃불을 켜들고 예를 갖춰 인재를 모았기에 제후를 규합하고 천하를 호령하였습니다. 이를 본다면 人君은 賢人을 맞이하는데 힘써야 하고 인재를 얻으면 안일할 수 있습니다.」

原文

「人臣亦然. 昔賢者之未遭遇也, 圖事揆策則君不用其謀,陳見悃誠, 則上不然其信, 進仕不得施效, 斥逐又非其愆.
是故伊尹勤於鼎俎, 太公困於鼓刀, 百里自鬻, 甯子飯牛, 離
此患也. 及其遇明君遭聖主也, 運籌合上意, 諫諍卽見聽,
進退得關其忠, 任職得行其術, 去卑辱奧渫而升本朝, 離疏
釋蹻而享膏粱, 剖符錫壤而光祖考, 傳之子孫, 以資說士.
故世必有聖知之君, 而後有賢明之臣. 故虎嘯而風冽, 龍興
而致雲, 蟋蟀俟秋唫, 蜉蝤出以陰.《易》曰, '飛龍在天, 利
見大人.'《詩》曰, '思皇多士, 生此王國.' 故世平主聖, 俊艾
將自至, 若堯, 舜, 禹, 湯, 文, 武之君, 獲稷, 契, 皐陶, 伊尹, 呂望,
明明在朝, 穆穆列布, 聚精會神, 相得益章. 雖伯牙操遞鐘,
逢門子彎烏號, 猶未足以喩其意也.」

| 註釋 | ○揆策(규책) − 계획을 세우다. 揆 헤아릴 규. 商量하다. ○悃誠
(곤성) − 정성, 충성. 悃 정성 곤. ○愆 − 허물 건. ○鼎俎(정조) − 솥과 도
마. 俎 도마 조. 이윤은 商 湯王에게 맛있는 요리를 올렸다. ○太公困於鼓刀
− 姜太公 呂尙은 殷의 도성인 朝歌에서 소를 잡기도 하였다. ○百里自鬻(백
리자육) − 五羖大夫 百里奚(백리해)는 본래 晉의 포로였다가 노예로 끌려 다
녔는데 秦 穆公이 羊皮 다섯 장을 주고 노예의 신분에서 풀어준 뒤에 등용하
였다. 鬻 팔 죽. 팔리다. ○甯子飯牛 − 甯戚(영척)은 춘추시대 衛人. 행상을
하며 齊 도성 밖에 살고 있었다. 桓公(환공)이 밤에 찾아 가보니 노래하며 소
를 먹이고 있었다. 환공이 등용하여 대부로 삼았다. ○離 − 당하다. ○運籌
(운주) − 책략을 계획하다. ○諫諍(간쟁) − 忠諫하다. 諍 간할 쟁. ○得關 −
關은 通하다. ○卑辱奧渫(비욕오설) − 낮은 관직. 奧渫은 지저분하다. 奧는
澳. 渫 물 밑을 퍼낼 설. 더럽다. ○離疏釋蹻(이소석갹) − 채소를 안 먹어도

되고 짚신을 벗어버리다. 疏는 菜蔬(채소). 蹻 발돋움할 교, 짚신 갹(草履). 膏粱(고량)은 기름진 좋은 밥. ㅇ剖符錫壤(부부석양) – 부절을 나누고 분봉을 받다. 제후가 되다. ㅇ錫壤(석양) – 땅을 하사받다. 錫은 賜也. ㅇ虎嘯(호소) – 호랑이가 포효하다. 風冽(풍렬)은 바람이 차갑다. 冽 차가울 열(렬). ㅇ蟋蟀(실솔) – 귀뚜라미. 唫 읊을 음(吟과 同). 입 다물 금. ㅇ蜉蝤(부유) – 하루살이(朝生夕死). 蜉 하루살이 부. 蝤 하루살이 유, 나무 굼벵이 추. ㅇ《易》曰 – 乾卦의 九五 爻辭(효사). ㅇ《詩》曰 –《詩經 大雅 文王》. ㅇ思皇多士 – 思는 어조사. 皇은 美也. ㅇ俊艾(준애) – 재주가 뛰어난 사람. 艾 쑥애. 늙은이. 트다. 아름답다. ㅇ穆穆(목목) – 아름다운 모양. ㅇ伯牙操遞鐘 – 伯牙가 號鐘(옛 琴의 이름)을 연주하다. ㅇ逢門子彎烏號 – 활의 명수 逢門子〔逢蒙(봉몽)〕가 烏號(오호, 명궁의 이름)을 당기다.

〔國譯〕

「신하도 역시 마찬가지입니다. 예전에 賢者가 賢君을 만나지 못하면 일을 꾸미고 계획을 세워도 주군이 그 책모를 수용하지 않거나 충성을 다 바쳐도 주상이 그 진실을 믿어주지 않으면 벼슬은 아무 실효도 거두지 못하며 배척당하게 되는데 이는 신하의 잘못은 아닙니다. 그러했기에 伊尹(이윤)은 부엌일을 했고, 太公望 呂尙은 소를 잡았으며, 百里奚(백리해)는 자신이 팔린 몸이었고, 甯戚(영척)은 소를 길러야 하는 어려움을 겪었습니다. 明君을 만나거나 聖主를 모실 경우에 정책을 세우면 그것이 주군의 뜻과 일치하게 되고 간쟁을 하면 받아들여지고 진퇴에 그 충성이 통하게 되며 직책을 수행하면서 학문을 실천할 수 있을 뿐만 아니라 낮고 지저분한 직책을 떠나 조정에서 일하며 거친 음식이나 짚신을 버리고 좋은 음식을 먹을 수 있으며, 부절을 갈라 책봉을 받게 되면 조상을 빛내며 자손에게 전할 수 있고 그런 지위를 바탕으로 士人을 평가할 수 있게 됩니다. 그래서 세상에 명철한 성군이 나온 다음에 현명한 신하가 존재할 수 있습니다. 그렇기에 호랑이가 포효하면 매서운 바람이 일어나고, 龍이 하늘에 오르면 구름이 일며, 귀뚜라미는 가을을 기다려 울고 하루살이는 그늘에서 사는 것입니다. 그래서 《易經》에서는 '飛龍이 하늘이 있으니 대인을 만나야 이롭다'고 하였으며, 《詩經》에서는 '여러 훌륭한 선비가 이 나라에 나오셨다.'고 하였습니다. 그래서 태평성대에 聖主가 나시면 뛰어난 준걸들이 스스로 모여들었으며 堯, 舜, 禹, 湯, 文, 武王 같은 聖君이 있었기에 后稷(후직), 契(설), 皐陶(고요), 伊尹(이윤), 呂望(여망) 같은 현인이 조정을 밝히며 아름답게 줄지어 모여서 마음을 모아 서로를 도우며 빛을 발했던 것입니다. 비록 伯牙(백아)가 명금을 연주하고 逄門子(逢蒙)가 명궁을 쏜다 하여도 이런 뜻을 깨우치지는 못했을 것입니다.」

原文

「故聖主必待賢臣而弘功業, 俊士亦俟明主以顯其德. 上下俱欲, 驩然交欣, 千載一合, 論說無疑, 翼乎如鴻毛過順風, 沛乎如巨魚縱大壑. 其得意若此, 則胡禁不止, 曷令不行? 化溢四表, 橫被無窮, 遐夷貢獻, 萬祥畢溱. 是以聖王不遍窺望而視已明, 不單頃耳而聽已聰, 恩從祥風翱, 德與和氣游, 太平之責塞, 優游之望得. 遵游自然之勢, 恬淡無爲之場, 休徵自至, 壽考無疆, 雍容垂拱, 永永萬年, 何必偃印

詘信若彭祖, 呴噓呼吸如僑,松, 眇然絶俗離世哉!《詩》云
'濟濟多士, 文王以寧,' 蓋信乎其以寧也!」

| 註釋 | ○驩然(환연) - 기뻐하는 모양. 말이 즐겁게 노는 모양. ○千載
－천년. ○翼乎 - 翼然. 가뿐하고 여유 있는 모양. 翼 날개 익. ○沛乎 - 沛
然. 성대한 모양. 壑 골 학. 하천. ○胡 - 어찌 호. 曷 어찌 갈. ○化溢四表 -
사방에 교화가 이루어져서. 溢 넘칠 일. 四表는 四方. ○遐夷貢獻(하이공헌)
－遐 멀 하. 貢獻(공헌)은 入貢하다. ○萬祥畢溱(만상필진) - 많은 길조가 다
나타난다. 畢溱(필진)은 모두 다 이르다(至也). ○窺望 - 窺觀. 구멍을 통해
보다. 식견이 좁다. 窺 엿볼 규. ○傾耳 - 傾耳. 귀를 기울이다. ○恩從祥風
翺 - 은택은 상서로운 바람 따라 널리 퍼지다. ○太平之責塞 - 태평성대의
책무를 다하다. 塞은 충만하다. ○優游之望得 - 우유자적할 수 있는 소망이
이루어지다. 優游(우유)는 한가한 모양(有閑自得). 유유자적하는 모양. 만족
하다. ○恬淡無爲之場 - 無爲의 場에서 편안하다. 恬淡(염담)은 마음이 편
안하고 욕심이 없음. ○休徵 - 吉相. 아름다운 징조. 休는 美也. ○壽考 -
오래 살다. 장수하다. ○雍容(옹용) - 온화하고 조용한 모습. ○垂拱(수공)
－아무 일도 하지 않다. 拱 두 손 맞잡을 공. 팔짱을 끼다. ○偃卬詘信 - 엎
드리고 누웠다가 굽히고 펴다. 道士들의 맨손체조. 氣를 단련하는 동작. 이
를 導引(도인)이라 한다. ○彭祖(팽조) - 8백 살을 살았다는 신선. 중국인들
長壽의 로망. ○呴噓呼吸(구허호흡) - 숨을 내쉬고 들이마시다. 호흡에 의
한 양생 방법. 단전호흡과 비슷한 수련방법. 呴 숨 내쉴 구. 噓 불 허. ○僑,
松 - 王僑와 赤松子. 전설 속의 신선. ○眇然(묘연) - 아득히 먼 모양. 高遠
한 모양. ○《詩》云 -《詩經 大雅 文王》. ○濟濟 - 많은 모양.

「그래서 聖主는 賢臣을 만나야 큰 공적을 이룰 수 있고, 俊士 또한 明主를 기다려서 그 능력을 발휘할 수 있습니다. 주군과 신하 양쪽이 서로 원하기에 환희 속에 기뻐하며 천년 만에 만난 듯, 하는 말에 아무런 의심도 없이, 또 마치 기러기 털이 바람 따라 날리듯, 큰 물고기가 큰물에 풀려난 듯 막힐 것이 없습니다. 그 득의한 모양이 이와 같으니 어찌 금한다고 그만두지 아니하며 무엇을 하라 한들 아니하겠습니까? 교화가 사방에 이루어져서 사방으로 끝없이 퍼져나가 먼 곳 오랑캐까지 조공을 보내오며 온갖 상서로움이 다 나타나게 됩니다. 이렇게 되면 聖王은 만사를 좁게 보지 아니하고 시야가 절로 트이고 귀를 기울이지 않아도 밝게 깨우쳐 듣게 되며, 폐하의 은택은 상서로운 바람 따라 널리 퍼지고 盛德은 화기와 함께 천하에 퍼지게 되니 태평성대의 책무를 다하고 우유자적할 소망이 이루어집니다. 자연의 형세를 따라 놀고 無爲의 세계에서 아무런 욕심도 없이 지내면 여러 吉祥이 저절로 나타나고 무한히 장수할 것이며 온화하게 팔짱을 끼고 영원히 만만 년을 지낼 수 있을 것인데 하필 팽조처럼 導引(도인) 체조를 하고 王僑(왕교)나 赤松子처럼 호흡법을 수련하지 않고도 아득히 멀리 세속을 떠날 수 있을 것입니다.《詩經 大雅》에서 '많고 많은 신하 있어 이에 文王은 마음 편하시네.' 라고 노래했듯이 아마 정말로 마음 편할 것입니다!」

〔原文〕

是時, 上頗好神仙, 故褒對及之.

上令褒與張子僑等并待詔, 數從褒等放獵, 所幸宮館, 輒
爲歌頌, 第其高下, 以差賜帛. 議者多以爲淫靡不急, 上曰,
"不有博弈者乎, 爲之猶賢乎已! 辭賦大者與古詩同義, 小者
辯麗可喜. 辟如女工有綺縠, 音樂有鄭,衛. 今世俗猶皆以此
虞說耳目, 辭賦比之, 尙有仁義風諭, 鳥獸草木多聞之觀, 賢
於倡優博弈遠矣." 頃之, 擢褒爲諫大夫.

| 註釋 | ○不有博弈者乎 - 博弈는 장기, 또는 바둑. 博 내기하다. 넓을
박. 賭博(도박). 弈 바둑 혁. ○爲之猶賢乎已 - 아무것도 아니하는 것보다
낫다. 已는 아무것도 아니하다. 이는 《論語 陽貨》에 나오는 말이다. ○辟如
女工有綺縠 - 辟은 譬(비유할 비)의 古字. 綺 무늬 있는 비단 기. 縠은 주름비
단 곡. ○鄭(정),衛(위) - 춘추시대 나라 이름. 이들 나라의 음악은 퇴폐적이
었는데 특히 鄭聲은 음탕하였다. ○虞說耳目(우열이목) - 이목을 즐겁게 하
다. 虞(헤아릴 우. 즐기다)는 娛와 同. 說 기쁠 열.

〘 國譯 〙

이 무렵에 宣帝는 神仙을 매우 좋아했는데 王褒(왕포)는 신선에
대해서도 대답하였다. 선제는 왕포와 張子僑(장자교)를 함께 불렀고
사냥할 때도 왕포 등을 수행케 하면서 머무는 궁궐에서 수시로 頌歌
를 짓게 하여 그 高下에 따라 차등 있게 비단을 하사하였다. 의논을
좋아하는 신하들이 이는 정사에 꼭 필요하지도 않으며 사치라고 말
하자 선제가 말했다.

"공자께서도 '장기라는 것도 있지 않는가? 아무것도 안 하는 것
보다 낫다!' 라고 말하지 않았는가? 辭賦의 큰 뜻은 古詩와 같고 작

은 의미라면 아름답고 기쁨을 주지 않는가? 비유하자면, 여인의 일 중에서 비단에 수를 놓는 것과 같고, 음악에도 鄭과 衛의 음악이 있다. 지금 세속에서는 이처럼 이목을 즐기려 하는데 이에 辭賦를 비교한다면 오히려 仁義를 은근히 깨우쳐 주며 조수와 초목과 다양한 지식을 배울 수 있으니 광대놀음이나 장기보다 훨씬 나은 것이다."

얼마 뒤 선제는 왕포를 승진시켜 諫大夫에 임명하였다.

原文

其後太子體不安, 苦忽忽善忘, 不樂. 詔使襃等皆之太子宮虞侍太子, 朝夕誦讀奇文及所自造作. 疾平復, 乃歸. 太子喜襃所爲〈甘泉〉及〈洞簫頌〉, 令後宮貴人左右皆誦讀之.

後方士言益州有金馬碧鷄之寶, 可祭祀致也. 宣帝使襃往祀焉. 襃於道病死, 上閔惜之.

| 註釋 | ㅇ忽忽 - 惚惚(흘홀). 정신이 恍惚(황홀)하다. ㅇ方士 - 方術之士. 신선이 되고자 하는 사람. 占卜家 등 다양한 의미를 갖고 있다.

[國譯]

그 뒤에 太子는 건강이 좋지 않아 고생을 했는데 정신이 흐릿하며 잘 잊고 우울하였다. 선제는 왕포 등을 시켜 태자궁에 가서 즐겁게 태자를 시중토록 명했고 왕포 등은 조석으로 기이한 문장이나 자신이 지은 글을 읽어주었다. 태자의 병이 회복되자 본래의 직무로 돌아왔다. 태자는 왕포가 지은 〈甘泉賦〉와 〈洞簫頌(통소송)〉을 좋아했고 후궁이나 귀인들에게 좌우에서 읽으라고 시켰다.

　뒷날 어떤 方士가 益州에 金馬와 碧鷄(벽계)의 보물이 있는데 제사를 지내면 얻을 수 있다고 하였다. 宣帝는 왕포를 시켜 익주에 가서 제사를 지내라고 하였다. 그러나 왕포는 제사하러 가는 도중에 죽었고 선제는 안타깝게 생각하였다.

64-9. 賈捐之

　賈捐之字君房, 賈誼之曾孫也. 元帝初卽位, 上疏言得失, 召待詔金馬門.

　初, 武帝征南越, 元封元年立儋耳,珠厓郡, 皆在南方海中洲居, 廣袤可千里, 合十六縣, 戶二萬三千餘. 其民暴惡, 自以阻絶, 數犯吏禁, 吏亦酷之, 率數年一反, 殺吏, 漢輒發兵擊定之. 自初爲郡至昭帝始元元年, 二十餘年間, 凡六反叛. 至其五年, 罷儋耳郡幷屬珠厓. 至宣帝神爵三年, 珠厓三縣復反. 反後七年, 甘露元年, 九縣反, 輒發兵擊定之. 元帝初元元年, 珠厓又反, 發兵擊之. 諸縣更叛, 連年不定. 上與有司議大發軍, 捐之建議, 以爲不當擊. 上使侍中駙馬都尉樂昌侯王商詰問捐之曰, "珠厓內屬爲郡久矣, 今背畔逆節, 而云不當擊, 長蠻夷之亂, 虧先帝功德, 經義何以處之?" 捐之對曰,

Ⅰ 註釋 Ⅰ ○賈捐之(가연지, ? - 前 43) - 환관 石顯(석현)의 모함을 받아 옥사했다. 捐 버릴 연. ○賈誼(가의) - 48권, 〈賈誼傳〉에 입전. ○待詔金馬門 - 금마문의 待詔가 되다. 금마문은 未央宮의 北門. 待詔는 漢代의 특수 관직명. 詔는 황제의 명령을 기록한 문서. 황제의 부름을 받아 대기하다가 조서를 받고 그에 따른 임무를 수행 또는 자문에 응한다. 待詔의 장소로는 위의 금마문 이외에 待詔殿中, 待詔保宮, 待詔公車, 待詔黃門, 待詔丞相府 등등이 있다. 특수한 분야의 전문가인 경우 예를 들어 太史, 治曆, 音律, 本草의 경우에는 ○○待詔라고 불렸다. ○元帝 - 宣帝의 아들. 재위 前 48 - 33년. ○元封元年 - 前 110년. ○儋耳(담이),珠厓(주애) - 郡名. 儋 멜 담. 珠崖(주애)로도 표기. ○南方海中洲 - 今 海南省. 海南島와 南中國海의 여러 섬을 포함. 면적은 약 3만5천㎢로 남한의 1/3이 조금 넘고 상주인구는 약 870만 명으로 알려졌다. 省都(省會)는 海口市. ○始元元年 - 前 86년. ○宣帝神爵三年 - 前 59년. ○甘露元年 - 前 53년. ○駙馬都尉 - 황제의 車馬 관리. 秩 二千石. 駙馬(황제, 왕의 사위)의 어원.

〖 國譯 〗

賈捐之(가연지)의 字는 君房으로 賈誼(가의)의 曾孫이다. 元帝 즉위 초에 상소하여 정사의 득실을 논하여 부름을 받아 待詔金馬門이 되었다.

그전에 武帝가 南越을 정벌하고 元封 원년에 儋耳郡(담이군)과 珠厓郡(주애군)을 설치하였는데 모두 南方의 海中洲(海南島)에 자리하고 그 넓이가 천리에 가깝고 모두 16개 현에 호구는 2만3천여 호가 되었다. 그 백성은 포악하여 통치에 저항하면서 자주 관리의 명령을 어겼고, 관리 또한 가혹하게 통치하여 대략 몇 년에 한 번씩 관리들을 죽였는데 漢에서는 그때마다 군사를 보내 토벌하고 평정하였다. 처음에 군을 설치한 뒤로 昭帝 始元 원년까지 20여 년간 모두 6차례 반란이 있었다. 始元 5년에는 儋耳郡을 폐지하여 珠厓郡에 합병하였다. 宣帝 神爵 3년에는 주애군의 3개 현에서 다시 반란이 일어났다. 그 7년 뒤인 甘露 원년에는 9개 현이 반역하여 군사를 보내 토벌 평정하였다. 元帝 初元 원년에 주애군에서 또 반란이 있어 군사를 내어 토벌하였다. 여러 현에서 교대로 반란이 일어나 해마다 일정하지가 않았다. 이에 원제는 담당자에게 크게 군사를 일으킬 것을 논의하였는데 가연지는 토벌해서는 안 된다고 건의하였다. 원제는 侍中이며 駙馬都尉인 樂昌侯 王商을 시켜 가연지를 비난케 하였다.

"珠厓가 漢에 복속하여 郡이 된 지가 오래나 이번에 또 배반하며 거역하였지만 토벌이 불가하다고 말하니 만이들은 반란하여 늘 先帝의 공덕을 훼손한다면 경전의 뜻에 의거하여 어떻게 대처해야 하는가?"

이에 가연지가 대답하였다.

原文

「臣幸得遭明盛之朝, 蒙危言之策, 無忌諱之患, 敢昧死竭卷卷.

臣聞堯,舜, 聖之盛也, 禹入聖域而不優, 故孔子稱堯曰,

'大哉.'〈韶〉曰, '盡善', 禹曰, '無間'. 以三聖之德, 地方
不過數千里, 西被流沙, 東漸於海, 朔南暨聲敎, 迄於四海,
欲與聲敎則治之, 不欲與者不彊治也. 故君臣歌德, 含氣之
物各得其宜. 武丁,成王, 殷,周之大仁也, 然地東不過江,黃,
西不過氐,羌, 南不過蠻荊, 北不過朔方. 是以頌聲并作, 視
聽之類咸樂其生, 越裳氏重九譯而獻, 此非兵革之所能致.
及其衰也, 南征不還, 齊桓救其難, 孔子定其文. 以至乎秦,
興兵遠攻, 貪外虛內, 務欲廣地, 不慮其害. 然地南不過閩
越, 北不過太原, 而天下潰畔, 禍卒在於二世之末,〈長城之
歌〉至今未絶.」

| 註釋 | ○危言 － 直言. ○卷卷 － 拳拳(권권). 정성을 다함. 공손하게.
○大哉 － 子曰, "大哉, 堯之爲君也! ～."《論語 泰伯》. ○〈韶〉－〈韶〉는 舜임
금의 음악. 子謂韶, "盡美矣, 又盡善也. ～"《論語 八佾(팔일)》. ○禹曰, '無
間' － 子曰, 禹, 吾無閒然矣. ～《論語 泰伯》. ○視聽之類 － 백성. ○越裳氏
－ 南越을 지칭. ○重九譯 － 통역을 여러 번 거치다. ○南征不還 － 周 昭王
은 남쪽을 순행하였는데 楚에서 아교로 붙인 배를 제공하여 長江에서 익사
케 하였다. ○救其難 － 周 惠王이 태자를 폐하자 齊 桓公은 태자의 지위를
보장하여 周 襄王으로 즉위케 하였다. ○孔子定其文 － 공자는《春秋》에서
夷狄의 왕은 모두 '子'로 폄하하였다. ○潰畔(궤반) － 붕괴되고 배반하다.
○卒 － 終也.

〖國譯〗
「臣은 다행히 명철하신 폐하를 만나 직언을 할 기회에 거리낌을

걱정하지도 않고 죽음을 무릅쓰고 정성을 다해 아룁니다.

臣이 알기로, 堯와 舜은 위대한 성인이시며 禹王은 聖의 경지에
서 걱정이 없으셨는데, 공자께서는 堯에 대해서는 '위대하도다.'라
고 하셨으며, 〈韶〉에 대해서는 '최고의 善이다.'라고 하셨으며, 禹
에 대해서는 '비판할 곳이 없다.'고 하였습니다. 이러한 三聖의 德
은 그 땅이 수천 리에 지나지 않았으니 서쪽으로는 流沙 지역에 동
으로는 바다에 닿았으며, 북쪽과 남쪽으로도 德音으로 교화를 미쳤
으니 사해 안에서 聲教로 다스렸지 그들을 강제로 다스리려 하지 않
았습니다. 그리하여 君臣은 덕을 노래하였고 만물은 각자 제몫을 누
렸습니다. 武丁(殷의 高宗)과 成王은 殷과 周의 大仁한 천자였으나
그 영역은 동으로 長江과 황하를 넘지 않았고, 서쪽으로는 氏族(저
족)과 羌族(강족)이 사는 곳에 닿았으며, 남쪽으로는 荊州(형주)의 蠻
夷(만이)가 사는 곳이었고, 북쪽으로는 朔方郡(삭방군)을 넘지 않았습
니다. 그래도 칭송을 받았고 백성들은 모두 자기 삶을 즐겼으며 越
裳氏(월상씨)는 통역을 여러 번 거치면서 공물을 바쳤는데 이는 무력
에 의한 것이 아니었습니다. 周德이 쇠퇴한 시기에 昭王은 남쪽을
순수하다가 익사하여 돌아오지 못했으며 齊 桓公이 周의 국난을 구
원하였으며 공자께서는 이적의 왕을 폄하하였습니다. 秦에 이르러
군사를 동원하여 먼 지역을 공격하고 외지를 탐하느라고 內地를 텅
비게 하였으며 땅을 넓히려 애를 썼지만 그 폐해를 고려하지 않았습
니다. 그래도 남쪽으로는 閩(민)과 越(월)을 넘지 못했고 북쪽으로는
太原郡에 불과하였지만 천하가 붕괴되어 반기를 들자 그 재앙은 2
세로 끝났으며 〈長城之歌〉는 지금도 그치지 않았습니다.」

「賴聖漢初興, 爲百姓請命, 平定天下. 至孝文皇帝, 閔中國未安, 偃武行文, 則斷獄數百, 民賦四十, 丁男三年而一事. 時有獻千里馬者, 詔曰, "鸞旗在前, 屬車在后, 吉行日五十里, 師行二十里, 朕乘千里之馬, 獨先安之?" 於是還馬, 與道里費, 而下詔曰, "朕不受獻也, 其令四方毋求來獻." 當此之時, 逸游之樂絶, 奇麗之賂塞, 鄭, 衛之倡微矣. 夫後宮盛色則賢者隱處, 佞人用事則諍臣杜口. 而文帝不行, 故諡爲孝文, 廟稱太宗. 至孝武皇帝元狩六年, 太倉之粟紅腐而不可食, 都內之錢貫朽而不可校. 乃探平城之事, 錄冒頓以來數爲邊害, 籍兵厲馬, 因富民以攘服之. 西連諸國至於安息, 東過碣石以玄菟, 樂浪爲郡, 北却匈奴萬里, 更起營塞, 制南海以爲八郡. 則天下斷獄萬數, 民賦數百, 造鹽, 鐵, 酒榷之利以佐用度, 猶不能足. 當此之時, 寇賦幷起, 軍旅數發, 父戰死於前, 子鬪傷於後, 女子乘亭鄣, 孤兒號於道, 老母寡婦飮泣巷哭, 遙設虛祭, 想魂乎萬里之外. 淮南王盜寫虎符, 陰聘名士, 關東公孫勇等詐爲使者, 是皆廓地泰大, 征伐不休之故也.」

| 註釋 | ○閔-憫. 불쌍히 여기다. ○民賦四十, 丁男三年而一事 - 백성들은 1년에 120일 노동력을 동원하였는데 1년 40일로, 그리고 정남은 1년에 1번 군사동원에서 3년에 한번 동원으로 줄였다는 뜻. ○獨先安之 - 홀로 어디를 앞서 가겠는가? 安은 어디? 의문사. 之는 가다. ○佞人(영인) - 아첨하

는 소인. ○元狩 六年 − 前 117년. ○都內 − 大內. 전곡을 보관하는 나라의 창고. 국가 재정을 담당하는 大司農의 속관인 都內令이 관리 책임자. ○平城之事 − 고조 7년(前 200), 高祖가 平城에서 흉노에 포위되어 큰 위기에 처했던 굴욕적인 사건. ○冒頓〔mòdú 墨毒(묵독). ? − 前 179〕 − 흉노의 單于(선우) 이름. ○安息 − 서역의 나라 이름. 로마의 동방 영토인 파르티아(帕提亞) 帝國. ○碣石(갈석) − 山名. 今 河北省 秦皇島市 昌黎縣 소재. ○玄菟(현토) − 위만조선을 멸망시킨 뒤 설치한 漢 四郡의 하나. ○酒権之利 − 술을 전매한 이익. 権(각)은 도거리하다. 전매하다. ○亭鄣(정장) − 亭障(정장). 城砦(성채)의 감시용 망루 또는 초소. ○盜寫虎符 − 盜寫는 몰래 위조하다. 虎符는 군사를 동원할 수 있는 兵符. ○公孫勇(공손용) − 城父縣令 역임. 征和 2년(前 91)에 모반을 꾀하다가 잡혀 죽었다. ○廓地 − 둘레 곽. 클 확. 넓히다. 확장하다.

〖 國譯 〗

「聖朝 漢이 건국되어 백성을 위해 천명을 빌었고, 천하를 평정하였습니다. 孝文皇帝에 이르러 국내가 안녕하지 못한 것을 걱정하여 武를 버리고 文治를 펴면서 수백 건의 獄事를 판결내고 백성의 부역을 1년 40일로, 정남은 3년에 한 번 동원으로 줄였습니다. 그때 천리마를 바친 자가 있었는데 조서를 내려 말했습니다. "鸞旗(난기)가 앞에서 가고 뒤따라오는 수레가 있어 좋은 일이라도 하루 50리, 군사 행군은 하루 20리를 가는데 짐이 천리마를 타고 홀로 어디를 앞서 가겠는가?" 그리고서는 말을 돌려보내 필요한 경비로 주면서 조서를 내렸습니다. "짐은 이렇게 바치는 물건을 받지 않을 것이니 사방에 전달하여 구해서 바치는 일이 없도록 하라." 이 시기에는 유람하는 행차를 그만두었고 기이하고 아름다운 물건을 바치는 것도 막

앗으며 鄭(정)이나 衛(위)에서 바치는 女樂도 없었습니다. 대개 후궁에서 미색이 성하면 현자는 숨게 되고 아첨배가 힘을 쓰면 直諫(직간)하는 신하는 입을 닫게 됩니다. 文帝께서는 이런 사치를 하지 않았기에 시호가 孝文이며 묘호를 太宗이라 하였습니다. 孝武皇帝의 元狩 6년, 太倉의 곡식이 붉게 부패하여 먹을 수 없게 되었으며 나라 창고인 都內의 돈 꿰미가 썩어 셀 수가 없었습니다. 이에 옛날의 平城의 사건을 조사하고 冒頓(묵독) 이래 수차례의 변경 침략을 기록하여 이를 근거로 군사를 일으키고 넉넉한 국가재정을 바탕으로 이민족을 물리치고 복속시키려 하였습니다. 그리하여 서쪽의 여러 나라와 통교하며 安息國에 이르렀고, 동쪽으로는 碣石山(갈석산)을 넘어 玄菟(현토)와 樂浪郡(낙랑군)을 설치하였고, 북쪽으로는 흉노를 1만 리나 쫓아버리고 군영과 보루를 만들었으며 南海郡 일대를 제압하고 8개 군을 설치했습니다. 그러면서 수만의 獄事를 판결하고 백성에게서 賦稅 수백 만금을 징수하였으며 소금과 철과 술을 전매한 이익을 군사비용으로 전환하였지만 그래도 부족하였습니다. 이때에 외적 또한 자주 침입하였고 우리 군사도 자주 동원하니 아비는 앞서 전사하고 아들은 뒤에 전투하다가 부상을 당했으며, 부녀자는 감시 망루에 올라가야 했고 고아는 길에서 울부짖고 노모와 과부는 눈물을 삼키며 마을에서 통곡하고 먼 곳을 향해 虛祭(허제)를 올리며 만 리 밖의 혼이라도 불러오려 했습니다. 淮南王이 虎符(호부)를 몰래 위조하고 은밀히 재주꾼들을 불러 모았으며 關東의 公孫勇(공손용) 등이 거짓 사자 행세를 했던 것, 이 모두가 영역을 무한히 넓히려 욕심내고 원정을 멈추지 않았기에 일어난 일이었습니다.」

「今天下獨有關東, 關東大者獨有齊,楚, 民衆久困, 連年
流離, 離其城郭, 相枕席於道路. 人情莫親父母, 莫樂夫婦,
至嫁妻賣子, 法不能禁, 義不能止, 此社稷之憂也. 今陛下
不忍悁悁之忿, 欲驅士衆擠之大海之中, 快心幽冥之地, 非
所以救助饑饉, 保全元元也.《詩》云'蠢爾蠻荊, 大邦爲
仇.'言聖人起則後服, 中國衰則先畔. 動爲國家難, 自古而
患之久矣, 何況乃復其南方萬里之蠻乎! 駱越之人父子同川
而浴, 相習以鼻飲, 與禽獸無異, 本不足郡縣置也. 顓顓獨
居一海之中, 霧露氣濕, 多毒草虫蛇水土之害, 人未見虜, 戰
士自死. 又非獨珠厓有珠犀瑇瑁也, 棄之不足惜, 不擊不損
威. 其民譬猶魚鼈, 何足貪也!」

| 註釋 | ○悁悁之忿 – 참을 수 없는 분노. 悁悁은 화나는 모양. 悁 성낼
연. 조급할 견. ○擠 – 밀어낼 제. ○饑饉 – 굶주림. 饑 굶주릴 기. 饉 흉년
들 근. ○元元 – 나라의 근본인 백성. ○《詩》云 –《詩經 小雅 采芑(채기)》.
○蠢爾(준이) – 꿈틀거리다. ○駱越(낙월) – 越族의 한 갈래. ○顓顓(전전)
– 무지몽매한 모양. ○珠犀(주서) – 진주와 무소 뿔. 犀 무소(물소) 서. ○瑇
瑁(대모) – 玳瑁(대모). 바다거북. 瑇는 바닷거북 대(玳와 同). ○魚鼈(어별)
– 물고기와 자라. 鼈 자라 별. 남생이.

〖國譯〗

「지금 천하의 관심은 오직 關東에 있으며 관동의 큰 나라는 齊와

楚인데, 민중은 오랫동안 곤궁하여 해마다 유민이 발생하여 고향 마을을 떠나 길에 서로 깔려 있습니다. 사람 사는 형편이 부모를 모실수 없고 부부가 같이 살지 못하며 심지어 아내와 자식을 팔지만 이를 법으로나 도의상 금지 시킬 수도 없으니 이는 나라의 우환거리입니다. 지금 폐하께서는 분노를 참지 못하시고 군사를 동원하여 蠻夷(만이)를 바다로 몰아내어 암흑의 땅에서 快心을 느끼려 하시는데 이는 기근을 구제하고 백성을 보존하는 길이 아닙니다. 《詩經》에 있는 '꿈틀거리는 荊州의 蠻夷는 중국의 원수일세.' 라고 하였으니, 이처럼 聖王이 나시면 늦게야 복속하지만 중국이 쇠약하면 먼저 배반합니다. 출병은 나라의 재난으로 오래된 우환이니 하물며 萬里 떨어진 남쪽 蠻夷의 땅을 수복하기는 얼마나 어렵겠습니까! 駱越(낙월)사람들은 父子가 하천에서 같이 목욕하며 서로 친숙하면 코로 마시니 금수와 다름이 없으며 본래 군현을 설치하기에는 부족한 땅입니다. 그들은 무지몽매하여 바다의 섬에 살며 안개와 이슬 때문에 축축하고 독초와 독충, 뱀, 습지의 병이 많아 병사들이 포로가 되지 않아도 저절로 죽어나갑니다. 또 오직 珠厓郡에서만 진주나 무소 뿔, 玳瑁(대모)가 나오는 것도 아니니 그 땅을 포기한다 하여 아깝지도 않으며 토벌을 않는다 하여 위엄이 손상되지 않습니다. 그들은 물고기나 자라와 같기에 욕심낼 땅은 아닙니다.」

原文

「臣竊以往者羌軍言之, 暴師曾未一年, 兵出不逾千里, 費四十餘萬萬, 大司農錢盡, 乃以少府禁錢續之. 夫一隅爲不善, 費尚如此, 況於勞師遠攻, 亡士毋功乎! 求之往古則不合, 施之當今又不便. 臣愚以爲非冠帶之國, 〈禹貢〉所及, 《春秋》所治, 皆可且無以爲. 願遂棄珠厓, 專用恤關東爲憂.」

| 註釋 |　○暴師 – 군사가 야영하다. 출정하다.　○萬萬 – 많은 수. 만의 만 배, 1억. 절대로. 결코.　○大司農錢盡 – 국고가 바닥나다. 大司農은 국가 재정을 담당하는 九卿의 하나.　○少府禁錢 – 황실 전용의 돈(재정). 少府는 황실 전용 재정 담당 기구. 禁錢은 少府 관할의 돈은 황실용이기에 다른 목적으로 쓸 수 없다.　○〈禹貢〉 –《書經 夏書》의 편명. 전국시대 초기에 쓰여진 地理書라 할 수 있다. 중국의 산맥, 하천, 물산, 토양, 교통 등을 언급하였다. ○無以爲 – 쓸모가 없다. 爲는 用.

〖 國譯 〗

「臣이 지난 해 羌(강) 땅에 보낸 군사로 말씀드리면, 출정 1년이 안 되어 비용이 40여 萬보다 훨씬 많았는데 국고가 바닥이 나서 少府의 禁錢으로 메웠습니다. 한쪽의 잘못된 일 때문에 비용이 이러한 데 하물며 군사를 보내는 遠地 정벌은 더 말할 수 없을 것이니 군사를 잃고 功도 없을 것입니다! 지난 일에 비추어 보면 비합리적이고 지금 상황으로 판단해도 이로울 것이 없습니다. 臣의 우매한 생각이 지만 문명국의 일로 〈禹貢〉에서 언급하고 《春秋》에서 다루지 않았다면 모두가 할만한 일이 아닐 것입니다. 珠厓郡(주애군) 반란 진압을 포기하시고 關東의 우환을 구제하는 일에 힘을 쏟아주시길 바랍니다.」

對奏, 上以問丞相御史. 御史大夫陳萬年以爲當擊, 丞相
于定國以爲, "前日興兵擊之連年, 護軍都尉, 校尉及丞凡十
一人, 還者二人, 卒士及轉輸死者萬人以上, 費用三萬萬餘,
尙未能盡降. 今關東困乏, 民難搖動, 捐之議是." 上乃從之.
遂下詔曰, "珠厓虜殺吏民, 背畔爲逆, 今廷議者或言可擊,
或言可守, 或欲棄之, 其指各殊. 朕日夜惟思議者之言, 羞
威不行, 則欲誅之, 孤疑辟難, 則守屯田, 通於時變, 則憂萬
民. 夫萬民之饑餓, 與遠蠻之不討, 危孰大焉? 且宗廟之祭,
凶年不備, 況乎辟不嫌之辱哉! 今關東大困, 倉庫空虛, 無
以相贍, 又以動兵, 非特勞民, 凶年隋之. 其罷珠厓郡. 民有
慕義欲內屬, 便處之, 不欲, 勿彊." 珠厓由是罷.

| 註釋 | ○陳萬年(? - 前 44) - 郡史 출신으로 어사대부까지 승진. 66권,
〈公孫劉田王楊蔡陳鄭傳年〉에 입전. ○于定國(우정국) - 71권, 〈雋疏于薛平
彭傳〉에 입전. ○不嫌之辱 - 크게 부끄럽지 않은 굴욕. 辟은 避와 通. ○珠
厓由是罷 - 이때가 원제 初元 3년(前 46)이었다.

[國譯]

대책이 상주되자 元帝는 이에 대한 승상과 어사의 의견을 물었
다. 御史大夫 陳萬年은 응당 공격해야 한다고 생각했으나 丞相 于定
國(우정국)은 "과거에 군사를 내어 매년 토벌하였지만 校尉나 軍丞
11명 중 돌아온 자가 2명뿐이었고 사졸 및 운반하다가 죽은 자가 1

만 명 이상이었으며 비용이 3만금보다 훨씬 많았으나 그들을 굴복시키지 못했습니다. 지금 關東이 궁핍하여 백성을 동원하기가 어려우니 가연지의 건의가 옳습니다."라고 말했다.

원제는 승상의 의견에 따랐고 조서를 내렸다.

"珠厓郡(주애군)에서 관리와 백성을 죽이고 배반하는 반역에 대하여 조정에서 논의하였는데 토벌을 주장하거나 또는 수비를 하자고 하며 포기하자는 등 의논이 각각 달랐다. 짐은 이에 밤낮으로 여러 의견을 심사숙고하였는데 토벌하지 않으면 권위가 안 서겠으나 토벌한다 하여도 어려움을 피할 수 없으며 둔전을 하면서 상황의 변화를 기다린다 하여도 백성들을 힘들게 할 것이다. 지금 만 백성이 기아에 고생하는데 먼 곳 蠻夷(만이)를 토벌하는 것 중에 어느 것이 더 급하겠는가? 게다가 종묘의 제사까지도 흉년이라 제대로 갖추지 못하는데 하물며 불가피한 굴욕 정도야 견뎌야 할 것이로다! 지금 관동지방이 큰 난관에 처했지만 나라 창고가 비었기에 충분히 구제하지도 못하는데 군사를 동원하는 것은 백성을 힘들게 할 뿐만 아니라 흉년을 불러올 수도 있을 것이다. 이에 주애군을 폐지하노라. 그곳 백성들 중에 義를 지켜 우리에게 투항하는 자는 즉시 받아들일 것이나 원하지 않는 자를 강요하지는 않겠노라."

주애군은 이에 폐지되었다.

原文

捐之數召見, 言多納用. 時, 中書令石顯用事, 捐之數短顯, 以故不得官, 後稀復見. 而長安令楊興新以材能得幸,與捐之相善. 捐之欲得召見, 謂興曰, "京兆尹缺, 使我得見, 言君蘭, 京兆尹可立得." 興曰, "縣官嘗言興瘉薛大夫, 我易助也. 君房下筆, 言語妙天下, 使君房爲尙書令, 勝五鹿充宗遠甚." 捐之曰, "令我得代充宗, 君蘭爲京兆. 京兆, 郡國首, 尙書, 百官本, 天下眞大治, 士則不隔矣. 捐之前言平恩侯可爲將軍, 期思侯幷可爲諸曹, 皆如言, 又薦謁者滿宣, 立爲冀州刺史, 言中謁者不宜受事, 宦者不宜入宗廟, 立止. 相薦之信, 不當如是乎!" 興曰, "我復見, 言君房也." 捐之復短石顯. 興曰, "顯鼎貴, 上信用之. 今欲進, 弟從我計, 且與合意, 卽得人矣."

| 註釋 | ○中書令 石顯(석현, ? - 前 33) - 字 君房, 환관. 元帝가 聲色에 탐닉하며 정사에 소홀하자 석현이 권력을 잡고 휘둘렀다. 93권, 〈佞幸傳〉에 立傳. ○君蘭(군란) - 楊興의 字. ○縣官 - 황제. 국가. 신하들이 대화중 황제를 지칭할 때 縣官이라 하였다. ○瘉薛大夫 - 瘉는 병 나을 유(癒와 同). 薛大夫는 어사대부 薛廣德(설광덕). ○五鹿充宗 - 五鹿은 복성. ○諸曹(제조) - 여러 부서 또는 가관의 칭호로 左曹나 右曹를 지칭. 左曹나 右曹를 左右曹라고 합칭하기도 한다. ○中謁者(중알자) - 알자는 외빈 접대를 담당하는 관직인데 궁중에 이를 둔 것은 문상이나 문병해야 할 경우에 알자를 보냈다. 관직에 '中'이 붙는 것은 환관을 의미한다. 여기서 중알자는 환관을 의미한다. ○不當如是乎 - 내가 천거하면 당신이 경조윤이 될 수 있다는 말. ○弟從我計 - 弟는 일단. 다만, 또한.

[國譯]

賈捐之(가연지)는 자주 불려가 황제를 알현하였고 의견도 많이 받
아들여졌다. 그 무렵 中書令 石顯이 권력을 쥐고 있었는데 가연지는
석현을 자주 비난하였기에 관직을 받지 못했으며 점차 황제 알현도
드물게 되었다. 그때 長安令인 楊興(양홍)은 재능이 있어 새로 황제
의 신임을 받고 있었는데 가연지와 친했다. 가연지는 황제를 알현하
고 싶었기에 양홍에게 말했다.

"지금 京兆尹이 결원인데 내가 황제를 알현할 수 있게 해준다면
당신(君蘭, 양홍)을 천거하여 곧 경조윤이 될 수 있을 것이요."

그러자 양홍이 말했다. "황제께서 전에 저에게 어사대부 薛廣德
의 병이 나으면 내가 도와야 한다고 말했습니다. 君房(石顯)이 글을
지으면 그 문사가 천하에 뛰어나기에 君房을 상서령에 임명했던 것
이니 五鹿充宗(오록충종)보다 훨씬 뛰어났습니다."

이에 가연지가 말했다. "내가 오록충종을 대신하면 당신(君蘭, 양
홍)은 경조윤이 될 것이요. 京兆(도성)은 郡國의 제일이고 尙書는 백
관 중에 으뜸이니 천하가 잘 다스려질 것이며 문사들은 배척되지 않
을 것입니다. 지난번에 내가 平恩侯 許嘉(허가)가 장군이 되어야 하
고 期思侯 賁赫(비혁)이 左曹나 右曹가 되어야 한다고 상주하여 모
두 말대로 되었으며, 또 謁者(알자)인 滿宣(만선)을 천거하여 冀州刺
史(기주자사)가 되었으며, 中謁者는 직무를 담당할 수 없으며 宦者는
宗廟에 들어갈 수 없다 하여 곧 중지되었습니다. 내가 천거한 사실
이 이러하니 앞으로도 그렇지 않겠는가!" 그러자 양홍이 말했다.

"내가 다음에 궁에 들어가면 君房(石顯)에게 말해볼 것이요." 그
러자 가연지는 다시 석현를 비난하였다. 이에 양홍이 말했다. "석현

은 지금 貴人이고 폐하께서도 신임하고 계십니다. 당신이 승진하고
싶다면 일단 제 계책을 따라야 하며 그와 뜻이 맞으면 자리를 얻을
것입니다."

原文

捐之卽與興共爲薦顯奏, 曰, "竊見石顯本山東名族, 有禮
義之家也. 持正六年, 未嘗有過, 明習於事, 敏而疾見, 出公
門, 入私門. 宜賜爵關內侯, 引其兄弟以爲諸曹." 又共爲薦
興奏, 曰, "竊見長安令興, 幸得以知名數召見. 興事父母有
曾氏之孝, 事師有顔,閔之材, 榮名聞於四方. 明詔擧茂材,
列侯以爲首. 爲長安令, 吏民敬鄕, 道路皆稱能. 觀其下筆
屬文, 則董仲舒, 進談動辭, 則東方生, 置之爭臣, 則汲直,
用之介冑, 則冠軍侯, 施之治民, 則趙廣漢, 抱公絶私, 則尹
翁歸. 興兼此六人而有之, 守道堅固, 執義不回, 臨大節而
不可奪, 國之良臣也, 可試守京兆尹."

| 註釋 | ○持正 - 정사를 담당하다. 正은 政也. ○出公門, 入私門 - 생활
이 성실하다. ○東方生 - 東方朔. ○汲直 - 급암은 매우 강직하였기에 汲
直이라 하였다. 급암은 50권, 〈汲鄭傳〉에 입전. ○冠軍侯 - 霍去病. ○趙廣
漢, 尹翁歸(윤옹귀) - 46권, 〈趙尹韓張兩王傳〉에 입전.

가연지는 즉시 楊興과 함께 石顯을 천거하는 글을 올렸다.

"저희가 볼 때 석현은 본래 山東의 名族으로 禮義가 있는 가문입니다. 정무를 담당하기 6년에 과오가 없고 업무에 능숙하며 민첩하면서도 빠르고 생활이 성실합니다. 그러하기에 응당 關內侯의 작위를 하사하고 그 형제를 여러 부서에 임명해야 합니다."

가연지는 또 다른 사람과 함께 양흥을 천거하였다. "삼가, 長安令 양흥은 명성이 있어 자주 폐하를 알현하는 사람입니다. 양흥은 부모를 섬김에 曾子와 같은 효행을 하고 스승을 섬기기에는 顔回와 閔子騫(민자건)과 같은 재능이 있어 영광스런 명성이 사방에 알려졌습니다. 聖明하신 조서에 의거 茂才(무재)로 맨 앞에 천거되었습니다. 長安令이 되어 관리와 백성의 존경을 받으며 유능하다는 칭송이 거리에 가득합니다. 그의 글 짓는 솜씨는 董仲舒(동중서)와 같고, 말을 잘하기로는 東方朔이며 바른 말을 하는 신하로서는 汲黯(급암)처럼 곧고 강직하며, 武將으로 말하자면 冠軍侯(霍去病)와 비슷하고 백성을 잘 다스리기로는 趙廣漢과 같으며 公事에 私利를 배척하기는 尹翁歸와 같습니다. 양흥은 이렇듯 6인의 장점을 다 갖추고 있으면서 원칙을 굳게 지키며 의리를 지켜 私利를 돌보지 않고 굳은 지조를 빼앗을 수도 없는 나라의 良臣이니 京兆尹을 시켜도 좋을 것입니다."

石顯聞知, 白之上. 乃下興,捐之獄, 令皇后父陽平侯禁與顯共雜治, 奏"興,捐之懷詐僞, 以上語相風, 更相薦譽, 欲得大位, 漏泄省中語, 罔上不道. 《書》曰, '讒說殄行, 震驚朕師.' 〈王制〉, '順非而澤, 不聽而誅.' 請論如法."

捐之竟坐棄市. 興減死罪一等, 髡鉗爲城旦. 成帝時, 至部刺史.

| 註釋 | ○皇后父陽平侯禁 − 元帝의 皇后로 成帝의 생모인 皇后 王政君의 친정아버지. 王禁(? − 前 42). ○省中 − 宮闕. 조정. ○罔上不道 − 皇上을 속이려는 대역무도한 짓. 罔은 속이다(欺騙). 《書》曰 − 《書經 虞書 舜典》. ○讒說殄行 − 참소하는 말이 군자의 행실을 죽이다. 殄 다할 진. 끊다. 죽다. 滅絶시키다. ○震驚朕師 − 짐의 백성들을 놀라게 하다. 師는 大衆. 衆人. ○〈王制〉 − 《禮記》의 편명. ○部刺史 − 13부의 刺史. 자사는 소속 군현을 감사하는 임무 담당. 13部는 무제 때 처음 설치. 자사의 秩은 六百石. 太守보다 매우 낮은 직위였지만 감찰의 권한이 있었다.

〔國譯〕

石顯이 이를 듣고서는 元帝에게 말했다. 곧 양홍과 가연지를 하옥시켰고 황후의 부친 陽平侯 王禁은 석현과 함께 두 사람을 심문한 뒤에 상주하였다.

"양홍과 가연지는 거짓된 마음을 가지고서 서로 마음이 통하여 서로를 천거하여 높은 자리를 얻고자 하였으며 조정의 일을 누설하며 황상을 속이려는 대역무도한 짓을 하였습니다. 《書經》에도 '참소하는 말이 군자를 죽이고 京師의 백성들을 놀라게 한다.'고 하였으며, 《禮記 王制》에도 '非理를 따라 윤택해졌다면 듣지 않고 주살한다.'고 하였으니 법대로 처리하여야 할 것입니다."

賈捐之는 결국 법에 의거 棄市(기시)되었다. 楊興은 사형에서 1등급을 감형하여 머리를 깎고 칼을 쓰고 축성하는 노역을 하였다. 成帝 때 部刺史가 되었다.

原文

贊曰,《詩》稱 '戎狄是膺, 荊舒是懲.' 久矣其爲諸夏患也. 漢興, 征伐胡越, 於是爲盛. 究觀淮南,捐之,主父,嚴安之義, 深切着明, 故備論其語. 世稱公孫弘排主父, 張湯陷嚴助, 石顯譖捐之, 察其行迹, 主父求欲鼎亨而得族, 嚴,賈出入禁門招權利, 死皆其所也, 亦何排陷之恨哉!

| 註釋 | ◦《詩》稱 −《詩經 魯頌 閟宮(비궁)》. ◦戎狄是膺 − 戎狄(융적)은 북방 이민족. 膺은 막아내다(抵當). 정벌하다. 膺 가슴 응. ◦荊舒是懲 − 荊舒(형서)는 춘추시대 荊州에 있던 舒라는 나라. 지금의 安徽省 舒城縣에 해당. 懲 징벌하다. 懲 혼낼 징. ◦諸夏 − 여러 제후국. 곧 중국.

〔 國譯 〕

班固의 論贊 :《詩經》에 이르기를 '戎狄(융적)을 막아내고 荊舒(형서)를 징벌하다.'라고 하였으니 (변방은) 중국의 오래된 우환거리였다. 漢은 건국 이후 흉노와 越人을 정복하며 번성하였다. 淮南王이나 賈捐之(가연지), 主父偃(주보언), 嚴安(엄안)의 주장을 끝까지 살펴본다면 그 뜻이 명확하기에 그 글을 수록하였다. 세상 사람들은 公孫弘이 주보언을 배척하였고, 張湯(장탕)이 嚴助(엄조)를 모함하였으

며, 石顯이 가연지를 참소하였다고 하지만 그 행적을 살펴본다면 주
보언은 큰 富를 추구하다가 멸족되었고, 엄조와 가연지는 궁궐에 출
입하면서 권세를 잡으려 했으니 처형될만 하였는데 어찌 배척당하
고 모함 받았다고 한탄하겠는가!"

65 東方朔傳
〔동방삭전〕

原文

東方朔字曼倩, 平原厭次人也. 武帝初卽位, 徵天下擧方
正賢良文學材力之士, 待以不次之位. 四方士多上書言得
失, 自衒鬻者以千數, 其不足采者輒報聞罷. 朔初來, 上書
曰, “臣朔少失父母, 長養兄嫂. 年十三學書, 三冬文史足用.
十五學擊劍. 十六學《詩》,《書》, 誦二十二萬言. 十九學孫,
吳兵法, 戰陣之具, 鉦鼓之敎, 亦誦二十二萬言, 凡臣朔固已
誦四十四萬言. 又常服子路之言. 臣朔年二十二, 長九尺三
寸, 目若懸珠, 齒若編貝, 勇若孟賁, 捷若慶忌, 廉若鮑叔,
信若尾生. 若此, 可以爲天子大臣矣. 臣朔昧死再拜以聞.”

朔文辭不遜, 高自稱譽, 上偉之, 令待詔公車, 奉祿薄, 未
得省見.

| 註釋 | ○東方朔(동방삭, 前 154 - 93) - 東方은 복성. 고위 관리, 辭賦 作家.《史記 滑稽列傳》에 수록. ○平原 - 郡名. 치소는 今 山東省 德州市 관할의 平原縣. ○厭次(염차) - 縣名. 今 山東省 德州市 陵縣. ○衒鬻(현육) - 자랑하며 내세우다. 衒 팔 현. 스스로 자랑하여 내보이다. 鬻 팔 육. ○三冬 - 3년. ○鉦鼓(정고) - 鉦을 울려 퇴각하고 鼓를 쳐서 진격하다. ○子路之言 - 子路는 공자의 제자. 또한 효자였다. ○長九尺 - 漢代의 1척은 약 23cm이었다. ○孟賁(맹분) - 고대의 勇士. ○慶忌(경기) - 화살을 피할 정도로 민첩했다는 춘추시대 吳의 왕자. ○鮑叔(포숙) - 管仲(관중)의 友人 ○尾生(미생) -《孟子》에 나오는 가공 인물. ○偉之 - 기이하다고 생각하다. ○待詔公車 - 관직명. 待詔는 황제의 명령을 대기한다는 뜻. 公車는 관서 이름. 衛尉의 속관인 公車司馬令의 근무처. 궁중 司馬門을 경비하면서 황제의 부름을 받아 대기하거나 상서하려는 吏民을 접대하는 직책. 동방삭은 관리의 신분을 얻었지만 구체적인 직함이나 할 일이 없었다.

〔國譯〕

東方朔의 字는 曼倩(만천)이고, 平原郡 厭次縣 사람이다. 무제는 즉위하면서 천하에 方正, 賢良, 文學, 材力의 인재를 구하면서 일반적인 절차에 구애받지 말고 천거하라고 하였다. 이에 四方의 士人들이 상서하여 정치의 득실을 논하면서 스스로 재학을 자랑하는 자가 수천 명이었고 그중 채용이 불가한 자는 상서가 들어오자마자 바로 돌려보냈다.

동방삭이 장안에 와서 상서하였다. "臣 동방삭은 어려서 부모를 잃고 형수의 손에 컸습니다. 13살에 학문을 시작하여 3년 뒤에는 文史에 두루 통했습니다. 15세에 검술을 익혔고 16세에《詩經》과《書經》등 22만 자를 암송하였습니다. 19세에 孫吳의 병법을 익혀 戰

陣의 방법과 전진과 후퇴의 방법 등 역시 22만 자를 외웠기에 臣 동방삭은 모두 44만 자를 외우고 있습니다. 그리고 늘 子路의 말씀을 따르고 있습니다. 臣 동박삭은 22세이며, 신장은 9자3치이며 눈은 구슬을 매단 듯하고 치아는 조개처럼 가지런하며 孟賁(맹분)처럼 용감하고 慶忌(경기)처럼 민첩하며 鮑叔(포숙)처럼 염치를 알고 尾生(미생)처럼 신의를 지키는 사람이기에 저는 천자의 大臣이 되어야 합니다. 臣 동방삭은 죽음을 무릅쓰고 재배하며 아룁니다."

동방삭의 글은 오만불손하며 한껏 자신을 칭찬했는데도 무제는 특별하다고 생각하여 待詔公車에 임명하였으나 봉록은 박했고 천자를 알현하지도 못했다.

原文

久之, 朔紿騶朱儒, 曰, "上以若曹無益於縣官, 耕田力作固不及人, 臨衆處官不能治民, 從軍擊虜不任兵事, 無益於國用, 徒索衣食, 今欲盡殺若曹." 朱儒大恐, 啼泣. 朔敎曰, "上卽過, 叩頭請罪." 居有頃, 聞上過, 朱儒皆號泣頓首. 上問, "何爲?" 對曰, "東方朔言上欲盡誅臣等." 上知朔多端, 召問朔, "何恐朱儒爲?" 對曰, "臣朔生亦言, 死亦言. 朱儒長三尺餘, 奉一囊粟, 錢二百四十. 臣朔長九尺餘, 亦奉一囊粟, 錢二百四十. 朱儒飽欲死, 臣朔饑欲死. 臣言可用, 幸異其禮, 不可用, 罷之, 無令但索長安米." 上大笑, 因使待詔金馬門, 稍得親近.

| 註釋 | ○紿騶朱儒 – 紿 속일 태. 騶 말먹이는 사람 추. 朱儒는 난쟁이. 侏儒와 同. ○若曹(약조) – 너희들. 曹는 무리. ○縣官 – 황제. ○徒索衣食 – 다만 衣食만을 축내다. 索은 소모하다. ○多端 – 할 일이 많다. 여기서는 奸計가 많다. 생각(點子). ○一囊 – 한 자루. 囊 주머니 낭. 자루. ○待詔金馬門 – 待詔의 한 가지. 金馬門은 미앙궁의 북문.

[國譯]

얼마 후, 동방삭은 마구간 난쟁이들에게 거짓말을 하였다.

"주상께서 너희들은 나라에 아무 도움이 되지 않는다고 생각하시는데 농사를 지어도 다른 사람만큼 힘도 없고 벼슬을 시키려 해도 백성을 다스리지도 못하며 군사를 따라가 적과 싸울 때 군대 일도 못하니 나라에 쓸모가 없는데도 다만 의복이나 먹을 것만 축내기에 너희들을 다 죽이려 하신다."

난쟁이들은 크게 겁을 먹고 엉엉 울었다. 그러자 동방삭이 말했다.

"주상께서 지나가실 때 머리를 박으며 용서를 빌어라."

얼마 뒤 주상이 지나가신다는 말을 듣고 난쟁이들이 모두 울면서 머리를 조아렸다. 무제가 "무슨 일이냐?"고 묻자, 대답하기를 "동방삭의 말에 폐하께서 우리를 다 죽이려 하신다고 말했습니다." 무제는 동방삭이 잔꾀가 많다는 것을 생각하면서 동방삭을 불러 물었다. "왜 난쟁이들을 겁주었는가?" 그러자 동방삭이 대답했다.

"臣 동방삭은 살아서도 말하지만 죽어도 말을 할 것입니다. 난쟁이 키는 3자 남짓인데 봉록은 곡식 한 자루 돈으로 240전입니다. 저는 키가 9자가 넘는데도 봉록은 곡식 한 자루 돈 240전입니다. 난쟁이는 배가 터져 죽을 지경이고 저는 굶어 죽을 지경입니다. 저의 말을 채용할만하다 생각하시면 대우를 달리해 주시고 등용 안하시려면 돌아가게 하여 장안의 곡식이나 축내지 않게 해 주십시오."

무제는 크게 웃으면서 待詔金馬門에 임명하고 점차 가까이했다.

原文

上嘗使諸數家射覆, 置守宮盂下, 射之, 皆不能中. 朔自讚曰, "臣嘗受《易》, 請射之." 乃別著布卦而對曰, "臣以爲龍又無角, 謂之爲蛇又有足, 跂跂脈脈善緣壁, 是非守宮卽蜥蜴." 上曰, "善." 賜帛十匹. 復使射他物, 連中, 輒賜帛.

| 註釋 | ○數家 - 술수가. 方士. ○射覆(석부) - 물건을 그릇으로 덮고서 맞추는 놀이. 射 맞힐 석. 쏠 사. 벼슬 이름 야. 覆 덮을 부. 뒤집힐 복. ○守宮 - 도마뱀. 속칭 壁虎(벽호). ○著 - 시초 시. 점칠 때 쓰는 막대. ○跂跂脈脈 - 跂跂는 기어가는 모양. 跂 육발이 기. 脈脈(맥맥)은 응시하는 모양. ○蜥蜴(석척) - 도마뱀. 蜥 도마뱀 석. 蜴 도마뱀 척.

[國譯]

언젠가 무제는 여러 術士들을 불러 알아맞히기 놀이를 하면서 그릇으로 도마뱀을 덮어놓고 맞추게 하였으나 맞추는 사람이 없었다. 동방삭이 자기 자랑을 하며 말했다. "제가 일찍이 주역을 공부했으니 한 번 맞혀보겠습니다." 동방삭은 이어 시초를 뽑아 늘어놓으며 괘를 만들면서 대답했다. "제 생각으로는 龍이지만 뿔이 없고 뱀이라고 할 수 있으나 다리가 있으며 잘 기어 다니고 응시하며 벽을 잘 타니 아마 守宮, 곧 도마뱀 같습니다." 무제는 "맞다" 하면서 비단 10필을 하사하였다. 다시 다른 물건을 맞히게 하였더니 연이어 맞혔고 그때마다 비단을 하사하였다.

原文

時, 有幸倡郭舍人, 滑稽不窮, 常侍左右, 曰, "朔狂, 幸中耳, 非至數也. 臣願令朔復射, 朔中之, 臣榜百, 不能中, 臣賜帛." 乃覆樹上寄生, 令朔射之. 朔曰, "是窶藪也." 舍人曰, "果知朔不能中也." 朔曰, "生肉爲膾, 乾肉爲脯, 著樹爲寄生, 盆下爲窶藪." 上令倡監榜舍人, 舍人不勝痛, 呼謈. 朔笑之曰, "咄! 口無毛, 聲謷謷, 尻益高." 舍人恚曰, "朔擅詆欺天子從官, 當棄市." 上問朔, "何故詆之?" 對曰, "臣非敢詆之, 乃與爲隱耳." 上曰, "隱云何?" 朔曰, "夫口無毛者, 狗竇也, 聲謷謷者, 鳥哺鷇也, 尻益高者, 鶴俯啄也." 舍人不服, 因曰, "臣願復問朔隱語, 不知, 亦當榜." 卽妄爲諧語曰, "令壺齟, 老柏塗, 伊優亞, 狋吽牙. 何謂也?" 朔曰, "令者, 命也. 壺者, 所以盛也. 齟者, 齒不正也. 老者, 人所敬也. 柏者, 鬼之廷也. 塗者, 漸洳徑也. 伊優亞者, 辭未定也. 狋吽牙者, 兩犬爭也." 舍人所問, 朔應聲輒對, 變詐鋒出, 莫能窮者, 左右大驚. 上以朔爲常侍郎, 遂得愛幸.

| 註釋 | ○幸倡郭舍人 - 총애하는 광대 郭사인. 倡은 歌舞를 공연하는 사람. 舍人은 측근. 관직으로서 舍人은 잡일을 담당하는 屬官. ⓔ 太子舍人.
○滑稽(골계) - 익살. 본래는 말을 교묘하게 꾸며대어 남의 판단을 흐리게 하는 것. 滑 어지러울 골. 미끄러울 활. 稽 헤아릴 계. ○至數 - 高妙한 재능.
○窶藪(구수) - 똬리(또아리). 머리에 물건을 이고 갈 때 머리 위에 올려놓는다. 窶 가난할 구. 작다. 藪 덤불 수. ○呼謇(호건) - 謇은 말을 더듬거릴 건. ○咄 - 꾸짖을 돌. 쯧쯧! ○謷謷(오오) - 엉엉 우는 소리. 謷 헐뜯을 오. ○恚 - 성낼 에. ○詆 - 꾸짖을 저. 욕을 하다. ○爲隱耳 - 隱은 隱語. 수수께끼(啞謎). ○令壺齟 - 호리병이 맞지 않게 하고. 壺 병 호. 곽사인은 투호를 잘해서 武帝의 눈에 뛰었다. 齟 어긋날 저. ○老柏塗 - 늙은이, 잣나무, 진흙탕 길. ○伊優亞 - 입에서 나오는 대로 지껄인 말. ○㹡吘牙 - 개가 서로 싸우다. 㹡 으르렁거릴 의. 吘 물어뜯을 우. 牙 어금니 아.

〔國譯〕

그 무렵, 총애를 받는 광대 郭舍人(곽사인)이란 사람은 익살이 많아 늘 무제 곁에서 시중을 들으면서 말했다. "동방삭은 허풍이 세고 요행수로 맞출 뿐이지 재주가 뛰어난 사람은 아닙니다. 동방삭에게 다시 맞히기를 시켜서 동방삭이 맞추면 제가 매를 백 대 맞겠지만 그가 못 맞춘다면 저에게 비단을 내려주시기 바랍니다."

이에 나무에 기생하는 풀을 덮어놓고 동방삭에게 맞추게 하였다. 이에 동방삭은 "이것은 똬리입니다."라고 말했다. 그러자 곽사인은 "동방삭이 맞추지 못할 줄 알았습니다." 그러자 동방삭이 말했다. "날고기는 膾(회)라 하고, 말린 고기는 脯(포)라고 하는 것처럼 이것이 나무 위에서는 더부살이 풀이지만 그릇 아래에 있으니 이것은 똬리입니다."

무제는 광대 감독에게 곽사인을 매질하게 하였다. 사인은 아픔을 견디지 못하고 부르짖었다. 동방삭이 그를 보며 말했다. "체! 엉엉 울면 궁둥이가 살찐다." 곽사인이 화가 나서 말했다. "동방삭은 제 멋대로 천자의 시종관을 골렸으니 棄市(기시)에 처해야 합니다." 이에 무제가 동방삭에게 물었다. "무엇 때문에 욕을 했는가?" "臣이 감히 욕을 한 것이 아니고 수수께끼를 말했습니다." "무슨 수수께끼 인가?" "입에 수염이 없는 것은 개구멍, 아아 하는 소리는 새 새끼가 입 벌리는 소리, 궁둥이가 더 커지는 것은 학이 구부린 채 먹이를 쪼는 것입니다." 곽사인은 지지 않으려고 이어 말했다. "제가 동방삭에게 수수께끼를 내어 알지 못하면 동방삭을 매질해야 합니다." 그리고서는 되지도 않는 말을 지껄였다. "투호 그릇이 어긋나게 하고, 늙어 묘지에 심은 잣나무, 진흙 탕. 伊優亞(이우아)하고 으르렁 거리고 물어뜯는다. 이것이 무엇입니까?" 이에 동방삭이 대답했다. "令은 명령. 壺(호)란 담는 것, 齟(어긋난 것)은 치아가 맞지 않는 것. 老는 존경받는 사람. 柏은 귀신들의 조정. 塗란 물에 젖은 지름길. 伊優亞는 말도 되지 않는 소리. 狋吽牙(의우아)는 개 두 마리가 싸우는 것." 사인이 묻는 말에 동방삭이 즉석에서 대답하자 별별 속임수를 다 내었으나 답변이 막히지 않자 좌우의 모든 사람이 크게 놀랐다.

무제는 동방삭을 常侍郎에 임명했고 총애하기 시작했다.

原文

久之, 伏日, 詔賜從官肉. 大官丞日晏下來, 朔獨拔劍割

肉, 謂其同官曰, "伏日當蚤歸, 請受賜." 卽懷肉去. 大官奏
之. 朔入, 上曰, "昨賜肉, 不待詔, 以劍割肉而去之, 何也?"
朔免冠謝. 上曰, "先生起, 自責也!" 朔再拜曰, "朔來! 朔
來! 受賜不待詔, 何無禮也! 拔劍割肉, 一何壯也! 割之不多,
又何廉也! 歸遺細君, 又何仁也!" 上笑曰, "使先生自責, 乃
反自譽!" 復賜酒一石, 肉百斤, 歸遺細君.

| 註釋 | ○伏日 − 복날. 三伏. ○大官丞 − 少府의 속관. 少府는 황실의
재정과 器物과 살림을 담당하는 부서. 대관승은 황제의 음식을 주관하는 관
리. 太官丞과 同. ○細君 − 제후의 처. 남의 아내, 또는 자신의 처. 여기서는
동방삭의 처 이름. 동방삭은 자신을 제후라 생각하면서 아내를 '細君(細는
小의 뜻)'이라 불렀다는 말이 있다. 동방삭은 젊은 여인을 일 년에 한 사람
씩 바꿔 거느렸는데 이 때문에 재산을 다 탕진했다는 일화도 있다.

〖 國譯 〗

　　얼마 후, 伏날에 수행 관원에게 고기를 하사하였다. 大官丞이 늦
게 나오자 동방삭은 혼자 칼로 고기를 자르면서 동료들에게 말했다.
"伏日에는 당연히 일찍 돌아가야 하니 먼저 받아 갑니다."

　　그리고는 고기를 가지고 나갔다. 大官은 이를 무제에게 보고했다.

　　다음 날, 동방삭이 입시하자 주상이 말했다. "어제 고기를 하사했
지만 명을 기다리지 않고 칼로 잘라갔다는데 왜 그랬는가?"

　　동방삭은 관을 벗고 사죄하였다. 이에 주상이 말했다. "先生은 일
어나 自責하라!" 그러자 동방삭이 재배하며 말했다.

　　"동방삭아, 동방삭아! 명을 기다리지 않고 하사품을 받아갔으니

어찌 그리 무례한가! 칼을 뽑아 고기를 잘랐으니 장하지 않은가! 잘라도 많지 않았으니 이 또한 얼마나 청렴한가! 돌아가 아내에게 주었으니 이 얼마나 인자한 일인가!"

그러자 주상이 웃으며 말했다. "선생에게 자책하라 했더니 되레 제 칭찬을 하였네!"

그리고는 다시 술 한 섬과 고기 백 근을 하사하며 아내에게 주라고 하였다.

原文

初, 建元三年, 微行始出, 北至池陽, 西至黃山, 南獵長楊, 東遊宜春. 微行常用飮酎已. 八九月中, 與侍中,常侍,武騎, 及待詔,隴西,北地良家子能騎射者, 期諸殿門, 故有'期門'之號自此始. 微行以夜漏下十刻乃出, 常稱平陽侯. 旦明, 入山下馳射鹿豕狐菟, 手格熊羆, 馳騖禾稼稻粳之地. 民皆號呼罵詈, 相聚會, 自言鄠,杜令. 令往, 欲謁平陽侯, 諸騎欲擊鞭之. 令大怒, 使吏呵止, 獵者數騎見留, 乃示以乘輿物, 久之乃得去. 時夜出夕還, 後齎五日糧, 會朝長信宮, 上大歡樂之. 是後, 南山下乃知微行數出也, 然尙迫於太后, 未敢遠出. 丞相御史知指, 乃使右輔都尉徼循長楊以東, 右內史發小民共待會所. 後乃私置更衣, 從宣曲以南十二所, 中休更衣, 投宿諸宮, 長楊,五柞,倍陽,宣曲尤幸. 於是上以爲道遠勞苦, 又爲百姓所患, 乃使太中大夫吾丘壽王與待詔能

用算者二人, 擧籍阿城以南, 盩厔以東, 宜春以西, 提封頃
畝, 乃其賈直, 欲除以爲上林苑, 屬之南山. 又詔中尉,左右
內史表屬縣草田, 欲以償鄠杜之民. 吾丘壽王奏事, 上大說
稱善. 時朔在傍, 進諫曰,

| 註釋 | ○建元 三年 - 前 138년. ○微行 - 微服(평상복)으로 비밀 出行
하다. ○池陽, 黃山, 長楊, 宜春 - 모두 궁궐명. ○酎已 - 새로 익은 술을 종
묘에 바치다. 酎 진한 술 주. 술을 종묘에 바치다. ○武騎 - 武騎常侍. ○隴
西郡(농서군) - 치소는 狄道(縣, 今 甘肅省 定西市 臨洮縣). ○北地郡 - 치소는
馬嶺縣(今 甘肅省 동부의 慶陽市 서북). ○期門 - 天子의 호위군. ○平陽侯(평
양후) - 曹參(조참)의 증손인 曹壽. 景帝의 長女이며 武帝의 누나인 陽信公主
와 결혼하였다. ○熊羆(웅비) - 熊 곰 웅. 羆 큰 곰 비. ○禾稼稻粳之地 -
禾 벼 화. 稼 심을 가. 稻 벼 도. 粳 메 벼 갱. 밭 벼. ○罵詈(매리) - 욕을 하
다. 罵 욕할 매. 詈 욕할 리. 빗대어 욕하다. ○鄠,杜令 - 장안 근처 鄠縣(호
현)과 杜縣(두현)의 縣令. ○乘輿物 - 궁정에서 쓰는 수레나 물건. '乘輿'라
는 글자나 사용처(宮名)가 새겨져 있다. ○會朝長信宮 - 장신궁은 태후가
거처하는 황궁으로 무제는 5일마다 태후를 뵈어야했다. ○南山 - 秦嶺 산
맥 중 陝西省 중부의 終南山. 道敎의 발상지. '終南捷徑' 成語의 본 고향.
○右輔都尉 - 中都尉(후에 執金吾로 개명) 소속의 左右京輔都尉. ○徼循
(요순) - 巡邏(순라)하다. 徼 구할 요. 순찰하다. 循 쫓을 순. 따르다. ○右內
史 - 장안의 행정 책임자. 무제 太初 원년에 京兆尹으로 개명. ○中休更衣
- 중간에 휴식하고 용변을 보다. 更衣는 쉬다, 또는 용변을 보다. ○吾丘壽
王 - 34권, 〈嚴朱吾丘主父徐嚴終王賈傳〉(上)에 입전. ○擧籍 - 전부 조사
하여 기록하다. ○阿城(아성) - 秦 阿房宮 터. ○盩厔(주질) - 縣名. 今 陝
西省 西安市 관할의 周至縣. 盩 칠 주. 厔 막을 질. ○提封 - 합계를 내다.

○賈直－價値(가치)와 同. ○屬之南山－屬은 연결하다. ○鄠(호)－右扶風 관할의 縣名. 今 陜西省 戶縣. ○杜(두)－縣名. 장안 서쪽. 뒤에 杜陵縣으로 개칭.

[國譯]

그전에, 建元 3년 처음으로 微行(미행)을 하여 北으로는 池陽宮, 서쪽으로는 黃山宮까지, 남으로는 長楊宮에서 사냥을 했고, 東으로 宜春宮(의춘궁)까지 유람을 다녔다. 미행을 할 때는 늘 종묘에 바친 새 술을 마셨다. 8, 9월 중에는 侍中, 常侍, 武騎常侍 및 待詔(대조) 그리고 隴西郡(농서군)과 北地郡의 良家子弟로 騎射에 능한 자들과 늘 궁전의 문에서 만나기로 약속했는데 이때부터 '期門(천자의 호위군사)' 이라는 말이 생겼다.

微行(미행)은 밤 十刻이 지나 출발하였는데 늘 平陽侯의 사냥이라고 핑계를 대었다. 아침이 밝으면 산속을 달리며 사슴이나 멧돼지, 여우나 토끼를 쏘아잡고 곰을 손으로 때려잡기도 했는데 곡식이나 밭벼를 심은 농지를 마구 짓밟았다. 백성들은 모두 큰 소리를 욕을 하고 함께 모여 鄠縣(호현)과 杜縣(두현)의 현령에게 호소하였다. 현령이 가서 平陽侯를 만나려 하자 여러 기병들이 현령을 매질하려고 하였다. 현령은 대노하며 縣吏를 시켜 꾸짖고 못하게 하면서 사냥하던 기병 몇 사람을 억류하였는데 궁정에서 쓰는 수레와 기물을 보여주자 나중에 풀어주었다. 때로는 밤에 나갔다가 저녁에 들어오기도 했으며 나중에는 각자 5일치 양식을 준비해 나갔다가 長信宮에서 황후를 뵙기도 하였는데 무제는 이러한 사냥을 아주 좋아하였다. 이후에, 終南山 둘레에 사냥하기 좋은 곳을 알았으나 太后를 뵈어야 하기에 멀리 나가질 못했다. 승상과 어사는 무제의 그런 뜻을 알고 곧 右輔都尉로 하여금 長楊宮 동쪽까지 순시하게 하였고, 右內史는 백성들을 동원하여 會所에서 대기하게 하였다. 이후에는 휴식할 수 있는 곳을 임시로 설치하였는데 宣曲宮 남쪽에 12개소를 지어 중간에 휴식을 취하게 하였으며 여러 궁에 투숙했는데 그중에서도 長楊, 五柞(오작), 倍陽, 宣曲宮에 자주 투숙하였다. 이에 무제는 길이 멀어 고생이 많으며 백성들을 걱정하여 太中大夫인 吾丘壽王(오구수왕)과 계산에 밝은 待詔 2인을 시켜 옛 아방궁 남쪽으로부터 盩厔縣(주질현) 동쪽까지, 그리고 의춘궁의 서쪽까지 토지 면적을 장부에 올리고 그 값을 계산하게 하여 백성들을 내 보내고 上林苑을 종남산까지 확장하고자 하였다. 그리고 中尉와 左右內史에 명령하여 所屬한 縣의 미개간지를 鄠縣(호현)과 杜縣의 民田으로 보상해주게 하였다. 오구수왕이 업무를 상주하자 무제는 그게 기뻐하며 칭찬하였다. 이때 동방삭이 곁에 있다가 나아가 諫言을 올렸다.

原文

「臣聞謙遜靜愨, 天表之應, 應之以福, 驕溢靡麗, 天表之應, 應之以異. 今陛下累郎臺, 恐其不高也, 弋獵之處, 恐其不廣也. 如天不爲變, 則三輔之地盡可以爲苑, 何必盩厔, 鄠,杜乎! 奢侈越制, 天爲之變, 上林雖小, 臣尙以爲大也.」

| 註釋 | ○靜愨(정각) - 정성. 愨 삼갈 각. 정성. 순박하다. ○天表 - 하늘 멀리. 하늘의 뜻. ○驕溢靡麗(교일미려) - 교만과 사치. 溢 넘칠 일. 靡 화려

할 미. 사치하다. 쓰러지다. ○累郎臺 – 건물을 높이다. 累는 포개다. 높이
짓다. 郎은 廊. 행랑. 건물. ○弋獵 – 사냥. 弋 주살 익. 獵 사냥할 엽(렵).
○三輔之地 – 左右內史와 主爵中尉가 다스리는 장안과 그 부근 지역.(三輔
는 京兆尹과 左馮翊, 右扶風의 관할 지역).

[[國譯]]

「臣은 謙遜(겸손)과 정성에는 하늘의 뜻이 福으로 응답하고 교만
과 사치에는 하늘이 災異를 내려 응한다고 알고 있습니다. 지금 폐
하께서는 건물을 지으면서 높이 못 지을까 걱정하며 사냥터가 넓지
못한 것을 걱정하고 계십니다. 만약 하늘이 변하지 않는다면 三輔(삼
보)의 땅을 모두 사냥터로 만들어도 될 것이니 어찌 주질현과 호현,
두현에 한하겠습니까! 사치가 일정한 법도를 넘으면 하늘이 바뀔 수
있으며 상림원이 좁다고 하지만 저는 오히려 넓다고 생각합니다.」

[原文]

「夫南山, 天下之阻也, 南有江,淮, 北有河,渭, 其地從汧,
隴以東, 商,雒以西, 厥壤肥饒. 漢興, 去三河之地, 止霸,産
以西, 都涇,渭之南, 此所謂天下陸海之地, 秦之所以虜西戎
兼山東者也. 其山出玉石, 金,銀,銅,鐵, 豫章,檀,柘, 異類之
物, 不可勝原, 此百工所取給, 萬民所卬足也. 又有秔稻,梨
栗,桑麻,竹箭之饒, 土宜薑芋, 水多鼃魚, 貧者得以人給家
足, 無饑寒之憂. 故酆,鎬之間號爲土膏, 其賈畝一金. 今規

以爲苑, 絶陂池水澤之利, 而取民膏腴之地, 上乏國家之用,
下奪農桑之業, 棄成功, 就敗事, 損耗五穀, 是其不可一也.
且盛荊棘之林, 而長養麋鹿, 廣狐兔之苑, 大虎狼之虛, 又壞
人冢墓, 發人室廬, 令幼弱懷土而思, 耆老泣涕而悲, 是其不
可二也. 斥而營之, 垣而囿之, 騎馳東西, 車鶩南北, 又有深
溝大渠, 夫一日之樂, 不足以危無隄之輿, 是其不可三也.
故務苑囿之大, 不恤農時, 非所以强國富人也.」

|註釋| ○汧,隴(견,농) - 汧水(견수)와 隴山(농산). ○商,雒 - 商縣과 上
雒縣(상낙현), 今 陝西省 商洛市 商州縣 일대. ○三河之地 - 今 河南省 洛陽
市 일대. ○陸海之地 - 산물이 풍부한 지역. 高平한 땅을 陸이라 한다. 海는
바다(sea)의 뜻은 없고 광활한 지역을 의미한다. 육지 속의 큰 호수도 모두
海라 한다. ○豫章 - 녹나무. 柘는 산뽕나무 자. ○秔稻(갱도) - 논에 벼를
심지만 우리나라에도 밭에 심는 벼가 있다. 秔 메 벼 갱. 稻 벼 도. ○薑芋
(강우) - 薑 생강 강. 芋 토란 우. ○鼃魚 - 물고기 류. 鼃 개구리 와. 두꺼
비. ○酆(풍), 鎬(호) - 酆은 今 陝西省 西安市 서남의 戶縣. 鎬는 옛 西周의
도읍. 西安市 인근. ○荊棘(형극) - 가시나무. 방치된 땅. ○垣而囿之 - 垣
담 원. 담으로 둘러치다. 囿 동산 유. 놀이터로 꾸미다. ○無隄之輿 - 끝이
없는 부귀. 불의의 事故를 생각해야 한다는 뜻.

〖國譯〗

「南山은 천하의 요새이니 남으로는 江江과 淮水가 있고, 북으로
는 황화와 渭水가 흐르는데 그 땅은 汧水(견수)와 隴山(농산)의 동쪽
이며 商縣과 上雒縣(상낙현)의 서쪽으로 비옥한 땅입니다. 漢이 건국

되어 三河之地(낙양 일대)를 버리고 霸水(패수)와 産水(산수)의 서쪽에 머물며 涇水(경수)와 渭水(위수)의 남쪽에 도읍한 것은 바로 이곳이 천하에 제일가는 평원으로 秦이 西戎(서융) 제압하고 山東 지역을 겸병할 수 있는 땅이기 때문이었습니다. 그 산에서는 玉石과 金, 銀, 銅, 鐵과 豫章木, 檀木, 柘木의 목재와 여러 가지 산물이 나오는데 그 수를 다 셀 수가 없으며 百工은 이런 물산으로 만민이 필요로 하는 물건을 공급해 줍니다. 또 배와 밤, 뽕나무와 삼(麻), 竹箭(죽전)을 공급해주며, 땅에서는 생강과 토란이, 물에서는 물고기가 많이 있어 가난한 백성들을 먹여 살리기에 춥고 배고픔을 없앨 수 있습니다. 이러하기에 酆(풍)鎬(호) 지역은 땅이 기름져서 그 값이 1畝(무)에 1金이라고 하였습니다. 지금 이곳을 다 苑囿(원유)로 만든다면 땅과 물과 하천의 이익을 다 버리고 백성의 기름진 땅을 탈취하는 것이니 위로는 나라의 財用이 부족할 것이며 아래 백성들의 농업과 잠업의 생업을 빼앗게 되니 이는 성취를 포기하고 패망으로 가는 길이고 양식이 부족할 것이니 이것이 첫 번째 불가한 이유입니다. 그리고 나무와 잡초가 무성한 땅에 사슴을 키우고 여우와 토끼 놀이터를 넓히고 호랑이 등 맹수의 땅을 크게 만들어 주려면 백성의 무덤을 없애고 집을 헐어야 하기에 젊은 사람들은 고향을 그리워하고 노인들은 눈물을 흘리며 슬퍼할 것이니 이것이 2번째 불가한 이유입니다. 내쫓고 꾸미며 담을 치고 동산을 만들어 동서로 내달리며 남북으로 수레를 몰고 다닐 때 깊고 큰 도랑이나 냇물이 있는데 하루의 즐거움들 때문에 끝이 없는 부귀를 위태롭게 할 수 없는 것이 그 세 번째 이유입니다. 사냥터를 크게 만들려면 농사철을 돌볼 수도 없으니 이는 나라를 강하게 하고 백성을 부유하게 하는 길이 아닙니다.」

「夫殷作九市之宮而諸侯畔, 靈王起章華之臺而楚民散, 秦興阿房之殿而天下亂. 糞土愚臣, 忘生觸死, 逆盛意, 犯隆指, 罪當萬死, 不勝大願, 願陳〈泰階六符〉, 以觀天變, 不可不省.」

是日因奏〈泰階〉之事, 上乃拜朔爲太中大夫給事中, 賜黃金百斤. 然遂起上林苑, 如壽王所奏云.

| 註釋 | ○章華之臺 – 옛 터가 今 湖北省 荊州市 관할의 監利縣에 있다. ○盛意, 隆指 – 황제의 뜻. ○罪當萬死 – 本文과는 관계없지만, 〈東方朔別傳〉이라는 글에 다음과 같은 내용이 있다. 상림원의 사슴을 죽인 사람이 있었다. 황제의 사슴을 죽였으니 마땅히 사형에 처해야 한다고 신하들이 아부하였다. 이에 동방삭이 말했다. "그 사람을 죽여야 할 이유가 3가지입니다. 첫째, 사슴 때문에 폐하가 백성을 죽이게 하였고, 둘째, 이것이 알려지면 백성들이 폐하의 백성보다 사슴을 더 중히 여긴다고 생각할 것이며, 셋째, 흉노가 다급하면 상림원의 사슴을 쫓아버릴 것이니 그 사람을 죽여야 합니다." 이에 무제는 말이 없다가 사람을 풀어주었다고 한다. ○泰階 – 하늘의 구역. 각 구역에 2星 씩 6星의 움직임을 관찰했다는 의미. ○遂 – 결국. 竟也. 동방삭의 벼슬을 올려 주었으나 건의는 따르지 않았다.

〖國譯〗

「殷의 紂王(주왕)이 궁중에 九市를 열자 제후들이 반기를 들었고 靈王이 章華之臺를 짓자 楚의 백성들이 흩어졌으며 秦에 阿房(아방)에 궁전을 짓자 천하는 혼란해졌습니다. 시골의 어리석은 신하인 저는 생명을 버리며 죽음을 무릅쓰고 폐하의 생각과 뜻을 거역한 죄는 만 번 죽어 마땅하지만 큰 소원을 어찌할 수 없기에 제 바램을 〈泰階六符〉에 적었는데 天變을 관찰하여 그만둘 수 없었습니다.」

이날 동방삭은 〈泰階〉의 일을 같이 상주하였는데 무제는 동방삭을 太中大夫給事中에 임명하고 황금 일백 근을 하사하였다. 그렇지만 결국 오구수왕이 상주한 그대로 上林苑을 만들었다.

原文

久之, 隆慮公主子昭平君尙帝女夷安公主, 隆慮主病困, 以金千斤錢千萬, 爲昭平君豫贖死罪, 上許之. 隆慮主卒, 昭平君日驕, 醉殺主傅, 獄繫內宮. 以公主子, 廷尉上請請論. 左右人人爲言, "前又入贖, 陛下許之." 上曰, "吾弟老有是一子, 死以屬我." 於是爲之垂涕歎息良久, 曰, "法令者, 先帝所造也, 用弟故而誣先帝之法, 吾何面目入高廟乎! 又下負萬民." 乃可其奏, 哀不能自止, 左右盡悲. 朔前上壽, 曰, "臣聞聖王爲政, 賞不避仇讎, 誅不擇骨肉. 《書》曰, '不偏不黨, 王道蕩蕩.' 此二者, 五帝所重, 三王所難也. 陛下行之, 是以四海之內, 元元之民各得其所, 天下幸甚! 臣朔奉觴, 昧死再拜上萬歲壽." 上乃起, 入省中, 夕時召讓朔, 曰, "傳曰, '時然後言, 人不厭其言.' 今先生上壽, 時乎?" 朔免冠頓首曰, "臣聞樂太盛則陽溢, 哀太盛則陰損, 陰陽變則心氣動, 心氣動則精神散, 精神散而邪氣及. 銷憂者莫若

酒, 臣朔所以上壽者, 明陛下正而不阿, 因以止哀也. 愚不
知忌諱, 當死." 先是, 朔嘗醉入殿中, 小遺殿上, 劾不敬. 有
詔免爲庶人, 待詔宦者署. 因此對復爲中郎, 賜帛百匹.

| 註釋 | ○隆慮公主 - 景帝의 두 번째 황후인 王皇后 소생. 武帝의 同腹
女弟. ○夷安公主 - 무제의 막내딸. 生母 미상. 隆慮公主의 아들 昭平君에
게 출가. 곧 소평군은 무제의 생질이면서 사위. ○病困 - 병이 위독하다.
○豫贖死罪 - 나중에 죽을죄를 범할 경우에 대비하여 미리 贖錢(속전)을 내
고 사면 받다. ○主傅 - 傅母, 保姆(보모). ○請論 - 판결을 의뢰하다. ○仇
讎 - 仇 원수 구. 讎 짝 수, 원수 수. 《書》曰 - 《書經 洪範》. ○此二者 -
시상과 형벌이 공정한 것. ○入省中 - 內殿으로 들어가다. ○傅曰 -《論語
憲問》. '夫子時然後言, 人不厭其言, 樂然後笑, 人不厭其笑, 義然後取, 人不厭
其取.' ○時乎 - 適時한가? 그 상황에 맞는 말인가? ○小遺殿上 - 殿上에
서 소변을 보다. ○待詔宦者署 - 관직명. 현재의 '대기발령'과 같음.

[國譯]
　얼마 후, 隆慮公主(융려공주)의 아들 昭平君은 (그전에) 무제의 딸
夷安公主와 결혼했었는데, 융려공주는 병이 심해지자 金 1천 근과
돈 1千 萬錢으로 소평군을 위해 미리 사형을 면할 수 있는 속전을
바쳤고 무제는 이를 허락했었다. 융려공주가 죽은 뒤 昭平君은 날로
교만해졌고 취중에 공주의 보모를 죽여 內宮의 옥에 갇혔다. 그가
공주의 아들이기에 廷尉는 무제에게 판결해줄 것을 상신하였다. 측
근 모두가 "이미 속전을 바쳤고 폐하께서도 허락했었다."고 말했
다. 이에 무제가 말했다.

"내 여동생은 늙어 아들 하나뿐이었기에 죽으면서 나에게 속전을 바쳤었다."

이어 여동생을 생각하며 한참 동안 눈물을 흘리며 탄식하다가 말했다.

"法令은 先帝들이 만드신 것인데 동생에게 적용해야 한다고 선제의 법을 달리 적용한다면 나는 무슨 면목으로 고조의 묘당에 들어가겠는가! 그리고 백성의 뜻을 져버리는 것이다."

결국 상주한 대로 허락을 하면서도 애통한 마음을 금하지 못했고 측근들도 모두 비통했다.

이에 동방삭이 앞으로 나가 무제에게 술을 올리며 말했다.

"臣이 알기로, 聖王은 나라를 다스리면서 원수를 가리지 않고 상을 내리며 골육을 가리지 않고 형을 집행한다고 하였습니다. 그래서 《書經 洪範》에서도 '치우치거나 무리 짓지 않으니 王道가 蕩蕩(탕탕)하다.' 고 하였습니다. 이 두 가지는 五帝도 중시하였고 三王도 실천이 어려운 것이었습니다. 지금 폐하께서는 이를 실천하셨으니 四海에 사는 모든 백성들이 제자리를 찾을 것이며 천하를 위해 아주 다행스런 일입니다! 저 동방삭은 술잔을 받들어 죽음을 무릅쓰고 再拜하면서 폐하의 萬壽를 축원하옵니다."

그러자 주상은 바로 일어나 내전으로 들어갔고 저녁 무렵에 동방삭을 불러 꾸짖었다. "책에서도 '때가 되었을 때 말을 해야 다른 이가 그 말을 싫어하지 않는다.' 고 하였소. 아까 선생이 나에게 축수한 것이 때맞춰 한 일인가?"

동방삭은 관을 벗고 머리를 조아리며 말했다.

"臣이 알기로는, 樂이 너무 성하면 陽이 넘치고 애통함이 지나치

면 陰에 손상한다고 하였으며, 음양이 변하면 心氣가 흔들리고 心氣
가 흔들리면 精神이 산란해지며, 정신이 산란하면 邪氣가 들어온다
고 하였습니다. 근심을 푸는 데는 술만 한 것이 없기에 그래서 저는
폐하께 축수하면서 폐하의 公正을 밝히려 했지 아부한 것은 아니었
으며 그렇게 하여 폐하의 슬픔을 그치게 하려고 했습니다. 어리석게
도 폐하께서 싫어하시는 줄도 몰랐으니 죽어 마땅합니다."

이보다 앞서 동방삭은 술에 취해 전각 안에서 소변을 누었다고
불경죄로 탄핵받았다. 명에 의거 서인으로 강등되었다가 待詔宦者
署(대조환자서)가 되었었다. 이번 대답으로 동방삭은 다시 中郞이 되
었고 비단 1백 필을 하사받았다.

原文

初, 帝姑館陶公主號竇太主, 堂邑侯陳午尙之. 午死, 主
寡居, 年五十餘矣, 近幸董偃. 始偃與母以賣珠爲事, 偃年
十三, 隨母出入主家. 左右言其姣好, 主召見, 曰, "吾爲母
養之." 因留第中, 敎書計相馬御射, 頗讀傳記. 至年十八而
冠, 出則執轡, 入則侍內. 爲人溫柔愛人, 以主故, 諸公接之,
名稱城中, 號曰董君. 主因推令散財交士, 令中府曰, "董君
所發, 一日金滿百斤, 錢滿百萬, 帛滿千匹, 乃白之." 安陵
爰叔者, 爰盎兄子也, 與偃善, 謂偃曰, "足下私侍漢主, 挾
不測之罪, 將欲安處乎?" 偃懼曰, "憂之久矣, 不知所以."
爰叔曰, "顧城廟遠, 無宿宮, 又有籍萩竹田, 足下何不白主

獻長門園? 此上所欲也. 如是, 上知計出於足下也, 則安枕
而臥, 長無慘怛之憂. 久之不然, 上且請之, 於足下何如?"
偃頓首曰, "敬奉教." 入言之主, 主立奏書獻之. 上大說, 更
名竇太主園爲長門宮. 主大喜, 使偃以黃金百斤爲爰叔壽.

| 註釋 | ○館陶公主(? - 前 116) - 文帝와 竇太后의 딸. 景帝의 누나, 武
帝의 고모. ○近幸 - 곁에 두고 총애하다. 幸에는 '잠자리에서도 시중을 들
게 한다.'는 뜻이 있다. ○董偃(동언) - 人名. 한때 武帝의 총애도 받았으나
30세에 죽어 관도공주와 함께 霸陵에 합장되었다. ○姣好 - 姣 예쁠 교.
○執轡 - 고삐를 잡다. 수레를 몰다. 轡 고삐 비. ○中府 - 公主 저택의 재
물을 관리하는 자. ○乃白之 - 앞에 말한 그 액수 아래로는 마음대로 쓸 수
있었다는 뜻. ○安陵 爰叔(원숙) - 安陵은 縣名. 今 陝西省 咸陽市 동북. 爰
叔은 爰盎(원앙) 형의 아들. 원앙은 49권, 〈爰盎鼂錯傳〉에 입전. ○私侍漢
主 - 漢 황실의 공주를 은밀하게 모시다. 비정상적인 남녀 관계. ○顧城廟
(고성묘) - 文帝의 廟堂. 今 西安市 서북에 있었다고 전한다. ○萩竹田 - 萩
가래나무 추. 호두나무 계통의 활엽교목. 荻(물 억새 적)이어야 뜻이 더 확실
하다는 註도 있다. 竹田은 竹林. ○長門園 - 竇太主의 정원.

〔國譯〕
　전에 무제의 고모인 館陶公主(관도공주)는 竇太主(두태주)라고도
불렸는데 堂邑侯인 陳午와 결혼하였다. 진오가 죽자 도관공주는 혼
자 살았고 나이는 50여 세였는데 董偃(동언)을 가까이 두고 총애하
였다. 처음에 동언은 구슬을 팔러 다니는 어머니를 따라 13살 때 관
도공주의 저택에 출입하였다. 좌우에서 동언이 잘 생기고 착하다 하
여 공주가 불러 만난 뒤에 말했다. "내가 이 아이 모친이 되어 기르

겠다." 이로써 공주의 저택에 머물렀는데 글씨와 계산하기, 말을 고르기와 수레를 몰고 활쏘기까지 배우게 하여 제법 글을 읽고 지을 줄도 알았다. 나이 18세에 관례를 치렀고 공주가 외출할 때 수레를 몰았고 집에서는 시중을 들었다. 사람이 온순하고 남을 아껴주었으며 공주의 신임도 있어 여러 사람과 교제했는데 성 안에 이름이 알려지면서 董君(동군)이라고 불렸다. 공주도 특혜를 주어 재물을 풀어 士人과 교제하게 허락하면서 中府에 말했다. "董君이 가져가는 돈이 하루에 황금 백 근, 돈 1백만, 비단 1천 필이 되면 보고하도록 하라."

安陵縣의 爰叔(원숙)이란 사람은 爰盎(원앙) 형의 아들로 동언과 친했는데 동언에게 말했다. "족하는 漢 황실의 공주를 은밀하게 모시면서 많은 잘못이 많은데 앞으로도 어떻게 안전할 수 있겠습니까?" 동언이 말했다 "사실 오래 전부터 걱정은 하지만 어찌 해야 할지 모르겠소이다." 이에 원숙이 말했다. "文帝의 묘당인 顧城廟는 거리가 멀고 중간에 머물 궁궐도 없으나, 그 중간에 가래나무 숲과 죽림이 있는 관도공주의 籍田(적전)이 있는데, 족하께서는 공주에게 말씀드려 그 長門園을 왜 황제께 바치지 않습니까? 이는 주상께서도 원하시는 것입니다. 그렇게 되면 폐하께서는 이런 계획이 족하한테서 나왔다는 것을 아실 것이며, 그러면 족하는 한동안 걱정 없이 지낼 수 있으며 참담한 일은 오랫동안 없을 것이요. 그러지 않을 경우 나중에 폐하가 그 땅을 요구하신다면 족하께서는 어찌 하시겠습니까?"

이에 동언은 고개를 숙이며 말했다. "삼가 그대로 해보겠습니다." 동언은 들어가 공주에게 말했고 공주는 즉시 그 땅을 헌납하는 글을 올렸다. 무제는 매우 기뻐하면서 竇太主의 정원을 長門宮으로 개명하였다. 공주 또한 좋아하며 동언을 시켜 황금 백 근으로 원숙에게 사례하게 하였다.

原文

叔因是爲董君畫求見上之策, 令主稱疾不朝. 上往臨疾, 問所欲, 主辭謝曰, "妾幸蒙陛下厚恩, 先帝遺德, 奉朝請之禮, 備臣妾之儀. 列爲公主, 賞賜邑入, 隆天重地, 死無以塞責. 一日卒有不勝洒掃之職, 先狗馬塡溝壑, 竊有所恨, 不勝大願, 願陛下時忘萬事, 養精游神, 從中掖庭回輿, 枉路臨妾山林, 得獻觴上壽, 娛樂左右. 如是而死, 何恨之有!" 上曰, "主何憂? 幸得愈. 恐群臣從官多, 大爲主費." 上還, 有頃, 主疾愈, 起謁, 上以錢千萬從主飮. 後數日, 上臨山林, 主自執宰敝膝, 道入登階就坐. 坐未定, 上曰, "願謁主人翁." 主乃下殿, 去簪珥, 徒跣頓首謝曰, "妾無狀, 負陛下, 身當伏誅. 陛下不致之法, 頓首死罪." 有詔謝. 主簪履起, 之東廂自引董君. 董君綠幘傅韝, 隨主前, 伏殿下. 主乃贊, "館陶公主胞人臣偃昧死再拜謁." 因叩頭謝, 上爲之起. 有詔賜衣冠上. 偃起, 走就衣冠. 主自奉食進觴. 當是時, 董君見尊不名, 稱爲'主人翁', 飮大歡樂. 主乃請賜將軍, 列侯, 從官, 金錢雜繒各有數. 於是董君貴寵, 天下莫不聞. 郡國狗馬, 蹴鞠, 劍客, 輻湊董氏.

| 註釋 | ㅇ邑入 – 식읍에서 거둬들이는 수입. ㅇ卒 – 猝(갑자기 졸)의 古字. ㅇ洒掃之職 – 부녀자(공주)로서 담당해야할 직분. 洒掃(쇄소)는 물 뿌리고 쓸다. 청소하다. 洒 물 뿌릴 쇄. ㅇ先狗馬塡溝壑 – 먼저 개나 말처럼 구덩이에 묻히다(죽다). 壑 골자기 학. ㅇ掖庭(액정) – 正殿 옆의 궁전. 비빈들의 거처. ㅇ枉路(왕로) – 구불구불한 길. ㅇ上臨山林 – 공주의 별장이 산에 있기에 저택(第)이라 아니하고 山林이라 표현했다. ㅇ執宰敝膝(집재폐슬) – 執宰는 요리를 하다. 敝膝은 무릎 가리개, 곧 주방에서 일하는 사람의 못. ㅇ主人翁 – 집 주인. 竇太主 내연의 남자. ㅇ簪珥(잠이) – 簪 비녀 잠. 珥 귀고리 이. ㅇ徒跣(도선) – 맨 발. 徒 맨손 도. 跣 맨발 선. ㅇ無狀 – 행실이 추악하고 착하지도 않다. 謙辭이지만 사실 그러했다. ㅇ綠幘傅韝(녹책부구) – 幘 두건 책. 傅韝(부구)는 주방장이 옷소매를 걷어 올리는 끈. 傅는 師傅는 廚師傅, 곧 요리사. 韝는 깍지 구. 손가락 끝에 끼는 도구. 옷소매를 묶어 매는 팔찌. ㅇ主乃贊 – 두태주도 앞으로 나오다. 贊은 進也. ㅇ蹴鞠(축국) – 요즈음의 축구와 가은 놀이. 鞠 공 국. 축국.

[國譯]

　爰叔(원숙)은 이후 董君(동군, 董偃)을 위하여 천자를 알현하는 방책을 생각해 내어 관도공주로 하여금 병을 핑계로 황제를 알현하지 말라고 하였다. 무제가 와서 문안을 하며 바라는 바를 묻자 공주가 사양하며 말했다.

　"제가 다행히 폐하의 후은과 先帝의 遺德을 입었으니 찾아뵙는 예를 행하여 臣妾의 의례를 갖추어야 합니다. 공주의 반열에서 식읍을 하사받았으니 높고도 큰 하늘과도 같은 땅과 같은 은혜는 제가 죽더라도 다 보답하지 못할 것입니다. 어느 날 갑자기 제가 할 일을 다 하지 못하고 먼저 보잘 것 없이 죽어 묻힐 것이지만 제가 품은 한

이란 것이 저의 큰 소원만 하겠습니까? 제가 바라는 바는 폐하께서 가끔 만사를 잊으시고 마음을 편히 가지시어 비빈들의 궁궐에서 수레를 돌려 나오셔서 山林에 있는 저의 거처에 들려 제가 올리는 잔을 받으시며 측근들과 함께 즐기시길 바랄 뿐입니다. 그런 뒤에 죽는다면 무슨 여한이 있겠습니까!" 이에 무제가 물었다.

"太主께서는 무얼 걱정하십니까? 곧 나으실 것입니다. 저를 따라오는 신하나 관속이 많아 비용이 많이 들 것입니다."

무제는 환궁하였고 곧이어 두태주의 병도 나아 입궁하여 무제를 알현하자 무제는 1천만 전을 하사하고 두태주의 저택에서 술을 마시기로 하였다. 며칠 뒤에 무제가 두태주의 별장에 행차하자 두태주는 직접 앞치마를 두르고 길에 나와서 계단을 올라 무제를 자리에 모셨다. 자리에 앉기 전에 무제가 말했다. "主人翁을 만나겠습니다." 이에 두태주는 마당으로 내려가 비녀를 뽑고 맨발로 머리를 조아리며 사죄하였다.

"제가 죄를 많이 지어 폐하의 뜻을 저버렸으니 이 몸은 죽어 마땅하옵니다. 폐하께서 법으로 다스리지 않으신다면 제 죽을죄를 아뢰고자 합니다." 무제가 이에 사면을 해 주었다. 두태주는 비녀를 꽂고 일어나 동편 건물로 가서 董君(동군, 동언)을 데리고 나왔다. 동군은 녹색 두건에 소매를 걷어 올리고 두태주를 따라 앞으로 나와 전각 아래 엎드렸다. 이어 두태주가 앞에 나가자 동군이 말했다.

"館陶公主의 부엌일을 하는 臣 동언이 죽음을 무릅쓰고 재배하며 뵈옵나이다."

그리고는 머리를 조아렸다. 무제는 동언에게 일어나라고 했다. 무제는 동관에게 옷을 입고 관을 쓰고 나와 전상으로 올라오라고 했

다. 동언은 일어나서 들어가 의관을 갖추고 나왔다. 두태주는 직접
식사와 술잔을 올렸다. 이 날 동군을 높여 이름을 부르지 않고 '主
人翁(주인옹)'이라고 호칭했으며 무제는 술을 마시며 크게 즐겼다.
두태주는 장군과 열후와 수행한 관원들에게 금전과 여러 가지 비단
을 적당히 나누어 주었다. 이로부터 동군은 귀인으로 총애를 받았고
세상에 모르는 사람이 없었다. 각 郡國에서 좋은 사냥개나 말, 축국
을 하는 자, 그리고 검객들이 동언에게 모여들었다.

原文

常從遊戲北宮, 馳逐平樂, 觀雞鞠之會, 角狗馬之足, 上大
歡樂之. 於是上爲竇太主置酒宣室, 使謁者引內董君.

是時, 朔陛戟殿下, 辟戟而前曰, "董偃有斬罪三, 安得入
乎?" 上曰, "何謂也?" 朔曰, "偃以人臣私侍公主, 其罪一
也. 敗男女之化, 而亂婚姻之禮, 傷王制, 其罪二也. 陛下富
於春秋, 方積思於《六經》, 留神於王事, 馳騖於唐, 虞, 折節
於三代, 偃不遵經勸學, 反以靡麗爲右, 奢侈爲務, 盡狗馬之
樂, 極耳目之欲, 行邪枉之道, 迳淫辟之路, 是乃國家之大
賊, 人主之大蜮. 偃爲淫首, 其罪三也. 昔伯姬燔而諸侯憚,
奈何乎陛下?" 上默然不應良久, 曰, "吾業以設飲, 後而自
改." 朔曰, "不可. 夫宣室者, 先帝之正處也, 非法度之政不
得入焉. 故淫亂之漸, 其變爲簒. 是以豎貂爲淫而易牙作患,
慶父死而魯國全, 管, 蔡誅而周室安." 上曰, "善." 有詔止,

更置酒北宮, 引董君從東司馬門. 東司馬門更名東交門. 賜
朔黃金三十斤. 董君之寵由是日衰, 至年三十而終. 後數歲,
竇太主卒, 與董君會葬於霸陵. 是後, 公主貴人多逾禮制,
自董偃始.

| 註釋 | ○北宮 – 未央宮 북쪽에 있던 별궁. 北極天神을 모시는 제단이
있었다고 한다. ○平樂 – 上林苑 안에 있던 건물. 平樂觀과 平樂館은 동일
건물. ○觀雞鞠之會 – 觀은 앞의 平樂에 붙여 써야 한다는 註가 있다. 雞는
鬪鷄, 鞠은 蹴鞠. ○角狗馬之足 – 角은 시합. 개와 말 경주. ○宣室 – 未央
宮의 前殿, 漢初에 ‘布政敎之室’로 중요한 건물이었다. ○陛戟(폐극) – 계
단 아래에 戟을 들고 늘어선 士卒. ○逕淫辟之路 – 逕(지름길 경)은 직행하
다. 淫辟은 淫僻. ○大蜮(대역) – 큰 해악. 요괴. 蜮 물여우 역. 괴물. 사람을
해치는 해충. ○伯姬 – 春秋 시대 宋나라의 伯姬는 魯 宣公의 딸로 宋 共公
의 부인(恭姬)이었다. 남편이 죽은 뒤에 수절하고 있었다. 실화로 궁중에 화
재가 났는데, 伯姬는 예법에 따라 傅姆(부모)를 기다리다가 피하지 못하고
불에 타 죽었다고 한다. 憚 두려워하며 공격하다. ○奈何(내하) – 어떻게. 어
찌하다. 어떠하겠습니까?(반문을 표시). ○豎貂(수초), 易牙(역아) – 인명.
모두 齊 桓公의 신하. 환공이 죽자 이 두 사람이 作亂하여 3개월 동안 환공의
장례를 치루지 못했다. 豎 더벅머리 수. 貂 담비 초. ○慶父(경보) – 魯 환공
의 아들. ○管,蔡 – 管叔과 蔡叔. 周 武王과 周公의 아우. 周公이 어린 成王
을 보필할 때 반란을 일으켰다. ○東司馬門 – 동궐 내의 司馬門(황궁의 外
門으로 司馬가 지킨다.) 司馬는 職名. 大將軍, 將軍, 校尉, 衛尉, 中尉(執金
吾)의 속관.

　(동언은) 北宮에서의 유희에 늘 무제를 시종했고 상림원 平樂觀
에서 말을 달렸으며, (무제도) 투계와 축국, 개나 말의 경주를 아주
좋아하였다. 그리고 무제는 竇太主를 위하여 宣室(선실)에 술자리를
마련하고 謁者(알자)를 보내 董君을 데려오게 하였다.

　이때 동방삭은 섬돌 아래 창을 들고 늘어선 사졸 뒤에 있다가 사
졸을 제치고 앞으로 나오면서 말했다. "동언은 죽어야 할 죄를 3가
지나 저질렀는데 어찌 선실에 들어올 수가 있겠습니까?" 무제가
"무슨 말인가?"라고 물었다. 동방삭이 말했다.

　"동언은 신하로써 공주를 은밀하게 모셨으니 그 죄가 하나입니
다. 남녀의 교화를 무너뜨리며 혼인의 예를 어지럽혀 선왕의 제도를
문란케 한 것이 두 번째 죄입니다. 폐하께서는 젊으시기에 한창 《六
經》을 연구하시고 王事에 마음을 두시며 堯舜의 道에 힘쓰고 三代
의 치적을 따라가야 하시는데도 동언은 폐하께 경전 공부와 학문을
권하지 않을 뿐더러 되레 화려한 것을 숭상하고 사치에 힘쓰게 하였
으며, 개나 말 경주같이 놀이에 빠지시게 하였고 耳目의 환락을 끝
까지 추구하게 하였으며, 나쁜 길을 가시고 음란한 생활에 빠지시게
하였으니, 이는 나라의 적이면서 폐하를 해치는 큰 요물입니다. 동
언은 이런 일을 제일 먼저 하였으니, 이것이 그 사람의 3번째 죄입
니다. 예전에 (宋의) 伯姬가 불에 타 죽었을 때 제후들은 두려워하
며 공경하였는데 폐하께서는 어찌 생각하십니까?"

　무제는 말없이 한참을 대꾸하지 않다가 말했다. "내가 이미 준비
하라고 하였으니 나중에 고칠 것이요." 이에 동방삭이 말했다. "안
됩니다. 宣室이란 곳은 先帝들의 正處이기에 법도에 어긋난 사람이

들어갈 수 없습니다. 음란한 일에 조금씩 젖어들면 참란한 일로 이어질 수 있습니다. 齊의 豎貂(수초)가 음란하였기 때문에 易牙(역아)가 반역했었고, 慶父(경보)가 죽자 魯國이 평온하였으며, 管叔과 蔡叔을 주살한 뒤에야 周室이 안정되었습니다." 무제는 이에 "옳은 말이다."라고 하였다. 선실에서의 음주를 그만두게 하면서 다시 北宮에 주연을 준비하게 하고 동군을 東司馬門으로 들어오게 하였다. 나중에 東司馬門은 東交門으로 개명하였다. 무제는 동방삭에게 황금 30근을 하사하였다. 董君에 대한 총애는 이때부터 식었고 동군은 나이 30세에 죽었다. 몇 년 뒤 竇太主가 죽자 董君과 함께 霸陵(패능, 文帝의 능)에 會葬하였다. 이후 公主의 貴人들이 禮度를 벗어난 일이 많았는데 이는 동언으로부터 시작되었다.

原文

　時, 天下侈靡趨末, 百姓多離農畝. 上從容問朔, "吾欲化民, 豈有道乎?" 朔對曰, "堯,舜,禹,湯,文,武,成,康上古之事, 經歷數千載, 尙難言也, 臣不敢陳. 願近述孝文皇帝之時, 當世耆老皆聞見之. 貴爲天子, 富有四海, 身衣弋綈, 足履革潟, 以韋帶劍, 莞蒲爲席, 兵木無刃, 衣緼無文, 集上書囊以爲殿帷, 以道德爲麗, 以仁義爲準. 於是天下望風成俗, 昭然化之. 今陛下以城中爲小, 圖起建章, 左鳳闕, 右神明, 號稱千門萬戶, 木土衣綺繡, 狗馬被績罽, 宮人簪瑇瑁, 垂珠璣, 設戲車, 教馳逐, 飾文采, 叢珍怪, 撞萬石之鐘, 擊雷

霆之鼓, 作俳優, 舞鄭女. 上爲淫侈如此, 而欲使民獨不奢
侈失農, 事之難者也. 陛下誠能用臣朔之計, 推甲乙之帳燔
之於四通之衢, 卻走馬示不復用, 則堯,舜之隆宜可與比治
矣.《易》曰, '正其本, 萬事理, 失之毫氂, 差以千里.' 願陛
下留意察之."

　朔雖詼笑, 然時觀察顔色, 直言切諫, 上常用之. 自公卿
在位, 朔皆敖弄, 無所爲屈.

| 註釋 | ○弋綈(익제) - 검은색의 두껍게 짠 비단. 비단 중에서는 下品.
弋 주살 익. 綈 깁 제. ○革潟(혁석) - 가죽 신발. 潟 신발 석. ○莞蒲(완포)
- 왕골로 짠 방석. 莞 왕골 완. 蒲 부들 포. ○繢罽(궤계) - 수놓은 융단. 繢
수놓을 궤. 繪와 通. 罽 융단 계. ○叢珍怪 - 叢 떨기 총. 叢과 같음. ○甲乙
之帳 - 甲, 乙, …로 번호를 부여한 휘장. 커튼. ○《易》曰 -《易經》의 正文은
아니고 그 뜻을 풀이하여 설명한 것임. ○毫氂(호리) - 아주 미세한 것. 毫
가는 털 호. 氂 다스릴 리. 수량의 단위, 기준의 百分의 一. ○敖弄(오롱) -
거만을 떨다. 敖는 傲弄

〔國譯〕

　이 무렵에 천하는 사치하면서 末利를 쫓았기에 농사를 짓지 않는
백성들이 많았다. 무제가 동방삭에게 조용히 물었다. "나는 백성들
을 교화하려 하는데 좋은 방법이 없겠는가?" 이에 동방삭이 대답하
였다.

　"堯와 舜, 禹와 湯, 文王과 武王, 成王과 康王의 上古 사적은 수천
년이 지났기에 제가 감히 말씀드리기는 어렵습니다. 그러나 가까운

孝文帝 때의 일은 그때 살았던 노인들도 다 보고 들었기에 말씀드리겠습니다. 文帝께서는 고귀하기로는 천자이셨으며 부유하시기로는 온 천하를 다 가졌지만 검은 비단옷을 입으시고 가죽 신발을 신으셨으며, 가죽에 매단 칼을 차셨고 왕골자리에 앉으셨으며, 나무로 만든 의장용 무기는 날(刃)이 없었고 헌 솜을 둔 옷에는 수를 놓지 않으셨으며, 글을 상주한 주머니들을 모아 휘장으로 사용했으나 道德으로 멋을 내었고 仁義를 표준으로 삼으셨습니다. 이에 온 천하가 본받아 풍속이 되어 아주 빛나는 교화를 이룩하셨습니다. 지금 폐하께서는 장안의 전각도 좁다 생각하시며 建章宮을 짓고 왼편에 鳳闕(봉궐)을, 오른쪽에 神明臺를 짓고 千門萬戶라 하시면서 나무나 흙도 비단으로 감싸게 했으며 사냥개나 말들도 수놓은 융단을 둘렀으며 宮人들은 瑇瑁(대모) 비녀를 꽂았고 진주 구슬을 매달았으며 공연할 수 있는 수레를 설치하고 말을 달리며 놀면서 아름다운 장식에 진기하고 괴이한 물건을 모으며 만석의 큰 종을 치게 하고 천둥소리를 내는 큰 북을 치면서 배우를 모아두고 노래하는 鄭의 미녀들을 데려왔습니다. 위에서 이러한 사치를 하면서 백성들에게는 사치하지 말고 오로지 농사를 버리지 말라고 권하기는 어려울 것입니다. 폐하께서 정말로 저의 방책을 채용하시겠다면 甲, 乙로 번호를 부여한 휘장을 걷어다가 네거리에서 불사르며 의장용 騎馬를 폐지하며 사용하지 않겠다는 뜻을 천명하신다면 堯나 舜임금 때와 같이 융성하며 안정된 천하를 이룰 것입니다. 《易經》에서도 '근본을 바로 하면 만사가 다스려지나 아주 조금 어긋나면 천리 차이가 난다.' 고 하였습니다. 폐하께서 유념하시고 살펴보십시오."

동방삭이 비록 우스갯소리를 잘 하였지만 때로는 천자의 안색을 살펴 직언으로 간쟁을 하여 천자가 자주 받아들였다. 공경으로 재직하는 동안에 동방삭은 언제나 당당하였으며 뜻을 굽히지 않았다.

原文

上以朔口諧辭給, 好作問之. 嘗問朔曰, "先生視朕何如主也?" 朔對曰, "自唐,虞之隆, 成,康之際, 未足以諭當世. 臣伏觀陛下功德, 陳五帝之上, 在三王之右. 非若此而已, 誠得天下賢士, 公卿在位咸得其人矣. 譬若以周,邵爲丞相, 孔丘爲御史大夫, 太公爲將軍, 畢公高拾遺於後, 弁嚴子爲衛尉, 皐陶爲大理, 后稷爲司農, 伊尹爲少府, 子贛使外國, 顏, 閔爲博士, 子夏爲太常, 益爲右扶風, 季路爲執金吾, 契爲鴻臚, 龍逢爲宗正. 伯夷爲京兆, 管仲爲馮翊, 魯般爲將作, 仲山甫爲光祿, 申伯爲太僕, 延陵季子爲水衡, 百里奚爲典屬國, 柳下惠爲大長秋, 史魚爲司直, 蘧伯玉爲太傅, 孔父爲詹事, 孫叔敖爲諸侯相, 子産爲郡守, 王慶忌爲期門, 夏育爲鼎官, 羿爲旄頭, 宋萬爲式道侯." 上乃大笑.

| 註釋 | ○口諧辭給 − 말이 재미있고 응대가 빠르다. 諧 화할 해. 給은 민첩하다(徤也). ○作問 − 질문하다. ○成,康之際 − 周 成王과 康王의 태평시대. ○周,邵(소) − 周公 旦(단)과 邵公(召公) 奭(석). ○孔丘 − 孔子. 丘는 이름. ○太公 − 太公望. 呂尚. ○畢公高(필공고) − 文王의 아들. 周 太師. ○弁嚴子(변엄자) − 춘추시대 魯國 卞邑(변읍)의 용감했던 大夫. 衛尉는 궁

궐 수비 책임자. ○皐陶(고요) − 堯 시대에 형옥을 담당하던 사람. ○大理
− 大理寺(대리사)는 형옥 담당 책임자. ○后稷(후직) − 周族의 시조. 堯舜시
대의 농업 담당관. ○伊尹(이윤) − 湯王을 섬겼던 재상. 요리사 출신. 少府는
황실 관련 업무를 담당하는 부서. ○子贛(자공) − 공자의 수제자 子貢. 언변
이 뛰어나고 理財에도 밝았다. ○顔,閔 − 顔淵(안연, 顔回)과 閔子騫(민자건).
孔門十哲. 모두 덕행에 뛰어났었다. ○子夏 − 文學에 뛰어났던 공자의 제자
인 卜商(복상). ○益 − 伯益. 舜임금 때 山澤 관련 업무 담당. ○季路 − 子
路. 勇氣와 勇力이 뛰어난 공자의 제자. ○契(설) − 순임금 때의 司徒. 教化
를 담당. 鴻臚(홍려)는 의례와 외교 사무 담당관. ○龍逢 − 關龍逢 桀왕에게
충간을 했던 신하. ○魯般(노반) − 魯班. 木手의 神. 將作은 궁궐 건축 책임
자인 將作大匠. ○仲山甫 − 周 선왕의 신하. 光祿은 光祿大夫. 政事의 의론
을 담당. 九卿의 하나인 光祿勳의 속관. ○申伯 − 周 선왕의 신하. 太僕은 황
제의 거마 관리 담당. ○延陵季子(연릉계자) − 춘추시대 吳의 왕자. 水衡(수
형)은 上林苑 관리 책임자인 水衡都尉. ○百里奚(백리해) − 춘추시대 秦의
대부. 典屬國은 漢의 郡縣 안에 살고 있는 이민족의 자치조직(屬國)을 관리
하는 사람. ○柳下惠(유하혜) − 춘추시대 魯의 대부인 展禽(전금). 柳下는 지
명. 惠는 시호. 大長秋는 황후 관련 업무 담당자. ○史魚 − 춘추시대 衛의 대
부. 매우 강직한 사람이었다. 司直은 漢 승상의 속관. ○蘧伯玉(거백옥) −
춘추시대 衛의 대부. 공자도 이 사람을 칭찬했었다. 太傅(태부)는 태자의 스
승. ○孔父(공보) − 춘추시대 宋의 大夫이었던 孔嘉. 詹事(첨사)는 황후와
태자의 거처와 살림을 관리하는 관직. ○孫叔敖(손숙오) − 춘추시대 楚의 令
尹(首相). 정치에 능했다. ○子産 − 춘추시대 鄭國의 귀족인 公孫僑. ○王
慶忌(왕경기) − 왕자인 慶忌. 매우 민첩한 사람. ○期門 − 期門郞. 황제 호위
관. ○夏育(하육) − 춘추시대 衛國의 力士. 鼎官은 前殿의 寶鼎을 관리하는
자. ○羿 − 后羿(후예). 고대의 뛰어난 弓士. 旄頭(모두)는 황제 행렬에서 맨
앞에 가는 무사. ○宋萬 − 춘추시대 宋 閔公의 용감한 신하. 式道侯는 車騎

의 先導 武士.

　무제는 동방삭의 말이 재미있으며 응대가 민첩하다고 생각하여 묻기를 좋아하였다. 언제가 무제가 동방삭에게 물었다. "선생은 짐을 어떤 군주라고 보는가?"

　그러자 동방삭이 대답하였다.

　"요순시대의 융성이나 成王이나 康王 때라도 지금과 비교할 수 없습니다. 臣이 감히 말씀드리자면, 폐하의 공덕은 五帝보다 위이고 三王보다는 낫다고 봅니다. 그뿐만 아니라 폐하께서는 정말 천하의 賢才를 얻으셨으니 공경으로 직위에 있는 사람들은 모두 그 적임자를 찾으셨습니다. 비유하자면, 周公 旦(단)과 邵公 奭(석)과 같은 사람을 승상에 임명하셨으며, 孔丘 같은 사람을 御史大夫에 임명하셨고 太公望과 같은 인물을 장군에, 畢公高(필공고)와 같은 사람을 나중에 拾遺(습유)에 임명하셨으며, 弁嚴子(변엄자)와 같은 사람을 衛尉에, 皐陶(고요)와 같은 사람을 大理에, 后稷과 같은 사람을 司農에. 伊尹 같은 사람을 少府에, 子贛(자공) 같은 사신을 외국에 보내셨으며 顔回와 閔子騫(민자건) 같은 사람을 博士로 삼으셨고, 子夏 같은 사람을 太常에, 伯益(백익) 같은 사람을 右扶風에, 季路(子路)와 같은 執金吾(집금오)에, 契(설)과 같은 사람을 大鴻臚(대홍려)에, 그리고 關龍逢(관용봉) 같은 사람을 宗正으로 두셨습니다. 伯夷 같은 사람을 京兆尹에 등용하셨으며 管仲 같은 사람은 左馮翊(좌풍익)에, 魯般(魯班) 같은 사람을 將作大匠에, 仲山甫를 光祿大夫로, 申伯 같은 사람을 太僕에, 延陵季子 같은 사람을 水衡都尉에, 百里奚 같은 사람을

典屬國에, 柳下惠 같은 사람을 大長秋에, 史魚 같은 사람을 승상의 司直에, 蘧伯玉(거백옥) 같은 이를 太傅에, 孔父 같은 사람을 詹事(첨사)에, 孫叔敖(손숙오) 같은 사람을 諸侯의 相으로, 子産 같은 사람을 郡守에, 王子인 慶忌 같은 사람을 期門郎에, 夏育 같은 사람을 鼎官에, 后羿(후예) 같은 사람을 旄頭(모두)에, 宋萬 같은 사람을 式道侯에 임명하셨습니다."

이에 무제는 크게 웃었다.

原文

是時, 朝廷多賢材, 上復問朔, "方今公孫丞相,兒大夫,董仲舒,夏侯始昌,司馬相如,吾丘壽王,主父偃,朱買臣,嚴助,汲黯,膠倉,終軍,嚴安,徐樂,司馬遷之倫, 皆辯知閎達, 溢於文辭, 先生自視, 何與比哉?" 朔對曰, "臣觀其舌齒牙, 樹頰胲, 吐脣吻, 擢項頤, 結股脚, 連脽尻, 遺蛇其跡, 行步偶旅, 臣朔雖不肖, 尙兼此數子者." 朔之進對澹辭, 皆此類也.

│ 註釋 │ ○公孫丞相 – 公孫弘. ○兒大夫 – 兒寬(예관) 어사대부. ○夏侯始昌(하후시창) – 夏侯는 복성. 75권, 〈眭兩夏侯京翼李傳〉에 입전. ○吾丘壽王,主父偃(주보언),朱買臣,嚴助 – 64권, 〈嚴朱吾丘主父徐嚴終王賈傳(上)〉에 입전. ○汲黯(급암) – 50권, 〈張馮汲鄭傳〉에 입전. ○膠倉(교창) – 一作 '聊蒼', 무제 때 賢良으로 入仕, 博學多聞하고 辯才가 좋아 무제의 신임을 받았다. ○終軍,嚴安,徐樂 – 64권, 〈嚴朱吾丘主父徐嚴終王賈傳(上・下)〉에 입전. ○舌齒牙 – 치아가 나다. 舌은 가래 삽. 끼우다. ○樹頰胲(수협개) –

뺨에 붙은 살. 頰 뺨 협. 胲 뺨 개. 뺨의 살. 엄지발가락 해. ○吐脣吻 – 입술
을 들먹거리다. 脣 입술 순. 吻 입술 문. ○擢項頤 (탁항이) – 목이나 턱을 끄
덕거리다. 擢 뽑을 탁. 項 목덜미 항. 頤 턱 이. ○結股脚 (결고각) – 붙어 있
는 다리. 股 넓적다리 고. 脚 다리 각. ○連脽尻 (연수고) – 붙어있는 엉덩이.
脽 꽁무니 수. 尻 꽁무니 고. ○遺蛇其跡 (유사기적) – 구부정한 몸. 遺蛇 뱀
이 구불구불 기어간 자취. ○行步偊旅 (행보우려) – 行步는 걸음걸이. 偊旅
(우려)는 구부정한 모습. 傴僂 (구루), 곱사등이. 偊 웅크릴 우. ○澹辭 (섬사)
– 풍부한 언사. 澹 넉넉할 섬 (贍과 同). 담박할 담.

[國譯]

이 무렵에 조정에는 賢材가 많았었는데 무제가 다시 동방삭에게
물었다.

"지금 승상 公孫弘, 어사대부 兒寬(예관), 董仲舒, 夏侯始昌, 司馬
相如, 吾丘壽王, 主父偃, 朱買臣, 嚴助, 汲黯(금암), 膠倉(교창), 終軍
(종군), 嚴安, 徐樂, 司馬遷 같은 사람들은 모두 해박한 지식을 갖추
고 文辭도 뛰어났는데, 선생은 스스로 이들과 비교하여 어떠하다고
생각하는가?" 이에 동방삭이 말했다.

"제가 볼 때 그 사람들의 치아나 뺨에 붙은 살, 벌렁거리는 입술,
끄덕이는 목이나 턱, 붙어있는 다리나 이어진 엉덩이, 그리고 구부
정한 몸뚱이나 걸음걸이는 臣 동방삭이 비록 못났어도 그 몇 사람
정도의 능력은 갖추고 있습니다."

동방삭의 대꾸나 풍부한 언사는 대개 이런 식이었다.

武帝旣招英俊, 程其器能, 用之如不及. 時方外事胡,越,
內興制度, 國家多事, 自公孫弘以下至司馬遷, 皆奉使方外,
或爲郡國守相至公卿, 而朔嘗至太中大夫, 後常爲郎, 與枚
臯,郭舍人俱在左右, 詼啁而已. 久之, 朔上書陳農戰强國之
計, 因自訟獨不得大官, 欲求試用. 其言專商鞅,韓非之語
也, 指意放蕩, 頗復詼諧, 辭數萬言, 終不見用. 朔因著論,
設客難己, 用位卑以自慰諭. 其辭曰,

| 註釋 | ○程其器能 - 局量과 능력을 고려하다. 程은 計量하다. ○如不
及 - 失去를 걱정하다. ○太中大夫 - 大中大夫와 同. 九卿의 하나인 郎中令
의 屬官, 정사에 대한 의론을 담당. 정원 없음. 많을 때는 수십 명에 이르렀
다. 황제의 측근이지만 秩(俸祿)은 比千石. 郡의 태수가 二千石(月 120斛)이
었고 比二千石은 월 100곡이었으니 比千石은 그 절반이라고 생각할 수 있
다. 秩은 관리의 연봉. 연봉을 12로 나누어 매달 지급. 연봉의 다소에 따라
관리의 품계를 구별했다. ○枚臯(매고) - 梅乘의 서자. 51권,〈賈鄒枚路傳〉
에 附傳. ○詼啁(회조) - 농지거리하다. 조롱하다. 詼 조롱할 회. 啁 비웃을
조. ○其辭曰 -〈答客難〉, 客의 힐난에 답하다. 자문자답 형식의 글이다.

〖國譯〗

武帝는 뛰어난 인재를 초빙했고 그 국량과 능력을 따져 등용하되
혹 잃을까 걱정하였다. 그 무렵에는 밖으로 흉노와 越人(월인)을 정
복하고 내부적으로 제도를 정비하느라 나라에 일이 많았으니 공손
홍 이하 사마천까지 方外에 사신으로 가거나 郡國의 守相 또는 公卿

으로 일을 했는데 동방삭은 太中大夫에 올랐다가 나중에는 늘 낭관에 머물렀으며 枚皐(매고)나 郭舍人(곽사인)과 함께 황제의 측근에서 농지거리나 조롱의 대상이었다. 얼마 뒤에 동방삭은 상서하여 農戰과 强國의 계책을 서술하고 아울러 자신이 大官이 되지 못한 것을 호소하면서 등용해주길 희망했다. 그 글은 옛날 商鞅(상앙)과 韓非子(한비자)의 글을 빌려온 것으로 뜻이 터무니없이 크면서 농담과 같은 내용도 있으며 일만 자가 넘었지만 끝내 중용되지 못했다. 동방삭은 객인이 자신을 힐난하는 뜻의 글을 지어 등용된 이후로 낮은 지위에 머무는 자신을 위로하였다. 그 〈答客難〉은 다음과 같다.

原文

「客難東方朔曰, "蘇秦, 張儀一當萬乘之主, 而都卿相之位, 澤及後世. 今子大夫修先王之術, 慕聖人之義, 諷誦《詩》《書》, 百家之言, 不可勝數. 著於竹帛, 脣腐齒落, 服膺而不釋, 好學樂道之效, 明白甚矣. 自以智能海內無雙, 則可謂博聞辯智矣. 然悉力盡忠以事聖帝, 曠日持久, 官不過侍郎, 位不過執戟, 意者尚有遺行邪? 同胞之徒無所容居, 其故何也?"」

| 註釋 | ○難－따지다. 詰難(힐난)하다. 꾸짖다. ○蘇秦(소진), 張儀(장의)－모두 鬼谷 선생의 제자. 合縱과 連橫을 주장. ○都卿相之位－都는 차지하다. ○遺行－아직 최선을 다하지 못하다. ○同胞之徒－친형제.

〈答客難〉*

「客人이 東方朔을 힐난하며 말했다.

"蘇秦과 張儀는 혼자서 만승의 군주를 상대하며 卿相의 지위에 올라 그 영향이 후세까지 미쳤습니다. 지금 대부인 당신은 선왕의 학술을 배웠고 성인의 대의를 숭모하며《詩》와《書》및 百家 주장을 암송하기를 이루 다 말할 수가 없습니다. 竹帛에 글을 짓고 입술이 문드러지고 치아가 빠지도록 읽었으며 가슴에 새기고 책을 놓지 않았으니 호학하고 樂道한 것은 틀림없습니다. 그러기에 스스로도 지식에서는 海內에 둘도 없으며 박학하고 사리 판단이 뛰어났다고 생각하고 있습니다. 그러나 온 힘을 다하고 충성으로 聖帝를 섬기기 오래지만 관직은 侍郎에 불과하고 그 지위는 창을 든 衛士에 불과한데 그 뜻에 아직도 최선을 다하지 못한 것이 있습니까? 당신의 친형제들조차 당신을 수용하지 못하는 그 까닭은 무엇입니까?"」

「東方先生喟然長息, 仰而應之曰, "是固非子之所能備也. 彼一時也, 此一時也, 豈可同哉? 夫蘇秦,張儀之時, 周室大壞, 諸侯不朝, 力政爭權, 相禽以兵, 並爲十二國, 未有雌雄, 得士者强, 失士者亡, 故談說行焉. 身處尊位, 珍寶充內, 外有廩倉, 澤及後世, 子孫長享. 今則不然. 聖帝流德, 天下震慴, 諸侯賓服, 連四海之外以爲帶, 安於覆盂, 動猶運

之掌, 賢不肖何以異哉? 遵天之道, 順地之理, 物無不得其
所, 故綏之則安, 動之則苦, 尊之則爲將, 卑之則爲虜, 抗之
則在靑雲之上, 抑之則在深泉之下, 用之則爲虎, 不用則爲
鼠, 雖欲盡節效情, 安知前後? 夫天地之大, 士民之衆, 竭精
談說, 並進輻湊者不可勝數, 悉力募之, 困於衣食, 或失門
戶. 使蘇秦, 張儀與僕並生於今之世, 曾不得掌故, 安敢望常
侍郎乎? 故曰, 時異事異.」

| 註釋 | ◦力政 − 무력으로 정벌하다. 政은 征과 通. ◦並爲十二國 − 전
국시대 齊, 楚, 燕, 秦, 韓, 魏, 趙의 7雄 外에 魯, 衛, 宋, 鄭, 中山國. ◦覆盂
(복우) − 뚜껑을 덮다. ◦掌故(장고) − 관직명. 예악제도의 고증이나 자문을
담당. 太常掌故, 太史掌故, 治禮掌故, 文學掌故로 구분. ◦侍郎 − 九卿의 하
나인 光祿勳의 屬官. 秩 比四百石. 요즈음의 경비원, 수행원 역할을 담당.

〔國譯〕

「東方선생은 한숨 쉬며 크게 탄식하고 객인을 바라보며 말했다.

"이는 사실 당신이 이해할만한 일이 아닙니다. 그때는 그때이고,
지금은 지금이니 어찌 같겠습니까? 소진과 장의 시절에는 周室이
완전히 무너져 제후라도 입조하지 않고 무력으로 정복하며 패권을
다투면서 군사력으로 서로를 잡으면서 모두 12개 나라가 남아 자웅
을 가리지 못하였으니 인재를 얻은 자는 강해지지만 얻지 못하면 망
하였기에 이런 저런 주장이 통했습니다. 몸이 존귀한 자리에 오르면
진기한 보물로 집안을 채웠고 집 밖 창고에도 쌓아두었으니 그 후세
자손도 오래 누릴 수 있었습니다. 그러나 지금은 그렇지 않습니다.

훌륭한 제왕께서 덕을 베푸시니 온 천하가 두려워하며 제후들은 조공하고 복속하며 사방 먼 곳까지 하나로 연결이 되어 뚜껑에 덮인 듯 안전하며 천하를 손바닥처럼 쉽게 움직이니 현인이나 무능력자에게 무엇이 다르겠습니까? 天道를 따르고 地理에 순응하며 만물이 모두 제자리를 찾았으니 가만히 있으면 편안하고 움직이면 고생이며 높아지면 장군이고 낮아졌다면 병졸이며, 올라갔다면 청운 위에 앉지만 눌렸다면 깊은 구덩이에 박히며, 등용이 되었다면 호랑이지만 등용되지 못하면 쥐새끼가 되는 것이니 지조와 충정을 다 바치려 하더라도 어찌 그 선후를 알 수 있겠습니까? 광대한 천지에 만 백성이 있어 정성을 다하여 유세하려 중앙으로 몰려드는 자를 이루 다 말할 수 없으니 전력으로 응모하더라도 의식이 궁핍하거나 가문을 잃기도 합니다. 소진이나 장의와 내가 지금 세상에 함께 태어났다면 아마 掌故(장고)도 못 될 수도 있는데 어찌 侍郞(시랑)을 바랄 수 있겠습니까? 그래서 시대가 다르면 형세도 다른 것입니다."」

原文

「"雖然, 安可以不務修身乎哉!《詩》云, '鼓鐘於宮, 聲聞於外.' '鶴鳴於九皐, 聲聞於天.' 苟能修身, 何患不榮! <u>太公</u>體行仁義, 七十有二乃設用於<u>文</u>,<u>武</u>, 得信厥說, 封於<u>齊</u>, 七百歲而不絶. 此士所以日夜孶孶, 敏行而不敢怠也. 辟若鶺鴒, 飛且鳴矣. 傳曰, '天不爲人之惡寒而輟其冬, 地不爲人之惡險而輟其廣, 君子不爲小人之匈匈而易其行.' '天有

常度, 地有常形, 君子有常行, 君子道其常, 小人計其功.'
《詩》云, '禮義之不愆, 何恤人之言?' 故曰, '水至淸則無魚,
人至察則無徒. 冕而前旒, 所以蔽明, 黈纊充耳, 所以塞聰.'
明有所不見, 聰有所不聞, 擧大德, 赦小過, 無求備於一人之
義也. 枉而直之, 使自得之, 優而柔之, 使自求之, 揆而度之,
使自索之. 蓋聖人敎化如此, 欲自得之, 自得之, 則敏且廣
矣."」

| 註釋 | ○《詩》云, '鼓鐘~'는 《詩經 小雅 白華》. 마음이 있으면 밖으로
나타나게 되어 있다는 뜻. '鶴鳴~'는 《詩經 小雅 鶴鳴》. 九皐(구고)는 깊은
연못. 낮은 자리에 있더라도 뜻은 크게 가져야 한다는 뜻. ○日夜孳孳 – 孳
孳(자자)는 孜孜(자자). 애쓰는 모양. ○辟若鶺鴒(비약척령) – 辟는 견줄
비. 譬와 通. 鶺鴒(척령)은 할미새. 體小尾長. 할미새는 땅에서는 목을 흔들
고 날아가면서 운다. ○傳曰 – 《荀子 天論》. 輟은 止也. ○'天有常度, ~' –
《荀子 榮辱》. ○《詩》云 – 逸詩. 愆은 허물 건. 過失. 恤은 근심할 휼. ○故
曰, '水至淸~,' – 《大戴禮記 子張問入官》에 있는 글이다. ○冕而前旒 – 冕
면류관 면. 旒 면류관의 구슬을 꿴 줄 류. ○黈纊充耳(주광충이) – 귀막이
솜으로 귀를 막다. 黈 누런 빛 주. 纊 솜 광. ○則敏且廣矣 – 敏은 민첩하다.
부지런하다.

〖 國譯 〗

「"그렇지만 어찌 修身에 힘쓰지 않을 수 있겠습니까!《詩》에서도
'궁 안에서 종을 치나 소리는 밖에도 들리네.' 하였으며, '鶴이 깊은
못에서 울어도 소리는 높은 하늘에 들리네.' 라고 하였으니, 정말 잘

수신했다면 왜 벼슬을 못한다고 걱정하겠습니까! 太公은 仁義를 몸소 실천했기에 72세에 문왕과 무왕에 의해 등용되고 그 뜻을 펼 수 있었으며 齊에 봉해져서 7백 년 동안 단절되지 않았습니다. 이것이 바로 志士가 밤낮으로 열심히 노력하고 힘써 실천하며 게을리 할 수 없는 까닭입니다. 할미새에 비유하자면 할미새는 날아가면서도 울어댑니다. 전하는 말에 따르면 '하늘은 사람이 추위를 싫어한다고 겨울을 끝내지 않으며, 땅은 사람이 험한 것을 싫어한다고 광활한 모습을 바꾸지 않으며, 군자는 소인들이 떠든다고 그 행실을 바꾸지 않는다.'고 하였습니다. 또 '하늘에는 常度가, 땅에는 常形이, 君子에게는 常行이 있으며, 군자의 도는 언제나 일정하나 소인은 그 결과를 계산한다.'고 하였습니다. 어떤 詩에서는 '禮義에 잘못이 없다면 어찌 사람의 말을 걱정하는가?'라고 하였습니다. 그러기에 '물이 너무 맑으면 물고기가 없고, 사람이 너무 살피면 따르는 사람이 없다. 冕冠(면관)에 구슬을 꿰어 느린 것은 明察을 약간 가린 것이며, 누런 귀막이 솜으로 귀를 막는 것은 귀 밝음을 막으려는 뜻입니다.'다 볼 수 있어도 다 보지 않고, 다 들을 수 있어도 다 듣지 않는 것은 큰 덕행을 보고 작은 과오를 용서하려는 뜻이니 한 사람의 뜻에 따르지 않는다는 의미입니다. 구부러진 것을 곧게 하여 스스로 얻어야 하고 관대하면서도 조화를 이루어 스스로 구하며 헤아리고 재어보면서 스스로 찾아야 합니다. 아마 성인의 교화도 이와 같이 스스로 얻으려 해야 얻어지며 부지런히 넓혀나가야 합니다."」

「"今世之處士, 魁然無徒, 廓然獨居, 上觀許由, 下察接輿, 計同范蠡, 忠合子胥, 天下和平, 與義相扶, 寡耦少徒, 固其宜也, 子何疑於我哉? 若夫燕之用樂毅, 秦之任李斯, 酈食其之下齊, 說行如流, 曲從如環, 所欲必得, 功若丘山, 海內定, 國家安, 是遇其時也, 子又何怪之邪? 語曰 '以筦窺天, 以蠡測海, 以筳撞鐘.' 豈能通其條貫, 考其文理, 發其音聲哉! 繇是觀之, 譬猶鼱鼩之襲狗, 孤豚之咋虎, 至則靡耳, 何功之有? 今以下愚而非處士, 雖欲勿困, 固不得已, 此適足以明其不知權變, 而終或於大道也."」

| 註釋 | ○處士 − 草野의 선비. ○魁然(괴연) − 홀로. 魁는 塊(흙덩이 궤) 의 뜻. ○許由(허유) − 堯 시절의 隱士. 堯가 천하를 넘겨주려 했으나 받지 않았다. ○接輿(접여) − 춘추시대 楚의 은자. 미친 척 避世했다. 《論語》에 등장한다. ○范蠡(범려) − 춘추시대 越王 句踐의 謀臣. 나중에 陶朱公으로 행세하며 큰돈을 벌었다. 중국인들에게는 재물의 神. ○伍子胥 − 춘추시대 吳의 大夫. ○寡耦少徒 − 耦는 合也. 徒는 衆也. ○樂毅(악의) − 전국시대 燕의 명장. 燕 昭王의 초빙으로 연에서 큰 공을 세웠다. ○酈食其(역이기) − 43권, 〈酈陸朱劉叔孫傳〉에 입전. ○以蠡測海(이려측해) − 蠡 표주박 려(라). 좀먹을 려. 달팽이 려. 소라 고동. 蠡測(여측)은 소라껍데기로 바닷물을 측정하려 하다. 좁은 소견으로 큰일을 하려고 하다. ○以筳撞鐘(이정당종) − 실꾸리 막대로 큰 종을 치다. 筳 실을 감는 꾸리 막대 정. 조그만 나무 토막. 撞 칠 당. 두드리다. ○鼱鼩之襲狗(정구지습구) − 생쥐가 개를 공격하다. 鼱 생쥐 정. 鼩 생쥐 구. ○孤豚之咋虎(고돈지색호) − 돼지 새끼가 호랑

이를 물다. 咋 깨물 색. 잠깐 사. ㅇ權變 — 임기응변.

[國譯]

「"지금 세상의 處士들은 따르는 사람이 없이 혼자서 울타리를 친 듯 독거하면서 멀리는 許由(허유)를 바라보고 가깝게는 接輿(접여)의 뜻을 살피면서 계산은 范蠡(범려)와 같으며 충성심은 伍子胥(오자서) 와 같더라도 지금 천하는 화평하고 의리가 서로 통하기에 능력이 없 다면 추종자가 없는 것이 당연한 것이거늘 객인은 나를 왜 걱정합니 까? 燕에서 樂毅(악의)를 등용한 것이나 秦에서 李斯에게 일임하고, 酈食其(역이기)가 齊에 가서 유창하게 유세를 한 것도, 그리하여 뜻 을 굽혀 고리처럼 따라 돌다가 필요한 것을 성취하면 그 공이 산과 같이 크고 海內를 안정케 하며 나라를 편안케 하나니 이 모두가 다 때를 만난 것이거늘 객인은 나를 왜 이상하게 생각합니까? 속어에 도 '대롱으로 하늘을 보고 표주박으로 바닷물을 측량하며 나무토막 으로 종을 친다.' 고 하였는데, 이렇게 해서야 어찌 하고자 하는 일 을 성취하고 文理를 살피고 그 소리를 낼 수 있겠습니까! 이를 본다 면 마치 생쥐가 개를 공격하고 돼지 새끼가 호랑이를 무는 것에 비 유할 수 있으니 결국 죽기만 하지 무슨 효과가 있겠습니까? 지금 下 愚의 입장에서 處士를 그르다 하는 것은 곤궁하지 않기를 바라지만 결국 그럴 수밖에 없는 것이며, 이는 權變을 모르는 것이고 끝까지 大道를 깨치지 못한 사실을 드러내는 것입니다."」

又設非有先生之論, 其辭曰,

「非有先生仕於吳, 進不稱往古以屬主意, 退不能揚君美
以顯其功, 默然無言者三年矣. 吳王怪而問之, 曰, “寡人獲
先人之功, 寄於衆賢之上, 夙興夜寐, 未嘗敢怠也. 今先生
率然高擧, 遠集吳地, 將以輔治寡人, 誠竊嘉之. 體不安席,
食不甘味, 目不視靡曼之色, 耳不聽鐘鼓之音, 虛心定志欲
聞流議者三年於茲矣. 今先生進無以輔治, 退不揚主譽, 竊
不爲先生取之也. 蓋懷能而不見, 是不忠也, 見而不行, 主
不明也. 意者寡人殆不明乎?” 非有先生伏而唯唯. 吳王曰,
“可以談矣, 寡人將竦意而覽焉.” 先生曰, “於戲! 可乎哉?
可乎哉? 談何容易! 夫談有悖於目, 拂於耳, 謬於心而便於
身者. 或有說於目, 順於耳, 快於心而毀於行者. 非有明王
聖主, 孰能聽之?” 吳王曰, “何爲其然也? ‘中人已上可以
語上也.’ 先生試言, 寡人將聽焉.”」

| 註釋 | ○〈非有先生論〉 – 동방삭이 治道의 대략을 논한 글. 《文選》 51권
에도 수록. ○屬 – 礪(갈 려)와 通. 격려하다. 바로 잡아주다. ○流議者 – 하
층민의 논의. 流는 하류, 지위가 낮은 자. 하급 관리 또는 백성들. ○唯唯 –
연이어 공경을 표시하다. ○竦意(송의) – 자숙하다. ○‘中人已上可以語上
也.’ – 《論語 雍也》. 子曰, “中人以上, 可以語上也. 中人以下, 不可以語上
也.” 보통 사람 이상이라면 고상한 도리를 이야기하면 깨달을 수 있다는 뜻.

〖國譯〗

또 〈非有先生之論〉*을 지었는데 아래와 같다.

「非有先生이 吳에 출사하였는데 조정에 나가서는 옛 도리에 의거 왕의 뜻을 격려하지도 않고 물러나서는 주군의 장점이나 공에 대한 칭송도 없이 묵묵히 지내기가 3년이나 되었다. 吳王은 이상히 생각하며 그에게 물었다.

"寡人이 先人의 공적을 이어 받아 여러 현사들의 위에 있으면서 아침에 일찍 일어나고 늦게 자면서 여태껏 게으르지 않았소. 지금 선생께서는 큰 뜻을 품고 멀리 吳나라를 홀연히 찾아왔기에 과인의 통치를 도울 것이라 하여 진정으로 가상히 여겼습니다. 선생께서는 편안한 자리를 찾지도 좋은 음식을 들지도 않았고 눈으로는 화려한 것을 보지 않고, 귀로는 鐘鼓의 음악도 듣지 않으면서 빈 마음과 굳은 의지로 하층 백성의 의논을 듣기만 하기를 여태껏 3년이 되었소. 지금 선생께서는 조정에 들어와 치국을 돕지도 않고 물러나도 주군을 칭송하지도 않는데 이는 선생이 취할 방도가 아니라고 생각하오. 가령 능력을 가지고서도 발휘하지 않는다면 그것도 불충이며 능력을 발휘했는데도 실행되지 않는다면 이는 주군의 不明일 것이요. 선생의 뜻은 혹 과인의 不明에 있는 것입니까?"

非有先生은 엎드려 연신 굽실거렸다. 그러자 吳王이 말했다.

"이야기를 해 봅시다. 과인이 자숙하며 친히 살필 것이요."

이에 비유선생이 말했다.

"아! 말해도 괜찮겠습니까? 괜찮을까요? 말씀드리기가 쉬운 일일까요! 제가 말하는 것은 눈에 안 차거나 귀에 거슬려 마음에는 안 들겠지만 몸에는 이로울 것입니다. 말하는 것이 눈을 기쁘게 하고 귀에 쏙쏙 들어오면 마음에 들겠지만 행실을 망치는 것입니다. 明王이나 聖主가 아니라면 누가 잘 들을 수 있겠습니까?"

　오왕이 물었다. "어찌 그러 하겠소? '中人 이상이면 옳은 도리를 이야기 할 수 있다' 고 하지 않았소? 선생은 이야기 해보시오. 과인이 들어줄 것이요."」

原文

　「先生對曰, "昔者關龍逢深諫於桀, 而王子比干直言於紂, 此二臣者, 皆極慮盡忠, 閔王澤不下流, 而萬民騷動, 故直言其失, 切諫其邪者, 將以爲君之榮, 除主之禍也. 今則不然, 反以爲誹謗君之行, 無人臣之禮, 果紛然傷於身, 蒙不辜之名, 戮及先人, 爲天下笑, 故曰談何容易! 是以輔弼之臣瓦解, 而邪諂之人並進, 遂及蜚廉, 惡來輩等. 二人皆詐僞, 巧言利口以進其身, 陰奉珊瑚刻鏤之好, 以納其心. 務快耳目之欲, 以苟容爲度. 遂往不戒, 身沒被戮, 宗廟崩弛, 國家爲虛, 放戮聖賢, 親近讒夫. 《詩》不云乎? '讒人罔極, 交亂四國.' 此之謂也. 故卑身賤體, 說色微辭, 愉愉呴呴, 終無益於主上之治, 則志士仁人不忍爲也. 將儼然作矜嚴之色, 深言直諫, 上以拂主之邪, 下以損百姓之害, 則忤於邪主之心, 歷於衰世之法. 故養壽命之士莫肯進也, 遂居深山之間, 積土爲室, 編蓬爲戶, 彈琴其中, 以詠先王之風, 亦可以

樂而忘死矣. 是以伯夷,叔齊避周, 餓於首陽之下, 後世稱其
仁. 如是, 邪主之行固足畏也, 故曰談何容易!」

| 註釋 | ㅇ關龍逢(관용봉) - 夏나라 폭군 桀王의 신하. ㅇ王子比干(왕자
비간) - 殷 紂王의 충신. 바른 말을 한다고 심장을 갈라 죽였다. ㅇ閔 - 憫
也. 걱정하다. ㅇ邪諂之人並進 - 邪諂(사첨)은 사악하고 아첨하다. ㅇ蜚廉
(비렴), 惡來輩(악래배) - 紂王의 간신. ㅇ珚琢刻鏤(조전각루) - 珚琢刻鏤之
好. 珚 옥을 다듬을 조. 琢 홀에 새길 전. 刻 새길 각. 鏤 새길 루. ㅇ苟容(구
용) - 구차한 짓으로 비위를 맞추다. ㅇ崩弛(붕이) - 무너지다. 붕괴하다. 弛
늦출 이. ㅇ《詩》不云乎 -《詩經 小雅 靑蠅》. ㅇ說色微辭 - 微辭는 美辭.
ㅇ愉愉呴呴(유유구구) - 愉愉는 부드러운 낯 빛. 呴呴는 부드럽게 말하다.
愉 즐거울 유. 呴 숨 내실 구. ㅇ儼然(엄연) - 장중한 표정. 儼 의젓할 엄.

〔國譯〕

「非有先生이 대답하였다.

"예전에 關龍逢(관용봉)은 桀王에게 진심으로 충간하였고 王子比
干은 紂王(주왕)에게 직언을 하였는데 두 사람은 모두 많은 생각과
충성심에서 왕의 은택이 하류에 미치지 않아 백성이 소동을 일으킬
수 있다는 것을 걱정하여 왕의 실정과 사악함을 직간하였는데, 이는
주군의 영화를 위하는 것이고 주군의 재앙을 없애려는 뜻이었습니
다. 지금도 그렇지 않다면 오히려 주군의 행실을 비방하는 것이 되
고 신하의 예를 지키지 않는 것이 되어 결과적으로 몸을 다치거나
무고한 죄명을 덮어쓰고 그 윗대까지 죽음을 당하며 천하의 웃음거
리가 될 것이니 말씀드리기가 어찌 쉽겠습니까! 이렇게 되면 주군을

보필하는 신하는 와해되고 사악하고 아첨하는 무리만 모두 나타나게 되니 결국 蜚廉(비렴)과 惡來輩(악래배)가 나올 것입니다. 두 사람은 모두 거짓과 입에 달린 교묘한 말로 주군에게 접근하고 은밀하게 뜻을 받들며 좋은 일을 하는 사람처럼 마음을 바쳤습니다. 힘써 주군의 이목을 즐겁게 하는 일을 하고 구차하게 비위나 맞추는 일을 법도라고 생각하였습니다. 이런 사람들을 조심하지 않으면 一身은 죽어나가고 종묘가 붕괴되며 나라가 텅 비게 되어 성현도 쫓겨나거나 도륙당하고 참소하는 사람만 가까이에 모이게 됩니다. 그래서 《詩經》에서도 읊지 않았습니까? '讒人(참인)은 법도가 없이 온 나라를 어지럽히네.' 바로 이런 것을 말한 것입니다. 그래서 몸을 낮추고 듣기 좋은 말만 하면서 온화한 표정과 부드러운 말은 주군의 통치에 아무런 도움이 되지 못하기에 志士와 仁人은 차마 이런 짓을 못하는 것입니다. 엄숙하고도 근엄한 낯빛을 가지고 진심으로 직간을 하는 것은 위로는 주군의 邪心을 쫓아내려는 뜻이고 아래 백성들의 해악을 없애려는 뜻이지만 그릇된 주군의 마음에 어긋나게 되어 망하는 세대의 법도를 밟아가게 됩니다. 그렇게 되면 자신의 목숨이나 지키려는 志士는 세상에 나오려 하지 않고 깊은 산속에 들어가 살면서 흙을 쌓아 집을 만들고 쑥대를 엮어 창문을 가리며 거기서 탄금이나 하면서 옛 선왕의 유풍을 읊을 것이니 이것도 즐길만하고 죽음을 잊을 수 있습니다. 이 때문에 伯夷(백이)와 叔齊(숙제)는 周를 피해 수양산 아래서 굶어죽었지만 후세 사람들은 仁者라고 칭송을 하는 것입니다. 이런 것처럼 사악한 주군의 행실은 참으로 두려운 것이기에 말씀드리기가 어찌 쉽겠습니까!」

「於是吳王懼然易容, 捐薦去几, 危坐而聽. 先生曰, "接輿避世, 箕子被髮陽狂, 此二人者, 皆避濁世以全其身者也. 使遇明王聖主, 得淸燕之閑, 寬和之色, 發憤畢誠, 圖畫安危, 揆度得失, 上以安主體, 下以便萬民, 則五帝, 三王之道可幾而見也. 故伊尹蒙恥辱, 負鼎俎, 和五味以干湯, 太公釣於渭之陽以見文王. 心合意同, 謀無不成, 計無不從, 誠得其君也. 深念遠慮, 引義以正其身, 推恩以廣其下, 本仁祖義, 褒有德, 祿賢能, 誅惡亂, 總遠方, 一統類, 美風俗, 此帝王所由昌也. 上不變天性, 下不奪人倫, 則天地和洽, 遠方懷之, 故號聖王. 臣子之職旣加矣, 於是裂地定封, 爵爲公侯, 傳國子孫, 名顯後世, 民到於今稱之, 以遇湯與文王也. 太公, 伊尹以如此, 龍逢, 比干獨如彼, 豈不哀哉! 故曰談何容易!"」

| 註釋 | ○捐薦去几 (연천거궤) − 방석과 안궤에서 내려앉다. 捐 버릴 연. 薦 자리 천. 거적. 几 안석 궤. ○危坐 − 단정히 앉다. 무릎을 꿇고 앉다. ○得淸燕之閑 − 淸燕은 청아하고 편안하다. ○發憤畢誠 (발분필성) − 畢誠은 盡誠. ○揆度 (규탁) − 헤아리다. 상세히 따져보다. ○可幾而見也 − 기미로 나타나 볼 수 있다. 幾는 기미, 낌새. 여기서는 動詞로 쓰였는데 우리말로 옮겼지만 부자연스럽다. ○負鼎俎 (부정조) − 솥과 도마를 지고 다니다. 요리를 하다. 俎 도마 조. 伊尹은 요리사로 일했다. ○本仁祖義 − 仁義를 근본으로 하다. 祖는 始作하다. ○一統類 − 인류를 혼자 다스리다.

『國譯』

「이에 吳王은 엄숙하게 낯빛을 바꾸고 자리와 궤석을 물리고 단정히 앉아 경청했다. 비유선생이 말했다.

"楚의 接輿(접여)는 숨어살았고 箕子(기자)는 머리 풀고 미친 척하였으니 이 두 사람은 모두 혼탁한 세상을 피해 자신을 지킨 사람이었습니다. 이들이 明王이나 聖主의 인정을 받고 평안한 시대를 만났다면 온화한 낯빛으로 분발하고 정성을 다하여 나라의 安危를 걱정하고 정사의 득실을 헤아려 위로는 주군을 편안케 하고, 아래로는 만민을 이롭게 했을 것이며 五帝와 三王의 正道의 싹을 틔워 볼 수 있게 했을 것입니다. 그렇기에 伊尹(이윤)은 치욕을 무릅쓰고 요리하면서 五味를 조화시켜 湯王께 올려 벼슬을 구했고, 太公望은 渭水의 남쪽에서 낚시를 하다가 文王을 만났습니다. 君臣 간의 마음과 뜻이 일치하니 지모가 모두 성공하였고 계책은 전부 실행되었으니 정말로 바른 주군을 얻었던 것입니다. 深謀遠慮(심모원려)하고 의리로 몸을 바로 하며 은택을 베풀어 아래에 널리 폈으며, 仁義에 바탕을 두고 有德者를 포상하고 賢能한 자에게 봉록을 주며 惡亂者를 주살하고 遠方을 총괄하여 인류를 하나로 이끌어 풍속이 순박해졌는데 이런 것들은 제왕이 있어 번창한 것입니다. 위로는 천성이 불변하고 아래로는 인류를 어지럽히지 않았으며 천지가 화합하고 먼 이민족까지 끌어안았기에 聖王이라 불리는 것입니다. 신하의 직분에 있는 자에게 더 보태어 땅을 나눠 책봉하고 公侯의 작위를 주어 그 나라를 자손에게 물려주게 하면서 이름을 후세까지 남길 수 있게 하였기에 백성들은 지금까지도 칭송하면서 탕왕과 문왕을 만났다고 말을 하는 것입니다. 태공망과 伊尹이 이러했지만 關龍逢과 比干(비간)은 그냥 그러하였으니 어찌 슬프지 않겠습니까! 이를 본다면 이야기를 나누는 것이 어찌 쉬운 일이겠습니까!」

原文

「於是吳王穆然, 俯而深惟, 仰而泣下交頤, 曰, "嗟乎! 餘國之不亡也, 綿綿連連, 殆哉, 世之不絶也!" 於是正明堂之朝, 齊君臣之位, 擧賢材, 布德惠, 施仁義, 賞有功, 躬節儉, 減後宮之費, 損車馬之用, 放鄭聲, 遠佞人, 省庖廚, 去侈靡, 卑宮館, 壞苑囿, 塡池塹, 以予貧民無産業者. 開內藏, 振貧窮, 存耆老, 恤孤獨, 薄賦斂, 省刑辟. 行此三年, 海內晏然, 天下大洽, 陰陽和調, 萬物咸得其宜, 國無災害之變, 民無饑寒之色. 家給人足, 畜積有餘, 囹圄空虛, 鳳凰來集, 麒麟在郊, 甘露旣降, 朱草萌牙, 遠方異俗之人鄕風慕義, 各奉其職而來朝賀. 故治亂之道, 存亡之端, 若此易見, 而君人者莫肯爲也, 臣愚竊以爲過. 故《詩》云, '王國克生, 惟周之楨, 濟濟多士, 文王以寧.' 此之謂也.」

| 註釋 | ○穆然 - 조용히 생각하다. ○深惟 - 深思하다. ○泣下交頤(읍하교이) - 눈물을 턱에 닿도록 흘리다. 頤 턱 이. ○綿綿連連 - 연속하여 끊어지지 않다. ○殆哉(태재) - 거의. ~에 가깝다. ○放鄭聲 - 음란한 鄭의 음악을 방축하다. ○省庖廚 - 음식비용을 절약하다. 庖廚(포주)는 주방. ○塡池塹(전지참) - 사냥하는 웅덩이나 함정을 메우다. ○存耆老 - 노인을

부양하다. 存은 養也. 耆 늙은이 기. ○《詩》云 - 《詩經 大雅 文王》.

[國譯]

「이에 吳王은 조용히 고개를 숙이고 깊이 생각하다가 고개를 들고 눈물을 흘리면서 말했다. "嗟乎라! 내 나라는 망하지 않고 연속 이어지고 아마 후손도 끊어지지 않을 것이로다." 이에 吳王은 明堂의 조회를 제대로 행하면서 君臣의 관계를 바로 잡고 賢才를 등용하였으며, 은택을 베풀고 인의를 펴며 유공자를 포상하고 절검을 실천하였으며, 후궁의 비용을 줄이고 거마의 비용도 절감케 하였으며, 음탕한 鄭나라 음악을 버리고 아첨하는 소인을 멀리하였으며, 음식 비용도 절약하고 사치하지 않았으며, 궁궐을 낮게 짓고 사냥터를 없앴으며, 사냥 웅덩이를 메운 다음에 자산이 없는 빈민에게 나누어 주었다. 왕실 창고를 열어 빈궁한 백성을 賑恤(진휼)하고 노인을 부양하고 고독한 자를 보살펴었으며 세금을 적게 거두고 형벌을 줄였다. 이렇게 3년을 시행하니 국내가 편안하고 천하가 크게 안정되어 음양이 조화를 이루고 만물이 모두 있어야 할 곳을 찾았으며, 나라의 재해와 이변이 없어지고 백성들은 굶주림과 추위를 모르게 되었다. 집집마다 생활이 풍족하여 여유롭게 비축하고 감옥이 비었으며 봉황이 날아왔고 기린이 교외에서 뛰어 놀았으며, 甘露가 내리고 朱草가 자랐으며, 遠方의 풍속을 달리하는 사람들도 바람에 쏠리듯 정의를 사모하면서 그 토산물을 갖고 와서 조공과 하례를 하였다. 그러하기에 治亂의 道理와 存亡의 단초는 이처럼 쉽게 볼 수 있지만 人君이 하려 들지 않는데 臣은 이를 잘못이라고 생각합니다. 그래서 《詩經》에서도 '이 나라에서 태어났으니 周의 기둥으로 쓰겠네. 많고 많은 신하 있으니 文王께서 편안하시네.' 라고 하였으니 바로 이를 노래한 것입니다.」

朔之文辭, 此二篇最善. 其餘〈封泰山〉,〈責和氏璧〉及〈皇太子生禖〉,〈屛風〉,〈殿上柏柱〉,〈平樂觀賦獵〉, 八言,七言上下,〈從公孫弘借車〉, 凡劉向所錄朔書具是矣. 世所傳他事皆非也.

| 註釋 | ○生禖(생매) - 武帝의 황태자가 태어나자, 무제는 동방삭에게 명하여 아들의 출생을 또 기원하는 제문을 짓게 하였다. 禖는 禖祭 매. 매제는 천자가 아들을 얻으려 올리려 제사. ○劉向(前 77 - 前 6) - 原名 更生, 漢朝 宗室. 《別錄》,《新序》,《說苑》,《列女傳》,《洪範五行傳》,《五紀論》등의 저서를 남겼다. 유향의 아들이 劉欽(유흠)이다. 劉向이 《別祿》에 기록한 내용만이 동방삭의 작품이다.

〔 國譯 〕

동방삭의 글은 이 2편이 가장 우수하다. 그 나머지〈封泰山〉,〈責和氏璧〉및〈皇太子生禖〉,〈屛風〉,〈殿上柏柱〉,〈平樂觀賦獵〉이나 八言과 七言詩 상, 하편 그리고〈從公孫弘借車〉등이 있는데 劉向이 기록한 동방삭의 글은 모두가 맞는 것이다. 세상에서 동방삭의 글이라 전해지는 것은 모두 사실과 다르다.

贊曰, 劉向言少時數問長老賢人通於事及朔時者, 皆曰朔口諧倡辯, 不能持論, 喜爲庸人誦說, 故令後世多傳聞者. 而楊雄亦以爲朔言不純師, 行不純德, 其流風遺書茂如也. 然朔名過實者, 以其詼達多端, 不名一行, 應諧似優, 不窮似智, 正諫似直, 濊德似隱. 非夷, 齊而是柳下惠, 戒其子以上容, "首陽爲拙, 柱下爲工. 飽食安步, 以仕易農, 依隱玩世, 詭時不逢." 其滑稽之雄乎! 朔之詼諧, 逢占射覆, 其事浮淺, 行於衆庶, 童兒牧竪莫不眩耀. 而後世好事者因取奇言怪語附着之朔, 故詳錄焉.

| 註釋 | ○口諧倡辯(구해창변) - 농담을 잘하고 달변이다. ○楊雄(양웅 前53 - 後18) - 哲學家, 文學家. 주요 저술로 《法言》, 《太玄》, 《方言》이 있다. 司馬相如, 楊(揚)雄, 班固, 張衡을 '漢賦四大家' 라 한다. ○不純師 - 사부의 가르침을 순수하게 따르지 못하다. ○詼達多端(회달다단) - 여러 가지 익살을 많이 부리다. 詼 조롱할 회. ○濊德(예덕) - 깊고 넓은 마음 씀씀이. ○柳下惠(前720 - 621) - 春秋 시대 魯國人. 여기서는 동방삭이 백이숙제처럼 속세를 완전히 떠나지 않았고 유하혜처럼 세속에 살면서 자기 지조를 지켰다는 뜻을 말했다. 《孟子》에서는 '柳下惠를 聖之和者' 라 했다. 그래서 '和聖' 이라고도 불렸다. 《論語》에서는 등용과 면직에 연연하지 않는 고상한 인품의 소유자로 기록되었다. ○上容 - 자신을 지키는 최고의 방책. ○柱下爲工 - 柱下史이었던 老子는 출사했다가 隱居하여 終身無患했으니 아주 잘했다는 의미. ○其滑稽之雄乎 - 그는 골계에 뛰어났다. 雄은 長, 特長. 帥의 뜻. ○逢占射覆 - 逢占(봉점)은 물어오면 점을 쳐주다. 射覆(역복)은 덮어

가린 것을 알아맞히다. ○眩耀(현요) — 현기증이 나다. 眩 아찔할 현. 현혹되다. 미혹.

[國譯]

　班固의 論贊 : 劉向은 어렸을 때 어른들이나 사리를 잘 아는 賢人 또는 같은 때에 살았던 사람들로부터 '동방삭은 농담을 잘하고 달변이었으나 자기주장을 견지하지는 못했고 다른 사람을 위해 글을 외우거나 읽어주기를 즐겨했기에 후세 사람들이 동방삭에 대하여 여러 이야기를 한다는 말을 자주 들었다고 했다. 그리고 楊雄 또한 동방삭의 말은 스승을 가르침을 순수하게 따르지 않고 행실도 순수한 덕행은 아니라서 그의 유풍이나 글들이 약간 멸시된다고 하였다. 그렇지만 동방삭의 명성이 실질보다 지나치다는 말은 그가 여러 가지 익살을 많이 부렸고 한가지로 이름을 붙일 수 없었기 때문이었으니 농담으로 대꾸하는 것은 지식이 넘치는 것이었고, 막힘이 없는 것은 지혜와도 같았으며 바른말 충간은 우직한 것이고 넉넉한 덕행은 무엇인가를 숨긴 것 같았기 때문일 것이다. 동방삭은 백이나 숙제 같은 사람이 아니었고 柳下惠 같은 사람으로 그 아들에게 재앙을 피하고 몸을 지키는 방법으로 "백이숙제는 수양산에서 굶어죽었으니 우둔했지만 柱下史인 老子는 처신을 잘한 것이었다. 배불리 먹고 천천히 걸으면서 벼슬을 하다가 농사를 짓고 은거하면서 세상을 즐긴다면 잘못된 때를 만나지 않을 것이다." 라고 말하였다.

　그의 뛰어난 滑稽(골계)! 동방삭의 농담이나 점을 치고 물건을 알아맞히는 일은 천박한 일이지만 많은 사람들이 따라했으며 거기에 현혹되지 않는 어린아이나 목동이 없었다. 그래서 이후 호사가들은

기언과 괴어를 모두 동방삭의 말이라고 생각하였기에 이런 일들을
추가 기록하였다.

66 公孫劉田王楊蔡陳鄭傳
〔공손,유,전,왕,양,채,진,정전〕

66-1. 公孫賀

原文

公孫賀字子叔, 北地義渠人也. 賀祖父昆邪, 景帝時爲隴西守, 以將軍擊吳,楚有功, 封平曲侯, 著書十餘篇.

|註釋| ○公孫賀(공손하, ?－前 91)－公孫은 복성. 장군이며 太僕 역임. 衛靑의 매부. ○北地－郡名. 치소는 馬嶺縣(今 甘肅省 慶陽市 서북). ○義渠 (의거)－縣名. 今 甘肅省 慶陽市 서남. ○賀祖父昆邪－부친 公孫昆邪(공손 혼야). 祖는 衍字(연자), 공손하의 선조는 본래 흉노족이었다. 昆邪는 흉노 單于 아래 왕의 명칭. 昆 사람 이름 혼. 混, 渾과 同. 맏이 곤. ○隴西－郡名. 치소는 狄道(적도, 今 甘肅省 定西市 臨洮縣). ○著書十餘篇－公孫昆邪는 陰

陽家로 그 관련 분야 저술이 〈藝文志〉에 수록되어 있다.

〖國譯〗

公孫賀(공손하)의 字는 子叔으로 北地郡 義渠縣 사람이다. 공손하의 부친 公孫昆邪(공손혼야)는 景帝 때 隴西郡守였고 將軍으로 吳, 楚의 반란 진압에 공을 세워 平曲侯에 봉해졌고 저서 10여 편이 있다.

原文

賀少爲騎士, 從軍數有功. 自武帝爲太子時, 賀爲舍人, 及武帝卽位, 遷至太僕. 賀夫人君孺, 衛皇后姊也, 賀由是有寵. 元光中爲輕車將軍, 軍馬邑. 後四歲, 出雲中. 後五歲, 以車騎將軍從大將軍靑出, 有功, 封南窌侯. 後再以左將軍出定襄, 無功, 坐酎金, 失侯. 復以浮沮將軍出五原二千餘里, 無功. 後八歲, 遂代石慶爲丞相, 封葛繹侯. 時朝廷多事, 督責大臣. 自公孫弘後, 丞相李蔡, 嚴靑翟, 趙週三人比坐事死. 石慶雖以謹得終, 然數被譴. 初, 賀引拜爲丞相, 不受印綬, 頓首涕泣, 曰. "臣本邊鄙, 以鞍馬騎射爲官, 材誠不任宰相." 上與左右見賀悲哀, 感動下泣, 曰. "扶起丞相." 賀不肯起, 上乃起去, 賀不得已拜. 出, 左右問其故, 賀曰. "主上賢明, 臣不足以稱, 恐負重責, 從是殆矣."

|註釋| ㅇ賀少爲騎士 - 부친 公孫昆邪이 죄를 지어 평곡후의 지위를 잃

었기에 邊軍의 기사가 되었다. ◦舍人 - 관직명. 太子의 屬官. ◦太僕 - 大僕. 九卿之一. 황제 거마 관리. 국가의 馬政 담당. 秩 中二千石. 中은 滿의 뜻. ◦衛皇后 - 衛子夫. 衛太子(戾太子)의 생모. 무제와 공손하는 동서지간이다. ◦元光 - 무제의 연호. 前 134 - 129년. ◦馬邑 - 雁門郡의 縣名. 今 山西省 朔州市. ◦雲中 - 군명. 치소는 雲中縣. 今 內蒙古 呼和浩特市(內蒙古自治區의 首府) 관할의 托克托縣(黃河 북안). 前 129년의 일. ◦從大將軍靑出 - 衛靑. 元朔 5년(전 124)의 일. 거기장군은 대장군 휘하의 部將. 단위부대를 지휘. ◦南窌侯(남교후) - 窌 움집 교. ◦定襄(정양) - 郡名. 치소는 今 內蒙古自治區 呼和浩特市 관할의 和林格爾縣. ◦坐酎金(좌주금) - 제후가 漢 종묘의 제사비용을 분담하는데 이를 酎金이라 한다. 주금의 품질이 불량하거나(成色不好) 부족하면(식읍 千戶 당 奉金 4兩) 제후의 자격을 박탈했다. 酎는 종묘제 사용으로 정월에 담가 8월에 거르는 진한 술. ◦浮沮將軍(부저장군) - 부저는 흉노 땅의 지명. 계급을 의미하지 않고 목적지나 성과에 의해 장군의 명칭을 내렸다. ◦出五原 - 五原은 군명. 치소는 九原縣, 今 內蒙古自治區 包頭市 서북. ◦丞相 李蔡(이채) - 李廣의 사촌동생. 이광에 비해서 능력은 떨어졌으나 관운이 좋았다. 54권, 〈李廣蘇建傳〉 참고. ◦石慶 - 萬石君인 石奮(석분)의 아들. 牧丘侯. 46권, 〈萬石衛直周張傳〉 참고. ◦邊鄙 - 同義複詞. 변경의 땅. ◦殆 - 危也.

〔國譯〕

공손하는 젊어 기사로 종군하며 자주 공을 세웠다. 武帝가 태자이었을 때 공손하는 舍人이 되었다가 무제가 즉위하자 太僕으로 승진하였다. 공손하의 부인 衛君孺(위군유)는 衛皇后의 친정언니였기에 공손하는 신임을 받았다. 元光 연간에 輕車將軍이 되어 馬邑縣에 주둔했다. 4년 뒤 雲中郡에서 출병했다. 5년 뒤, 車騎將軍으로 대장군 衛靑을 따라 출정하여 공을 세워 南窌侯(남교후)에 봉해졌다. 뒤에 다시 좌장군으로 定襄郡에서 출정하였으나 공을 세우지 못했고 酎金(주금)에 걸려 제후지위를 상실했다. 다시 浮沮(부저)장군으로 五原郡 2천 리 지점까지 출정했으나 전공이 없었다. 그 8년 뒤 石慶의 후임으로 승상이 되어 葛繹侯(갈역후)에 봉해졌다. 이 무렵 조정에서는 업무가 많고 대신들을 엄히 문책하였다. 公孫弘이후 丞相 李蔡(이채), 嚴靑翟(엄청적), 趙週(조주) 3인이 연이어 직무와 관련하여 자살했다. 石慶은 사람이 근신하여 제 명대로 살았지만 자주 견책을 당했다.

처음에 공손하가 승상을 제수받자 공손하는 인수를 받지 않고 머리를 조아리며 눈물을 흘리며 말했다.

"臣은 본래 변방 출신으로 말이나 타는 기병으로 관직을 받았기에 재능이 도저히 재상 직분을 감당할 수 없습니다."

무제와 측근들이 공손하의 애통해하는 모습을 보고 감동하여 눈물을 흘렸지만 무제는 "승상을 일으켜라!"라고 말했다. 공손하가 일어나려 하지 않자 무제는 그냥 일어나 나갔고 공손하는 부득이 받아야만 했다. 공손하가 나오자 좌우에서 그 까닭을 묻자 공손하가 말했다. "主上은 賢明하시어 내가 감당 못하리라 알고 계시며 엄히 문책하실 것이니 지금부터 위태로울 것이요."

66-2. (子) 公孫敬聲

賀子敬聲, 代賀爲太僕, 父子並居公卿位. 敬聲以皇后姊子, 驕奢不奉法, 征和中擅用北軍錢千九百萬, 發覺, 下獄. 是時, 詔捕陽陵朱安世不能得, 上求之急, 賀自請逐捕安世以贖敬聲罪. 上許之. 後果得安世. 安世者, 京師大俠也, 聞賀欲以贖子, 笑曰. "丞相禍及宗矣. 南山之竹不足受我辭, 斜谷之木不足爲我械." 安世遂從獄中上書, 告敬聲與陽石公主私通, 及使人巫祭祠詛上, 且上甘泉當馳道埋偶人, 祝詛有惡言. 下有司案驗賀, 窮治所犯, 遂父子死獄中, 家族.

巫蠱之禍起自朱安世, 成於江充, 遂及公主, 皇后, 太子, 皆敗. 語在〈江充〉, 〈戾園傳〉.

| 註釋 | ○征和 – 무제의 연호(前 92 – 89). ○北軍 – 수도 방위군. 미앙궁과 장락궁의 북쪽을 경비. 남군보다 전력 우세. ○陽陵 朱安世 – 陽陵은 縣名. 今 陝西省 西安市 高陵縣 서남. 朱安世는 협객. '巫蠱의 禍'를 일으킨 장본인. 征和 원년(前 92)에 공손하에게 체포. ○南山 – 종남산. 斜谷은 今 陝西省 眉縣과 太白縣의 골짜기. ○陽石公主 – 무제와 衛皇后 소생. ○馳道(치도) – 天子 전용 도로. ○家族 – 一家가 멸족되다. ○巫蠱(무고) – 詐術이나 저주로 남에게 가해할 수 있다고 믿는 행위. ○江充 – 45권, 〈蒯伍江息夫傳〉에 立傳. ○〈戾園傳〉 – 戾太子 劉據. 戾는 시호. 不悔前過曰 戾.

戾太子의 손자인 宣帝가 즉위하고 園邑을 설치했기에 〈戾園傳〉이라 했다.
63권, 〈武五子傳〉에 입전.

〖國譯〗

공손하의 아들 公孫敬聲(공손경성)은 공손하의 뒤를 이어 太僕이
되었는데 부자가 나란히 공경의 지위에 있었다. 敬聲은 황후 언니의
아들로 교만사치하며 법을 지키지 않았는데 征和 연간에 北軍의 비
용 千九百萬錢을 무단 전용했다가 발각되어 하옥되었다. 이때 조서
를 내려 陽陵縣의 朱安世를 체포하려 했으나 체포하지 못했는데 무
제가 이를 재촉하자 공손하는 주안세를 체포하여 아들의 죄를 사면
받고자 하였다. 무제는 이를 허락했다. 뒤에 과연 주안세를 체포하
였다. 주안세는 수도 장안의 유명한 협객이었는데 공손하가 아들의
죄를 사면 받는다고 하자 웃으며 말했다.

"승상의 화는 일족에 미칠 것이다. 南山의 대나무가 많다지만 내
진술을 받아 적기에 부족하고 斜谷의 나무는 형구를 만들기에 부족
할 것이다."

주안세는 옥중에서 공손경성과 陽石公主가 私通했고 무당을 시
켜 감천궁의 치도에 偶人(우인, 인형)을 묻었고 저주의 악언을 했다고
상서하였다. 담당 관리가 공손하를 문초하였고 결국 범행이 밝혀져
부자가 옥중에서 자살했고 일가가 멸족되었다.

이 '巫蠱之禍(무고의 화)'는 주안세가 일으켜서 江充에 의해 확대
되었는데 공주와 황후, 衛太子(戾太子)까지 모두 죽었다. 이는 〈江
充傳〉과 〈戾園傳〉에 있다.

66-3. 劉屈氂

原文

劉屈氂, 武帝庶兄中山靖王子也, 不知其始所以進.

征和二年春, 制詔御史. "故丞相賀倚舊故乘高勢而爲邪, 興美田以利子弟賓客, 不顧元元, 無益邊穀, 貨賂上流, 朕忍之久矣. 終不自革, 乃以邊爲援, 使內郡自省作車, 又令耕者自轉, 以困農煩擾畜者, 重馬傷耗, 武備衰減, 下吏妄賦, 百姓流亡, 又詐爲詔書, 以奸傳朱安世. 獄已正於理. 其以涿郡太守屈氂爲左丞相, 分丞相長史爲兩府, 以待天下遠方之選. 夫親親任賢, 周,唐之道也. 以澎戶二千二百封左丞相爲澎侯."

| 註釋 | ○劉屈氂(유굴리) – 氂 다스릴 리. 종친으로 승상을 봉하는 선례가 되었다. ○中山靖王 – 劉勝(? – 前 113), 景帝의 9子, 武帝의 이복형. 趙王 劉彭祖의 同母弟. 中山國 영역은 常山郡의 동부 지역. 치소는 盧奴縣(今 河北省 定州市). 53권, 〈景十三王傳〉에 입전. 劉勝의 아들 劉貞의 먼 후손이 劉備(玄德). ○舊故 – 옛 연고. 공손하는 무제가 태자 때 太子舍人이었다. ○不顧元元 – 元元은 백성. 元有善義의 뜻. ○無益邊穀 – 변방 군사의 군량을 보태지 못하다. ○貨賂上流 – (승상이 뇌물을 좋아하여) 백성이 관리에게 뇌물을 쓰게 하다. ○以邊爲援 – 변방을 일을 끌어들여(핑계 삼아). ○內郡 – 변경 지역을 外郡이라 하였고, 그 외는 內郡 또는 內郡國이라 불렀다. ○自省作車 – 군내에서 비용을 줄여 변방의 수레를 제작하다. ○耕者自轉

－농민이 직접 군량을 운반하다. ◦重馬傷耗－새끼를 가진 말까지 손상케
하다. 耗는 감소할 모. 耗와 同. ◦以奸傳朱安世－간계로 주안세를 체포하
다. 傳은 체포하다. 자수하면 죽이지는 않겠다는 뜻으로 유인했다는 주장도
있다. ◦獄已正於理－獄案은 이미 담당자에 의해 바르게 처리되었다. ◦涿
郡(탁군)－치소는 涿縣. 今 河北省 涿州市. 북경시 서남. ◦丞相長史－長
史는 고관의 참모겸 고문. 승상, 태위, 어사대부, 대장군, 車騎장군, 전후좌우
장군은 소속 관원 중 유능한 자를 골라 長史로 임명. 秩 一千石. ◦周,唐之
道也－周室은 일족을 분봉했고 堯도 못난 아들을 제후로 봉했었다.

〔 國譯 〕

　劉屈氂(유굴리)는 武帝의 庶兄인 中山靖王의 아들인데 처음에 어
떻게 승진했는가를 알 수 없다. 征和 2년 봄, 어사대부에게 조서를
내렸다.

　"전 승상 공손하는 옛 연고가 있어 큰 권세를 차지하고 사악한 짓
을 하였는데, 좋은 땅을 차지하고 일족의 자제와 빈객을 이롭게 하
였으나 백성을 돌보지 않았으며, 변방의 군량 공급을 늘리지 못하고
백성으로 하여금 위에 뇌물을 쓰게 만들었지만 짐은 이를 오래 참았
었다. 끝내 스스로 고치지 못했으니, 변방의 일을 핑계로 내륙의 郡
에서 수레를 제작케 하고 농민이 직접 군량을 나르게 하여 농민과
가축을 기르는 백성을 고달프게 하였으며, 새끼를 밴 말까지 손상케
하였고 군비는 부족했으며, 下吏들은 함부로 부세를 징수하여 백성
들을 流亡케 하였고, 조서를 위조하여 간계로 주안세를 체포하였다.
주안세는 법대로 바로 처리되었다. 이제 탁군의 태수인 유굴리를 좌
승상에 임명하고 丞相의 長史들을 兩府로 나누어 천하 먼 곳의 업무
까지 담당케 하노라. 親人을 가까이 하는 것은 周室과 堯의 도리였

다. 澎縣(팽현)의 民戶 2,200호로 左丞相(劉屈氂)을 澎侯(팽후)에 봉
하노라.”

其秋, 戾太子爲江充所譖, 殺充, 發兵入丞相府, 屈氂挺身
逃, 亡其印綬. 是時, 上避暑在甘泉宮, 丞相長史乘疾置以
聞. 上問. “丞相何爲?” 對曰. “丞相秘之, 未敢發兵.” 上怒
曰. “事籍籍如此, 何謂秘也? 丞相無周公之風矣. 周公不誅
管, 蔡乎?” 乃賜丞相璽書曰. “捕斬反者, 自有賞罰. 以牛車
爲櫓, 毋接短兵, 多殺傷士衆. 堅閉城門, 毋令反者得出.”

| 註釋 | ○其秋 – 征和 2년(前 91). ○挺身 – 脫身. 挺 뺄 정. 뽑다. ○乘
疾置 – 빠른 驛站馬를 타고 가다. 置는 비치된 역참의 馬 ○籍籍(자자, 적적)
– 여러 사람 입에 오르내리는 모양. 난잡한 모양. ○管, 蔡 – 周 武王의 동생
管叔鮮과 蔡叔度. 이들이 殷의 잔여세력과 함께 반역하자 周公이 토벌했다.
○牛車爲櫓 – 우거로 방어하다. 櫓 방패 로(노). 大盾.

[國譯]

그해 가을, 강충이 戾(려)태자를 참소하자 여태자는 강충을 죽이
고 발병하여 승상부를 점령했고 유굴리는 빠져나와 도망치다가 그
인수를 잃어버렸다. 이때 무제는 甘泉宮에 피서 중이었는데 丞相의
長史가 빠른 역마를 타고 가서 보고하였다. 무제가 물었다. “승상은
어떻게 했나?” “승상께서는 비밀에 부치고 아직 발병하지 않았습니

다." 무제가 화를 내며 말했다. "일이 이렇게 소문이 났는데 어찌 비
밀이라고 하는가? 승상은 周公의 풍모도 없구나. 周公도 管叔과 蔡
叔을 죽이지 않았는가?" 그리고서는 승상에서 국서를 내려 지시했
다. "반역자를 잡아 참수하되 승상이 재량껏 상벌을 행하라. 牛車를
방패로 삼아 병졸을 많이 다치게 하지 말라. 성문을 굳게 막아 반역
자들이 탈출하지 못하게 하라."

原文

太子旣誅充發兵, 宣言帝在甘泉病困, 疑有變, 奸臣欲作
亂. 上於是從甘泉來, 幸城西建章宮, 詔發三輔近縣兵, 部
中二千石以下, 丞相兼將. 太子亦遣使者撟制赦長安中都官
囚徒, 發武庫兵, 命少傅石德及賓客張光等分將, 使長安囚
如侯持節發長水及宣曲胡騎, 皆以裝會. 侍郞莽通使長安,
因追捕如侯, 告胡人曰. "節有詐, 勿聽也." 遂斬如侯, 引騎
入長安, 又發輯濯士, 以予大鴻臚商丘成. 初, 漢節純赤, 以
太子持赤節, 故更爲黃旄加上以相別. 太子召監北軍使者任
安發北軍兵, 安受節已, 閉軍門, 不肯應太子. 太子引兵去,
敺四市人凡數萬衆, 至長樂西闕下, 逢丞相軍, 合戰五日, 死
者數萬人, 血流入溝中. 丞相附兵浸多, 太子軍敗, 南犇覆
盎城門, 得出. 會夜司直田仁部閉城門, 坐令太子得出, 丞
相欲斬仁. 御史大夫暴勝之謂丞相曰. "司直, 吏二千石, 當

先請, 奈何擅斬之?"丞相釋仁. 上聞而大怒, 下吏責問御史大夫曰. "司直縱反者, 丞相斬之, 法也, 大夫何以擅止之?" 勝之皇恐, 自殺. 及北軍使者任安, 坐受太子節, 懷二心, 司直田仁縱太子, 皆要斬. 上曰. "侍郎莽通獲反將如侯, 長安男子景建從通獲少傅石德, 可謂元功矣. 大鴻臚商丘成力戰獲反將張光. 其封通爲重合侯, 建爲德侯, 成爲秺侯."諸太子賓客, 嘗出入宮門, 皆坐誅. 其隨太子發兵, 以反法族. 吏士劫略者, 皆徙敦煌郡. 以太子在外, 始置屯兵長安諸城門. 後二十餘日, 太子得於湖. 語在〈太子傳〉.

| 註釋 | ○三輔 – 京兆尹, 左馮翊, 右扶風 관할 지역. 長安 및 그 주변. 경조윤은 郡 태수와 같은 직급이지만 그 지위는 큰 차이가 났다. 秩 中二千石. ○撟制(교제) – 詔命(制書)이라 위장하다. ○長安中都官 – 장안의 여러 관서. ○武庫 – 무기를 보관하는 창고. 蕭何(소하)가 미앙궁을 건립할 때 무고도 같이 건립했다. 미앙궁과 長樂宮 중간에 위치. ○少傅(소부) – 태자의 교육 담당관. ○長水 – 鄠縣(호현, 今 陝西省 西安市 戶縣)의 지명. ○莽通(망통) – 본명은 馬通. ○如侯 – 人名. 죄수로 戾태자 측에 가담. ○楫濯士(집탁사) – 水軍. 楫 모을 집. 揖(노 즙)과 通. 濯 씻을 탁, 櫂(노 도)와 通. ○商丘成 – 인명. 태자의 부장인 장광을 생포하는 공을 세워 제후가 되었다. ○任安 – 司馬遷의 지인. 62권, 〈司馬遷傳〉의 〈報任少卿書〉 참고. ○毆四市人 – 毆는 驅(몰 구). 四市人은 여러 시장의 백성. ○覆盎城門(복앙성문) – 장안성 남쪽의 성문, 杜門이라고도 불렀다. ○司直 – 승상의 속관. 秩 比二千石. ○暴勝之(포승지) – 人名. 暴 사나울 포. 姓氏. 쬘 폭. ○要斬 – 腰斬(요참). 要는 腰(허리 요). ○男子(남자) – 관직자와 평민에게 모두 사용할 수 있

는 호칭이었다. ○秺侯 − 秺 볏단 투. 秺縣은 今 山東省 서남부 菏澤市 관할 成武縣. ○湖縣 − 今 河南省 靈寶市 서북. ○〈太子傳〉 − 63권, 〈武五子傳〉.

[國譯]

太子은 江充을 죽이고 發兵하면서 무제는 감천궁에서 병환이 심해 변고가 의심되며 간신들이 난을 꾸미고 있다고 선언하였다. 무제는 바로 감천궁을 떠나 장안성 서쪽의 건장궁에 행차한 뒤에 조서를 내려 三輔 중 가까운 현의 군사를 징발하여 中二千石 이하의 관리가 통솔할 것이며 丞相이 대장군을 겸하라고 명했다.

太子 역시 사자를 보내 詔命이라면서 長安의 모든 관서의 죄수들을 사면하고 武庫의 병력을 동원하였는데 少傅(소부)인 石德과 太子 賓客인 張光 등이 나눠 통솔케 하였고 장안의 죄수인 如侯를 시켜 持節을 가지고 長水鄕 및 宣曲宮의 흉노 기병을 동원하되 무장을 하고 모이기로 하였다. 무제는 侍郞인 莽通(망통)을 長安으로 보내 여후를 추격케 했는데 망통은 "持節이 가짜이니 태자 명령을 따르지 말라."고 흉노인에게 말했다. 망통은 여후를 참수하고 기병을 이끌고 장안성에 들어갔고 또 노를 젓는 水卒을 동원하여 大鴻臚(대홍려)인 商丘成에게 인계하였다. 그전에 漢의 符節은 純赤色이었으나 太子가 赤節을 사용했기에 黃旄(황모)를 더 보태어 서로 구별케 하였다. 태자는 北軍使者인 任安(임안)을 불러 北軍兵을 동원하라고 하였지만 任安은 부절을 받고서는 軍門을 닫고 太子에게 호응하지 않았다.

太子는 군사를 이끌고 여러 저자거리의 백성 수만 명을 몰고 장락궁의 서궐까지 갔는데 마침 승상이 거느린 군사를 만나 5일간이나 싸워 죽은 자가 수만 명이었고 피가 도랑으로 흘렀다. 승상에게 가담하는 군사가 점점 많아지면서 태자군은 패하여 남쪽으로 달아나 覆盎(복앙) 성문으로 탈출하였다. 마침 밤에 司直인 田仁이 폐쇄한 성문을 지키고 있었는데 태자가 탈출하자 승상이 전인을 처형하려 했다. 어사대부인 暴勝之(포승지)가 승상에게 말했다. "司直은 2천석 관리이니 응당 폐하에게 허락을 받아야지, 어찌 마음대로 처형하겠습니까?" 승상이 일단 전인을 풀어주었다. 무제가 이를 알고 대노하면서 관리를 보내 어사대부를 문책했다. "司直이 반역자를 놓아주었는데 승상이 처형하는 것이 법이거늘 어사대부가 왜 마음대로 저지했는가?" 포승지는 두려워 자살하였다. 北軍使者 임안은 태자의 부절을 받고서 두 마음을 품었고 司直인 田仁은 태자를 놓아주었다고 모두 허리를 잘라 죽였다. 무제가 말했다. "侍郞 莽通(망통)은 反將 如侯를 포획했고 장안의 남자인 景建(경건)은 망통과 함께 少傅인 石德을 사로잡았으니 큰 공을 세운 것이다. 大鴻臚 商丘成은 힘껏 싸워 反將인 張光을 사로잡았다. 이에 망통을 重合侯에 봉하고 경건을 德侯에 상구성은 秺侯(투후)에 봉한다."

여러 太子賓客이나 태자궁에 출입했던 사람들을 모두 처형하였다. 태자를 따라 군사를 동원한 자들도 반역한 죄로 멸족하였다. 태자의 협박을 받았던 백성들은 모두 敦煌郡으로 강제 이사시켰다. 태자가 장안성을 나간 뒤로 장안의 여러 성문에 屯兵을 두었다. 그후 20여 일이 지나 태자는 湖縣에서 잡혔다. 이는 〈太子傳〉에 실려있다.

其明年, 貳師將軍李廣利將兵出擊匈奴, 丞相爲祖道, 送至渭橋, 與廣利辭決. 廣利曰. "願君侯早請昌邑王爲太子. 如立爲帝, 君侯長何憂乎?" 屈氂許諾. 昌邑王者, 貳師將軍女弟李夫人子也. 貳師女爲屈氂子妻, 故共欲立焉. 是時, 治巫蠱獄急, 內者令郭穰告丞相夫人以丞相數有譴, 使巫祠社, 祝詛主上, 有惡言, 及與貳師共禱祠, 欲令昌邑王爲帝. 有司奏請案驗, 罪至大逆不道. 有詔載屈氂廚車以徇, 要斬東市, 妻子梟首華陽街. 貳師將軍妻子亦收. 貳師聞之, 降匈奴, 宗族遂滅.

| 註釋 | ○其明年 − 征和 3년(前 90). ○李廣利 − 61권, 〈張騫李廣利傳〉입전. ○祖道 − 먼길을 가기 전에 지내는 노제를 지내고 위로하다. 餞行. ○昌邑王 − 劉髆(유박). 63권, 〈武五子傳〉에 입전. ○君侯 − 列侯로 승상이 된 사람. 貴人에 대한 敬稱. ○內者令 − 內謁者令, 궁내 寢席과 帳帷 담당자. ○數有譴 − 자주 견책을 받다. ○祠社 − 토지신에게 제사하다. ○案驗 − 조사하다. 입증하다. ○廚車以徇 − 주방의 수레에 태워 거리에서 여러 사람에게 보이다. ○梟首(효수) − 梟는 올빼미 효. 목을 베어 매달다.

〖國譯〗

그다음 해 貳師將軍 李廣利가 군사를 거느리고 흉노를 정벌하러 출정할 때, 승상(유굴리)은 餞別(전별)하려고 渭橋(위교)까지 나가 헤어졌다. 이때 이광리가 말했다. "승상께서는 빨리 昌邑王을 太子로 세우도록 주청하십시오. 그렇게 해서 황제가 된다면 승상께서는 오래도록 무슨 걱정이 있겠습니까?" 이에 유굴리는 허락했다. 昌邑王은 貳師將軍의 여동생인 李夫人이 낳은 아들이다. 그리고 이사장군의 딸은 유굴리의 며느리였기에 함께 옹립하고자 하였다. 이때 무고의 옥사를 매우 엄하게 처리했는데 內者令인 郭穰(곽양)은 승상이 자주 견책을 당하니까 승상 부인이 무당을 시켜 토지신에게 제사하며 주상을 저주하고 악담을 하였고 이사장군과 함께 기도하며 昌邑王을 황제로 즉위시키려 한다고 고발하였다. 담당 관리가 이를 조사하겠다고 주청하였는데 大逆無道라고 판결되었다. 조서에 의거 유굴리는 주방 수레에 태워 시가에 조리를 돌리고 東市에서 허리를 잘라 죽였고 유굴리의 아내는 華陽街에 효수하였다. 이사장군의 妻子도 함께 잡아들였다. 이사장군은 이 소식을 듣고 흉노에 투항하였고 그 일족은 멸족되었다.

66-4. 田(車)千秋

原文

車千秋, 本姓田氏, 其先齊諸田徙長陵. 千秋爲高寢郎. 會衛太子爲江充所譖敗, 久之, 千秋上急變訟太子冤, 曰. "子弄父兵, 罪當笞, 天子之子過誤殺人, 當何罪哉! 臣嘗夢見一白頭翁敎臣言." 是時, 上頗知太子惶恐無他意, 乃大感

寤, 召見千秋. 至前, 千秋長八尺餘, 體貌甚麗. 武帝見而說
之, 謂曰. "父子之間, 人所難言也, 公獨明其不然. 此高廟
神靈使公敎我, 公當遂爲吾輔佐." 立拜千秋爲大鴻臚. 數
月, 遂代劉屈氂爲丞相, 封富民侯. 千秋無他材能術學, 又
無伐閱功勞, 特以一言寤意, 旬月取宰相封侯, 世未嘗有也.
後漢使者至匈奴, 單于問曰. "聞漢新拜丞相, 何用得之?"
使者曰. "以上書言事故." 單于曰. "苟如是, 漢置丞相, 非
用賢也, 妄一男子上書卽得之矣." 使者, 道單于語. 武帝以
爲辱命, 欲下之吏. 良久, 乃貰之.

| 註釋 | ○車千秋(? - 前77) - 前89년에 승상에 임명되었다. 昭帝(前 87
- 74 재위)가 연로한 승상에게 수레를 타고 입궁할 수 있게 배려하여 車千
秋라 불렸다. 본문에서 千秋는 田千秋나 편의상 차천추로 변역한다. ○諸田
- 전국시대 齊王은 田氏였다. ○長陵 - 고조의 능묘. 縣名. 今 陝西省 咸
陽市 동북. ○高寢郎 - 高廟 陵寢(능침)을 지키는 낭관. ○立拜~ - 立은 즉
시, 즉석에서. ○貰之 - 사면하다.

〖國譯〗

　車千秋의 本姓은 田氏로, 그 선조는 齊의 田氏로 長陵에 이주하
였다. 차천추는 고조의 묘소를 지키는 낭관이었다. 그 무렵 衛太子
(戾太子)가 江充에게 참소를 당해 敗死했었는데, 얼마 후 차천추는
태자의 원한을 풀어주어야 한다고 긴급 상서를 올렸다.

　"아들이 아버지의 군사를 함부로 했다면 笞刑에 해당하고, 천자
의 아들이 잘못해서 살인했다는 것이 죄입니까! 신의 꿈에 머리가

하얀 노인이 나타나 저에게 상서하라고 시켰습니다."

이 무렵, 무제는 태자가 겁을 먹었을 뿐 다른 뜻이 없었다고 여기면서 크게 뉘우치고 있었기에 차천추를 불러 만났다. 차천추가 무제 앞에 왔는데 차천추는 키가 8척이 넘고 몸이 매우 장대하였다. 무제가 차천추를 만나보고 기뻐하며 말했다. "부자지간의 일은 남이 이야기하기가 어려운데 公 혼자만이 옳지 않았다고 확실하게 말했다. 이는 고조 묘당의 신령이 공을 시켜 나에게 일러준 것이려니 공은 응당 나를 보좌하여야 할 것이다."

그리고 그 자리에서 차천추를 大鴻臚(대홍려)에 임명하였다. 몇 달 뒤 유굴리의 후임으로 승상이 되었고 富民侯에 봉해졌다. 차천추는 별다른 재능이나 학식, 또는 문벌이나 공로도 없이 다만 말 한마디로 주상을 깨우쳐 준 것뿐이었고 몇 달 만에 승상이 되고 제후가 되었으니 이런 경우는 여태껏 없던 일이었다.

뒷날 漢의 사신이 흉노에 갔었는데 선우가 물었다. "듣자니 漢에서 승상을 새로 등용했다는데 어떠해서 승상이 되었는가?" 사자가 말했다. "上書하여 업무를 말했기 때문입니다." 그러자 선우가 말했다. "정말 그러하다면 漢에서 승상을 임명하면서 현인을 등용하지 않은 것이니 누구나 되는대로 상서하면 차지하는 자리일 것이다." 사자가 돌아와 선우의 말을 전했다. 무제는 使命을 욕되게 했다고 형리에게 넘기려 했다. 얼마 있다가 곧 사면하였다.

原文

然千秋爲人敦厚有智, 居位自稱, 踰於前後數公. 初, 千秋始視事, 見上連年治太子獄, 誅罰尤多, 群下恐懼, 思欲寬廣上意, 尉安衆庶. 乃與御史,中二千石共上壽頌德美, 勸上施恩惠, 緩刑罰, 玩聽音樂, 養志和神, 爲天下自虞樂. 上報曰. "朕之不德, 自左丞相與貳師陰謀逆亂, 巫蠱之禍流及士大夫. 朕日一食者累月, 乃何樂之聽? 痛士大夫常在心, 旣事不咎. 雖然, 巫蠱始發, 詔丞相,御史督二千石求捕, 廷尉治, 未聞九卿,廷尉有所鞫也. 曩者, 江充先治甘泉宮人, 轉至未央椒房, 以及敬聲之疇,李禹之屬謀入匈奴, 有司無所發, 令丞相親掘蘭臺蠱驗, 所明知也. 至今餘巫頗脫不止, 陰賊侵身, 遠近爲蠱, 朕愧之甚, 何壽之有? 敬不舉君之觴! 謹謝丞相, 二千石各就館. 《書》曰. '毋偏毋黨, 王道蕩蕩.' 毋有復言."

| 註釋 | ○自稱 - 직분을 잘 수행하다. ○虞樂(우락) - 娛樂. 虞 헤아릴 우. 즐기다. ○旣事不咎 - 旣往之事는 追究하지 않겠다. 咎 허물 구. 책망하다. ○鞫也 - 심문하다. 鞫問하다. 鞫은 鞫也. ○曩者 - 지난번에. 曩 접 때 양. ○椒房(초방) - 椒(산초나무) 가루를 흙에 섞어 바른 방. 황후의 거처. 衛황후. ○敬聲之疇 - 公孫敬聲의 무리. 公孫敬聲은 公孫賀의 아들. 衛皇后의 친정 언니 아들. 疇는 무리(類). ○李禹 - 李廣의 손자. 흉노에 투항한 李陵의 堂弟. 54권, 〈李廣蘇建傳〉에 이름이 보인다. ○蘭臺(난대) - 圖書나 秘記 등을 보관하는 곳. ○敬不舉君之觴 - 신하들이 축수를 할 때 황제가 받겠다면 '敬舉君之觴' 이라고 말한다. 觴 술 잔 상. ○謹謝 - 삼가 말하나니. 謝는 告하다. ○《書》曰 - 《書經 周書 洪範》. ○蕩蕩(탕탕) - 넓고 큰 모양.

　그렇지만 차천추는 사람이 돈후하면서도 지혜로웠고 직분을 잘
수행하여 이전이나 이후의 여러 승상보다 뛰어났었다. 그전에 차천
추가 처음 업무를 맡았을 때 무제가 해마다 태자의 옥사를 처리하면
서 처형이 크게 늘어 아랫사람들이 두려워 떠는 것을 보고 주상의
마음을 너그럽게 하고 백성들을 위안해야겠다고 생각하였다. 이에
어사대부와 중이천석 관리들과 함께 祝壽하고 大德을 칭송하면서
무제에게 은혜를 널리 베풀 것과 형벌을 완화하고 음악을 들으면서
마음을 화락하게 가지어 천하를 위해 즐기실 것을 건의하였다.

　이에 무제가 대답하였다.

　"朕(짐)의 不德은 左丞相〔劉屈氂(유굴리)〕과 貳師將軍(李廣利)의
음모와 반역에서 시작하여 巫蠱之禍(무고지화)로 사대부까지 흘러갔
다. 짐이 하루에 한 끼 식사를 한 것이 여러 달이 지났는데 무슨 풍
악을 즐기겠는가? 사대부를 애통히 하는 마음은 언제나 갖고 있으
니 지난 일은 다시 따지지 않겠노라. 그렇지만 巫蠱(무고) 사건이 나
면서 승상과 어사대부에게 명하여 2천석 고관을 잡아들여 정위에게
넘기는 것을 감독하라 하였지만 九卿이 정위에게 심문을 받았다는
보고를 받지 못하였다. 예전에 江充은 사건을 먼저 甘泉宮의 궁인에
서 시작하여 未央宮의 황후까지 확대시키면서 公孫敬聲의 무리나
李禹(이우)의 일족이 흉노로 도망가려 모의해도 담당 관리의 적발이
없었으며 승상에게 명하여 직접 蘭臺(난대)에서 무고의 증거를 파낸
것은 모두가 잘 알고 있는 것이다. 지금까지도 여러 무당들이 도망
쳐서 아직도 무고를 그치지 않아 보이지 않게 내 몸에 스며들고 있
으며 원근에서 무고를 행하니 짐은 심히 걱정이 되는데 무슨 祝壽를

하려는가? 나를 위해 축수를 하지 말지어다! 승상과 여러 고관들에게 告하나니 각자 자기 업무처로 돌아가라. 《書經》에서도 '편을 짜지 말고 당파를 짓지 않으면 王道가 蕩蕩하다.'고 했나니 다시는 말하지 말라."

原文

後歲餘, 武帝疾, 立皇子鉤弋夫人男爲太子, 拜大將軍霍光, 車騎將軍金日磾, 御史大夫桑弘羊及丞相千秋, 並受遺詔, 輔道少主. 武帝崩, 昭帝初卽位, 未任聽政, 政事一決大將軍光. 千秋居丞相位, 謹厚有重德. 每公卿朝會, 光謂千秋曰. "始與君侯俱受先帝遺詔, 今光治內, 君侯治外, 宜有以敎督, 使光毋負天下." 千秋曰. "唯將軍留意, 卽天下幸甚." 終不肯有所言. 光以此重之. 每有吉祥嘉應, 數褒賞丞相. 訖昭帝世, 國家少事, 百姓稍益充實. 始元六年, 詔郡國擧賢良文學士, 問以民所疾苦, 於是鹽鐵之議起焉.

| 註釋 | ○鉤弋夫人(구익부인) − 鉤弋(구익)은 宮名. 趙婕妤(조첩여). 태자는 조첩여 소생의 劉弗陵. 8세에 즉위하였다. ○霍光(곽광), 金日磾(김일제) − 68권,〈霍光金日磾傳〉에 입전. ○桑弘羊(상홍양, 前 152 − 80) − 武帝 때 財政 전문가. 鹽, 鐵, 酒 專賣를 주장. 후에 均輸法, 平準法 실시. 上官桀의 謀反에 연루되어 피살되었다. ○輔道 − 輔導. ○始元六年 − 前 81년. ○鹽鐵之議 − 국가에서 소금과 鐵, 술을 전매하여 국가 수입을 증대시키는 정책

에 대하여 그 폐지를 주장하는 賢良文學之士와의 토론. 桓寬(환관)의 〈鹽鐵論〉은 그 주장을 정리한 글.

[國譯]

그 일 년여 뒤에 무제는 병이 들자 皇子 중 鉤弋(구익) 夫人의 아들을 太子로 정하고 대장군 霍光(곽광), 거기장군 金日磾(김일제), 어사대부 桑弘羊 및 승상 車千秋를 불러 함께 遺詔(유조)를 받고 少主를 輔導하게 하였다.

武帝가 붕어하고 昭帝가 처음 즉위하였으나 정치를 담당하지 않고 정사는 모두 대장군 곽광이 전담하였다. 車千秋는 승상 지위에 있었지만 근신하고 중후한 덕이 있었다. 매번 公卿과 조회할 때마다 곽광은 차천추에게 말했다.

"전에 승상도 先帝의 유조를 함께 받았으며, 지금 이 곽광이 내치를 담당하고 승상께서는 지방을 관할하시면서 응당 이끌고 독려하시어 이 곽광으로 하여금 천하의 기대를 버리지 않게 해 주십시오."

이에 차천추가 말했다. "오직 장군께서 유의하시니 천하가 덕을 보고 있습니다."라고 하면서 끝까지 의견을 말하지 않았다.

곽광은 이 때문에 더욱 차천추를 중시하였다. 길조나 좋은 응보가 있을 때마다 여러 번 승상을 포상하였다. 昭帝가 재위하는 동안 나라에 큰일이 없어 백성의 살림은 점차 충실해졌다. 始元 6년에 조서로 각 군국에서 賢良文學之士를 천거케 하면서 백성이 고통을 겪는 바를 물었는데 이에 鹽鐵정책에 대한 의논이 시작되었다.

千秋爲相十二年, 薨, 諡曰定侯. 初, 千秋年老, 上優之,
朝見, 得乘小車入宮殿中, 故因號曰 '車丞相'. 子順嗣侯,
官至雲中太守, 宣帝時以虎牙將軍擊匈奴, 坐盜增鹵獲自
殺, 國除.

桑弘羊爲御史大夫八年, 自以爲國家興榷筦之利, 伐其
功, 欲爲子弟得官, 怨望霍光, 與上官桀等謀反, 遂誅滅.

| 註釋 | ○盜增鹵獲(도증노획) – 포로로 잡은 숫자를 늘려 보고하다. 鹵
소금 노. 虜(포로 노)와 通. ○國除 – 봉국을 취소하다. ○榷筦之利(각관지
리) – 專賣하는 이익. 榷 외나무다리 각. 전매하다. 筦은 管과 同. ○伐其功
– 伐은 자랑하다(夸耀).

〔國譯〕

車千秋는 재상으로 12년을 근무하고 죽었는데 시호를 定侯라 하
였다. 그전에 차천추가 연로하자 昭帝는 승상을 걱정하여 작은 수레
를 타고 궁전에 들어오게 하였기에 '車丞相'이라고 불렸다. 아들 田
順이 이어 제후가 되어 관직이 雲中太守이었는데 宣帝 때 虎牙將軍
으로 흉노를 토벌하면서 포로의 숫자를 거짓으로 보고한 죄에 걸려
자살하였고 봉국은 취소되었다.

桑弘羊은 어사대부로 8년을 근무했는데 스스로 국가를 위하여
전매하는 이득을 올렸다고 생각하면서 그 공을 자랑했으며 자제들
의 관직을 얻으려다가 곽광에게 원한을 가졌고 上官桀(상관걸) 등과
모반을 꾀하다가 멸족되었다.

66-5. 王訢

原文

王訢, 濟南人也. 以郡縣吏積功, 稍遷爲被陽令. 武帝末,
軍旅數發, 郡國盜賊群起, 繡衣御史, 使持斧逐捕盜賊, 以軍
興從事, 誅二千石以下. 勝之過被陽, 欲斬訢, 訢已解衣伏
質, 仰言曰. "使君顓殺生之柄, 威震郡國, 令復斬一訢, 不
足以增威, 不如時有所寬, 以明恩貸, 令盡死力." 勝之壯其
言, 貰不誅, 因與訢相結厚.

| **註釋** | ○王訢(왕흔, ?-前 76) - 訢 기쁠 흔. 欣(기쁠 흔)과 同. ○濟南
- 郡名. 治所는 東平陵縣, 今 山東省 濟南市 관할의 章丘市. ○被陽令 - 被
陽은 縣名, 일명 千乘縣〔今 山東省 淄博市(치박시)〕高靑縣. ○繡衣御史 -
황제의 특명 전권 使者. '討奸猾 治大獄'의 임무. 부절을 상징하는 節杖을
들고 繡衣(수의)를 입었다. 郡國의 군사를 동원하고 상벌을 행하며 부패한
지방관을 처단할 수 있는 특권까지 부여되었다. 무제 때 처음 설치. 상설 관
직은 아님. ○伏質 - 처형대에 엎드리다. 質은 도끼로 나무를 팰 때 쓰는 밑
받침(鑕 모루 질. 鑕). ○使君 - 刺使에 대한 존칭. ○顓 - 전단(專斷)할
전. 專과 同. ○貰不誅 - 사면하여 죽이지 않다. 貰는 용서하다.

〔**國譯**〕

王訢(왕흔)은 濟南郡 사람이었다. 郡縣의 관리로 공적을 쌓아 점
차 승진하여 被陽의 현령이 되었다. 무제 말기에 군사를 자주 동원

하였고 郡國에서는 도적들이 떼를 지었는데 繡衣御史(수의어사) 暴勝之(포승지)는 특명으로 도적 체포와 군사 동원을 하면서 군수 이하를 처형하였다. 포승지가 피양현을 지나면서 왕흔을 처형하게 되었는데 왕흔은 옷을 벗고 처형 받침대에 누워 포승지를 올려다보며 말했다. "使君께서는 살생의 권한을 마음대로 행사하여 위세가 군국에 떨치는데 왕흔 한 사람 죽인다고 위엄이 높아지는 것도 아니니 때로는 너그럽게 확실한 은혜를 베풀어 사력을 다해 일하게 하는 것이 나을 것입니다." 포승지는 그 말을 장하다고 여겨 사면하여 죽이지 않고 왕흔과 친교를 맺었다.

原文

勝之使還, 薦訢, 徵爲右輔都尉, 守右扶風. 上數出幸安定,北地, 過扶風, 宮館馳道修治, 供張辨. 武帝嘉之, 駐車, 拜訢爲眞, 視事十餘年. 昭帝時爲御史大夫, 代車千秋爲丞相, 封宜春侯. 明年薨, 諡曰敬侯.

子譚嗣, 以列侯與謀廢昌邑王立宣帝, 益封三百戶. 薨, 子咸嗣. 王莽妻卽咸女, 莽簒位, 宜春氏以外戚寵. 自訢傳國至玄孫, 莽敗, 乃絕.

| 註釋 | ∘右輔都尉 – 右扶風을 도와 관할 지역 내 치안과 군사 담당. 秩은 比二千石. 각 郡의 都尉보다 지위가 높았다. ∘守右扶風 – 임시 右扶風. 우부풍의 대리. 守는 일시 대리하다. 우부풍은 경조윤과 함께 三輔의 하나

로, 우리나라로 말하면 경기도지사에 해당한다. ○辨 - 辦(힘쓸 판). 처리하
다. ○玄孫 - 孫子의 손자.

〖 國譯 〗

暴勝之(포승지)는 使者를 마치고 돌아와 王訢(왕혼)을 천거했고 포
승지는 右輔都尉로 右扶風을 대리하였다. 무제는 安定郡과 北地郡
에 자주 출행하면서 우부풍을 지나갔는데 宮館과 馳道의 수리와 관
리, 필요한 물자 공급이 잘되었다. 武帝는 이를 가상히 여겨 수레를
멈추고 왕혼을 정식 우부풍에 임명하였으며 (왕혼은) 10여 년 업무
를 담당하였다.

昭帝 때 어사대부가 되었다가 車千秋의 뒤를 이어 승상이 되었고
宜春侯(의춘후)에 봉해졌다. 그 다음 해 죽었는데, 시호는 敬侯라 하
였다.

아들 王譚(왕담)이 뒤를 이었고 列侯로 昌邑王을 폐하고 宣帝를 옹
립하는데 함께 모의하여 식읍 3백호를 추가로 받았다. 왕담이 죽자
아들 王咸(왕함)이 계승했다. 王莽(왕망)의 妻가 바로 왕함의 딸이었
는데 왕망이 漢을 찬위하자 宜春侯(왕함의 후손)는 외척으로 총애
를 받았다. 왕함 이후 현손까지 전해지다가 왕망이 죽으면서 단절되
었다.

66-6. 楊敞

原文

楊敞, 華陰人也. 給事大將軍莫府, 爲軍司馬, 霍光愛厚之, 稍遷至大司農. 元鳳中, 稻田使者燕倉知上官桀等反謀, 以告敞. 敞素謹畏事, 不敢言, 乃移病臥. 以告諫大夫杜延年, 延年以聞. 蒼, 延年皆封, 敞以九卿不輒言, 故不得侯. 後遷御史大夫, 代王訢爲丞相, 封安平侯.

| 註釋 | ○楊敞(양창, ? - 前 74) - 司馬遷의 사위. ○華陰 - 縣名. 今 陝西省 華陰市. 五嶽 중 西嶽으로 奇險天下第一인 華山(2,155m)이 있다. ○給事大將軍莫府 - 給事는 근무하다. 莫府는 幕府. ○軍司馬 - 대장군의 속관. 秩 一千石. ○大司農 - 九卿의 하나. 국가 재정 담당. 秩 中二千石. ○元鳳 - 昭帝의 연호(前 80 - 75). ○燕倉 - 人名. 燕蒼으로도 기록. 稻田使者는 大司農의 속관. 稅收 관련 업무 담당자. ○上官桀等反謀 - 桑弘羊, 上官桀 父子, 昭帝의 누이인 鄂邑蓋主(악읍개주)와 燕王 劉旦(유단)이 霍光을 죽이고 廢帝하며 燕王을 옹립코자 하였다. ○移病 - 병가를 내다. 칭병하는 문서를 제출하다. 移는 공문서의 한 가지. ○杜延年 - 杜周의 아들. 60권, 〈杜周傳〉에 附傳.

〔國譯〕

楊敞(양창)은 華陰縣(화음현) 사람이었다. 대장군의 막부에 봉직하며 軍司馬가 되었는데 霍光(곽광)의 큰 신임을 얻어 차츰 승진하여

大司農이 되었다. 昭帝 元鳳 연간에 稻田使者 燕倉이 上官桀 등의
반역 모의를 알고 이를 양창에게 알렸다.

양창은 평소에 조심하며 사안을 두려워했기에 직접 말하지 못하
고 病暇(병가)를 내었다. 그러면서 諫大夫인 杜延年에게 말했고, 두
연년은 이를 보고하였다.

연창과 두연년은 모두 封을 받았지만 양창은 九卿으로 바로 보고
하지 못했기에 열후가 되지는 못했다. 뒤에 어사대부가 되었다가 王
訢(왕혼)의 후임 丞相이 되어(前 75) 安平侯에 봉해졌다.

原文

明年, 昭帝崩. 昌邑王徵卽位, 淫亂, 大將軍光與車騎將
軍張安世謀欲廢王更立. 議旣定, 使大司農田延年報敞. 敞
驚懼, 不知所言, 汗出洽背, 徒唯唯而已. 延年起至更衣, 敞
夫人遽從東箱謂敞曰. "此國大事, 今大將軍議已定, 使九卿
來報君侯. 君侯不疾應, 與大將軍同心, 猶與無決, 先事誅
矣." 延年從更衣還, 敞,夫人與延年參語許諾, 請奉大將軍
教令, 遂共廢昌邑王, 立宣帝.

宣帝卽位月餘, 敞薨, 諡曰敬侯. 子忠嗣, 以敞居位定策
安宗廟, 益封三千五百戶. 忠弟惲.

| 註釋 | ○昭帝崩 − 元平 元年(前 74). ○張安世 − 張湯의 아들. 59권, 〈張
湯傳〉에 附傳. ○田延年 − 90권, 〈酷吏傳〉에 입전. ○敞夫人 − 사마천의 딸

이 아니다. 왕창의 후처. ○參語許諾 - 3인이 이야기를 나누고 허락하다.
○敬薨 - 선제는 6월에 즉위했고, 양창은 8월에 죽었다.

[國譯]

다음 해 昭帝가 붕어하였다. 昌邑王을 모셔 즉위케 하였지만 음
란하여 대장군 곽광과 거기장군 장안세가 廢王하고 다른 사람을 세
우려 하였다. 의논이 결정된 뒤에 大司農인 田延年을 시켜 양창에게
알렸다. 양창은 놀라고 두려워 무슨 말을 할지 모르고 땀을 흘려 등
을 적셨고 다만 '응, 응'이라고 하였다. 전연년이 일어나 화장실에
가자 양창의 부인이 동편 문에서 나와 양창에게 말했다. "이는 나라
의 큰일인데, 지금 대장군이 계획을 확정하고 九卿을 보내 고관들에
게 알리는 것입니다. 당신이 빨리 응답하고 대장군과 한마음이 되지
못하고 유예하며 결정을 못한다면 거사 전에 죽일 것입니다."

전연년이 화장실에서 돌아오자 양창은 부인과 함께 3인이 이야
기를 나누고 동의하며 대장군의 지시를 따르겠다고 수락하였고 모
두 함께 昌邑王을 폐위시키고 宣帝를 옹립하였다.

선제가 즉위한 한 달 뒤쯤 양창이 죽었는데 시호는 敬侯라 하였
다. 아들 楊忠이 계승했는데 양창은 현직에 있으면서 종묘를 안정케
하는 방책을 결정했다 하여 식읍 3,500호를 추가하였다. 이 양충의
동생이 楊惲(양운)이다.

66-7. (子) 楊惲

原文

忠弟惲, 字子幼, 以忠任爲郎, 補常侍騎, 惲母, 司馬遷女也. 惲始讀外祖《太史公記》, 頗爲《春秋》. 以材能稱. 好交英俊諸儒, 名顯朝廷, 擢爲左曹. 霍氏謀反, 惲先聞知, 因侍中金安上以聞, 召見言狀. 霍氏伏誅, 惲等五人皆封, 惲爲平通侯, 遷中郎將.

| 註釋 | ○楊惲(양운, ? - 前 54) - 司馬遷의 外孫. 惲 도타울 운. ○以忠任爲郎 - 음서에 의해 낭관이 되었다는 의미. 漢代 二千石 이상 관리가 3년 이상 근무하면 그 아들이나 형제 1인이 낭관이 될 수 있는 음서제도가 널리 행해졌다. ○常侍騎 - 황제의 호위 기병 ○《太史公記》-《史記》. 양운에 의해 《史記》가 알려졌다. ○擢爲左曹 - 擢은 발탁되다. 左曹는 加官의 한 종류. 다음의 侍中도 마찬가지이다. ○霍氏謀反 - 宣帝 地節 2년(前 68), 霍光이 죽은 다음 해에 곽광의 아들 左將軍 霍禹 등 곽씨 일족과 桑弘羊 등의 어설픈 반란 음모가 발각되어 멸족 당했다. ○金安上 - 金日磾(김일제) 동생의 아들. ○中郞將 - 황제 호위의 총 책임자인 光祿勳의 속관. 秩 比二千石.

〔國譯〕

楊忠의 아우 楊惲(양운)의 字는 子幼인데 양충 덕분에 낭관이 되어 常侍騎에 보임되었는데 양운의 모친은 司馬遷의 딸이다. 양운은 처음으로 외조부의 《太史公記》를 읽었고 《春秋》도 많이 익혔다. 양운은 그 재능으로 알려졌다. 양운은 英傑이나 여러 유생들과 잘 교제하였고 이름이 조정에 알려져 左曹에 발탁되었다. 宣帝 때 (霍禹 등) 곽씨가 모반을 꾀했는데 양운은 이를 알고 시중 金安上에게 알렸고 宣帝에게 나아가 사실을 설명했다. 霍氏 일족은 처형되었으며 양운 등 五人이 모두 제후에 봉해졌는데 양운은 平通侯가 되어 中郎將으로 승진하였다.

原文

郎官故事, 令郎出錢市財用, 給文書, 乃得出, 名曰 ‘山郎’. 移病盡一日, 輒償一沐, 或至歲餘不得沐. 其豪富郎, 日出遊戲, 或行錢得善部. 貨賂流行, 傳相放效.

惲爲中郎將, 罷山郎, 移長度大司農, 以給財用. 其疾病休謁洗沐, 皆以法令從事. 郎,謁者有罪過, 輒奏免, 薦舉其高弟有行能者, 至郡守,九卿. 郎官化之, 莫不自厲, 絶請謁貨賂之端, 令行禁止, 宮殿之內翕然同聲. 由是擢爲諸吏光祿勳, 親近用事.

| 註釋 | ○郎官(郎官) - 郎吏. 郎中令의 속관. 황궁, 조정의 각종 門戶 수비. 황제 호위 임무. 議郎, 中郎, 侍郎 郎中의 직분이 있고 질록 比3백석부터 6백석까지 여러 층. 무 정원, 1천 명일 때도 있었다. 任子令(2천석 이상 관리의 자제를 낭관에 특채)에 의한 임용, 貲選(재물을 바치고 임용), 軍功에 의거 임용 등 임용방법이 다양. 武帝 때부터는 孝廉이나 明經으로 추천된 자 중에서도 임용. 일정 기간이 지나면 승진할 수 있기에 관직에 들어가는 첫

계단이었다. ○故事 – 慣例. ○'山郞' – 낭관은 자신의 돈으로 문서 비용을 부담해야 외출이나 여행할 수 있었다. 이는 산에서 나무가 나오듯 낭관에서 돈이 나온다는 의미. 여기의 낭관은 宿衛에 종사하는 낭관이라는 註가 있다. ○移病 – 여기서는 병가. 병가 1일을 쓰면 5일마다 누리는 休沐日에 근무를 해야 했다. ○行錢得善部 – 돈을 써서 좋은 부서에 근무하다. ○傳相 – 다투듯 ~을 하다. 竟相. ○長度 – 일 년치 예산을 계산하다. ○自屬 – 自勵. 스스로 노력하다. ○翕然(흡연) – 일치하다. 한마음으로. 화합하다. ○諸吏 – 加官의 한 종류. 列侯나 將軍, 卿大夫가 이 가관을 받을 수 있는데 법에 의거 탄핵할 권한이 주어졌다. 그래서 하는 일이 御史中丞과 같았다. 무제 때 처음 설치. 列侯, 將軍, 卿大夫가 이 加官을 받을 수 있다. 無 定員.

〔國譯〕

郎官의 관례에 의하면, 낭관은 자신의 돈으로 필요한 물건을 사거나 문서 비용을 담당해야 외출할 수 있었기에 '山郞'이라고 불렸다. 병가로 하루를 쉬게 되면 정기 休沐 1일로 상환해야 했기에 1년이 넘도록 休沐을 얻지 못하는 경우도 있었다. 돈이 많은 낭관은 매일 나와 놀면서 돈을 써서 좋은 부서로 갈 수도 있었다. 뇌물이 유행했고 경쟁하듯 이를 본떴다.

양운이 중랑장이 되자 '山郞'의 관습을 폐기하고 일 년 예산을 세워 大司農에게 넘겨 필요한 비용을 공급케 하였다. 만약 질병으로 쉬어야 하는 謁者의 휴목일은 법령에 따르도록 조치하였다. 낭관이나 알자가 죄를 범하면 바로 면직을 상주하였고 근무 성적이 우수하고(高弟) 유능한 자를 추천하여 郡守나 九卿이 된 자도 있었다. 이에 영향을 받아 스스로 노력하지 않는 자가 없었고 재물을 바쳐 알현하려는 단초를 없애고 금지시키자 궁전 안에서 모두가 한마음으로 일할 수 있게 되었다. 이에 양운은 발탁되어 諸吏光祿勳이 되어 황제 가까이서 권한을 행사하였다.

原文

初, 惲受父財五百萬, 及身封侯, 皆以分宗族. 後母無子, 財亦數百萬, 死皆子惲, 惲盡復分後母昆弟. 再受訾千餘萬, 皆以分施. 其輕財好義如此.

惲居殿中, 廉潔無私, 郎官稱公平. 然惲伐其行治, 又性刻害, 好發人陰伏, 同位有忤己者, 必欲害之, 以其能高人. 由是多怨於朝廷, 與太僕戴長樂相失, 卒以是敗.

| 註釋 |　○再受訾 – 訾 헐뜯을 자. 재물, 資와 通.　○伐其行治 – 자신의 행실과 치적을 자랑하다.　○陰伏 – 남에게 알릴 수 없는 비밀.　○忤己 – 자신의 뜻에 맞지 않다. 忤 거스를 오. 違逆.　○高人 – 사람 위에 있다. 高는 최상위에 있다.

〔 國譯 〕

전에 양운은 부친의 재산 5백 만을 상속받았는데 그가 봉후가 되면서 그 재산을 宗族에게 나누어 주었다. 계모가 아들이 없이 죽자 재물 수백 만이 그대로 아들인 양운의 것이 되었는데 양운은 이것을 계모의 형제들에게 모두 분배해 주었다. 다시 재물 천여 만을 받게 되자 이것도 나누어 주었다. 그는 이처럼 재물을 경시하고 의리를 좋아했다.

양운은 조정에 일하면서 염치를 알고 사리를 챙기지 않아 낭관들로부터 공평하다는 칭송을 들었다. 그러나 양운은 자신의 행실과 치적을 자랑했고 모진 성격에 남의 비밀 들춰내기를 좋아했으며 자기 뜻에 거스리는 동료를 기어이 해치려 했고 그러해야만 남보다 위에 있을 수 있다고 생각하였다. 이 때문에 조정에 양운을 싫어하는 사람이 많았는데 太僕인 戴長樂(대장락)과 서로 불화했고 결국 이 때문에 죽게 되었다.

原文

長樂者, 宣帝在民間時與相知, 及卽位, 拔擢親近. 長樂嘗使行事隸宗廟, 還謂掾史曰. "我親面見受詔, 副帝隸, 柂侯御." 人有上書告長樂非所宜言, 事下廷尉. 長樂疑惲敎人告之, 亦上書告惲罪. "高昌侯車犇入北掖門, 惲語富平侯張延壽曰. '聞前曾有犇車抵殿門, 門關折, 馬死, 而昭帝崩. 今復如此, 天時, 非人力也.' 左馮翊韓延壽有罪下獄, 惲上書訟延壽. 郎中丘常謂惲曰. '聞君侯訟韓馮翊, 當得活乎?' 惲曰. '事何容易! 脛脛者未必全也. 我不能自保, 眞人所謂鼠不容穴, 銜窶數者也.' 又中書謁者令宣持單于使者語, 視諸將軍, 中朝二千石. 惲曰. '冒頓單于得漢美食好物, 謂之殠惡, 單于不來明甚.' 惲上觀西閣上畫人, 指桀, 紂畫謂樂昌侯王武曰, '天子過此, 一二問其過, 可以得師矣.' 畫人有堯,舜,禹,湯, 不稱而擧桀,紂. 惲聞匈奴降者道單于見殺, 惲曰. '得不肯君, 大臣爲畫善計不用, 自令身無處所. 若秦時但任小臣, 誅殺忠良, 竟以滅亡, 令親任大臣, 卽至今耳. 古與今如一丘之貉.' 惲妄引亡國以誹謗當世, 無人臣禮. 又語長樂曰. '正月以來, 天陰不雨, 此《春秋》所記, 夏侯君所言. 行必不至河東矣.' 以主上爲戲語, 尤悖逆絶理."

| 註釋 | ○行事肄宗廟 – 종묘에서 행사를 연습하다. 肄 부릴 예. 따르다. 代行하다. ○掾史(연사) – 실무를 맡은 屬史. ○秺侯(투후) – 무고의 화 때 太子의 反軍을 진압하는데 공을 세운 大鴻臚인 商丘成. 秺는 볏단 투. ○高昌侯 – 董忠. ○左馮翊 韓延壽 – 76권, 〈趙尹韓張兩王傳〉에 입전. ○脛脛者 – 정직한 사람. 脛脛은 바른(直) 모양. 脛 정강이 경. ○眞人所謂鼠不容穴, 銜窶數者也 – 眞은 정말로. 부사로 쓰였다. 銜 재갈 함. 물고가다. 窶數(누수)는 똬리. 물건을 머리에 일 때 머리 위에 얹는 것. 쥐는 쥐구멍보다 훨씬 큰 똬리를 물고 들어갈 수 없다. 당연한 일이라는 뜻. ○中書謁者令 – 少府의 속관. 조서를 전달하는 환관의 직책. ○冒頓(묵독, 묵돌, 묵특, ? – 前 174) – 흉노 최고 통치자인 單于(선우)의 이름. 冒頓은 墨毒(mò dú)이라는 音讀에 의거 우리말은 '묵독'으로 표기한다. 冒 선우 이름 묵. 탐할 모. 頓 흉노왕 이름 돌. 조아릴 돈. ○殠惡(추악) – 殠 썩은 냄새 추. 그때 흉노의 사자는 흉노의 선우가 입조한다고 말했지만 양운은 오지 않을 것이라 추정한 말이다. ○樂昌侯 王武 – 宣帝의 외숙. ○一丘之貉(일구지학) – 같은 야산에 사는 오소리. 貉 오소리 학. 오랑캐 맥. ○夏侯君 – 夏侯勝이 昌邑王에게 간하였다. "하늘에서 오랫동안 비가 내리지 않고 아래의 신하가 윗 일을 도모하려 하는데 폐하는 어디를 가시려 합니까?" 75권, 〈眭兩夏侯京翼李傳〉에 입전. ○行必不至河東矣 – 천자가 河東의 后土祠에 제사를 지냈다. 여기

서는 '천자의 자리가 오래 못 갔을 것' 이라는 뜻. ○尤悖逆絕理(우패역절리)
－尤 더욱 우. 悖 어그러질 패.

〖國譯〗

戴長樂(대장락)이란 사람은 宣帝가 民間에서 살 때 서로 알고 지
낸 사람인데 즉위하면서 측근으로 발탁하였다. 대장락은 종묘에서
행사를 연습하면서 掾史(연사)에게 말했다. "나는 폐하를 직접 뵙고
명을 받아 帝位를 대행했기에 秺侯(투후)가 수레를 몰았다." 어떤 사
람이 대장락이 해서는 안 될 말을 했다며 이 일을 정위가 조사해야
한다고 상서하였다. 대장락은 이를 양운이 사람을 시켜 고발케 했다
고 생각하며 그도 또한 양운의 죄를 고발하였다.

"高昌侯 董忠(동충)이란 사람의 수레가 북쪽 샛문을 달려가다가
충돌했는데 그때 양운은 富平侯인 張延壽(장연수)에게 말했습니다.
'전에 어떤 수레가 달려 들어가다가 궁궐 문에 부딪쳐 대문 빗장이
부러지며 말이 죽었는데 그때 昭帝께서 붕어하셨습니다. 지금 다시
이런 일이 있으니 이는 天時이지 인력으로 될 일이 아닙니다.' 左馮
翊(좌풍익)인 韓延壽가 죄를 지어 하옥되자 양운은 상서하여 한연수
를 변호하였습니다. 그러자 郎中인 丘常이 양운에게 말했습니다.
'당신이 韓 馮翊을 변호하고서도 살아남을 수 있다고 생각합니까?'
그러자 양운이 말했습니다. '일이야 간단하지! 정직한 사람이면 틀
림없이 안전할 것이요. 내가 나를 지킬 수 없다니, (韓 馮翊은 어찌
온전하겠는가?) 정말로 사람들이 말하는 대로 쥐는 그 구멍보다 큰
따리를 물고 들어가지 못하는 것이요.' 또 中書謁者令인 宣(선)이 흉
노 單于(선우)의 使者가 한 말을 여러 장군과 조정 內朝의 2천석 관

리들에게 보여주었습니다. 그때 양운이 말했습니다. '冒頓(묵독) 單
于가 漢의 좋은 음식을 맛보고도 썩은 냄새가 난다고 말했으니 흉노
의 선우가 오지 않는 것은 분명합니다.' 또 양운은 西閣 위에 올라
가 그림 속의 桀王과 紂王을 보고 樂昌侯 王武에게 말했습니다. '천
자께서 이곳을 지나다가 걸주에 대해 하나하나 물어보면 배울 것이
많을 것입니다.' 그 그림에는 堯舜과 禹王, 湯王도 있는데 이들을
이야기 하지 않고 桀紂를 언급했습니다. 양운은 흉노의 선우가 피살
당했다고 투항자가 한 말을 듣고서 이렇게 말했습니다. '무능한 군
주가 있어 大臣이 좋은 정책을 펴고자 하여도 듣지 않는다면 군주
자신이 살 곳이 없는 법이요. 秦처럼 소신이 득세하고 충량한 대신
을 죽인다면 결국 멸망하게 되고 대신을 가까이 두고 신뢰했더라면
지금까지도 망하지는 않았을 것이요. 옛날이나 지금이나 똑같은 이
치입니다.' 이처럼 양운은 건방지게 망한 나라를 끌어들여 지금을
비방하였으니 人臣의 예를 지키지 않았습니다. 그리고 저에게도 이
런 말을 했습니다. '정월 이래로 하늘에서 비가 내리지 않는데 이는
《春秋》에도 있고 夏侯君도 말한 것이요. 아마 간다 했어도 河東까지
도 못 갔을 것입니다.' 이는 主上을 가지고 말장난을 한 것이니 더
큰 悖惡(패악)으로 도리에 어긋난 짓입니다."

原文

事下廷尉. 廷尉定國考問, 左驗明白, 奏. "惲不服罪, 而
召戶將尊, 欲令戒飭富平侯延壽, 曰. '太僕定有死罪數事,

朝暮人也'. 惲幸與富平侯婚姻, 今獨三人坐語, 侯言'時不
聞惲語.' 自與太僕相觸也. 尊曰. '不可.' 惲怒, 持大刀,
曰. '蒙富平侯力, 得族罪! 毋洩惲語, 令太僕聞之亂餘事.'
惲幸得列九卿諸吏宿衛近臣, 上所信任, 與聞政事, 不竭忠
愛, 盡臣子義, 而忘怨望, 稱引爲訞惡言, 大逆不道, 請逮捕
治."

上不忍加誅, 有詔皆免惲, 長樂爲庶人.

〖國譯〗

사안은 廷尉에게 넘겨졌다. 廷尉인 于定國(우정국)이 조사를 했는
데 증인이 명백하다며 상주하였다.

"양운이 죄를 인정하지 않아 궁문지기 戶將 尊(존)을 불러 富平侯
張延壽를 타이르려 하였습니다. 장연수는 '太僕 대장락은 확실하게
죽을 죄를 여러 번 저질렀으니 곧 죽을 사람이요.' 라고 말했습니다.
양운이 행여 富平侯와 혼인관계가 있지만 오직 3인만이 이야기를
하게 하였습니다. 부평후는 '그때 양운의 말을 들은 적 없다'고 하
면서 태복의 말과 서로 달랐습니다. 그러나 戶將 尊(존)은 '그렇지
않다.'고 하였습니다. 양운은 화를 내며 큰 칼을 들고 말했습니다.
'富平侯의 힘이라면 일족을 멸족시킬 수도 있다! 양운의 말을 지어

내지 말고 태복의 다른 죄를 말하게 하라.' 고 하였습니다. 양운은
九卿의 반열에서 諸吏이고 숙위하는 근신으로 폐하의 신임을 받았
고 더불어 정사를 논하면서 충성을 다 바치고 신하의 도의를 다하지
않은 것은 아니지만 망령되게 원한을 가지고 요사한 악언을 끌어들
여 대역무도한 죄에 해당하기에 체포하여 치죄하시기를 주청합니
다."

宣帝는 차마 죽일 수 없어 조서를 내려 양운과 대장락을 면관하
여 서인이 되게 하였다.

原文

惲旣失爵位, 家居治産業, 起室宅, 以財自娛. 歲餘, 其友
人安定太守西河孫會宗, 知略士也, 與惲書諫戒之, 爲言大
臣廢退, 當闔門惶懼, 爲可憐之意, 不當治産業, 通賓客, 有
稱譽. 惲宰相子, 少顯朝廷, 一朝以暗昧語言見廢, 內懷不
服, 報會宗書曰.

| 註釋 | ○安定太守 − 安定은 郡名. 치소는 高平縣(今 寧夏回族自治區 固
原市). ○西河 − 郡名. 치소는 今 內蒙古 鄂爾多斯市 東勝區. ○闔門(합문)
− 문을 닫다. 闔 문짝 합. ○暗昧語言 − 사적인 이야기. 語言은 談話. ○報
會宗書曰 − 〈報會宗書〉, 이 편지 때문에 五鳳 4년(前 54)에 양운은 腰斬(요
참)되고 孫會宗은 면직된다.

　양운은 작위를 상실한 뒤 고향에서 살면서 재산을 늘리고 집을
지으며 여유 있는 생활을 즐겼다. 일 년 뒤쯤, 그의 우인인 西河사람
으로 安定郡 태수인 孫會宗은 지략을 가진 사람이었는데 양운에게
서신을 보내 충고하기를 대신으로 폐출되었으면 응당 폐문하고 황
공해 하며 안타까운 모습을 보여야 하는데 재산을 늘려가고 빈객과
교제하며 명예를 얻으려 하는 것은 옳지 않다고 말했다.

　양운은 재상의 아들로, 젊어 조정에 이름을 날리다가 하루아침에
개인적 담화로 폐출을 당하였기에 내심으로 따를 수 없어 孫會宗에
게 답신(〈報會宗書〉)을 보내 말했다.

原文

　「惲材朽行穢, 文質無所厎, 幸賴先人餘業得備宿衛, 遭遇
時變以獲爵位, 終非其任, 卒與禍會. 足下哀其愚, 蒙賜書,
教督以所不及, 殷勤甚厚. 然竊恨足下不深惟其終始, 而猥
隨俗之毀譽也. 言鄙陋之愚心, 若逆指而文過, 默而息乎,
恐違孔氏, ‘各言爾志’之義, 故敢略陳其愚, 唯君子察焉!」

| 註釋 | ○無所厎 － 無所致. 뛰어난 것이 없다. ○猥 － 함부로 외. 不正
而濫曰猥. ○鄙陋(비루) － 학문이나 견식이 천박함. 鄙 다라울 비. 인색하다.
어리석다. 陋 좁을 루. ○逆指而文過 － 본뜻을 거스르고 과오를 변명하다.
文은 무늬. 꾸미다. 掩飾(엄식). ○各言爾志 － 각자 너희 뜻을 말하라. 공자
가 제자에게 한 말. 《論語 公治長》子曰, “盍各言爾志?” 子路曰, “願車馬~’

〈報會宗書〉*

「楊惲(양운)은 재주도 없고 행실도 뛰어나지 못하며 학문이나 자질도 내세울 것이 없었으나 다행히 선친의 공덕에 의해 숙위가 되었고 바뀌는 시류에 따라 작위를 얻었지만 그 직분을 다하지 못하고 결국 화를 당했습니다. 족하께서는 우매한 나를 불쌍히 여겨 서신을 보내 내가 미치지 못하는 바를 깨우쳐 주시니 은근한 그 뜻이 정말 두텁습니다. 그러나 내가 아쉬운 것은 족하께서 그 시작과 끝을 깊이 생각하지 않고 세속의 비난이나 칭송에 따르시니 좀 지나친 것 같습니다. (이런 답신으로) 나의 비루하고 우매한 뜻이 마음에 들지 않고 변명이 지나치겠지만 아무 말 않는 것도 공자의 '각자 의지를 말해 보라.'는 글에 어긋나기에 감히 나의 어리석음을 서술하오니 군자께서 헤아려주시기 바랍니다!」

「惲家方隆盛時, 乘朱輪者十人, 位在列卿, 爵爲通侯, 總領從官, 與聞政事, 曾不能以此時有所建明, 以宣德化, 又不能與群僚同心並力, 陪輔朝廷之遺忘, 已負竊位素餐之責久矣. 懷祿貪勢, 不能自退, 遭遇變故, 橫被口語, 身幽北闕, 妻子滿獄. 當此之時, 自以夷滅不足以塞責, 豈意得全首領, 復奉先人之丘墓乎? 伏惟聖主之恩, 不可勝量. 君子游道, 樂以忘憂, 小人全軀, 說以忘罪. 竊自思念, 過已大矣, 行已

虧矣, 長爲農夫以沒世矣 是故身率妻子, 戮力耕桑, 灌園治
産, 以給公上, 不意當復用此爲譏議也.」

| 註釋 | ○朱輪 - 公卿列侯나 2천석 이상 관리가 탈 수 있는 바퀴에 붉은
칠을 한 수레. ○列卿 - 九卿. ○通侯 - 가장 높은 작위 이름. 列侯. ○總領
從官 - 양운은 황제의 시종관을 전부 통솔하는 光祿勳을 역임했었다. ○竊
位素餐之責(절위소찬지책) - 竊位 관직에서 책무를 다하지 못하다. 竊 훔칠
절. 素餐은 하는 일 없이 녹봉을 받음. ○橫被口語 - 타인의 비방을 당하다.
○身幽北闕 - 관리가 죄를 지으면 미앙궁 북쪽 궐문 밖에서 대기하거나 갇
혀 있으면서 평결을 기다렸다. ○以給公上 - 나라에 조세를 바치다. ○譏
議(기의) - 헐뜯다. 비난하다.

〔國譯〕

「양운의 가문이 한창 융성할 때 붉은 칠을 한 수레를 타는 사람이
10명으로 九卿의 반열에서 작위는 通侯였으며 시종낭관을 통솔하
고 정사를 논했지만 그러한 시기에 명철한 주장을 펴고 널리 덕을
베풀어야 했으며, 또는 다른 동료들과 한마음으로 협력하면서 조정
에서 혹시 빠트리거나 잊은 것을 보완하지 못하였기에 자리나 차지
하고 녹봉만 받았다는 책망을 오랫동안 들었다고 생각하였습니다.
녹봉을 얻으려 하고 세력을 탐하면서 스스로 물러나지 못하다가 변
고를 당하고 타인의 훼방을 받아 이 몸은 북궐에 갇혔고 처자들은
감옥에 들어가야 했습니다. 그때에 내 스스로 목숨을 끊어도 내 죄
를 다 갚지 못했겠지만 다행히도 목숨을 온전히 보존하고 조상의 묘
소를 받들게 될 줄 어찌 생각이나 했겠습니까? 엎드려 생각해보면
聖主의 은택은 다 헤아릴 수도 없습니다. 君子가 道를 따르고 도를

즐기며 근심을 잊는다면 소인은 온몸으로 기뻐하며 허물을 잊는다 하였습니다, 내 스스로 생각할 때 과오는 크고 행실이 더럽혀졌으며 평생을 농부로 생을 마쳐야 할 것입니다. 그리하여 직접 처자식을 거느리고 온 힘을 다하여 밭 갈고 길쌈하며 농사를 지어 재산을 늘리며 세금을 바치려 했는데 이것이 다시 비난의 대상이 될 줄은 생각하지 못했습니다.」

原文

「夫人情所不能止者, 聖人弗禁, 故君父至尊親, 送其終也, 有時而旣. 臣之得罪, 已三年矣. 田家作苦, 歲時伏臘, 亨羊炰羔, 斗酒自勞. 家本秦也, 能爲秦聲, 婦, 趙女也, 雅善鼓瑟. 奴婢歌者數人, 酒後耳熱, 仰天拊缶而呼烏烏. 其詩曰. ‘田彼南山, 蕪穢不治, 種一頃豆, 落而爲其. 人生行樂耳, 須富貴何時!’ 是日也, 拂衣而喜, 奮袖低卬, 頓足起舞, 誠淫荒無度, 不知其不可也. 惲幸有餘祿, 方糴賤販貴, 逐什一之利, 此賈豎之事, 汚辱之處, 惲親行之. 下流之人, 衆毀所歸, 不寒而慄. 雖雅知惲者, 猶隨風而靡, 尙何稱譽之有! 董生不云乎? ‘明明求仁義, 常恐不能化民者, 卿大夫意也. 明明求財利, 常恐睏乏者, 庶人之事也.’ 故‘道不同, 不相爲謀.’ 今子尙安得以卿大夫之制而責僕哉!」

| 註釋 | ○君父至尊親 – 주군은 至尊이며 부친은 至親이다. ○送其終也,

有時而旣 - 그 끝(죽음)을 보내야 할 때는 어느 기간이 되면 끝나야 한다. 旣
는 마치다. 끝내다. 盡也. 예를 들면, 부모라도 3년 상으로 마쳐야 한다는 뜻.
그런데 宣帝는 이 구절을 주군에 대해서 관직을 그만두면 충성도 끝이어야
한다는 뜻으로 받아들였다고 한다. ○伏臘(복랍) - 伏日과 臘日. 夏至 후 세
번째 庚日이 초복이고 이날 조상께 제사를 올렸다. 漢나라 때 伏日은 하루뿐
이었다. 武帝 太初曆 반포 이후 冬至가 지나고 세 번째 戌日(술일)이 臘日이
었다. ○亨羊炰羔(팽양포고) - 양을 삶거나 굽다. 亨 삶을 팽. 드릴 향. 누릴
형. 炰 구울 포. 羔 새끼 양 고. ○拊缶而呼烏烏(부부이호오오) - 拊 어루만
질 부. 악기를 치다. 缶 장군 부. 입이 위쪽으로 하나 뿐인 容器. 우리나라 농
촌에서는 인분을 퍼내는데 사용했다. 흙으로 만든 장군처럼 생긴 악기. 烏烏
는 노랫소리. ○落而爲萁 - 콩이 여물어 떨어져 콩깍지가 되었다는 뜻. 萁
콩깍지 기. ○糴賤販貴(적천판귀) - 糴 쌀 사들일 적. 賤 천할 천. 값이 싸
다. ○賈豎之事(고수지사) - 賈豎(고수)는 상인에 대한 賤稱. 조정의 신하로
侍中 이상이면 장사를 하여 서인들과 이득을 다툴 수 없다고 하였다. 양운은
서인이기에 이런 장사를 했을 것이지만 이 또한 불만의 표출 방법일 것이다.
賈 장사 고. 값 가. 豎 더벅머리 수. ○隨風而靡(수풍이미) - 隨 따를 수. 靡
쓰러질 미. ○董生云 - 董仲舒. 56권, 〈董仲舒傳〉 참고. 문자에 약간의 出入
이 있다. 원문은 '夫皇皇求財利常恐乏匱者, 庶人之意也, 皇求仁義常恐不能
化民者, 大夫之意也.' ○道不同 ~ -《論語 衛靈公》.

〖國譯〗

　「대저, 人情으로 못하게 할 수 없는 것은 聖人이라도 금지할 수
없으니 君父는 至尊이며 至親이지만 그 죽음을 보낼 경우에 때가 되
면 그만해야 합니다. 臣이 得罪한 지 이미 3년이 되었습니다. 농사
짓기가 힘들지만 歲時의 복일이나 납일에는 양을 잡고 한 말 술로

나를 위로하며 지냅니다. 家鄕이 본래 秦 땅이기에 秦의 聲樂을 알고 아내가 趙에서 시집왔기에 음악을 좀 할 줄 압니다. 노래할 줄 아는 婢女가 몇 명 있기에 술 마시고 얼굴이 붉어지면 고개를 들고 缶(부)를 치며 노래를 부르기도 합니다. '저 남산 밭에 풀이 가득해도 매지 않네. 一頃 너른 밭에 콩을 심어 깍지 되어 떨어지네. 인생은 즐기어야 하나니 어느 시절 부귀를 누리랴!' 라고 시를 지어 부릅니다. 이런 날, 옷을 걷어붙이고 즐기면서 소매 걷고 위아래 보면서 발을 모아 춤을 추고 정말로 마음껏 즐겨보지만 이래서는 안 된다고 생각하지는 않습니다. 나 양운은 다행히도 남은 재산이 있어 값이 싸면 좀 사들였다가 비쌀 때 팔아 십분의 일 이득을 얻는데 이런 장사꾼의 일은 더럽고 치사하다지만 나 양운이 직접 하고 있습니다. 下流 인간들의 많은 비방을 받으면 추운 날이 아니라도 떨리는 것입니다. 비록 고아한 식견을 가진 楊惲(양운)일지라도 바람 따라 쏠리는데 내게 무슨 칭송이나 명성이 있겠습니까! 董仲舒(동중서)도 말하지 않았습니까? '仁義를 명백하게 추구하더라도 백성을 제대로 교화할지 늘 두려운 것은 卿大夫의 뜻이다. 명백하게 재물을 추구하더라도 가난을 늘 걱정하는 것은 서민들의 마음이다.' 그래서 '道가 不同하면 같이 의논할 수 없다.' 고 하였습니다. 지금 족하께서는 卿大夫의 입장에서 어찌 나를 책할 수 있겠습니까!」

原文

「夫西河魏土, 文侯所興, 有段干木,田子方之遺風, 漂然皆有節槪, 知去就之分. 頃者, 足下離舊土, 臨安定, 安定山

谷之間, <u>昆戎</u>舊壤, 子弟貪鄙, 豈習俗之移人哉? 於今乃睹
子之志矣. 方當盛<u>漢</u>之隆, 願勉旃, 毋多談.」

| 註釋 | ◦西河 - 서하군. 孫會宗의 출신지. 전국시대 魏의 영역. 今 陝西
省 동북 끝 黃河의 서쪽. ◦文侯 - 魏文侯(? - 前 396), 好學한 군주. 孔子
의 제자 子夏와 再傳弟子인 田子方, 段干木 등을 초치하면서도 법가 사상을
수용하여 부국강병을 이룩했다. ◦漂然(표연) - 높이 초탈한 모양. ◦節槪
(절개) - 節操와 氣槪. ◦去就 - 은거와 出仕. ◦頃者 - 근래에. ◦昆戎(곤
융) - 西戎. 중국 서쪽의 소수 민족. ◦願勉旃(원면전) - (손회종에게) 공명
을 성취하는 일에 힘쓰기 바라다. 旃 깃발 전. 文言에서는 이. 이것(之와 焉
의 合音).

〔國譯〕
「西河는 (예전의) 魏나라 땅으로 文侯가 흥기하였으며 段干木(단
간목)이나 田子方의 유풍이 있어 모두가 초연한 지조와 기개를 지키
며 거취의 분수를 알고 있습니다. 요즈음 足下께서 고향을 떠나 安
定郡에 근무하는데 본래 산이 많은 지역이고 옛 西戎(서융)의 땅으
로 사람들이 탐욕하며 비천하다지만 그런 습속이 족하에게 어찌 영
향을 끼치겠습니까? 이번 글에서도 족하의 志向을 볼 수 있었습니
다. 바야흐로 漢의 융성이 한창이니 힘써 큰 뜻을 성취하길 바라며
내 걱정 많이 하지 마십시오.」

又惲兄子安平侯譚爲典屬國, 謂惲曰. “西河太守建平杜
侯前以罪過出, 今徵爲御史大夫. 侯罪薄, 又有功, 且復用.”
惲曰. “有功何益? 縣官不足爲盡力.” 惲素與蓋寬饒, 韓延
壽善, 譚卽曰. “縣官實然, 蓋司隷, 韓馮翊皆盡力吏也, 俱坐
事誅.” 會有日食變, 騶馬猥佐成上書告惲 ‘驕奢不悔過, 日
食之咎, 此人所致.’ 章下廷尉案驗, 得所予會宗書, 宣帝見
而惡之. 廷尉當惲大逆無道, 要斬. 妻子徙酒泉郡. 譚坐不
諫正惲, 與相應, 有怨望語, 免爲庶人. 召拜成爲郎, 諸在位
與惲厚善者, 未央衛尉韋玄成, 京兆尹張敞及孫會宗等, 皆
免官.

| 註釋 | ○典屬國 - 漢에 귀부한 소수 민족을 관리하는 직책. 秩은 中二
千石의 고관. ○杜延年 - 60권, 〈杜周傳〉에 부전. ○縣官 - 여기서는 天子
를 의미. ○蓋寬饒(개관요, ? - 前 60) - 청렴결백한 관리. 司隷校尉 역임. 결
국은 자살. 77권, 〈蓋諸葛劉鄭孫毋將何傳〉에 입전. ○韓延壽(한연수) - 左
馮翊 역임. 76권, 〈趙尹韓張兩王傳〉에 입전. ○騶馬猥佐(추마외좌) - 말을
먹이는 저급의 관리. 騶 말 먹이는 사람 추. 猥 함부로 외. 더럽다. 평범하다.
○酒泉郡 - 치소는 祿福縣, 今 甘肅省 酒泉市.

〔國譯〕

　또 楊惲의 조카인 安平侯 楊譚(양담)은 典屬國이었는데 양운에게
말했다. “西河太守인 建平侯 杜延年은 전에 죄과가 있어 내쳤다가

이제 다시 불려와 어사대부가 되었습니다. 제후의 죄가 가볍고 공적이 있으면 바로 다시 등용됩니다."

그러자 양운이 말했다. "공을 세운들 무슨 도움이 되겠는가? 盡力해 모실 천자로서는 좀 부족하다." 양운은 평소에 蓋寬饒(개관요), 韓延壽(한연수)와 친했기에 양담이 바로 말했다.

"천자께서 확실히 그러하다지만 사예교위인 개관요나 좌풍익을 역임한 한연수는 모두 열심히 근무하였고 둘 다 다른 일에 연루되어 죽었습니다."

그 무렵 일식의 변괴가 있었는데 말을 먹이는 미천한 관리 成(성)이란 사람이 상서하여 '양운이 교만 사치하며 과오를 뉘우치지 않는데 일식의 변고는 이런 사람 때문입니다.' 라고 하였다. 투서한 글이 정위에게 넘어갔고 조사를 하였는데 손회종에게 보낸 서신을 찾아내었고 宣帝가 읽어보고서는 양운을 싫어하였다. 정위는 양운이 대역무도에 해당한다고 판결하여 요참형에 처했다. 처자는 酒泉郡에 이주시켰다. 양담은 양운을 말려 바로잡지 못했고 같이 호응하며 원망의 말을 했다 하여 면직시켜 서인이 되었다.

고발한 成(성)이란 사람은 낭관이 되었고, 관직에 있으면서 양운과 친했던 사람인 未央宮의 衛尉인 韋玄成과 京兆尹인 張敞(장창), 그리고 孫會宗 등은 모두 免官시켰다.

66-8. 蔡義

原文

蔡義, 河內溫人也. 以明經給事大將軍莫府. 家貧, 常步行, 資禮不逮衆門下, 好事者相合爲義買犢車, 令乘之. 數歲, 遷補覆盎城門候.

久之, 詔求能爲《韓詩》者, 徵義待詔, 久不進見. 義上疏曰. "臣山東草萊之人, 行能亡所比, 容貌不及衆, 然而不棄人倫者, 竊以聞道於先師, 自托於經術也. 願賜淸閒之燕, 得盡精思於前." 上召見義, 說《詩》, 甚說之, 擢爲光祿大夫給事中, 進授昭帝. 數歲, 拜爲少府, 遷御史大夫, 代楊敞爲丞相, 封陽平侯. 又以定策安宗廟益封, 加賜黃金二百斤.

| 註釋 | ○蔡義(채의, ? - 前 74) - 60권, 〈杜周傳〉과 88권, 〈儒林傳〉에는 蔡誼(채의)로 기록. ○河內溫 - 河內郡(치소는 今 河南省 焦作市 武陟縣). 溫縣(今 河南省 焦作市 溫縣). ○資禮不逮衆門下 - 돈이 들어가는 의례에는 막부 문하의 다른 사람은 따라가지 못했다. 예를 들면, 祝儀나 賻儀가 동료보다 소액이었다는 뜻. 資禮는 돈이 있어야 하는 예의. ○門候(문후) - 문지기. 覆盎城門(복앙성문)은 장안성 남쪽의 성문, 杜門이라고도 불렀다. ○《韓詩》 - 본래 전승되어 온 《詩》는 漢의 今文學者 韓嬰(한영, ? - 前 130)이 주석을 단 《韓詩》와 轅固生(원고생)이 주석을 단 《齊詩》, 申培의 《魯詩》가 있어 이를 《三家詩》라 하였다. 지금 통용되는 《詩經》은 漢朝의 毛萇(모장)이 주석을 단 것으로 보통 《毛詩》라 한다. ○徵義 - 88권, 〈儒林傳〉에 의하면 채의는 韓

嬰(한영)의 再傳 제자였다. ○草萊之人 – 시골 사람. ○不棄人倫者 – 남한
테 버림을 받지 않다. 人倫은 여러 사람. 인간의 倫理란 뜻이 아님.

〖 國譯 〗

　蔡義는 河內郡 溫縣 사람이었다. 明經으로 천거되어 대장군의 막
부에서 근무하였다. 집이 가난하여 늘 걸어 다녔고 돈이 들어가는
의례에는 다른 여러 동료에 미치지 못했는데 好事者들이 서로 돈을
모아 소가 끄는 수레를 하나 사 주며 타고 다니게 하였다. 몇 년 뒤
에 覆盎城門(복앙성문) 성문의 門候가 되었다.

　얼마 뒤에 조서를 내려《韓詩》에 밝은 인재를 초빙했는데 채의를
불러 조서를 기다리게 하였으나 오랫동안 황제를 알현하지 못했다.
이에 채의가 上疏하였다.

　"臣은 山東의 시골 사람으로 행실이 남들보다 나은 것이 없고 용
모도 다른 사람만 못하지만 남한테 버림받지 않은 사람으로, 先師로
부터 道를 배웠고 經術을 스스로 공부하였습니다. 폐하께서 한가한
시간에 저를 불러주신다면 앞에 나아가 제가 정성을 들인 학문을 다
바치고자 합니다."

　昭帝가 채의를 알현하자 채의는《詩》를 말했고, 소제는 매우 기
뻐하면서 光祿大夫 給事中으로 발탁하였고, 채의는 昭帝에게《詩》
를 전수하였다. 몇 년 뒤 少府가 되었다가 어사대부로 승진하였고
楊敞(양창)의 후임으로 丞相이 되어 陽平侯에 봉해졌다. 또 宗廟를
안정케하는 방책을 강구하였다고 식읍을 늘려주었고 황금 2백 근을
더 하사하였다.

義爲丞相時年八十餘, 短小無鬚眉, 貌似老嫗, 行步俯僂, 常兩吏扶夾乃能行. 時大將軍光秉政, 議者或言光置宰相不選賢, 苟用可頤制者. 光聞之, 謂侍中左右及官屬曰. "以爲人主師當爲宰相, 何謂云云? 此語不可使天下聞也."

義爲相四歲, 薨, 諡曰節侯. 無子, 國除.

| 註釋 | ○俯僂(부루) - 구부러지다. 俯 구부릴 부. 僂 구부릴 루. 곱사등이. ○苟 - 되는대로. 頤은 專. ○人主師 - 황제의 스승. 채의는 昭帝에게 《詩經》을 가르쳤다. ○云云 - 말하기 좋아하는 사람들의 말.

[國譯]

채의가 승상이 될 때 나이 80여 세였는데 작은 체구에 수염과 눈썹도 없어 모습이 할머니와 비슷했으며 걸을 때 허리가 구부러져 늘 양쪽에 관리가 부축해야만 걸을 수 있었다. 당시 대장군 霍光(곽광)이 정권을 잡고 있었는데 어떤 사람들은 곽광이 재상을 현명한 사람으로 고르지 않고 부리기 좋은 사람을 되는대로 골랐다고 말했다. 이런 말을 들은 곽광은 측근의 시중과 관속들에게 말했다. "황제의 스승이 되는 사람을 재상으로 삼았는데 누가 무어라 하겠는가? 이런 말을 세상 사람들에게 알려서는 안 된다."

채의는 승상을 4년간 역임하고 죽었는데, 시호는 節侯였다. 아들이 없어 봉국은 폐지되었다.

66-9. 陳萬年

原文

陳萬年字幼公, 沛郡相人也. 爲郡吏察舉至縣令, 遷廣陵太守, 以高弟入爲右扶風, 遷太僕.

萬年廉平, 內行修, 然善事人. 賂遺外戚許,史, 傾家自盡, 尤事樂陵侯史高. 丞相丙吉病, 中二千石上謁問疾. 遣家丞出謝, 謝已皆去, 萬年獨留, 昏夜乃歸. 及吉病甚, 上自臨, 問以大臣行能. 吉薦於定國,杜延年及萬年, 萬年竟代定國爲御史大夫八歲, 病卒.

| 註釋 | ○陳萬年 – ?–前44. ○沛郡 相 – 沛郡(패군) 치소는 相縣〔今 安徽省 북부 淮北市 관할 濉溪縣(수계현)〕. 領縣은 37개. ○察舉 – 평가를 받아 천거되다. ○廣陵 – 郡名. 치소는 廣陵縣, 今 江蘇省 揚州市 서북. ○外戚 許,史 – 宣帝의 황후 許氏 일가와 戾太子의 부인인 史良娣(宣帝의 祖母)의 친정. 史氏는 宣帝의 陳外家가 된다. 宣帝는 戾太子와 史良娣 사이에서 난 아들 劉進(武帝의 손자, 무고의 화 때 피살)의 아들이니 戾太子의 손자이고 武帝에게는 曾孫이다. ○傾家自盡 – 집안의 재산을 다 기울이다. ○樂陵侯 史高 – 선제의 조모인 史良娣 친정 오빠의 아들. ○丙吉 – 人名. 옥중에 있는 戾太子의 손자를 보호하고 키웠으며 宣帝로 등극할 수 있게 한 사람. 74권, 〈魏相丙吉傳〉에 입전. ○上謁 – 방문할 사람을 윗사람에게 미리 연락하고 찾아뵈다.

『 國譯 』

陳萬年(진만년)의 字는 幼公으로 沛郡(패군) 相縣 사람이다. 郡吏로 평가를 거쳐 천거되어 현령이 되었다가 廣陵太守로 승진하였는데 치적에 대한 평가가 우수하여 右扶風이 되었다가 太僕으로 승진하였다.

진만년은 청렴 공평하고 내적 수양을 쌓았으며 남을 잘 섬겼다. 황실의 외척인 許氏와 史氏에게 온 집안의 재물을 다 바쳤는데 특히 樂陵侯 史高를 잘 섬겼다. 丞相인 丙吉이 병이 들자 中二千石 이상의 관리가 먼저 이름을 알리고 문병을 갔었다. 병길이 家丞을 시켜 전송하였고 모두 인사하고 돌아갔으나 진만년은 홀로 남아 더 문병하고 한밤에야 돌아왔다. 병길의 병이 심해지자 宣帝가 친히 문병하면서 대신의 수행 능력을 물었다. 병길은 于定國과 杜延年 및 진만년을 추천하였는데 결국 진만년은 우정국의 후임으로 어사대부를 8년간 역임하고 병으로 죽었다.

66-10. (子)陳咸

原文

子咸字子康, 年十八, 以萬年任爲郞. 有異材, 抗直, 數言事, 刺譏近臣, 書數十上, 遷爲左曹. 萬年嘗病, 召咸教戒於床下, 語至夜半, 咸睡, 頭觸屛風. 萬年大怒, 欲仗之, 曰.
"乃公教戒汝, 汝反睡, 不聽吾言, 何也?" 咸叩頭謝曰. "具
曉所言, 大要敎咸諂也." 萬年乃不復言.

| 註釋 | ○刺譏(자기) - 諷刺하고 譏弄(기롱)하다. 譏 나무랄 기. 중고하
다. ○左曹 - 侍中과 같은 加官의 한 종류. 加官은 황제가 총애하는 신하에
게 본 관직 외에 추가로 다른 업무를 담당할 수 있는 권한을 수여한 직함이
다. 侍中, 左右曹, 諸吏, 散騎, 中常侍 給事中 등이 모두 加官이다. 列侯, 將
軍, 卿大夫, 都尉, 尙書, 太醫, 太官令에서 郞中에 이르는 관직이라면 加官을
받을 수 있었다. 加官은 정원이 없고, 加官은 內朝官에 한했고 政事의 논의
에 참여할 수 있으며 권한도 강대하였다. ○乃公 - 아버지. 이 어른(위 사람
이나 선배의 거만한 자칭).

〔國譯〕

(陳萬年의) 아들 陳咸(진함)의 字는 子康으로 18세에 아버지의 직
임에 의거하여 낭관이 되었다. 재주가 뛰어났고 강직하였으며 정사
를 자주 언급하면서 황제의 근신을 풍자 기롱하였으며 수십 번 상서
하여 左曹(좌조)로 승진하였다. 陳萬年이 병이 들어 아들을 불러 병
상 아래에 앉히고 훈계를 하는데 이야기가 한밤까지 계속되어 진함
이 졸다가 병풍에 머리를 찧었다. 진만년이 대노하며 때려주려고 말
했다. "네 아버지가 너를 훈계하는데 너는 오히려 졸면서 내 말을
듣지 않는데 왜 그랬느냐?" 진함은 머리를 조아려 사죄하며 말했
다. "저를 깨우치려고 말씀하신 큰 뜻은 아첨이었습니다."

이에 진만년은 더 이상 말하지 않았다.

萬年死後, 元帝擢咸爲御史中丞, 總領州郡奏事, 課第諸刺史, 內執法殿中, 公卿以下皆敬憚之. 是時, 中書令石顯用事顓權, 咸頗言顯短, 顯等恨之. 時槐里令朱雲殘酷殺不辜, 有司擧奏, 未下. 咸素善雲, 雲從刺候, 教令上書自訟. 於是石顯微伺知之, 白奏咸漏洩省中語, 下獄掠治, 減死, 髡爲城旦, 因廢.

| 註釋 | ○元帝 – 宣帝의 아들, 민간에서 출생. 모친은 許皇后. 재위 前 48 – 33년. ○御史中丞 – 관직명. 어사대부의 속관으로 황제의 近臣. 秩 一千石. 監察과 蘭臺(난대)의 秘書나 典籍 관리. ○課第諸刺史 – 여러 자사의 치적을 평가하여 서열을 정하다. 刺史는 무제 元鳳 5년(前 106)에 설치한 13 자사부의 자사. 征和 4년(前 89)에 司隸府를 설치하여 京師 近畿 7郡을 감찰하여 보통 14부로 불렸다. ○石顯(석현, ? – 前 33) – 字 君房, 환관. 元帝가 聲色에 탐닉하며 정사에 소홀하자 석현이 권력을 잡고 휘둘렀다. ○槐里(괴리) – 縣名. 今 陝西省 咸陽市 관할의 縣級 興平市. ○未下 – 처리 방법이 황제에게 보고되지 않았다. 미결 상태. ○雲從刺候 – 朱雲이 진함의 사무실을 염탐하여 처리 상황을 알아보다. ○微伺 – 은밀하게 사찰하다. ○省中語 – 禁中, 宮禁之中. 당시 元帝의 황후의 父가 大司馬였는데 그의 이름이 '禁'이라서 이를 피휘하여 省中이라 표기하였다. ○掠治(약치) – 笞刑. ○髡爲城旦(곤위성단) – 머리를 깎고 변방에서 노역에 종사하다. 髡 머리깎을 곤. 城旦은 4년간 성벽을 쌓는 노역에 종사하는 형벌.

陳萬年이 죽은 뒤, 元帝는 진함을 御史中丞으로 발탁하여 각 州
郡에서 상주하는 보고를 종합하고 여러 자사의 업무를 평가하며 조
정에서 법을 집행토록 하니 공경 이하 관원이 모두 진함을 두려워하
였다. 이때 中書令인 石顯이 전권을 쥐고 흔들었는데 진함은 석현의
잘못을 자주 지적했고 석현은 이에 원한을 품었다. 이때 槐里縣令
朱雲은 잔혹하여 무고한 백성을 죽였는데 담당자가 이를 보고하였
으나 아직 처리되지 않았다. 진함은 주운과 친했는데 주운은 진함에
게 방법을 알아보았고 진함은 스스로 상서하여 자백하라고 일러주
었다. 이런 사실을 몰래 탐지한 석현은 진함이 조정의 업무비밀을
누설했다고 아뢰어 진함을 옥에 가두어 태형으로 치죄하게 하여 사
형을 감형하여 머리를 깎고 노역을 하게 하여 관직에서 폐출시켰다.

原文

成帝初卽位, 大將軍王鳳以咸前指言石顯, 有忠直節, 奏
請咸補長史. 遷冀州刺史, 奉使稱意, 徵爲諫大夫. 復出爲
楚內史, 北海,東郡太守. 坐爲京兆尹王章所薦, 章誅, 咸免
官. 起家復爲南陽太守. 所居以殺伐立威, 豪猾吏及大姓犯
法, 輒論輸府, 以律程作. 司空爲地臼木杵, 舂不中程, 或私
解脫鉗釱, 衣服不如法, 輒加罪笞. 督作劇, 不勝痛, 自絞死,
歲數百千人, 久者蟲出腐爛, 家不得收. 其治放嚴延年, 其
廉不如. 所居調發屬縣所出食物以自奉養, 奢侈玉食. 然操

持橡史, 郡中長吏皆令閉門自斂, 不得踰法. 公移敕書曰.
"即各欲求索自快, 是一郡百太守也, 何得然哉!" 下吏畏之,
豪强執服, 令行禁止, 然亦以此見廢. 咸, 三公子, 少顯名於
朝廷, 而薛宣,朱博,翟方進,孔光等仕宦絶在咸後, 皆以廉儉
先至公卿, 而咸滯於郡守.

| 註釋 | ○成帝(名 劉驁, 前 51 - 前 7) - 재위 前 32 - 7년. 元帝의 長子,
母親 王政君(王莽의 고모). ○王鳳(왕봉) - 왕정군의 친정 오빠. 陽平侯. 新
都哀侯 王曼, 王政君, 平阿安侯 王譚, 安成共侯 王崇, 成都 景成侯 王商, 紅陽
荒侯 王立, 曲陽侯 王根, 高平戴侯 王逢時 등이 모두 형제. ○長史 - 三公이
나 대장군의 참모라 할 수 있는 屬官. 秩 一千石. ○冀州刺史 - 冀州는 今 河
北省 남부 일원에 해당. 13刺史部의 하나. 刺史는 매년 8월에 관할 군현을
시찰 지방 관원과 호족을 감찰하고 연말에 어사대부의 속관인 御史中丞에게
그 내용을 보고. 秩 6백석, 郡守의 秩 比二千石보다 훨씬 낮음. 州는 무제 때
처음 설치. 監察하는 지역 구분이지 행정단위가 아니었다. ○內史 - 제후국
에서 民政을 담당하는 관리. ○北海 - 군명. 치소는 營陵縣(今 山東省 濰坊
市). ○東郡 - 치소는 濮陽縣〔今 河南省 濮陽市(복양시)〕. ○王章 - 王鳳에
의거 등용되었지만 왕봉 편에 서지 않았다. 河平 4년(前 25)에 경조윤에 임
용되었다가 이듬해 대역죄로 처형되었다. ○程作 - 규정대로 사역을 시키
다. ○起家 - 在家하다가 등용되다. ○司空 - 여기서는 죄수 감독관. ○春
不中程 - 절구질이 규정에 맞지 않다. 작업량이 미달하다. 春 찧을 용. ○鉗
釱(겸체) - 목이나 발에 채우는 형구. 鉗 칼 겸. 목에 채우는 형구. 釱 차꼬
체. 발에 채우는 형구. ○嚴延年(? - 前 58) - 宣帝 때 엄연년은 涿郡(탁군)
태수로 토착 세족을 크게 억압하였으며 河南太守로 근무하면서 불법을 자행
한 호족을 가차 없이 주살하여 屠伯(도백)이라는 별칭으로 불렸다. 90권, 〈酷

吏傳)에 立傳. ㅇ玉食 － 美食. ㅇ操持 － 단속하다. 控制하다. ㅇ公移敕書
曰 － 公은 公然. 공개적으로. 移 이송하다. 내려 보내다. 공개적으로. 敕書
(칙서)는 그 당시에는 상관이 하급 관리에게 주의를 촉구하는 것도 칙서라
하였다. ㅇ執服 － 두려워 복종하다. ㅇ三公 － 西漢에서는 丞相, 어사대부,
太尉를 삼공이라 칭했다.

[國譯]

　成帝가 즉위하자 대장군 王鳳은 陳咸(진함)이 앞서 환관 석현의
잘못을 지적한 것은 충성과 절조가 있기 때문이라고 상주하면서 진
함을 대장군의 속관인 長史에 임명하였다. 진함은 冀州(기주) 자사
로 업무처리가 황제의 뜻에 맞아 중앙으로 불려가 諫大夫가 되었다.
다시 楚國의 內史가 되었다가 北海郡과 東郡의 태수가 되었다. 경조
윤 王章의 추천을 받았었는데 왕장이 처형되자 진함은 면직되었다.
집에 머물다가 다시 南陽太守가 되었다. 진함은 근무처에서 살벌하
게 권위를 세웠으니 지방 세력가나 교활한 자 또는 큰 문벌이 범법
하면 바로 잡아다가 군청에서 죄를 논증하고 규정대로 사역을 시켰
다. 司空은 땅에 절구와 나무공이를 만들어 놓고 방아 찧기를 제대
로 하지 않거나 멋대로 족쇄를 풀거나 또는 규정에 맞는 옷이 아니
라면 즉시 태형을 가했다. 작업 감독이 아주 심해서 고통을 견디지
못하고 목매 자살하는 자가 1년에 수백에서 천 명에 가까웠고, 시신
이 오래되어 몸에서 벌레가 나와도 집에 가져가지 못하는 일도 있었
다. 그의 郡治는 嚴延年을 모방했지만 청렴한 것은 달랐다. 임지에
서 조달하거나 속현에서 나오는 음식으로 자신이 즐겨 먹는 미식 사
치를 누렸다. 그러나 군의 속리들을 철저히 제압하였기에 군의 여러

관리들은 문을 걸어 닫고 자신을 단속하며 법도를 어기지 않았다. 진함은 공개적으로 속관들에게 칙서를 내려 말했다. "만약, 각자 원하는 바를 찾아 자신이 해결한다면 이는 一郡에 백 명의 태수가 있는 것과 같으니 어찌 그럴 수 있겠는가!"

아래 관리들은 진함을 두려워했고 강한 세력자들도 두려워 복속하여 명령을 내려 금지시킬 수 있었으나 결국 이 때문에 폐출 당했다.

진함은 삼공의 자식으로 젊어서 조정에 이름을 날렸는데 薛宣(설선), 朱博(주박), 翟方進(적방진), 孔光(공광) 등의 출사가 진함보다 한참 늦었는데도 모두 청렴 검소하여 먼저 公卿이 되었지만 진함은 여전히 군수 자리에 머물렀다.

原文

時, 車騎將軍王音輔政, 信用陳湯. 咸數賂遺湯, 予書曰. "卽蒙子公力, 得入帝城, 死不恨." 後竟徵入爲少府. 少府多寶物, 屬官, 咸皆鉤校, 發其奸臧, 沒入辜榷財物. 官屬及諸中宮黃門, 鉤盾, 掖庭官吏, 舉奏按論, 畏咸, 皆失氣. 爲少府三歲, 與翟方進有隙. 方進爲丞相, 奏. "咸前爲郡守, 所在殘酷, 毒螫加於吏民. 主守盜, 受所監. 而官媚邪臣陳湯以求薦舉. 苟得無恥, 不宜處位." 咸坐免. 頃之, 紅陽侯立舉咸方正, 爲光祿大夫給事中, 方進復奏免之. 後數年, 立有罪就國, 方進奏歸咸故郡, 以憂死.

| 註釋 | ○王音(? - 前 15) - 王鳳과 王政君의 사촌 동생. 王鳳이 특히 신임하였다. 前 22년에 大司馬로 車騎將軍이 되었다. ○陳湯(진탕) - 字는 子公. 70권, 〈傳常鄭甘陳段傳〉에 입전. ○鉤校 - 철저히 검사하다. 鉤 갈고랑이 구. ○辜榷(고각) - 독차지한 재물. 남이 장사하는 것을 방해하여 이득을 얻는 것. ○中宮黃門,鉤盾 - 中宮은 궁중. 黃門은 환관. 궁중의 거마 사냥개나 말, 광대 등을 관리. 鉤盾(구순)도 대소 원근의 園이나 苑囿(원유)를 관리하는 환관. ○掖庭官吏 - 궁 안의 여러 잡무를 담당하는 환관. ○翟方進(적방진 ? - 前 7년) - 御史大夫, 승상 역임. '通明相'이라는 별칭. 84권, 〈翟方進傳〉에 입전. ○毒螫(독석) - 독충의 일종. 螫 벌레가 쏠 석. ○主守盜 - 감수하는 자가 도둑이 되다. 지키는 물건을 10金(10만전) 이상 도둑질하면 사형에 처했다. ○受所監 - 감독하는 자가 상납하는 뇌물을 받다. ○官媚 - 官은 公이어야 한다는 주가 있다. 媚는 아첨할 미. ○紅陽侯 立 - 紅陽侯 王立. 王鳳의 형제. 98권, 〈元后傳〉 참고.

〖國譯〗

그때, 車騎將軍 王音이 정치를 보좌하면서 陳湯(진탕)을 신임하였다. 진함은 진탕에게 여러 번 뇌물을 바치며 편지로 말했다. "만약 귀하(子公)의 힘을 입어 장안에 들어갈 수 있다면 죽어도 여한이 없겠습니다." 뒷날 마침내 장안에 들어와 少府가 되었다. 少府에는 관리하는 보물과 屬官이 많았는데 진함은 모두를 철저하게 조사하여 부정하게 감춘 재물을 찾아내며 독점한 재물이라며 압수하였다. 여러 관속과 궁중의 黃門, 鉤盾(고순), 掖庭(액정)에서 일하는 환관들을 고발하고 심문하며 조사하니 모두가 두려워하며 기가 꺾였다. 진함이 소부를 3년간 담당하는 동안 翟方進(적방진)과 틈이 벌어졌다. 적방진이 승상이 되자 상주하였다. "진함은 전에 군수로 있으면서 임지에서 잔혹하고 관리들에게 독충과도 같았습니다. 자신이 지키면서 도둑질을 했고 감독자로부터 뇌물을 거둬들였습니다. 공공연히 사악한 陳湯에게 아첨하여 그 천거를 받았습니다. 구차히 굴면서 염치도 모르는 사람이기에 관직에 있을 수 없습니다." 진함은 진탕에 연좌되어 면직되었다. 얼마 뒤에 紅陽侯 王立이 진함을 方正人材로 천거하여 光祿大夫 給事中이 되었으나 적방진이 다시 상주하여 면직시켰다. 그 몇 년 뒤 王立이 죄를 지어 봉국으로 돌아가자 적방진은 상주하여 진함을 고향으로 방축하였고 진함은 울분 속에 죽었다.

66-11. 鄭弘

原文

鄭弘字稚卿, 泰山剛人也. 兄昌字次卿, 亦好學, 皆明經, 通法律政事. 次卿爲太原,涿郡太守, 弘爲南陽太守, 皆著治跡, 條敎法度, 爲後所述. 次卿用刑罰深, 不如弘平. 遷淮陽相, 以高第入爲右扶風, 京師稱之. 代韋玄成爲御史大夫. 六歲, 坐與京房論議免, 語在〈房傳〉.

| 註釋 | ○鄭弘 - 初元 3년(前 46)에 右扶風으로 근무할 때 장안에서 칭송이 많았다고 한다. 永光 2년(前 42)에 어사대부가 되었다. ○泰山剛 - 泰

山郡(치소는 博縣, 今 山東省 泰安市). 剛縣(강현, 今 山東省 泰安市 寧陽縣). ○淮
陽(회양) - 國名. 도읍은 陳縣(今 河南省 동남부 周口市 관할의 淮陽縣). ○京房
(前 77 - 37) - 字 君明.《易》전공, 魏郡太守 역임. 75권,〈睦兩夏侯京翼李
傳〉에 입전.

[國譯]

　　鄭弘의 字는 稚卿(치경)으로 泰山郡 剛縣 사람이다. 兄인 鄭昌의
字는 次卿으로 역시 호학하였으며 둘 다 경학에 밝고 법률과 정무에
통달했다. 鄭昌(次卿)은 太原郡과 涿郡(탁군)의 태수를 역임했고 정
홍은 南陽太守를 지냈는데 모두 백성을 잘 다스렸고 법도를 잘 지켜
후세 사람들의 칭송을 들었다. 정창은 형벌을 엄격하게 적용하여 공
평하게 적용한 정홍만 못하였다. 정홍은 淮陽國의 相으로 승진했다
가 근무 평가가 좋아 右扶風이 되었고 京師에서도 그를 칭송하였다.
韋玄成의 후임으로 어사대부가 되었다. 6년이 지나 京房의 논의에
연좌되어 면직되었는데, 이는〈京房傳〉에 있다.

原文

　　贊曰. 所謂鹽鐵議者, 起始元中, 徵文學賢良問以治亂,
皆對願罷郡國鹽鐵,酒榷,均輸, 務本抑末, 毋與天下爭利,
然後教化可興. 御史大夫弘羊以爲此乃所以安邊竟, 制四
夷, 國家大業, 不可廢也. 當時相詰難, 頗有其議文. 至宣帝
時, 汝南相寬次公治《公羊春秋》擧爲郎, 至廬江太守丞, 博

通善屬文, 推衍鹽鐵之議, 增廣條目, 極其論難, 著數萬言, 亦欲以究治亂, 成一家之法焉.

其辭曰. "觀公卿賢良文學之議, '異乎吾所聞'. 聞汝南朱生言, 當此之時, 英俊並進, 賢良茂陵唐生, 文學魯國萬生之徒六十有餘人咸聚闕庭, 舒六藝之風, 陳治平之原, 知者贊其慮, 仁者明其施, 勇者見其斷, 辯者騁其辭, 斷斷焉, 行行焉, 雖未詳備, 斯可略觀矣. 中山劉子推言王道, 撟當世, 反諸正, 彬彬然弘博君子也. 九江祝生奮史魚之節, 發憤懣, 譏公卿, 介然直而不撓, 可謂不畏强圉矣. 桑大夫據當世, 合時變, 上權利之略, 雖非正當, 鉅儒宿學不能自解, 博物通達之士也. 然攝公卿之柄, 不師古始, 放於末利, 處非其位, 行非其道, 果隕其性, 以及厥宗. 車丞相履伊,呂之列, 當軸處中, 括囊不言, 容身而去, 彼哉! 彼哉! 若夫丞相,御史兩府之士, 不能正議以輔宰相, 成同類, 長同行, 阿意苟合, 以說其上, 斗筲之徒, 何足選也!"

| 註釋 | ○贊曰 — 이 논평은 車千秋에 대한 논평이다. 《鹽鐵論》의 편자인 桓寬(환관)의 서술을 빌려 차천추에 대한 평가를 대신했다. 《鹽鐵論》은 鹽鐵에 관한 會議 記錄. 대화체로 서술. 총 10권 60편. 편자는 桓寬(환관). 西漢 후기의 정치, 경제, 사회, 사상과 당시 중앙과 지방의 형세를 파악할 수 있는 주요 문헌. ○始元 — 昭帝의 연호(前 86 – 81년). ○酒榷(주각) — 술의 전매. 榷 외나무 다리 각(교). 도거리하다. 전매로 이익을 독점하는 것. ○均輸 — 각 郡에 均輸鹽鐵官을 두고 중앙에 보낼 물건과 소요되는 물건을 구매하

고 이를 필요한 지방으로 운반하여 물가 안정과 국가 재정 충실을 도모하려는 법. 본래 武帝 말기 국가 재정 부족을 타개하려는 목적으로 입안, 시행되었다. ○汝南相寬次公 ─ 汝南國의 相인 桓寬. 次公은 그의 字. 비교적 객관적인 입장에서 《鹽鐵論》을 편찬하였다는 평가가 있다. ○廬江太守丞 ─ 廬江(여강) 太守의 丞. 여강군 치소는 舒縣(今 安徽省 合肥市 관할의 廬江縣). 丞은 태수의 보좌관. 우리나라로 말하면 副郡守에 해당. ○推衍(추연) ─ 推演. 기록의 범위를 넓히다. ○異乎吾所聞 ─ 《論語 子張》에 나오는 구절. ○誾誾(은은) ─ 성을 내며 말다툼하는 모양. 誾 잇몸 은, 말다툼할 은. ○行行 ─ 강경한 모양. ○中山劉子 ─ 中山國의 劉子雍(유자옹). ○撟當世 ─ 撟 들교. 바로 잡다. 糾正. ○九江祝生 ─ 九江郡(今 安徽省 壽縣 일대)의 축씨 성을 가진 사람. ○史魚之節 ─ 史魚는 춘추시대 衛國의 대부. 정직한 간언을 잘했던 사람. 공자도 사어의 충직을 칭찬하였다. 子曰, "直哉史魚! 邦有道, 如矢, 邦無道, 如矢.~"《論語 衛靈公》. ○發憤懣(발분만) ─ 가슴의 답답하고 분한 감정을 표출하다. 懣 분개할 만. ○不畏强圉(불외강어) ─ 强暴한 힘을 두려워하지 않다. ○桑大夫 ─ 桑弘羊. ○鉅儒宿學 ─ 鉅는 巨. 宿學은 경험도 많고 人望이 좋은 학자. ○不能自解 ─ 자신이 변명이나 의문을 풀어주지 못하다. ○果隕其性 ─ 결과적으로 그 생명을 잃었다. 隕 떨어질 운. 죽다. 性은 性命, 生命. ○以及厥宗 ─ (무능의 피해가) 그 일족에게도 미쳤다. 뒷날 공손홍이나 상관걸은 모두 멸족되었다. ○車丞相 ─ 승상 車千秋. ○當軸處中 ─ 수레 바퀴 軸에 바로 자리하다. 가장 요직에 있다. ○括囊不言 ─ 묶어 놓은 주머니처럼 말이 없다(閉口不言). 囊 주머니 낭. ○彼哉 ─ 그저 그런 사람. 或問子產. 子曰, "惠人也." 問子西. 曰, "彼哉! 彼哉!"《論語 憲問》. ○斗筲之徒(두소지도) ─ 국량이 작은 사람. 변변치 못한 사람. 출처는 《論語 子路》. ~曰, "今之從政者何如?" 子曰, "噫! 斗筲之人, 何足算也?" 斗는 한 말. 筲는 한 되(升)들이 竹器.

〔國譯〕

　班固의 論贊 : 소위 鹽鐵에 대한 논의는 (昭帝) 始元 연간에 시작되었는데, 文學과 賢良 인재를 구하면서 治亂에 대하여 물었는데 그 대책으로 많은 사람들이 郡國의 鹽鐵과 술의 전매와 均輸法의 폐지와 농업을 장려하고 상업을 억제하여 천하에 이익 쟁탈을 막은 뒤에야 교화가 성과를 거둘 수 있다고 주장하였다.

　어사대부 桑弘羊(상홍양)은 이 법이 변경을 안정시키고 四夷를 통제할 수 있는 국가의 대업이라 폐지할 수가 없다고 하였다. 당시에도 서로 詰難(힐난)이 있었고 그 논의도 기록되었다.

　宣帝 때에 汝南國의 相인 桓寬(환관, 次公은 字)은《公羊春秋》를 전공한 사람으로 郎官이 되었다가 廬江(여강)太守의 丞으로 해박한 지식에 글을 잘 지었는데 鹽鐵 정책에 대한 논의의 서술을 확대하면서 條目(體系)을 세우고 논란의 종결까지 수만 자를 기록하여 治亂의 방책을 찾으려 하였으니 이 분야에서 일가의 法理를 세웠다고 할 수 있다. 거기에 다음과 글이 있다.

　"公卿과 賢良文學들의 의논을 볼 때 '내가 알던 바와 다른 것'이 있었다. 내가 들은 汝南의 朱生의 말은 그때에 영명한 준걸들이 함께 들고 일어났는데 賢良으로 천거된 茂陵縣(무릉현)의 唐生, 文學으로 천거된 魯國의 萬生같은 무리 60여 명은 조정의 뜰에 함께 모여 六藝의 학문을 바탕으로 말하면서 治平의 근원에 대하여 주장을 폈는데 지혜로운 자는 그 사려를 칭찬하고 仁者는 그 시행방법을 논하였으며, 勇者는 단호한 폐지를 주장했고 辯論에 강한 자는 그 文辭를 따지면서 말다툼을 하듯 강경하였는데 비록 완전하게 모든 것을 다 정리하지는 못했지만 그 대략을 볼 수 있다.

中山國의 劉子雍은 王道의 이론을 전개하며 당세의 잘못을 바로잡고 正道로 되돌리려 했는데 文質이 彬彬하고 박식한 군자였다. 九江郡의 祝生은 史魚의 지조를 가진 듯 발분하여 公卿를 조롱하며 굳건하게 주장을 굽히지 않았으니 가히 어떤 포악한 힘도 두려워하지 않는 것 같았다.

어사대부 桑弘羊은 당세의 실권자로서 시대 변화에 따라 국가 권력의 책략을 숭상하려 했으니 그 주장이 정당하지 않더라도 또 巨儒나 宿學을 이해시키지 못했지만 현실 문제에 통달한 사람이었다. 그렇지만 公卿을 통솔할 권한을 가진 위치에서 옛 법을 본받지 아니하고 末利를 추구하면서 자기 자리도 아닌 자리를 차지하고 바른 도가 아닌 일을 행하려다가 결국 자신의 생명을 잃었고 그 일족에게도 폐해를 끼쳤다.

그리고 승상 車千秋는 비록 伊尹과 呂尙의 반열에 올랐다지만 나라의 중요한 요직에 있으면서 주머니를 싸맨 듯 아무 말도 못하고 肉身이나 보존하다 떠나가 버렸다. (모두가 다) 그렇고 그런 사람들이다! 승상과 어사대부 두 부서의 관리들도 바른 의논으로 재상을 보좌하지 못하고 같은 무리가 되어 따라 행동하며 뜻을 굽히고 아부나 하면서 상관의 뜻에 맞추려 하였으니 소인의 무리 속에 누구를 뽑을 수 있겠는가!"

67 楊胡朱梅云傳
〔양,호,주,매,운전〕

67-1. 楊王孫

原文

　楊王孫者, 孝武時人也. 學黃,老之術, 家業千金, 厚自奉
養生, 亡所不致. 及病且終, 先令其子, 曰, "吾欲贏葬, 以反
吾眞, 必亡易吾意. 死則爲布囊盛屍, 入地七尺, 旣下, 從足
引脫其囊, 以身親土." 其子欲默而不從, 重廢父命, 欲從之,
心又不忍, 乃往見王孫友人祁侯.

|註釋| ○楊王孫－楊貴, 王孫은 字. ○家業－家産. ○亡所不致(무소불
취)－亡 잃을 망. 없을 무. 無와 同. ○先令－遺囑(유촉). ○贏葬(나장)－
裸葬. 贏는 裸. ○亡易(무역)－바꾸지 말라. ○重廢－어길 수 없다. 重은

難也. ○祁侯(기후) — 繒它(증타)란 사람.

【國譯】

　　楊王孫(양왕손, 楊貴)은 武帝 때 사람이다. 黃帝와 노자의 학문을 했는데 천금의 가산으로 여유 있게 살고 養生하며 하지 못한 일이 없었다. 병들어 죽기 전에 아들에게 사후를 부탁하며 말했다.

　　"나는 裸葬(나장)에 본모습으로 묻히고 싶으니 내 뜻을 절대로 어기지 말라. 내가 죽으면 자루에 시신을 담아 7자 깊이 땅에 눕히고 발아래부터 자루를 벗겨 몸이 흙에 닿게 하라."

　　그의 아들은 묵묵히 따르지 않을 수도 있었지만 부친의 명을 거스를 수 없고 따르자니 차마 그럴 수가 없어 부친(楊王孫)의 벗인 祁侯(기후)를 찾아갔다.

原文

　　祁侯與王孫書曰, "王孫苦疾, 僕迫從上祠雍, 未得詣前. 願存精神, 省思慮, 進醫藥, 厚自持. 竊聞王孫先令臝葬, 令死者亡知則已, 若其有知, 是戮屍地下, 將臝見先人, 竊爲王孫不取也. 且《孝經》曰, '爲之棺槨衣衾', 是亦聖人之遺制, 何必區區獨守所聞? 願王孫察焉."

| 註釋 | ○僕 — 나. 자신에 대한 겸칭. 僕 종 복. 마부. 迫은 급히. ○祠雍 — 무제 元光 2년(前 133)에 무제는 雍縣(옹현, 今 陝西省 寶雞市 鳳翔縣)의 五畤(오치)에 제사를 지냈다. ○詣前 — 방문하다. 求見. ○棺槨衣衾(관곽의금)

- (시신에) 옷을 입히고 이불로 싸서 관에 넣고 다시 곽에 넣다. 槨(덧널 곽)으로 棺을 다시 감싼다. ㅇ區區 - 소소한. 사소한 일.

【 國譯 】

祁侯(기후)가 양왕손에게 서신을 보내 말했다.

"王孫께서 여러 생각을 많이 하셨겠지만, 그간 급히 주상을 수행해 雍縣 제사에 다녀오느라 오래 만나지 못했소. 정신을 가다듬어 번민하지 말고 의약을 잘 챙기시며 건강을 지켜야 하오. 벗께서 (자식에게) 裸葬(나장)을 명하셨다고 들었소만 죽은 사람이 알 수 없다면 (나장을) 그만두어야 하고 설령 알 수 있다고 한들 나장은 시신을 지하에 버리는 것이며 裸身으로 조상을 뵈어야 하는데 그 또한 어려울 것이요. 그리고《孝經》에서도 '壽衣에 이불로 덮어 관에 넣고 덧널(槨)을 쓴다.'라 한 것은 聖人의 제도이거늘 하필 소소하게 들은 대로 따라야 하겠소? 다시 생각하시기 바라오."

原文

王孫報曰, "蓋聞古之聖王, 緣人情不忍其親, 故爲制禮, 今則越之, 吾是以臝葬, 將以矯世也. 夫厚葬誠亡益於死者, 而俗人競以相高, 靡財單幣, 腐之地下. 或乃今日入而明日發, 此眞與暴骸於中野何異! 且夫死者, 終生之化, 而物之歸者也. 歸者得至, 化者得變, 是物各反其眞也. 反眞冥冥, 亡形亡聲, 乃合道情. 夫飾外以華衆, 厚葬以鬲眞, 使歸者

不得至, 化者不得變, 是使物各失其所也. 且吾聞之, 精神
者天之有也, 形骸者地之有也. 精神離形, 各歸其眞, 故謂
之鬼, 鬼之爲言歸也. 其尸塊然獨處, 豈有知哉? 裹以幣帛,
隔以棺槨, 支體絡束, 口含玉石, 欲化不得, 鬱爲枯臘, 千載
之後, 棺槨朽腐, 乃得歸土, 就其眞宅. 繇是言之, 焉用久客!
昔<u>帝堯</u>之葬也, 窾木爲匱, 葛藟爲緘, 其穿下不亂泉, 上不
泄殠. 故聖王生易尙, 死易葬也. 不加功於亡用, 不損財於
亡謂. 今費財厚葬, 留歸隔至, 死者不知, 生者不得, 是謂重
惑. 於戲! 吾不爲也."

祁侯曰, "善." 遂嬴葬.

| 註釋 | ○今則越之 - 지금은 禮를 넘었다.(厚葬을 하다.) ○單幣(단폐)
- 돈을 다 없애다. 單은 다할 단. 竭盡. ○明日發 - 여기서 발은 發掘(발굴),
곧 盜掘. ○此眞 - 此直의 誤字. 이는 다만. ○終生之化 - 중생의 죽음. 終
生을 衆生으로 기록한 곳도 있다. 化는 죽을 화(死). 生滅하다. ○道情 - 道
理. ○鬲眞 - 隔眞. 鬲은 막을 격. 隔과 通. 솥 력. ○形骸(형해) - 肉身. 外
形. ○塊然(괴연) - 혼자 있는 모양(孤獨貌). 塊 흙덩이 괴, 홀로 괴. ○枯臘
(고랍) - 바짝 마른 시신. ○久客 - 장구한 세월의 客人(客鬼). ○窾木爲匱
(관목위독) - 窾 빌 관. 속이 비다. 匱 궤 독. 작은 棺. ○葛藟爲緘(갈류위함)
- 칡덩굴로 관을 묶다. 葛 칡 갈. 藟 등나무 덩굴 류. 緘 봉할 함. ○不亂泉
- 샘의 물길에 닿지 않다. 깊이 묻지 않다. 不亂은 不絶. ○泄殠(설추) - 泄
샐 설. 殠 썩은 냄새 추. ○亡謂 - 無謂. 이를 것이 없는. 意義가 없다.

〔國譯〕

이에 양왕손이 (기후에게) 답장을 보냈다.

"아마도 옛 聖王도 인정을 따라 부모를 버릴 수 없기에 예를 만들었을 것인데, 지금은 그 예를 벗어나 후장을 하지만 나는 나장으로 세속을 바로 잡으려는 것이요. 厚葬을 하여도 죽은 사람에게는 아무 이익이 없고 속인들은 경쟁적으로 더 후장을 하는데 이는 재물만 없애고 땅 속에서 썩히는 것이요. 혹 오늘 매장을 하고 내일 도굴이 된다면 이는 다만 시신을 벌판에 버려두는 것과 무엇이 다르겠소! 또 죽는다는 것은 모든 삶의 끝이며 만물이 귀착하는 것이요. 돌아갈 자가 돌아가고 바뀔 것이 바뀔 수 있어야 진정으로 만물이 근본으로 돌아가는 것이요. 본디로 돌아가는 것은 아득하며 형체나 소리도 없어야 도리에 합당할 것이요. 외부를 화려하고 많게 꾸미는 후장은 眞을 막아 돌아갈 자가 돌아가지 못하고 바뀔 것이 바뀌지 못하므로 만물이 각자 있어야 할 곳을 잃게 되는 것이요. 또 내가 알기로는, 精神이란 것은 하늘에 있고 육신은 땅에 있는 것이요. 정신이 육신을 떠나는 것은 각자 眞으로 돌아가는 것이기에 이를 鬼라고 하고 鬼는 歸를 의미합니다. 그러니 홀로 된 육신이 있는 곳을 어찌 알겠습니까? 비단으로 싸였고 관곽으로 막혔으며 육신은 바짝 묶였고 입에는 玉石을 물었으니 모습을 바꿀 수 없어 답답하게 바짝 말라버려 천 년 뒤에 관곽이 썩어야만 흙으로 돌아가 곧 본 집에 가게 되는 것이요. 그렇다면 어찌 영원한 客鬼가 아니겠소? 예전에 堯 임금의 장례에 속이 빈 나무로 작은 관을 만들고 칡덩굴로 관을 묶어 깊지 않은 곳에 묻었는데 위로는 냄새가 나지 않았다고 하였소. 그래서 聖王은 살아서는 백성을 편하게 해주어 존경을 받았고 죽어서도 간단히 묻힌 것입니다. 쓸모없는 일에 공을 들이지 않고 뜻 없는 일에 재물을 낭비하지 않은 것이요. 지금 세상에 많은 돈이 드는 후장은 갈 곳으로 돌아가는 것을 막는 것이고, 죽은 자는 후장인 줄도 모르고 산 자는 얻는 것이 없으니 대단한 無知일 것이요. 아! 나는 그렇게 하지 않을 것이요."

이에 祁侯(기후)가 말했다. "맞는 말씀이요."

결국 양왕손은 나신으로 묻혔다고 한다.

67-2. 胡建

原文

胡建字子孟, 河東人也. 孝武天漢中, 守軍正丞, 貧亡車馬, 常步與走卒起居, 所以尉薦走卒, 甚得其心. 時監軍御史爲姦, 穿北軍壘垣以爲賈區, 建欲誅之, 乃約其走卒曰, "我欲與公有所誅, 吾言取之則取, 斬之則斬." 於是當選士馬日, 監御史與護軍諸校列坐堂皇上, 建從走卒趨至堂皇下拜謁, 因上堂皇, 走卒皆上. 建指監御史曰, "取彼." 走卒前曳下堂皇. 建曰, "斬之." 遂斬御史. 護軍諸校皆愕驚, 不知所以. 建亦已有成奏在其懷中, 遂上奏曰, "臣聞軍法, 立武以威衆, 誅惡以禁邪. 今監御史公穿軍垣以求賈利, 私買賣以與士市, 不立剛毅之心, 勇猛之節, 亡以帥先士大夫, 尤失理不公. 用文吏議, 不至重法. 〈黃帝李法〉曰, '壁壘已定, 穿窬不由路, 是謂姦人, 姦人者殺.' 臣謹按軍法曰, '正亡屬將軍, 將軍有罪以聞, 二千石以下行法焉.' 丞於用法疑, 執事不諉上, 臣謹以斬, 昧死以聞."制曰, "〈司馬法〉曰'國容不入軍, 軍容不入國', 何文吏也? 三王或誓於軍中, 欲民先成其慮也, 或誓於軍門之外, 欲民先意以待事也, 或將交刃而誓, 致民志也. 建又何疑焉?"建由是顯名.

| 註釋 | ○河東 − 郡名. 치소는 安邑縣(今 山西省 運城市 夏縣 서북). ○天漢 − 前 100 − 97년. ○守軍正丞 − 임시 軍正丞. 守는 代理. 丞은 副의 뜻. ○監軍御史 − 황제의 명을 받아 군영을 감독하는 어사. 여기서는 北軍의 감군어사. ○堂皇 − 대청. 사방에 벽이 없는 방을 皇이라 한다. ○愕驚(악경) − 驚愕. 愕 놀랄 악. ○吏議 − 관리들의 평결. ○〈黃帝李法〉 − 兵法書 이름. 李法은 理法. ○穿窬(천유) − 쪽문을 뚫다. 군부대의 개구멍. 穿 뚫을 천. 窬 협문 유. 넘을 유. ○正亡屬將軍 − 軍正은 장군에 속하지 않는다. ○二千石以下 − 校尉나 都尉 이하의 계급. ○不諉上(불위상) − 諉는 번거롭게 할 위. 위에서 처리하도록 미루다. ○〈司馬法〉 − 전국시대 초기에 편찬되었다고 생각하는 兵法書. 國容 − 국가의 의례. 容은 儀禮.

〔 國譯 〕

胡建(호건)의 字는 子孟이고 河東郡 사람이다. 武帝 天漢 연간에 임시 軍正丞이었는데 가난하여 車馬가 없어 늘 걸어 다니며 사졸과 함께 생활하면서 그들을 잘 위로해주었기에 사졸로부터 신임을 받았다. 그때 監軍御史가 부정한 짓으로 北軍 營壘(영루)의 담을 뚫어 놓고 가게를 만들어 장사를 했는데 호건은 감군어사를 죽이려고 그 사졸들과 약속하였다. "내가 당신들과 함께 죽일 사람이 있는데 내가 잡으라고 하면 체포하고 죽이라면 죽여라." 그리고 병사와 말(馬)을 고르는 날에 감군어사와 護軍과 여러 軍校들이 대청에 줄지어 앉자 호건은 병졸 사이에서 앞으로 달려가 대청 아래에서 拜謁(배알)하고 대청으로 뛰어 올라가자 사졸도 모두 따라왔다. 호건은 감군어사를 가리키며 말했다. "저 사람을 잡아라." 사졸들이 대청 아래로 끌고 내려갔다. 호건이 말했다. "그를 죽여라." 결국 감군어사는 죽었다. 호군과 여러 군교들이 모두 크게 놀라며 영문을 몰랐다. 호건은 상주할 글을 만들어 품에 넣고 있다가 상주하며 말했다.

"臣이 알기로, 軍法에 武威를 세워 무리를 거느리고 악한 자를 죽여 사악한 짓을 금한다고 하였습니다. 이번에 監軍御史는 공공연히 군영의 담장을 뚫고 장사 이득을 취하면서 비밀리에 매매를 하며 사졸을 상대로 장사를 하여 강건한 마음과 용맹한 기개를 무너뜨렸고 사대부로서 솔선하지도 않았으며 더 나아가 事理를 잃어 공정하지 못했습니다. 문서로 군리들의 평결에 맡긴다면 중형에 처하지 않을 것입니다. 〈黃帝李法〉에도 '壁壘(벽루)가 설치된 이후 개구멍을 내고 길로 다니지 않는다면 이는 奸人이고 奸人은 죽여야 한다.'고 하였습니다. 臣이 삼가 군법을 살펴보았더니 '軍正은 將軍 소속은 아니지만, 將軍은 죄를 지은 군정을 보고해야 하고 二千石 이하는 법대로 처리해야 한다.'고 하였습니다. 軍正丞이 법을 집행할 수 있는가는 확실하지 않지만 당면한 일을 위에 넘길 수 없다 생각하여 臣

이 감군어사를 참수하였기에 죽음을 감수하며 보고 드립니다.”

이에 대해 制書에는 “〈司馬法〉에서는 ‘國禮에 軍禮를 적용하지 않고 軍의 儀禮에 국례를 적용하지 않는다.’ 고 하였으니, (감군어사가 군중에서 범법했는데) 어찌 文吏의 의논에 맡겨야 하겠는가? 三王일지라도 軍中에서 약속한 것이라면 백성을 먼저 생각한 것이고 혹시 軍門 밖에서 선언한 것은 백성이 먼저 군사의 일을 생각한 것이며, 적과 교전 중에 선언한 것이라면 백성의 용기를 북돋우려는 것이라 하였으니 胡建은 무엇을 걱정하는가?”라고 하였다. 호건은 이로써 이름이 알려졌다.

原文

後爲渭城令, 治甚有聲. 値昭帝幼, 皇后父上官將軍安與帝姊蓋主私夫丁外人相善. 外人驕恣, 怨故京兆尹樊福, 使客射殺之. 客臧公主廬, 吏不敢捕. 渭城令建將吏卒圍捕. 蓋主聞之, 與外人, 上官將軍多從奴客往, 奔射追吏, 吏散走. 主使僕射劾渭城令游徼傷主家奴. 建報亡它坐. 蓋主怒, 使人上書告建侵辱長公主, 射甲舍門. 知吏賊傷奴, 辟報故不窮審. 大將軍霍光寢其奏. 後光病, 上官氏代聽事, 下吏捕建, 建自殺. 吏民稱冤, 至今渭城立其祠.

| 註釋 |　○渭城(위성) － 縣名. 今 陝西省 咸陽市 동북.　○昭帝幼 － 昭帝는 8살에 즉위하였다.　○蓋主 － 蓋長公主. 武帝의 딸. 私夫는 情夫. 外人은

關外之人의 뜻. 당시에는 상당히 흔한 일이었다. ○樊福(번복) − 人名. 昭帝
始元 6년(前 81)에 경조윤의 서리였었다. ○僕射(복야) − 公主家의 복야. 궁
인으로 잡일을 담당하는 자. 僕射(복야)는 본래 우두머리란 뜻으로 각 분야
별로 복야가 있었다. 侍中僕射, 博士僕射, 尙書僕射, 謁者僕射 등이 그 예이
다. ○游儌(유요) − 鄕官의 명칭. 지역을 순찰하며 치안을 유지하는 사람.
○甲舍 − 저택. 甲第. ○上官氏 − 上官安. 상관안의 딸이 昭帝의 황후. 上官
安의 父인 上官傑은 霍光과 세력 다툼에서 밀리고 桑弘羊(상홍양) 등과 함께
모반을 꾀하다가 滅族되었다(前 80).

[國譯]

  뒷날 渭城(위성) 현령이 되었는데 그 치적에 명성이 높았다. 그때
는 昭帝가 어릴 때였는데 皇后의 부친 上官將軍의 아들 上官安과 昭
帝의 누이인 蓋長公主(개장공주)의 情夫인 丁外人은 서로 친했다. 정
외인은 교만 방자하였고 前 京兆尹 樊福(번복)에게 원한을 품고 있
었는데 자객을 보내 번복을 사살케 했다. 범인은 공주의 盧幕(여막)
에 숨었는데 관리들이 감히 체포할 수가 없었다. 위성현령 胡建은
吏卒을 거느리고 여막을 포위하였다. 개장공주는 이를 알고서 정외
인과 상관장군을 시켜 노비와 자객들을 거느리고 가서 이졸들에게
활을 쏘며 이졸을 쫓아버렸다. 개장공주는 僕射(복야)를 시켜 위성
현령이 (향관인) 游儌(유요)를 거느리고 와서 공주의 家奴에게 상해
를 입혔다고 고발하였다. 호건은 그들은 관련이 없다고 보고하였다.
개장공주는 화를 내며 사람을 시켜 호건이 공주 저택의 대문에 활을
쏘아 공주를 모욕했고 관리들이 공주의 노비들에게 상해를 입힌 것
을 알면서도 죄상을 감추려고 보고를 하지 않아 문책을 당하지 않았
다고 고발케 하였다. 大將軍 霍光(곽광)은 그 보고를 묵살하였다. 그

뒤에 곽광이 병이 들어 上官傑(상관걸)이 정치를 대리하면서 형리를 보내 호건을 체포하려 하자 호건은 자살하였다. 고을의 속리와 백성들은 애통히 여겼고 지금도 위성현에는 그의 사당이 남아있다.

67-3. 朱雲

原文

朱雲字游, 魯人也, 徙平陵. 少時通輕俠, 借客報仇. 長八尺餘, 容貌甚壯, 以勇力聞. 年四十, 乃變節從博士白子友受《易》, 又事前將軍蕭望之受《論語》, 皆能傳其業. 好偶儻大節, 當世以是高之.

| 註釋 | ○徙平陵 - 평릉은 昭帝의 능, 置縣. 今 陝西省 咸陽市 서북. ○通輕俠 - 목숨도 가볍게 여기는 협객과 사귀다. 通은 結交하다. ○借客報仇 - 협객이 원수를 갚는 일을 돕다. 借는 돕다(幇助). ○變節 - 협객에서 학자로 지조를 바꾸다. ○蕭望之 - 78권, 〈蕭望之傳〉에 입전. ○偶儻 - 다른 사물에 구애받지 않다. 출중하다. 偶 대범할 척. 儻 빼어날 당. 儵儻(척당)과 同. ○當世以是高之 - 당시 士人들의 풍조가 유학을 좋아하면서 고위직의 안일한 생활에 안주하였는데 이러한 풍조는 결국 왕망의 찬탈로 연결되었다. 주운은 當世의 학자와 달랐다는 뜻.

朱雲(주운)의 字는 游(유)이고 魯國 사람으로 平陵縣으로 이주하였다. 少時에 목숨도 가벼이 여기는 협객과 사귀었는데 신장이 8척이 넘어 용모가 아주 장대하며 勇力으로 소문이 났었다. 나이 40에 지조를 바꿔 博士 白子友를 모시고 《易》을 전수받았고, 또 前將軍 蕭望之를 스승으로 《論語》를 배워 그 학업을 모두 이어갔다. 대범하고 큰 지조를 숭상하였기에 당시 사람들의 존경을 받았다.

原文

元帝時, 琅邪貢禹爲御史大夫, 而華陰守丞嘉上封事, 言 "治道在於得賢, 御史之官, 宰相之副, 九卿之右, 不可不選. 平陵朱雲, 兼資文武, 忠正有智略, 可使以六百石秩試守御史大夫, 以盡其能." 上乃下其事問公卿. 太子少傅匡衡對, 以爲 "大臣者, 國家之股肱, 萬姓所瞻仰, 明王所愼擇也. 傳曰下輕其上爵, 賤人圖柄臣, 則國家搖動而民不靜矣. 今嘉從守丞而圖大臣之位, 欲以匹夫徒步之人而超九卿之右, 非所以重國家而尊社稷也. 自堯之用舜, 文王於太公, 猶試然後爵之, 又況朱雲者乎? 雲素好勇, 數犯法亡命, 受《易》頗有師道, 其行義未有以異. 今御史大夫禹絜白廉正, 經術通明, 有伯夷,史魚之風, 海內莫不聞知, 而嘉猥稱雲, 欲令爲御史大夫, 妄相稱擧, 疑有姦心, 漸不可長, 宜下有司案驗以明好惡." 嘉竟坐之.

| 註釋 | ○元帝時 - 재위 前 48 - 33년. ○琅邪貢禹 - 琅邪郡(낭야군)의 貢禹(공우). 낭야군의 치소는 東武縣, 今 山東省 濰坊市 관할의 諸城市. 공우는 72권, 〈王貢兩龔鮑傳〉에 입전. ○華陰守丞 - 화음현의 守丞(현령 대리). 1만호 이상이면 縣을 설치. 縣令(秩 千石에서 6백석)을 임명했고 현령의 보좌관 현승이라고 했다. 華陰은 縣이었고, 守는 임시 또는 대리의 뜻이니 華陰守丞은 '화음현 현령의 임시 보좌관'이다. ○封事 - 밀봉한 상소문. ○九卿之右 - 九卿보다 높은 직위. ○匡衡(광형) - 인명. 81권, 〈匡張孔馬傳〉에 입전. ○上爵(상작) - 상급 官員. ○柄臣 - 권력의 핵심 신하. ○師道 - 학문을 이어받다. ○絜白(결백) - 潔白. 絜은 깨끗할 결(潔 同). 헤아릴 혈. ○伯夷, 史魚之風 - 伯夷는 청렴했고 史魚는 忠直하였다. 청렴과 충직의 典範. 史魚는 衛國의 대부. 子曰, "直哉史魚! 邦有道, 如矢, 邦無道, 如矢.~"《論語 衛靈公》. ○有司 - 各有專司의 뜻. 職官. 담당자.

〖 國譯 〗

元帝 시에 琅邪郡(낭야군) 출신 貢禹(공우)가 어사대부였는데, 華陰縣의 縣丞 대리인 嘉(가)가 밀봉한 글을 올려 말했다.

"治道의 요체는 현인을 얻어야 하며, 어사대부의 자리는 宰相의 다음이며, 九卿보다 상위이니 고르지 않을 수가 없습니다. 평릉현의 朱雲은 文武의 바탕을 갖추었고 忠正하고 智略도 있으니 秩 六百石의 어사대부 보좌관으로 한 번 등용해 그 능력을 다하게 하십시오."

원제는 이 건을 바로 공경들에게 물었다. 이에 太子少傅인 匡衡(광형)이 대답하였다.

"大臣이란 국가의 팔과 다리이며 모든 백성이 우러러보기에 명철한 제왕일지라도 신중하게 선택합니다. 여러 경전에도 아랫사람이 윗사람을 경시하고 賤人이 주요 권력 자리를 얻으려 하면 나라가 흔들려 백성이 안정되지 못한다고 하였습니다. 지금 嘉(가)는 임시 현승으로 대신의 자리를 논하면서 匹夫인 보통 사람을 九卿보다 높은 자리에 천거하려 하는데 이는 국가를 중시하고 사직을 존중하는 뜻이라 볼 수 없습니다. 예전에 堯가 舜을 등용하고 文王이 太公을 등용한 것도 시험적으로 등용한 다음에 작위를 내렸거늘, 하물며 朱雲(주운)이란 자를 어찌 그냥 임용하겠습니까? 주운은 평소에 용맹을 좋아하여 자주 법을 어기고 도망하였으며《易》을 배워 그래도 학문이 있다고 하지만 그 行義가 특이한 것도 아닙니다. 지금 어사대부 공우는 결백하고 염치가 있으며 정직할 뿐만 아니라 경학에도 밝으며 伯夷와 史魚의 기풍이 있다고 海內에서 그 이름을 모르는 사람이 없는데 嘉(가)가 함부로 주운이란 자를 칭송하며 어사대부로 추천하는 것은 서로를 칭송하려는 간계가 있는 것으로 이런 간계를 키워줄 수는 없으니 마땅히 담당 관리에게 조사를 시켜 그의 좋고 나쁜 것을 밝혀야 합니다."

嘉(가)의 뜻은 결국 좌절되었다.

原文

是時, 少府五鹿充宗貴幸, 爲《梁丘易》. 自宣帝時善梁丘氏說, 元帝好之, 欲考其異同, 令充宗與諸《易》家論. 充宗乘貴辯口, 諸儒莫能與抗, 皆稱疾不敢會. 有薦雲者, 召入, 攝齊登堂, 抗首而請, 音動左右. 旣論難, 連拄五鹿君, 故諸儒爲之語曰, "五鹿嶽嶽, 朱雲折其角." 繇是爲博士.

| 註釋 | ○五鹿充宗 - 五鹿은 複姓. 充宗이 이름. 중서령 환관 石顯(석현)과 교우. 《易》과 《論語》에 일가견. 成帝 建始 원년(前 32)에 석현이 失勢하면서 五鹿充宗도 玄菟太守로 좌천. ○《梁丘易》 - 漢 宣帝 때 梁丘賀에 의해 형성된 《易》의 학파. 梁丘賀의 字는 長翁, 太中大夫와 少府 역임. ○攝齊登堂 - 긴 옷의 옷자락을 여미며 대청에 올라가다. ○抗首 - 仰首. 고개를 반듯하게 세우다. ○連拄五鹿君 - 연이어 오록충종을 반박하다. 拄는 버틸 주, 비방할 주. 반박하다. ○五鹿嶽嶽 - 嶽嶽은 뿔이 긴 모양. 사슴뿔이 크게 자란 모양. 이런 단어를 雙關語(하나의 말이 두 가지 뜻을 가지고 있는 말)라고 한다.

〖國譯〗

이때 少府인 五鹿充宗은 고관으로 신임을 받는 《梁丘易》을 전공한 학자였다. 宣帝 때 梁丘賀의 학설이 우세하였는데 元帝도 좋아하여 다른 학설과 같거나 다른 점을 알고자 오록충종에게 《易》의 여러 이론을 종합하게 하였다. 오록충종은 고관이면서 말솜씨도 좋아 유생들이 그에 맞설 수가 없어 병을 핑계 대며 만나려 하지 않았다.

어떤 사람이 주운을 추천하여 불려갔는데 주운은 옷을 여미며 당상에 올라 고개를 들고 가르침을 청하는데 큰 목소리가 사방에 울렸다. 논란이 진행되면서 연이어 오록충종의 이론을 반박하였기에 유생들은 이를 두고 "오록충종의 큰 뿔을 朱雲이 꺾어버렸다."고 하였다. 이 때문에 주운은 박사가 되었다.

原文

遷杜陵令, 坐故縱亡命, 會赦, 擧方正, 爲槐里令. 時中書令石顯用事, 與充宗爲黨, 百僚畏之. 唯御史中丞陳咸年少抗節, 不附顯等, 而與雲相結. 雲數上疏, 言丞相韋玄成容身保位, 亡能往來, 而咸數毀石顯. 久之, 有司考雲, 疑風吏殺人. 群臣朝見, 上問丞相以雲治行. 丞相玄成言雲暴虐亡狀. 時, 陳咸在前, 聞之, 以語雲. 雲上書自訟, 咸爲定奏草, 求下御史中丞. 事下丞相, 丞相部吏考立其殺人罪. 雲亡入長安, 復與咸計議. 丞相具發其事, 奏, "咸宿衛執法之臣, 幸得進見, 漏洩所聞, 以私語雲, 爲定奏草, 欲令自下治, 後知雲亡命罪人, 而與交通, 雲以故不得." 上於是下咸,雲獄, 減死爲城旦. 咸,雲遂廢錮, 終無帝世.

| 註釋 | ○杜陵 － 縣名. 今 陝西省 西安市 동남. ○槐里 － 縣名. 今 陝西省 咸陽市 관할의 興平市. ○陳咸 － 陳萬年의 子. 66권, 〈公孫劉田王楊蔡陳鄭傳〉에 附傳. ○韋玄成 － 승상 韋賢의 아들. 父子가 모두 승상을 역임. '遺子黃金滿簾이 不如一經하다.' 라는 속언이 생겨났다. 元帝 建昭 3년(前 36)에 죽었다. 73권, 〈韋賢傳〉에 附傳. ○亡能往來 － 전진도 후퇴도 못하다. 새로운 일도 또 폐단을 시정하지도 못한다는 뜻. ○疑風吏殺人 － 屬吏를 교사하여 살인했다는 의혹. 風은 諷, 권고하다, 敎唆(교사)하다. ○亡狀(무상) － 우수한 실적이 없다. ○終無帝世 － 결국 원제도 세상을 떠났다.

〔國譯〕

朱雲은 杜陵의 현령이 되었다가 예전의 협객 시절 도망 다닌 일에 연루되었으나 마침 사면을 받고 方正한 인재로 천거 받아 槐里(괴리) 현령이 되었다. 그때, 中書令 石顯이 권력을 쥐고 오록충종과

한 패가 되자 모든 관료들이 두려워하였다. 오직 御史中丞인 陳咸 (진함)은 나이도 어리지만 높은 지조로 석현에게 아부하지 않고 주 운과 교제하였다. 주운은 여러 번 상소하여 승상 韋玄成(위성현)은 '제 몸과 자리나 지키면서 전진하거나 후퇴하지도 못한다'고 말했 으며, 진함도 석현을 자주 비난하였다. 얼마 뒤에 담당 관리가 주운 을 조사하여 속리를 교사하여 살인했다는 의혹을 제기하였다. 群臣 이 조회할 때 元帝가 승상에게 주운의 치적을 물었다. 승상 韋玄成 은 주운이 포악하며 선행이 없다고 말했다. 이때 진함도 어전에 있 다가 이를 듣고 주운에게 전해 주었다. 주운은 상서하여 살인에 대 한 죄상을 스스로 자백하였고, 진함은 주운을 위해 상주할 초안을 마련하여 御史中丞인 자신이 처리하고자 하였다. 사안이 승상에게 배정되자 승상의 속리는 이를 조사하여 주운의 살인죄를 입증하였 다. 주운은 도망쳐 장안에 숨어 있으면서 다시 진함과 협의를 하였 다. 그러자 승상은 그 사안도 다 적발하여 상주하였다.

"진함은 宿衛이면서 법을 집행하는 조정 신하로 그간 승진을 계 속했으나 조정에서 들은 사실을 누설하여 은밀히 주운에게 말해주 었으며 주운을 위해 상주문 초안까지 만들어 주었으며 이 사건을 자 신이 심리하려고 하였으며 주운이 도망한 죄인임을 알면서도 그와 내왕하였는데, 주운은 아직 잡지 못했습니다."

원제는 진함과 주운을 하옥시키라 명령했고, (나중에) 진함은 사 형에서 감하여 城旦(성단) 노역에 처해져서 진함과 주운은 폐출되었 고, 元帝의 시대에는 아무것도 할 수 없었다.

至成帝時, 丞相故安昌侯張禹以帝師位特進, 甚尊重. 雲上書求見, 公卿在前. 雲曰, "今朝廷大臣上不能匡主, 下亡以益民, 皆尸位素餐, 孔子所謂 '鄙夫不可與事君', '苟患失之, 亡所不至'者也. 臣願賜尙方斬馬劍, 斷佞臣一人以厲其餘." 上問, 誰也? 對曰, "安昌侯張禹." 上大怒, 曰, "小臣居下訕上, 廷辱師傅, 罪死不赦." 御史將雲下, 雲攀殿檻, 檻折. 雲呼曰, "臣得下從龍逢, 比干游於地下, 足矣! 未知聖朝何如耳?" 御史遂將雲去. 於是左將軍辛慶忌免冠解印綬, 叩頭殿下曰, "此臣素著狂直於世. 使其言是, 不可誅, 其言非, 固當容之. 臣敢以死爭." 慶忌叩頭流血. 上意解, 然後得已. 及後當治檻, 上曰, "勿易! 因而輯之, 以旌直臣."

| 註釋 | ○至成帝時 – 재위 전 32 – 7년. ○安昌侯 張禹(장우, ? – 前 5) – 元帝 때 太子[劉驁(유오)]에게 《論語》를 가르쳤고 帝師로 關內侯가 되어 여러 관직을 역임하고 前 25 – 20년까지 승상 역임. 81권, 〈匡張孔馬傳〉에 입전. ○特進 – 관직명. 공적이 많은 원로 신하를 임명. 三公의 바로 아래 지위에 해당. ○尸位素餐(시위소찬) – 尸童의 자리에서 제사 음식이나 먹다. 하는 일 없이 녹봉만 받아먹는다. ○'鄙夫不可與事君'～ – 子曰, "鄙夫可與事君也與哉? 其未得之也, 患得之. 旣得之, 患失之. 苟患失之, 無所不至矣." 《論語 陽貨》의 구절을 변형한 말. ○尙方 – 관청 이름. 少府 소속, 황실에서 쓸 각종 물품을 제조 공급. ○厲其餘 – 厲는 勵. 격려하다. ○訕上 – 訕 헐뜯을 산. ○龍逢, 比干 – 夏 桀王의 忠臣 關龍逢과 殷 紂王의 숙부인 比干. 두 사람모두 충간하다가 죽었다. ○聖朝 – 漢 나라. ○辛慶忌(신경기, ? – 前 12) –

成帝 때 左曹中郞將, 執金吾 역임. 살인에 연좌되어 酒泉太守로 좌천되었다가 大將軍 王鳳의 추천으로 다시 執金吾가 되었다. 69권, 〈趙充國辛慶忌傳〉에 입전. ○輯之－輯은 集也. ○以旌～－旌은 나타낼 정. 표창하다. 깃발 정.

[國譯]

　成帝시대에 전 丞相인 安昌侯 張禹(장우)는 성제의 스승으로 特進에 임명되었고 매우 존중받고 있었다. 주운이 상서하여 성제를 알현할 때 公卿들도 그 앞에 있었다. 이에 주운이 말했다.

　"지금 조정 대신들은 위로는 주군을 바로 보필하지도 못하고, 아래로는 백성에 도움이 되지도 못하니 모두 尸位素餐(시위소찬)하는 사람들이며 孔子가 말한 '鄙夫와 함께 事君할 수 없고' 또 '자리를 잃을까 걱정하여 하지 못하는 짓이 없는 자들' 입니다. 臣은 尙方에서 말을 베는 칼을 얻어서 아부하는 신하 한 사람을 죽여 나머지를 권면코자 합니다."

　성제가 누구냐고 묻자, 주운은 "安昌侯 張禹입니다."라고 대답했다. 성제가 대노하며 말했다. "小臣이 아래에서 윗사람이나 비난하고 조정에서 사부를 모욕하였으니 사형에 처하되 용서할 수 없도다." 어사의 속리가 주운을 데려가려 하자 주운이 궁전의 난간에 매달리자 난간이 부러졌다. 주운이 소리를 질렀다.

　"臣은 죽어 지하에 가서 關龍逢(관용봉)이나 比干(비간)을 따라 놀면 됩니다! 그러나 나라의 장래는 어떻게 되겠습니까?"

　어사의 속리가 주운을 데리고 나갔다. 이에 左將軍 辛慶忌가 관을 벗고 인수를 풀어놓고 전각 아래에서 머리를 조아리며 말했다.

　"저 사람은 평소에도 너무 곧바르다고 세상에 알려진 사람입니다. 그 말이 옳다면 죽일 수 없으며 그의 말이 틀렸다 하여도 한 번은 용서해야 합니다. 그래서 신은 죽기를 작정하고 간쟁하겠습니다." 신경기는 머리를 땅에 부딪쳐 피가 흘렀다. 成帝가 뜻을 받아들이자 그만 멈추었다.

후에 그 난간을 보수하려 하자 성제가 말했다. "고치지 말라! 지금 그대로 두고 보며 직언하는 신하를 기리고자 한다."

原文

雲自是之後不復仕, 常居鄠田, 時出乘牛車, 從諸生, 所過皆敬事焉. 薛宣爲丞相, 雲往見之. 宣備賓主禮, 因留雲宿, 從容謂雲曰, "在田野亡事, 且留我東閣, 可以觀四方奇士." 雲曰, "小生乃欲相吏邪?" 宣不敢復言.

| 註釋 | ○鄠田 – 鄠縣(호현, 今 陝西省 西安市 戶縣)의 田野. ○薛宣(설선) – 少府, 御史大夫를 거쳐 前 20 – 15년 승상 역임. 封 高陽侯. 83권, 〈薛宣朱博傳〉에 입전. ○東閣 – 손님의 숙소. 東閤. ○相吏 – 승상의 屬吏. 여기서는 '개인 비서' 정도의 뜻.

〖 國譯 〗

주운은 이후로는 다시 출사하지 않았으며 늘 鄠縣(호현)의 田野에 살면서 때때로 牛車를 타고 아는 사람을 찾아 만났는데 모두가 주운을 공경하였다. 薛宣(설선)이 승상이 되자 주운이 찾아가 만났다. 설선은 賓主의 禮를 갖추었고 주운을 유숙케 하며 조용히 말했다. "田

野에 할 일도 없을 것이니 나의 東閣에 머물면서 사방에서 오는 奇
士들이나 만나보십시오." 그러자 주운이 말했다. "소생이 바로 相
吏가 되기를 원하십니까?" 설선은 다시는 더 말을 못했다.

原文

其教授, 擇諸生, 然後爲弟子. 九江嚴望及望兄子元, 字
仲, 能傳雲學, 皆爲博士. 望至泰山太守. 雲年七十餘, 終於
家. 病不呼醫飮藥. 遺言以身服斂, 棺周於身, 土周於槨, 爲
丈五墳, 葬平陵東郭外.

| 註釋 | ○九江 – 郡名. 치소는 壽春縣(今 安徽省 六安市 壽縣). ○以身服
斂 – 입은 옷으로 염을 하다. 斂 거둘 렴. 시신을 수습하는 일. ○棺周於身
– 관은 몸에 딱 맞게 하라. 관을 크게 만들지 말라는 뜻. ○土周於槨 – 곽에
맞춰 땅을 파다. 槨은 덧 널(槨). 땅을 넓게 파지 말라는 뜻.

[國譯]

그가 教授할 때 여러 유생 중 골라서 제자로 삼았다. 九江郡의 嚴
望(엄망)과 엄망 형의 아들 嚴元의 子는 仲(중)인데, 주운의 학문을
전수받아 모두 박사가 되었다. 엄망은 泰山郡 太守를 지냈다.

주운은 나이 70여 세에 집에서 죽었다. 병이 들었어도 의원을 불
러 약을 쓰지 않았다. 입던 옷으로 염을 하고 관은 몸에 맞추며 덧널
만큼 흙을 파라고 유언하여 길이 1丈5尺의 봉분으로 平陵의 동쪽
교외에 묻혔다.

67-4. 梅福

原文

梅福字子眞, 九江壽春人也. 少學長安, 明《尙書》,《穀梁春秋》, 爲郡文學, 補南昌尉. 後去官歸壽春, 數因縣道上言變事, 求假軺傳, 詣行在所條對急政, 輒報罷.

| 註釋 | ○梅福 − 西漢 末期에 南昌縣尉 역임. 成帝時에 王莽이 新政을 추진하자 梅福은 上書하여 왕망의 야심을 공격했고 왕망 찬탈 후에는 棄官하고 南昌 飛鴻山에 은거했다. 후세에 신선이 되었다는 이야기가 전해졌다. ○數因縣道上言變事 − 縣의 길을 지나는 사자들에게 자주 非常한 일에 대한 글을 올렸다. ○求假軺傳 − 軺傳(초전)의 수레를 빌려 타다. 軺傳(초전)은 말 두 마리가 끄는 역마의 수레. 軺 수레 초. ○行在所 − 천자가 正宮을 나와 임시 머무는 곳. ○輒報罷 − 그때마다 받아들여지지 않았다.

〖 國譯 〗

梅福(매복)의 字는 子眞으로 九江郡 壽春縣 사람이었다. 젊어 長安에서 배워《尙書》와《穀梁春秋》에 밝았고 郡의 文學 인재로 천거되어 南昌縣尉가 되었다. 뒤에 관직을 버리고 수춘현에 돌아와 살면서 縣의 길을 지나는 사자들에게 자주 非常한 일에 대한 글을 올렸고 軺傳(초거)를 빌려 타고 行在所에 가서 급한 정사에 대하여 조목조목 상서하였으나 그럴 때마다 받아들여지지 않았다.

　是時, 成帝委任大將軍王鳳, 鳳專勢擅朝, 而京兆尹王章
素忠直, 譏刺鳳, 爲鳳所誅. 王氏浸盛, 災異數見, 群下莫敢
正言. 福復上書曰,

| 註釋 | ○王鳳－成帝의 생모 王皇后(王政君)의 친정 오빠. ○王章－王
鳳에 의거 등용되었지만 왕봉 편에 서지 않았다. 河平 4년(前 25)에 경조윤
에 임용되었다가 이듬해 대역죄로 처형되었다. 76권, 〈趙尹韓張兩王傳〉에
입전. ○浸盛－점차 융성하다.

〖 國譯 〗

　이때, 成帝는 大將軍 王鳳에게 정사를 위임했고, 왕봉은 세력을
쥐고 조정을 멋대로 움직였는데, 경조윤 王章은 평소에 충직한 사람
으로 왕봉을 비난했다고 피살되었다. 王氏는 점차 융성했고 재해와
이변이 자주 나타났으나 아래 신하들 아무도 바른 말을 하려 하지
않았다. 이에 매복이 상서하였다.

原文

　「臣聞箕子佯狂於殷, 而爲周陳〈洪範〉, 叔孫通遁秦歸漢,
製作儀品. 夫叔孫先非不忠也, 箕子非疏其家而畔親也, 不
可爲言也. 昔高祖納善若不及, 從諫若轉圜, 聽言不求其能,
擧功不考其素. 陳平起於亡命而爲謀主, 韓信拔於行陳而建

上將. 故天下之士雲合歸漢, 爭進奇異, 知者竭其策, 愚者盡其慮, 勇士極其節, 怯夫勉其死. 合天下之知, 並天下之威, 是以舉秦如鴻毛, 取楚若拾遺, 此高祖所以亡敵於天下也. 孝文皇帝起於代谷, 非有周,召之師, 伊,呂之佐也, 循高祖之法, 加以恭儉. 當此之時, 天下幾平. 繇是言之, 循高祖之法則治, 不循則亂. 何者? 秦爲亡道, 削仲尼之跡, 滅周公之軌, 壞井田, 除五等, 禮廢樂崩, 王道不通, 故欲行王道者莫能致其功也. 孝武皇帝好忠諫, 說至言, 出爵不待廉茂, 慶賜不須顯功, 是以天下布衣, 各厲志竭精, 以赴闕廷, 自衒鬻者不可勝數. 漢家得賢, 於此爲盛. 使孝武皇帝聽用其計, 昇平可致. 於是積屍暴骨, 快心胡,越, 故淮南王安緣間而起. 所以計慮不成, 而謀議洩者, 以衆賢聚於本朝, 故其大臣勢陵不敢和從也. 方今布衣乃窺國家之隙, 見間而起者, 蜀郡是也. 及山陽亡徒蘇令之群, 蹈藉名都大郡, 求黨與, 索隨和, 而亡逃匿之意. 此皆輕量大臣, 亡所畏忌, 國家之權輕, 故匹夫欲與上爭衡也.」

| 註釋 | ○〈洪範〉－《書經 周書》의 편명. 洪은 '크다'. 箕子가 국가 통치의 대원칙을 9조로 나누어 서술하였다. ○叔孫通－43권,〈酈陸朱劉叔孫傳〉에 입전. ○儀品－국가의 儀禮. ○轉圜(전환)－순환하다. 돌아서 제자리에 오다. ○擧功不考其素－공적 자체를 평가했지 평소의 家門이나 品行을 따지지 않다. ○行陳－行陣. 行伍(항오). 군대. ○代谷－代郡(今 山西省 일대). 文帝는 즉위하기 전에 代王이었다. ○井田－周의 토지제도인 井田法.

○五等 - 公, 侯, 伯, 子, 男의 5등급 작위. ○至言 - 直言. ○不待廉茂 - 孝廉(효렴)과 茂材(무재)를 우대하지 않다. 孝廉과 茂材는 漢의 인재 추천 영역. 곧 유능한 인재라고 추천 받은 사람만 우대한 것이 아니고 누구든 공을 세우면 출신을 불문하고 작위를 주었다는 뜻. ○慶賜(경사) - 賞賜. 상을 주다. ○闕廷 - 朝廷. ○自衒鬻者(자현육자) - 스스로 재능을 자랑하다. 衒 팔 현. 鬻 팔 육. ○昇平 - 백성들이 3년 동안 저축을 할 수 있는 시기를 승평이라 한다. ○淮南王安 - 淮南王 劉安. 44권, 〈淮南衡山濟北王傳〉에 附傳. ○緣間 - 乘隙. 틈을 이용하다. ○大臣勢陵~ - '勢陵'은 필요 없는 글자가 껴들어간 것(衍文)이라는 註에 따른다. ○蜀郡是也 - 成帝 鴻嘉(홍가) 3년(前 18)에 廣漢郡의 평민 鄭躬 등이 배반한 사건. 광한군과 촉군은 이웃이기에 간편하게 蜀이라 하였다. ○山陽亡徒蘇令之群 - 山陽은 縣名. 今 河南省 焦作市. 蘇令은 成帝 永始 3년(前 14)에 반란을 일으켰다. ○輕量大臣 - 大臣을 경시하다. 깔보다.

〖國譯〗

「臣이 알기로는, 箕子(기자)는 殷에서 거짓 미친 척하였으나 周를 위해 〈洪範〉을 서술하였고, 叔孫通(숙손통)은 秦에서 도망쳐 漢에 귀부하고 의례를 제정하였습니다. 숙손통의 불충이 나쁘고, 箕子가 그 일가를 멀리했고 친족을 배반했으니 나쁘다고 말할 수는 없습니다. 예전에 高祖께서는 선언을 받아들이며 혹 따라가지 못할까 걱정하면서 간언에 따르는 것을 당연한 것으로 여겼으며, 간언을 받아들이데 그 능력만을 보지 않았으며, 공적을 표창하되 평소의 행적을 생각하지 않았습니다. 때문에 陳平은 망명자에서 起身하여 중요 참모가 되었고, 韓信을 장졸 사이에서 선발하여 대장군으로 삼았습니다. 그리하여 천하의 인재가 구름처럼 漢에 모여들며 기이한 책략을 다투어 건의하였는데, 智者는 책략을, 愚者는 思慮를 다 했고 용사는 충절을 바쳤으며 怯夫(겁부)는 죽지나 않으려고 애를 썼습니다. 천하의 지혜를 모으고 천하의 위세를 한데 아울렀기에 秦을 기러기 털처럼 가볍게 날려버리고 楚를 합치는 것을 마치 물건 줍듯 하였으니 이로써 천하에는 고조에게 대적할 자가 없었던 것입니다. 孝文皇帝는 代谷에서 일어났는데 周公과 召公과 같은 군사나 伊尹(이윤)과 呂尙(여상) 같은 보좌관도 없었지만 高祖의 법도를 따르면서 恭儉을 보태었습니다. 이때에 천하는 거의 태평했습니다. 이를 종합해 말한다면, 고조의 법을 따르면 안정되고 따르지 않으면 혼란하였습니다. 그 이유는 무엇이겠습니까?

秦나라는 亡道를 따랐으니 공자의 자취를 없애고 周公의 법을 따르지 않으면서 井田제도를 무너뜨리고 제후의 5등 작위를 폐지하였으며, 禮樂을 폐하거나 붕괴시켜 왕도가 불통하니 王道를 실현하고자 하는 사람들은 그 노력을 기울일 곳이 없었습니다. 孝武皇帝께서는 충간을 좋아하셨고 직언에 기뻐하시며 작위를 내리는데 孝廉과 茂材처럼 천거된 인재만을 우대하지 않았으며, 큰 공을 세운 사람에게만 상을 내리지 않았기에 온 천하의 평민일지라도 각자 의지와 정성을 다 바치면서 조정에 나와 재능을 자랑한 자를 이루 다 셀 수가 없었습니다. 이렇게 漢나라는 賢才를 획득하였기에 강성해졌습니다. 이처럼 孝武皇帝께서는 맞는 계책을 경청하고 채용했기에 昇平시대를 이룩하셨습니다. 그리고 시신이 쌓이고 백골이 나뒹굴며 흉노와 越人을 통쾌히 쳐부쉈지만 淮南王 劉安은 그런 틈을 이용하여 거병하려 했습니다. 그런 계획이 성공하지 못하고 모의가 누설된 것은 수많은 현인들이 本朝에 다 모여 있기에 회남왕의 대신들은 本朝

에 따르지 않을 수가 없었던 것입니다. 지금에 평민들이 나라의 間
隙(간극)을 살피다가 빈틈을 보고 기병한 것이 바로 蜀郡의 반란이
었습니다. 또 山陽縣의 亡徒인 蘇令의 무리가 큰 도시와 郡을 유린
하며 무리를 모으고 부화뇌동하는 자를 찾아다닌 것은 도망치고 숨
으려는 뜻이었습니다. 이 모두는 대신들을 경시하고 두려워하는 것
이 없다는 뜻이며 나라의 권력이 약해졌기에 필부들이 상층과 다투
려 한 것입니다.」

原文

「士者, 國之重器, 得士則重, 失士則輕.《詩》云,'濟濟多
士, 文王以寧.' 廟堂之議, 非草茅所當言也. 臣誠恐身塗野
草, 尸並卒伍, 故數上書求見, 輒報罷. 臣聞齊桓之時有以
九九見者, 桓公不逆, 欲以致大也. 今臣所言非特九九也,
陛下距臣者三矣, 此天下士所以不至也. 昔秦武王好力, 任
鄙叩關自鬻, 繆公行伯, 繇余歸德. 今欲致天下之士, 民有
上書求見者, 輒使詣尙書問其所言, 言可採取者, 秩以升斗
之祿, 賜以一束之帛. 若此, 則天下之士發憤懣, 吐忠言, 嘉
謀日聞於上, 天下條貫, 國家表裏, 爛然睹矣. 夫以四海之
廣, 士民之數, 能言之類至衆多也. 然其俊傑指世陳政, 言
成文章, 質之先聖而不繆, 施之當世合時務, 若此者, 亦亡幾
人. 故爵祿束帛者, 天下之底石, 高祖所以厲世摩鈍也. 孔
子曰,'工欲善其事, 必先利其器.' 至秦則不然, 張誹謗之

罔, 以爲漢驅除, 倒持泰阿, 授楚其柄. 故誠能勿失其柄, 天下雖有不順, 莫敢觸其鋒, 此孝武皇帝所以闢地建功爲漢世宗也. 今不循伯者之道, 乃欲以三代選擧之法, 取當時之士, 猶察伯樂之圖, 求騏驥於市, 而不可得, 亦已明矣. 故高祖棄陳平之過而獲其謀, 晉文召天王, 齊桓用其仇, 有益於時, 不顧逆順, 此所謂伯道者也. 一色成體謂之醇, 白黑雜合謂之醇. 欲以承平之法, 治暴秦之駮, 猶以鄉飮酒之禮, 理軍市也.」

| 註釋 | ○重器－重寶. ○《詩》云－《詩經 大雅 文王》. ○卒伍－行伍. 兵卒. 5人爲伍, 百人爲卒. ○以九九見者－81번이나 알현하다. 수없이 많이 알현하다. ○距臣－拒臣. 알현을 거부하다. ○秦武王－秦 武王(재위, 前 311－307). ○任鄙叩關自鬻－任鄙(임비)는 力士의 이름. 叩關自鬻은 관문을 찾아가 자신을 소개하다. 鬻 팔 육. 자랑하다. 죽 죽(음식). ○繆公行伯－穆公, 伯은 霸. 霸者. ○繇余歸德－繇余(유여)는 본래 晉人이나 西戎 땅에 흘러들어갔고 秦에 사자로 갔다가 목공은 만난 뒤 귀화하여 秦의 승상이 되었다. ○天下條貫－條貫은 條理가 있다. 계통이 서다. ○爛然睹矣－爛然(난연)은 확실한 모양. 睹 볼 도. 볼 구 있다. ○底石－숫돌. 底 숫돌 지. 厲는 勵(권장할 려). ○工欲善其事~－《論語 衛靈公》 子貢問爲仁. 子曰, "工欲善其事, 必先利其器. ~" ○驅除(구제)－몰아내다. ○泰阿(태아)－歐冶子(구야자)란 사람이 만들었다는 보검. ○伯樂－천리마를 알아보는 名人. 周代의 孫陽. ○而不可得－其不可得(아마 얻을 수 없을 것이다). 백락을 시켜 천리마를 구해야 하는데 백락의 뜻을 알아내어 천리마를 구하려는 것은 불가능하다는 뜻. ○陳平之過－陳平은 고조를 만나기 전에 형수와 불륜관

계였고 부하들로부터 뇌물을 받았다. ㅇ晉文召天王 - 晉 文公은 周의 天子에게 河陽에서 사냥을 하라고 건의했었다. ㅇ齊桓用其仇 - 齊 桓公은 자신을 죽이려 했던 管仲을 재상으로 등용하여 패자가 되었다. ㅇ醇 - 진한 술 순. 純一하다. ㅇ承平之法 - 태평성대의 법. 舒는 餘業. ㅇ駁 - 駁(얼룩말 박). ㅇ軍市 - 군대와 시장. 힘과 용기를 필요로 하는 군대와 이를 다투는 시장에서 서로 장유의 질서를 따지고 양보하는 예절로 질서를 잡을 수 없다는 뜻.

〔國譯〕

「士는 나라의 보배이니 得士하면 나라가 튼튼하지만 失士하면 허약해집니다. 《詩經》에도 '많은 선비들이 있으니, 文王은 편안하시네.'라고 하였습니다. 廟堂의 의논은 草家에서 할 말을 하는 것과 다릅니다. 臣은 정말로 초야에 묻힌 몸이고 병졸과 같은 하찮은 사람으로 자주 상서하며 뵙고자 하였으나 그때마다 받아들여지지 못했습니다. 臣이 알기로, 齊의 桓公 때 어떤 사람은 81번이나 알현했는데 환공은 거절하지 않았기에 강국이 되었다고 했습니다, 지금 臣이 말하는 것은 꼭 81회가 아니니 폐하께서 臣을 거절한 것은 세 번뿐이지만 이 때문에 천하의 士人이 찾아오지 않는 것입니다. 예전 秦 武王이 力士를 좋아하자 任鄙(임비)는 스스로 찾아가 자신을 자랑했으며, 繆公(목공)이 霸者(패자)가 되려 하자 繇余(유여)는 그 덕에 끌려 귀화했습니다. 지금 천하의 인재를 모으려 한다면 백성이 상서하여 알현을 청하면 바로 尙書를 보내 하려는 말을 들어보고, 받아들일 말이라면 아주 작은 녹봉을 내리거나 비단 한 필이라도 상으로 주어야 합니다. 이와 같이 한다면 天下之士가 불만도 터뜨리고 忠言을 토로하거나 훌륭한 방책이 날마다 폐하께 올라올 것이니 천하는 질서가 확실해지고 나라의 안과 밖이 확실하게 보일 것입니다. 광대한 四海에 다수의 士民이 있기에 좋은 의견을 말할 사람은 아주 많을 것입니다. 그러나 俊傑(준걸)이 현실 문제와 정치를 들고 나와 말이나 글로 표출하면서 先聖의 훌륭한 예를 들면서 이를 시행하자는 주장은 그것이 시무에 합당하기 때문이며 이와 같이 하는 자는 그렇게 많지는 않을 것입니다. 그래서 작위나 녹봉과 상으로 내리는 비단은 천하의 숫돌이며 고조께서도 이를 이용하여 세상의 무뎌진 칼을 갈았던 것입니다. 공자는 '자기 일을 잘 하려는 工人은 필히 먼저 연장을 날카롭게 한다.'고 하였습니다. 그러나 秦에서는 그러하지 않았으니 誹謗(비방)이라는 죄의 그물을 펴놓고 漢으로 백성을 몰아내었으며 泰阿(태아)의 명검을 거꾸로 쥐고 楚에 그 자루를 주었습니다. 그래서 정말 유능한 자는 그 권력을 놓치지 않았으니 천하가 비록 순응하지는 않더라도 감히 그 칼날을 잡을 자가 없었으니 이는 孝武皇帝가 영역을 확장하고 큰 공을 세워 漢의 世宗이 된 까닭입니다. 지금 패자의 道를 따르지 않고 三代의 인재 등용법에 따라 현실의 인재를 모으려 하는 것은 伯樂의 뜻을 살펴 시장에서 천리마를 구하려는 것과 같으니 천리마를 얻지 못하는 것이 아마 분명할 것입니다. 그러했기에 高祖께서는 陳平의 過失을 보지 않고 그의 지모만을 취했으며, 晉 文公은 周王을 초청하여 사냥을 하게 했고, 齊 桓公이 원수를 등용한 것은 그 시대에 유익했기 때문이며 그것이 逆理나 順理인가를 따지지 않았는데 바로 이것이 소위 패자의 道입니다. 전체가 단 한 가지 색으로만 이루어진 것을 醇(순)이라 하고 白黑이 뒤섞인 것을 駁(박)이라고 합니다. 承平시대의 法으로 포악한 秦의 질서를 바로잡으려 한다면 이는 마치 鄕飮酒의 禮로 군대와 시장의 질서를 바로 세우려는 것과 같습니다.」

「今陛下旣不納天下之言, 又加戮焉. 夫鷕鵲遭害, 則仁鳥
增逝, 愚者蒙戮, 則知士深退. 間者愚民上疏, 多觸不急之
法, 或下廷尉, 而死者衆. 自陽朔以來, 天下以言爲諱, 朝廷
尤甚, 群臣皆承順上指, 莫有執正. 何以明其然也? 取民所
上書, 陛下之所善, 試下之廷尉, 廷尉必曰'非所宜言, 大不
敬.'以此卜之, 一矣. 故京兆尹王章資質忠直, 敢面引廷爭,
孝元皇帝擢之, 以厲具臣而矯曲朝. 及至陛下, 戮及妻子.
且惡惡止其身, 王章非有反畔之辜, 而殃及家. 折直士之節,
結諫臣之舌, 群臣皆知其非, 然不敢爭, 天下以言爲戒, 最國
家之大患也. 願陛下循高祖之軌, 杜亡秦之路, 數御〈十月〉
之歌, 留意〈亡逸〉之戒, 除不急之法, 下亡諱之詔, 博鑒兼
聽, 謀及疏賤, 令深者不隱, 遠者不塞, 所謂'辟四門, 明四
目'也. 且不急之法, 誹謗之微者也. '往者不可及, 來者猶
可追.'方今君命犯而主威奪, 外戚之權日以益隆, 陛下不見
其形, 願察其景. 建始以來, 日食地震, 以率言之, 三倍春秋,
水災亡與比數. 陰盛陽微, 金鐵爲飛, 此何景也! 漢興以來,
社稷三危. 呂,霍,上官皆母后之家也, 親親之道, 全之爲右,
當與之賢師良傅, 教以忠孝之道. 今乃尊寵其位, 授以魁柄,

使之驕逆, 至於夷滅, 此失親親之大者也. 自霍光之賢 不能
爲子孫慮, 故權臣易世則危.《書》曰, ‘毋若火, 始庸庸’. 勢
陵於君, 權隆於主, 然後防之, 亦亡及已.」

| 註釋 | ○加戮 - 戮 죽일 륙. 벌을 주다. ○鷙鵲 - 솔개와 까치. 鷙 솔개
원. 鵲 까치 작. ○仁鳥 - 鳳凰. 鸞鳳. ○陽朔(양삭) - 成帝의 연호(前 24 -
21). ○以此卜之, 一矣 - 이로써 미루어 생각하면 마찬가지입니다. ‘一矣’를
‘可見矣’라고 해야 위의 ‘~明其然也’와 호응이 된다는 註가 있다. ○具臣
- 자릿수만 채운 신하. 尸位素餐之臣. ○杜 - 杜絕하다. 막을 두. ○御〈十
月〉之歌 -《詩經 小雅 十月之交》, 신하들의 횡포 때문에 지진과 일식 같은
재난이 일어난다며 권신들의 횡포를 풍자한 시. ○〈亡逸〉之戒 -《書經 周書
無逸》. 周公이 成王에서 부지런히 政事에 힘써달라는 간절한 부탁의 내용.
○ ‘辟四門, 明四目’ -《書經 虞書 堯傳》의 말. ‘詢于四岳하사 辟四門하고 明
四目하며 達四聰하시다.’ ○ ‘往者不可及 ~’ -《論語 微子》에 실린 楚의 狂
人 接輿(접여)가 孔子를 빗대어 부른 노래의 일부이다. ○願察其景 - 景은
그림자 영. 볕 경. ○建始 - 成帝의 첫 번째 연호. 前 32 - 29년. ○水災亡與
比數 - 亡은 無. 比는 비교. ○呂,霍,上官 - 여태후와 霍光의 아들, 上官桀의
아들의 반란. ○親親之道 - 혈육을 가까이 하는 道理. 종친을 우대하라는
뜻. ○魁柄 - 권력의 힘. 권력의 자루. ○權臣易世則危 - 易世(역세)는 세상
을 바꾸다. 죽다. ○《書》曰 -《書經 周書 洛誥》. ○始庸庸 - 庸庸은 불꽃이
약한 모양. 焰焰(염염).

〔國譯〕

「지금 폐하께서는 천하 백성들의 말을 안 받아들일뿐더러 탄압하
고 있습니다. 대개 솔개나 까치가 해를 당한다면 仁鳥는 더 멀리 떠

나버리고 어리석은 자가 죽임을 당한다면 知士도 깊이 숨어버립니다. 요즈음 愚民이 상소하면 긴요하지도 않은 법에 이리저리 저촉되어 廷尉에게 넘겨지거나 죽는 자가 많습니다. 陽朔(양삭, 成帝 연호) 이래로 천하 사람들이 말을 꺼리는데 조정에서 더욱 심해 모든 신하들이 주상의 뜻에만 순응하고 정도를 지키려는 자가 없다고 합니다. 이런 현상이 왜 이리 뚜렷해졌습니까? 백성들이 올린 상서를 받고 폐하께서 옳다 생각하면서도 한번 정위에게 넘기면 정위는 틀림없이 '옳은 말도 아니며 아주 不敬합니다.' 라고 할 것이니 이렇게 추정할 수 있습니다. 전에 경조윤 王章(왕장)은 그 본바탕이 충직하여 조정에서 쟁론을 하다가 孝元皇帝에게 발탁되었는데 자리나 채운 신하들을 자극하고 왜곡된 조정의 의논을 바로잡았습니다. 폐하에 이르러 그의 처자까지 죽였습니다. 또 형벌이 그 사람에게만 해당되는 것이 싫어하여 왕장이 배반의 뜻도 없었는데도 그 가문에 미쳤습니다. 이는 직언하는 백성의 지조를 꺾을 뿐만 아니라 간쟁하는 신하의 입을 막는 것이라서 군신들은 그리해서는 안 되는 줄 알지만 감히 간쟁하지 못하게 되니 천하 사람들 말을 조심하게 하는 것은 나라의 가장 큰 환난이 될 것입니다. 폐하께서 高祖의 법도를 따르고 멸망한 진의 길을 막으려 하신다면 〈十月之交〉와 같이 권신들의 횡포를 막고 〈亡逸〉의 훈계에 유념하시어 긴요하지 않은 법을 제거하고 바른 말을 꺼리지 말라는 조서를 내리시며 널리 경전을 열람하시고 덕을 쌓으시며 소원하고 미천한 사람들과도 같이 의논하면서 깊은 내면의 뜻도 숨기지 않게 하시고 먼 곳에서 찾아오는 사람을 막지 않는 것이 이른바 '사방의 門을 열고 사방을 보는 눈을 밝게 가지라' 는 것입니다. 그리고 긴급하지 않은 법은 '誹謗(비방)의 조짐'

과 같은 것입니다. 그리고 '지난 일을 어쩔 수 없는 것이고 앞으로의 일이나 따라가야지.'라고 하였습니다. 요즈음에는 (大臣이) 천자의 명을 어기고 주군의 위엄을 탈취하는 외척의 권세는 날마다 융성해지는데 폐하께서는 그 모습을 못 보신다면 그 그림자라도 보셔야합니다. 建始 이후의 일식과 지진을 비율로 말하자면 춘추시대의 3배가 되며 수재는 비교할 수가 없이 많습니다. 陰이 盛하고 陽이 미약하고 金鐵이 날아다니니 이는 무슨 모양입니까? 漢이 건국되고서사직이 3번 위태로웠으니 呂氏, 霍氏, 上官氏는 모두 母后의 가문이었으니 親親之道는 사직을 보전하기 위한 좋은 길이며 응당 현명한師傅(사부)로 하여금 忠孝之道를 교육해야 합니다. 지금처럼 총애하는 자를 받들어주고 권력의 자루를 넘겨주어 교만해지고 반역하다가 멸망에 이르게 되는데, 이는 친해야 할 사람을 가까이 해야 하는대 원칙을 잃었기 때문입니다. 霍光(곽광)같이 현명한 사람일지라도자손에 대한 염려를 다하지 못했으니 권신이 죽은 다음이 위험하다는 것입니다. 《書經》에는 '불꽃을 돋우지 말라. 처음에는 불꽃이 약하다.'고 하였습니다. 그 권세가 주군을 능가하거나 융성해진 이후에 막으려 한다면 그때는 멸망뿐입니다.」

原文

上遂不納. 成帝久亡繼嗣, 福以爲宜建三統, 封孔子之世以爲殷後, 復上書曰,

「臣聞, '不在其位, 不謀其政.' 政者職也, 位卑而言高者罪也. 越職觸罪, 危言世患, 雖伏質橫分, 臣之願也. 守職不

言, 沒齒身全, 死之日, 屍未腐而名滅, 雖有景公之位, 伏歷
千駟, 臣不貪也. 故願一登文石之陛, 涉赤墀之途, 當戶牖
之法坐, 盡平生之愚慮. 亡益於時, 有遺於世, 此臣寢所以
不安, 食所以忘味也. 願陛下深省臣言.」

| 註釋 | ○三統 – 夏와 商과 周代의 正朔. 天,地,人의 三統. 이는 天命을
받은 자가 많으며 오직 一姓만이 아니라는 의미가 있다. ○復上書曰 – 〈上
書請封孔子子孫爲殷後〉. ○不在其位, 不謀其政 – 《論語 泰伯》. ○危言 –
바른 말. 정직한 말. 과격한 말. 말을 고상하게 하다. ○伏質 – 質은 도끼 받
침(鑕). 처형할 자를 눕히는 곳. 橫分은 둘로 갈라지다. ○歷 – 櫪(말구유
력). 마구간. 《論語 季氏》齊景公有馬千駟, 死之日, 無德而稱焉. ~. 駟는 四
馬, 수레 앞에 말 4마리를 맨다. ○文石 – 무늬가 있는 돌. 階는 계단. 섬돌.
○赤墀 – 붉은 흙을 깐 御殿 앞 空地. 墀 址臺(지대) 뜰 지. 丹墀. 途는 道也.
길. ○當戶牖之法坐 – 當은 면대하다. 마주 보다. 戶牖(호유)는 천자가 聽
政하는 곳. 法坐는 단정히 앉다. '登文石~'는 入朝하는 고관이 되고 싶다
는 의미. ○省 – 성찰하다.

〖 國譯 〗

　　成帝는 끝내 받아들이지 않았다. 성제는 오랫동안 후사가 없었으
며, 梅福은 응당 三統을 세워야 한다고 생각했고, 공자의 후손을 봉
하고 殷의 후손으로 인정해야 한다고 생각하여 다시 상서하였다.

　　〈上書請封孔子子孫爲殷後〉*
　　「臣이 알기로, '그 자리에 있지 않다면 정사를 논하지 말라.'고
하였습니다. 정치란 직분이기에 지위가 낮은 자가 높은 자에 대하여

말하는 것이 죄입니다. 직분을 넘어서면 죄가 되며 과격한 말로 세상을 어지럽혀 처형대에서 몸이 분리될지언정 이는 신이 원하는 바입니다. 직위를 차지하고 할 말도 하지 않고 이가 빠질 때까지 보신만 한다면 죽는 날 육신이 썩기도 전에 이름은 사라질 것이니 비록 齊 景公과 같은 지위에서 마구간의 말 4천 필을 臣은 바라지 않습니다. 그래서 한 번이라도 文石의 계단을 올라가 붉은 흙을 깐 길을 지나 천자께서 정좌한 곳을 마주 보며 평생 품어 온 어리석을 생각을 다 말씀드리고 싶습니다. 臣이 시대에 도움도 되지 않고, 세상을 살고 있기에 누워 있어도 편하지 않고, 먹어도 맛을 모르는 까닭입니다. 폐하께서는 臣의 말을 살펴주시길 바랍니다.」

原文

「臣聞存人所以自立也, 壅人所以自塞也. 善惡之報, 各如其事. 昔者秦滅二周, 夷六國, 隱士不顯, 佚民不舉, 絶三統, 滅天道, 是以身危子殺, 厥孫不嗣, 所謂壅人以自塞者也. 故武王克殷, 未下車, 存五帝之後, 封殷於宋, 紹夏於杞, 明著三統, 示不獨有也. 是以姬姓半天下, 遷廟之主, 流出於戶, 所謂存人以自立者也. 今成湯不祀, 殷人亡後, 陛下繼嗣久微, 殆爲此也.《春秋經》曰, '宋殺其大夫.'《穀梁傳》曰, '其不稱名姓, 以其在祖位, 尊之也.' 此言孔子故殷之後也, 雖不正統, 封其子孫以爲殷後, 禮亦宜之. 何者? 諸侯奪宗, 聖庶奪適. 傳曰, '賢者子孫宜有土' 而況聖人, 又殷之後哉! 昔成王以諸侯禮葬周公, 而皇天動威, 雷風著災.
今仲尼之廟不出闕里, 孔氏子孫不免編戶, 以聖人而歆匹夫
之祀, 非皇天之意也. 今陛下誠能據仲尼之素功, 以封其子
孫, 則國家必獲其福, 又陛下之名與天亡極. 何者? 追聖人
素功, 封其子孫, 未有法也, 後聖必以爲則. 不滅之名, 可不
勉哉!」

| 註釋 | ○存人 − 存은 살피다. 편안하게 하다. 존속하다의 뜻이 있으니
남을 돕는다는 의미로 쓰였다. 壅 막을 옹. 앞길을 가로막다. ○佚民 − 逸民,
속세를 버린 사람. 隱逸. ○身危子殺 − 진시황은 燕나라 荆軻(형가)의 암살
을 모면했고 아들 胡亥는 살해되었다. ○示不獨有也 − 승리자인 周만이 아
니라 패망한 후손도 같이 존속하는 세계임을 보여준 것이다. ○杞(기) − 杞
國은 今 河南省 杞縣 일대의 소국이지만 夏 王室의 후예로 夏禮를 보존해왔
기에 孔子도 杞國에 들려 "夏禮吾能言之, 杞不足徵也."라고 했다.《論語・八
佾》.《列子 天瑞》에 나오는 '杞人憂天'의 故事가 있다. ○殆爲此也 − 殆는
거의. 아마. 위태할 태. 이를 실천하는 것이다. 여기서 此는 앞서 말한 存人
하면 自立한다는 말. ○其不稱名姓 ~ − 이는 魯 僖公 25년의 기사이며, 宋
에서 죽인 大夫가 宋에 남아있던 孔子의 조부 항렬이기에 그 이름을 말하지
않았다는 뜻. ○諸侯奪宗, 聖庶奪適 − 그 후손을 제후로 봉하면 그 이전 종
손의 지위를 뺏는 것이며 능력 있고 훌륭한 서자라면 적손을 대신할 수 있다
는 뜻. 適은 嫡子. ○雷風著災 − 著는 顯現. 나타나다. 보이다. ○闕里(궐리)
− 仲尼(공자)가 출생한 마을 이름. ○編戶(편호) − 庶人의 지위. ○素功 −
素王의 공적. 소왕은 孔子.

「臣이 알기로는, 남을 도우면 자신을 세울 수 있지만 남을 가로막
으면 자신을 가두는 것입니다. 선악에 대한 보답은 각각 그 일에 달
렸습니다. 예전 秦이 西周를 이은 東周를 멸하고 六國을 뭉개버릴
때 은사는 숨었고 逸民(일민)은 나타나지 않았으며, 三代의 正朔을
단절했고 천도를 깨트렸기에 자신도 위태로웠고 아들은 피살되었
으며 그 자손도 끊겼으니 이는 남을 막았기에 자신이 막힌 것이라
할 수 있습니다. 예전에 武王은 殷을 정벌하고 수레에서 내리기도
전에 五帝의 후손을 보존케 했으며 殷의 후손을 宋에 봉했고 夏의
후손을 杞(기)에 존속케 하여 三統을 확실하게 밝혀 周만 존속하는
것이 아니라는 것을 보여주었습니다. 이 때문에 周의 姬姓이 천하의
절반이나 되었으며 묘당의 신주를 옮겨가 民戶에 까지 퍼지었는데
이른바 남을 살려야만 자신도 살아남는 것입니다. 지금 湯王의 제사
를 지내지 않고 殷 왕실의 후손도 없는데 폐하께서 오랫동안 미미했
던 후사를 이어주는 것이 바로 그런 일일 것입니다.《春秋經》에서는
'宋나라에서 그 大夫를 살해했다.'라고 했으며,《穀梁傳》에서는 이
에 대하여 '그 大夫의 名과 姓을 말하지 않은 것은 그가 조부 항렬이
기에 높인 것이다.'라고 하였습니다. 이는 공자께서 예전 殷의 후손
이라는 뜻이며 비록 정통은 아니지만 그 자손을 봉하여 殷의 후손으
로 인정하는 것이 禮에도 합당할 것입니다. 왜 그러하겠습니까? 그
후손이 제후가 되면 종손의 지위를 뺏는 것이며 능력 있고 훌륭한
서손은 적손을 대신할 수 있기 때문입니다. 경전에 말하는 '자손 중
에 賢者가 응당 땅을 가져야 한다.'고 하였으니 더군다나 공자는 聖
人이시며 또 殷의 후손이기 때문입니다!

전에 周 成王이 周公을 제후의 예로 장례를 치르자 하늘이 위엄
을 내 보여 벼락이 치고 큰 바람이 재해와 같았습니다. 지금 공자의
묘당은 闕里(궐리)에만 있고 공자의 후손은 보통 백성과 같으니 聖
人으로서 필부의 제사를 받는 것이니 이는 하늘의 뜻이 아닐 것입니
다. 지금 폐하께서 진실로 공자의 素王(소왕)과 같은 공훈에 근거하
여 그 자손을 제후로 봉한다면 나라는 틀림없이 복을 받을 것이며
폐하의 명성은 하늘과 같이 그 끝이 없을 것입니다. 왜 그렇겠습니
까? 성인의 공덕을 추념하여 그 자손을 봉한 법이 없었는데 후세의
성인도 이러한 예를 본받기 때문입니다. 공자의 후손을 봉하는 일은
불멸의 명성이기에 힘써 실행해야 합니다!」

原文

福孤遠, 又譏切王氏, 故終不見納.

初, 武帝時, 始封周後姬嘉爲周子南君, 至元帝時, 尊周子
南君爲周承休侯, 位次諸侯王. 使諸大夫博士求殷後, 分散
爲十餘姓, 郡國往往得其大家, 推求子孫, 絶不能紀. 時, 匡
衡議, 以爲"王者存二王后, 所以尊其先王而通三統也. 其犯
誅絶之罪者絶, 而更封他親爲始封君, 上承其王者之始祖.
《春秋》之義, 諸侯不能守其社稷者絶. 今宋國已不守其統而
失國矣, 則宜更立殷後爲始封君, 而上承湯統, 非當繼宋之
絶侯也, 宜明得殷後而已. 今之故宋, 推求其嫡, 久遠不可
得, 雖得其嫡, 嫡之先已絶, 不當得立.《禮記》'孔子曰, 丘,

殷人也.' 先師所共傳, 宜以孔子世爲 湯後.” 上以其語不
經, 遂見寢. 至成帝時, 梅福復言宜封孔子後以奉湯祀. 綏
和元年, 立二王後, 推跡古文, 以《左氏》,《穀梁》,《世本》,《禮
記》相明, 遂下詔封孔子世爲殷紹嘉公. 語在〈成紀〉. 是時,
福居家, 常以讀書養性爲事.

至元始中, 王莽顓政, 福一朝棄妻子, 去九江, 至今傳以爲
仙. 其後, 人有見福於會稽者, 變名姓, 爲吳市門卒云.

| 註釋 | ◦譏切 – 통렬하게 비난하다. ◦大家 – 大家族. ◦匡衡(광형) –
經學者, 元帝 대 재상, 幼時에 家貧하여 이웃집 벽을 뚫고 그 빛으로 공부했
다는 鑿壁偸光(착벽투광) 고사의 주인공. 81권, 〈匡張孔馬傳〉에 입전. ◦綏
和(수화) 元年 – 成帝의 마지막 연호. 前 8년. ◦元始 – 平帝의 연호(서기 1
– 5년).

〔國譯〕
　梅福은 혼자였고 먼 지방에 살았으며, 또 王氏 일가를 심하게 비
난하였기에 끝내 등용되지 못했다.
　그전에 武帝가 재위할 때, 周의 후손인 姬嘉(희가)를 周子南君에
봉했었는데 元帝 때에 周子南君을 周承休侯로 삼아 서열을 諸侯王
다음으로 높여주었다. 여러 대부와 박사로 하여금 殷의 후손을 찾게
하였으나 10여 개의 姓으로 분산되었고 郡國에서 왕왕 그 대가족을
찾아내어도 그 자손관계를 추정하면 거의 입증할 수가 없었다. 그
무렵 匡衡(광형)이 이를 논의하며 말했다.
　“王者는 夏와 商의 왕통을 이으면서 그 先王을 높이고 三統을 확

립해야 합니다. 그 후로 처형될만한 죄를 지은 자가 있다면 후손을
절단시키고 다른 후손을 찾아 새로운 제후로 봉하여 그 先代의 왕을
이어간 자가 중간의 새로운 시조가 됩니다.《春秋》에서도 제후가 그
사직을 지킬 수 없다면 단절해야 한다고 하였습니다. 지금 宋國은
그 家統을 지키지 못하고 이미 失國하였으니 응당 殷의 후손을 찾아
새로운 封君으로 세워 湯王의 법통을 잇게 해야지 宋의 단절된 제후
를 잇는 것이 아니며 殷의 후손을 찾아 계승시키면 됩니다. 지금 이
전 宋의 적손을 찾으려 해도 오랫동안 아마 찾지 못할 것이며 설령
찾아낸다 하여도 적손은 이미 단절된 것이기에 책립해서는 안 됩니
다.《禮記》에도 '孔子가 丘는 殷人이다.' 라고 하였으니, 先師께서도
같이 이어온 것이니 孔子의 世系를 湯의 후손으로 계승시키는 것이
옳습니다."

　그러나 元帝는 그 의논이 經義에 합당하지 않다 하여 결국은 폐
기되었었다. 成帝에 이르러 梅福이 응당 공자의 후손을 봉하여 湯王
의 제사를 받들게 하자고 다시 건의를 하였다. 綏和(수화) 원년(前
8), 禹王과 湯王의 후손을 책립하려고 古文을 推跡하여《左氏傳》,
《穀梁傳》,《世本》과《禮記》를 통해 밝혀서 마침내 조서를 내려 孔子
의 世系를 殷 紹嘉公의 후손으로 봉하였다. 이는〈成紀〉에 실려 있
다. 이때 매복은 가향에 거처하며 늘 독서와 양생을 일로 삼았다.

　元始 연간에 왕망이 정사를 마음대로 행사하자 매복은 어느 날
아침 처자를 두고 九江郡을 떠났는데 지금까지도 신선이 되었다는
이야기가 전해온다. 그 뒤로 어떤 사람이 會稽에서 梅福을 보았는데
성명을 바꾸고 吳에서 마을 문지기를 하고 있었다고 말했다.

67-5. 云敞

原文

云敞字幼孺, 平陵人也. 師事同縣吳章, 章治《尙書經》爲博士. 平帝以中山王卽帝位, 年幼, 莽秉政, 自號安漢公. 以平帝爲成帝後, 不得顧私親, 帝母及外家衛氏皆留中山, 不得至京師. 莽長子宇, 非莽隔絕衛氏, 恐帝長大後見怨. 宇與吳章謀, 夜以血塗莽門, 若鬼神之戒, 冀以懼莽. 章欲因對其咎. 事發覺, 莽殺宇, 誅滅衛氏, 謀所聯及, 死者百餘人. 章坐要斬, 磔屍東市門. 初, 章爲當世名儒, 敎授尤盛, 弟子千餘人, 莽以爲惡人黨, 皆當禁錮, 不得仕宦. 門人盡更名他師. 敞時爲大司徒掾, 自劾吳章弟子, 收抱章屍歸, 棺斂葬之, 京師稱焉. 車騎將軍王舜高其志節, 比之欒布, 表奏以爲掾, 薦爲中郎諫大夫. 莽簒位, 王舜爲太師, 復薦敞可輔職. 以病免. 唐林言敞可典郡, 擢爲魯郡大尹. 更始時, 安車徵敞爲御史大夫, 復病免去, 卒於家.

| 註釋 | ◦云敞(운창) – 생몰 미상. 본서 외 별다른 자료 없음. ◦平陵 – 縣名. 昭帝 劉弗陵과 皇后 上官氏의 능묘와 그에 설치한 현. 今 陝西省 咸陽市. ◦吳章 – 인명. 〈儒林傳〉에 그의 字는 偉君. 許商이란 사람에게 《書經》을 전수받았다고 한다. ◦《尙書經》–《大夏侯尙書經》, 夏侯勝이 주석한 《書經》. 하후승의 再傳 제자가 許商. ◦平帝 – 前 9 – 서기 6년. 재위는 서기 1

ー6년. 元帝의 아들인 中山孝王 劉興의 아들, 母親은 衛姬. 哀帝의 4촌 동생. 前 1년에 애제가 후사 없이 죽자 王莽은 大司馬로 太皇太后의 승인 하에 9살 劉衎(유간)을 황제로 옹립. 14세에 병사. 왕망이 독살했다는 주장도 있다. ○中山 ー 中山國 영역은 常山郡의 동부 지역. 치소는 盧奴縣(今 河北省 定州市). ○血塗 ー 피를 바르다. ○磔屍 ー 시체를 찢어 죽이다. 磔 찢을 책. ○禁錮 ー 벼슬길을 막다. 가두어 두다. 錮 가둘 고. 땜질하다. ○大司徒掾 ー 애제 元壽 2년에 승상을 大司徒로 개칭. 大司馬, 大司空과 함께 三公이라 지칭. 掾(도울 연)은 실무부서 책임자. 속관. ○欒布(난포, ?ー前 145) ー 人名. 37권, 〈季布欒布田叔傳〉에 입전. ○大尹 ー 太守. 왕망 때 郡의 태수를 大尹이라 개칭. ○更始時 ー 劉玄(景帝의 후손, 光武帝 劉秀의 族兄)의 연호(史稱 玄漢). 서기 23년 유현은 綠林軍에 의거 황제로 옹립. 25년까지 재위. 낙양에서 도읍, 장안에 입성. 赤眉의 난 때 도주.

〔國譯〕

　云敞(운창)의 字는 幼孺(유유)로 平陵縣 사람이었다. 같은 현의 吳章(오장)에게 師事하였는데 오장은 《尙書經》을 전공하여 박사가 되었다. 平帝가 中山王에서 제위에 올랐는데 나이가 어려 왕망이 정권을 잡고 스스로 安漢公이라 하였다. 平帝를 成帝의 후사로 정했기에 私親(생부, 생모)를 섬기지 않게 하려고 평제의 모친 및 외가 衛氏 일족은 모두 中山國에 살면서 장안에는 올라올 수 없었다. 王莽의 맏아들인 王宇(왕우)는 왕망이 위씨 일가를 떼어 놓아 나중에 평제가 장성하여 원한을 품을까 걱정하였다. 왕우와 오장은 밤에 왕망의 집 대문에 피를 바르고 귀신의 경고처럼 꾸며 왕망을 겁먹게 하려는 모의를 하였다. 그리고 왕장이 그런 귀신이 노한 죄과라고 대답하기로 약속하였다. 그러나 일이 발각되어 왕망은 아들 왕우를 죽이고 위씨를 멸족하였는데 이 모의에 관련됐다고 죽은 자가 백여 명이었다. 오장은 요참형을 당했고 東市門에서 시신을 찢어버렸다.

그전에 오장은 當世의 名儒로 教授에도 널리 알려져 제자가 천여 명이나 되었는데 왕망은 그들 무리를 증오하여 모두 禁錮(금고)에 처했기에 벼슬할 수가 없었다. 門人들은 모두 다른 분을 스승이라 바꾸었다. 운창은 그때 大司徒掾(대사도연, 승상의 속관)이었는데 오장의 제자라고 스스로 자수하고 오장의 시신을 수습해 돌아가 관에 넣어 장례를 치루니 장안 사람들이 칭송하였다. 車騎將軍 王舜은 그 지조를 높게 평가하여 漢 초기의 欒布(난포)에 비유하면서 掾(연, 속관)으로 글을 올려 천거해서 中郎諫大夫에 임명하였다. 왕망이 찬위하자 왕순은 太師가 되었는데 다시 운창을 추천하여 보필하는 임무를 맡겼다. 운창은 병을 핑계로 사임하였다. 唐林은 운창이 郡을 다스릴 수 있다 하여 魯郡大尹으로 발탁하였으며, 更始 연간에는 安車를 보내 운창을 御史大夫에 임명했으나 다시 병으로 사양하고 집에서 죽었다.

贊曰, "昔仲尼稱 '不得中行, 則思狂狷'. 觀楊王孫之志, 賢於秦始皇遠矣. 世稱朱雲多過其實, 故曰, '蓋有不知而作之者, 我亡是也.' 胡建臨敵敢斷, 武昭於外. 斬伐姦隙, 軍旅不隊. 梅福之辭, 合於〈大雅〉, '雖無老成, 尙有典刑', '殷監不遠, 夏后所聞'. 遂從所好, 全性市門. 云敞之義, 著於吳章, '爲仁由己', 再入大府, 淸則濯纓, 何遠之有?

| 註釋 | ○不得中行, 則思狂狷 −《論語 子路》子曰, "不得中行而與之, 必也狂狷乎! 狂者進取, 狷者有所不爲也." 中行은 中庸之道를 실천하는 사람. 狂狷(광견)은 미치광이나 고집쟁이. 班固가 여기에 楊王孫 등 5인을 立傳하면서 열정적 狂人과 자기 신념에 철저한 狷人(뜻을 굽히지 않는 사람)의 전형을 보여주었다. ○蓋有不知而~ −《論語 述而》子曰, "蓋有不知而作之者, 我無是也. 多聞, 擇其善者而從之, 多見而識之, 知之次也." ○'雖無老成, 尙有典刑' −《詩經 大雅 蕩》. 典刑은 舊法. ○殷監不遠, 夏后所聞 −《詩經 大雅 蕩》. 監은 鑑. 殷나라가 거울삼을 일은 바로 夏 桀王의 폭정이라는 뜻. ○爲仁由己 −《論語 顔淵》顔淵問仁. 子曰, "克己復禮爲仁. ~爲仁由己, 而由人乎哉?" 仁은 스스로 실천해야 한다는 뜻. ○再入大府 − 다시 고급 관원의 막료가 된다. ○淸則濯纓(청즉탁영) − 屈原의《楚辭 漁父》. '滄浪之水淸兮 可以濯我纓, 滄浪之水濁兮 可以濯吾足.'

〔國譯〕

　　班固의 論贊 : 예전에 공자는 '中庸의 道를 실천하는 사람을 얻지 못한다면 狂狷(광견)한 사람을 택하겠다.' 라고 하였다. 楊王孫의 의지는 秦始皇보다 훨씬 현명하였다. 세상 사람이 朱雲은 실질보다 과장이 많다 하였지만 주운은 '알지 못하면서도 꾸미는 사람이 있으나 나는 그런 일이 없다.' 고 하였다. 胡建은 적 앞에서도 단호하여 무공이 외부로 나타났다. 간사한 자를 제거하였고 군사도 굴복시키지 못했다. 梅福의 글은 〈大雅〉에 부합하나 '비록 늙고 훌륭한 인물은 없어도 옛 법도는 남아있네.' 와 '殷의 교훈은 먼데 있지 않으니 夏王의 행실에서 배우네.' 와 같을 것이다. 결국 좋아하는 것을 따르면서 시장 문지기로 생명을 지킨 것이다. 云敝(운창)의 의리는 吳章 사건에서 볼 수 있는데, '仁의 실천은 자신에게 있으며' 다시 고관의 막료가 되었지만 '물이 맑으면 갓끈을 씻는다' 하였으니, 中庸之道의 실천이 어찌 멀리에 있겠는가?

저자 약력

陶硯 진기환陳起煥

서울 대동세무고등학교 교장을 역임하였고 개인 문집으로《陶硯集》출간.

주요 저서로는 중국 고전소설《儒林外史》국내 최초 번역,《史記講讀》,《史記 人物評》,
《中國의 土俗神과 그 神話》,《中國의 신선이야기》,《上洞八仙傳》,《三國志 故事成語 辭
典》,《三國志 故事名言 三百選》,《三國志의 지혜》,《三國志 人物評論》,《精選 三國演義
原文 註解》,《中國人의 俗談》,《水滸傳 評說》,《金甁梅 評說》,《논술로 읽는 論語》,《十八
史略 中(下)·下(上)·下(下)》,《唐詩三百首 上·中·下》共譯,《唐詩逸話》,《唐詩絶句》,《王維》,
《漢書(一)·(二)·(三)·(四)권》외

E-mail : jin47dd@hanmail.net

原文 註釋 國譯

漢書(五)
한 서

초판 인쇄　2017년 4월　5일
초판 발행　2017년 4월 15일

역　　주 | 진기환
발행자 | 김동구
디자인 | 이명숙·양철민
발행처 | 명문당(1923. 10. 1 창립)
주　　소 | 서울시 종로구 윤보선길 61(안국동)
　　　　　우체국 010579-01-000682
전　　화 | 02)733-3039, 734-4798(영), 733-4748(편)
팩　　스 | 02)734-9209
Homepage | www.myungmundang.net
E-mail | mmdbook1@hanmail.net
등　　록 | 1977. 11. 19. 제1~148호

ISBN 979-11-88020-09-6 (04910)
ISBN 979-11-85704-78-4 (세트)
30,000원